スポーツ・体育 指導・執務必携

笠原一也・園山和夫 監修
入澤充・吉田勝光 編著

道和書院

刊行にあたって

　本書は、2009年まで道和書院より年次で刊行されていた『必携スポーツ関係六法』、および2010年4月刊行の『スポーツ指導・実務ハンドブック』の後継として企画されたものです。前2著は広くスポーツ・体育の指導者、行政や教育の関係者、学生等に活用されてきました。このたび、前回の発刊から期間が開いたこともあって、内容の更新といっそうの充実を図り、最新のスポーツ・体育関連の法令、行政機関からの通知、各種のガイドライン、団体規則等を加えた最新版を刊行することといたしました。

　わが国は、2020年東京オリンピック・パラリンピック大会を迎えるにあたって、2011年にスポーツ振興法を50年ぶりに全面改訂し、「スポーツ基本法」を制定しました。続く2012年には「スポーツ基本計画」が発表され、2013年に「オリンピック・東京大会」の開催が決定されました。2015年に「スポーツ庁」の発足、2017年「第2期スポーツ基本計画」の発表など、積極的にスポーツ・体育政策が打ち出されてきており、わが国のスポーツ・体育への取り組みが大きく変わろうとしていることがうかがえます。

　また、日本体育協会が日本スポーツ協会に、国民体育大会が国民スポーツ大会に名称変更するなど、体育からスポーツへの流れが生まれてきています。さらに、昨今多発しているスポーツ界の不祥事を踏まえ、ガバナンスの強化やコンプライアンスの遵守など、時代の流れや社会の変化に応じた新たな取組みがスポーツ界に求められています。

　わが国のスポーツ・体育振興は、国にあっては文部科学省、地方にあっては都道府県教育委員会が主務機関として、施策の企画・立案および推進に努めてきました。地方自治体の首長部局でもスポーツに関する事務および執行ができるようになっており、2017年発表の第2期スポーツ基本計画では、国民、スポーツ団体、民間事業者、地方公共団体、国等が一体となって、スポーツ立国の実現に取り組むことが求められています。

　このようななか、近年になってスポーツ振興に関わる団体・組織の多様化が進んできており、文部科学省、その外局としてのスポーツ庁が中心とはいえ、地方自治体の取り組み、独立行政法人日本スポーツ振興センター、国会の超党派スポーツ議員連盟、そして公益財団法人日本スポーツ協会、公益財団法人日本オリンピック委員会などがあり、わが国のスポーツ・体育がどこに向かおうとしているのか、見定めが難しいように感じます。

　スポーツ基本法では、スポーツは世界共通の人類の文化であるとし、スポーツを通

じて幸福で豊かな生活を営むことは、すべての人々の権利であると謳っています。またスポーツ基本計画では、スポーツの「楽しさ」「喜び」こそがスポーツの価値の中核であり、すべての人々が自発的にスポーツに取り組み、自己実現を図り、「スポーツの力で輝く」ことにより、前向きで活力ある社会と、強い絆をもった世界を創ることを、政策の基本方針としています。

　本書は、2020年の東京オリンピック・パラリンピック開催をきっかけに、世界中の人々がスポーツを通じて心と心を通わせ、世界平和や地球環境を守ることにつながっていくことを期待するとともに、スポーツの持つ文化的・社会的な役割を重視し、国の文化としてのスポーツ、国民の権利としてのスポーツの発展という観点から、下記のように資料を編纂・収録を致しました。

1　国民のスポーツ活動を支援するため、スポーツの現代的なテーマに沿った資料や保障する制度・政策に関わる国内の基本的な法令等
2　スポーツに関する固有のもろもろの規定・規程・規則や国際条約・国際宣言等
3　将来を担う子供たちのスポーツ、特に学校におけるスポーツ・体育に関わる資料
4　スポーツ指導者・施設管理者の法的責任に関する資料
5　スポーツ事故・紛争と安全管理、災害や事故の補償制度に関する資料

　本書が、スポーツ・体育指導や指導者養成、あるいはスポーツ行政やスポーツ団体の実務を通して今日のスポーツを支えている方々に、さらにはスポーツ選手やスポーツを愛好している人々に、有効に活用されることを願っています。そしてより多くの人々がスポーツを楽しみ、スポーツ文化がわが国にいっそう強く根づいて、スポーツの価値が高まっていくことを期待するところであります。

監修者代表　笠原一也

総　目　次

刊行にあたって……………………………………………………… i
索引………………………………………………………………… vi
凡例……………………………………………………………… viii

第1編　法令　　　1

解説 …………………………………………………………………… 2
日本国憲法 …………………………………………………………… 4
スポーツ基本法 …………………………………………………… 11
〔参考〕スポーツ振興法 ………………………………………… 17
スポーツにおけるドーピングの防止活動の推進に関する法律 … 19
スポーツ振興投票の実施等に関する法律 ……………………… 21
独立行政法人日本スポーツ振興センター法 …………………… 27
文部科学省設置法 ………………………………………………… 33
文部科学省組織令 ………………………………………………… 38
中央教育審議会令 ………………………………………………… 67
教育基本法 ………………………………………………………… 69
学校教育法 ………………………………………………………… 71
学校教育法施行規則 ……………………………………………… 76
教育職員免許法 …………………………………………………… 81
教育職員免許法施行規則 ………………………………………… 88
免許状更新講習規則 ……………………………………………… 93
学校保健安全法 …………………………………………………… 96
いじめ防止対策推進法 …………………………………………… 99
社会教育法 ……………………………………………………… 105
生涯学習の振興のための施策の推進体制等の整備に関する法律 … 111
健康増進法 ……………………………………………………… 114
地方公務員法 …………………………………………………… 115
刑法 ……………………………………………………………… 137
民法 ……………………………………………………………… 143
特定非営利活動促進法 ………………………………………… 144
消費者契約法 …………………………………………………… 150
国家賠償法 ……………………………………………………… 154
労働組合法 ……………………………………………………… 154
労働基準法 ……………………………………………………… 167

労働安全衛生法 ·· *186*
小学校学習指導要領 ·· *202*
中学校学習指導要領 ·· *217*
高等校学習指導要領 ·· *231*
地方自治体のスポーツ条例 ···································· *253*
 解説 ·· *253*
 倶知安町スポーツ振興条例 ································ *254*
 葛飾区文化・スポーツ活動振興条例 ················· *254*
 21世紀出雲スポーツのまちづくり条例 ············· *255*
 岡山県スポーツ推進条例 ···································· *256*
 大分県スポーツ推進条例 ···································· *258*

第2編　スポーツ政策　　*261*

解説 ··· *262*
スポーツ立国戦略 ·· *264*
スポーツ基本計画〔第1期〕································· *273*
スポーツ基本計画〔第2期〕································· *288*
地方都市のスポーツ推進計画
 松本市スポーツ推進計画 ···································· *308*
スポーツ都市宣言
 苫小牧スポーツ都市宣言 ···································· *320*
 八女市スポーツ・健康づくり都市宣言 ············· *320*

第3編　行政機関の通知等　　*321*

解説 ··· *322*
運動部活動の在り方に関する調査研究報告〔平成9年〕 ·············· *324*
運動部活動の在り方に関する調査研究報告書〔平成25年〕 ········ *335*
長野県中学生期のスポーツ活動指針 ······················ *345*
体育館の床板の剥離による負傷事故の防止について ········· *346*

第4編　オリンピック・パラリンピック　　*349*

解説 ··· *350*
オリンピック憲章 ·· *353*
平成32年東京オリンピック競技大会及びパラリンピック競技大会特別
 措置法 ·· *356*
オリンピック競技大会及びパラリンピック競技大会優秀者顕彰規程 ··· *361*

国際競技大会優秀者等表彰要項 ································· 361
スポーツ功労者顕彰規程 ··· 362
東京都オリンピック憲章にうたわれる人権尊重の理念の実現を目指す
　条例 ·· 363
東京都受動喫煙防止条例 ··· 365

第5編　指導者のためのガイドライン　　371

解説 ·· 372
体罰の禁止及び児童生徒理解に基づく指導の徹底について ··· 374
体罰・暴力行為を許さない開かれた学校づくりのために ········ 376
運動部活動の在り方に関する総合的なガイドライン ············· 387
サッカー活動中の落雷事故の防止対策についての指針 ········ 392
熱中症ガイドライン ·· 392
「スタートの段階指導」および「プール水深とスタートの高さに関する
　ガイドライン」··· 395
倫理に関するガイドライン ·· 396

第6編　各競技団体規則　　399

解説 ·· 400
日本プロフェッショナル野球協約2017 ···························· 402
フリーエージェント規約 ··· 421
統一契約書書式 ··· 424
日本学生野球憲章 ·· 428
全国高等学校体育連盟定款 ······································· 433
日本中学校体育連盟定款 ·· 439

第7編　判例　　445

解説 ·· 446
中学柔道部練習中投げ技転倒事故 ······························ 448
サッカー試合中落雷被害事故 ····································· 449
会員制スポーツクラブ溺死事故 ··································· 450
高校テニス部熱中症死亡事故 ····································· 452
社会人サッカーリーグ試合負傷事故 ····························· 454
バドミントンダブルスペア相手方負傷事故 ······················· 456

索引

あ行

いじめ防止対策推進法　99
運動部活動の在り方に関する総合的なガイドライン　387
運動部活動の在り方に関する調査研究報告〔平成9年〕　324
運動部活動の在り方に関する調査研究報告書〔平成25年〕　335
大分県スポーツ推進条例　258
岡山県スポーツ推進条例　256
オリンピック競技大会及びパラリンピック競技大会優秀者顕彰規程　361
オリンピック憲章　353

か行

学習指導要領　小学校　202
学習指導要領　中学校　217
学習指導要領　高等学校　231
学校教育法施行規則　76
学校教育法　71
学校保健安全法　96
葛飾区文化・スポーツ活動振興条例　254
教育基本法　69
教育職員免許法　81
教育職員免許法施行規則　88
倶知安町スポーツ振興条例　254
刑法　137
健康増進法　114
国家賠償法　154
国際競技大会優秀者等表彰要項　361

さ行

サッカー活動中の落雷事故の防止対策についての指針　392
社会教育法　105
消費者契約法　150
生涯学習の振興のための施策の推進体制等の整備に関する法律　111
「スタートの段階指導」および「プール水深とスタートの高さに関するガイドライン　395
スポーツにおけるドーピングの防止活動の推進に関する法律　19
スポーツ基本計画〔第1期〕　273
スポーツ基本計画〔第2期〕　288
スポーツ基本法　11
スポーツ功労者顕彰規程　362
スポーツ振興投票の実施等に関する法律　21
スポーツ振興法　17
スポーツ立国戦略　264
全国高等学校体育連盟定款　433

た行

体育館の床板の剥離による負傷事故の防止について　346
体罰の禁止及び児童生徒理解に基づく指導の徹底について　374
体罰・暴力行為を許さない開かれた学校づくりのために　376
地方公務員法　115
中央教育審議会令　67
統一契約書書式　424
東京都オリンピック憲章にうたわれる人権尊重の理念の実現を目指す条例　363
東京都受動喫煙防止条例　365
特定非営利活動促進法　144

独立行政法人日本スポーツ振興センター法　27
苫小牧スポーツ都市宣言　320

な行

長野県中学生期のスポーツ活動指針　345
21世紀出雲スポーツのまちづくり条例　255
日本プロフェッショナル野球協約2017　402
日本学生野球憲章　428
日本国憲法　4
日本中学校体育連盟定款　439
熱中症ガイドライン　392

は行

フリーエージェント規約　421
平成32年東京オリンピック競技大会及びパラリンピック競技大会特別措置法　356

ま行

松本市スポーツ推進計画　309
民法　143
免許状更新講習規則　93
文部科学省設置法　33
文部科学省組織令　38

や行

八女市スポーツ・健康づくり都市宣言　320

ら行

倫理に関するガイドライン　396
労働安全衛生法　186
労働基準法　167
労働組合法　154

凡例

1　収録した法令
　収録した法令数　38件。
2　内容現在
　2019年（平成31）年4月10日現在。
3　公布日・施行期日・改正経過
　原則として、法令の公布年月日と法令番号を法令名の下に
　　平成三一年〔2019年〕一月一日法律第一号
のように掲げた。改正経過は、最新の改正のみ「最終改正」欄を設けて記載してある。
4　法令内容の一部省略・抜粋
　本文全文のうち、比較的参照度の低い箇処を一部省略し収録した法令を〔抄〕と記し、参照度の特に高い条文のみを抽出し収録した法令を〔抜粋〕と記した。
5　条文の表記
　①原典・用字
　　官報および e-Gov 法令検索に基づき、法令本文の用字は、漢字は新字体を採用、かなづかい、ひらがなとカタカナの使い分け、濁点の有無については原文のままとした。法令名の下に掲載した公布・施行・改正の期日に限って、漢数字を算用数字に改め、西暦と和暦を併記する形とした。本文中の常数等の表示は漢数字のまま、ただし十を一〇、百を一〇〇などと改めてある。
　②条文見出し
　　原則として条文の前に、（　）でくくり、ゴシック体で示した。編者による補足は〔　〕でくくり区別した。
　③附則
　　法令の末尾にある、施行期日、経過規定などを示す附則は、必要な範囲のみ収録した。

第1編

法令

解説…… *2*
日本国憲法…… *4*
スポーツ基本法…… *11*
〔参考〕スポーツ振興法…… *17*
スポーツにおけるドーピングの防止活動の推進に関する法律…… *19*
スポーツ振興投票の実施等に関する法律…… *21*
独立行政法人日本スポーツ振興センター法…… *27*
文部科学省設置法…… *33*
文部科学省組織令…… *38*
中央教育審議会令…… *67*
教育基本法…… *69*
学校教育法…… *71*
学校教育法施行規則…… *76*
教育職員免許法…… *81*
教育職員免許法施行規則…… *88*
免許状更新講習規則…… *93*
学校保健安全法…… *96*
いじめ防止対策推進法…… *99*
社会教育法…… *105*

生涯学習の振興のための施策の推進体制等の整備に関する法律…… *111*
健康増進法…… *114*
地方公務員法…… *115*
刑法…… *137*
民法…… *143*
特定非営利活動促進法…… *144*
消費者契約法…… *150*
国家賠償法…… *154*
労働組合法…… *154*
労働基準法…… *167*
労働安全衛生法…… *186*
小学校学習指導要領…… *202*
中学校学習指導要領…… *217*
高等学校学習指導要領…… *231*
地方自治体のスポーツ条例…… *253*
 解説 *253*
 倶知安町スポーツ振興条例 *254*
 葛飾区文化・スポーツ活動振興条例 *254*
 21世紀出雲スポーツのまちづくり条例 *255*
 岡山県スポーツ推進条例 *256*
 大分県スポーツ推進条例 *258*

解 説

　この「法令編」では、日本国憲法をはじめ、スポーツ行政を進める上で重要な、またスポーツ指導者として知っておきたい法律、条例等を収録している。この解説では、スポーツルールと法律との関係、権利としてのスポーツの意義などを整理した上で、各法律の活用法を示していくことにする。

スポーツルールと法律の関係性

　スポーツは、その種目ごとに独自の「ルール」＝「競技規則」＝「法」によって行われるところに最大の特徴がある。当然にそのスポーツに参加する人たちは固有のルールに従わなければならない。スポーツ法学の世界ではこのルールをスポーツ固有法と言っている。つまりスポーツ参加者のみに適用される「法」に基づき、スポーツが運営され、その競技の持つ面白さを追求しているのである。一方で、私たちは日常のなかでは、各法律に守られ、あるいは規制され生活を営んでいる。法律に違反したり、遵守をしなかった場合には一定の手続きに従い、司法によって裁かれる。その法律は、対象となるすべての人々に適用され、国会で審議の上制定されるという国家法としての性格を有するものである。国会で制定される各法律は、憲法理念に基づき制定される。それゆえ憲法は、あらゆる法律の根本法であり、国家の最高法規である。さらに憲法は、国の在り方を示すものであり、国家として国民に保障すべき権利等を定め、さらに立法・行政・司法と国家統治に必要な基本的定めをしている。以上のように、スポーツルールと国会で定める法律は異同性をもつという性格がある。つまり、前者は競技に参加する人たちのみを拘束するものであり、後者は、すべての国民を対象とする。と同時に両者とも規範としての性格を有するという同質性を有している。

スポーツ権

　2011（平成23）年に制定されたスポーツ基本法は、スポーツはすべての人々の権利であると定めている。スポーツは国民の権利だと定めた以上、すべての国民は、スポーツに参画し、みずからも競技にチャレンジできるのであるが、現代日本では、それぞれのライフスタイルに応じてスポーツができる環境が整備されている。例えば、スポーツ少年団、学校スポーツ部活動、国際大会に挑戦するアスリートたちが、勝利を求めて行うスポーツ、勝敗をぬきにした健康・趣味のためのスポーツ等々、このように各人が興味・関心に基づいてスポーツ権を行使することができる社会でもある。スポーツをする機会が増え、種目も数多く用意され、環境も整備されて「いつでも、誰もが、どこでも」スポーツに参加できる社会の実現が、スポーツ基本法の冒頭にうたう「スポーツは世界共通の人類の文化」としての意義を深めることになろう。さらに、スポーツ基本法は、国及び地方公共団体にスポーツ施策の策定を責務として課し、生涯スポーツの実効化を促しているのである。なお本書では、スポーツ基本法の制定後、初めて、スポーツ関連法として、スポーツにおけるドーピングの防止活動の推進に関する法律、スポーツ団体をNPO法人として設立する根拠となる特定非営利活動促進法等々を収録しているので、関係者は参考にしてほしい。

スポーツ行政担当者及び指導者の責務

　スポーツ行政を担当する人たちは、以上のようなスポーツ基本法の理念を理解した

上で、スポーツ基本法第2章9条、10条で定めるスポーツ基本計画を立案し、第3章11条、12条等で基本的施策を進める努力義務が課せられている。

また、行政担当者は事故防止（14条）のための知識を豊かにし、さらには万が一紛争になってしまったら、迅速かつ平和的解決を目指すための措置を講じておく必要がある（15条）。スポーツは危険が内在しているゆえに、事故の未然防止や事故を起こさないための科学的研究を怠ってはならない（16条）。

事故後の対応によっては紛争に発展する可能性が現代社会では高くなっているので、行政担当者は危機管理について、裁判になった場合の法的知見を豊かにしておく必要がある。

この「法令編」では、民法や国家賠償法、刑法も収録し対応に供しているが、特に、スポーツ事故で訴訟になった場合は、損害賠償責任の法理について理解しておく必要がある。スポーツに参加している当事者は相互が危険に同意していると言われ、事故が発生しても加害責任は問われないという特殊性を有していたが、裁判例が増えてくるなかで、違法性の阻却という考え方が採用されなくなってきている。例えば、東京高裁2018（平成30）年9月12日判決で、被告側がバドミントン競技中にケガをしたのであるから、違法性は阻却されると主張したことについて、裁判所は「バドミントン競技の競技者が、同競技に伴う他の競技者の故意又は過失により発生する一定の危険を当然に引受けてこれに参加しているとまではいえないというべきであるから、控訴人の主張は、その前提を欠き、採用することができない。」として、スポーツ競技中の加害行為について違法性は阻却されないという判断をした。もちろん、違法性についての判断は、事故の態様、事故後の障害の程度、スポーツ能力や経験、責任能力等々が総合的に考慮されてなされるものであるが、スポーツ競技中の事故は「お互い様」という態度をとり事故後の処置が稚拙であると訴訟に発展するということも理解しておいたほうが良い。スポーツ事故を防ぐには、安全な環境整備は当然、指導者の資質能力の向上研修は欠かせないのである。

学校スポーツ部活動指導者に必要な法律知識

現代では、学校スポーツ部活動は日本のスポーツ文化形成の基盤となっている。その在り方については多くの疑問が提示されているが、欧米のようにスポーツクラブが地域に根づいていない日本のスポーツ環境では、まだまだ学校の役割は大きい。しかし、学校でのスポーツ部活動が「勝利を求めるあまり」、フェアプレイの精神とかけはなれた問題も噴出してきている。学校スポーツ指導者が知っておくべき法律知識としては、教育基本法や学校教育法、事故後の共済給付を定めている独立行政法人日本スポーツ振興センター法の意義などを理解しておく必要がある。

さらに学校でスポーツ部活動を推進するのであれば、学校保健安全法の理解を深めておいたほうが良い。学校保健安全法では学校における危機等への対応マニュアルの作成（29条1項）をするものとする、と定められているので、スポーツ指導上の危機管理マニュアルなども整備しておくと良いだろう。

学習指導要領

学習指導要領は、学校教育法33条（小学校、以下高校等まで準用）に基づき、教育課程を編制するときに大綱的基準となるものである。本法令編では、総則及び体育・保健体育編のみ収録した。学習指導要領はほぼ10年ごとに改訂をしているが、今回は特に今後様々な変化が予測される社会で子ども達がその変化にどう対応していく能力を身につけていくことが出来るかに焦点を当てて改訂をしている。

（入澤　充）

日本国憲法

公布　昭和21年〔1946年〕11月3日
施行　昭和22年〔1947年〕5月3日

　日本国民は、正当に選挙された国会における代表者を通じて行動し、われらとわれらの子孫のために、諸国民との協和による成果と、わが国全土にわたつて自由のもたらす恵沢を確保し、政府の行為によつて再び戦争の惨禍が起ることのないやうにすることを決意し、ここに主権が国民に存することを宣言し、この憲法を確定する。そもそも国政は、国民の厳粛な信託によるものであつて、その権威は国民に由来し、その権力は国民の代表者がこれを行使し、その福利は国民がこれを享受する。これは人類普遍の原理であり、この憲法は、かかる原理に基くものである。われらは、これに反する一切の憲法、法令及び詔勅を排除する。
　日本国民は、恒久の平和を念願し、人間相互の関係を支配する崇高な理想を深く自覚するのであつて、平和を愛する諸国民の公正と信義に信頼して、われらの安全と生存を保持しようと決意した。われらは、平和を維持し、専制と隷従、圧迫と偏狭を地上から永遠に除去しようと努めてゐる国際社会において、名誉ある地位を占めたいと思ふ。われらは、全世界の国民が、ひとしく恐怖と欠乏から免かれ、平和のうちに生存する権利を有することを確認する。
　われらは、いづれの国家も、自国のことのみに専念して他国を無視してはならないのであつて、政治道徳の法則は、普遍的なものであり、この法則に従ふことは、自国の主権を維持し、他国と対等関係に立たうとする各国の責務であると信ずる。
　日本国民は、国家の名誉にかけ、全力をあげてこの崇高な理想と目的を達成することを誓ふ。

第一章　天皇

(天皇の地位と主権在民)
第一条　天皇は、日本国の象徴であり日本国民統合の象徴であつて、この地位は、主権の存する日本国民の総意に基く。
(皇位の世襲)
第二条　皇位は、世襲のものであつて、国会の議決した皇室典範の定めるところにより、これを継承する。
(内閣の助言と承認及び責任)
第三条　天皇の国事に関するすべての行為には、内閣の助言と承認を必要とし、内閣が、その責任を負ふ。
(天皇の権能と権能行使の委任)
第四条　天皇は、この憲法の定める国事に関する行為のみを行ひ、国政に関する権能を有しない。
2　天皇は、法律の定めるところにより、その国事に関する行為を委任することができる。
(摂政)
第五条　皇室典範の定めるところにより摂政を置くときは、摂政は、天皇の名でその国事に関する行為を行ふ。この場合には、前条第一項の規定を準用する。
(天皇の任命行為)
第六条　天皇は、国会の指名に基いて、内閣総理大臣を任命する。
2　天皇は、内閣の指名に基いて、最高裁判所の長たる裁判官を任命する。
(天皇の国事行為)
第七条　天皇は、内閣の助言と承認により、国民のために、左の国事に関する行為を行ふ。
　一　憲法改正、法律、政令及び条約を公布すること。
　二　国会を召集すること。
　三　衆議院を解散すること。
　四　国会議員の総選挙の施行を公示すること。
　五　国務大臣及び法律の定めるその他の官吏の任免並びに全権委任状及び大使及び公使の信任状を認証すること。
　六　大赦、特赦、減刑、刑の執行の免除及び復権を認証すること。
　七　栄典を授与すること。
　八　批准書及び法律の定めるその他の外交文書を認証すること。
　九　外国の大使及び公使を接受すること。
　一〇　儀式を行ふこと。
(財産授受の制限)
第八条　皇室に財産を譲り渡し、又は皇室が、財産を譲り受け、若しくは賜与することは、国会の議決に基かなければならない。

第二章　戦争の放棄

(戦争の放棄と戦力及び交戦権の否認)
第九条　日本国民は、正義と秩序を基調とする国際平和を誠実に希求し、国権の発動たる戦争と、武力による威嚇又は武力の行使は、国際紛争を解決する手段としては、永久にこれを放棄する。
2　前項の目的を達するため、陸海空軍その他の戦力は、これを保持しない。国の交戦権は、これを認めない。

第三章　国民の権利及び義務

(国民たる要件)

第一〇条　日本国民たる要件は、法律でこれを定める。

(基本的人権)

第一一条　国民は、すべての基本的人権の享有を妨げられない。この憲法が国民に保障する基本的人権は、侵すことのできない永久の権利として、現在及び将来の国民に与へられる。

(自由及び権利の保持義務と公共福祉性)

第一二条　この憲法が国民に保障する自由及び権利は、国民の不断の努力によつて、これを保持しなければならない。又、国民は、これを濫用してはならないのであつて、常に公共の福祉のためにこれを利用する責任を負ふ。

(個人の尊重と公共の福祉)

第一三条　すべて国民は、個人として尊重される。生命、自由及び幸福追求に対する国民の権利については、公共の福祉に反しない限り、立法その他の国政の上で、最大の尊重を必要とする。

(平等原則、貴族制度の否認及び栄典の限界)

第一四条　すべて国民は、法の下に平等であつて、人種、信条、性別、社会的身分又は門地により、政治的、経済的又は社会的関係において、差別されない。
2　華族その他の貴族の制度は、これを認めない。
3　栄誉、勲章その他の栄典の授与は、いかなる特権も伴はない。栄典の授与は、現にこれを有し、又は将来これを受ける者の一代に限り、その効力を有する。

(公務員の選定罷免権、公務員の本質、普通選挙の保障及び投票秘密の保障)

第一五条　公務員を選定し、及びこれを罷免することは、国民固有の権利である。
2　すべて公務員は、全体の奉仕者であつて、一部の奉仕者ではない。
3　公務員の選挙については、成年者による普通選挙を保障する。
4　すべて選挙における投票の秘密は、これを侵してはならない。選挙人は、その選択に関し公的にも私的にも責任を問はれない。

(請願権)

第一六条　何人も、損害の救済、公務員の罷免、法律、命令又は規則の制定、廃止又は改正その他の事項に関し、平穏に請願する権利を有し、何人も、かかる請願をしたためにいかなる差別待遇も受けない。

(公務員の不法行為による損害の賠償)

第一七条　何人も、公務員の不法行為により、損害を受けたときは、法律の定めるところにより、国又は公共団体に、その賠償を求めることができる。

(奴隷的拘束及び苦役の禁止)

第一八条　何人も、いかなる奴隷的拘束も受けない。又、犯罪に因る処罰の場合を除いては、その意に反する苦役に服させられない。

(思想及び良心の自由)

第一九条　思想及び良心の自由は、これを侵してはならない。

(信教の自由)

第二〇条　信教の自由は、何人に対してもこれを保障する。いかなる宗教団体も、国から特権を受け、又は政治上の権力を行使してはならない。
2　何人も、宗教上の行為、祝典、儀式又は行事に参加することを強制されない。
3　国及びその機関は、宗教教育その他いかなる宗教的活動もしてはならない。

(集会、結社及び表現の自由と通信秘密の保護)

第二一条　集会、結社及び言論、出版その他一切の表現の自由は、これを保障する。
2　検閲は、これをしてはならない。通信の秘密は、これを侵してはならない。

(居住、移転、職業選択、外国移住及び国籍離脱の自由)

第二二条　何人も、公共の福祉に反しない限り、居住、移転及び職業選択の自由を有する。
2　何人も、外国に移住し、又は国籍を離脱する自由を侵されない。

(学問の自由)

第二三条　学問の自由は、これを保障する。

(家族関係における個人の尊厳と両性の平等)

第二四条　婚姻は、両性の合意のみに基いて成立し、夫婦が同等の権利を有することを基本として、相互の協力により、維持されなければならない。
2　配偶者の選択、財産権、相続、住居の選定、離婚並びに婚姻及び家族に関するその他の事項に関しては、法律は、個人の尊厳と両性の本質的平等に立脚して、制定されなければならない。

(生存権及び国民生活の社会的進歩向上に努める国の義務)

第二五条　すべて国民は、健康で文化的な最低限度の生活を営む権利を有する。
2　国は、すべての生活部面について、社会福祉、社会保障及び公衆衛生の向上及び増進に努めなければならない。

(教育を受ける権利と受けさせる義務)

第二六条　すべて国民は、法律の定めるところにより、その能力に応じて、ひとしく教育を受ける権利を有する。

2　すべて国民は、法律の定めるところにより、その保護する子女に普通教育を受けさせる義務を負ふ。義務教育は、これを無償とする。
(勤労の権利と義務、勤労条件の基準及び児童酷使の禁止)
第二七条　すべて国民は、勤労の権利を有し、義務を負ふ。
2　賃金、就業時間、休息その他の勤労条件に関する基準は、法律でこれを定める。
3　児童は、これを酷使してはならない。
(勤労者の団結権及び団体行動権)
第二八条　勤労者の団結する権利及び団体交渉その他の団体行動をする権利は、これを保障する。
(財産権)
第二九条　財産権は、これを侵してはならない。
2　財産権の内容は、公共の福祉に適合するやうに、法律でこれを定める。
3　私有財産は、正当な補償の下に、これを公共のために用ひることができる。
(納税の義務)
第三〇条　国民は、法律の定めるところにより、納税の義務を負ふ。
(生命及び自由の保障と科刑の制約)
第三一条　何人も、法律の定める手続によらなければ、その生命若しくは自由を奪はれ、又はその他の刑罰を科せられない。
(裁判を受ける権利)
第三二条　何人も、裁判所において裁判を受ける権利を奪はれない。
(逮捕の制約)
第三三条　何人も、現行犯として逮捕される場合を除いては、権限を有する司法官憲が発し、且つ理由となつてゐる犯罪を明示する令状によらなければ、逮捕されない。
(抑留及び拘禁の制約)
第三四条　何人も、理由を直ちに告げられ、且つ、直ちに弁護人に依頼する権利を与へられなければ、抑留又は拘禁されない。又、何人も、正当な理由がなければ、拘禁されず、要求があれば、その理由は、直ちに本人及びその弁護人の出席する公開の法廷で示されなければならない。
(侵入、捜索及び押収の制約)
第三五条　何人も、その住居、書類及び所持品について、侵入、捜索及び押収を受けることのない権利は、第三三条の場合を除いては、正当な理由に基いて発せられ、且つ捜索する場所及び押収する物を明示する令状がなければ、侵されない。
2　捜索又は押収は、権限を有する司法官憲が発する各別の令状により、これを行ふ。
(拷問及び残虐な刑罰の禁止)
第三六条　公務員による拷問及び残虐な刑罰は、絶対にこれを禁ずる。
(刑事被告人の権利)
第三七条　すべて刑事事件においては、被告人は、公平な裁判所の迅速な公開裁判を受ける権利を有する。
2　刑事被告人は、すべての証人に対して審問する機会を充分に与へられ、又、公費で自己のために強制的手続により証人を求める権利を有する。
3　刑事被告人は、いかなる場合にも、資格を有する弁護人を依頼することができる。被告人が自らこれを依頼することができないときは、国でこれを附する。
(自白強要の禁止と自白の証拠能力の限界)
第三八条　何人も、自己に不利益な供述を強要されない。
2　強制、拷問若しくは脅迫による自白又は不当に長く抑留若しくは拘禁された後の自白は、これを証拠とすることができない。
3　何人も、自己に不利益な唯一の証拠が本人の自白である場合には、有罪とされ、又は刑罰を科せられない。
(遡及処罰、二重処罰等の禁止)
第三九条　何人も、実行の時に適法であつた行為又は既に無罪とされた行為については、刑事上の責任を問はれない。又、同一の犯罪について、重ねて刑事上の責任を問はれない。
(刑事補償)
第四〇条　何人も、抑留又は拘禁された後、無罪の裁判を受けたときは、法律の定めるところにより、国にその補償を求めることができる。

第四章　国会

(国会の地位)
第四一条　国会は、国権の最高機関であつて、国の唯一の立法機関である。
(二院制)
第四二条　国会は、衆議院及び参議院の両議院でこれを構成する。
(両議院の組織)
第四三条　両議院は、全国民を代表する選挙された議員でこれを組織する。
2　両議院の議員の定数は、法律でこれを定める。
(議員及び選挙人の資格)
第四四条　両議院の議員及びその選挙人の資格は、法律でこれを定める。但し、人種、信条、性別、社会的身分、門地、教育、財産又は収入によつて差別してはならない。
(衆議院議員の任期)
第四五条　衆議院議員の任期は、四年とする。但

し、衆議院解散の場合には、その期間満了前に終了する。

(参議院議員の任期)
第四六条　参議院議員の任期は、六年とし、三年ごとに議員の半数を改選する。

(議員の選挙)
第四七条　選挙区、投票の方法その他両議院の議員の選挙に関する事項は、法律でこれを定める。

(両議院議員相互兼職の禁止)
第四八条　何人も、同時に両議院の議員たることはできない。

(議員の歳費)
第四九条　両議院の議員は、法律の定めるところにより、国庫から相当額の歳費を受ける。

(議員の不逮捕特権)
第五〇条　両議院の議員は、法律の定める場合を除いては、国会の会期中逮捕されず、会期前に逮捕された議員は、その議院の要求があれば、会期中これを釈放しなければならない。

(議員の発言表決の無答責)
第五一条　両議院の議員は、議院で行つた演説、討論又は表決について、院外で責任を問はれない。

(常会)
第五二条　国会の常会は、毎年一回これを召集する。

(臨時会)
第五三条　内閣は、国会の臨時会の召集を決定することができる。いづれかの議院の総議員の四分の一以上の要求があれば、内閣は、その召集を決定しなければならない。

(総選挙、特別会及び緊急集会)
第五四条　衆議院が解散されたときは、解散の日から四十日以内に、衆議院議員の総選挙を行ひ、その選挙の日から三十日以内に、国会を召集しなければならない。
2　衆議院が解散されたときは、参議院は、同時に閉会となる。但し、内閣は、国に緊急の必要があるときは、参議院の緊急集会を求めることができる。
3　前項但書の緊急集会において採られた措置は、臨時のものであつて、次の国会開会の後十日以内に、衆議院の同意がない場合には、その効力を失ふ。

(資格争訟)
第五五条　両議院は、各々その議員の資格に関する争訟を裁判する。但し、議員の議席を失はせるには、出席議員の三分の二以上の多数による議決を必要とする。

(議事の定足数と過半数議決)
第五六条　両議院は、各々その総議員の三分の一以上の出席がなければ、議事を開き議決することができない。
2　両議院の議事は、この憲法に特別の定のある場合を除いては、出席議員の過半数でこれを決し、可否同数のときは、議長の決するところによる。

(会議の公開と会議録)
第五七条　両議院の会議は、公開とする。但し、出席議員の三分の二以上の多数で議決したときは、秘密会を開くことができる。
2　両議院は、各々その会議の記録を保存し、秘密会の記録の中で特に秘密を要すると認められるもの以外は、これを公表し、且つ一般に頒布しなければならない。
3　出席議員の五分の一以上の要求があれば、各議員の表決は、これを会議録に記載しなければならない。

(役員の選任及び議院の自律権)
第五八条　両議院は、各々その議長その他の役員を選任する。
2　両議院は、各々その会議その他の手続及び内部の規律に関する規則を定め、又、院内の秩序をみだした議員を懲罰することができる。但し、議員を除名するには、出席議員の三分の二以上の多数による議決を必要とする。

(法律の成立)
第五九条　法律案は、この憲法に特別の定のある場合を除いては、両議院で可決したとき法律となる。
2　衆議院で可決し、参議院でこれと異なつた議決をした法律案は、衆議院で出席議員の三分の二以上の多数で再び可決したときは、法律となる。
3　前項の規定は、法律の定めるところにより、衆議院が、両議院の協議会を開くことを求めることを妨げない。
4　参議院が、衆議院の可決した法律案を受け取つた後、国会休会中の期間を除いて六十日以内に、議決しないときは、衆議院は、参議院がその法律案を否決したものとみなすことができる。

(衆議院の予算先議権及び予算の議決)
第六〇条　予算は、さきに衆議院に提出しなければならない。
2　予算について、参議院で衆議院と異なつた議決をした場合に、法律の定めるところにより、両議院の協議会を開いても意見が一致しないとき、又は参議院が、衆議院の可決した予算を受け取つた後、国会休会中の期間を除いて三十日以内に、議決しないときは、衆議院の議決を国会の議決とする。

(条約締結の承認)

第六一条　条約の締結に必要な国会の承認については、前条第二項の規定を準用する。
(議院の国政調査権)
第六二条　両議院は、各々国政に関する調査を行ひ、これに関して、証人の出頭及び証言並びに記録の提出を要求することができる。
(国務大臣の出席)
第六三条　内閣総理大臣その他の国務大臣は、両議院の一に議席を有すると有しないとにかかはらず、何時でも議案について発言するため議院に出席することができる。又、答弁又は説明のため出席を求められたときは、出席しなければならない。
(弾劾裁判所)
第六四条　国会は、罷免の訴追を受けた裁判官を裁判するため、両議院の議員で組織する弾劾裁判所を設ける。
2　弾劾に関する事項は、法律でこれを定める。

第五章　内閣

(行政権の帰属)
第六五条　行政権は、内閣に属する。
(内閣の組織と責任)
第六六条　内閣は、法律の定めるところにより、その首長たる内閣総理大臣及びその他の国務大臣でこれを組織する。
2　内閣総理大臣その他の国務大臣は、文民でなければならない。
3　内閣は、行政権の行使について、国会に対し連帯して責任を負ふ。
(内閣総理大臣の指名)
第六七条　内閣総理大臣は、国会議員の中から国会の議決で、これを指名する。この指名は、他のすべての案件に先だつて、これを行ふ。
2　衆議院と参議院とが異なつた指名の議決をした場合に、法律の定めるところにより、両議院の協議会を開いても意見が一致しないとき、又は衆議院が指名の議決をした後、国会休会中の期間を除いて十日以内に、参議院が、指名の議決をしないときは、衆議院の議決を国会の議決とする。
(国務大臣の任免)
第六八条　内閣総理大臣は、国務大臣を任命する。但し、その過半数は、国会議員の中から選ばれなければならない。
2　内閣総理大臣は、任意に国務大臣を罷免することができる。
(不信任決議と解散又は総辞職)
第六九条　内閣は、衆議院で不信任の決議案を可決し、又は信任の決議案を否決したときは、十日以内に衆議院が解散されない限り、総辞職をしなければならない。

(内閣総理大臣の欠缺又は総選挙施行による総辞職)
第七〇条　内閣総理大臣が欠けたとき、又は衆議院議員総選挙の後初めて国会の召集があつたときは、内閣は、総辞職をしなければならない。
(総辞職後の職務続行)
第七一条　前二条の場合には、内閣は、あらたに内閣総理大臣が任命されるまで引き続きその職務を行ふ。
(内閣総理大臣の職務権限)
第七二条　内閣総理大臣は、内閣を代表して議案を国会に提出し、一般国務及び外交関係について国会に報告し、並びに行政各部を指揮監督する。
(内閣の職務権限)
第七三条　内閣は、他の一般行政事務の外、左の事務を行ふ。
一　法律を誠実に執行し、国務を総理すること。
二　外交関係を処理すること。
三　条約を締結すること。但し、事前に、時宜によつては事後に、国会の承認を経ることを必要とする。
四　法律の定める基準に従ひ、官吏に関する事務を掌理すること。
五　予算を作成して国会に提出すること。
六　この憲法及び法律の規定を実施するために、政令を制定すること。但し、政令には、特にその法律の委任がある場合を除いては、罰則を設けることができない。
七　大赦、特赦、減刑、刑の執行の免除及び復権を決定すること。
(法律及び政令への署名と連署)
第七四条　法律及び政令には、すべて主任の国務大臣が署名し、内閣総理大臣が連署することを必要とする。
(国務大臣訴追の制約)
第七五条　国務大臣は、その在任中、内閣総理大臣の同意がなければ、訴追されない。但し、これがため、訴追の権利は、害されない。

第六章　司法

(司法権の機関と裁判官の職務上の独立)
第七六条　すべて司法権は、最高裁判所及び法律の定めるところにより設置する下級裁判所に属する。
2　特別裁判所は、これを設置することができない。行政機関は、終審として裁判を行ふことができない。
3　すべて裁判官は、その良心に従ひ独立してその職権を行ひ、この憲法及び法律にのみ拘束

される。

(最高裁判所の規則制定権)
第七七条　最高裁判所は、訴訟に関する手続、弁護士、裁判所の内部規律及び司法事務処理に関する事項について、規則を定める権限を有する。
２　検察官は、最高裁判所の定める規則に従はなければならない。
３　最高裁判所は、下級裁判所に関する規則を定める権限を、下級裁判所に委任することができる。

(裁判官の身分の保障)
第七八条　裁判官は、裁判により、心身の故障のために職務を執ることができないと決定された場合を除いては、公の弾劾によらなければ罷免されない。裁判官の懲戒処分は、行政機関がこれを行ふことはできない。

(最高裁判所の構成及び裁判官任命の国民審査)
第七九条　最高裁判所は、その長たる裁判官及び法律の定める員数のその他の裁判官でこれを構成し、その長たる裁判官以外の裁判官は、内閣でこれを任命する。
２　最高裁判所の裁判官の任命は、その任命後初めて行はれる衆議院議員総選挙の際国民の審査に付し、その後十年を経過した後初めて行はれる衆議院議員総選挙の際更に審査に付し、その後も同様とする。
３　前項の場合において、投票者の多数が裁判官の罷免を可とするときは、その裁判官は、罷免される。
４　審査に関する事項は、法律でこれを定める。
５　最高裁判所の裁判官は、法律の定める年齢に達した時に退官する。
６　最高裁判所の裁判官は、すべて定期に相当額の報酬を受ける。この報酬は、在任中、これを減額することができない。

(下級裁判所の裁判官)
第八〇条　下級裁判所の裁判官は、最高裁判所の指名した者の名簿によつて、内閣でこれを任命する。その裁判官は、任期を十年とし、再任されることができる。但し、法律の定める年齢に達した時には退官する。
２　下級裁判所の裁判官は、すべて定期に相当額の報酬を受ける。この報酬は、在任中、これを減額することができない。

(最高裁判所の法令審査権)
第八一条　最高裁判所は、一切の法律、命令、規則又は処分が憲法に適合するかしないかを決定する権限を有する終審裁判所である。

(対審及び判決の公開)
第八二条　裁判の対審及び判決は、公開法廷でこれを行ふ。
２　裁判所が、裁判官の全員一致で、公の秩序又は善良の風俗を害する虞があると決した場合には、対審は、公開しないでこれを行ふことができる。但し、政治犯罪、出版に関する犯罪又はこの憲法第三章で保障する国民の権利が問題となつてゐる事件の対審は、常にこれを公開しなければならない。

第七章　財政

(財政処理の要件)
第八三条　国の財政を処理する権限は、国会の議決に基いて、これを行使しなければならない。

(課税の要件)
第八四条　あらたに租税を課し、又は現行の租税を変更するには、法律又は法律の定める条件によることを必要とする。

(国費支出及び債務負担の要件)
第八五条　国費を支出し、又は国が債務を負担するには、国会の議決に基くことを必要とする。

(予算の作成)
第八六条　内閣は、毎会計年度の予算を作成し、国会に提出して、その審議を受け議決を経なければならない。

(予備費)
第八七条　予見し難い予算の不足に充てるため、国会の議決に基いて予備費を設け、内閣の責任でこれを支出することができる。
２　すべて予備費の支出については、内閣は、事後に国会の承諾を得なければならない。

(皇室財産及び皇室費用)
第八八条　すべて皇室財産は、国に属する。すべて皇室の費用は、予算に計上して国会の議決を経なければならない。

(公の財産の用途制限)
第八九条　公金その他の公の財産は、宗教上の組織若しくは団体の使用、便益若しくは維持のため、又は公の支配に属しない慈善、教育若しくは博愛の事業に対し、これを支出し、又はその利用に供してはならない。

(会計検査)
第九〇条　国の収入支出の決算は、すべて毎年会計検査院がこれを検査し、内閣は、次の年度に、その検査報告とともに、これを国会に提出しなければならない。
２　会計検査院の組織及び権限は、法律でこれを定める。

(財政状況の報告)
第九一条　内閣は、国会及び国民に対し、定期に、少くとも毎年一回、国の財政状況について報告しなければならない。

第八章　地方自治

(地方自治の本旨の確保)
第九二条　地方公共団体の組織及び運営に関する事項は、地方自治の本旨に基いて、法律でこれを定める。

(地方公共団体の機関)
第九三条　地方公共団体には、法律の定めるところにより、その議事機関として議会を設置する。
2　地方公共団体の長、その議会の議員及び法律の定めるその他の吏員は、その地方公共団体の住民が、直接これを選挙する。

(地方公共団体の権能)
第九四条　地方公共団体は、その財産を管理し、事務を処理し、及び行政を執行する権能を有し、法律の範囲内で条例を制定することができる。

(一の地方公共団体のみに適用される特別法)
第九五条　一の地方公共団体のみに適用される特別法は、法律の定めるところにより、その地方公共団体の住民の投票においてその過半数の同意を得なければ、国会は、これを制定することができない。

第九章　改正

(憲法改正の発議、国民投票及び公布)
第九六条　この憲法の改正は、各議院の総議員の三分の二以上の賛成で、国会が、これを発議し、国民に提案してその承認を経なければならない。この承認には、特別の国民投票又は国会の定める選挙の際行はれる投票において、その過半数の賛成を必要とする。
2　憲法改正について前項の承認を経たときは、天皇は、国民の名で、この憲法と一体を成すものとして、直ちにこれを公布する。

第一〇章　最高法規

(基本的人権の由来特質)
第九七条　この憲法が日本国民に保障する基本的人権は、人類の多年にわたる自由獲得の努力の成果であつて、これらの権利は、過去幾多の試錬に堪へ、現在及び将来の国民に対し、侵すことのできない永久の権利として信託されたものである。

(憲法の最高性と条約及び国際法規の遵守)
第九八条　この憲法は、国の最高法規であつて、その条規に反する法律、命令、詔勅及び国務に関するその他の行為の全部又は一部は、その効力を有しない。
2　日本国が締結した条約及び確立された国際法規は、これを誠実に遵守することを必要とする。

(憲法尊重擁護の義務)
第九九条　天皇又は摂政及び国務大臣、国会議員、裁判官その他の公務員は、この憲法を尊重し擁護する義務を負ふ。

第一一章　補則

(施行期日と施行前の準備行為)
第一〇〇条　この憲法は、公布の日から起算して六箇月を経過した日（昭二二・五・三）から、これを施行する。
2　この憲法を施行するために必要な法律の制定、参議院議員の選挙及び国会召集の手続並びにこの憲法を施行するために必要な準備手続は、前項の期日よりも前に、これを行ふことができる。

(参議院成立前の国会)
第一〇一条　この憲法施行の際、参議院がまだ成立してゐないときは、その成立するまでの間、衆議院は、国会としての権限を行ふ。

(参議院議員の任期の経過的特例)
第一〇二条　この憲法による第一期の参議院議員のうち、その半数の者の任期は、これを三年とする。その議員は、法律の定めるところにより、これを定める。

(公務員の地位に関する経過規定)
第一〇三条　この憲法施行の際現に在職する国務大臣、衆議院議員及び裁判官並びにその他の公務員で、その地位に相応する地位がこの憲法で認められてゐる者は、法律で特別の定をした場合を除いては、この憲法施行のため、当然にはその地位を失ふことはない。但し、この憲法によつて、後任者が選挙又は任命されたときは、当然その地位を失ふ。

スポーツ基本法

平成23年〔2011年〕6月17日法律第78号
最終改正　平成30年〔2018年〕6月20日公布
　　　　　　法律第56号

　スポーツ振興法（昭和三六年法律第一四一号）の全部を改正する。

〔前文〕
　スポーツは、世界共通の人類の文化である。
　スポーツは、心身の健全な発達、健康及び体力の保持増進、精神的な充足感の獲得、自律心その他の精神の涵（かん）養等のために個人又は集団で行われる運動競技その他の身体活動であり、今日、国民が生涯にわたり心身ともに健康で文化的な生活を営む上で不可欠のものとなっている。スポーツを通じて幸福で豊かな生活を営むことは、全ての人々の権利であり、全ての国民がその自発性の下に、各々の関心、適性等に応じて、安全かつ公正な環境の下で日常的にスポーツに親しみ、スポーツを楽しみ、又はスポーツを支える活動に参画することのできる機会が確保されなければならない。
　スポーツは、次代を担う青少年の体力を向上させるとともに、他者を尊重しこれと協同する精神、公正さと規律を尊ぶ態度や克己心を培い、実践的な思考力や判断力を育む等人格の形成に大きな影響を及ぼすものである。
　また、スポーツは、人と人との交流及び地域と地域との交流を促進し、地域の一体感や活力を醸成するものであり、人間関係の希薄化等の問題を抱える地域社会の再生に寄与するものである。さらに、スポーツは、心身の健康の保持増進にも重要な役割を果たすものであり、健康で活力に満ちた長寿社会の実現に不可欠である。
　スポーツ選手の不断の努力は、人間の可能性の極限を追求する有意義な営みであり、こうした努力に基づく国際競技大会における日本人選手の活躍は、国民に誇りと喜び、夢と感動を与え、国民のスポーツへの関心を高めるものである。これらを通じて、スポーツは、我が国社会に活力を生み出し、国民経済の発展に広く寄与するものである。また、スポーツの国際的な交流や貢献が、国際相互理解を促進し、国際平和に大きく貢献するなど、スポーツは、我が国の国際的地位の向上にも極めて重要な役割を果たすものである。
　そして、地域におけるスポーツを推進する中から優れたスポーツ選手が育まれ、そのスポーツ選手が地域におけるスポーツの推進に寄与することは、スポーツに係る多様な主体の連携と協働による我が国のスポーツの発展を支える好循環をもたらすものである。
　このような国民生活における多面にわたるスポーツの果たす役割の重要性に鑑み、スポーツ立国を実現することは、二一世紀の我が国の発展のために不可欠な重要課題である。
　ここに、スポーツ立国の実現を目指し、国家戦略として、スポーツに関する施策を総合的かつ計画的に推進するため、この法律を制定する。

第一章　総則

（目的）
第一条　この法律は、スポーツに関し、基本理念を定め、並びに国及び地方公共団体の責務並びにスポーツ団体の努力等を明らかにするとともに、スポーツに関する施策の基本となる事項を定めることにより、スポーツに関する施策を総合的かつ計画的に推進し、もって国民の心身の健全な発達、明るく豊かな国民生活の形成、活力ある社会の実現及び国際社会の調和ある発展に寄与することを目的とする。

（基本理念）
第二条　スポーツは、これを通じて幸福で豊かな生活を営むことが人々の権利であることに鑑み、国民が生涯にわたりあらゆる機会とあらゆる場所において、自主的かつ自律的にその適性及び健康状態に応じて行うことができるようにすることを旨として、推進されなければならない。
2　スポーツは、とりわけ心身の成長の過程にある青少年のスポーツが、体力を向上させ、公正さと規律を尊ぶ態度や克己心を培う等人格の形成に大きな影響を及ぼすものであり、国民の生涯にわたる健全な心と身体を培い、豊かな人間性を育む基礎となるものであるとの認識の下に、学校、スポーツ団体（スポーツの振興のための事業を行うことを主たる目的とする団体をいう。以下同じ。）、家庭及び地域における活動の相互の連携を図りながら推進されなければならない。
3　スポーツは、人々がその居住する地域において、主体的に協働することにより身近に親しむことができるようにするとともに、これを通じて、当該地域における全ての世代の人々の交流が促進され、かつ、地域間の交流の基盤が形成されるものとなるよう推進されなければならない。
4　スポーツは、スポーツを行う者の心身の健康の保持増進及び安全の確保が図られるよう推進されなければならない。

5 スポーツは、障がい者が自主的かつ積極的にスポーツを行うことができるよう、障がいの種類及び程度に応じ必要な配慮をしつつ推進されなければならない。

6 スポーツは、我が国のスポーツ選手（プロスポーツの選手を含む。以下同じ。）が国際競技大会（オリンピック競技大会、パラリンピック競技大会その他の国際的な規模のスポーツの競技会をいう。以下同じ。）又は全国的な規模のスポーツの競技会において優秀な成績を収めることができるよう、スポーツに関する競技水準（以下「競技水準」という。）の向上に資する諸施策相互の有機的な連携を図りつつ、効果的に推進されなければならない。

7 スポーツは、スポーツに係る国際的な交流及び貢献を推進することにより、国際相互理解の増進及び国際平和に寄与するものとなるよう推進されなければならない。

8 スポーツは、スポーツを行う者に対し、不当に差別的取扱いをせず、また、スポーツに関するあらゆる活動を公正かつ適切に実施することを旨として、ドーピングの防止の重要性に対する国民の認識を深めるなど、スポーツに対する国民の幅広い理解及び支援が得られるよう推進されなければならない。

(国の責務)
第三条 国は、前条の基本理念（以下「基本理念」という。）にのっとり、スポーツに関する施策を総合的に策定し、及び実施する責務を有する。

(地方公共団体の責務)
第四条 地方公共団体は、基本理念にのっとり、スポーツに関する施策に関し、国との連携を図りつつ、自主的かつ主体的に、その地域の特性に応じた施策を策定し、及び実施する責務を有する。

(スポーツ団体の努力)
第五条 スポーツ団体は、スポーツの普及及び競技水準の向上に果たすべき重要な役割に鑑み、基本理念にのっとり、スポーツを行う者の権利利益の保護、心身の健康の保持増進及び安全の確保に配慮しつつ、スポーツの推進に主体的に取り組むよう努めるものとする。

2 スポーツ団体は、スポーツの振興のための事業を適正に行うため、その運営の透明性の確保を図るとともに、その事業活動に関し自らが遵守すべき基準を作成するよう努めるものとする。

3 スポーツ団体は、スポーツに関する紛争について、迅速かつ適正な解決に努めるものとする。

(国民の参加及び支援の促進)
第六条 国、地方公共団体及びスポーツ団体は、国民が健やかで明るく豊かな生活を享受することができるよう、スポーツに対する国民の関心と理解を深め、スポーツへの国民の参加及び支援を促進するよう努めなければならない。

(関係者相互の連携及び協働)
第七条 国、独立行政法人、地方公共団体、学校、スポーツ団体及び民間事業者その他の関係者は、基本理念の実現を図るため、相互に連携を図りながら協働するよう努めなければならない。

(法制上の措置等)
第八条 政府は、スポーツに関する施策を実施するため必要な法制上、財政上又は税制上の措置その他の措置を講じなければならない。

第二章　スポーツ基本計画等

(スポーツ基本計画)
第九条 文部科学大臣は、スポーツに関する施策の総合的かつ計画的な推進を図るため、スポーツの推進に関する基本的な計画（以下「スポーツ基本計画」という。）を定めなければならない。

2 文部科学大臣は、スポーツ基本計画を定め、又はこれを変更しようとするときは、あらかじめ、審議会等（国家行政組織法（昭和二三年法律第一二〇号）第八条に規定する機関をいう。以下同じ。）で政令で定めるものの意見を聴かなければならない。

3 文部科学大臣は、スポーツ基本計画を定め、又はこれを変更しようとするときは、あらかじめ、関係行政機関の施策に係る事項について、第三〇条に規定するスポーツ推進会議において連絡調整を図るものとする。

(地方スポーツ推進計画)
第一〇条 都道府県及び市（特別区を含む。以下同じ。）町村の教育委員会（地方教育行政の組織及び運営に関する法律（昭和三一年法律第一六二号）第二四条の二第一項の条例の定めるところによりその長がスポーツに関する事務（学校における体育に関する事務を除く。）を管理し、及び執行することとされた地方公共団体（以下「特定地方公共団体」という。）にあっては、その長）は、スポーツ基本計画を参酌して、その地方の実情に即したスポーツの推進に関する計画（以下「地方スポーツ推進計画」という。）を定めるよう努めるものとする。

2 特定地方公共団体の長が地方スポーツ推進計画を定め、又はこれを変更しようとするときは、あらかじめ、当該特定地方公共団体の教

育委員会の意見を聴かなければならない。

第三章　基本的施策

第一節　スポーツの推進のための基礎的条件の整備等

（指導者等の養成等）

第一一条　国及び地方公共団体は、スポーツの指導者その他スポーツの推進に寄与する人材（以下「指導者等」という。）の養成及び資質の向上並びにその活用のため、系統的な養成システムの開発又は利用への支援、研究集会又は講習会（以下「研究集会等」という。）の開催その他の必要な施策を講ずるよう努めなければならない。

（スポーツ施設の整備等）

第一二条　国及び地方公共団体は、国民が身近にスポーツに親しむことができるようにするとともに、競技水準の向上を図ることができるよう、スポーツ施設（スポーツの設備を含む。以下同じ。）の整備、利用者の需要に応じたスポーツ施設の運用の改善、スポーツ施設への指導者等の配置その他の必要な施策を講ずるよう努めなければならない。

2　前項の規定によりスポーツ施設を整備するに当たっては、当該スポーツ施設の利用の実態等に応じて、安全の確保を図るとともに、障がい者等の利便性の向上を図るよう努めるものとする。

（学校施設の利用）

第一三条　学校教育法（昭和二二年法律第二六号）第二条第二項に規定する国立学校及び公立学校の設置者は、その設置する学校の教育に支障のない限り、当該学校のスポーツ施設を一般のスポーツのための利用に供するよう努めなければならない。

2　国及び地方公共団体は、前項の利用を容易にさせるため、又はその利用上の利便性の向上を図るため、当該学校のスポーツ施設の改修、照明施設の設置その他の必要な施策を講ずるよう努めなければならない。

（スポーツ事故の防止等）

第一四条　国及び地方公共団体は、スポーツ事故その他スポーツによって生じる外傷、障がい等の防止及びこれらの軽減に資するため、指導者等の研修、スポーツ施設の整備、スポーツにおける心身の健康の保持増進及び安全の確保に関する知識（スポーツ用具の適切な使用に係る知識を含む。）の普及その他の必要な措置を講ずるよう努めなければならない。

（スポーツに関する紛争の迅速かつ適正な解決）

第一五条　国は、スポーツに関する紛争の仲裁又は調停の中立性及び公正性が確保され、スポーツを行う者の権利利益の保護が図られるよう、スポーツに関する紛争の仲裁又は調停を行う機関への支援、仲裁人等の資質の向上、紛争解決手続についてのスポーツ団体の理解の増進その他のスポーツに関する紛争の迅速かつ適正な解決に資するために必要な施策を講ずるものとする。

（スポーツに関する科学的研究の推進等）

第一六条　国は、医学、歯学、生理学、心理学、力学等のスポーツに関する諸科学を総合して実際的及び基礎的な研究を推進し、これらの研究の成果を活用してスポーツに関する施策の効果的な推進を図るものとする。この場合において、研究体制の整備、国、独立行政法人、大学、スポーツ団体、民間事業者等の間の連携の強化その他の必要な施策を講ずるものとする。

2　国は、我が国のスポーツの推進を図るため、スポーツの実施状況並びに競技水準の向上を図るための調査研究の成果及び取組の状況に関する情報その他のスポーツに関する国の内外の情報の収集、整理及び活用について必要な施策を講ずるものとする。

（学校における体育の充実）

第一七条　国及び地方公共団体は、学校における体育が青少年の心身の健全な発達に資するものであり、かつ、スポーツに関する技能及び生涯にわたってスポーツに親しむ態度を養う上で重要な役割を果たすものであることに鑑み、体育に関する指導の充実、体育館、運動場、水泳プール、武道場その他のスポーツ施設の整備、体育に関する教員の資質の向上、地域におけるスポーツの指導者等の活用その他の必要な施策を講ずるよう努めなければならない。

（スポーツ産業の事業者との連携等）

第一八条　国は、スポーツの普及又は競技水準の向上を図る上でスポーツ産業の事業者が果たす役割の重要性に鑑み、スポーツ団体とスポーツ産業の事業者との連携及び協力の促進その他の必要な施策を講ずるものとする。

（スポーツに係る国際的な交流及び貢献の推進）

第一九条　国及び地方公共団体は、スポーツ選手及び指導者等の派遣及び招へい、スポーツに関する国際団体への人材の派遣、国際競技大会及び国際的な規模のスポーツの研究集会等の開催その他のスポーツに係る国際的な交流及び貢献を推進するために必要な施策を講ずることにより、我が国の競技水準の向上を図るよう努めるとともに、環境の保全に留意しつつ、国際相互理解の増進及び国際平和に寄

(顕彰)
第二〇条　国及び地方公共団体は、スポーツの競技会において優秀な成績を収めた者及びスポーツの発展に寄与した者の顕彰に努めなければならない。

第二節　多様なスポーツの機会の確保のための環境の整備

(地域におけるスポーツの振興のための事業への支援等)
第二一条　国及び地方公共団体は、国民がその興味又は関心に応じて身近にスポーツに親しむことができるよう、住民が主体的に運営するスポーツ団体(以下「地域スポーツクラブ」という。)が行う地域におけるスポーツの振興のための事業への支援、住民が安全かつ効果的にスポーツを行うための指導者等の配置、住民が快適にスポーツを行い相互に交流を深めることができるスポーツ施設の整備その他の必要な施策を講ずるよう努めなければならない。

(スポーツ行事の実施及び奨励)
第二二条　地方公共団体は、広く住民が自主的かつ積極的に参加できるような運動会、競技会、体力テスト、スポーツ教室等のスポーツ行事を実施するよう努めるとともに、地域スポーツクラブその他の者がこれらの行事を実施するよう奨励に努めなければならない。
2　国は、地方公共団体に対し、前項の行事の実施に関し必要な援助を行うものとする。

(体育の日の行事)
第二三条　国及び地方公共団体は、国民の祝日に関する法律(昭和二三年法律第一七八号)第二条に規定する体育の日において、国民の間に広くスポーツについての関心と理解を深め、かつ、積極的にスポーツを行う意欲を高揚するような行事を実施するよう努めるとともに、広く国民があらゆる地域でそれぞれその生活の実情に即してスポーツを行うことができるような行事が実施されるよう、必要な施策を講じ、及び援助を行うよう努めなければならない。

(野外活動及びスポーツ・レクリエーション活動の普及奨励)
第二四条　国及び地方公共団体は、心身の健全な発達、生きがいのある豊かな生活の実現等のために行われるハイキング、サイクリング、キャンプ活動その他の野外活動及びスポーツとして行われるレクリエーション活動(以下この条において「スポーツ・レクリエーション活動」という。)を普及奨励するため、野外活動又はスポーツ・レクリエーション活動に係るスポーツ施設の整備、住民の交流の場となる行事の実施その他の必要な施策を講ずるよう努めなければならない。

第三節　競技水準の向上等

(優秀なスポーツ選手の育成等)
第二五条　国は、優秀なスポーツ選手を確保し、及び育成するため、スポーツ団体が行う合宿、国際競技大会又は全国的な規模のスポーツの競技会へのスポーツ選手及び指導者等の派遣、優れた資質を有する青少年に対する指導その他の活動への支援、スポーツ選手の競技技術の向上及びその効果の十分な発揮を図る上で必要な環境の整備その他の必要な施策を講ずるものとする。
2　国は、優秀なスポーツ選手及び指導者等が、生涯にわたりその有する能力を幅広く社会に生かすことができるよう、社会の各分野で活躍できる知識及び技能の習得に対する支援並びに活躍できる環境の整備の促進その他の必要な施策を講ずるものとする。

(国民体育大会及び全国障がい者スポーツ大会)
第二六条　国民スポーツ大会は、公益財団法人日本スポーツ協会(昭和二年八月八日に財団法人大日本体育協会という名称で設立された法人をいう。以下同じ。)、国及び開催地の都道府県が共同して開催するものとし、これらの開催者が定める方法により選出された選手が参加して総合的に運動競技をするものとする。
2　全国障がい者スポーツ大会は、財団法人日本障がい者スポーツ協会(昭和四十年五月二四日に財団法人日本身体障がい者スポーツ協会という名称で設立された法人をいう。以下同じ。)、国及び開催地の都道府県が共同して開催するものとし、これらの開催者が定める方法により選出された選手が参加して総合的に運動競技をするものとする。
3　国は、国民スポーツ大会及び全国障がい者スポーツ大会の円滑な実施及び運営に資するため、これらの開催者である公益財団法人日本スポーツ協会又は財団法人日本障がい者スポーツ協会及び開催地の都道府県に対し、必要な援助を行うものとする。

(国際競技大会の招致又は開催の支援等)
第二七条　国は、国際競技大会の我が国への招致又はその開催が円滑になされるよう、環境の保全に留意しつつ、そのための社会的気運の醸成、当該招致又は開催に必要な資金の確保、国際競技大会に参加する外国人の受入れ等に必要な特別の措置を講ずるものとする。
2　国は、公益財団法人日本オリンピック委員

会（平成元年八月七日に財団法人日本オリンピック委員会という名称で設立された法人をいう。）、財団法人日本障がい者スポーツ協会その他のスポーツ団体が行う国際的な規模のスポーツの振興のための事業に関し必要な措置を講ずるに当たっては、当該スポーツ団体との緊密な連絡を図るものとする。

（企業、大学等によるスポーツへの支援）

第二八条　国は、スポーツの普及又は競技水準の向上を図る上で企業のスポーツチーム等が果たす役割の重要性に鑑み、企業、大学等によるスポーツへの支援に必要な施策を講ずるものとする。

（ドーピング防止活動の推進）

第二九条　国は、スポーツにおけるドーピングの防止に関する国際規約に従ってドーピングの防止活動を実施するため、公益財団法人日本アンチ・ドーピング機構（平成一三年九月一六日に財団法人日本アンチ・ドーピング機構という名称で設立された法人をいう。）と連携を図りつつ、ドーピングの検査、ドーピングの防止に関する教育及び啓発その他のドーピングの防止活動の実施に係る体制の整備、国際的なドーピングの防止に関する機関等への支援その他の必要な施策を講ずるものとする。

第四章　スポーツの推進に係る体制の整備

（スポーツ推進会議）

第三〇条　政府は、スポーツに関する施策の総合的、一体的かつ効果的な推進を図るため、スポーツ推進会議を設け、文部科学省及び厚生労働省、経済産業省、国土交通省その他の関係行政機関相互の連絡調整を行うものとする。

（都道府県及び市町村のスポーツ推進審議会等）

第三一条　都道府県及び市町村に、地方スポーツ推進計画その他のスポーツの推進に関する重要事項を調査審議させるため、条例で定めるところにより、審議会その他の合議制の機関（以下「スポーツ推進審議会等」という。）を置くことができる。

（スポーツ推進委員）

第三二条　市町村の教育委員会（特定地方公共団体にあっては、その長）は、当該市町村におけるスポーツの推進に係る体制の整備を図るため、社会的信望があり、スポーツに関する深い関心と理解を有し、及び次項に規定する職務を行うのに必要な熱意と能力を有する者の中から、スポーツ推進委員を委嘱するものとする。

2　スポーツ推進委員は、当該市町村におけるスポーツの推進のため、教育委員会規則（特定地方公共団体にあっては、地方公共団体の規則）の定めるところにより、スポーツの推進のための事業の実施に係る連絡調整並びに住民に対するスポーツの実技の指導その他スポーツに関する指導及び助言を行うものとする。

3　スポーツ推進委員は、非常勤とする。

第五章　国の補助等

（国の補助）

第三三条　国は、地方公共団体に対し、予算の範囲内において、政令で定めるところにより、次に掲げる経費について、その一部を補助する。

一　国民スポーツ大会及び全国障がい者スポーツ大会の実施及び運営に要する経費であって、これらの開催地の都道府県において要するもの

二　その他スポーツの推進のために地方公共団体が行う事業に要する経費であって特に必要と認められるもの

2　国は、学校法人に対し、その設置する学校のスポーツ施設の整備に要する経費について、予算の範囲内において、その一部を補助することができる。この場合においては、私立学校振興助成法（昭和五十年法律第六一号）第一一条から第一三条までの規定の適用があるものとする。

3　国は、スポーツ団体であってその行う事業が我が国のスポーツの振興に重要な意義を有すると認められるものに対し、当該事業に関し必要な経費について、予算の範囲内において、その一部を補助することができる。

（地方公共団体の補助）

第三四条　地方公共団体は、スポーツ団体に対し、その行うスポーツの振興のための事業に関し必要な経費について、その一部を補助することができる。

（審議会等への諮問等）

第三五条　国又は地方公共団体が第三三条第三項又は前条の規定により社会教育関係団体（社会教育法（昭和二四年法律第二〇七号）第一〇条に規定する社会教育関係団体をいう。）であるスポーツ団体に対し補助金を交付しようとする場合には、あらかじめ、国にあっては文部科学大臣が第九条第二項の政令で定める審議会等の、地方公共団体にあっては教育委員会（特定地方公共団体におけるスポーツに関する事務（学校における体育に関する事務を除く。）に係る補助金の交付については、その長）がスポーツ推進審議会等その他の合議制の機関の意見を聴かなければならない。

この意見を聴いた場合においては、同法第一三条の規定による意見を聴くことを要しない。

理由

スポーツに関する施策を総合的かつ計画的に推進し、もって国民の心身の健全な発達、明るく豊かな国民生活の形成、活力ある社会の実現及び国際社会の調和ある発展に寄与するため、スポーツに関し、基本理念を定め、並びに国及び地方公共団体の責務並びにスポーツ団体の努力等を明らかにするとともに、スポーツに関する施策の基本となる事項を定める必要がある。これが、この法律案を提出する理由である。

附則

（施行期日）

第一条 この法律は、公布の日から起算して六月を超えない範囲内において政令で定める日から施行する。

（スポーツに関する施策を総合的に推進するための行政組織の在り方の検討）

第二条 政府は、スポーツに関する施策を総合的に推進するため、スポーツ庁及びスポーツに関する審議会等の設置等行政組織の在り方について、政府の行政改革の基本方針との整合性に配慮して検討を加え、その結果に基づいて必要な措置を講ずるものとする。

（スポーツの振興に関する計画に関する経過措置）

第三条 この法律の施行の際に改正前のスポーツ振興法第四条の規定により策定されている同条第一項に規定するスポーツの振興に関する基本的計画又は同条第三項に規定するスポーツの振興に関する計画は、それぞれ改正後のスポーツ基本法第九条又は第一〇条の規定により策定されたスポーツ基本計画又は地方スポーツ推進計画とみなす。

（スポーツ推進委員に関する経過措置）

第四条 この法律の施行の際に改正前のスポーツ振興法第一九条第一項の規定により委嘱されている体育指導委員は、改正後のスポーツ基本法第三二条第一項の規定により委嘱されたスポーツ推進委員とみなす。

（地方税法の一部改正）

第五条 地方税法（昭和二五年法律第二二六号）の一部を次のように改正する。

第七五条の三第一号中「スポーツ振興法（昭和三六年法律第一四一号）第六条第一項」を「スポーツ基本法（平成二三年法律第七八号）第二六条第一項」に改める。

（放送大学学園法の一部改正）

第六条 放送大学学園法（平成一四年法律第一五六号）の一部を次のように改正する。

第一七条第四号中「スポーツ振興法（昭和三六年法律第一四一号）第二〇条第二項」を「スポーツ基本法（平成二三年法律第七八号）第三三条第二項」に改める。

（沖縄科学技術大学院大学学園法の一部改正）

第七条 沖縄科学技術大学院大学学園法（平成二一年法律第七六号）の一部を次のように改正する。

第二〇条第四号中「スポーツ振興法（昭和三六年法律第一四一号）第二〇条第二項」を「スポーツ基本法（平成二三年法律第七八号）第三三条第二項」に改める。

附則（平成二四年八月二二日法律第六七号）抄

この法律は、子ども・子育て支援法の施行の日から施行する。ただし、次の各号に掲げる規定は、当該各号に定める日から施行する。

一　第二五条及び第七三条の規定　公布の日

附則（平成二六年六月二〇日法律第七六号）抄

（施行期日）

第一条 この法律は、平成二七年四月一日から施行する。

（政令への委任）

第二二条 この附則に規定するもののほか、この法律の施行に関し必要な経過措置は、政令で定める。

附則（平成三〇年六月二〇日法律第五六号）抄

（施行期日）

1　この法律は、平成三五年一月一日から施行する。ただし、第二六条第一項の改正規定（「国民体育大会」を「国民スポーツ大会」に改める部分を除く。）、同条第二項の改正規定及び同条第三項の改正規定（「国民体育大会」を「国民スポーツ大会」に改める部分を除く。）並びに第二七条第二項の改正規定は、公布の日から施行する。

附則（平成三〇年六月二〇日法律第五七号）抄

（施行期日）

1　この法律は、平成三二年一月一日から施行する。

〔平成三〇年法律五六号により、平成三五年一月一日から第二六条の見出しは国民スポーツ大会となる。〕

〔参考〕スポーツ振興法

昭和36年〔1961〕6月16日法律第141号
最終改正　平成19年〔2007〕6月27日
　　　　　法律第97号

〔1961年に制定され、長らく日本におけるスポーツ振興の基本となっていた。2011年に全面改正され名前も「スポーツ基本法」に改められた。読者の利便を思量し、ここに登載する。〕

第一章　総則

(目的)
第一条　この法律は、スポーツの振興に関する施策の基本を明らかにし、もつて国民の心身の健全な発達と明るく豊かな国民生活の形成に寄与することを目的とする。
2　この法律の運用に当たつては、スポーツをすることを国民に強制し、又はスポーツを前項の目的以外の目的のために利用することがあつてはならない。

(定義)
第二条　この法律において「スポーツ」とは、運動競技及び身体運動(キャンプ活動その他の野外活動を含む。)であつて、心身の健全な発達を図るためにされるものをいう。

(施策の方針)
第三条　国及び地方公共団体は、スポーツの振興に関する施策の実施に当たつては、国民の間において行なわれるスポーツに関する自発的な活動に協力しつつ、ひろく国民があらゆる機会とあらゆる場所において自主的にその適性及び健康状態に応じてスポーツをすることができるような諸条件の整備に努めなければならない。
2　この法律に規定するスポーツの振興に関する施策は、営利のためのスポーツを振興するためのものではない。

(計画の策定)
第四条　文部大臣は、スポーツの振興に関する基本的計画を定めるものとする。
2　文部大臣は、前項の基本的計画を定めるについては、あらかじめ、保健体育審議会の意見をきかなければならない。
3　都道府県及び市(特別区を含む。以下同じ。)町村の教育委員会は、第一項の基本的計画を参しやくして、その地方の実情に即したスポーツの振興に関する計画を定めるものとする。
4　都道府県及びスポーツ振興審議会が置かれている市町村の教育委員会は、前項の計画を定めるについては、あらかじめ、スポーツ振興審議会の意見をきかなければならない。

第二章　スポーツの振興のための措置

(スポーツの日)
第五条　国民の間にひろくスポーツについての理解と関心を深めるとともに積極的にスポーツをする意欲を高揚するため、スポーツの日を設ける。
2　スポーツの日は、一〇月の第一土曜日とする。
3　国及び地方公共団体は、スポーツの日の趣旨にふさわしい事業を実施するとともに、この日において、ひろく国民があらゆる地域及び職域でそれぞれその生活の実情に即してスポーツをすることができるような行事が実施されるよう、必要な措置を講じ、及び援助を行なうものとする。

(国民体育大会)
第六条　国民体育大会は、財団法人日本体育協会、国及び開催地の都道府県が共同して開催する。
2　国民体育大会においては、都道府県ごとに選出された選手が参加して総合的に運動競技をするものとする。
3　国は、国民体育大会の円滑な運営に資するため、財団法人日本体育協会及び開催地の都道府県に対し、必要な援助を行なうものとする。

(スポーツ行事の実施及び奨励)
第七条　地方公共団体は、ひろく住民が自主的かつ積極的に参加できるような運動会、競技会、運動能力テスト、スポーツ教室等のスポーツ行事を実施するように努め、かつ、団体その他の者がこれらの行事を実施するよう奨励しなければならない。
2　国は、地方公共団体に対し、前項の行事の実施に関し必要な援助を行なうものとする。

(青少年スポーツの振興)
第八条　国及び地方公共団体は、青少年スポーツの振興に関し特別の配慮をしなければならない。

(職場スポーツの奨励)
第九条　国及び地方公共団体は、勤労者が勤労の余暇を利用して積極的にスポーツをすることができるようにするため、職場スポーツの奨励に必要な措置を講ずるよう努めなければならない。

(野外活動の普及奨励)
第一〇条　国及び地方公共団体は、心身の健全な発達のために行なわれる徒歩旅行、自転車旅

(指導者の充実)
第一一条　国及び地方公共団体は、スポーツの指導者の養成及びその資質の向上のため、講習会、研究集会等の開催その他の必要な措置を講ずるよう努めなければならない。

(施設の整備)
第一二条　国及び地方公共団体は、体育館、水泳プールその他の政令で定めるスポーツ施設（スポーツの設備を含む。以下同じ。）が政令で定める基準に達するよう、その整備に努めなければならない。

(学校施設の利用)
第一三条　国及び地方公共団体は、その設置する学校の教育に支障のない限り、当該学校のスポーツ施設を一般のスポーツのための利用に供するよう努めなければならない。

2　国及び地方公共団体は、前項の利用を容易にさせるため、当該学校の施設（設備を含む。）の補修等に関し適切な措置を講ずるよう努めなければならない。

(スポーツの水準の向上のための措置)
第一四条　国及び地方公共団体は、わが国のスポーツの水準を国際的に高いものにするため、必要な措置を講ずるよう努めなければならない。

(顕彰)
第一五条　国及び地方公共団体は、スポーツの優秀な成績を収めた者及びスポーツの振興に寄与した者の顕彰に努めなければならない。

(スポーツ事故の防止)
第一六条　国及び地方公共団体は、登山事故、水泳事故その他のスポーツ事故を防止するため、施設の整備、指導者の養成、事故防止に関する知識の普及その他の必要な措置を講ずるよう努めなければならない。

(科学的研究の促進)
第一七条　国は、医学、生理学、心理学、力学その他の諸科学を総合して、スポーツに関する実際的、基礎的研究を促進するよう努めるものとする。

第三章　スポーツ振興審議会及び体育指導委員

(スポーツ振興審議会)
第一八条　都道府県に、スポーツ振興審議会を置く。

2　市町村に、スポーツ振興審議会を置くことができる。

3　スポーツ振興審議会は、第四条第四項に規定するもののほか、都道府県の教育委員会若しくは知事又は市町村の教育委員会の諮問に応じて、スポーツの振興に関する重要事項について調査審議し、及びこれらの事項に関して都道府県の教育委員会若しくは知事又は市町村の教育委員会に建議する。

4　スポーツ振興審議会の委員は、スポーツに関する学識経験のある者及び関係行政機関の職員の中から、教育委員会が任命する。この場合において、都道府県の教育委員会は知事の、市町村の教育委員会はその長の意見をきかなければならない。

5　第一項から前項までに定めるもののほか、スポーツ振興審議会の委員の定数、任期その他スポーツ振興審議会に関し必要な事項については、条例で定める。

(体育指導委員)
第一九条　市町村の教育委員会に、体育指導委員を置く。

2　体育指導委員は、教育委員会規則の定めるところにより、当該市町村におけるスポーツの振興のため、住民に対し、スポーツの実技の指導その他スポーツに関する指導、助言を行なうものとする。

3　体育指導委員は、社会的信望があり、スポーツに関する深い関心と理解をもち、及びその職務を行なうのに必要な熱意と能力をもつ者の中から、教育委員会が任命する。

4　体育指導委員は、非常勤とする。

第四章　国の補助等

(国の補助)
第二〇条　国は、地方公共団体に対し、予算の範囲内において、政令で定めるところにより、次の各号に掲げる経費について、その一部を補助する。この場合において、国の補助する割合は、それぞれ当該各号に掲げる割合によるものとする。

一　地方公共団体の設置する学校の水泳プールその他の政令で定めるスポーツ施設の整備に要する経費……三分の一

二　地方公共団体の設置する一般の利用に供するための体育館、水泳プールその他の政令で定めるスポーツ施設の整備に要する経費……三分の一

三　都道府県が行なうスポーツの指導者の養成及びその資質の向上のための講習に要する経費……二分の一

四　都道府県の教育委員会の推せんに基づいて文部大臣が指定する市町村が行なう青少年スポーツの振興のための事業に要する経

費……二分の一
2　国は、地方公共団体に対し、予算の範囲内において、政令で定めるところにより、次の各号に掲げる経費について、その一部を補助する。
　一　国民体育大会の運営に要する経費であつてその開催地の都道府県において要するもの
　二　その他スポーツの振興のために地方公共団体が行なう事業に要する経費であつて特に必要と認められるもの
3　国は、学校法人に対し、その設置する学校のスポーツ施設の整備に要する経費について、予算の範囲内において、その一部を補助することができる。この場合においては、私立学校法（昭和二四年法律第二七〇号）第五九条第二項から第六項までの規定の適用があるものとする。
4　国は、スポーツの振興のための事業を行なうことを主たる目的とする団体であつて当該事業がわが国のスポーツの振興に重要な意義を有すると認められるものに対し、当該事業に関し必要な経費について、予算の範囲内において、その一部を補助することができる。

(他の法律との関係)
第二一条　前条第一項から第三項までの規定は、他の法律の規定に基づき国が負担し、又は補助する経費については、適用しない。

(地方公共団体の補助)
第二二条　地方公共団体は、スポーツの振興のための事業を行なうことを主たる目的とする団体に対し、当該事業に関し必要な経費についてその一部を補助することができる。

(保健体育審議会への諮問等)
第二三条　国又は地方公共団体が第二〇条第四項又は前条の規定により団体に対し補助金を交付しようとする場合には、あらかじめ、国にあつては文部大臣が保健体育審議会の、地方公共団体にあつては教育委員会がスポーツ振興審議会の意見をきかなければならない。この意見をきいた場合においては、社会教育法（昭和二四年法律第二〇七号）第一三条の規定による社会教育審議会又は社会教育委員の会議の意見をきくことを要しない。

スポーツにおけるドーピングの防止活動の推進に関する法律

平成30年〔2018年〕6月13日法律第58号
同年6月20日公布

第一章　総則

(目的)
第一条　この法律は、スポーツ基本法（平成二三年法律第七八号）及びスポーツにおけるドーピングの防止に関する国際規約（以下「国際規約」という。）の趣旨にのっとり、ドーピング防止活動の推進に関し、基本理念を定め、国の責務等を明らかにするとともに、基本方針の策定その他の必要な事項を定めることにより、ドーピング防止活動に関する施策を総合的に推進し、もってスポーツを行う者の心身の健全な発達及びスポーツの発展に寄与することを目的とする。

(定義)
第二条　この法律において「国際競技大会等出場スポーツ選手」とは、国際競技大会等（オリンピック競技大会、パラリンピック競技大会その他の国際的な規模のスポーツの競技会及び全国的な規模のスポーツの競技会をいう。第一五条第一項において同じ。）に出場し、又は出場しようとするスポーツ選手（プロスポーツの選手を含む。）をいう。
2　この法律において「スポーツ競技会運営団体」とは、スポーツの振興のための事業を行うことを主たる目的とする団体であって、スポーツの競技会の準備及び運営を行うものをいう。
3　この法律において「スポーツにおけるドーピング」とは、禁止物質（スポーツ選手の競技に関する能力を不当に向上させる効果を有するためスポーツにおける使用を禁止すべき物質として文部科学省令で定める物質をいう。）の国際競技大会等出場スポーツ選手に対する使用その他の国際競技大会等出場スポーツ選手の競技に関する能力を不当に向上させると認められる行為（以下この項において「禁止物質の使用等」という。）、禁止物質の使用等の目的でこれに用いられる薬品その他の物品を所持する行為、ドーピングの検査（禁止物質の使用等に係る検査に関する計画の立案、国際競技大会等出場スポーツ選手からの検体の採取、当該検体の保管及び当該検体の輸送

を含む。以下同じ。）を妨げる行為その他の国際規約に違反する行為として文部科学省令で定める行為をいう。

4　この法律において「ドーピング防止活動」とは、ドーピングの検査、スポーツにおけるドーピングの防止に関する教育及び啓発その他のスポーツにおけるドーピングの防止に必要な活動をいう。

(基本理念)
第三条　ドーピング防止活動は、スポーツにおける公正性及びスポーツを行う者の心身の健康の保持増進が確保されることを旨として、推進されなければならない。

2　ドーピング防止活動は、ドーピングの検査における公平性及び透明性が確保されるよう推進されなければならない。

3　ドーピング防止活動は、スポーツ競技会運営団体の自主性及び自律性が確保されるよう推進されなければならない。

4　ドーピング防止活動は、スポーツの多様性に配慮しつつ推進されなければならない。

(スポーツにおけるドーピングの禁止)
第四条　国際競技大会等出場スポーツ選手は、不正の目的をもって、自己のためにスポーツにおけるドーピングを行い、又は他の国際競技大会等出場スポーツ選手のためにスポーツにおけるドーピングを行い、若しくは助けてはならない。

2　国際競技大会等出場スポーツ選手に対して指導又は訓練を行う者、国際競技大会等出場スポーツ選手が属するチームの業務に従事する者、国際競技大会等出場スポーツ選手に対して医療を提供する医師その他の国際競技大会等出場スポーツ選手の支援を行う者は、不正の目的をもって、国際競技大会等出場スポーツ選手のためにスポーツにおけるドーピングを行い、又は助けてはならない。

(国の責務)
第五条　国は、第三条の基本理念（以下単に「基本理念」という。）にのっとり、ドーピング防止活動の推進に関する施策を総合的に策定し、及び実施する責務を有する。

(日本スポーツ振興センターの役割)
第六条　独立行政法人日本スポーツ振興センター（以下「センター」という。）は、国及び公益財団法人日本アンチ・ドーピング機構（平成一三年九月一六日に財団法人日本アンチ・ドーピング機構という名称で設立された法人をいう。以下「日本アンチ・ドーピング機構」という。）と連携し、ドーピング防止活動における中核的な機関として積極的な役割を果たすものとする。

(スポーツ競技会運営団体の努力)
第七条　スポーツ競技会運営団体は、基本理念にのっとり、ドーピング防止活動に主体的かつ積極的に取り組むよう努めるものとする。

(関係者相互の連携及び協働)
第八条　国、センター、日本アンチ・ドーピング機構、スポーツ競技会運営団体及び民間事業者その他の関係者は、基本理念の実現を図るため、相互に連携を図りながら協働するよう努めなければならない。

(地方公共団体の努力義務)
第九条　地方公共団体は、基本理念にのっとり、ドーピング防止活動の推進に関し、国との適切な役割分担を踏まえて、その地方公共団体の地域の状況に応じた施策を策定し、及び実施するよう努めなければならない。

(法制上の措置等)
第一〇条　政府は、ドーピング防止活動の推進に関する施策を実施するため必要な法制上又は財政上の措置その他の措置を講じなければならない。

第二章　基本方針

第一一条　文部科学大臣は、ドーピング防止活動に関する施策を総合的に推進するための基本的な方針（以下この条において「基本方針」という。）を定めなければならない。

2　基本方針は、ドーピング防止活動を推進するための基本的な事項その他必要な事項について定めるものとする。

3　文部科学大臣は、基本方針を定め、又は変更しようとするときは、関係行政機関の長に協議するものとする。

4　文部科学大臣は、基本方針を定め、又は変更したときは、遅滞なく、これを公表するものとする。

第三章　基本的施策

(人材の育成及び確保)
第一二条　国は、ドーピングの検査を行う者、これを補助する者その他のドーピング防止活動を担う人材の育成及び確保が図られるよう、ドーピング防止活動に関する教育及び研修の実施その他の必要な施策を講ずるものとする。

(研究開発の促進)
第一三条　国は、大学その他の研究機関が行うドーピング防止活動に関する研究開発を促進するために必要な施策を講ずるものとする。

(教育及び啓発の推進等)
第一四条　国及び地方公共団体は、ドーピング防止活動に関する国民の理解と関心を深めるよう、ドーピング防止活動に関する教育及び啓

発の推進その他の必要な施策を講ずるものとする。
2 国は、ドーピング防止活動に資するよう、医師、歯科医師、薬剤師その他の医療従事者に対する情報の提供、研修の機会の確保その他の必要な施策を講ずるものとする。

(情報の共有等)
第一五条 国は、我が国における国際競技大会等の開催が円滑になされるよう、国の行政機関、センター、日本アンチ・ドーピング機構及び国際的なスポーツにおけるドーピングの防止に関する機関の間におけるスポーツにおけるドーピングに関する情報の共有を図るために必要な施策を講ずるものとする。
2 文部科学大臣は、この法律の目的を達成するため必要があると認めるときは、関係行政機関の長に対し、資料又は情報の提供その他の必要な協力を求めることができる。

(国際協力の推進等)
第一六条 国は、前条第一項に定めるもののほか、ドーピング防止活動に関する国際協力を推進するとともに、センター及び日本アンチ・ドーピング機構が国際的なスポーツにおけるドーピングの防止に関する機関との連携を図るために必要な施策を講ずるものとする。

スポーツ振興投票の実施等に関する法律

平成10年〔1998年〕5月20日法律第六三号
最終改正 平成28年〔2016年〕5月13日公布
　　　　　法律第35号

第一章　総則

(目的)
第一条 この法律は、スポーツの振興のために必要な資金を得るため、スポーツ振興投票の実施等に関する事項を定め、もってスポーツの振興に寄与することを目的とする。

(定義)
第二条 この法律において「スポーツ振興投票」とは、サッカーの複数の試合の結果についてあらかじめ発売されたスポーツ振興投票券によって投票をさせ、当該投票とこれらの試合の結果との合致の割合が文部科学省令で定める割合(以下「合致の割合」という。)に該当したスポーツ振興投票券を所有する者に対して、合致の割合ごとに一定の金額を払戻金として交付することをいう。

(スポーツ振興投票の施行)
第三条 独立行政法人日本スポーツ振興センター(以下「センター」という。)は、この法律で定めるところにより、スポーツ振興投票を行うことができる。

第二章　スポーツ振興投票の対象となる試合

(対象試合)
第四条 スポーツ振興投票の対象となる試合は、第二三条第一項の規定による指定を受けた法人(次条、第一〇条第二項第一号及び第二号並びに第一二条において「機構」という。)が開催する第二四条第一号に規定するサッカーの試合(次条、第五条の二、第七条第一項及び第一〇条第二項第四号において「対象試合」という。)とする。

(登録)
第五条 対象試合に出場する選手、監督及びコーチ(専ら競技に関し指導及び助言を行う者をいう。以下同じ。)並びに対象試合の審判員は、文部科学省令で定めるところにより、機構に登録された者でなければならない。
2 機構は、対象試合の公正な実施を確保するため必要があると認めるときは、文部科学省令

で定めるところにより、前項の規定による登録を抹消することができる。
（特定対象試合）
第五条の二　センターは、対象試合のほか、サッカーの試合を通じてスポーツの振興を図ることを目的とする組織で文部科学大臣が指定するものが開催するサッカーの試合で文部科学省令で定める基準に適合するもの（第七条第三項、第一〇条第三項第四号及び第四〇条第一項第二号において「特定対象試合」という。）をスポーツ振興投票の対象とすることができる。

第三章　スポーツ振興投票の実施

（スポーツ振興投票の実施回数）
第六条　センターは、文部科学省令で定める年間の実施回数の範囲を超えてスポーツ振興投票を実施してはならない。
（試合の指定等）
第七条　センターは、文部科学省令で定めるところにより、実施するスポーツ振興投票ごとに、あらかじめ、対象試合のうちからそのスポーツ振興投票の対象となる試合を指定するものとする。
2　センターは、前項の指定をしたときは、文部科学省令で定めるところにより、指定の内容その他必要な事項を公示しなければならない。
3　前二項の規定は、特定対象試合に係るスポーツ振興投票に準用する。この場合において、第一項中「あらかじめ」とあるのは、「あらかじめ、そのスポーツ振興投票の対象となる試合の数が三を下回らない数となるよう」と読み替えるものとする。
（スポーツ振興投票券の発売等）
第八条　センターは、券面金額一〇〇円のスポーツ振興投票券を券面金額で発売することができる。
2　センターは、前項のスポーツ振興投票券二枚分以上を一枚で代表するスポーツ振興投票券を発売することができる。
3　スポーツ振興投票券に記載する事項その他スポーツ振興投票券に関し必要な事項は、文部科学省令で定める。
（スポーツ振興投票券の購入等の禁止）
第九条　一九歳に満たない者は、スポーツ振興投票券を購入し、又は譲り受けてはならない。
第一〇条　次の各号のいずれかに該当する者は、スポーツ振興投票券を購入し、又は譲り受けてはならない。
一　スポーツ振興投票に関係する政府職員
二　センターの役員及びスポーツ振興投票に関係するセンターの職員

2　次の各号のいずれかに該当する者は、第七条第一項の規定により指定された個々の試合（第一二条、第一七条第一項、第三二条、第三七条、第三八条、第四一条及び第四二条において「指定試合」という。）に係るスポーツ振興投票券を購入し、又は譲り受けてはならない。
一　機構の役員及び職員
二　第二四条第一号に規定するサッカーチームを保有する機構の社員（その社員が法人である場合には、その法人の役員）
三　第五条第一項の規定による登録を受けた選手、監督、コーチ及び審判員
四　天候の悪化その他やむを得ない事由により対象試合の中止を決定し、又はその決定に関与する権限を有する者（前三号に掲げる者を除く。）
3　次の各号のいずれかに該当する者は、第七条第三項において準用する同条第一項の規定により指定された個々の試合（以下この項、第一二条の二、第一三条、第一七条第一項、第三二条、第四〇条第一項第二号及び第四一条において「特定指定試合」という。）であって当該各号に定めるものに係るスポーツ振興投票券を購入し、又は譲り受けてはならない。
一　サッカーの試合を通じてスポーツの振興を図ることを目的とする組織で第五条の二の指定を受けたもの（以下この項及び第四〇条第一項第二号において「指定組織」という。）の役員及び職員　当該指定組織が開催する特定指定試合
二　指定組織が開催するサッカーの試合に係るサッカーチームを編成し、又は保有する者（その者が法人である場合には、その法人の役員）　当該指定組織が開催する特定指定試合
三　指定組織がその開催するサッカーの試合に出場することができる者を確定するために行う登録を受けた選手、監督及びコーチ並びに当該試合の審判員として登録を受けた者　当該指定組織が開催する特定指定試合
四　天候の悪化その他やむを得ない事由により特定対象試合の中止を決定し、又はその決定に関与する権限を有する者（前三号に掲げる者を除く。）　当該特定対象試合を開催する指定組織が開催する特定指定試合

（スポーツ振興投票券の再交付）
第一一条　スポーツ振興投票券は、再交付しない。
（指定試合の結果の通知）
第一二条　機構は、文部科学省令で定めるところ

により、指定試合の結果を確定し、その全てが確定した日から一〇日以内に、それをセンターに通知しなければならない。
(特定指定試合の結果の確認等)
第一二条の二　センターは、文部科学省令で定めるところにより、特定指定試合の結果について確認しなければならない。
2　次条の払戻金の交付を開始するまでの間において、特定指定試合にその公正を害する行為があったと明らかに認められるときその他文部科学省令で定める事由に該当することとなったときは、当該特定指定試合は開催されなかったものとみなす。
(払戻金の交付)
第一三条　センターは、第一二条の規定による通知を受けたとき又は前条第一項の規定により特定指定試合の結果を確認したときは、文部科学省令で定めるところにより、スポーツ振興投票券の売上金額(スポーツ振興投票券の発売金額から第一七条第三項の返還金の総額を差し引いた金額をいう。以下同じ。)に二分の一を超えない範囲内において政令で定める率を乗じて得た金額を合致の割合ごとに配分し、当該配分した金額にそれぞれ次条の加算金を加えた金額(以下「配分金額」という。)を合致の割合ごとに各合致投票券(合致の割合に該当するスポーツ振興投票券をいう。以下同じ。)にあん分した金額(当該あん分した金額がスポーツ振興投票券の券面金額に満たない場合にあっては当該券面金額とし、当該あん分した金額が合致の割合ごとに政令で定める金額(以下この条及び次条第二項において「払戻金の最高限度額」という。)を超える場合にあっては払戻金の最高限度額とする。)を、合致投票券と引換えに、これを所有する者に払戻金として交付する。
(加算金)
第一四条　前条の規定により配分金額を算出した場合において、いずれかの合致の割合について合致投票券がないときは、その合致の割合に係る配分金額は、次回のスポーツ振興投票におけるその合致の割合に係る加算金とする。
2　前条の規定により配分金額を各合致投票券にあん分した金額が払戻金の最高限度額を超える場合においては、当該超える部分の金額の合致の割合ごとの総額は、次回のスポーツ振興投票におけるその合致の割合に係る加算金とする。
(端数処理)
第一五条　第一三条の払戻金を交付する場合において、その金額に一円未満の端数があるときは、その端数を切り捨てる。

2　前項の規定により端数を切り捨てることによって生じた金額は、センターの収入とする。
(所得税の非課税)
第一六条　第一三条の払戻金については、所得税を課さない。
(スポーツ振興投票券の発売の特例)
第一七条　指定試合又は特定指定試合の開催が文部科学省令で定める数に満たなかったときその他文部科学省令で定める事由に該当することとなったときは、その指定試合又は特定指定試合に係るスポーツ振興投票券は、発売されなかったものとみなす。
2　スポーツ振興投票券の発売金額の全部又は一部を天災地変その他やむを得ない事由により合計することができなかったときは、その合計することができなかった発売金額に係るスポーツ振興投票券は、発売されなかったものとみなす。
3　センターは、前二項の規定により発売されなかったものとみなされたスポーツ振興投票券の券面金額に相当する金額を、そのスポーツ振興投票券と引換えに、これを所有する者に返還金として交付する。
(業務の委託等)
第一八条　センターは、文部科学省令で定めるところにより、スポーツ振興投票に係る業務のうち次に掲げる業務を銀行その他の政令で定める金融機関(以下この条において「銀行等」という。)に委託することができる。
一　スポーツ振興投票券の売りさばき
二　合致投票券及び前条第一項又は第二項の規定により発売されなかったものとみなされたスポーツ振興投票券の受領
三　第一三条の払戻金及び前条第三項の返還金の支払
四　前三号に掲げる業務に附帯する業務
2　銀行等は、他の法律の規定にかかわらず、前項の規定により委託を受けた業務を行うことができる。
3　銀行等が行う前項の業務の運営に関し必要な事項は、内閣府令、文部科学省令で定める。
(警察署長の措置等)
第一九条　遺失物法(平成一八年法律第七三号)の規定により合致投票券又は第一七条第一項若しくは第二項の規定により発売されなかったものとみなされたスポーツ振興投票券(以下この条において「合致投票券等」という。)を保管している警察署長は、その合致投票券等に係る第一三条の払戻金又は第一七条第三項の返還金(以下この条及び次条において「払戻金等」という。)の債権が時効により消滅するおそれがあるときは、センターに対

し、払戻金等の交付を請求しなければならない。
2　センターは、前項の規定による請求があったときは、第一三条又は第一七条第三項の規定にかかわらず、その請求をした警察署長に対し、合致投票券等と引換えに、払戻金等を交付しなければならない。
3　前二項の規定により警察署長が交付を受けた払戻金等に対する遺失物法及び民法（明治二九年法律第八九号）第二四〇条の規定の適用については、その払戻金等は、その警察署長が保管していた合致投票券等とみなす。

（払戻金等の債権の時効）
第二〇条　払戻金等の債権は、一年間行わないときは、時効によって消滅する。

第四章　スポーツ振興投票に係る収益の使途

（収益の使途）
第二一条　センターは、スポーツ振興投票に係る収益をもって、文部科学省令で定めるところにより、地方公共団体又はスポーツ団体（スポーツの振興のための事業を行うことを主たる目的とする団体をいう。以下この条及び第三〇条第三項において同じ。）が行う次の各号に掲げる事業に要する資金の支給に充てることができる。
　一　地域におけるスポーツの振興を目的とする事業を行うための拠点として設置する施設（設備を含む。以下この項において同じ。）の整備
　二　スポーツに関する競技水準の向上その他のスポーツの振興を目的とする国際的又は全国的な規模の事業を行うための拠点として設置する施設の整備
　三　前二号の施設におけるスポーツ教室、競技会等のスポーツ行事その他のこれらの施設において行うスポーツの振興を目的とする事業（その一環として行われる活動が独立行政法人日本スポーツ振興センター法（平成一四年法律第一六二号。以下「センター法」という。）第一五条第一項第二号及び第四号に該当する事業を除く。次号において同じ。）
　四　前号に掲げるもののほか、スポーツの指導者の養成及び資質の向上、スポーツに関する調査研究その他のスポーツの振興を目的とする事業
2　センターは、スポーツ振興投票に係る収益をもって、文部科学省令で定めるところにより、地方公共団体又はスポーツ団体が我が国で国際的な規模においてスポーツの競技会を開催する事業であって文部科学省令で定めるもの（以下この項において「特定事業」という。）に要する資金の支給に充てることができる。この場合においては、センターは、センター法第二七条第一項に規定するスポーツ振興基金の運用利益金をもって、特定事業に要する資金の支給に充ててはならない。
3　センターは、スポーツ振興投票に係る収益をもって、文部科学省令で定めるところにより、スポーツ団体が行うスポーツの振興を目的とする事業に要する資金の融通のため、銀行その他の金融機関に対し、資金の貸付けを行うことができる。
4　センターは、スポーツ振興投票に係る収益をもって、文部科学省令で定めるところにより、その行う第一項第二号から第四号までに規定する事業に要する経費に充て、及びセンター法第二七条第一項に規定するスポーツ振興基金に組み入れることができる。
5　センターは、第一項又は第二項の規定により地方公共団体又は地方公共団体の出資若しくは拠出に係るスポーツ団体に対する資金の支給の業務を行うに当たっては、その支給に充てる金額の総額がセンター法第二二条第一項に規定する収益の三分の一に相当する金額となるようにするものとする。

（国庫納付金）
第二二条　センターは、センター法第二二条第一項で定めるところにより、スポーツ振興投票に係る収益金の一部を国庫に納付しなければならない。

第五章　スポーツ振興投票対象試合開催機構

（機構の指定）
第二三条　文部科学大臣は、サッカーの試合を通じてスポーツの振興を図ることを目的とする一般社団法人であって、次条に規定する業務を公正かつ円滑に行うことができると認められるものを、その申請により、全国を通じて一に限り、スポーツ振興投票対象試合開催機構（以下「機構」という。）として指定することができる。
2　文部科学大臣は、前項の申請をした者が次の各号のいずれかに該当するときは、同項の規定による指定をしてはならない。
　一　この法律の規定により刑に処せられ、その執行を終わり、又は執行を受けることがなくなった日から二年を経過しない者であること。
　二　第二九条第一項の規定により指定を取り消され、その取消しの日から二年を経過し

三　その役員のうちに、第一号に該当する者があること。
3　文部科学大臣は、第一項の規定による指定をしたときは、機構の名称、住所及び事務所の所在地を公示しなければならない。
4　機構は、その名称、住所又は事務所の所在地を変更しようとするときは、あらかじめ、その旨を文部科学大臣に届け出なければならない。
5　文部科学大臣は、前項の規定による届出があったときは、その届出に係る事項を公示しなければならない。

(業務)
第二四条　機構は、次に掲げる業務を行うものとする。
　一　機構の社員の保有するサッカーチーム（選手としての役務の提供に対し報酬を得る者をその構成員とすることができるものに限る。）相互間におけるサッカーの試合を計画的かつ安定的に開催すること。
　二　第一二条の規定による試合の結果の確定及びその通知を行うこと。
　三　第一号のサッカーチームの選手、監督及びコーチ並びに同号のサッカーの試合の審判員について第五条の規定による登録及び登録の抹消を行うこと。
　四　第一号のサッカーの試合の競技規則を定めること。

(業務規程)
第二五条　機構は、あらかじめ、前条に規定する業務に関する規程（以下「業務規程」という。）を定め、文部科学大臣の認可を受けなければならない。これを変更しようとするときも、同様とする。
2　業務規程で定めるべき事項は、文部科学省令で定める。
3　文部科学大臣は、第一項の認可をした業務規程が前条に規定する業務の公正かつ円滑な実施上不適当なものとなったと認めるときは、その変更を命ずることができる。

(事業計画等)
第二六条　機構は、毎事業年度開始前に（第二三条第一項の規定による指定を受けた日の属する事業年度にあっては、その指定を受けた後遅滞なく）、文部科学省令で定めるところにより、その事業年度の事業計画書及び収支予算書を作成し、文部科学大臣に提出しなければならない。これを変更しようとするときも、同様とする。
2　機構は、文部科学省令で定めるところにより、毎事業年度経過後三月以内に、その事業年度の事業報告書及び収支決算書を作成し、文部科学大臣に提出しなければならない。

(役員の選任及び解任)
第二七条　機構の役員の選任及び解任は、文部科学大臣の認可を受けなければ、その効力を生じない。
2　文部科学大臣は、機構の役員が、この法律（この法律に基づく命令又は処分を含む。）若しくは業務規程に違反したとき、若しくは第二四条に規定する業務に関し著しく不適当な行為をしたとき、又はその在任により機構が第二三条第二項第三号に該当することとなるときは、機構に対し、その役員を解任すべきことを命ずることができる。

(監督命令)
第二八条　文部科学大臣は、この章の規定の施行に必要な限度において、機構に対し、第二四条に規定する業務に関し監督上必要な命令をすることができる。

(指定の取消し等)
第二九条　文部科学大臣は、機構が次の各号のいずれかに該当するときは、その指定を取り消すことができる。
　一　第二三条第二項第一号に該当するに至ったとき。
　二　第一二条、第二三条第四項、第二五条第一項又は第二六条の規定に違反したとき。
　三　第二五条第一項の認可を受けた業務規程によらないで第二四条に規定する業務を行ったとき。
　四　第二五条第三項、第二七条第二項又は前条の規定による命令に違反したとき。
　五　不正の手段により第二三条第一項の規定による指定を受けたとき。
2　文部科学大臣は、前項の規定により指定を取り消したときは、その旨を公示しなければならない。

第六章　雑則

(国会への報告等)
第三〇条　センターは、毎事業年度のスポーツ振興投票に係る収益の使途に関する報告書を作成し、当該事業年度の決算完結後二月以内に文部科学大臣に提出しなければならない。
2　文部科学大臣は、前項の報告書を受理したときは、これに意見を付けて、国会に報告しなければならない。
3　センターは、国民に対し、スポーツ振興投票の実施及びその収益の使途に関する情報を提供し、及び必要に応じ、スポーツ振興投票に係る収益から資金の支給を受けたスポーツ団体に対し、その資金の使途に関する情報の公

開を求めることにより、スポーツ振興投票がスポーツの振興に寄与していることについての国民の理解を深めるとともに、スポーツ振興投票に関する世論の動向等を的確に把握するものとする。

（スポーツ振興投票の実施の停止）
第三一条　文部科学大臣は、センターがこの法律（この法律に基づく命令を含む。）若しくはスポーツ振興投票に係るセンター法の規定（これに基づく命令又は処分を含む。）に違反し、又はスポーツ振興投票の実施につき公益に反し、若しくは公益に反するおそれのある行為をしたときは、センターに対し、スポーツ振興投票の実施の停止を命ずることができる。
2　文部科学大臣は、スポーツ振興投票の実施が児童、生徒等の教育に重大な悪影響を及ぼしていると認めるときは、センターに対し、スポーツ振興投票の実施の停止を命ずることができる。
3　文部科学大臣は、前項の規定による処分をしようとするときは、あらかじめ、審議会等（国家行政組織法（昭和二三年法律第一二〇号）第八条に規定する機関をいう。）で政令で定めるものの意見を聴かなければならない。

第七章　罰則

第三二条　第三条の規定による場合を除き、不特定又は多数の者に財産上の利益を提供させ、又は提供することを約させて指定試合又は特定指定試合の結果の予想をさせ、当該予想と当該指定試合又は当該特定指定試合の結果との合致に応じて財産上の利益を提供することを約して利益を図った者は、五年以下の懲役若しくは五〇〇万円以下の罰金に処し、又はこれを併科する。
第三三条　次の各号のいずれかに該当する者は、三年以下の懲役若しくは三〇〇万円以下の罰金に処し、又はこれを併科する。
　一　第一〇条第一項各号又は第二項各号のいずれかに該当する者であって前条の違反行為の相手方となったもの
　二　業としてスポーツ振興投票券の購入の委託を受け、又は財産上の利益を図る目的をもって不特定多数の者からスポーツ振興投票券の購入の委託を受けた者
第三四条　次の各号のいずれかに該当する者は、一〇〇万円以下の罰金に処する。
　一　第一〇条の規定に違反した者
　二　第一〇条第一項各号及び第二項各号に掲げる者以外の者であって第三二条の違反行為の相手方となったもの
第三五条　第九条又は第一〇条の規定に違反する行為があった場合において、その行為をした者がこれらの規定によりスポーツ振興投票券の購入又は譲受けを禁止されている者であることを知りながら、その違反行為の相手方となった者（その相手方がスポーツ振興投票券の発売者であるときは、その発売に係る行為をした者）は、五〇万円以下の罰金に処する。
第三六条　法人の代表者又は法人若しくは人の代理人、使用人その他の従業者が、その法人又は人の業務に関し、第三二条から前条までの違反行為をしたときは、行為者を罰するほか、その法人又は人に対して、各本条の罰金刑を科する。
第三七条　機構の役員若しくは職員又は第一〇条第二項第二号から第四号までに掲げる者（次条において「対象試合関係者」という。）が、その担当する第二四条に規定する業務に係る職務又はその関与する指定試合に関し、賄賂を収受し、又はその要求若しくは約束をしたときは、三年以下の懲役に処する。これによって不正な行為をし、又は相当の行為をしなかったときは、五年以下の懲役に処する。
第三八条　機構の役員若しくは職員又は対象試合関係者になろうとする者が、その担当すべき第二四条に規定する業務に係る職務又はその関与すべき指定試合に関し、請託を受けて、賄賂を収受し、又はその要求若しくは約束をしたときは、機構の役員若しくは職員又は対象試合関係者となった場合において、二年以下の懲役に処する。
2　機構の役員若しくは職員又は対象試合関係者であった者が、その在職中に請託を受けてその担当した第二四条に規定する業務に係る職務又はその関与した指定試合に関して不正な行為をし、又は相当の行為をしなかったことに関し、賄賂を収受し、又はその要求若しくは約束をしたときも、前項と同様とする。
第三九条　前二条の場合において、収受した賄賂は、没収する。その全部又は一部を没収することができないときは、その価額を追徴する。
第四〇条　次の各号のいずれかに該当する者は、三年以下の懲役又は三〇〇万円以下の罰金に処する。
　一　第三七条又は第三八条に規定する賄賂を供与し、又はその申込み若しくは約束をした者
　二　不正の利益を得るために指定組織の役員若しくは職員又は第一〇条第三項第二号から第四号までに掲げる者に対してその担当する特定対象試合の開催その他の政令で定める業務に係る職務又はその関与する特定指定試合に関して金銭その他の利益を供与

し、又はその申込み若しくは約束をした者
2　前項の罪を犯した者が自首したときは、その刑を減軽し、又は免除することができる。

第四一条　偽計又は威力を用いて指定試合又は特定指定試合の公正を害すべき行為をした者は、三年以下の懲役又は二〇〇万円以下の罰金に処する。

第四二条　指定試合においてその公正を害すべき方法による試合を共謀した者は、二年以下の懲役又は一〇〇万円以下の罰金に処する。

独立行政法人日本スポーツ振興センター法〔抜粋〕

平成14年〔2002年〕12月13日法律第162号
最終改正　平成29年〔2017年〕3月31日公布
　　　　　法律第8号

第一章　総則

(目的)
第一条　この法律は、独立行政法人日本スポーツ振興センターの名称、目的、業務の範囲等に関する事項を定めることを目的とする。

(名称)
第二条　この法律及び独立行政法人通則法(平成一一年法律第一〇三号。以下「通則法」という。)の定めるところにより設立される通則法第二条第一項に規定する独立行政法人の名称は、独立行政法人日本スポーツ振興センターとする。

(センターの目的)
第三条　独立行政法人日本スポーツ振興センター(以下「センター」という。)は、スポーツの振興及び児童、生徒、学生又は幼児(以下「児童生徒等」という。)の健康の保持増進を図るため、その設置するスポーツ施設の適切かつ効率的な運営、スポーツの振興のために必要な援助、小学校、中学校、義務教育学校、高等学校、中等教育学校、高等専門学校、特別支援学校、幼稚園、幼保連携型認定こども園又は専修学校(高等課程に係るものに限る。)(第一五条第一項第八号を除き、以下「学校」と総称する。)の管理下における児童生徒等の災害に関する必要な給付その他スポーツ及び児童生徒等の健康の保持増進に関する調査研究並びに資料の収集及び提供等を行い、もって国民の心身の健全な発達に寄与することを目的とする。

(中期目標管理法人)
第三条の二　センターは、通則法第二条第二項に規定する中期目標管理法人とする。

(資本金)
第五条　センターの資本金は、附則第四条第六項の規定により政府から出資があったものとされた金額とする。
2　政府は、必要があると認めるときは、予算で定める金額の範囲内において、センターに追加して出資することができる。この場合において、政府は、当該出資した金額の全部又は

一部が第二七条第一項のスポーツ振興基金に充てるべきものであるときは、その金額を示すものとする。
3 政府は、必要があると認めるときは、前項の規定にかかわらず、土地、建物その他の土地の定着物及びその建物に附属する工作物（第五項において「土地等」という。）を出資の目的として、センターに追加して出資することができる。
4 センターは、前二項の規定による政府の出資があったときは、その出資額により資本金を増加するものとする。
5 政府が出資の目的とする土地等の価額は、出資の日現在における時価を基準として評価委員が評価した価額とする。
6 評価委員その他前項に規定する評価に関し必要な事項は、政令で定める。

第三章　業務

（業務の範囲）
第一五条　センターは、第三条の目的を達成するため、次の業務を行う。
一　その設置するスポーツ施設及び附属施設を運営し、並びにこれらの施設を利用してスポーツの振興のため必要な業務を行うこと。
二　スポーツ団体（スポーツの振興のための事業を行うことを主たる目的とする団体をいう。）が行う次に掲げる活動に対し資金の支給その他の援助を行うこと。
　イ　スポーツに関する競技水準の向上を図るため計画的かつ継続的に行う合宿その他の活動
　ロ　国際的又は全国的な規模のスポーツの競技会、研究集会又は講習会の開催
三　優秀なスポーツの選手若しくは指導者が行う競技技術の向上を図るための活動又は優秀なスポーツの選手が受ける職業若しくは実際生活に必要な能力を育成するための教育に対し資金の支給その他の援助を行うこと。
四　国際的に卓越したスポーツの活動を行う計画を有する者が行うその活動に対し資金の支給その他の援助を行うこと。
五　投票法に規定する業務を行うこと。
六　スポーツを行う者の権利利益の保護、心身の健康の保持増進及び安全の確保に関する業務、スポーツにおけるドーピングの防止活動の推進に関する業務その他のスポーツに関する活動が公正かつ適切に実施されるようにするため必要な業務を行うこと。
七　学校の管理下における児童生徒等の災害（負傷、疾病、障害又は死亡をいう。以下同じ。）につき、当該児童生徒等の保護者（学校教育法（昭和二二年法律第二六号）第一六条に規定する保護者をいい、同条に規定する保護者のない場合における里親（児童福祉法（昭和二二年法律第一六四号）第二七条第一項第三号の規定により委託を受けた里親をいう。）その他の政令で定める者を含む。以下同じ。）又は当該児童生徒等のうち生徒若しくは学生が成年に達している場合にあっては当該生徒若しくは学生その他政令で定める者に対し、災害共済給付（医療費、障害見舞金又は死亡見舞金の支給をいう。以下同じ。）を行うこと。
八　スポーツ及び学校安全（学校（学校教育法第一条に規定する学校、就学前の子どもに関する教育、保育等の総合的な提供の推進に関する法律（平成一八年法律第七七号）第二条第七項に規定する幼保連携型認定こども園（第三〇条において「幼保連携型認定こども園」という。）及び学校教育法第一二四条に規定する専修学校（同法第一二五条第一項に規定する高等課程に係るものに限る。）をいう。以下この号において同じ。）における安全教育及び安全管理をいう。）その他の学校における児童生徒等の健康の保持増進に関する国内外における調査研究並びに資料の収集及び提供を行うこと。
九　前号に掲げる業務に関連する講演会の開催、出版物の刊行その他普及の事業を行うこと。
一〇　前各号に掲げる業務に附帯する業務を行うこと。
2 センターは、前項に規定する業務のほか、当該業務の遂行に支障のない範囲内で、同項第一号に掲げる施設を一般の利用に供する業務を行うことができる。

（災害共済給付及び免責の特約）
第一六条　災害共済給付は、学校の管理下における児童生徒等の災害につき、学校の設置者が、児童生徒等の保護者（児童生徒等のうち生徒又は学生が成年に達している場合にあっては当該生徒又は学生。次条第四項において同じ。）の同意を得て、当該児童生徒等についてセンターとの間に締結する災害共済給付契約により行うものとする。
2 前項の災害共済給付契約に係る災害共済給付の給付基準、給付金の支払の請求及びその支払並びに学校の管理下における児童生徒等の災害の範囲については、政令で定める。
3 第一項の災害共済給付契約には、学校の管理下における児童生徒等の災害について学校の

設置者の損害賠償責任が発生した場合において、センターが災害共済給付を行うことによりその価額の限度においてその責任を免れさせる旨の特約（以下「免責の特約」という。）を付することができる。
4　センターは、政令で定める正当な理由がある場合を除いては、第一項の規定により同項の災害共済給付契約を締結すること及び前項の規定により免責の特約を付することを拒んではならない。

（共済掛金）
第一七条　災害共済給付に係る共済掛金の額は、政令で定める額とする。
2　前条第三項の規定により同条第一項の災害共済給付契約に免責の特約を付した場合には、前項の規定にかかわらず、同項の額に政令で定める額を加えた額をもって同項の共済掛金の額とする。
3　センターとの間に前条第一項の災害共済給付契約を締結した学校の設置者は、政令で定めるところにより、第一項の共済掛金の額に当該災害共済給付契約に係る児童生徒等の数を乗じて得た額をセンターに対して支払わなければならない。
4　前項の学校の設置者は、当該災害共済給付契約に係る児童生徒等の保護者から、第一項の共済掛金の額（第二項の場合にあっては、同項の政令で定める額を控除した額）のうち政令で定める範囲内で当該学校の設置者の定める額を徴収する。ただし、当該保護者が経済的理由によって納付することが困難であると認められるときは、これを徴収しないことができる。
5　センターは、学校の設置者が第三項の規定による共済掛金を支払わない場合においては、政令で定めるところにより、当該災害共済給付契約に係る災害共済給付を行わないものとする。

（国の補助がある場合の共済掛金の支払）
第一八条　センターが第二九条第二項の規定により補助金の交付を受けた場合において、学校のうち公立の義務教育諸学校（小学校、中学校、義務教育学校、中等教育学校の前期課程又は特別支援学校の小学部若しくは中学部をいう。以下同じ。）の設置者が前条第三項の規定による支払をしていないときは、同項の規定によりその公立の義務教育諸学校の設置者が支払う額は、同項の額から政令で定める額を控除した額とし、同項の規定による支払をしているときは、センターは、当該政令で定める額をその公立の義務教育諸学校の設置者に返還しなければならない。

（スポーツ振興投票券の発売等の運営費の制限）
第一九条　次に掲げる業務に係る運営費の金額は、スポーツ振興投票券の発売金額に応じて当該発売金額の一〇〇分の一五を超えない範囲内において文部科学省令で定める金額（スポーツ振興投票券の発売金額が文部科学省令で定める金額に達しない場合にあっては、文部科学省令で定める期間内に限り、別に文部科学省令で定める金額）を超えてはならない。
一　スポーツ振興投票券の発売
二　投票法第一三条の払戻金の交付
三　投票法第一七条第三項の返還金の交付
四　前三号に掲げる業務に附帯する業務

独立行政法人日本スポーツ振興センターに関する省令　より
別表（第二一条、第二三条関係）

等級（金額）と障害
第1級　（37,700,000円）
1　両眼が失明したもの
2　咀嚼及び言語の機能を廃したもの
3　神経系統の機能又は精神に著しい障害を残し、常に介護を要するもの
4　胸腹部臓器の機能に著しい障害を残し、常に介護を要するもの
5　両上肢をひじ関節以上で失ったもの
6　両上肢の用を全廃したもの
7　両下肢をひざ関節以上で失ったもの
8　両下肢の用を全廃したもの
第2級　（33,600,000円）
1　一眼が失明し、他眼の視力が0.02以下になったもの
2　両眼の視力が0.02以下になったもの
3　神経系統の機能又は精神に著しい障害を残し、随時介護を要するもの
4　胸腹部臓器の機能に著しい障害を残し、随時介護を要するもの
5　両上肢を手関節以上で失ったもの
6　両下肢を足関節以上で失ったもの
第3級　（29,300,000円）
1　一眼が失明し、他眼の視力が0.06以下になったもの
2　咀嚼又は言語の機能を廃したもの
3　神経系統の機能又は精神に著しい障害を残し、終身労務に服することができないも

の
　4　胸腹部臓器の機能に著しい障害を残し、終身労務に服することができないもの
　5　両手の手指の全部を失ったもの

第4級（20,400,000円）
　1　両眼の視力が0.06以下になったもの
　2　咀嚼及び言語の機能に著しい障害を残すもの
　3　両耳の聴力を全く失ったもの
　4　一上肢をひじ関節以上で失ったもの
　5　一下肢をひざ関節以上で失ったもの
　6　両手の手指の全部の用を廃したもの
　7　両足をリスフラン関節以上で失ったもの

第5級（17,000,000円）
　1　一眼が失明し、他眼の視力が0.1以下になったもの
　2　神経系統の機能又は精神に著しい障害を残し、特に軽易な労務以外の労務に服することができないもの
　3　胸腹部臓器の機能に著しい障害を残し、特に軽易な労務以外の労務に服することができないもの
　4　一上肢を手関節以上で失ったもの
　5　一下肢を足関節以上で失ったもの
　6　一上肢の用を全廃したもの
　7　一下肢の用を全廃したもの
　8　両足の足指の全部を失ったもの

第6級（14,100,000円）
　1　両眼の視力が0.1以下になったもの
　2　咀嚼又は言語の機能に著しい障害を残すもの
　3　両耳の聴力が耳に接しなければ大声を解することができない程度になったもの
　4　一耳の聴力を全く失い、他耳の聴力が40センチメートル以上の距離では普通の話声を解することができない程度になったもの
　5　脊柱に著しい変形又は運動障害を残すもの
　6　一上肢の三大関節中の二関節の用を廃したもの
　7　一下肢の三大関節中の二関節の用を廃したもの

　8　一手の五の手指又は母指を含み四の手指を失ったもの

第7級（11,900,000円）
　1　一眼が失明し、他眼の視力が0.6以下になったもの
　2　両耳の聴力が40センチメートル以上の距離では普通の話声を解することができない程度になったもの
　3　一耳の聴力を全く失い、他耳の聴力が1メートル以上の距離では普通の話声を解することができない程度になったもの
　4　神経系統の機能又は精神に障害を残し、軽易な労務以外の労務に服することができないもの
　5　胸腹部臓器の機能に障害を残し、軽易な労務以外の労務に服することができないもの
　6　一手の母指を含み3の手指又は母指以外の4の手指を失ったもの
　7　一手の5の手指又は母指を含み4の手指の用を廃したもの
　8　一足をリスフラン関節以上で失ったもの
　9　一上肢に偽関節を残し、著しい運動障害を残すもの
　10　一下肢に偽関節を残し、著しい運動障害を残すもの
　11　両足の足指の全部の用を廃したもの
　12　外貌に著しい醜状を残すもの
　13　両側の睾丸を失ったもの

第8級（6,900,000円）
　1　一眼が失明し、又は一眼の視力が0.02以下になったもの
　2　脊柱に運動障害を残すもの
　3　一手の母指を含み2の手指又は母指以外の3の手指を失ったもの
　4　一手の母指を含み3の手指又は母指以外の4の手指の用を廃したもの
　5　一下肢を5センチメートル以上短縮したもの
　6　一上肢の三大関節中の一関節の用を廃したもの
　7　一下肢の三大関節中の一関節の用を廃したもの

8　一上肢に偽関節を残すもの 9　一下肢に偽関節を残すもの 10　一足の足指の全部を失ったもの	になったもの 6　一耳の聴力が耳に接しなければ大声を解することができない程度になったもの 7　一手の母指又は母指以外の２の手指の用を廃したもの
第９級　（5,500,000円） 1　両眼の視力が0.6以下になったもの 2　一眼の視力が0.06以下になったもの 3　両眼に半盲症、視野狭窄又は視野変状を残すもの 4　両眼のまぶたに著しい欠損を残すもの 5　鼻を欠損し、その機能に著しい障害を残すもの 6　咀嚼及び言語の機能に障害を残すもの 7　両耳の聴力が１メートル以上の距離では普通の話声を解することができない程度になったもの 8　一耳の聴力が耳に接しなければ大声を解することができない程度になり、他耳の聴力が１メートル以上の距離では普通の話声を解することが困難である程度になったもの 9　一耳の聴力を全く失ったもの 10　神経系統の機能又は精神に障害を残し、服することができる労務が相当な程度に制限されるもの 11　胸腹部臓器の機能に障害を残し、服することができる労務が相当な程度に制限されるもの 12　一手の母指又は母指以外の２の手指を失ったもの 13　一手の母指を含み２の手指又は母指以外の３の手指の用を廃したもの 14　一足の第一の足指を含み２以上の足指を失ったもの 15　一足の足指の全部の用を廃したもの 16　外貌に相当程度の醜状を残すもの 17　生殖器に著しい障害を残すもの	8　一下肢を３センチメートル以上短縮したもの 9　一足の第一の足指又は他の４の足指を失ったもの 10　一上肢の三大関節中の一関節の機能に著しい障害を残すもの 11　一下肢の三大関節中の一関節の機能に著しい障害を残すもの
	第11級　（2,900,000円） 1　両眼の眼球に著しい調節機能障害又は運動障害を残すもの 2　両眼のまぶたに著しい運動障害を残すもの 3　一眼のまぶたに著しい欠損を残すもの 4　10歯以上に対し歯科補綴を加えたもの 5　両耳の聴力が１メートル以上の距離では小声を解することができない程度になったもの 6　一耳の聴力が40センチメートル以上の距離では普通の話声を解することができない程度になったもの 7　脊柱に変形を残すもの 8　一手の示指、中指又は環指を失ったもの 9　一足の第一の足指を含み２以上の足指の用を廃したもの 10　胸腹部臓器の機能に障害を残し、労務の遂行に相当な程度の支障があるもの
第10級　（4,000,000円） 1　一眼の視力が0.1以下になったもの 2　正面視で複視を残すもの 3　咀嚼又は言語の機能に障害を残すもの 4　14歯以上に対し歯科補綴を加えたもの 5　両耳の聴力が１メートル以上の距離では普通の話声を解することが困難である程度	第12級　（2,100,000円） 1　一眼の眼球に著しい調節機能障害又は運動障害を残すもの 2　一眼のまぶたに著しい運動障害を残すもの 3　７歯以上に対し歯科補綴を加えたもの 4　一耳の耳殻の大部分を欠損したもの 5　鎖骨、胸骨、ろく骨、けんこう骨又は骨盤骨に著しい変形を残すもの 6　一上肢の三大関節中の一関節の機能に障害を残すもの

7 一下肢の三大関節中の一関節の機能に障害を残すもの
8 長管骨に変形を残すもの
9 一手の小指を失ったもの
10 一手の示指、中指又は環指の用を廃したもの
11 一足の第二の足指を失ったもの、第二の足指を含み2の足指を失ったもの又は第三の足指以下の3の足指を失ったもの
12 一足の第一の足指又は他の四の足指の用を廃したもの
13 局部に頑固な神経症状を残すもの
14 外貌に醜状を残すもの

6 一手の母指以外の手指の指骨の一部を失ったもの
7 一手の母指以外の手指の遠位指節間関節を屈伸することができなくなったもの
8 一足の第三の足指以下の1又は2の足指の用を廃したもの
9 局部に神経症状を残すもの

第13級（1,400,000円）
1 一眼の視力が0.6以下になったもの
2 一眼に半盲症、視野狭窄又は視野変状を残すもの
3 正面視以外で複視を残すもの
4 両眼のまぶたの一部に欠損を残し又はまつげはげを残すもの
5 5歯以上に対し歯科補綴を加えたもの
6 胸腹部臓器の機能に障害を残すもの
7 一手の小指の用を廃したもの
8 一手の母指の指骨の一部を失ったもの
9 一下肢を1センチメートル以上短縮したもの
10 一足の第三の足指以下の1又は2の足指を失ったもの
11 一足の第二の足指の用を廃したもの、第二の足指を含み2の足指の用を廃したもの又は第三の足指以下の3の足指の用を廃したもの

第14級（820,000円）
1 一眼のまぶたの一部に欠損を残し、又はまつげはげを残すもの
2 3歯以上に対し歯科補綴を加えたもの
3 一耳の聴力が1メートル以上の距離では小声を解することができない程度になったもの
4 上肢の露出面にてのひらの大きさの醜いあとを残すもの
5 下肢の露出面にてのひらの大きさの醜いあとを残すもの

備考
一 視力の測定は、万国式試視力表による。屈折異常のあるものについては矯正視力について測定する。
二 手指を失ったものとは、母指は指節間関節、その他の手指は近位指節間関節以上を失ったものをいう。
三 手指の用を廃したものとは、手指の末関節の半分以上を失い、又は中手指節関節若しくは近位指節間関節（母指にあっては指節間関節）に著しい運動障害を残すものをいう。
四 足指を失ったものとは、その全部を失ったものをいう。
五 足指の用を廃したものとは、第一の足指は末節骨の半分以上、その他の足指は遠位指節間関節以上を失ったもの又は中足指節関節若しくは近位指節間関節（第一の足指にあっては指節間関節）に著しい運動障害を残すものをいう。
六 各等級の障害に該当しない障害であって、各等級の障害に相当するものは、当該等級の障害とする。

文部科学省設置法

平成11年〔1999年〕7月16日
最終改正　平成30年〔2018年〕6月5日公布
　　　　　法律第51号

第一章　総則

（目的）
第一条　この法律は、文部科学省の設置並びに任務及びこれを達成するため必要となる明確な範囲の所掌事務を定めるとともに、その所掌する行政事務を能率的に遂行するため必要な組織を定めることを目的とする。

第二章　文部科学省の設置並びに任務及び所掌事務

第一節　文部科学省の設置

（設置）
第二条　国家行政組織法（昭和二三年法律第一二〇号）第三条第二項の規定に基づいて、文部科学省を設置する。
2　文部科学省の長は、文部科学大臣とする。

第二節　文部科学省の任務及び所掌事務

（任務）
第三条　文部科学省は、教育の振興及び生涯学習の推進を中核とした豊かな人間性を備えた創造的な人材の育成、学術及び文化の振興、科学技術の総合的な振興並びにスポーツに関する施策の総合的な推進を図るとともに、宗教に関する行政事務を適切に行うことを任務とする。
2　前項に定めるもののほか、文部科学省は、同項の任務に関連する特定の内閣の重要政策に関する内閣の事務を助けることを任務とする。
3　文部科学省は、前項の任務を遂行するに当たり、内閣官房を助けるものとする。

（所掌事務）
第四条　文部科学省は、前条第一項の任務を達成するため、次に掲げる事務をつかさどる。
一　豊かな人間性を備えた創造的な人材の育成のための教育改革に関すること。
二　生涯学習に係る機会の整備の推進に関すること。
三　地方教育行政に関する制度の企画及び立案並びに地方教育行政の組織及び一般的運営に関する指導、助言及び勧告に関すること。
四　地方教育費に関する企画に関すること。
五　地方公務員である教育関係職員の任免、給与その他の身分取扱いに関する制度の企画及び立案並びにこれらの制度の運営に関する指導、助言及び勧告に関すること。
六　地方公務員である教育関係職員の福利厚生に関すること。
七　初等中等教育（幼稚園、小学校、中学校、義務教育学校、高等学校、中等教育学校、特別支援学校及び幼保連携型認定こども園における教育をいう。以下同じ。）の振興に関する企画及び立案並びに援助及び助言に関すること。
八　初等中等教育のための補助に関すること。
九　初等中等教育の基準の設定に関すること。
一〇　教科用図書の検定に関すること。
一一　教科用図書その他の教授上用いられる図書の発行及び義務教育諸学校（小学校、中学校、義務教育学校、中等教育学校の前期課程並びに特別支援学校の小学部及び中学部をいう。）において使用する教科用図書の無償措置に関すること。
一二　学校保健（学校における保健教育及び保健管理をいう。）、学校安全（学校における安全教育及び安全管理をいう。）、学校給食及び災害共済給付（学校の管理下における幼児、児童、生徒及び学生の負傷その他の災害に関する共済給付をいう。）に関すること。
一二の二　公認心理師に関する事務のうち所掌に係るものに関すること。
一三　教育職員の養成並びに資質の保持及び向上に関すること。
一四　海外に在留する邦人の子女のための在外教育施設及び関係団体が行う教育、海外から帰国した児童及び生徒の教育並びに本邦に在留する外国人の児童及び生徒の学校生活への適応のための指導に関すること。
一五　大学及び高等専門学校における教育の振興に関する企画及び立案並びに援助及び助言に関すること。
一六　大学及び高等専門学校における教育のための補助に関すること。
一七　大学及び高等専門学校における教育の基準の設定に関すること。
一八　大学及び高等専門学校の設置、廃止、設置者の変更その他の事項の認可に関すること。
一九　大学の入学者の選抜及び学位の授与に関すること。
二〇　学生及び生徒の奨学、厚生及び補導に関する

関すること。
二一　外国人留学生の受入れの連絡及び教育並びに海外への留学生の派遣に関すること。
二二　政府開発援助のうち外国人留学生に係る技術協力に関すること（外交政策に係るものを除く。）。
二三　専修学校及び各種学校における教育の振興に関する企画及び立案並びに援助及び助言に関すること。
二四　専修学校及び各種学校における教育の基準の設定に関すること。
二五　国立大学（国立大学法人法（平成一五年法律第一一二号）第二条第二項に規定する国立大学をいう。）及び大学共同利用機関（同条第四項に規定する大学共同利用機関をいう。）における教育及び研究に関すること。
二六　国立高等専門学校（独立行政法人国立高等専門学校機構法（平成一五年法律第一一三号）第三条に規定する国立高等専門学校をいう。）における教育に関すること。
二七　国立研究開発法人宇宙航空研究開発機構における学術研究及び教育に関すること。
二八　私立学校に関する行政の制度の企画及び立案並びにこれらの行政の組織及び一般的運営に関する指導、助言及び勧告に関すること。
二九　文部科学大臣が所轄庁である学校法人についての認可及び認定並びにその経営に関する指導及び助言に関すること。
三〇　私立学校教育の振興のための学校法人その他の私立学校の設置者、地方公共団体及び関係団体に対する助成に関すること。
三一　私立学校教職員の共済制度に関すること。
三二　社会教育の振興に関する企画及び立案並びに援助及び助言に関すること。
三三　社会教育のための補助に関すること。
三四　青少年教育に関する施設において行う青少年の団体宿泊訓練に関すること。
三五　通信教育及び視聴覚教育に関すること。
三六　外国人に対する日本語教育に関すること（外交政策に係るものを除く。）。
三七　家庭教育の支援に関すること。
三八　公立及び私立の文教施設並びに地方独立行政法人が設置する文教施設の整備に関する指導及び助言に関すること。
三九　公立の文教施設の整備のための補助に関すること。
四〇　学校施設及び教育用品の基準の設定に関すること。
四一　学校環境の整備に関する指導及び助言に関すること。
四二　青少年の健全な育成の推進に関すること（内閣府の所掌に属するものを除く。）。
四三　科学技術に関する基本的な政策の企画及び立案並びに推進に関すること（内閣府の所掌に属するものを除く。）。
四四　科学技術に関する研究及び開発（以下「研究開発」という。）に関する計画の作成及び推進に関すること。
四五　科学技術に関する関係行政機関の事務の調整に関すること（内閣府の所掌に属するものを除く。）。
四六　学術の振興に関すること。
四七　研究者の養成及び資質の向上に関すること。
四八　技術者の養成及び資質の向上に関すること（文部科学省に置かれる試験研究機関及び文部科学大臣が所管する法人において行うものに限る。）。
四九　技術士に関すること。
五〇　研究開発に必要な施設及び設備（関係行政機関に重複して設置することが多額の経費を要するため適当でないと認められるものに限る。）の整備（共用に供することを含む。）、研究開発に関する情報処理の高度化及び情報の流通の促進その他の科学技術に関する研究開発の基盤の整備に関すること。
五一　科学技術に関する研究開発に係る交流の助成に関すること。
五二　前二号に掲げるもののほか、科学技術に関する研究開発の推進のための環境の整備に関すること。
五三　科学技術に関する研究開発の成果の普及及び成果の活用の促進に関すること。
五四　発明及び実用新案の奨励並びにこれらの実施化の推進に関すること。
五五　科学技術に関する知識の普及並びに国民の関心及び理解の増進に関すること。
五六　科学技術に関する研究開発が経済社会及び国民生活に及ぼす影響に関し、評価を行うことその他の措置に関すること。
五七　科学技術に関する基礎研究及び科学技術に関する共通的な研究開発（二以上の府省のそれぞれの所掌に係る研究開発に共通する研究開発をいう。）に関すること。
五八　科学技術に関する研究開発で、関係行政機関に重複して設置することが多額の経費を要するため適当でないと認められる施設及び設備を必要とするものに関すること。
五九　科学技術に関する研究開発で多数部門の協力を要する総合的なものに関すること

（他の府省の所掌に属するものを除く。）。
六〇　国立研究開発法人理化学研究所の行う科学技術に関する試験及び研究に関すること。
六一　放射線の利用に関する研究開発に関すること。
六二　宇宙の開発及び原子力に関する技術開発で科学技術の水準の向上を図るためのものに関すること。
六三　宇宙の利用の推進に関する事務のうち科学技術の水準の向上を図るためのものに関すること。
六四　放射性同位元素の利用の推進に関すること。
六五　資源の総合的利用に関すること（他の府省の所掌に属するものを除く。）。
六六　原子力政策のうち科学技術に関するものに関すること。
六七　原子力に関する関係行政機関の試験及び研究に係る経費その他これに類する経費の配分計画に関すること。
六八　原子力損害の賠償に関すること。
六九　スポーツに関する基本的な政策の企画及び立案並びに推進に関すること。
七〇　スポーツに関する関係行政機関の事務の調整に関すること。
七一　スポーツの振興に関する企画及び立案並びに援助及び助言に関すること。
七二　スポーツのための助成に関すること。
七三　心身の健康の保持増進に資するスポーツの機会の確保に関すること。
七四　国際的又は全国的な規模において行われるスポーツ事業に関すること。
七五　スポーツに関する競技水準の向上に関すること。
七六　スポーツ振興投票に関すること。
七七　文化に関する基本的な政策の企画及び立案並びに推進に関すること。
七八　文化に関する関係行政機関の事務の調整に関すること
七九　文化（文化財（文化財保護法（昭和二五年法律第二一四号）第二条第一項に規定する文化財をいう。第八五号において同じ。）に係る事項を除く。次号及び第八二号において同じ。）の振興に関する企画及び立案並びに援助及び助言に関すること。
八〇　文化の振興のための助成に関すること。
八一　劇場、音楽堂、美術館その他の文化施設に関すること。
八二　文化に関する展示会、講習会その他の催しを主催すること。
八三　国語の改善及びその普及に関すること。
八四　著作者の権利、出版権及び著作隣接権の保護及び利用に関すること。
八五　文化財の保存及び活用に関すること。
八六　アイヌ文化の振興に関すること。
八七　宗教法人の規則、規則の変更、合併及び任意解散の認証並びに宗教に関する情報資料の収集及び宗教団体との連絡に関すること。
八八　国際文化交流の振興に関すること（外交政策に係るものを除く。）。
八九　ユネスコ活動に関する法律（昭和二七年法律第二〇七号）第二条に規定するユネスコ活動をいう。）の振興に関すること（外交政策に係るものを除く。）。
九〇　文化功労者に関すること。
九一　地方公共団体の機関、大学、高等専門学校、研究機関その他の関係機関に対し、教育、学術、スポーツ、文化及び宗教に係る専門的、技術的な指導及び助言を行うこと。
九二　教育関係職員、研究者、社会教育に関する団体、社会教育指導者、スポーツの指導者その他の関係者に対し、教育、学術、スポーツ及び文化に係る専門的、技術的な指導及び助言を行うこと。
九三　所掌事務に係る国際協力に関すること。
九四　政令で定める文教研修施設において所掌事務に関する研修を行うこと。
九五　前各号に掲げるもののほか、法律（法律に基づく命令を含む。）に基づき文部科学省に属させられた事務
2　前項に定めるもののほか、文部科学省は、前条第二項の任務を達成するため、同条第一項の任務に関連する特定の内閣の重要政策について、当該重要政策に関して閣議において決定された基本的な方針に基づいて、行政各部の施策の統一を図るために必要となる企画及び立案並びに総合調整に関する事務をつかさどる。

第三章　本省に置かれる職及び機関

第一節　特別な職

（文部科学審議官）
第五条　文部科学省に、文部科学審議官二人を置く。
2　文部科学審議官は、命を受けて、文部科学省の所掌事務に係る重要な政策に関する事務を総括整理する。

第二節　審議会等

第一款　設置
第六条　本省に、科学技術・学術審議会を置く。
2　前項に定めるもののほか、別に法律で定めるところにより文部科学省に置かれる審議会等で本省に置かれるものは、国立大学法人評価委員会とする。

第二款　科学技術・学術審議会
第七条　科学技術・学術審議会は、次に掲げる事務をつかさどる。
一　文部科学大臣の諮問に応じて次に掲げる重要事項を調査審議すること。
　イ　科学技術の総合的な振興に関する重要事項
　ロ　学術の振興に関する重要事項
二　前号イ及びロに掲げる重要事項に関し、文部科学大臣に意見を述べること。
三　文部科学大臣又は関係各大臣の諮問に応じて海洋の開発に関する総合的かつ基本的な事項を調査審議すること。
四　測地学及び政府機関における測地事業計画に関する事項を調査審議すること。
五　前二号に規定する事項に関し、文部科学大臣又は関係各大臣に意見を述べること。
六　技術士法（昭和五八年法律第二五号）の規定によりその権限に属させられた事項を処理すること。
2　前項に定めるもののほか、科学技術・学術審議会の組織及び委員その他の職員その他科学技術・学術審議会に関し必要な事項については、政令で定める。

第三款　国立大学法人評価委員会
第八条　国立大学法人評価委員会については、国立大学法人法（これに基づく命令を含む。）の定めるところによる。

第三節　特別の機関
（設置）
第九条　本省に、日本学士院を置く。
2　前項に定めるもののほか、別に法律で定めるところにより文部科学省に置かれる特別の機関で本省に置かれるものは、次のとおりとする。
　地震調査研究推進本部
　日本ユネスコ国内委員会

（日本学士院）
第一〇条　日本学士院については、日本学士院法（昭和三一年法律第二七号）の定めるところによる。

（地震調査研究推進本部）
第一一条　地震調査研究推進本部については、地震防災対策特別措置法（平成七年法律第一一一号。これに基づく命令を含む。）の定めるところによる。

（日本ユネスコ国内委員会）
第一二条　日本ユネスコ国内委員会については、ユネスコ活動に関する法律（これに基づく命令を含む。）の定めるところによる。

第四章　外局

第一節　設置
第一三条　国家行政組織法第三条第二項の規定に基づいて、文部科学省に、次の外局を置く。

第二節　スポーツ庁
（長官）
第一四条　スポーツ庁の長は、スポーツ庁長官とする。
（任務）
第一五条　スポーツ庁は、スポーツの振興その他のスポーツに関する施策の総合的な推進を図ることを任務とする。
（所掌事務）
第一六条　スポーツ庁は、前条の任務を達成するため、第四条第一項第三号、第五号、第三〇号、第三八号、第三九号、第六九号から第七六号まで、第八八号（スポーツの振興に係るものに限る。）、第八九号及び第九一号から第九五号までに掲げる事務並びに学校における体育及び保健教育の基準の設定に関する事務をつかさどる。

第三節　文化庁

第一款　任務及び所掌事務
（長官）
第一七条　文化庁の長は、文化庁長官とする。
（任務）
第一八条　文化庁は、文化の振興及び国際文化交流の振興を図るとともに、宗教に関する行政事務を適切に行うことを任務とする。
（所掌事務）
第一九条　文化庁は、前条の任務を達成するため、第四条第一項第三号、第五号、第三〇号、第三二号（博物館に係るものに限る。）、第三二号（博物館に係るものに限る。）、第三六号、第三八号、第三九号、第七七号から第八七号まで、第八八号（学時及びスポーツの振興に係るものを除く。）、第八九号及び第九一号から第九五までに掲げる事務並びに学校における芸術に関する教育基準の設定に関

する事務をつかさどる。

第二款　審議会等
(設置)
第二〇条　文化庁に、文化審議会を置く。
2　前項に定めるもののほか、別に法律で定めるところにより文部科学省に置かれる審議会等で文化庁に置かれるものは、宗教法人審議会とする。

(文化審議会)
第二一条　文化審議会は、次に掲げる事務をつかさどる。
一　文部科学大臣又は文化庁長官の諮問に応じて文化の振興国際文化交流の振興（学術及びスポーツその他の文化に関する施策の総合的な推進並びにの振興に係るものを除く。）及び博物館による社会教育の振興に関する重要事項（第三号に規定するものを除く。）を調査審議すること。
二　前号に規定する重要事項に関し、文部科学大臣又は文化庁長官に意見を述べること。
三　文部科学大臣又は文化庁長官の諮問に応じて国語の改善及びその普及に関する事項を調査審議すること。
四　前号に規定する事項に関し、文部科学大臣、関係各大臣又は文化庁長官に意見を述べること。
五　文化芸術基本法（平成一三年法律第一四八号）第七条第三項、展覧会における美術品損害の補償に関する法律（平成二三年法律第一七号）第一二条第二項、著作権法（昭和四五年法律第四八号）、万国著作権条約の実施に伴う著作権法の特例に関する法律（昭和三一年法律第八六号）第五条第四項、著作権等管理事業法（平成一二年法律第一三一号）第二四条第四項、文化財保護法第一五三条及び文化功労者年金法（昭和二六年法律第一二五号）第二条第二項の規定によりその権限に属させられた事項を処理すること。
2　文化審議会の委員その他の職員で政令で定めるものは、文部科学大臣が任命する。
3　前二項に定めるもののほか、文化審議会の組織及び委員その他の職員その他文化審議会に関し必要な事項については、政令で定める。

(宗教法人審議会)
第二二条　宗教法人審議会については、宗教法人法（昭和二六年法律第一二六号）の定めるところによる。

第三款　特別の機関
(日本芸術院)

第二三条　文化庁に、日本芸術院を置く。
2　日本芸術院は、次に掲げる事務をつかさどる。
一　芸術上の功績顕著な芸術家の優遇に関すること。
二　芸術の発達に寄与する活動を行い、並びに芸術に関する重要事項を審議し、及びこれに関し、文部科学大臣又は文化庁長官に意見を述べること。
3　日本芸術院の長及び会員は、政令で定めるところにより、文部科学大臣が任命する。
4　日本芸術院の会員には、予算の範囲内で、文部科学大臣の定めるところにより、年金を支給することができる。
5　日本芸術院の組織、会員その他の職員及び運営については、政令で定める。

第五章　雑則

(職員)
第二四条　文化庁に政令の規定により置かれる施設等機関で政令で定めるものの長は、文部科学大臣が任命する。

文部科学省組織令

平成12年〔2000年〕6月7日政令第251号
最終改正　平成30年〔2018年〕10月1日公布
　　　　　政令287号

内閣は、国家行政組織法（昭和二三年法律第一二〇号）及び文部科学省設置法（平成一一年法律第九六号）の規定に基づき、この政令を制定する。

第一章　本省

第一節　秘書官

(秘書官の定数)
第一条　秘書官の定数は、一人とする。

第二節　内部部局等

第一款　大臣官房及び局並びに国際統括官の設置等

(大臣官房及び局並びに国際統括官の設置等)
第二条　本省に、大臣官房及び次の六局並びに国際統括官一人を置く。
　総合教育政策局
　初等中等教育局
　高等教育局
　科学技術・学術政策局
　研究振興局
　研究開発局
2　大臣官房に文教施設企画・防災部を、高等教育局に私学部を置く。

(大臣官房の所掌事務)
第三条　大臣官房は、次に掲げる事務をつかさどる。
　一　文部科学省の職員の任免、給与、懲戒、服務その他の人事並びに教養及び訓練に関すること。
　二　文部科学省の職員の衛生、医療その他の福利厚生に関すること。
　三　文部科学省共済組合に関すること。
　四　機密に関すること。
　五　大臣の官印及び省印の保管に関すること。
　六　公文書類の接受、発送、編集及び保存に関すること。
　七　法令案その他の公文書類の審査に関すること。
　八　文部科学省の保有する情報の公開に関すること。
　九　文部科学省の保有する個人情報の保護に関すること。
　一〇　文部科学省の所掌事務に関する総合調整に関すること。
　一一　国会との連絡に関すること。
　一二　広報に関すること。
　一三　文部科学省の機構及び定員に関すること。
　一四　文部科学省の所掌に係る経費及び収入の予算、決算及び会計並びに会計の監査に関すること。
　一五　文部科学省所管の国有財産の管理及び処分並びに物品の管理に関すること。
　一六　東日本大震災復興特別会計の経理のうち文部科学省の所掌に係るものに関すること。
　一七　東日本大震災復興特別会計に属する国有財産の管理及び処分並びに物品の管理のうち文部科学省の所掌に係るものに関すること。
　一八　文部科学省の行政の考査に関すること。
　一九　文化功労者に関すること。
　二〇　文部科学省の所掌事務に係る法人（学校法人及び宗教法人を除く。）の監督に関する基本方針の企画及び立案並びに調整に関すること。
　二一　文部科学省の所掌事務に係る基本的かつ総合的な政策の企画及び立案に関すること。
　二二　文部科学省の所掌事務に関する政策の評価に関すること。
　二三　文部科学省の情報システムの整備及び管理に関すること。
　二四　国立国会図書館支部文部科学省図書館に関すること。
　二五　文部科学省の所掌事務に係る国際交流に関する基本的な政策の企画及び立案並びに推進に関すること。
　二六　文部科学省の所掌事務に係る国際協力に関すること（スポーツ庁及び文化庁並びに科学技術・学術政策局及び研究開発局の所掌に属するものを除く。）。
　二七　文部科学省の所掌事務に係る国際的諸活動（国際交流及び国際協力を除く。）に関する連絡調整に関すること。
　二八　文教施設並びに科学技術に関する研究及び開発（以下「研究開発」という。）に必要な施設の整備に関する基本的な施策の企画及び立案並びに調整に関すること。
　二九　公立及び私立の文教施設並びに地方独立行政法人が設置する文教施設の整備に関する指導及び助言に関すること（スポーツ庁及び文化庁並びに他局の所掌に属するも

のを除く。）。
三〇　公立の学校施設の整備のための援助及び補助に関すること（スポーツ庁及び初等中等教育局の所掌に属するものを除く。）。
三一　学校施設及び学校用家具の基準の設定に関すること。
三二　学校環境の整備に関する指導及び助言に関すること。
三三　文教施設の防災に関する施策の基本方針の企画及び立案並びに調整に関すること。
三四　教育、学術、スポーツ及び文化の直接の用に供する物資（学校給食用物資を除く。）並びに教育、学術、スポーツ及び文化の用に供する物資のうち国際的に供給の不足するもの（学校給食用物資を除く。）の入手又は利用に関する便宜の供与に関すること。
三五　学校施設の学校教育の目的以外の目的への使用の防止に係る返還命令及び移転命令に関すること。
三六　国立の文教施設の整備に関すること（官公庁施設の建設等に関する法律（昭和二六年法律第一八一号）第一〇条第一項の規定に基づき国土交通大臣の行う営繕及び建設並びに土地又は借地権の取得を除く。）。
三七　独立行政法人、国立大学法人（国立大学法人法（平成一五年法律第一一二号）第二条第一項に規定する国立大学法人をいう。以下同じ。）及び大学共同利用機関法人（同条第三項に規定する大学共同利用機関法人をいう。以下同じ。）が設置する文教施設の整備に関する長期計画の企画及び立案並びに連絡調整並びに予算案の準備に関すること。
三八　国立大学法人、大学共同利用機関法人、独立行政法人大学改革支援・学位授与機構及び独立行政法人国立高等専門学校機構が設置する文教施設の整備のための補助金の交付に関すること。
三九　独立行政法人大学改革支援・学位授与機構の行う国立大学法人及び大学共同利用機関法人に対する土地の取得、施設の設置若しくは整備又は設備の設置に必要な資金の貸付けに関すること。
四〇　独立行政法人大学改革支援・学位授与機構の行う国立大学法人、大学共同利用機関法人及び独立行政法人国立高等専門学校機構に対する土地の取得、施設の設置若しくは整備又は設備の設置に必要な資金の交付に関すること。
四一　独立行政法人、国立大学法人及び大学共同利用機関法人が設置する文教施設の整備に関する基準に関すること。
四二　独立行政法人、国立大学法人及び大学共同利用機関法人が設置する文教施設の立地計画（独立行政法人、国立大学法人及び大学共同利用機関法人において土地又は借地権の取得を必要とすることとなるものに限る。）に関すること。
四三　文部科学省設置法第三条第一項の任務に関連する特定の内閣の重要政策について、当該重要政策に関して閣議において決定された基本的な方針に基づいて、行政各部の施策の統一を図るために必要となる企画及び立案並びに総合調整に関すること。
四四　前各号に掲げるもののほか、文部科学省の所掌事務で他の所掌に属しないものに関すること。
2　文教施設企画・防災部は、前項第二八号から第四二号までに掲げる事務をつかさどる。

（総合教育政策局の所掌事務）
第四条　総合教育政策局は、次に掲げる事務をつかさどる。
一　豊かな人間性を備えた創造的な人材の育成のための教育改革に関する基本的な政策の企画及び立案並びに推進に関すること。
二　教育基本法（平成一八年法律第一二〇号）の施行に関する事務の総括に関すること。
三　生涯学習に係る機会の整備の推進に関すること。
四　文部科学省の所掌事務に関する生涯学習に係る機会の整備に関する基本的な政策の企画及び立案に関すること。
五　地域の振興に資する見地からの基本的な文教施策の企画及び立案並びに調整に関すること。
六　教育、スポーツ及び文化に係る情報通信の技術の活用に関する基本的な政策の企画及び立案並びに推進に関すること。
七　教育、スポーツ、文化及び宗教に係る調査及び研究に関する基本的な施策の企画及び立案並びに調整に関すること。
八　教育、スポーツ、文化及び宗教に係る統計に関すること（他の所掌に属するものを除く。）。
九　児童及び生徒の学力の状況に関する全国的な調査及び分析に関すること（初等中等教育局の所掌に属するものを除く。）。
一〇　外国の教育事情に関する調査及び研究に関すること。
一一　幼稚園、小学校、中学校、義務教育学校、高等学校、中等教育学校、特別支援学校及び幼保連携型認定こども園における国

際理解教育(以下この条及び第二六条において単に「国際理解教育」という。)の振興に関する企画及び立案並びに援助及び助言に関すること。

一二　学校運営協議会(地方教育行政の組織及び運営に関する法律(昭和三一年法律第一六二号)第四七条の六に規定する学校運営協議会をいう。)その他の学校の運営に関する学校と地域住民その他の関係者との連携及び協力に関する制度(第三〇条第八号において「学校運営協議会等」という。)に関すること。

一三　学校安全(学校における安全教育及び安全管理をいう。第三一条第七号及び第三四条第一二号において同じ。)及び災害共済給付(学校の管理下における幼児、児童、生徒及び学生の負傷その他の災害に関する共済給付をいう。第三一条第七号及び第三四条第一二号において同じ。)に関すること(初等中等教育の基準(教材並びに学級編制及び教職員定数に係るものに限る。)の設定に関することを除く。)。

一四　教育職員の養成並びに資質の保持及び向上に関すること。

一五　地方公務員である教育職員の採用のための選考に関する指導、助言及び勧告に関すること。

一六　海外に在留する邦人の子女のための在外教育施設及び関係団体が行う教育、海外から帰国した児童及び生徒の教育並びに本邦に在留する外国人の児童及び生徒の学校生活への適応のための指導に関すること。

一七　中学校卒業程度認定及び高等学校卒業程度認定に関すること。

一八　専修学校及び各種学校における教育の振興に関する企画及び立案並びに援助及び助言に関すること(初等中等教育局及び高等教育局の所掌に属するものを除く。)。

一九　専修学校及び各種学校における教育の基準の設定に関すること(スポーツ庁並びに初等中等教育局及び高等教育局の所掌に属するものを除く。)。

二〇　私立の専修学校及び各種学校における教育の振興のための学校法人その他の私立の専修学校及び各種学校の設置者、地方公共団体並びに関係団体に対する助成に関すること(スポーツ庁の所掌に属するものを除く。)。

二一　社会教育の振興に関する企画及び立案並びに援助及び助言に関すること。

二二　社会教育主事並びに司書及び司書補の講習並びに学芸員となる資格の認定に関すること。

二三　社会教育のための補助に関すること(文化庁の所掌に属するものを除く。)。

二四　公立及び私立の図書館社会教育施設の整備に関する指導及び助言に関すること(スポーツ庁の所掌に属するものを除く。)。

二五　公立の社会教育施設の整備のための補助に関すること(スポーツ庁の所掌に属するものを除く。)。

二六　学校図書館に関すること。

二七　青少年教育に関する施設において行う青少年の団体宿泊訓練に関すること。

二八　社会教育としての通信教育に関すること。

二九　社会教育における視聴覚教育メディアの利用に関すること。

三〇　家庭教育の支援に関すること。

三一　青少年の健全な育成の推進に関すること(内閣府の所掌に属するものを除く。)。

三二　文部科学省の所掌事務に係る青少年の健全な育成に関する基本的な政策の企画及び立案に関すること。

三三　教育の振興に係る国際文化交流の振興に関すること(外交政策に係るもの並びに高等教育局及び国際統括官の所掌に属するものを除く。)。

三四　地方公共団体の機関その他の関係機関に対し、情報教育、専修学校及び各種学校における教育並びに社会教育に係る専門的、技術的な指導及び助言を行うこと(スポーツ庁並びに初等中等教育局及び高等教育局の所掌に属するものを除く。)。

三五　教育関係職員、社会教育に関する団体、社会教育指導者その他の関係者に対し、国際理解教育、専修学校及び各種学校における教育並びに社会教育に係る専門的、技術的な指導及び助言を行うこと(スポーツ庁並びに初等中等教育局及び高等教育局の所掌に属するものを除く。)。

三六　中央教育審議会の庶務(初等中等教育分科会及び大学分科会に係るものを除く。)に関すること。

三七　国立教育政策研究所の組織及び運営一般に関すること。

三八　独立行政法人教職員支援機構の組織及び運営一般に関すること。

三九　放送大学学園法(平成一四年法律第一五六号)第三条に規定する放送大学学園(以下単に「放送大学学園」という。)の組織及び運営一般に関すること。

(初等中等教育局の所掌事務)
第五条　初等中等教育局は、次に掲げる事務

をつかさどる。
一 地方教育行政に関する制度の企画及び立案に関すること。
二 地方教育行政の組織及び一般的運営に関する指導、助言及び勧告に関すること（スポーツ庁及び文化庁の所掌に属するものを除く。）。
三 地方教育費に関する企画に関すること。
四 地方公務員である教育関係職員の任免、給与その他の身分取扱いに関する制度の企画及び立案並びにこれらの制度の運営に関する指導、助言及び勧告に関すること（スポーツ庁及び文化庁並びに総合教育政策局所掌に属するものを除く。）。
五 地方公務員である教育関係職員の福利厚生に関すること。
六 初等中等教育（幼稚園、小学校、中学校、義務教育学校、高等学校、中等教育学校、特別支援学校及び幼保連携型認定こども園における教育をいう。以下同じ。）の振興に関する企画及び立案並びに援助及び助言に関すること（総合教育政策局の所掌に属するものを除く。）。
七 初等中等教育のための補助に関すること（総合教育政策局の所掌に属するものを除く。）。
八 高等学校等就学支援金の支給に関する法律（平成二二年法律第一八号）の施行に関すること。
九 初等中等教育の基準の設定に関すること（スポーツ庁及び総合教育政策局の所掌に属するものを除く。）。
一〇 幼児に対する教育の振興に関する基本的な施策の企画及び立案並びに調整に関すること。
一一 教科用図書の検定に関すること。
一二 教科用図書その他の教授上用いられる図書の発行及び義務教育諸学校（小学校、中学校、義務教育学校、中等教育学校の前期課程並びに特別支援学校の小学部及び中学部をいう。第四〇条第二号において同じ。）において使用する教科用図書の無償措置に関すること。
一三 文部科学省が著作の名義を有する出版物の著作権の管理に関すること。
一四 文部科学省の所掌事務に係る健康教育の振興及び食育の推進に関する基本的な施策の企画及び立案並びに調整に関すること。
一五 学校保健（学校における保健教育及び保健管理をいう。第四一号第二号において同じ。）及び学校給食に関すること（学校における保健教育の基準の設定に関すること及び公立の学校の給食施設の災害復旧に関することを除く。）。
一六 公立学校の学校医、学校歯科医及び学校薬剤師の公務災害補償に関すること。
一七 私立学校教育の振興のための学校法人その他の私立学校の設置者、地方公共団体及び関係団体に対する助成（幼稚園及び幼保連携型認定こども園の施設並びに産業教育のための施設の整備に係るものに限る。）に関すること（スポーツ庁の所掌に属するものを除く。）。
一九 学校教育における視聴覚教育メディアの利用に関すること（高等教育局の所掌に属するものを除く。）。
二〇 高等学校、中等教育学校の後期課程及び特別支援学校の高等部における通信教育に関すること（生涯学習政策局の所掌に属するものを除く。）。
二一 教育用品（学校用家具を除く。）の基準の設定に関すること。
二二 中学校卒業程度を入学資格とする専修学校及び各種学校における教育の振興（教育内容に係るものに限る。）に関する援助及び助言に関すること（情報教育に係るものを除く。）。
二三 地方公共団体の機関その他の関係機関に対し、初等中等教育に係る専門的、技術的な指導及び助言を行うこと（スポーツ庁及び生涯学習政策局の所掌に属するものを除く。）。
二四 教育関係職員その他の関係者に対し、初等中等教育に係る専門的、技術的な指導及び助言を行うこと（スポーツ庁及び生涯学習政策局の所掌に属するものを除く。）。
二五 少年院の長が行う教科指導についての勧告に関すること。
二六 特別支援学校の理療に関する学科、理学療法に関する学科及び歯科技工に関する学科の認定に関すること。
二七 看護師、准看護師又は介護福祉士の養成のための高等学校及び中等教育学校の指定に関すること。
二八 中央教育審議会初等中等教育分科会の庶務に関すること。

（高等教育局の所掌事務）
第六条 高等教育局は、次に掲げる事務をつかさどる。
一 大学及び高等専門学校における教育の振興に関する企画及び立案並びに援助及び助言に関すること（総合教育政策局及び初等中等教育局の所掌に属するものを除く。）。
二 大学における教育及び研究についての評

価に関する企画及び立案並びに援助及び助言に関すること。
三　大学及び高等専門学校における教育のための補助に関すること（総合教育政策局及び初等中等教育局の所掌に属するものを除く。）。
四　大学及び高等専門学校における教育の基準の設定に関すること（スポーツ庁及び初等中等教育局の所掌に属するものを除く。）。
五　大学及び高等専門学校の設置、廃止、設置者の変更その他の事項の認可に関すること。
六　大学の入学者の選抜及び学位の授与に関すること。
七　学生及び生徒の奨学、厚生及び補導に関すること。
八　外国人留学生の受入れの連絡及び教育並びに海外への留学生の派遣に関すること。
九　政府開発援助のうち外国人留学生に係る技術協力に関すること（外交政策に係るものを除く。）。
一〇　高等学校卒業程度を入学資格とする専修学校及び各種学校における教育の振興（教育内容に係るものに限る。）に関する援助及び助言に関すること（総合教育政策局及び初等中等教育局の所掌に属するものを除く。）。
一一　公認心理師に関する事務のうち文部科学省の所掌に係るものに関すること。
一二　医療技術者又は社会福祉に関する専門的知識及び技術を有する者の養成のための大学に附属する専修学校及び各種学校における教育（第四八条において「附属専修学校等における医療技術者等養成教育」という。）の基準の設定に関すること。
一三　医療技術者又は社会福祉に関する専門的知識及び技術を有する者の養成のための大学並びにこれに附属する専修学校及び各種学校の指定に関すること。
一四　看護師等の人材確保の促進に関する法律（平成四年法律第八六号）第三条の基本指針のうち同条第二項第二号に掲げる事項に関すること。
一五　国立大学（国立大学法人法第二条第二項に規定する国立大学をいう。以下同じ。）における教育及び研究（国立大学附置の研究所及び国立大学の附属図書館におけるものを除く。）に関すること（初等中等教育局の所掌に属するものを除く。）。
一六　国立高等専門学校（独立行政法人国立高等専門学校機構法（平成一五年法律第一一三号）第三条に規定する国立高等専門学校をいう。第四七条第七号において同じ。）における教育に関すること（総合教育政策局及び初等中等教育局の所掌に属するものを除く。）。
一七　大学及び高等専門学校における通信教育及び視聴覚教育に関すること。
一八　大学及び高等専門学校における教育の振興に係る国際文化交流の振興に関すること（外交政策に係るもの及び国際統括官の所掌に属するものを除く。）。
一九　地方公共団体の機関、大学、高等専門学校その他の関係機関に対し、大学及び高等専門学校並びに高等学校卒業程度を入学資格とする専修学校及び各種学校における教育に係る専門的、技術的な指導及び助言を行うこと（スポーツ庁及び文化庁並びに総合教育政策局及び初等中等教育局の所掌に属するものを除く。）。
二〇　教育関係職員その他の関係者に対し、大学及び高等専門学校並びに高等学校卒業程度を入学資格とする専修学校及び各種学校における教育に係る専門的、技術的な指導及び助言を行うこと（スポーツ庁及び文化庁並びに総合教育政策局及び初等中等教育局の所掌に属するものを除く。）。
二一　公立大学法人（地方独立行政法人法（平成一五年法律第一一八号）第六八条第一項に規定する公立大学法人をいう。第四六条第八号において同じ。）に関すること。
二二　私立学校に関する行政の制度の企画及び立案並びにこれらの行政の組織及び一般的運営に関する指導、助言及び勧告に関すること。
二三　文部科学大臣が所轄庁である学校法人についての認可及び認定並びにその経営（放送大学学園に係るものを除く。）に関する指導及び助言に関すること。
二四　私立学校教育の振興のための学校法人その他の私立学校の設置者、地方公共団体及び関係団体に対する助成に関すること（スポーツ庁及び文化庁並びに総合教育政策局及び初等中等教育局の所掌に属するものを除く。）。
二五　私立学校教職員の共済制度に関すること。
二六　大学設置・学校法人審議会の庶務に関すること。
二七　国立大学法人評価委員会の庶務（大学共同利用機関法人分科会に係るものを除く。）に関すること。
二八　国立大学法人の組織及び運営一般に関すること。

二九　独立行政法人大学改革支援・学位授与機構及び独立行政法人国立高等専門学校機構の組織及び運営一般に関すること。
三〇　日本私立学校振興・共済事業団の組織及び運営一般に関すること。
2　私学部は、前項第二二号から第二五号まで、第二六号（学校法人分科会の庶務に関することに限る。）及び第三〇号に掲げる事務をつかさどる。

（科学技術・学術政策局の所掌事務）
第七条　科学技術・学術政策局は、次に掲げる事務をつかさどる。
一　科学技術に関する基本的な政策の企画及び立案並びに推進に関すること（内閣府並びに研究振興局及び研究開発局の所掌に属するものを除く。）。
二　科学技術に関する研究開発に関する計画の作成及び推進に関すること（研究振興局及び研究開発局の所掌に属するものを除く。）。
三　科学技術に関する関係行政機関の事務の調整に関すること（内閣府並びに研究振興局及び研究開発局の所掌に属するものを除く。）。
四　学術の振興に関する基本的な政策の企画及び立案並びに推進に関すること。
五　科学技術及び学術に関する内外の動向の調査及び分析に関すること。
六　科学技術及び学術に関する統計の作成に関すること。
七　科学技術の振興に関する年次報告に関すること。
八　研究者の養成及び資質の向上に関すること（研究開発局の所掌に属するものを除く。）。
九　技術者の養成及び資質の向上に関すること（文部科学省に置かれる試験研究機関及び文部科学大臣が所管する法人において行うものに限るものとし、研究開発局の所掌に属するものを除く。）。
一〇　技術士に関すること。
一一　地域の振興に資する見地からする科学技術の振興であって文部科学省の所掌事務に係るものに関すること。
一二　研究開発に必要な施設及び設備（関係行政機関に重複して設置することが多額の経費を要するため適当でないと認められるものに限る。）の整備（共用に供することを含む。）その他の科学技術に関する研究開発の基盤の整備に関すること（研究振興局の所掌に属するものを除く。）。
一三　科学技術に関する研究開発に係る交流の助成に関すること。
一四　文部科学省の所掌事務に係る科学技術に関する研究開発に係る交流（国際交流を除く。）に関する事務の総括に関すること。
一五　文部科学省の所掌事務に係る国際交流に関する事務のうち科学技術に係るものの総括に関すること（国際統括官の所掌に属するものを除く。）。
一六　科学技術に関する研究開発の成果の普及及び成果の活用の促進に関すること。
一七　大学等における技術に関する研究成果の民間事業者への移転の促進に関する法律（平成一〇年法律第五二号）の施行に関すること。
一八　発明及び実用新案の実施化の推進に関すること。
一九　科学技術に関する知識の普及並びに国民の関心及び理解の増進に関すること。
二〇　科学技術に関する研究開発が経済社会及び国民生活に及ぼす影響に関し、評価を行うことその他の措置に関すること（研究振興局及び研究開発局の所掌に属するものを除く。）。
二一　基盤的研究開発（科学技術に関する共通的な研究開発（二以上の府省のそれぞれの所掌に係る研究開発に共通する研究開発をいう。）、科学技術に関する研究開発で関係行政機関に重複して設置することが多額の経費を要するため適当でないと認められる施設及び設備を必要とするもの並びに科学技術に関する研究開発で多数部門の協力を要する総合的なもの（他の府省の所掌に係るものを除く。）をいう。以下同じ。）に関すること（研究振興局及び研究開発局の所掌に属するものを除く。）。
二二　文部科学省の所掌事務に係る科学技術に関する研究開発を効果的かつ効率的に行うために必要な人的及び技術的援助一般に関すること。
二三　放射線の利用に関する研究開発に関すること（研究振興局の所掌に属するものを除く。）。
二四　放射性同位元素の利用の推進に関すること。
二五　資源の総合的利用に関すること（他の府省の所掌に属するものを除く。）。
二六　学術の振興に係る国際文化交流の振興に関すること（外交政策に係るもの及び国際統括官の所掌に属するものを除く。）。
二七　文部科学省の所掌事務に係る国際協力に関する事務のうち科学技術及び学術に係るものに関すること（研究開発局の所掌に

二八　科学技術・学術審議会の庶務（海洋開発分科会及び測地学分科会に係るものを除く。）に関すること。
二九　国立研究開発法人審議会の庶務に関すること。
三〇　科学技術・学術政策研究所の組織及び運営一般に関すること。
三一　国立研究開発法人科学技術振興機構及び国立研究開発法人量子科学技術研究開発機構の組織及び運営一般に関すること。

（研究振興局の所掌事務）
第八条　研究振興局は、次に掲げる事務をつかさどる。
一　科学技術に関する研究開発に関する基本的な政策（研究開発の評価一般に関するものを除く。）の企画及び立案並びに推進に関すること（研究開発局の所掌に属するものを除く。）。
二　科学技術に関する各分野の研究開発に関する計画の作成及び推進に関すること（研究開発局の所掌に属するものを除く。）。
三　科学技術に関する研究開発に関する関係行政機関の事務の調整に関すること（研究開発局の所掌に属するものを除く。）。
四　学術の振興に関すること（高等教育局及び科学技術・学術政策局の所掌に属するものを除く。）。
五　大学、高等専門学校、研究機関その他の関係機関に対し、学術に係る専門的、技術的な指導及び助言を行うこと。
六　研究者その他の関係者に対し、学術に係る専門的、技術的な指導及び助言を行うこと。
七　研究開発に必要な施設及び設備（関係行政機関に重複して設置することが多額の経費を要するため適当でないと認められるものに限る。）の整備（共用に供することを含む。）に関する事務のうち情報システムに係るもの並びに研究開発に関する情報処理の高度化及び情報の流通の促進に関すること。
八　前号に掲げるもののほか、科学技術に関する研究開発の推進のための環境の整備に関すること（科学技術・学術政策局の所掌に属するものを除く。）。
九　発明及び実用新案の奨励に関すること。
一〇　科学技術に関する研究開発が経済社会及び国民生活に及ぼす影響に関し、評価を行うことその他の措置に関する事務のうち、ライフサイエンス（生命現象の解明及びその成果の応用に関する総合的科学技術をいう。以下同じ。）に関する研究開発に関する安全の確保及び生命倫理に係るものに関すること。
一一　科学技術に関する基礎研究に関すること。
一二　基盤的研究開発に関する事務のうち素粒子科学技術、原子核科学技術、情報科学技術、物質・材料科学技術（物質に関する科学技術であって材料の創製に資することとなるもの及び材料としての物質に関する科学技術をいう。第六六条において同じ。）並びにライフサイエンス並びに健康の増進、日常生活の向上及び人命の安全の確保に関する科学技術に係るものに関すること。
一三　文部科学省の所掌事務に係る科学技術に関する研究開発であって公募によるものの実施の調整に関すること。
一四　国立研究開発法人理化学研究所の行う科学技術に関する試験及び研究（基盤的研究開発を除く。）に関すること。
一五　放射線の医学的利用に関する研究開発に関すること。
一六　国立大学附置の研究所、国立大学の附属図書館及び大学共同利用機関（国立大学法人法第二条第四項に規定する大学共同利用機関をいう。以下同じ。）における教育及び研究に関すること（研究開発局の所掌に属するものを除く。）。
一七　国立大学法人評価委員会大学共同利用機関法人分科会の庶務に関すること。
一八　日本学士院の組織及び運営一般に関すること。
一九　大学共同利用機関法人の組織及び運営一般に関すること。
二〇　国立研究開発法人物質・材料研究機構、独立行政法人日本学術振興会及び国立研究開発法人理化学研究所の組織及び運営一般に関すること。

（研究開発局の所掌事務）
第九条　研究開発局は、次に掲げる事務をつかさどる。
一　防災科学技術（天災地変その他自然現象により生ずる災害を未然に防止し、これらの災害が発生した場合における被害の拡大を防ぎ、及びこれらの災害を復旧することに関する科学技術をいう。以下同じ。）、海洋科学技術、地球科学技術、環境科学技術、エネルギー科学技術（原子力に係るものを除く。以下同じ。）及び航空科学技術に関する研究開発並びに地震及び火山に関する調査研究（以下この条において「防災科学技術等に関する研究開発」という。）並びに宇宙の開発に係る科学技術及び原子力に

関する科学技術に関する基本的な政策の企画及び立案並びに推進に関すること。
二　防災科学技術等に関する研究開発並びに宇宙の開発に係る科学技術及び原子力に関する科学技術に関する研究開発に関する計画の作成及び推進に関すること。
三　防災科学技術等に関する研究開発並びに宇宙の開発に係る科学技術及び原子力に関する科学技術に関する関係行政機関の事務の調整に関すること。
四　南極地域観測に関する関係行政機関の事務の調整に関すること。
五　基盤的研究開発に関する事務のうち防災科学技術、海洋科学技術、地球科学技術、環境科学技術、エネルギー科学技術、航空科学技術、地震及び火山に関する調査研究、宇宙の開発に係る科学技術並びに原子力に関する科学技術（量子の研究に係るものを除く。）に係るものに関すること。
六　文部科学省の所掌事務に係る研究開発施設の設置及び運転の円滑化に関すること。
七　文部科学省の所掌事務に係る大規模な技術開発に共通する事項に関する企画及び立案に関すること。
八　宇宙の開発及び原子力に関する技術開発で科学技術の水準の向上を図るためのものに関すること。
九　宇宙の利用の推進に関する事務のうち科学技術の水準の向上を図るためのものに関すること。
一〇　原子力政策のうち科学技術に関するものに関すること。
一一　原子力に関する関係行政機関の試験及び研究に係る経費その他これに類する経費の配分計画に関すること。
一二　原子力損害の賠償に関すること。
一三　原子力に関する研究者の養成及び資質の向上に関すること。
一四　原子力に関する技術者の養成及び資質の向上に関すること（文部科学省に置かれる試験研究機関及び文部科学大臣が所管する法人において行うものに限る。）。
一五　文部科学省の所掌事務に係る国際協力に関する事務のうち宇宙の利用の推進及び原子力に係るものに関すること。
一六　大学共同利用機関法人自然科学研究機構が設置する天文学に係る大学共同利用機関及び核融合に関する科学に係る大学共同利用機関並びに大学共同利用機関法人情報・システム研究機構が設置する極地に関する科学に係る大学共同利用機関における教育及び研究に関すること。
一七　国立研究開発法人宇宙航空研究開発機構における学術研究及び教育に関すること。
一八　科学技術・学術審議会測地学分科会の庶務に関すること。
一九　国立研究開発法人防災科学技術研究所、国立研究開発法人宇宙航空研究開発機構及び国立研究開発法人海洋研究開発機構の組織及び運営一般に関すること。
二〇　国立研究開発法人日本原子力研究開発機構の組織及び運営一般に関すること。
二一　エネルギー対策特別会計の電源開発促進勘定（以下単に「電源開発促進勘定」という。）の経理に関すること。
二二　電源開発促進勘定に属する国有財産の管理及び処分並びに物品の管理に関すること。

（国際統括官の職務）
第一〇条　国際統括官は、次に掲げる事務をつかさどる。
一　ユネスコ活動（ユネスコ活動に関する法律（昭和二七年法律第二〇七号）第二条に規定するユネスコ活動をいう。）の振興に関する基本的な政策の企画及び立案並びに推進に関すること。
二　日本ユネスコ国内委員会の事務の処理に関すること。
三　国際交流に関する条約その他の国際約束の実施に関する事務のうち文部科学省の所掌事務に係るものの総括に関すること。
四　国際文化交流に関する諸外国との人物交流に関し、条約その他の国際約束に従い、国際的取決めを交渉し、及び締結すること（スポーツ庁及び文化庁の所掌に属するものを除く。）。

第二款　特別な職の設置等
（官房長）
第一一条　大臣官房に、官房長を置く。
2　官房長は、命を受けて、大臣官房の事務を掌理する。

（総括審議官、サイバーセキュリティ・政策立案総括審議官及び審議官）
第一二条　大臣官房に、総括審議官一人、サイバーセキュリティ・政策立案総括審議官一人及び審議官九人を置く。
2　総括審議官は、命を受けて、文部科学省の所掌事務に関する重要事項についての企画及び立案並びに調整に関する事務を総括整理する。
3　サイバーセキュリティ・政策立案総括審議官は、命を受けて、文部科学省の所掌事務に関するサイバーセキュリティ（サイバーセキュリティ基本法（平成二六年法律第一〇四号）

第二条に規定するサイバーセキュリティをいう。）の確保並びに情報システムの整備及び管理並びにこれらと併せて行われる事務の運営の改善及び効率化に関する重要事項についての企画及び立案に関する事務並びに文部科学省の所掌事務に関する合理的な根拠に基づく政策立案の推進に関する重要事項についての企画及び立案並びに調整に関する事務並びに関係事務を総括整理する。
4 審議官は、命を受けて、文部科学省の所掌事務に関する重要事項についての企画及び立案に参画し、関係事務を総括整理する。

（参事官及び技術参事官）
第一三条 大臣官房に参事官三人を、大臣官房文教施設企画・防災部に技術参事官一人を置く。
2 参事官は、命を受けて、大臣官房の所掌事務（文教施設企画・防災部の所掌に属するものを除く。）のうち重要事項の企画及び立案に参画する。
3 技術参事官は、命を受けて、文教施設企画・防災部の所掌事務のうち技術に関する重要事項の企画及び立案に参画する。

第三款　課の設置等

第一目　大臣官房

（大臣官房に置く課等）
第一四条 大臣官房に、文教施設企画・防災部に置くもののほか、次の五課を置く。
　人事課
　総務課
　会計課
　政策課
　国際課
2 文教施設企画・防災部に、次の三課及び参事官一人を置く。
　施設企画課
　施設助成課
　計画課

（人事課の所掌事務）
第一五条 人事課は、次に掲げる事務をつかさどる。
　一 文部科学省の職員の任免、給与、懲戒、服務その他の人事並びに教養及び訓練に関すること。
　二 文部科学省の職員の衛生、医療その他の福利厚生に関すること。
　三 文部科学省共済組合に関すること。
　四 文化功労者に関すること。
　五 栄典の推薦及び伝達の実施並びに表彰及び儀式に関すること。
　六 恩給に関する連絡事務に関すること。

（総務課の所掌事務）
第一六条 総務課は、次に掲げる事務をつかさどる。
　一 機密に関すること。
　二 大臣、副大臣、大臣政務官及び事務次官の官印並びに省印の保管に関すること。
　三 公文書類の接受、発送、編集及び保存に関すること。
　四 法令案その他の公文書類の審査及び進達に関すること。
　五 文部科学省の保有する情報の公開に関すること。
　六 文部科学省の保有する個人情報の保護に関すること。
　七 文部科学省の所掌事務に関する総合調整に関すること（政策課の所掌に属するものを除く。）。
　八 国会との連絡に関すること。
　九 広報に関すること。
　一〇 文部科学省の機構及び定員に関すること。
　一一 文部科学省の所掌事務に係る法人（学校法人及び宗教法人を除く。）の監督に関する基本方針の企画及び立案並びに調整に関すること。
　一二 文部科学省の事務能率の増進に関すること。
　一三 文部科学省の所掌事務に関する官報掲載に関すること。
　一四 前各号に掲げるもののほか、文部科学省の所掌事務で他の所掌に属しないものに関すること。

（会計課の所掌事務）
第一七条 会計課は、次に掲げる事務をつかさどる。
　一 文部科学省の所掌に係る経費及び収入の予算、決算及び会計並びに会計の監査に関すること。
　二 文部科学省所管の国有財産の管理及び処分並びに物品の管理に関すること。
　三 東日本大震災復興特別会計の経理のうち文部科学省の所掌に係るものに関すること。
　四 東日本大震災復興特別会計に属する国有財産の管理及び処分並びに物品の管理のうち文部科学省の所掌に係るものに関すること。
　五 文部科学省の職員（文部科学省の所管する独立行政法人の職員を含む。）に貸与する宿舎に関すること。
　六 文部科学省所管の建築物（本省の庁舎に限る。）の営繕に関すること。
　七 庁内の管理に関すること。

（政策課の所掌事務）
第一八条　政策課は、次に掲げる事務をつかさどる。
一　文部科学省の所掌事務に係る基本的かつ総合的な政策の企画及び立案に関すること。
二　文部科学省の所掌事務に関する総合調整（政策の企画及び立案に関するものに限る。）に関すること。
三　文部科学省の行政の考査に関すること。
四　文部科学省の所掌事務に関する政策の評価に関すること。
五　文部科学省の情報システムの整備及び管理に関すること。
六　国立国会図書館支部文部科学省図書館に関すること。
七　文部科学省設置法第三条第一項の任務に関連する特定の内閣の重要政策について、当該重要政策に関して閣議において決定された基本的な方針に基づいて、行政各部の施策の統一を図るために必要となる企画及び立案並びに総合調整に関すること。

（国際課の所掌事務）
第一九条　国際課は、次に掲げる事務をつかさどる。
一　文部科学省の所掌事務に係る国際交流に関する基本的な政策の企画及び立案並びに推進に関すること。
二　文部科学省の所掌事務に係る国際協力に関すること（スポーツ庁及び文化庁並びに科学技術・学術政策局及び研究開発局の所掌に属するものを除く。）。
三　文部科学省の所掌事務に係る国際的諸活動（国際交流及び国際協力を除く。）に関する連絡調整に関すること。

（施設企画課の所掌事務）
第二〇条　施設企画課は、次に掲げる事務をつかさどる。
一　文教施設企画・防災部の所掌事務に関する総合調整に関すること。
二　文教施設及び科学技術に関する研究開発に必要な施設の整備に関する基本的な施策の企画及び立案並びに調整に関すること。
三　公立及び私立の文教施設並びに地方独立行政法人が設置する文教施設の整備に関する指導及び助言に関すること（スポーツ庁及び文化庁並びに他局並びに施設助成課及び参事官の所掌に属するものを除く。）。
四　学校施設及び学校用家具の基準の設定に関すること。
五　学校環境の整備に関する指導及び助言に関すること。
六　教育、学術、スポーツ及び文化の直接の用に供する物資（学校給食用物資を除く。）並びに教育、学術、スポーツ及び文化の用に供する物資のうち国際的に供給の不足するもの（学校給食用物資を除く。）の入手又は利用に関する便宜の供与に関すること。
七　学校施設の学校教育の目的以外の目的への使用の防止に係る返還命令及び移転命令に関すること。
八　国立の文教施設の整備に関する設計書類の照査、請負契約、施工管理の基準及び技術的監査に関すること。
九　独立行政法人、国立大学法人及び大学共同利用機関法人が設置する文教施設の整備に関する請負契約及び施工管理の基準に関すること。
一〇　前各号に掲げるもののほか、文教施設企画・防災部の所掌事務で他の所掌に属しないものに関すること。

（施設助成課の所掌事務）
第二一条　施設助成課は、次に掲げる事務（スポーツ庁及び初等中等教育局の所掌に属するものを除く。）をつかさどる。
一　公立の学校施設の整備（災害復旧に係るものを除く。次号において同じ。）に関する指導及び助言に関すること。
二　公立の学校施設の整備のための援助及び補助に関すること。

（計画課の所掌事務）
第二二条　計画課は、次に掲げる事務をつかさどる。
一　国立の文教施設並びに独立行政法人、国立大学法人及び大学共同利用機関法人が設置する文教施設の整備に関する長期計画の企画及び立案並びに予算案の準備に関すること。
二　国立の文教施設並びに独立行政法人、国立大学法人及び大学共同利用機関法人が設置する文教施設の整備に関する長期計画の実施に係る連絡調整に関すること。
三　国立大学法人、大学共同利用機関法人、独立行政法人大学改革支援・学位授与機構及び独立行政法人国立高等専門学校機構が設置する文教施設の整備のための補助金の交付に関すること（災害復旧に係るものを除く。）。
四　独立行政法人大学改革支援・学位授与機構の行う国立大学法人及び大学共同利用機関法人に対する土地の取得、施設の設置若しくは整備又は設備の設置に必要な資金の貸付けに関すること。
五　独立行政法人大学改革支援・学位授与機構の行う国立大学法人、大学共同利用機関

法人及び独立行政法人国立高等専門学校機構に対する土地の取得、施設の設置若しくは整備又は設備の設置に必要な資金の交付に関すること。
六　国立の文教施設の立地計画及び環境整備に関すること。
七　独立行政法人、国立大学法人及び大学共同利用機関法人が設置する文教施設の立地計画（独立行政法人、国立大学法人及び大学共同利用機関法人において土地又は借地権の取得を必要とすることとなるものに限る。）に関すること。

(参事官の職務)
第二三条　参事官は、次に掲げる事務をつかさどる。
一　公立の学校施設の災害復旧に係る援助及び補助に関すること。
二　国立大学法人、大学共同利用機関法人、独立行政法人大学改革支援・学位授与機構及び独立行政法人国立高等専門学校機構が設置する文教施設の災害復旧に係る補助金の交付に関すること。
三　文教施設の防災に関する施策の基本方針の企画及び立案並びに調整に関すること。
四　文教施設の防災その他保全に関する指導及び助言に関すること（スポーツ庁及び文化庁並びに他局の所掌に属するものを除く。）。
五　国立の文教施設並びに独立行政法人、国立大学法人及び大学共同利用機関法人が設置する文教施設の整備に関する設計、積算、施工及び維持保全に係る技術的基準に関すること。
六　国立の文教施設の整備に関する建設計画、設計、積算及び施工管理の実施に関すること。

第二目　総合教育政策局

(総合教育政策局に置く課等)
第二四条　総合教育政策局に、次の七課を置く。
　政策課
　教育改革・国際課
　調査企画課
　教育人材政策課
　生涯学習推進課
　地域学習推進課
　男女共同参画共生社会学習・安全課

(政策課の所掌事務)
第二五条　政策課は、次に掲げる事務をつかさどる。
一　総合教育政策局の所掌事務に関する総合調整に関すること。
二　教育基本法の施行に関する事務の総括に関すること。
三　教育基本法第一七条第一項に規定する基本的な計画に関すること。
四　文部科学省の所掌事務に関する生涯学習に係る機会の整備に関する基本的な政策の企画及び立案並びに調整に関すること。
五　中央教育審議会の庶務（生涯教育分科会、初等中等教育分科会及び大学分科会に係るものを除く。）に関すること。
六　前各号に掲げるもののほか、総合教育政策局の所掌事務で他の所掌に属しないものに関すること。

(教育改革・国際課の所掌事務)
第二六条　教育改革・国際課は、次に掲げる事務をつかさどる。
一　豊かな人間性を備えた創造的な人材の育成のための教育改革に関する基本的な政策の企画及び立案並びに推進に関すること（政策課の所掌に属するものを除く。）。
二　教育、スポーツ及び文化に係る情報通信の技術の活用に関する基本的な政策の企画及び立案並びに推進に関すること。
三　国際理解教育の振興に関する企画及び立案並びに援助及び助言に関すること。
四　海外に在留する邦人の子女のための在外教育施設及び関係団体が行う教育に関すること。
五　教育の振興に係る国際文化交流の振興に関すること（外交政策に係るもの並びに高等教育局及び国際統括官の所掌に属するものを除く。）。
六　地方公共団体の機関その他の関係機関に対し、国際理解教育に係る専門的、技術的な指導及び助言を行うこと。
七　教育関係職員その他の関係者に対し、国際理解教育に係る専門的、技術的な指導及び助言を行うこと。

(調査企画課の所掌事務)
第二七条　調査企画課は、次に掲げる事務をつかさどる。
一　教育、スポーツ、文化及び宗教に係る調査及び研究に関する基本的な施策の企画及び立案並びに調整に関すること。
二　教育、スポーツ、文化及び宗教に係る統計に関すること（他の所掌に属するものを除く。）。
三　児童及び生徒の学力の状況に関する全国的な調査及び分析に関すること（初等中等教育局及び教育改革・国際課の所掌に属するものを除く。）。
四　外国の教育事情に関する調査及び研究に関すること。

五　国立教育政策研究所の組織及び運営一般に関すること。

(教育人材政策課の所掌事務)
第二八条　教育人材政策課は、次に掲げる事務をつかさどる。
一　教育職員、社会教育主事、司書及び司書補並びに司書教諭及び学校司書の養成並びに資質の保持及び向上に関すること。
二　地方公務員である教育職員の採用のための選考に関する指導、助言及び勧告に関すること。
三　社会教育主事、司書及び司書補並びに司書教諭の講習に関すること。
四　独立行政法人教職員支援機構の組織及び運営一般に関すること。

(生涯学習推進課の所掌事務)
第二九条　生涯学習推進課は、次に掲げる事務をつかさどる。
一　生涯学習に係る機会の整備の推進に関すること（地域学習推進課及び男女共同参画共生社会学習・安全課の所掌に属するものを除く。）。
二　中学校卒業程度認定及び高等学校卒業程度認定に関すること。
三　専修学校及び各種学校における教育の振興に関する企画及び立案並びに援助及び助言に関すること（初等中等教育局及び高等教育局並びに男女共同参画共生社会学習・安全課の所掌に属するものを除く。）。
四　専修学校及び各種学校における教育の基準の設定に関すること（スポーツ庁及び文化庁並びに高等教育局並びに男女共同参画共生社会学習・安全課の所掌に属するものを除く。）。
五　私立の専修学校及び各種学校における教育の振興のための学校法人その他の私立の専修学校及び各種学校の設置者、地方公共団体並びに関係団体に対する助成に関すること（スポーツ庁の所掌に属するものを除く。）。
六　社会教育としての通信教育に関すること（地域学習推進課の所掌に属するものを除く。）。
七　地方公共団体の機関その他の関係機関に対し、専修学校及び各種学校における教育並びに学校開放に係る専門的、技術的な指導及び助言を行うこと（スポーツ庁及び文化庁並びに高等教育局並びに男女共同参画共生社会学習・安全課の所掌に属するものを除く。）。
八　教育関係職員、社会教育に関する団体、社会教育指導者その他の関係者に対し、専修学校及び各種学校における教育並びに学校開放に係る専門的、技術的な指導及び助言を行うこと（スポーツ庁及び文化庁並びに高等教育局並びに男女共同参画共生社会学習・安全課の所掌に属するものを除く。）。
九　中央教育審議会生涯学習分科会の庶務に関すること。
一〇　放送大学学園の組織及び運営一般に関すること。

(地域学習推進課の所掌事務)
第三〇条　地域学習推進課は、次に掲げる事務をつかさどる。
一　社会教育の振興に関する企画及び立案並びに援助及び助言に関する一社会教育の振興に関する企画及び立案並びに援助及び助言に関すること（文化庁並びに教育人材政策課及び男女共同参画共生社会学習・安全課の所掌に属するものを除く。）。
二　社会教育のための補助に関すること（文化庁並びに教育人材政策課及び男女共同参画共生社会学習・安全課の所掌に属するものを除く。）。
三　公立及び私立の社会教育施設の整備に関する指導及び助言に関すること（スポーツ庁及び文化庁並びに男女共同参画共生社会学習・安全課の所掌に属するものを除く。）。
四　公立の社会教育施設の整備のための補助に関すること（スポーツ庁及び文化庁並びに男女共同参画共生社会学習・安全課の所掌に属するものを除く。）。
五　学校図書館に関すること（教育人材政策課の所掌に属するものを除く。）。
六　生涯学習に係る機会の整備の推進に関すること（ボランティア活動の振興に係るものに限る。）。
七　地域の振興に資する見地からの基本的な文教施策の企画及び立案並びに調整に関すること。
八　学校運営協議会等に関すること。
九　青少年教育に関する施設において行う青少年の団体宿泊訓練に関すること。
一〇　社会教育における視聴覚教育メディアの利用に関すること。
一一　家庭教育の支援に関すること。
一二　青少年の健全な育成の推進に関すること（内閣府及び男女共同参画共生社会学習・安全課の所掌に属するものを除く。）。
一三　文部科学省の所掌事務に係る青少年の健全な育成に関する基本的な政策の企画及び立案に関すること。
一四　地方公共団体の機関その他の関係機関に対し、社会教育に係る専門的、技術的な指導及び助言を行うこと（スポーツ庁及び文化庁並びに教育人材政策課及び男女共同参画共生社会学習・安全課の所掌に属他課の所掌に属するものを除く。）。
一五　教育関係職員、社会教育に関する団

体、社会教育指導者その他の関係者に対し、社会教育に係る専門的、技術的な指導及び助言を行うこと（スポーツ庁及び文化庁並びに教育人材政策課及び男女共同参画共生社会学習・安全課の所掌に属するものを除く。）。

（男女共同参画共生社会学習・安全課の所掌事務）
第三一条　男女共同参画共生社会学習・安全課は、次に掲げる事務をつかさどる。
一　男女共同参画社会の形成その他の共生社会の形成の促進のための生涯学習に係る機会の整備の推進に関すること。
二　女性教育の振興に関する企画及び立案並びに援助及び助言に関すること。
三　女性教育のための補助に関すること。
四　公立及び私立の女性教育施設の整備に関する指導及び助言に関すること。
五　公立の女性教育施設の整備のための補助に関すること。
六　海外から帰国した児童及び生徒の教育並びに本邦に在留する外国人の児童及び生徒の学校生活への適応のための指導に関すること。
七　学校安全及び災害共済給付に関すること（初等中等教育の基準（教材並びに学級編制及び教職員定数に係るものに限る。）の設定に関することを除く。）。
八　青少年の心身に有害な影響を与える環境の改善に関すること（内閣府の所掌に属するものを除く。）。
九　地方公共団体の機関その他の関係機関に対し、女性教育に係る専門的、技術的な指導及び助言を行うこと。
一〇　教育関係職員、社会教育に関する団体、社会教育指導者その他の関係者に対し、女性教育に係る専門的、技術的な指導及び助言を行うこと。

第三目　初等中等教育局
（初等中等教育局に置く課等）
第三二条　初等中等教育局に、次の九課及び参事官一人を置く。
　初等中等教育企画課
　財務課
　教育課程課
　児童生徒課
　幼児教育課
　特別支援教育課
　情報教育・外国語教育課
　教科書課
　健康教育・食育課

（初等中等教育企画課の所掌事務）
第三三条　初等中等教育企画課は、次に掲げる事務をつかさどる。
一　初等中等教育局の所掌事務に関する総合調整に関すること。
二　初等中等教育の振興に関する基本的な政策の企画及び立案に関すること。
三　地方教育行政に関する制度の企画及び立案に関すること。
四　地方教育行政の組織及び一般的運営に関する指導、助言及び勧告に関すること（スポーツ庁及び文化庁の所掌に属するものを除く。）。
五　初等中等教育の基準の設定に関すること（スポーツ庁及び文化庁並びに総合教育政策局並びに他課及び参事官の所掌に属するものを除く。）。
六　義務教育学校における教育の振興に関する企画及び立案並びに援助及び助言に関すること（総合教育政策局並びに他課及び参事官の所掌に属するものを除く。）。
七　中央教育審議会初等中等教育分科会の庶務に関すること。
八　前各号に掲げるもののほか、初等中等教育局の所掌事務で他の所掌に属しないものに関すること。

（財務課の所掌事務）
第三四条　財務課は、次に掲げる事務をつかさどる。
一　地方教育費に関する企画に関すること。
二　地方公務員である教育関係職員の任免、給与その他の身分取扱いに関する制度の企画及び立案並びにこれらの制度の運営に関する指導、助言及び勧告に関すること（スポーツ庁及び文化庁並びに総合教育政策局並びに健康教育・食育課の所掌に属するものを除く。）。
三　地方公務員である教育関係職員の勤務の状況の改善に関する企画及び立案並びに援助及び助言に関すること。
四　初等中等教育の教材の基準の設定に関すること（スポーツ庁及び文化庁の所掌に属するものを除く。）
五　教育用品（学校用家具を除く。）の基準の設定に関すること。
六　公立の小学校、中学校、義務教育学校、高等学校、中等教育学校並びに特別支援学校の小学部、中学部及び高等部（学校給食法（昭和二九年法律第一六〇号）第六条に規定する共同調理場を含む。）の学級編制及び教職員定数の基準の設定に関すること。
七　義務教育費国庫負担法（昭和二七年法律第三〇三号）による補助に関すること。

八　経済的理由によって就学困難な児童及び生徒に係る就学奨励のための補助に関すること。
九　高等学校等就学支援金の支給に関する法律の施行に関すること。
一〇　へき地における教育の振興に関する施策の基本方針の企画及び立案並びに調整に関すること。
一一　地方公務員である教育関係職員の福利厚生に関すること。
一二　公立の幼稚園、小学校、中学校、義務教育学校、高等学校、中等教育学校、特別支援学校及び幼保連携型認定こども園に係る予算案（学校施設、学校における体育並びに学校保健、学校安全、学校給食及び災害共済給付に係るものを除く。）の準備に関する連絡調整に関すること。

（教育課程課の所掌事務）
第三五条　教育課程課は、次に掲げる事務をつかさどる。
一　初等中等教育の教育課程に関する企画及び立案並びに援助及び助言に関すること（総合教育政策局並びに他課及び参事官の所掌に属するものを除く。）。
二　初等中等教育の教育課程の基準の設定に関すること（スポーツ庁及び文化庁並びに総合教育政策局並びに他課及び参事官の所掌に属するものを除く。）。
三　地方公共団体の機関その他の関係機関に対し、初等中等教育の教育課程に係る専門的、技術的な指導及び助言を行うこと（スポーツ庁及び文化庁並びに総合教育政策局並びに他課及び参事官の所掌に属するものを除く。）。
四　教育関係職員その他の関係者に対し、初等中等教育の教育課程に係る専門的、技術的な指導及び助言を行うこと（スポーツ庁及び文化庁並びに総合教育政策局並びに他課及び参事官の所掌に属するものを除く。）。
五　小学校、中学校、義務教育学校、高等学校、中等教育学校並びに特別支援学校の小学部、中学部及び高等部における理科教育のための補助に関すること。
六　少年院の長が行う教科指導についての勧告に関すること。

（児童生徒課の所掌事務）
第三六条　児童生徒課は、次に掲げる事務をつかさどる。
一　小学校、中学校、義務教育学校、高等学校及び中等教育学校における生徒指導（以下この条において単に「生徒指導」という。）並びに小学校、中学校、義務教育学校、高等学校及び中等教育学校における進路指導（以下この条において単に「進路指導」という。）の振興に関する企画及び立案並びに援助及び助言に関すること（総合教育政策局及び特別支援教育課の所掌に属するものを除く。）。
二　高等学校の入学者の選抜（以下この条において「入学者選抜」という。）に関する援助及び助言に関すること。
三　地方公共団体の機関その他の関係機関に対し、生徒指導、進路指導及び入学者選抜に係る専門的、技術的な指導及び助言を行うこと（総合教育政策局及び特別支援教育課の所掌に属するものを除く。）。
四　教育関係職員その他の関係者に対し、生徒指導、進路指導及び入学者選抜に係る専門的、技術的な指導及び助言を行うこと（総合教育政策局及び特別支援教育課の所掌に属するものを除く。）。

（幼児教育課の所掌事務）
第三七条　幼児教育課は、次に掲げる事務をつかさどる。
一　幼児に対する教育の振興に関する基本的な施策の企画及び立案並びに調整に関すること。
二　幼稚園及び幼保連携型認定こども園における教育の振興に関する企画及び立案並びに援助及び助言に関すること（総合教育政策局及び他課の所掌に属するものを除く。）。
三　幼稚園及び幼保連携型認定こども園における教育のための補助に関すること（総合教育政策局並びに特別支援教育課及び健康教育・食育課の所掌に属するものを除く。）。
四　幼稚園及び幼保連携型認定こども園における教育の基準の設定に関すること（スポーツ庁及び文化庁並びに総合教育政策局並びに健康教育・食育課の所掌に属するものを除く。）。
五　私立学校教育の振興のための学校法人その他の私立学校の設置者、地方公共団体及び関係団体に対する助成（幼稚園及び幼保連携型認定こども園の施設の整備に係るものに限る。）に関すること（スポーツ庁及び文化庁の所掌に属するものを除く。）。
六　地方公共団体の機関その他の関係機関に対し、幼稚園及び幼保連携型認定こども園における教育に係る専門的、技術的な指導及び助言を行うこと（スポーツ庁及び文化庁並びに総合教育政策局並びに特別支援教育課及び健康教育・食育課の所掌に属するものを除く。）。
七　教育関係職員その他の関係者に対し、幼

稚園及び幼保連携型認定こども園における教育に係る専門的、技術的な指導及び助言を行うこと（スポーツ庁及び文化庁並びに総合教育政策局並びに特別支援教育課及び健康教育・食育課の所掌に属するものを除く。）。

（特別支援教育課の所掌事務）
第三八条　特別支援教育課は、次に掲げる事務をつかさどる。
一　特別支援学校及び特別支援学級における教育その他の教育上特別の支援を必要とする幼児、児童及び生徒に対する教育（以下この条において「特別支援教育」という。）の振興に関する企画及び立案並びに援助及び助言に関すること（総合教育政策局並びに財務課及び健康教育・食育課の所掌に属するものを除く。）。
二　前号に掲げる幼児、児童及び生徒に係る就学奨励並びに特別支援教育の用に供する設備の整備のための補助に関すること。
三　特別支援教育の基準（学級編制及び教職員定数に係るものを除く。）の設定に関すること（スポーツ庁及び文化庁並びに総合教育政策局並びに健康教育・食育課の所掌に属するものを除く。）。
四　特別支援学校の高等部における通信教育に関すること（総合教育政策局及び健康教育・食育課の所掌に属するものを除く。）。
五　地方公共団体の機関その他の関係機関に対し、特別支援教育に係る専門的、技術的な指導及び助言を行うこと（スポーツ庁及び文化庁並びに総合教育政策局並びに健康教育・食育課の所掌に属するものを除く。）。
六　教育関係職員その他の関係者に対し、特別支援教育に係る専門的、技術的な指導及び助言を行うこと（スポーツ庁及び文化庁並びに総合教育政策局並びに健康教育・食育課の所掌に属するものを除く。）。
七　特別支援学校の理療に関する学科、理学療法に関する学科及び歯科技工に関する学科の認定に関すること。
八　独立行政法人国立特別支援教育総合研究所の組織及び運営一般に関すること。

（情報教育・外国語教育課の所掌事務）
第三九条　情報教育・外国語教育課は、次に掲げる事務（第一号から第三号まで及び第六号から第八号までに掲げる事務にあっては、特別支援教育課の所掌に属するものを除く。）をつかさどる。
一　幼稚園、小学校、中学校、義務教育学校、高等学校、中等教育学校及び幼保連携型認定こども園における情報教育（第三号、第七号及び第八号において単に「情報教育」という。）の振興に関する企画及び立案並びに援助及び助言に関すること。
二　小学校、中学校、義務教育学校、高等学校及び中等教育学校における外国語教育（以下この条において単に「外国語教育」という。）の振興に関する企画及び立案並びに援助及び助言に関すること。
三　情報教育及び外国語教育の基準（外国語教育の教材に係るものを除く。）の設定に関すること。
四　視聴覚教育に関する連絡調整に関すること。
五　学校教育における視聴覚教育メディアの利用に関すること（高等教育局の所掌に属するものを除く。）。
六　中学校卒業程度を入学資格とする専修学校及び各種学校における情報教育の振興に関する援助及び助言に関すること。
七　地方公共団体の機関その他の関係機関に対し、情報教育及び外国語教育に係る専門的、技術的な指導及び助言を行うこと。
八　教育関係職員その他の関係者に対し、情報教育及び外国語教育に係る専門的、技術的な指導及び助言を行うこと。

（教科書課の所掌事務）
第四〇条　教科書課は、次に掲げる事務をつかさどる。
一　教科用図書の検定に関すること。
二　教科用図書その他の教授上用いられる図書の発行及び義務教育諸学校において使用する教科用図書の無償措置に関すること。
三　文部科学省が著作の名義を有する出版物の著作権の管理に関すること。

（健康教育・食育課の所掌事務）
第四一条　健康教育・食育課は、次に掲げる事務をつかさどる。
一　文部科学省の所掌事務に係る健康教育の振興及び食育の推進に関する基本的な施策の企画及び立案並びに調整に関すること。
二　学校保健及び学校給食に関すること（学校における保健教育の基準の設定に関すること、初等中等教育の基準（教材並びに学級編制及び教職員定数に係るものに限る。）の設定に関すること及び公立の学校の給食施設の災害復旧に関することを除く。）。
三　公立学校の学校医、学校歯科医及び学校薬剤師の公務災害補償に関すること。

（参事官の職務）
第四二条　参事官は、次に掲げる事務をつかさどる。
一　高等学校及び中等教育学校における教育並びに中学校及び高等学校における教育で

学校教育法(昭和二二年法律第二六号)第七一条の規定によるものの振興に関する企画及び立案並びに援助及び助言に関すること(総合教育政策局及び他課の所掌に属するものを除く。)。
二　高等学校及び中等教育学校における教育の基準の設定に関すること(スポーツ庁及び文化庁並びに総合教育政策局並びに他課の所掌に属するものを除く。)。
三　高等学校(中等教育学校の後期課程を含む。次号において同じ。)における定時制教育の振興に関する企画及び立案並びに援助及び助言に関すること(総合教育政策局及び他課の所掌に属するものを除く。)。
四　高等学校における通信教育に関すること(総合教育政策局及び他課の所掌に属するものを除く。)。
五　中学校、義務教育学校の後期課程、高等学校及び中等教育学校における産業教育(以下この条において単に「産業教育」という。)の振興に関する企画及び立案並びに援助及び助言に関すること(特別支援教育課の所掌に属するものを除く。)。
六　産業教育のための補助に関すること(特別支援教育課の所掌に属するものを除く。)。
七　産業教育の基準(教材に係るものを除く。)の設定に関すること(特別支援教育課の所掌に属するものを除く。)。
八　私立学校教育の振興のための学校法人その他の私立学校の設置者、地方公共団体及び関係団体に対する助成(産業教育のための施設の整備に係るものに限る。)に関すること。
九　中学校卒業程度を入学資格とする専修学校及び各種学校における教育の振興(教育内容に係るものに限る。)に関する援助及び助言に関すること(安全教育に係るもの並びに健康教育・食育課及び情報教育・外国語教育課の所掌に属するものを除く。)。
一〇　地方公共団体の機関その他の関係機関に対し、産業教育に係る専門的、技術的な指導及び助言を行うこと(特別支援教育課の所掌に属するものを除く。)。
一一　教育関係職員その他の関係者に対し、産業教育に係る専門的、技術的な指導及び助言を行うこと(特別支援教育課の所掌に属するものを除く。)。
一二　看護師、准看護師又は介護福祉士の養成のための高等学校及び中等教育学校の指定に関すること。

第四三条　削除

第四目　高等教育局

(高等教育局に置く課等)
第四四条　高等教育局に、私学部に置くもののほか、次の六課を置く。
高等教育企画課
大学振興課
専門教育課
医学教育課
学生・留学生課
国立大学法人支援課
2　私学部に、次の二課及び参事官一人を置く。
私学行政課
私学助成課

(高等教育企画課の所掌事務)
第四五条　高等教育企画課は、次に掲げる事務をつかさどる。
一　高等教育局の所掌事務に関する総合調整に関すること。
二　大学及び高等専門学校における教育の振興に関する基本的な政策の企画及び立案に関すること。
三　大学における教育及び研究についての評価に関する企画及び立案並びに援助及び助言に関すること。
四　大学の設置、廃止、設置者の変更その他の事項の認可に関すること。
五　放送大学学園が設置する放送大学(第四八条第八号において単に「放送大学」という。)における教育に関すること。
六　大学及び高等専門学校における教育の振興に係る国際文化交流の振興に関すること(外交政策に係るもの及び国際統括官の所掌に属するものを除く。)。
七　中央教育審議会大学分科会の庶務に関すること。
八　大学設置・学校法人審議会の庶務(学校法人分科会に係るものを除く。)に関すること。
九　独立行政法人大学改革支援・学位授与機構の組織及び運営一般に関すること。
一〇　前各号に掲げるもののほか、高等教育局の所掌事務で他の所掌に属しないものに関すること。

(大学振興課の所掌事務)
第四六条　大学振興課は、次に掲げる事務をつかさどる。
一　大学の組織及び運営に関する企画及び立案並びに援助及び助言に関すること(医学教育課及び国立大学法人支援課の所掌に属するものを除く。)。
二　前号に掲げるもののほか、大学における教育の振興に関する企画及び立案並びに援

助及び助言に関すること（総合教育政策局及び初等中等教育局並びに専門教育課及び医学教育課の所掌に属するものを除く。）。
三　大学における教育のための補助に関すること（総合教育政策局及び初等中等教育局並びに専門教育課及び医学教育課の所掌に属するものを除く。）。
四　大学における教育の基準の設定に関すること（スポーツ庁並びに初等中等教育局並びに専門教育課及び医学教育課の所掌に属するものを除く。）。
五　大学の入学者の選抜及び学位の授与に関すること。
六　地方公共団体の機関、大学その他の関係機関に対し、大学における教育に係る専門的、技術的な指導及び助言を行うこと（スポーツ庁及び文化庁並びに総合教育政策局専門教育課及び医学教育課の所掌に属するものを除く。）。
七　教育関係職員その他の関係者に対し、大学における教育に係る専門的、技術的な指導及び助言を行うこと（スポーツ庁及び文化庁並びに総合教育政策局及び初等中等教育局並びに専門教育課及び医学教育課の所掌に属するものを除く。）。
八　公立大学法人に関すること。

（専門教育課の所掌事務）
第四七条　専門教育課は、次に掲げる事務をつかさどる。
一　大学における学術の各分野における専門的な学識又は実践的な能力を培うことを目的とする教育（医学、歯学及び薬学に関する教育、医療技術者の養成のための教育並びに社会福祉に関する専門的知識及び技術を有する者の養成のための教育（次条において「医学等に関する教育」という。）並びに教育職員の養成のための教育を除く。）及び情報教育（以下この条において「専門教育等」と総称する。）の振興（組織及び運営に係るものを除く。）並びに高等専門学校における教育の振興に関する企画及び立案並びに援助及び助言に関すること（総合教育政策局及び初等中等教育局の所掌に属するものを除く。）。
二　大学における専門教育等及び高等専門学校における教育のための補助に関すること（総合教育政策局及び初等中等教育局の所掌に属するものを除く。）。
三　大学における専門教育等及び高等専門学校における教育の基準の設定に関すること（スポーツ庁及び文化庁並びに総合教育政策局の所掌に属するものを除く。）。
四　高等専門学校の設置、廃止、設置者の変更その他の事項の認可に関すること。
五　高等学校卒業程度を入学資格とする専修学校及び各種学校（次条第五号に規定するものを除く。第九号及び第一〇号において同じ。）における教育の振興（教育内容に係るものに限る。）に関する援助及び助言に関すること（総合教育政策局及び初等中等教育局の所掌に属するものを除く。）。
六　公認心理師に関する事務のうち文部科学省の所掌に係るものに関すること。
七　国立高等専門学校における教育に関すること（総合教育政策局及び初等中等教育局の所掌に属するものを除く。）。
八　大学（放送大学を除く。）及び高等専門学校における通信教育及び視聴覚教育に関すること。
九　地方公共団体の機関、大学、高等専門学校その他の関係機関に対し、大学における専門教育等及び高等専門学校における教育並びに高等学校卒業程度を入学資格とする専修学校及び各種学校における教育に係る専門的、技術的な指導及び助言を行うこと（スポーツ庁及び文化庁並びに総合教育政策局及び初等中等教育局の所掌に属するものを除く。）。
一〇　教育関係職員その他の関係者に対し、大学における専門教育等及び高等専門学校における教育並びに高等学校卒業程度を入学資格とする専修学校及び各種学校における教育に係る専門的、技術的な指導及び助言を行うこと（スポーツ庁及び文化庁並びに総合教育政策局及び初等中等教育局の所掌に属するものを除く。）。
一一　独立行政法人国立高等専門学校機構の組織及び運営一般に関すること。

（医学教育課の所掌事務）
第四八条　医学教育課は、次に掲げる事務をつかさどる。
一　大学における医学等に関する教育の振興（組織及び運営に係るものを除く。）に関する企画及び立案並びに援助及び助言に関すること。
二　大学の附属病院の組織及び運営に関する企画及び立案並びに援助及び助言に関すること。
三　大学における医学等に関する教育のための補助に関すること。
四　大学における医学等に関する教育の基準の設定に関すること。
五　附属専修学校等における医療技術者等養成教育の振興（教育内容に係るものに限

る。）に関する援助及び助言に関すること。
六　附属専修学校等における医療技術者等養成教育の基準の設定に関すること。
七　医療技術者又は社会福祉に関する専門的知識及び技術を有する者の養成のための大学並びにこれに附属する専修学校及び各種学校の指定に関すること。
八　看護師等の人材確保の促進に関する法律第三条の基本指針のうち同条第二項第二号に掲げる事項に関すること。
九　地方公共団体の機関、大学その他の関係機関に対し、大学における医学等に関する教育及び附属専修学校等における医療技術者等養成教育に係る専門的、技術的な指導及び助言を行うこと。
一〇　教育関係職員その他の関係者に対し、大学における医学等に関する教育及び附属専修学校等における医療技術者等養成教育に係る専門的、技術的な指導及び助言を行うこと。

（学生・留学生課の所掌事務）
第四九条　学生・留学生課は、次に掲げる事務をつかさどる。
一　学生及び生徒の奨学に関すること。
二　学生の厚生及び補導に関すること。
三　外国人留学生の受入れの連絡及び教育並びに海外への留学生の派遣に関すること。
四　政府開発援助のうち外国人留学生に係る技術協力に関すること（外交政策に係るものを除く。）。

（国立大学法人支援課の所掌事務）
第五〇条　国立大学法人支援課は、次に掲げる事務をつかさどる。
一　国立大学における教育及び研究（国立大学附置の研究所及び国立大学の附属図書館におけるものを除く。）に関すること（総合教育政策局並びに初等中等教育局及び他課の所掌に属するものを除く。）。
二　国立大学法人評価委員会の庶務（大学共同利用機関法人分科会に係るものを除く。）に関すること。
三　国立大学法人の組織及び運営一般に関すること。

（私学行政課の所掌事務）
第五一条　私学行政課は、次に掲げる事務をつかさどる。
一　私学部の所掌事務に関する総合調整に関すること。
二　私立学校に関する行政の制度の企画及び立案並びにこれらの行政の組織及び一般的運営に関する指導、助言及び勧告に関すること（参事官の所掌に属するものを除く。）。
三　文部科学大臣が所轄庁である学校法人についての認可及び認定に関すること。
四　私立学校教職員の共済制度に関すること。
五　大学設置・学校法人審議会学校法人分科会の庶務に関すること。
六　前各号に掲げるもののほか、私学部の所掌事務で他の所掌に属しないものに関すること。

（私学助成課の所掌事務）
第五二条　私学助成課は、次に掲げる事務をつかさどる。
一　私立学校教育の振興のための学校法人その他の私立学校の設置者、地方公共団体及び関係団体に対する助成に関すること（スポーツ庁及び文化庁並びに総合教育政策局及び初等中等教育局並びに参事官の所掌に属するものを除く。）。
二　日本私立学校振興・共済事業団の組織及び運営一般に関すること。

（参事官の職務）
第五三条　参事官は、次に掲げる事務をつかさどる。
一　文部科学大臣が所轄庁である学校法人の経営（放送大学学園に係るものを除く。）に関する指導及び助言に関すること。
二　私立学校振興助成法（昭和五〇年法律第六一号）第一二条第四号の勧告及び第一四条第一項の基準に関すること。

　　第五目　科学技術・学術政策局
（科学技術・学術政策局に置く課）
第五四条　科学技術・学術政策局に、次の五課を置く。
政策課
企画評価課
人材政策課
研究開発基盤課
産業連携・地域支援課

（政策課の所掌事務）
第五五条　政策課は、次に掲げる事務をつかさどる。
一　科学技術・学術政策局の所掌事務に関する総合調整に関すること。
二　科学技術に関する基本的な政策の企画及び立案並びに推進に関すること（内閣府並びに研究振興局及び研究開発局並びに他課の所掌に属するものを除く。）。
三　科学技術に関する関係行政機関の事務の調整に関すること（内閣府並びに研究振興局及び研究開発局並びに人材政策課及び産業連携・地域支援課の所掌に属するものを除く。）。

四 学術の振興に関する基本的な政策の企画及び立案並びに推進に関すること。
五 科学技術に関する研究開発に係る国際交流の助成に関すること。
六 文部科学省の所掌事務に係る国際交流に関する事務のうち科学技術に係るものの総括に関すること（国際統括官の所掌に属するものを除く。）。
七 資源の総合的利用に関すること（他の府省の所掌に属するものを除く。）。
八 学術の振興に係る国際文化交流の振興に関すること（外交政策に係るもの及び国際統括官の所掌に属するものを除く。）。
九 文部科学省の所掌事務に係る国際協力に関する事務のうち科学技術及び学術に係るものに関すること（研究開発局の所掌に属するものを除く。）。
一〇 科学技術・学術審議会の庶務（研究計画・評価分科会、海洋開発分科会、測地学分科会及び技術士分科会に係るものを除く。）に関すること。
一一 科学技術・学術政策研究所の組織及び運営一般に関すること。
一二 前各号に掲げるもののほか、科学技術・学術政策局の所掌事務で他の所掌に属しないものに関すること。

（企画評価課の所掌事務）
第五六条 企画評価課は、次に掲げる事務をつかさどる。
一 科学技術に関する制度一般に関する基本的な政策の企画及び立案並びに推進に関すること。
二 科学技術に関する研究開発の評価一般に関する基本的な政策の企画及び立案並びに推進に関すること。
三 科学技術に関する研究開発に関する計画の作成及び推進に関すること（研究振興局及び研究開発局の所掌に属するものを除く。）。
四 科学技術及び学術に関する内外の動向の調査及び分析に関すること。
五 科学技術及び学術に関する統計の作成に関すること。
六 科学技術の振興に関する年次報告に関すること。
七 科学技術に関する研究開発が経済社会及び国民生活に及ぼす影響に関し、評価を行うことその他の措置に関すること（研究振興局及び研究開発局の所掌に属するものを除く。）。
八 国立研究開発法人審議会の庶務に関すること。

（人材政策課の所掌事務）
第五七条 人材政策課は、次に掲げる事務をつかさどる。
一 科学技術に関する研究者及び技術者に関する基本的な政策の企画及び立案並びに推進に関すること。
二 科学技術に関する研究者及び技術者に関する関係行政機関の事務の調整に関すること。
三 研究者の養成及び資質の向上に関すること（研究開発局の所掌に属するものを除く。）。
四 技術者の養成及び資質の向上に関すること（文部科学省に置かれる試験研究機関及び文部科学大臣が所管する法人において行うものに限るものとし、研究開発局の所掌に属するものを除く。）。
五 技術士に関すること。
六 科学技術に関する知識の普及並びに国民の関心及び理解の増進に関すること。
七 国立研究開発法人科学技術振興機構の組織及び運営一般に関すること。

（研究開発基盤課の所掌事務）
第五八条 研究開発基盤課は、次に掲げる事務をつかさどる。
一 研究開発に必要な施設及び設備（関係行政機関に重複して設置することが多額の経費を要するため適当でないと認められるものに限る。）の整備（共用に供することを含む。）その他の科学技術に関する研究開発の基盤の整備に関すること（研究振興局及び産業連携・地域支援課の所掌に属するものを除く。）。
二 科学技術に関する研究開発に係る交流の助成に関すること（政策課及び産業連携・地域支援課の所掌に属するものを除く。）。
三 文部科学省の所掌事務に係る科学技術に関する研究開発に係る交流（国際交流を除く。）に関する事務の総括に関すること。
四 基盤的研究開発に関すること（研究振興局及び研究開発局の所掌に属するものを除く。）。
五 文部科学省の所掌事務に係る科学技術に関する研究開発を効果的かつ効率的に行うために必要な人的及び技術的援助一般に関すること。
六 放射線の利用に関する研究開発に関すること（研究振興局の所掌に属するものを除く。）。
七 放射性同位元素の利用の推進に関すること。
八 国立研究開発法人量子科学技術研究開発

機構の組織及び運営一般に関すること。
（産業連携・地域支援課の所掌事務）
第五九条　産業連携・地域支援課は、次に掲げる事務をつかさどる。
　一　科学技術に関する研究開発の成果の普及及び成果の活用の促進に関すること。
　二　大学等における技術に関する研究成果の民間事業者への移転の促進に関する法律の施行に関すること。
　三　発明及び実用新案の実施化の推進に関すること。
　四　地域の振興に資する見地からする科学技術の振興であって文部科学省の所掌事務に係るものに関すること。
　五　科学技術に関する関係行政機関の事務の調整に関する事務のうち筑波研究学園都市に係るものに関すること。

　　　第六目　研究振興局
（研究振興局に置く課等）
第六〇条　研究振興局に、次の五課及び参事官二人を置く。
　振興企画課
　基礎研究振興課
　学術機関課
　学術研究助成課
　ライフサイエンス課
（振興企画課の所掌事務）
第六一条　振興企画課は、次に掲げる事務をつかさどる。
　一　研究振興局の所掌事務に関する総合調整に関すること。
　二　科学技術に関する研究開発に関する基本的な政策（研究開発の評価一般に関するものを除く。）の企画及び立案並びに推進に関すること（研究開発局並びにライフサイエンス課及び参事官の所掌に属するものを除く。）。
　三　科学技術に関する各分野の研究開発に関する計画の作成及び推進に関すること（研究開発局並びにライフサイエンス課及び参事官の所掌に属するものを除く。）。
　四　科学技術に関する研究開発に関する関係行政機関の事務の調整に関すること（研究開発局並びにライフサイエンス課及び参事官の所掌に属するものを除く。）。
　五　学術の振興に関すること（高等教育局及び科学技術・学術政策局並びに学術機関課、学術研究助成課及び参事官の所掌に属するものを除く。）。
　六　大学、高等専門学校、研究機関その他の関係機関に対し、学術に係る専門的、技術的な指導及び助言を行うこと。
　七　研究者その他の関係者に対し、学術に係る専門的、技術的な指導及び助言を行うこと。
　八　発明及び実用新案の奨励に関すること。
　九　文部科学省の所掌事務に係る科学技術に関する研究開発であって公募によるものの実施の調整に関すること。
　一〇　日本学士院の組織及び運営一般に関すること。
　一一　独立行政法人日本学術振興会の組織及び運営一般に関すること。
　一二　前各号に掲げるもののほか、研究振興局の所掌事務で他の所掌に属しないものに関すること。
（基礎研究振興課の所掌事務）
第六二条　基礎研究振興課は、次に掲げる事務をつかさどる。
　一　科学技術に関する基礎研究に関すること。
　二　科学技術に関する研究開発の推進のための環境の整備に関すること（科学技術・学術政策局及び参事官の所掌に属するものを除く。）。
　三　基盤的研究開発に関する事務のうち素粒子科学技術及び原子核科学技術に係るものに関すること。
　四　国立研究開発法人理化学研究所の行う科学技術に関する試験及び研究（基盤的研究開発を除く。）に関すること。
　五　大学共同利用機関法人自然科学研究機構が設置する分子科学に係る大学共同利用機関及び大学共同利用機関法人高エネルギー加速器研究機構が設置する大学共同利用機関における教育及び研究に関すること。
　六　国立研究開発法人理化学研究所の組織及び運営一般に関すること。
（学術機関課の所掌事務）
第六三条　学術機関課は、次に掲げる事務をつかさどる。
　一　学術に関する研究機関の研究体制の整備に関する企画及び立案並びに援助及び助言に関すること。
　二　学術に関する研究機関の活動に関する情報資料の収集、保存及び活用に関すること。
　三　学術に関する研究設備に関すること。
　四　国立大学附置の研究所及び大学共同利用機関における教育及び研究に関すること（研究開発局並びに基礎研究振興課、ライフサイエンス課及び参事官の所掌に属するものを除く。）。
　五　国立大学法人評価委員会大学共同利用機関法人分科会の庶務に関すること。

六　大学共同利用機関法人の組織及び運営一般に関すること。

（学術研究助成課の所掌事務）
第六四条　学術研究助成課は、次に掲げる事務をつかさどる。
一　学術の振興のための助成に関すること。
二　学術用語の制定及び普及に関すること。
三　学会に対する援助及び助言に関すること。

（ライフサイエンス課の所掌事務）
第六五条　ライフサイエンス課は、次に掲げる事務をつかさどる。
一　ライフサイエンス並びに健康の増進、日常生活の向上及び人命の安全の確保に関する科学技術（以下この条において「ライフサイエンス等」という。）に関する研究開発に関する基本的な政策の企画及び立案並びに推進に関すること。
二　ライフサイエンス等に関する研究開発に関する計画の作成及び推進に関すること。
三　ライフサイエンス等に関する研究開発に関する関係行政機関の事務の調整に関すること。
四　科学技術に関する研究開発が経済社会及び国民生活に及ぼす影響に関し、評価を行うことその他の措置に関する事務のうち、ライフサイエンスに関する研究開発に関する安全の確保及び生命倫理に係るものに関すること。
五　基盤的研究開発に関する事務のうちライフサイエンス等に係るものに関すること。
六　放射線の医学的利用に関する研究開発に関すること。
七　大学共同利用機関法人自然科学研究機構が設置する基礎生物学に係る大学共同利用機関及び生理学に係る大学共同利用機関並びに大学共同利用機関法人情報・システム研究機構が設置する遺伝学に係る大学共同利用機関における教育及び研究に関すること。

（参事官の職務）
第六六条　参事官は、命を受けて、次に掲げる事務を分掌する。
一　情報科学技術及び物質・材料科学技術に関する研究開発に関する基本的な政策の企画及び立案並びに推進に関すること。
二　情報科学技術及び物質・材料科学技術に関する研究開発に関する計画の作成及び推進に関すること。
三　情報科学技術及び物質・材料科学技術に関する研究開発に関する関係行政機関の事務の調整に関すること。
四　研究開発に必要な施設及び設備（関係行政機関に重複して設置することが多額の経費を要するため適当でないと認められるものに限る。）の整備（共用に供することを含む。）に関する事務のうち情報システムに係るものに関すること。
五　科学技術に関する研究開発及び学術に関する情報処理の高度化及び情報の流通の促進に関すること。
六　大学の附属図書館その他の学術に関する図書施設に関すること。
七　基盤的研究開発に関する事務のうち情報科学技術及び物質・材料科学技術に係るものに関すること。
八　国立大学の附属図書館並びに大学共同利用機関法人情報・システム研究機構が設置する統計学及び数理科学に係る大学共同利用機関並びに情報学に係る大学共同利用機関における教育及び研究に関すること。
九　国立研究開発法人物質・材料研究機構の組織及び運営一般に関すること。

第七目　研究開発局

（研究開発局に置く課等）
第六七条　研究開発局に、次の六課及び参事官一人を置く。
開発企画課
地震・防災研究課
海洋地球課
環境エネルギー課
宇宙開発利用課
原子力課

（開発企画課の所掌事務）
第六八条　開発企画課は、次に掲げる事務をつかさどる。
一　研究開発局の所掌事務に関する総合調整に関すること。
二　文部科学省の所掌事務に係る研究開発施設の設置及び運転の円滑化に関すること（原子力課の所掌に属するものを除く。）。
三　文部科学省の所掌事務に係る大規模な技術開発に共通する事項に関する企画及び立案に関すること。
四　文部科学省の所掌事務に係る原子力の平和的利用の確保に関すること。
五　電源開発促進勘定の経理に関すること。
六　電源開発促進勘定に属する国有財産の管理及び処分並びに物品の管理に関すること。
七　前各号に掲げるもののほか、研究開発局の所掌事務で他の所掌に属しないものに関すること。

（地震・防災研究課の所掌事務）
第六九条　地震・防災研究課は、次に掲げる事務

をつかさどる。
一　地震及び火山に関する調査研究並びに防災科学技術に関する研究開発に関する基本的な政策の企画及び立案並びに推進に関すること。
二　地震及び火山に関する調査研究並びに防災科学技術に関する研究開発に関する計画の作成及び推進に関すること。
三　地震及び火山に関する調査研究並びに防災科学技術に関する研究開発に関する関係行政機関の事務の調整に関すること。
四　基盤的研究開発に関する事務のうち地震及び火山に関する調査研究並びに防災科学技術に係るものに関すること。
五　科学技術・学術審議会測地学分科会の庶務に関すること。
六　国立研究開発法人防災科学技術研究所の組織及び運営一般に関すること。

（海洋地球課の所掌事務）
第七〇条　海洋地球課は、次に掲げる事務をつかさどる。
一　海洋科学技術及び地球科学技術（以下この条において「海洋科学技術等」という。）に関する研究開発に関する基本的な政策の企画及び立案並びに推進に関すること。
二　海洋科学技術等に関する研究開発に関する計画の作成及び推進に関すること。
三　海洋科学技術等に関する研究開発に関する関係行政機関の事務の調整に関すること。
四　南極地域観測に関する関係行政機関の事務の調整に関すること。
五　基盤的研究開発に関する事務のうち海洋科学技術等に係るものに関すること。
六　大学共同利用機関法人情報・システム研究機構が設置する極地に関する科学に係る大学共同利用機関における教育及び研究に関すること。
七　国立研究開発法人海洋研究開発機構の組織及び運営一般に関すること。

（環境エネルギー課の所掌事務）
第七一条　環境エネルギー課は、次に掲げる事務をつかさどる。
一　環境科学技術及びエネルギー科学技術（以下この条において「環境科学技術等」という。）に関する研究開発並びに核融合に関する基本的な政策の企画及び立案並びに推進に関すること。
二　環境科学技術等及び核融合に関する研究開発に関する計画の作成及び推進に関すること。
三　環境科学技術等に関する研究開発及び核融合に関する関係行政機関の事務の調整に関すること。
四　基盤的研究開発に関する事務のうち環境科学技術等及び核融合に係るものに関すること。
五　原子力に関する技術開発で科学技術の水準の向上を図るためのもののうち核融合に係るものに関すること。
六　原子力政策のうち科学技術に関するもののうち、核融合に係るものに関すること。
七　文部科学省の所掌事務に係る国際協力に関する事務のうち核融合に係るものに関すること。
八　大学共同利用機関法人自然科学研究機構が設置する核融合に関する科学に係る大学共同利用機関における教育及び研究に関すること。

（宇宙開発利用課の所掌事務）
第七二条　宇宙開発利用課は、次に掲げる事務をつかさどる。
一　航空科学技術に関する研究開発及び宇宙の開発に係る科学技術に関する基本的な政策の企画及び立案並びに推進に関すること。
二　航空科学技術に関する研究開発及び宇宙の開発に係る科学技術に関する研究開発に関する計画の作成及び推進に関すること。
三　航空科学技術に関する研究開発及び宇宙の開発に係る科学技術に関する関係行政機関の事務の調整に関すること。
四　基盤的研究開発に関する事務のうち航空科学技術及び宇宙の開発に係る科学技術に係るものに関すること。
五　宇宙の開発に関する技術開発で科学技術の水準の向上を図るためのものに関すること。
六　宇宙の利用の推進に関する事務のうち科学技術の水準の向上を図るためのものに関すること。
七　文部科学省の所掌事務に係る国際協力に関する事務のうち宇宙の利用の推進に係るものに関すること。
八　大学共同利用機関法人自然科学研究機構が設置する天文学に係る大学共同利用機関における教育及び研究に関すること。
九　国立研究開発法人宇宙航空研究開発機構における学術研究及び教育に関すること。
一〇　国立研究開発法人宇宙航空研究開発機構の組織及び運営一般に関すること。

（原子力課の所掌事務）
第七三条　原子力課は、次に掲げる事務をつかさどる。
一　原子力に関する科学技術に関する基本的な政策の企画及び立案並びに推進に関する

こと（環境エネルギー課の所掌に属するものを除く。）。
二　原子力に関する科学技術に関する研究開発に関する計画の作成及び推進に関すること（環境エネルギー課の所掌に属するものを除く。）。
三　原子力に関する科学技術に関する関係行政機関の事務の調整に関すること（環境エネルギー課の所掌に属するものを除く。）。
四　基盤的研究開発に関する事務のうち原子力に関する科学技術（量子の研究に係るものを除く。）に係るものに関すること（環境エネルギー課の所掌に属するものを除く。）。
五　文部科学省の所掌事務に係る研究開発施設の設置及び運転の円滑化に関する事務のうち原子力に係るものに関すること。
六　原子力に関する技術開発で科学技術の水準の向上を図るためのものに関すること（環境エネルギー課の所掌に属するものを除く。）。
七　原子力政策のうち科学技術に関するものに関すること（環境エネルギー課の所掌に属するものを除く。）。
八　原子力に関する関係行政機関の試験及び研究に係る経費その他これに類する経費の配分計画に関すること。
九　原子力に関する研究者の養成及び資質の向上に関すること。
一〇　原子力に関する技術者の養成及び資質の向上に関すること（文部科学省に置かれる試験研究機関及び文部科学大臣が所管する法人において行うものに限る。）。
一一　文部科学省の所掌事務に係る国際協力に関する事務のうち原子力に係るものに関すること（環境エネルギー課の所掌に属するものを除く。）。
一二　国立研究開発法人日本原子力研究開発機構の組織及び運営一般に関すること。

（参事官の職務）
第七四条　参事官は、原子力損害の賠償に関する事務をつかさどる。

第三節　審議会等

（設置）
第七五条　法律の規定により置かれる審議会等のほか、本省に、次の審議会等を置く。
　中央教育審議会
　教科用図書検定調査審議会
　大学設置・学校法人審議会
　国立研究開発法人審議会

（中央教育審議会）
第七六条　中央教育審議会は、次に掲げる事務をつかさどる。
一　文部科学大臣の諮問に応じて教育の振興及び生涯学習の推進を中核とした豊かな人間性を備えた創造的な人材の育成に関する重要事項（第三号に規定するものを除く。）を調査審議すること。
二　前号に規定する重要事項に関し、文部科学大臣に意見を述べること。
三　文部科学大臣の諮問に応じて生涯学習に係る機会の整備に関する重要事項を調査審議すること。
四　前号に規定する重要事項に関し、文部科学大臣又は関係行政機関の長に意見を述べること。
五　生涯学習の振興のための施策の推進体制等の整備に関する法律（平成二年法律第七一号）、理科教育振興法（昭和二八年法律第一八六号）第九条第一項、産業教育振興法（昭和二六年法律第二二八号）、教育職員免許法（昭和二四年法律第一四七号）、学校教育法及び社会教育法（昭和二四年法律第二〇七号）の規定に基づきその権限に属させられた事項を処理すること。
六　理科教育振興法施行令（昭和二九年政令第三一一号）第二条第二項、産業教育振興法施行令（昭和二七年政令第四〇五号）第二条第三項及び学校教育法施行令（昭和二八年政令第三四〇号）第二三条の二第三項の規定によりその権限に属させられた事項を処理すること。
2　前項に定めるもののほか、中央教育審議会に関し必要な事項については、中央教育審議会令（平成一二年政令第二八〇号）の定めるところによる。

（教科用図書検定調査審議会）
第七七条　教科用図書検定調査審議会は、学校教育法の規定に基づきその権限に属させられた事項を処理する。
2　前項に定めるもののほか、教科用図書検定調査審議会に関し必要な事項については、教科用図書検定調査審議会令（昭和二五年政令第一四〇号）の定めるところによる。

（大学設置・学校法人審議会）
第七八条　大学設置・学校法人審議会は、学校教育法、私立学校法（昭和二四年法律第二七〇号）及び私立学校振興助成法の規定に基づきその権限に属させられた事項を処理する。
2　前項に定めるもののほか、大学設置・学校法人審議会に関し必要な事項については、大学設置・学校法人審議会令（昭和六二年政令第三〇二号）の定めるところによる。

（国立研究開発法人審議会）

第七九条　国立研究開発法人審議会は、独立行政法人通則法（平成一一年法律第一〇三号）の規定に基づきその権限に属させられた事項を処理する。
2　前項に定めるもののほか、国立研究開発法人審議会に関し必要な事項については、文部科学省国立研究開発法人審議会令（平成二七年政令第一九三号）の定めるところによる。

第四節　施設等機関

（設置）
第八〇条　文部科学大臣の所轄の下に、本省に、国立教育政策研究所を置く。
2　前項に定めるもののほか、本省に、科学技術・学術政策研究所を置く。

（国立教育政策研究所）
第八一条　国立教育政策研究所は、教育に関する政策に係る基礎的な事項の調査及び研究に関する事務をつかさどる。
2　国立教育政策研究所に、評議員会を置く。
3　評議員会は、国立教育政策研究所の事業計画、経費の見積り、人事その他の運営及び管理に関する重要事項について、国立教育政策研究所の長に助言する。
4　評議員会の組織及び運営については、国立教育政策研究所評議員会令（昭和四〇年政令第二一六号）の定めるところによる。
5　国立教育政策研究所の位置及び内部組織は、文部科学省令で定める。

（科学技術・学術政策研究所）
第八二条　科学技術・学術政策研究所は、次に掲げる事務をつかさどる。
一　科学技術に関する基本的な政策に関する基礎的な事項を調査し、及び研究すること。
二　学術の振興に関する基本的な政策に関する基礎的な事項を調査し、及び研究すること。
三　資源の総合的利用に関する基礎的な事項を調査し、及び研究すること。
四　文部科学省の所掌事務に係る科学技術及び学術に関し必要な図書の保存及び利用に関すること。
2　科学技術・学術政策研究所の位置及び内部組織は、文部科学省令で定める。

第二章　外局

第一節　スポーツ庁

第一款　特別な職

（次長）
第八三条　スポーツ庁に、次長一人を置く。
（審議官）
第八四条　スポーツ庁に、審議官一人を置く。
2　審議官は、命を受けて、スポーツ庁の所掌事務に関する重要事項についての企画及び立案に参画し、関係事務を総括整理する。

第二款　内部部局

（課及び参事官の設置）
第八五条　スポーツ庁に、次の五課及び参事官二人を置く。
政策課
健康スポーツ課
競技スポーツ課
国際課
オリンピック・パラリンピック課

（政策課の所掌事務）
第八六条　政策課は、次に掲げる事務をつかさどる。
一　スポーツ庁の職員の任免、給与、懲戒、服務その他の人事並びに教養及び訓練に関すること。
二　スポーツ庁の職員の衛生、医療その他の福利厚生に関すること。
三　表彰及び儀式に関すること。
四　機密に関すること。
五　長官の官印及び庁印の保管に関すること。
六　公文書類の接受、発送、編集及び保存に関すること。
七　法令案その他の公文書類の審査及び進達に関すること。
八　スポーツ庁の保有する情報の公開に関すること。
九　スポーツ庁の保有する個人情報の保護に関すること。
一〇　スポーツ庁の所掌事務に関する総合調整に関すること。
一一　広報に関すること。
一二　スポーツ庁の機構及び定員に関すること。
一三　スポーツ庁の事務能率の増進に関すること。
一四　スポーツ庁の所掌事務に関する官報掲載に関すること。
一五　スポーツ庁の所掌に係る経費及び収入の予算、決算及び会計並びに会計の監査に関すること。
一六　スポーツ庁所属の行政財産及び物品の管理に関すること。
一七　スポーツ庁の職員に貸与する宿舎に関すること。
一八　庁内の管理に関すること。
一九　スポーツ庁の行政の考査に関すること。
二〇　スポーツに関する基本的な政策の企画

及び立案並びに推進に関すること。
二一　スポーツに関する関係行政機関の事務の調整に関すること。
二二　スポーツの振興に関する基本的な政策の企画及び立案に関すること。
二三　学校における体育の振興に関する企画及び立案並びに援助及び助言に関すること。
二四　学校における体育及び保健教育の基準の設定に関すること。
二五　全国的な規模において行われるスポーツ事業（学校における体育に係るものに限る。）に関すること。
二六　地方公共団体の機関その他の関係機関に対し、学校における体育に係る専門的、技術的な指導及び助言を行うこと。
二七　教育関係職員その他の関係者に対し、学校における体育に係る専門的、技術的な指導及び助言を行うこと。
二八　スポーツのための助成に関すること（健康スポーツ課、競技スポーツ課及び参事官の所掌に属するものを除く。）。
二九　スポーツ振興投票に関すること。
三〇　スポーツ庁の情報システムの整備及び管理に関すること。
三一　スポーツ審議会の庶務に関すること。
三二　独立行政法人日本スポーツ振興センターの組織及び運営一般に関すること。
三三　前各号に掲げるもののほか、スポーツ庁の所掌事務で他の所掌に属しないものに関すること。

（健康スポーツ課の所掌事務）
第八七条　健康スポーツ課は、次に掲げる事務をつかさどる。
一　スポーツ（学校における体育を除く。次号、第五号及び第六号において同じ。）の振興に関する企画及び立案並びに援助及び助言に関すること（競技スポーツ課、オリンピック・パラリンピック課及び参事官の所掌に属するものを除く。）。
二　スポーツのための補助に関すること（競技スポーツ課及び参事官の所掌に属するものを除く。）。
三　心身の健康の保持増進に資するスポーツの機会の確保に関すること。
四　全国的な規模において行われるスポーツ事業に関すること（政策課、競技スポーツ課及び参事官の所掌に属するものを除く。）。
五　地方公共団体の機関その他の関係機関に対し、スポーツに係る専門的、技術的な指導及び助言を行うこと（競技スポーツ課の所掌に属するものを除く。）。
六　スポーツの指導者その他の関係者に対し、スポーツに係る専門的、技術的な指導及び助言を行うこと（競技スポーツ課の所掌に属するものを除く。）。

（競技スポーツ課の所掌事務）
第八八条　競技スポーツ課は、次に掲げる事務をつかさどる。
一　スポーツに関する競技水準の向上に関すること（国際課及び参事官の所掌に属するものを除く。）。
二　全国的な規模において行われるスポーツ事業のうち、国民体育大会その他の全国的な競技水準において行われるものに関すること（参事官の所掌に属するものを除く。）。

（国際課の所掌事務）
第八九条　国際課は、次に掲げる事務をつかさどる。
一　スポーツの振興に係る国際文化交流の振興に関すること（外交政策に係るものを除く。）。
二　スポーツ庁の所掌事務に係る国際協力に関すること。
三　国際的な規模において行われるスポーツ事業に関すること（オリンピック・パラリンピック課及び参事官の所掌に属するものを除く。）。
四　スポーツにおけるドーピングの防止活動の促進に関すること。

（オリンピック・パラリンピック課の所掌事務）
第九〇条　オリンピック・パラリンピック課は、次に掲げる事務をつかさどる。
一　平成三二年に開催される東京オリンピック競技大会及び東京パラリンピック競技大会に関すること。
二　オリンピック運動及びパラリンピック運動に関する企画及び立案並びに援助及び助言に関すること。

（参事官の職務）
第九一条　参事官は、命を受けて、次に掲げる事務を分掌する。
一　次に掲げる事項に関する企画及び立案並びに援助及び助言に関すること。
　イ　地域の振興に資する見地からのスポーツの振興
　ロ　スポーツの振興に寄与する人材の育成（学校における体育に係るものを除く。）及びスポーツ団体の事業の適正かつ円滑な実施（民間事業者との連携を含む。）の促進
二　スポーツのための補助（前号イ及びロに掲げる事項に係るものに限る。）に関すること。
三　国際的又は全国的な規模において行われ

るスポーツ事業のうち、プロ野球、プロサッカーその他の専ら公衆の観覧に供するために行われるものに関すること。
四　公立及び私立のスポーツ施設の整備（公立の学校の体育施設の災害復旧に係るものを除く。）に関する指導及び助言に関すること。
五　公立のスポーツ施設の整備（学校の体育施設の災害復旧に係るものを除く。）のための補助に関すること。
六　私立学校教育の振興のための学校法人（放送大学学園を除く。）その他の私立学校の設置者、地方公共団体及び関係団体に対する助成（体育施設の整備に係るものに限る。）に関すること。

第三款　審議会等
（スポーツ審議会）
第九二条　スポーツ庁に、スポーツ審議会を置く。
2　スポーツ審議会は、次に掲げる事務をつかさどる。
一　スポーツ庁長官の諮問に応じてスポーツの振興その他のスポーツに関する施策の総合的な推進に関する重要事項を調査審議すること。
二　前号に規定する重要事項に関し、スポーツ庁長官に意見を述べること。
三　スポーツ基本法（平成二三年法律第七八号）、スポーツ振興投票の実施等に関する法律（平成一〇年法律第六三号）第三一条第三項及び独立行政法人日本スポーツ振興センター法（平成一四年法律第一六二号）第二一条第二項の規定に基づきその権限に属させられた事項を処理すること。
3　前項に定めるもののほか、スポーツ審議会に関し必要な事項については、スポーツ審議会令（平成二七年政令第三二九号）の定めるところによる。

第二節　文化庁

第一款　特別な職
（次長）
第九三条　文化庁に、次長一人を置く。

第二款　内部部局
第一目　長官官房及び部の設置等
（長官官房及び部の設置）
第九四条　文化庁に、長官官房及び次の二部を置く。
文化部
文化財部

（長官官房の所掌事務）
第九五条　長官官房は、次に掲げる事務をつかさどる。
一　文化庁の職員の任免、給与、懲戒、服務その他の人事並びに教養及び訓練に関すること。
二　文化庁の職員の衛生、医療その他の福利厚生に関すること。
三　機密に関すること。
四　長官の官印及び庁印の保管に関すること。
五　公文書類の接受、発送、編集及び保存に関すること。
六　法令案その他の公文書類の審査に関すること。
七　文化庁の保有する情報の公開に関すること。
八　文化庁の保有する個人情報の保護に関すること。
九　文化庁の所掌事務に関する総合調整に関すること。
一〇　広報に関すること。
一一　文化庁の機構及び定員に関すること。
一二　文化庁の所掌に係る経費及び収入の予算、決算及び会計並びに会計の監査に関すること。
一三　文化庁所属の行政財産及び物品の管理に関すること。
一四　東日本大震災復興特別会計の経理のうち文化庁の所掌に係るものに関すること。
一五　東日本大震災復興特別会計に属する行政財産及び物品の管理のうち文化庁の所掌に係るものに関すること。
一六　文化庁の行政の考査に関すること。
一七　文化の振興に関する基本的な政策の企画及び立案に関すること。
一八　地域における文化の振興に関する企画及び立案並びに援助及び助言に関すること（文化部及び文化財部の所掌に属するものを除く。）。
一九　文化庁の所掌に係る国際文化交流の振興に関すること（文化部及び文化財部の所掌に属するものを除く。）。
二〇　文化庁の所掌事務に係る国際協力に関すること（文化部及び文化財部の所掌に属するものを除く。）。
二一　著作者の権利、出版権及び著作隣接権（以下「著作権等」という。）の保護及び利用に関すること。
二二　文化庁の情報システムの整備及び管理に関すること。
二三　文化審議会の庶務（国語分科会、文化財分科会及び文化功労者選考分科会に係る

ものを除く。）に関すること。
二四　前各号に掲げるもののほか、文化庁の所掌事務で他の所掌に属しないものに関すること。

（文化部の所掌事務）
第九六条　文化部は、次に掲げる事務をつかさどる。
一　文化（文化財（文化財保護法（昭和二五年法律第二一四号）第二条第一項に規定する文化財をいう。以下同じ。）に係る事項及び著作権等に係る事項を除く。以下この条及び第一〇四条において同じ。）の振興に関する企画及び立案並びに援助及び助言に関すること。
二　文化の振興のための助成に関すること。
三　劇場、音楽堂その他の文化施設に関すること（文化財部の所掌に属するものを除く。）。
四　文化に関する展示会、講習会その他の催しを主催すること。
五　文化の振興に係る国際文化交流の振興に関すること（外交政策に係るものを除く。）。
六　地方公共団体の機関その他の関係機関に対し、文化及び宗教に係る専門的、技術的な指導及び助言を行うこと。
七　教育関係職員その他の関係者に対し、文化に係る専門的、技術的な指導及び助言を行うこと。
八　国語の改善及びその普及に関すること。
九　外国人に対する日本語教育に関すること（外交政策に係るもの並びに初等中等教育局及び高等教育局の所掌に属するものを除く。）。
一〇　アイヌ文化の振興に関すること（アイヌ語の継承並びにアイヌ語に関する知識の普及及び啓発に関することに限る。）。
一一　宗教法人の規則、規則の変更、合併及び任意解散の認証並びに宗教に関する情報資料の収集及び宗教団体との連絡に関すること。
一二　独立行政法人日本芸術文化振興会の組織及び運営一般に関すること。

（文化財部の所掌事務）
第九七条　文化財部は、次に掲げる事務をつかさどる。
一　文化財の保存及び活用に関すること。
二　アイヌ文化の振興に関すること（文化部の所掌に属するものを除く。）。
三　文化施設のうち美術館（独立行政法人国立美術館が設置するものを除く。）及び歴史に関する博物館に関すること。

（審議官及び文化財鑑査官）
第九八条　長官官房に審議官一人を、文化財部に文化財鑑査官一人を置く。
2　審議官は、命を受けて、著作権等に関する重要事項その他の文化庁の所掌事務に関する重要事項についての企画及び立案に参画し、関係事務を総括整理する。
3　文化財鑑査官は、命を受けて、文化財部の所掌事務のうち文化財に関する専門的、技術的な重要事項に係るものを総括整理する。

第二目　課の設置等

（長官官房に置く課）
第九九条　長官官房に、次の三課を置く。
政策課
著作権課
国際課

（政策課の所掌事務）
第一〇〇条　政策課は、次に掲げる事務をつかさどる。
一　文化庁の職員の任免、給与、懲戒、服務その他の人事並びに教養及び訓練に関すること。
二　文化庁の職員の衛生、医療その他の福利厚生に関すること。
三　表彰及び儀式に関すること。
四　恩給に関する連絡事務に関すること。
五　機密に関すること。
六　長官の官印及び庁印の保管に関すること。
七　公文書類の接受、発送、編集及び保存に関すること。
八　法令案その他の公文書類の審査及び進達に関すること。
九　文化庁の保有する情報の公開に関すること。
一〇　文化庁の保有する個人情報の保護に関すること。
一一　文化庁の所掌事務に関する総合調整に関すること。
一二　広報に関すること。
一三　文化庁の機構及び定員に関すること。
一四　文化庁の事務能率の増進に関すること。
一五　文化庁の所掌事務に関する官報掲載に関すること。
一六　文化庁の所掌に係る経費及び収入の予算、決算及び会計並びに会計の監査に関すること。
一七　文化庁所属の行政財産及び物品の管理に関すること。
一八　東日本大震災復興特別会計の経理のうち文化庁の所掌に係るものに関すること。
一九　東日本大震災復興特別会計に属する行政財産及び物品の管理のうち文化庁の所掌

に係るものに関すること。
二〇　文化庁の職員に貸与する宿舎に関すること。
二一　庁内の管理に関すること。
二二　文化庁の行政の考査に関すること。
二三　文化の振興に関する基本的な政策の企画及び立案に関すること。
二四　地域における文化の振興に関する企画及び立案並びに援助及び助言に関すること（文化部及び文化財部の所掌に属するものを除く。）。
二五　文化庁の情報システムの整備及び管理に関すること。
二六　文化審議会の庶務（国語分科会、著作権分科会、文化財分科会及び文化功労者選考分科会に係るものを除く。）に関すること。
二七　前各号に掲げるもののほか、文化庁の所掌事務で他の所掌に属しないものに関すること。

(著作権課の所掌事務)
第一〇一条　著作権課は、次に掲げる事務をつかさどる。
一　著作権等の保護及び利用に関すること（国際課の所掌に属するものを除く。）。
二　文化審議会著作権分科会の庶務に関すること。

(国際課の所掌事務)
第一〇二条　国際課は、次に掲げる事務をつかさどる。
一　文化庁の所掌に係る国際文化交流の振興に関すること（文化部及び文化財部の所掌に属するものを除く。）。
二　文化庁の所掌事務に係る国際協力に関すること（文化部及び文化財部の所掌に属するものを除く。）。
三　著作権等に関する条約に関する事務を処理すること。

(文化部に置く課)
第一〇三条　文化部に、次の三課を置く。
芸術文化課
国語課
宗務課

(芸術文化課の所掌事務)
第一〇四条　芸術文化課は、次に掲げる事務をつかさどる。
一　文化部の所掌事務に関する総合調整に関すること。
二　文化の振興に関する企画及び立案並びに援助及び助言に関すること。
三　文化の振興のための助成に関すること。
四　劇場、音楽堂その他の文化施設に関すること（文化財部の所掌に属するものを除く。）。
五　文化に関する展示会、講習会その他の催しを主催すること。
六　文化の振興に係る国際文化交流の振興に関すること（外交政策に係るものを除く。）。
七　地方公共団体の機関その他の関係機関に対し、文化に係る専門的、技術的な指導及び助言を行うこと。
八　教育関係職員その他の関係者に対し、文化に係る専門的、技術的な指導及び助言を行うこと。
九　独立行政法人日本芸術文化振興会の組織及び運営一般に関すること。
一〇　前各号に掲げるもののほか、文化部の所掌事務で他の所掌に属しないものに関すること。

(国語課の所掌事務)
第一〇五条　国語課は、次に掲げる事務をつかさどる。
一　国語の改善及びその普及に関すること。
二　外国人に対する日本語教育に関すること（外交政策に係るもの並びに総合教育政策局及び高等教育局の所掌に属するものを除く。）。
三　アイヌ文化の振興に関すること（アイヌ語の継承並びにアイヌ語に関する知識の普及及び啓発に関することに限る。）。

(宗務課の所掌事務)
第一〇六条　宗務課は、次に掲げる事務をつかさどる。
一　宗教法人の規則、規則の変更、合併及び任意解散の認証並びに宗教に関する情報資料の収集及び宗教団体との連絡に関すること。
二　都道府県知事に対し、宗教に係る専門的、技術的な指導及び助言を行うこと。

(文化財部に置く課等)
第一〇七条　文化財部に、次の三課及び参事官一人を置く。
伝統文化課
美術学芸課
記念物課

(伝統文化課の所掌事務)
第一〇八条　伝統文化課は、次に掲げる事務をつかさどる。
一　文化財部の所掌事務に関する総合調整に関すること。
二　文化財の保存及び活用に関する総合的な政策の企画及び立案に関すること。
三　文化財についての補助及び損失補償に関すること。

四　無形文化財、民俗文化財及び文化財の保存技術の保存及び活用に関すること。
五　アイヌ文化の振興に関すること（文化部の所掌に属するものを除く。）。
六　文化審議会文化財分科会の庶務に関すること。
七　前各号に掲げるもののほか、文化財部の所掌事務で他の所掌に属しないものに関すること。

(美術学芸課の所掌事務)
第一〇九条　美術学芸課は、次に掲げる事務をつかさどる。
一　建造物以外の有形文化財の保存及び活用に関すること（伝統文化課の所掌に属するものを除く。）。
二　文化施設のうち美術館（独立行政法人国立美術館が設置するものを除く。）及び歴史に関する博物館に関すること。
三　独立行政法人国立文化財機構の組織及び運営一般に関すること。

(記念物課の所掌事務)
第一一〇条　記念物課は、次に掲げる事務（伝統文化課の所掌に属するものを除く。）をつかさどる。
一　記念物及び文化的景観の保存及び活用に関すること。
二　埋蔵文化財の保護に関すること。

(参事官の職務)
第一一一条　参事官は、次に掲げる事務（伝統文化課の所掌に属するものを除く。）をつかさどる。
一　建造物である有形文化財の保存及び活用に関すること。
二　伝統的建造物群保存地区の保存及び活用に関すること。

附則

(施行期日)
1　この政令は、内閣法の一部を改正する法律（平成一一年法律第八八号）の施行の日（平成一三年一月六日）から施行する。

(初等中等教育局の所掌事務の特例)
2　初等中等教育局は、第五条各号に掲げる事務のほか、当分の間、次に掲げる事務をつかさどる。
一　高等学校（中等教育学校の後期課程を含む。）の職業に関する教科の教科用図書の編修及び改訂に関すること。
二　特別支援学校の教科用図書の編修及び改訂に関すること。
三　中学校における通信教育に関すること。
四　児童自立支援施設の教科に関する事項の勧告に関すること。

(初等中等教育局初等中等教育企画課の所掌事務の特例)
3　初等中等教育局初等中等教育企画課は、第三三条各号に掲げる事務のほか、当分の間、前項第三号に掲げる事務をつかさどる。

(初等中等教育局教育課程課の所掌事務の特例)
4　初等中等教育局教育課程課は、第三五条各号に掲げる事務のほか、当分の間、附則第二項第四号に掲げる事務をつかさどる。

(初等中等教育局特別支援教育課の所掌事務の特例)
5　初等中等教育局特別支援教育課は、第三八条各号に掲げる事務のほか、当分の間、附則第二項第二号に掲げる事務をつかさどる。

(初等中等教育局参事官の所掌事務の特例)
6　初等中等教育局参事官は、第四二条各号に掲げる事務のほか、当分の間、附則第二項第一号に掲げる事務をつかさどる。

(研究開発局参事官の設置期間の特例)
7　第六七条の参事官は、平成三二年三月三一日まで置かれるものとする。

(スポーツ庁オリンピック・パラリンピック課の設置期間の特例)
8　スポーツ庁オリンピック・パラリンピック課は、平成三三年三月三一日まで置かれるものとする。

中央教育審議会令

平成12年〔2000年〕6月7日政令第280号
最終改正　平成30年〔2018年〕10月16日
　　　　　政令第287号

　内閣は、国家行政組織法（昭和二三年法律第一二〇号）第八条の規定に基づき、この政令を制定する。

（組織）
第一条　中央教育審議会（以下「審議会」という。）は、委員三〇人以内で組織する。
2　審議会に、特別の事項を調査審議させるため必要があるときは、臨時委員を置くことができる。
3　審議会に、専門の事項を調査させるため必要があるときは、専門委員を置くことができる。

（委員等の任命）
第二条　委員は、学識経験のある者のうちから、文部科学大臣が任命する。
2　臨時委員は、当該特別の事項に関し学識経験のある者のうちから、文部科学大臣が任命する。
3　専門委員は、当該専門の事項に関し学識経験のある者のうちから、文部科学大臣が任命する。

（委員の任期等）
第三条　委員の任期は、二年とする。ただし、補欠の委員の任期は、前任者の残任期間とする。
2　委員は、再任されることができる。
3　臨時委員は、その者の任命に係る当該特別の事項に関する調査審議が終了したときは、解任されるものとする。
4　専門委員は、その者の任命に係る当該専門の事項に関する調査が終了したときは、解任されるものとする。
5　委員、臨時委員及び専門委員は、非常勤とする。

（会長）
第四条　審議会に、会長を置き、委員の互選により選任する。
2　会長は、会務を総理し、審議会を代表する。
3　会長に事故があるときは、あらかじめその指名する委員が、その職務を代理する。

（分科会）
第五条　審議会に、次の表〔次頁〕の上欄に掲げる分科会を置き、これらの分科会の所掌事務は、審議会の所掌事務のうち、それぞれ同表の下欄に掲げるとおりとする。
2　前項の表の上欄に掲げる分科会に属すべき委員、臨時委員及び専門委員は、文部科学大臣が指名する。
3　分科会に、分科会長を置き、当該分科会に属する委員の互選により選任する。
4　分科会長は、当該分科会の事務を掌理する。
5　分科会長に事故があるときは、当該分科会に属する委員のうちから分科会長があらかじめ指名する者が、その職務を代理する。
6　審議会は、その定めるところにより、分科会の議決をもって審議会の議決とすることができる。

（部会）
第六条　審議会及び分科会は、その定めるところにより、部会を置くことができる。
2　部会に属すべき委員、臨時委員及び専門委員は、会長（分科会に置かれる部会にあっては、分科会長）が指名する。
3　部会に、部会長を置き、当該部会に属する委員の互選により選任する
4　部会長は、当該部会の事務を掌理する。
5　部会長に事故があるときは、当該部会に属する委員のうちから部会長があらかじめ指名する者が、その職務を代理する。
6　審議会（分科会に置かれる部会にあっては、分科会。以下この項において同じ。）は、その定めるところにより、部会の議決をもって審議会の議決とすることができる。

（幹事）
第七条　審議会に、幹事を置く。
2　幹事は、関係行政機関の職員のうちから、文部科学大臣が任命する。
3　幹事は、審議会の所掌事務のうち、第五条第一項の表生涯学習分科会の項下欄の第一号に掲げる重要事項及び第四号に掲げる事項（生涯学習の振興のための施策の推進体制等の整備に関する法律の規定に基づき審議会の権限に属させられた事項に限る。）について、委員を補佐する。
4　幹事は、非常勤とする。

（議事）
第八条　審議会は、委員及び議事に関係のある臨時委員の過半数が出席しなければ、会議を開き、議決することができない。
2　審議会の議事は、委員及び議事に関係のある臨時委員で会議に出席したものの過半数で決し、可否同数のときは、会長の決するところによる。
3　前二項の規定は、分科会及び部会の議事について準用する。

（資料の提出等の要求）

第九条　審議会は、その所掌事務を遂行するため必要があると認めるときは、関係行政機関の長に対し、資料の提出、意見の開陳、説明その他必要な協力を求めることができる。

(庶務)
第一〇条　審議会の庶務は、文部科学省総合教育政策局政策課において総括し、及び処理する。ただし、生涯学習分科会に係るものについては文部科学省総合教育政策局生涯学習推進課において、初等中等教育分科会に係るものについては文部科学省初等中等教育局初等中等教育企画課において、大学分科会に係るものについては文部科学省高等教育局高等教育企画課において処理する。

(雑則)
第一一条　この政令に定めるもののほか、議事の手続その他審議会の運営に関し必要な事項は、会長が審議会に諮って定める。

名称	所掌事務
教育制度分科会	一　豊かな人間性を備えた創造的な人材の育成のための教育改革に関する重要事項を調査審議すること。 二　地方教育行政に関する制度に関する重要事項を調査審議すること。
生涯学習分科会	一　生涯学習に係る機会の整備に関する重要事項を調査審議すること。 二　社会教育の振興に関する重要事項を調査審議すること。 三　視聴覚教育に関する重要事項を調査審議すること。 四　青少年の健全な育成に関する重要事項を調査審議すること。 五　生涯学習の振興のための施策の推進体制等の整備に関する法律(平成二年法律第七一号)及び社会教育法(昭和二四年法律第二〇七号)の規定に基づき審議会の権限に属させられた事項を処理すること。
初等中等教育分科会	一　初等中等教育(幼稚園、小学校、中学校、義務教育学校、高等学校、中等教育学校、特別支援学校及び幼保連携型認定こども園における教育をいう。次号において同じ。)の振興に関する重要事項を調査審議すること(生涯学習分科会の所掌に属するものを除く。)。 二　初等中等教育の基準に関する重要事項を調査審議すること。 三　学校保健(学校における保健教育及び保健管理をいう。)、学校安全(学校における安全教育及び安全管理をいう。)及び学校給食に関する重要事項を調査審議すること。 四　教育職員の養成並びに資質の保持及び向上に関する重要事項を調査審議すること。 五　理科教育振興法(昭和二八年法律第一八六号)第九条第一項、産業教育振興法(昭和二六年法律第二二八号)及び教育職員免許法(昭和二四年法律第一四七号)の規定に基づき審議会の権限に属させられた事項を処理すること。 六　理科教育振興法施行令(昭和二九年政令第三一一号)第二条第二項及び産業教育振興法施行令(昭和二七年政令第四〇五号)第二条第三項の規定により審議会の権限に属させられた事項を処理すること。
大学分科会	一　大学及び高等専門学校における教育の振興に関する重要事項を調査審議すること。 二　学校教育法(昭和二二年法律第二六号)の規定に基づき審議会の権限に属させられた事項を処理すること。 三　学校教育法施行令(昭和二八年政令第三四〇号)第二三条の二第三項の規定により審議会の権限に属させられた事項を処理すること。

教育基本法

平成18年〔2006年〕12月22日法律第120号

昭和22年法律第25号の全部を改正する。

　我々日本国民は、たゆまぬ努力によって築いてきた民主的で文化的な国家を更に発展させるとともに、世界の平和と人類の福祉の向上に貢献することを願うものである。
　我々は、この理想を実現するため、個人の尊厳を重んじ、真理と正義を希求し、公共の精神を尊び、豊かな人間性と創造性を備えた人間の育成を期するとともに、伝統を継承し、新しい文化の創造を目指す教育を推進する。
　ここに、我々は、日本国憲法の精神にのっとり、我が国の未来を切り拓く教育の基本を確立し、その振興を図るため、この法律を制定する。

第一章　教育の目的及び理念

（教育の目的）
第一条　教育は、人格の完成を目指し、平和で民主的な国家及び社会の形成者として必要な資質を備えた心身ともに健康な国民の育成を期して行われなければならない。

（教育の目標）
第二条　教育は、その目的を実現するため、学問の自由を尊重しつつ、次に掲げる目標を達成するよう行われるものとする。
　一　幅広い知識と教養を身に付け、真理を求める態度を養い、豊かな情操と道徳心を培うとともに、健やかな身体を養うこと。
　二　個人の価値を尊重して、その能力を伸ばし、創造性を培い、自主及び自律の精神を養うとともに、職業及び生活との関連を重視し、勤労を重んずる態度を養うこと。
　三　正義と責任、男女の平等、自他の敬愛と協力を重んずるとともに、公共の精神に基づき、主体的に社会の形成に参画し、その発展に寄与する態度を養うこと。
　四　生命を尊び、自然を大切にし、環境の保全に寄与する態度を養うこと。
　五　伝統と文化を尊重し、それらをはぐくんできた我が国と郷土を愛するとともに、他国を尊重し、国際社会の平和と発展に寄与する態度を養うこと。

（生涯学習の理念）
第三条　国民一人一人が、自己の人格を磨き、豊かな人生を送ることができるよう、その生涯にわたって、あらゆる機会に、あらゆる場所において学習することができ、その成果を適切に生かすことのできる社会の実現が図られなければならない。

（教育の機会均等）
第四条　すべて国民は、ひとしく、その能力に応じた教育を受ける機会を与えられなければならず、人種、信条、性別、社会的身分、経済的地位又は門地によって、教育上差別されない。
2　国及び地方公共団体は、障害のある者が、その障害の状態に応じ、十分な教育を受けられるよう、教育上必要な支援を講じなければならない。
3　国及び地方公共団体は、能力があるにもかかわらず、経済的理由によって修学が困難な者に対して、奨学の措置を講じなければならない。

第二章　教育の実施に関する基本

（義務教育）
第五条　国民は、その保護する子に、別に法律で定めるところにより、普通教育を受けさせる義務を負う。
2　義務教育として行われる普通教育は、各個人の有する能力を伸ばしつつ社会において自立的に生きる基礎を培い、また、国家及び社会の形成者として必要とされる基本的な資質を養うことを目的として行われるものとする。
3　国及び地方公共団体は、義務教育の機会を保障し、その水準を確保するため、適切な役割分担及び相互の協力の下、その実施に責任を負う。
4　国又は地方公共団体の設置する学校における義務教育については、授業料を徴収しない。

（学校教育）
第六条　法律に定める学校は、公の性質を有するものであって、国、地方公共団体及び法律に定める法人のみが、これを設置することができる。
2　前項の学校においては、教育の目標が達成されるよう、教育を受ける者の心身の発達に応じて、体系的な教育が組織的に行われなければならない。この場合において、教育を受ける者が、学校生活を営む上で必要な規律を重んずるとともに、自ら進んで学習に取り組む意欲を高めることを重視して行われなければならない。

（大学）
第七条　大学は、学術の中心として、高い教養と専門的能力を培うとともに、深く真理を探究して新たな知見を創造し、これらの成果を広

く社会に提供することにより、社会の発展に寄与するものとする。
2 大学については、自主性、自律性その他の大学における教育及び研究の特性が尊重されなければならない。

(私立学校)
第八条 私立学校の有する公の性質及び学校教育において果たす重要な役割にかんがみ、国及び地方公共団体は、その自主性を尊重しつつ、助成その他の適当な方法によって私立学校教育の振興に努めなければならない。

(教員)
第九条 法律に定める学校の教員は、自己の崇高な使命を深く自覚し、絶えず研究と修養に励み、その職責の遂行に努めなければならない。
2 前項の教員については、その使命と職責の重要性にかんがみ、その身分は尊重され、待遇の適正が期せられるとともに、養成と研修の充実が図られなければならない。

(家庭教育)
第一〇条 父母その他の保護者は、子の教育について第一義的責任を有するものであって、生活のために必要な習慣を身に付けさせるとともに、自立心を育成し、心身の調和のとれた発達を図るよう努めるものとする。
2 国及び地方公共団体は、家庭教育の自主性を尊重しつつ、保護者に対する学習の機会及び情報の提供その他の家庭教育を支援するために必要な施策を講ずるよう努めなければならない。

(幼児期の教育)
第一一条 幼児期の教育は、生涯にわたる人格形成の基礎を培う重要なものであることにかんがみ、国及び地方公共団体は、幼児の健やかな成長に資する良好な環境の整備その他適当な方法によって、その振興に努めなければならない。

(社会教育)
第一二条 個人の要望や社会の要請にこたえ、社会において行われる教育は、国及び地方公共団体によって奨励されなければならない。
2 国及び地方公共団体は、図書館、博物館、公民館その他の社会教育施設の設置、学校の施設の利用、学習の機会及び情報の提供その他の適当な方法によって社会教育の振興に努めなければならない。

(学校、家庭及び地域住民等の相互の連携協力)
第一三条 学校、家庭及び地域住民その他の関係者は、教育におけるそれぞれの役割と責任を自覚するとともに、相互の連携及び協力に努めるものとする。

(政治教育)
第一四条 良識ある公民として必要な政治的教養は、教育上尊重されなければならない。
2 法律に定める学校は、特定の政党を支持し、又はこれに反対するための政治教育その他政治的活動をしてはならない。

(宗教教育)
第一五条 宗教に関する寛容の態度、宗教に関する一般的な教養及び宗教の社会生活における地位は、教育上尊重されなければならない。
2 国及び地方公共団体が設置する学校は、特定の宗教のための宗教教育その他宗教的活動をしてはならない。

第三章 教育行政

(教育行政)
第一六条 教育は、不当な支配に服することなく、この法律及び他の法律の定めるところにより行われるべきものであり、教育行政は、国と地方公共団体との適切な役割分担及び相互の協力の下、公正かつ適正に行われなければならない。
2 国は、全国的な教育の機会均等と教育水準の維持向上を図るため、教育に関する施策を総合的に策定し、実施しなければならない。
3 地方公共団体は、その地域における教育の振興を図るため、その実情に応じた教育に関する施策を策定し、実施しなければならない。
4 国及び地方公共団体は、教育が円滑かつ継続的に実施されるよう、必要な財政上の措置を講じなければならない。

(教育振興基本計画)
第一七条 政府は、教育の振興に関する施策の総合的かつ計画的な推進を図るため、教育の振興に関する施策についての基本的な方針及び講ずべき施策その他必要な事項について、基本的な計画を定め、これを国会に報告するとともに、公表しなければならない。
2 地方公共団体は、前項の計画を参酌し、その地域の実情に応じ、当該地方公共団体における教育の振興のための施策に関する基本的な計画を定めるよう努めなければならない。

第四章 法令の制定

第一八条 この法律に規定する諸条項を実施するため、必要な法令が制定されなければならない。

学校教育法〔抜粋〕

昭和22年〔1947年〕3月31日法律第26号
最終改正　平成30年〔2018年〕6月1日公布
　　　　　法律第39号

第一章　総則

第一条　この法律で、学校とは、幼稚園、小学校、中学校、義務教育学校、高等学校、中等教育学校、特別支援学校、大学及び高等専門学校とする。

第二条　学校は、国（国立大学法人法（平成一五年法律第一一二号）第二条第一項に規定する国立大学法人及び独立行政法人国立高等専門学校機構を含む。以下同じ。）、地方公共団体（地方独立行政法人法（平成一五年法律第一一八号）第六八条第一項に規定する公立大学法人（以下「公立大学法人」という。）を含む。次項及び第一二七条において同じ。）及び私立学校法（昭和二四年法律第二七〇号）第三条に規定する学校法人（以下学校法人と称する。）のみが、これを設置することができる。

②　この法律で、国立学校とは、国の設置する学校を、公立学校とは、地方公共団体の設置する学校を、私立学校とは、学校法人の設置する学校をいう。

第三条　学校を設置しようとする者は、学校の種類に応じ、文部科学大臣の定める設備、編制その他に関する設置基準に従い、これを設置しなければならない。

第五条　学校の設置者は、その設置する学校を管理し、法令に特別の定のある場合を除いては、その学校の経費を負担する。

第六条　学校においては、授業料を徴収することができる。ただし、国又は公立の小学校及び中学校、義務教育学校、中等教育学校の前期課程又は特別支援学校の小学部及び中学部における義務教育については、これを徴収することができない。

第七条　学校には、校長及び相当数の教員を置かなければならない。

第八条　校長及び教員（教育職員免許法（昭和二四年法律第一四七号）の適用を受ける者を除く。）の資格に関する事項は、別に法律で定めるもののほか、文部科学大臣がこれを定める。

第九条　次の各号のいずれかに該当する者は、校長又は教員となることができない。

一　成年被後見人又は被保佐人
二　禁錮以上の刑に処せられた者
三　教育職員免許法第一〇条第一項第二号又は第三号に該当することにより免許状がその効力を失い、当該失効の日から三年を経過しない者
四　教育職員免許法第一一条第一項から第三項までの規定により免許状取上げの処分を受け、三年を経過しない者
五　日本国憲法施行の日以後において、日本国憲法又はその下に成立した政府を暴力で破壊することを主張する政党その他の団体を結成し、又はこれに加入した者

第一〇条　私立学校は、校長を定め、大学及び高等専門学校にあつては文部科学大臣に、大学及び高等専門学校以外の学校にあつては都道府県知事に届け出なければならない。

第一一条　校長及び教員は、教育上必要があると認めるときは、文部科学大臣の定めるところにより、児童、生徒及び学生に懲戒を加えることができる。ただし、体罰を加えることはできない。

第一二条　学校においては、別に法律で定めるところにより、幼児、児童、生徒及び学生並びに職員の健康の保持増進を図るため、健康診断を行い、その他その保健に必要な措置を講じなければならない。

第一三条　第四条第一項各号に掲げる学校が次の各号のいずれかに該当する場合においては、それぞれ同項各号に定める者は、当該学校の閉鎖を命ずることができる。

一　法令の規定に故意に違反したとき
二　法令の規定によりその者がした命令に違反したとき
三　六箇月以上授業を行わなかつたとき

②　前項の規定は、市町村の設置する幼稚園に準用する。この場合において、同項中「それぞれ同項各号に定める者」とあり、及び同項第二号中「その者」とあるのは、「都道府県の教育委員会」と読み替えるものとする。

第一四条　大学及び高等専門学校以外の市町村の設置する学校については都道府県の教育委員会、大学及び高等専門学校以外の私立学校については都道府県知事は、当該学校が、設備、授業その他の事項について、法令の規定又は都道府県の教育委員会若しくは都道府県知事の定める規程に違反したときは、その変更を命ずることができる。

第一五条　文部科学大臣は、公立又は私立の大学及び高等専門学校が、設備、授業その他の事項について、法令の規定に違反していると認

めるときは、当該学校に対し、必要な措置をとるべきことを勧告することができる。

② 文部科学大臣は、前項の規定による勧告によつてもなお当該勧告に係る事項（次項において「勧告事項」という。）が改善されない場合には、当該学校に対し、その変更を命ずることができる。

③ 文部科学大臣は、前項の規定による命令によつてもなお勧告事項が改善されない場合には、当該学校に対し、当該勧告事項に係る組織の廃止を命ずることができる。

④ 文部科学大臣は、第一項の規定による勧告又は第二項若しくは前項の規定による命令を行うために必要があると認めるときは、当該学校に対し、報告又は資料の提出を求めることができる。

第二章　義務教育

第一六条　保護者（子に対して親権を行う者（親権を行う者のないときは、未成年後見人）をいう。以下同じ。）は、次条に定めるところにより、子に九年の普通教育を受けさせる義務を負う。

第一七条　保護者は、子の満六歳に達した日の翌日以後における最初の学年の初めから、満一二歳に達した日の属する学年の終わりまで、これを小学校、義務教育学校の前期課程又は特別支援学校の小学部に就学させる義務を負う。ただし、子が、満一二歳に達した日の属する学年の終わりまでに小学校の課程、義務教育学校の前期課程又は特別支援学校の小学部の課程を修了しないときは、満一五歳に達した日の属する学年の終わり（それまでの間においてこれらの課程を修了したときは、その修了した日の属する学年の終わり）までとする。

② 保護者は、子が小学校の課程、義務教育学校の前期課程又は特別支援学校の小学部の課程を修了した日の翌日以後における最初の学年の初めから、満一五歳に達した日の属する学年の終わりまで、これを中学校、義務教育学校の後期課程、中等教育学校の前期課程又は特別支援学校の中学部に就学させる義務を負う。

③ 前二項の義務の履行の督促その他これらの義務の履行に関し必要な事項は、政令で定める。

第一八条　前条第一項又は第二項の規定によつて、保護者が就学させなければならない子（以下それぞれ「学齢児童」又は「学齢生徒」という。）で、病弱、発育不完全その他やむを得ない事由のため、就学困難と認められる者の保護者に対しては、市町村の教育委員会は、文部科学大臣の定めるところにより、同条第一項又は第二項の義務を猶予又は免除することができる。

第一九条　経済的理由によつて、就学困難と認められる学齢児童又は学齢生徒の保護者に対しては、市町村は、必要な援助を与えなければならない。

第二〇条　学齢児童又は学齢生徒を使用する者は、その使用によつて、当該学齢児童又は学齢生徒が、義務教育を受けることを妨げてはならない。

第二一条　義務教育として行われる普通教育は、教育基本法（平成一八年法律第一二〇号）第五条第二項に規定する目的を実現するため、次に掲げる目標を達成するよう行われるものとする。

一　学校内外における社会的活動を促進し、自主、自律及び協同の精神、規範意識、公正な判断力並びに公共の精神に基づき主体的に社会の形成に参画し、その発展に寄与する態度を養うこと。

二　学校内外における自然体験活動を促進し、生命及び自然を尊重する精神並びに環境の保全に寄与する態度を養うこと。

三　我が国と郷土の現状と歴史について、正しい理解に導き、伝統と文化を尊重し、それらをはぐくんできた我が国と郷土を愛する態度を養うとともに、進んで外国の文化の理解を通じて、他国を尊重し、国際社会の平和と発展に寄与する態度を養うこと。

四　家族と家庭の役割、生活に必要な衣、食、住、情報、産業その他の事項について基礎的な理解と技能を養うこと。

五　読書に親しませ、生活に必要な国語を正しく理解し、使用する基礎的な能力を養うこと。

六　生活に必要な数量的な関係を正しく理解し、処理する基礎的な能力を養うこと。

七　生活にかかわる自然現象について、観察及び実験を通じて、科学的に理解し、処理する基礎的な能力を養うこと。

八　健康、安全で幸福な生活のために必要な習慣を養うとともに、運動を通じて体力を養い、心身の調和的発達を図ること。

九　生活を明るく豊かにする音楽、美術、文芸その他の芸術について基礎的な理解と技能を養うこと。

一〇　職業についての基礎的な知識と技能、勤労を重んずる態度及び個性に応じて将来の進路を選択する能力を養うこと。

第三章　幼稚園

第二二条　幼稚園は、義務教育及びその後の教育の基礎を培うものとして、幼児を保育し、幼児の健やかな成長のために適当な環境を与えて、その心身の発達を助長することを目的とする。

第二三条　幼稚園における教育は、前条に規定する目的を実現するため、次に掲げる目標を達成するよう行われるものとする。

一　健康、安全で幸福な生活のために必要な基本的な習慣を養い、身体諸機能の調和的発達を図ること。

二　集団生活を通じて、喜んでこれに参加する態度を養うとともに家族や身近な人への信頼感を深め、自主、自律及び協同の精神並びに規範意識の芽生えを養うこと。

三　身近な社会生活、生命及び自然に対する興味を養い、それらに対する正しい理解と態度及び思考力の芽生えを養うこと。

四　日常の会話や、絵本、童話等に親しむことを通じて、言葉の使い方を正しく導くとともに、相手の話を理解しようとする態度を養うこと。

五　音楽、身体による表現、造形等に親しむことを通じて、豊かな感性と表現力の芽生えを養うこと。

第二四条　幼稚園においては、第二二条に規定する目的を実現するための教育を行うほか、幼児期の教育に関する各般の問題につき、保護者及び地域住民その他の関係者からの相談に応じ、必要な情報の提供及び助言を行うなど、家庭及び地域における幼児期の教育の支援に努めるものとする。

第二五条　幼稚園の教育課程その他の保育内容に関する事項は、第二二条及び第二三条の規定に従い、文部科学大臣が定める。

第二六条　幼稚園に入園することのできる者は、満三歳から、小学校就学の始期に達するまでの幼児とする。

第四章　小学校

第二九条　小学校は、心身の発達に応じて、義務教育として行われる普通教育のうち基礎的なものを施すことを目的とする。

第三〇条　小学校における教育は、前条に規定する目的を実現するために必要な程度において第二一条各号に掲げる目標を達成するよう行われるものとする。

②　前項の場合においては、生涯にわたり学習する基盤が培われるよう、基礎的な知識及び技能を習得させるとともに、これらを活用して課題を解決するために必要な思考力、判断力、表現力その他の能力をはぐくみ、主体的に学習に取り組む態度を養うことに、特に意を用いなければならない。

第三一条　小学校においては、前条第一項の規定による目標の達成に資するよう、教育指導を行うに当たり、児童の体験的な学習活動、特にボランティア活動など社会奉仕体験活動、自然体験活動その他の体験活動の充実に努めるものとする。この場合において、社会教育関係団体その他の関係団体及び関係機関との連携に十分配慮しなければならない。

第三二条　小学校の修業年限は、六年とする。

第三三条　小学校の教育課程に関する事項は、第二九条及び第三〇条の規定に従い、文部科学大臣が定める。

第三四条　小学校においては、文部科学大臣の検定を経た教科用図書又は文部科学省が著作の名義を有する教科用図書を使用しなければならない。

第三五条　市町村の教育委員会は、次に掲げる行為の一又は二以上を繰り返し行う等性行不良であつて他の児童の教育に妨げがあると認める児童があるときは、その保護者に対して、児童の出席停止を命ずることができる。

一　他の児童に傷害、心身の苦痛又は財産上の損失を与える行為

二　職員に傷害又は心身の苦痛を与える行為

三　施設又は設備を損壊する行為

四　授業その他の教育活動の実施を妨げる行為

②　市町村の教育委員会は、前項の規定により出席停止を命ずる場合には、あらかじめ保護者の意見を聴取するとともに、理由及び期間を記載した文書を交付しなければならない。

③　前項に規定するもののほか、出席停止の命令の手続に関し必要な事項は、教育委員会規則で定めるものとする。

④　市町村の教育委員会は、出席停止の命令に係る児童の出席停止の期間における学習に対する支援その他の教育上必要な措置を講ずるものとする。

第三六条　学齢に達しない子は、小学校に入学させることができない。

第三七条　小学校には、校長、教頭、教諭、養護教諭及び事務職員を置かなければならない。

②　小学校には、前項に規定するもののほか、副校長、主幹教諭、指導教諭、栄養教諭その他必要な職員を置くことができる。

③　第一項の規定にかかわらず、副校長を置くときその他特別の事情のあるときは教頭を、養護をつかさどる主幹教諭を置くときは養護教

諭を、特別の事情のあるときは事務職員を、それぞれ置かないことができる。
④　校長は、校務をつかさどり、所属職員を監督する。
⑤　副校長は、校長を助け、命を受けて校務をつかさどる。
⑥　副校長は、校長に事故があるときはその職務を代理し、校長が欠けたときはその職務を行う。この場合において、副校長が二人以上あるときは、あらかじめ校長が定めた順序で、その職務を代理し、又は行う。
⑦　教頭は、校長（副校長を置く小学校にあつては、校長及び副校長）を助け、校務を整理し、及び必要に応じ児童の教育をつかさどる。
⑧　教頭は、校長（副校長を置く小学校にあつては、校長及び副校長）に事故があるときは校長の職務を代理し、校長（副校長を置く小学校にあつては、校長及び副校長）が欠けたときは校長の職務を行う。この場合において、教頭が二人以上あるときは、あらかじめ校長が定めた順序で、校長の職務を代理し、又は行う。
⑨　主幹教諭は、校長（副校長を置く小学校にあつては、校長及び副校長）及び教頭を助け、命を受けて校務の一部を整理し、並びに児童の教育をつかさどる。
⑩　指導教諭は、児童の教育をつかさどり、並びに教諭その他の職員に対して、教育指導の改善及び充実のために必要な指導及び助言を行う。
⑪　教諭は、児童の教育をつかさどる。
⑫　養護教諭は、児童の養護をつかさどる。
⑬　栄養教諭は、児童の栄養の指導及び管理をつかさどる。
⑭　事務職員は、事務に従事する。
⑮　助教諭は、教諭の職務を助ける。
⑯　講師は、教諭又は助教諭に準ずる職務に従事する。
⑰　養護助教諭は、養護教諭の職務を助ける。
⑱　特別の事情のあるときは、第一項の規定にかかわらず、教諭に代えて助教諭又は講師を、養護教諭に代えて養護助教諭を置くことができる。
⑲　学校の実情に照らし必要があると認めるときは、第九項の規定にかかわらず、校長（副校長を置く小学校にあつては、校長及び副校長）及び教頭を助け、命を受けて校務の一部を整理し、並びに児童の養護又は栄養の指導及び管理をつかさどる主幹教諭を置くことができる。
第四二条　小学校は、文部科学大臣の定めるところにより当該小学校の教育活動その他の学校運営の状況について評価を行い、その結果に基づき学校運営の改善を図るため必要な措置を講ずることにより、その教育水準の向上に努めなければならない。
第四三条　小学校は、当該小学校に関する保護者及び地域住民その他の関係者の理解を深めるとともに、これらの者との連携及び協力の推進に資するため、当該小学校の教育活動その他の学校運営の状況に関する情報を積極的に提供するものとする。

第五章　中学校

第四五条　中学校は、小学校における教育の基礎の上に、心身の発達に応じて、義務教育として行われる普通教育を施すことを目的とする。
第四六条　中学校における教育は、前条に規定する目的を実現するため、第二一条各号に掲げる目標を達成するよう行われるものとする。

第六章　高等学校

第五〇条　高等学校は、中学校における教育の基礎の上に、心身の発達及び進路に応じて、高度な普通教育及び専門教育を施すことを目的とする。
第五一条　高等学校における教育は、前条に規定する目的を実現するため、次に掲げる目標を達成するよう行われるものとする。
一　義務教育として行われる普通教育の成果を更に発展拡充させて、豊かな人間性、創造性及び健やかな身体を養い、国家及び社会の形成者として必要な資質を養うこと。
二　社会において果たさなければならない使命の自覚に基づき、個性に応じて将来の進路を決定させ、一般的な教養を高め、専門的な知識、技術及び技能を習得させること。
三　個性の確立に努めるとともに、社会について、広く深い理解と健全な批判力を養い、社会の発展に寄与する態度を養うこと。
第五三条　高等学校には、全日制の課程のほか、定時制の課程を置くことができる。
②　高等学校には、定時制の課程のみを置くことができる。

第七章　中等教育学校

第六三条　中等教育学校は、小学校における教育の基礎の上に、心身の発達及び進路に応じて、義務教育として行われる普通教育並びに高度な普通教育及び専門教育を一貫して施すことを目的とする。
第六四条　中等教育学校における教育は、前条に規定する目的を実現するため、次に掲げる目標を達成するよう行われるものとする。

一　豊かな人間性、創造性及び健やかな身体を養い、国家及び社会の形成者として必要な資質を養うこと。
二　社会において果たさなければならない使命の自覚に基づき、個性に応じて将来の進路を決定させ、一般的な教養を高め、専門的な知識、技術及び技能を習得させること。
三　個性の確立に努めるとともに、社会について、広く深い理解と健全な批判力を養い、社会の発展に寄与する態度を養うこと。

第六五条　中等教育学校の修業年限は、六年とする。

第八章　特別支援教育

第七二条　特別支援学校は、視覚障害者、聴覚障害者、知的障害者、肢体不自由者又は病弱者（身体虚弱者を含む。以下同じ。）に対して、幼稚園、小学校、中学校又は高等学校に準ずる教育を施すとともに、障害による学習上又は生活上の困難を克服し自立を図るために必要な知識技能を授けることを目的とする。

第八〇条　都道府県は、その区域内にある学齢児童及び学齢生徒のうち、視覚障害者、聴覚障害者、知的障害者、肢体不自由者又は病弱者で、その障害が第七十五条の政令で定める程度のものを就学させるに必要な特別支援学校を設置しなければならない。

第八一条　幼稚園、小学校、中学校、義務教育学校、高等学校及び中等教育学校においては、次項各号のいずれかに該当する幼児、児童及び生徒その他教育上特別の支援を必要とする幼児、児童及び生徒に対し、文部科学大臣の定めるところにより、障害による学習上又は生活上の困難を克服するための教育を行うものとする。
②　小学校、中学校、義務教育学校、高等学校及び中等教育学校には、次の各号のいずれかに該当する児童及び生徒のために、特別支援学級を置くことができる。
一　知的障害者
二　肢体不自由者
三　身体虚弱者
四　弱視者
五　難聴者
六　その他障害のある者で、特別支援学級において教育を行うことが適当なもの
③　前項に規定する学校においては、疾病により療養中の児童及び生徒に対して、特別支援学級を設け、又は教員を派遣して、教育を行うことができる。

第九章　大学

第八三条　大学は、学術の中心として、広く知識を授けるとともに、深く専門の学芸を教授研究し、知的、道徳的及び応用的能力を展開させることを目的とする。
②　大学は、その目的を実現するための教育研究を行い、その成果を広く社会に提供することにより、社会の発展に寄与するものとする。

学校教育法施行規則〔抜粋〕

昭和22年〔1947年〕5月23日文部省令第11号
最終改正　平成29年〔2017年〕3月31日公布
　　　　　文部科学省令第24号

第一章　総則

第一節　設置廃止等

第一条　学校には、その学校の目的を実現するために必要な校地、校舎、校具、運動場、図書館又は図書室、保健室その他の設備を設けなければならない。
2　学校の位置は、教育上適切な環境に、これを定めなければならない。

第三節　管理

第二四条　校長は、その学校に在学する児童等の指導要録（学校教育法施行令第三一条に規定する児童等の学習及び健康の状況を記録した書類の原本をいう。以下同じ。）を作成しなければならない。
2　校長は、児童等が進学した場合においては、その作成に係る当該児童等の指導要録の抄本又は写しを作成し、これを進学先の校長に送付しなければならない。
3　校長は、児童等が転学した場合においては、その作成に係る当該児童等の指導要録の写しを作成し、その写し（転学してきた児童等については転学により送付を受けた指導要録（就学前の子どもに関する教育、保育等の総合的な提供の推進に関する法律施行令（平成二六年政令第二〇三号）第八条に規定する園児の学習及び健康の状況を記録した書類の原本を含む。）の写しを含む。）及び前項の抄本又は写しを転学先の校長、保育所の長又は認定こども園の長に送付しなければならない。
第二六条　校長及び教員が児童等に懲戒を加えるに当つては、児童等の心身の発達に応ずる等教育上必要な配慮をしなければならない。
2　懲戒のうち、退学、停学及び訓告の処分は、校長（大学にあつては、学長の委任を受けた学部長を含む。）が行う。
3　前項の退学は、公立の小学校、中学校（学校教育法第七一条の規定により高等学校における教育と一貫した教育を施すもの（以下「併設型中学校」という。）を除く。）、義務教育学校又は特別支援学校に在学する学齢児童又は学齢生徒を除き、次の各号のいずれかに該当する児童等に対して行うことができる。
　一　性行不良で改善の見込がないと認められる者
　二　学力劣等で成業の見込がないと認められる者
　三　正当の理由がなくて出席常でない者
　四　学校の秩序を乱し、その他学生又は生徒としての本分に反した者
4　第二項の停学は、学齢児童又は学齢生徒に対しては、行うことができない。
5　学長は、学生に対する第二項の退学、停学及び訓告の処分の手続を定めなければならない。

第二章　義務教育〔省略〕

第三章　幼稚園〔省略〕

第三六条　幼稚園の設備、編制その他設置に関する事項は、この章に定めるもののほか、幼稚園設置基準（昭和三一年文部省令第三二号）の定めるところによる。
第三七条　幼稚園の毎学年の教育週数は、特別の事情のある場合を除き、三九週を下つてはならない。
第三八条　幼稚園の教育課程その他の保育内容については、この章に定めるもののほか、教育課程その他の保育内容の基準として文部科学大臣が別に公示する幼稚園教育要領によるものとする。

第四章　小学校

第一節　設備編制

第四〇条　小学校の設備、編制その他設置に関する事項は、この節に定めるもののほか、小学校設置基準（平成一四年文部科学省令第一四号）の定めるところによる。
第四一条　小学校の学級数は、一二学級以上一八学級以下を標準とする。ただし、地域の実態その他により特別の事情のあるときは、この限りでない。
第四二条　小学校の分校の学級数は、特別の事情のある場合を除き、五学級以下とし、前条の学級数に算入しないものとする。
第四三条　小学校においては、調和のとれた学校運営が行われるためにふさわしい校務分掌の仕組みを整えるものとする。
第四四条　小学校には、教務主任及び学年主任を置くものとする。
2　前項の規定にかかわらず、第四項に規定する教務主任の担当する校務を整理する主幹教諭を置くときその他特別の事情のあるときは教

務主任を、第五項に規定する学年主任の担当する校務を整理する主幹教諭を置くときその他特別の事情のあるときは学年主任を、それぞれ置かないことができる。

3　教務主任及び学年主任は、指導教諭又は教諭をもつて、これに充てる。

4　教務主任は、校長の監督を受け、教育計画の立案その他の教務に関する事項について連絡調整及び指導、助言に当たる。

5　学年主任は、校長の監督を受け、当該学年の教育活動に関する事項について連絡調整及び指導、助言に当たる。

第四五条　小学校においては、保健主事を置くものとする。

2　前項の規定にかかわらず、第四項に規定する保健主事の担当する校務を整理する主幹教諭を置くときその他特別の事情のあるときは、保健主事を置かないことができる。

3　保健主事は、指導教諭、教諭又は養護教諭をもつて、これに充てる。

4　保健主事は、校長の監督を受け、小学校における保健に関する事項の管理に当たる。

第四六条　小学校には、事務長又は事務主任を置くことができる。

2　事務長及び事務主任は、事務職員をもつて、これに充てる。

3　事務長は、校長の監督を受け、事務職員その他の職員が行う事務を総括し、その他事務をつかさどる。

4　事務主任は、校長の監督を受け、事務をつかさどる。

第四八条　小学校には、設置者の定めるところにより、校長の職務の円滑な執行に資するため、職員会議を置くことができる。

2　職員会議は、校長が主宰する。

第四九条　小学校には、設置者の定めるところにより、学校評議員を置くことができる。

2　学校評議員は、校長の求めに応じ、学校運営に関し意見を述べることができる。

3　学校評議員は、当該小学校の職員以外の者で教育に関する理解及び識見を有するもののうちから、校長の推薦により、当該小学校の設置者が委嘱する。

第二節　教育課程

第五〇条　小学校の教育課程は、国語、社会、算数、理科、生活、音楽、図画工作、家庭及び体育の各教科（以下この節において「各教科」という。）、道徳、外国語活動、総合的な学習の時間並びに特別活動によつて編成するものとする。

2　私立の小学校の教育課程を編成する場合は、前項の規定にかかわらず、宗教を加えることができる。この場合においては、宗教をもつて前項の道徳に代えることができる。

第五一条　小学校（第五二条の二第二項に規定する中学校連携型小学校及び第七九条の九第二項に規定する中学校併設型小学校を除く。）の各学年における各教科、道徳、外国語活動、総合的な学習の時間及び特別活動のそれぞれの授業時数並びに各学年におけるこれらの総授業時数は、別表第一に定める授業時数を標準とする。

第五二条　小学校の教育課程については、この節に定めるもののほか、教育課程の基準として文部科学大臣が別に公示する小学校学習指導要領によるものとする。

第五二条の二　小学校（第七九条の九第二項に規定する中学校併設型小学校を除く。）においては、中学校における教育との一貫性に配慮した教育を施すため、当該小学校の設置者が当該中学校の設置者との協議に基づき定めるところにより、教育課程を編成することができる。

2　前項の規定により教育課程を編成する小学校（以下「中学校連携型小学校」という。）は、第七四条の二第一項の規定により教育課程を編成する中学校と連携し、その教育課程を実施するものとする。

第五六条　小学校において、学校生活への適応が困難であるため相当の期間小学校を欠席し引き続き欠席すると認められる児童を対象として、その実態に配慮した特別の教育課程を編成して教育を実施する必要があると文部科学大臣が認める場合においては、文部科学大臣が別に定めるところにより、第五〇条第一項、第五一条（中学校連携型小学校にあつては第五二条の三、第七九条の九第二項に規定する中学校併設型小学校にあつては第七九条の一二において準用する第七九条の五第一項）又は第五二条の規定によらないことができる。

第三節　学年及び授業日

第五九条　小学校の学年は、四月一日に始まり、翌年三月三一日に終わる。

第六〇条　授業終始の時刻は、校長が定める。

第六一条　公立小学校における休業日は、次のとおりとする。ただし、第三号に掲げる日を除き、当該学校を設置する地方公共団体の教育委員会が必要と認める場合は、この限りでない。

一　国民の祝日に関する法律（昭和二三年法律第一七八号）に規定する日

二　日曜日及び土曜日
三　学校教育法施行令第二九条の規定により教育委員会が定める日

第六二条　私立小学校における学期及び休業日は、当該学校の学則で定める。

第六三条　非常変災その他急迫の事情があるときは、校長は、臨時に授業を行わないことができる。この場合において、公立小学校についてはこの旨を当該学校を設置する地方公共団体の教育委員会に報告しなければならない。

第五節　学校評価

第六六条　小学校は、当該小学校の教育活動その他の学校運営の状況について、自ら評価を行い、その結果を公表するものとする。
2　前項の評価を行うに当たつては、小学校は、その実情に応じ、適切な項目を設定して行うものとする。

第六七条　小学校は、前条第一項の規定による評価の結果を踏まえた当該小学校の児童の保護者その他の当該小学校の関係者（当該小学校の職員を除く。）による評価を行い、その結果を公表するよう努めるものとする。

第五章　中学校

第六九条　中学校の設備、編制その他設置に関する事項は、この章に定めるもののほか、中学校設置基準（平成一四年文部科学省令第一五号）の定めるところによる。

第七〇条　中学校には、生徒指導主事を置くものとする。
2　前項の規定にかかわらず、第四項に規定する生徒指導主事の担当する校務を整理する主幹教諭を置くときその他特別の事情のあるときは、生徒指導主事を置かないことができる。
3　生徒指導主事は、指導教諭又は教諭をもつて、これに充てる。
4　生徒指導主事は、校長の監督を受け、生徒指導に関する事項をつかさどり、当該事項について連絡調整及び指導、助言に当たる。

第七一条　中学校には、進路指導主事を置くものとする。
2　前項の規定にかかわらず、第三項に規定する進路指導主事の担当する校務を整理する主幹教諭を置くときは、進路指導主事を置かないことができる。
3　進路指導主事は、指導教諭又は教諭をもつて、これに充てる。校長の監督を受け、生徒の職業選択の指導その他の進路の指導に関する事項をつかさどり、当該事項について連絡調整及び指導、助言に当たる。

第七二条　中学校の教育課程は、国語、社会、数学、理科、音楽、美術、保健体育、技術・家庭及び外国語の各教科（以下本章及び第七章中「各教科」という。）、道徳、総合的な学習の時間並びに特別活動によつて編成するものとする。

第七三条　中学校（併設型中学校、第七四条の二第二項に規定する小学校連携型中学校、第七五条第二項に規定する連携型中学校及び第七九条の九第二項に規定する小学校併設型中学校を除く。）の各学年における各教科、道徳、総合的な学習の時間及び特別活動のそれぞれの授業時数並びに各学年におけるこれらの総授業時数は、別表第二に定める授業時数を標準とする。

第七四条　中学校の教育課程については、この章に定めるもののほか、教育課程の基準として文部科学大臣が別に公示する中学校学習指導要領によるものとする。

第六章　高等学校

第一節　設備、編制、学科及び教育課程

第八〇条　高等学校の設備、編制、学科の種類その他設置に関する事項は、この節に定めるもののほか、高等学校設置基準（平成一六年文部科学省令第二〇号）の定めるところによる。

第八三条　高等学校の教育課程は、別表第三に定める各教科に属する科目、総合的な学習の時間及び特別活動によつて編成するものとする。

第八四条　高等学校の教育課程については、この章に定めるもののほか、教育課程の基準として文部科学大臣が別に公示する高等学校学習指導要領によるものとする。

第八五条　高等学校の教育課程に関し、その改善に資する研究を行うため特に必要があり、かつ、生徒の教育上適切な配慮がなされていると文部科学大臣が認める場合においては、文部科学大臣が別に定めるところにより、前二条の規定によらないことができる。

第八五条の二　文部科学大臣が、高等学校において、当該高等学校又は当該高等学校が設置されている地域の実態に照らし、より効果的な教育を実施するため、当該高等学校又は当該地域の特色を生かした特別の教育課程を編成して教育を実施する必要があり、かつ、当該特別の教育課程について、教育基本法及び学校教育法第五一条の規定等に照らして適切であり、生徒の教育上適切な配慮がなされているものとして文部科学大臣が定める基準を満たしていると認める場合においては、文部科学大臣が別に定めるところにより、第八三条又は第八四条の規定の全部又は一部によらな

いことができる。

第八六条　高等学校において、学校生活への適応が困難であるため、相当の期間高等学校を欠席し引き続き欠席すると認められる生徒、高等学校を退学し、その後高等学校に入学していないと認められる者若しくは学校教育法第五七条に規定する高等学校の入学資格を有するが、高等学校に入学していないと認められる者又は疾病による療養のため若しくは障害のため、相当の期間高等学校を欠席すると認められる生徒、高等学校を退学し、その後高等学校に入学していないと認められる者若しくは学校教育法第五七条に規定する高等学校の入学資格を有するが、高等学校に入学していないと認められる者を対象として、その実態に配慮した特別の教育課程を編成して教育を実施する必要があると文部科学大臣が認める場合においては、文部科学大臣が別に定めるところにより、第八三条又は第八四条の規定によらないことができる。

第八七条　高等学校（学校教育法第七一条の規定により中学校における教育と一貫した教育を施すもの（以下「併設型高等学校」という。）を除く。）においては、中学校における教育との一貫性に配慮した教育を施すため、当該高等学校の設置者が当該中学校の設置者との協議に基づき定めるところにより、教育課程を編成することができる。

2　前項の規定により教育課程を編成する高等学校（以下「連携型高等学校」という。）は、連携型中学校と連携し、その教育課程を実施するものとする。

第八九条　高等学校においては、文部科学大臣の検定を経た教科用図書又は文部科学省が著作の名義を有する教科用図書のない場合には、当該高等学校の設置者の定めるところにより、他の適切な教科用図書を使用することができる。

第二節　入学、退学、転学、留学、休学及び卒業等

第九〇条　高等学校の入学は、第七八条の規定により送付された調査書その他必要な書類、選抜のための学力検査（以下この条において「学力検査」という。）の成績等を資料として行う入学者の選抜に基づいて、校長が許可する。

2　学力検査は、特別の事情のあるときは、行わないことができる。

3　調査書は、特別の事情のあるときは、入学者の選抜のための資料としないことができる。

4　連携型高等学校における入学者の選抜は、第七五条第一項の規定により編成する教育課程に係る連携型中学校の生徒については、調査書及び学力検査の成績以外の資料により行うことができる。

5　公立の高等学校に係る学力検査は、当該高等学校を設置する都道府県又は市町村の教育委員会が行う。

第九一条　第一学年の途中又は第二学年以上に入学を許可される者は、相当年齢に達し、当該学年に在学する者と同等以上の学力があると認められた者とする。

第九二条　他の高等学校に転学を志望する生徒のあるときは、校長は、その事由を具し、生徒の在学証明書その他必要な書類を転学先の校長に送付しなければならない。転学先の校長は、教育上支障がない場合には、転学を許可することができる。

2　全日制の課程、定時制の課程及び通信制の課程相互の間の転学又は転籍については、修得した単位に応じて、相当学年に転入することができる。

第九三条　校長は、教育上有益と認めるときは、生徒が外国の高等学校に留学することを許可することができる。

2　校長は、前項の規定により留学することを許可された生徒について、外国の高等学校における履修を高等学校における履修とみなし、三六単位を超えない範囲で単位の修得を認定することができる。

3　校長は、前項の規定により単位の修得を認定された生徒について、第一〇四条第一項において準用する第五九条又は第一〇四条第二項に規定する学年の途中においても、各学年の課程の修了又は卒業を認めることができる。

第九四条　生徒が、休学又は退学をしようとするときは、校長の許可を受けなければならない。

第九五条　学校教育法第五七条の規定により、高等学校入学に関し、中学校を卒業した者と同等以上の学力があると認められる者は、次の各号のいずれかに該当する者とする。

一　外国において、学校教育における九年の課程を修了した者

二　文部科学大臣が中学校の課程と同等の課程を有するものとして認定した在外教育施設の当該課程を修了した者

三　文部科学大臣の指定した者

四　就学義務猶予免除者等の中学校卒業程度認定規則（昭和四一年文部省令第三六号）により、中学校を卒業した者と同等以上の学力があると認定された者

五　その他高等学校において、中学校を卒業した者と同等以上の学力があると認めた者

第九六条　校長は、生徒の高等学校の全課程の修了を認めるに当たつては、高等学校学習指導要領の定めるところにより、七四単位以上を修得した者について行わなければならない。ただし、第八五条、第八五条の二又は第八六条の規定により、高等学校の教育課程に関し第八三条又は第八四条の規定によらない場合においては、文部科学大臣が別に定めるところにより行うものとする。

2　前項前段の規定により全課程の修了の要件として修得すべき七四単位のうち、第八八条の三に規定する授業の方法により修得する単位数は三六単位を超えないものとする。

第九七条　校長は、教育上有益と認めるときは、生徒が当該校長の定めるところにより他の高等学校又は中等教育学校の後期課程において一部の科目の単位を修得したときは、当該修得した単位数を当該生徒の在学する高等学校が定めた全課程の修了を認めるに必要な単位数のうちに加えることができる。

2　前項の規定により、生徒が他の高等学校又は中等教育学校の後期課程において一部の科目の単位を修得する場合においては、当該他の高等学校又は中等教育学校の校長は、当該生徒について一部の科目の履修を許可することができる。

3　同一の高等学校に置かれている全日制の課程、定時制の課程及び通信制の課程相互の間の併修については、前二項の規定を準用する。

第九八条　校長は、教育上有益と認めるときは、当該校長の定めるところにより、生徒が行う次に掲げる学修を当該生徒の在学する高等学校における科目の履修とみなし、当該科目の単位を与えることができる。

一　大学、高等専門学校又は専修学校の高等課程若しくは専門課程における学修その他の教育施設等における学修で文部科学大臣が別に定めるもの

二　知識及び技能に関する審査で文部科学大臣が別に定めるものに係る学修

三　ボランティア活動その他の継続的に行われる活動（当該生徒の在学する高等学校の教育活動として行われるものを除く。）に係る学修で文部科学大臣が別に定めるもの

第九九条　第九七条の規定に基づき加えることのできる単位数及び前条の規定に基づき与えることのできる単位数の合計数は三六を超えないものとする。

第七章　中等教育学校並びに併設型中学校及び併設型高等学校

第一節　中等教育学校

第一〇五条　中等教育学校の設置基準は、この章に定めるもののほか、別に定める。

第一〇六条　中等教育学校の前期課程の設備、編制その他設置に関する事項については、中学校設置基準の規定を準用する。

2　中等教育学校の後期課程の設備、編制、学科の種類その他設置に関する事項については、高等学校設置基準の規定を準用する。

第二節　併設型中学校及び併設型高等学校

第一一五条　併設型中学校及び併設型高等学校においては、中学校における教育と高等学校における教育を一貫して施すため、設置者の定めるところにより、教育課程を編成するものとする。

第八章　特別支援教育

第一一八条　特別支援学校の設置基準及び特別支援学級の設備編制は、この章に規定するもののほか、別に定める。

第一二九条　特別支援学校の幼稚部の教育課程その他の保育内容並びに小学部、中学部及び高等部の教育課程については、この章に定めるもののほか、教育課程その他の保育内容又は教育課程の基準として文部科学大臣が別に公示する特別支援学校幼稚部教育要領、特別支援学校小学部・中学部学習指導要領及び特別支援学校高等部学習指導要領によるものとする。

第一三二条　特別支援学校の小学部、中学部又は高等部の教育課程に関し、その改善に資する研究を行うため特に必要があり、かつ、児童又は生徒の教育上適切な配慮がなされていると文部科学大臣が認める場合においては、文部科学大臣が別に定めるところにより、第一二六条から第一二九条までの規定によらないことができる。

第一三二条の二　文部科学大臣が、特別支援学校の小学部、中学部又は高等部において、当該特別支援学校又は当該特別支援学校が設置されている地域の実態に照らし、より効果的な教育を実施するため、当該特別支援学校又は当該地域の特色を生かした特別の教育課程を編成して教育を実施する必要があり、かつ、当該特別の教育課程について、教育基本法及び学校教育法第七二条の規定等に照らして適切であり、児童又は生徒の教育上適切な配慮

がなされているものとして文部科学大臣が定める基準を満たしていると認める場合においては、文部科学大臣が別に定めるところにより、第一二六条から第一二九条までの規定の一部又は全部によらないことができる。

第九章　大学

第二節　入学及び卒業等

第一五〇条　学校教育法第九〇条第一項の規定により、大学入学に関し、高等学校を卒業した者と同等以上の学力があると認められる者は、次の各号のいずれかに該当する者とする。
一　外国において学校教育における一二年の課程を修了した者又はこれに準ずる者で文部科学大臣の指定したもの
二　文部科学大臣が高等学校の課程と同等の課程を有するものとして認定した在外教育施設の当該課程を修了した者
三　専修学校の高等課程（修業年限が三年以上であることその他の文部科学大臣が定める基準を満たすものに限る。）で文部科学大臣が別に指定するものを文部科学大臣が定める日以後に修了した者
四　文部科学大臣の指定した者
五　高等学校卒業程度認定試験規則による高等学校卒業程度認定試験に合格した者（旧規程による大学入学資格検定（以下「旧検定」という。）に合格した者を含む。）
六　学校教育法第九〇条第二項の規定により大学に入学した者であつて、当該者をその後に入学させる大学において、大学における教育を受けるにふさわしい学力があると認めたもの
七　大学において、個別の入学資格審査により、高等学校を卒業した者と同等以上の学力があると認めた者で、一八歳に達したもの

教育職員免許法〔抜粋〕

昭和24年〔1949年〕5月31日法律第147号
最終改正　平成29年〔2017年〕5月31日公布
　　　　　法律第41号

第一章　総則

（この法律の目的）
第一条　この法律は、教育職員の免許に関する基準を定め、教育職員の資質の保持と向上を図ることを目的とする。
（定義）
第二条　この法律において「教育職員」とは、学校（学校教育法（昭和二二年法律第二六号）第一条に規定する幼稚園、小学校、中学校、義務教育学校、高等学校、中等教育学校及び特別支援学校（第三項において「第一条学校」という。）並びに就学前の子どもに関する教育、保育等の総合的な提供の推進に関する法律（平成一八年法律第七七号）第二条第七項に規定する幼保連携型認定こども園（以下「幼保連携型認定こども園」という。）をいう。以下同じ。）の主幹教諭（幼保連携型認定こども園の主幹養護教諭及び主幹栄養教諭を含む。以下同じ。）、指導教諭、教諭、助教諭、養護教諭、養護助教諭、栄養教諭、主幹保育教諭、指導保育教諭、保育教諭、助保育教諭及び講師（以下「教員」という。）をいう。
2　この法律で「免許管理者」とは、免許状を有する者が教育職員及び文部科学省令で定める教育の職にある者である場合にあつてはその者の勤務地の都道府県の教育委員会、これらの者以外の者である場合にあつてはその者の住所地の都道府県の教育委員会をいう。
3　この法律において「所轄庁」とは、大学附置の国立学校（国（国立大学法人法（平成一五年法律第一一二号）第二条第一項に規定する国立大学法人を含む。以下この項において同じ。）が設置する学校をいう。以下同じ。）又は公立学校（地方公共団体が設置する学校をいう。以下同じ。）の教員にあつてはその大学の学長、大学附置の学校以外の公立学校（第一条学校に限る。）の教員にあつてはその学校を所管する教育委員会、大学附置の学校以外の公立学校（幼保連携型認定こども園に限る。）の教員にあつてはその学校を所管する地方公共団体の長、私立学校（国及び地方公共

共団体以外の者が設置する学校を言う。以下同じ。）の教員にあつては都道府県知事（地方自治法（昭和二二年法律第六七号）第二五二条の一九第一項の指定都市又は同法第二五二条の二二第一項の中核市（以下この項において「指定都市等」という。）の区域内の幼保連携型認定こども園の教員にあつては、当該指定都市等の長）をいう。
4　この法律で「自立教科等」とは、理療（あん摩、マツサージ、指圧等に関する基礎的な知識技能の修得を目標とした教科をいう。）、理学療法、理容その他の職業についての知識技能の修得に関する教科及び学習上又は生活上の困難を克服し自立を図るために必要な知識技能の修得を目的とする教育に係る活動（以下「自立活動」という。）をいう。
5　この法律で「特別支援教育領域」とは、学校教育法第七二条に規定する視覚障害者、聴覚障害者、知的障害者、肢体不自由者又は病弱者（身体虚弱者を含む。）に関するいずれかの教育の領域をいう。

(免許)
第三条　教育職員は、この法律により授与する各相当の免許状を有する者でなければならない。
2　前項の規定にかかわらず、主幹教諭（養護又は栄養の指導及び管理をつかさどる主幹教諭を除く。）及び指導教諭については各相当学校の教諭の免許状を有する者を、養護をつかさどる主幹教諭については養護教諭の免許状を有する者を、栄養の指導及び管理をつかさどる主幹教諭については栄養教諭の免許状を有する者を、講師については各相当学校の教員の相当免許状を有する者を、それぞれ充てるものとする。
3　特別支援学校の教員（養護又は栄養の指導及び管理をつかさどる主幹教諭、養護教諭、養護助教諭、栄養教諭並びに特別支援学校において自立教科等の教授を担当する教員を除く。）については第一項の規定にかかわらず、特別支援学校の教員の免許状のほか、特別支援学校の各部に相当する学校の教員の免許状を有する者でなければならない。
4　義務教育学校の教員（養護又は栄養の指導及び管理をつかさどる主幹教諭、養護教諭、養護助教諭並びに栄養教諭を除く。）については、第一項の規定にかかわらず、小学校の教員の免許状及び中学校の教員の免許状を有する者でなければならない。
5　中等教育学校の教員（養護又は栄養の指導及び管理をつかさどる主幹教諭、養護教諭、養護助教諭並びに栄養教諭を除く。）については、第一項の規定にかかわらず、中学校の教員の免許状及び高等学校の教員の免許状を有する者でなければならない。
6　幼保連携型認定こども園の教員の免許については、第一項の規定にかかわらず、就学前の子どもに関する教育、保育等の総合的な提供の推進に関する法律の定めるところによる。

(免許状を要しない非常勤の講師)
第三条の二　次に掲げる事項の教授又は実習を担任する非常勤の講師については、前条の規定にかかわらず、各相当学校の教員の相当免許状を有しない者を充てることができる。
一　小学校における次条第六項第一号に掲げる教科の領域の一部に係る事項
二　中学校における次条第五項第一号に掲げる教科及び第一六条の三第一項の文部科学省令で定める教科の領域の一部に係る事項
三　義務教育学校における前二号に掲げる事項
四　高等学校における次条第五項第二号に掲げる教科及び第一六条の三第一項の文部科学省令で定める教科の領域の一部に係る事項
五　中等教育学校における第二号及び前号に掲げる事項
六　特別支援学校（幼稚部を除く。）における第一号、第二号及び第四号に掲げる事項並びに自立教科等の領域の一部に係る事項
七　教科に関する事項で文部科学省令で定めるもの
2　前項の場合において、非常勤の講師に任命し、又は雇用しようとする者は、あらかじめ、文部科学省令で定めるところにより、その旨を第五条第七項で定める授与権者に届け出なければならない。

第二章　免許状

(種類)
第四条　免許状は、普通免許状、特別免許状及び臨時免許状とする。
2　普通免許状は、学校（義務教育学校、中等教育学校及び幼保連携型認定こども園を除く。）の種類ごとの教諭の免許状、養護教諭の免許状及び栄養教諭の免許状とし、それぞれ専修免許状、一種免許状及び二種免許状（高等学校教諭の免許状にあつては、専修免許状及び一種免許状）に区分する。
3　特別免許状は、学校（幼稚園、義務教育学校、中等教育学校及び幼保連携認定こども園を除く。）の種類ごとの教諭の免許状とする。
4　臨時免許状は、学校（義務教育学校、中等教育学校及び幼保連携型認定こども園を除く。）の種類ごとの助教諭の免許状及び養護助教諭

の免許状とする。
5 中学校及び高等学校の教員の普通免許状及び臨時免許状は、次に掲げる各教科について授与するものとする。
 一 中学校の教員にあつては、国語、社会、数学、理科、音楽、美術、保健体育、保健、技術、家庭、職業(職業指導及び職業実習(農業、工業、商業、水産及び商船のうちいずれか一以上の実習とする。以下同じ。)を含む。)、職業指導、職業実習、外国語(英語、ドイツ語、フランス語その他の外国語に分ける。)及び宗教
 二 高等学校の教員にあつては、国語、地理歴史、公民、数学、理科、音楽、美術、工芸、書道、保健体育、保健、看護、看護実習、家庭、家庭実習、情報、情報実習、農業、農業実習、工業、工業実習、商業、商業実習、水産、水産実習、福祉、福祉実習、商船、商船実習、職業指導、外国語(英語、ドイツ語、フランス語その他の外国語に分ける。)及び宗教
6 小学校教諭、中学校教諭及び高等学校教諭の特別免許状は、次に掲げる教科又は事項について授与するものとする。
 一 小学校教諭にあつては、国語、社会、算数、理科、生活、音楽、図画工作、家庭及び体育
 二 中学校教諭にあつては、前項第一号に掲げる各教科及び第一六条の三第一項の文部科学省令で定める教科
 三 高等学校教諭にあつては、前項第二号に掲げる各教科及びこれらの教科の領域の一部に係る事項で第一六条の四第一項の文部科学省令で定めるもの並びに第一六条の三第一項の文部科学省令で定める教科

第四条の二 特別支援学校の教員の普通免許状及び臨時免許状は、一又は二以上の特別支援教育領域について授与するものとする。
2 特別支援学校において専ら自立教科等の教授を担任する教員の普通免許状及び臨時免許状は、前条第二項の規定にかかわらず、文部科学省令で定めるところにより、障害の種類に応じて文部科学省令で定める自立教科等について授与するものとする。
3 特別支援学校教諭の特別免許状は、前項の文部科学省令で定める自立教科等について授与するものとする。

(授与)
第五条 普通免許状は、別表第一、別表第二若しくは別表第二の二に定める基礎資格を有し、かつ、大学若しくは文部科学大臣の指定する養護教諭養成機関において別表第一、別表第二若しくは別表第二の二に定める単位を修得した者又はその免許状を授与するため行う教育職員検定に合格した者に授与する。ただし、次の各号のいずれかに該当する者には、授与しない。
 一 一八歳未満の者
 二 高等学校を卒業しない者(通常の課程以外の課程におけるこれに相当するものを修了しない者を含む。)。ただし、文部科学大臣において高等学校を卒業した者と同等以上の資格を有すると認めた者を除く。
 三 成年被後見人又は被保佐人
 四 禁錮以上の刑に処せられた者
 五 第一〇条第一項第二号又は第三号に該当することにより免許状がその効力を失い、当該失効の日から三年を経過しない者
 六 第一一条第一項から第三項までの規定により免許状取上げの処分を受け、当該処分の日から三年を経過しない者
 七 日本国憲法施行の日以後において、日本国憲法又はその下に成立した政府を暴力で破壊することを主張する政党その他の団体を結成し、又はこれに加入した者
2 前項本文の規定にかかわらず、別表第一から別表第二の二までに規定する普通免許状に係る所要資格を得た日の翌日から起算して一〇年を経過する日の属する年度の末日を経過した者に対する普通免許状の授与は、その者が免許状更新講習(第九条の三第一項に規定する免許状更新講習をいう。以下第九条の二までにおいて同じ。)の課程を修了した後文部科学省令で定める二年以上の期間内にある場合に限り、行うものとする。
3 特別免許状は、教育職員検定に合格した者に授与する。ただし、第一項各号のいずれかに該当する者には、授与しない。
4 前項の教育職員検定は、次の各号のいずれにも該当する者について、教育職員に任命し、又は雇用しようとする者が、学校教育の効果的な実施に特に必要があると認める場合において行う推薦に基づいて行うものとする。
 一 担当する教科に関する専門的な知識経験又は技能を有する者
 二 社会的信望があり、かつ、教員の職務を行うのに必要な熱意と識見を持つている者
5 第七項で定める授与権者は、第三項の教育職員検定において合格の決定をしようとするときは、あらかじめ、学校教育に関し学識経験を有する者その他の文部科学省令で定める者の意見を聴かなければならない。
6 臨時免許状は、普通免許状を有する者を採用することができない場合に限り、第一項各号

のいずれにも該当しない者で教育職員検定に合格したものに授与する。ただし、高等学校助教諭の臨時免許状は、次の各号のいずれかに該当する者以外の者には授与しない。
一　短期大学士の学位又は準学士の称号を有する者
二　文部科学大臣が前号に掲げる者と同等以上の資格を有すると認めた者
7　免許状は、都道府県の教育委員会（以下「授与権者」という。）が授与する。

(授与の場合の原簿記入等)
第八条　授与権者は、免許状を授与したときは、免許状の種類、その者の氏名及び本籍地、授与の日、免許状の有効期間の満了の日その他文部科学省令で定める事項を原簿に記入しなければならない。
2　前項の原簿は、その免許状を授与した授与権者において作製し、保存しなければならない。
3　第五条の二第三項の規定により免許状に新教育領域を追加して定めた授与権者は、その旨を第一項の原簿に記入しなければならない。

(効力)
第九条　普通免許状は、その授与の日の翌日から起算して一〇年を経過する日の属する年度の末日まで、すべての都道府県（中学校及び高等学校の教員の宗教の教科についての免許状にあつては、国立学校又は公立学校の場合を除く。次項及び第三項において同じ。）において効力を有する。
2　特別免許状は、その授与の日の翌日から起算して一〇年を経過する日の属する年度の末日まで、その免許状を授与した授与権者の置かれる都道府県においてのみ効力を有する。
3　臨時免許状は、その免許状を授与したときから三年間、その免許状を授与した授与権者の置かれる都道府県においてのみ効力を有する。
4　第一項の規定にかかわらず、その免許状に係る別表第一から別表第八までに規定する所要資格を得た日、第一六条の二第一項に規定する教員資格認定試験に合格した日又は第一六条の三第二項若しくは第一七条第一項に規定する文部科学省令で定める資格を有することとなつた日の属する年度の翌年度の初日以後、同日から起算して一〇年を経過する日までの間に授与された普通免許状（免許状更新講習の課程を修了した後文部科学省令で定める二年以上の期間内に授与されたものを除く。）の有効期間は、当該一〇年を経過する日までとする。
5　普通免許状又は特別免許状を二以上有する者の当該二以上の免許状の有効期間は、第一項、第二項及び前項並びに次条第四項及び第五項の規定にかかわらず、それぞれの免許状に係るこれらの規定による有効期間の満了の日のうち最も遅い日までとする。

(有効期間の更新及び延長)
第九条の二　免許管理者は、普通免許状又は特別免許状の有効期間を、その満了の際、その免許状を有する者の申請により更新することができる。
2　前項の申請は、申請書に免許管理者が定める書類を添えて、これを免許管理者に提出してしなければならない。
3　第一項の規定による更新は、その申請をした者が当該普通免許状又は特別免許状の有効期間の満了する日までの文部科学省令で定める二年以上の期間内において免許状更新講習の課程を修了した者である場合又は知識技能その他の事項を勘案して免許状更新講習を受ける必要がないものとして文部科学省令で定めるところにより免許管理者が認めた者である場合に限り、行うものとする。
4　第一項の規定により更新された普通免許状又は特別免許状の有効期間は、更新前の有効期間の満了の日の翌日から起算して一〇年を経過する日の属する年度の末日までとする。
5　免許管理者は、普通免許状又は特別免許状を有する者が、次条第三項第一号に掲げる者である場合において、同条第四項の規定により免許状更新講習を受けることができないことその他文部科学省令で定めるやむを得ない事由により、その免許状の有効期間の満了の日までに免許状更新講習の課程を修了することが困難であると認めるときは、文部科学省令で定めるところにより相当の期間を定めて、その免許状の有効期間を延長するものとする。
6　免許状の有効期間の更新及び延長に関する手続その他必要な事項は、文部科学省令で定める。

(免許状更新講習)
第九条の三　免許状更新講習は、大学その他文部科学省令で定める者が、次に掲げる基準に適合することについての文部科学大臣の認定を受けて行う。
一　講習の内容が、教員の職務の遂行に必要なものとして文部科学省令で定める事項に関する最新の知識技能を修得させるための課程（その一部として行われるものを含む。）であること。
二　講習の講師が、次のいずれかに該当する者であること。
　イ　文部科学大臣が第一六条の三第四項の政令で定める審議会等に諮問して免許状の授与の所要資格を得させるために適当

と認める課程を有する大学において、当該課程を担当する教授、准教授又は講師の職にある者
　　ロ　イに掲げる者に準ずるものとして文部科学省令で定める者
　三　講習の課程の修了の認定（課程の一部の履修の認定を含む。）が適切に実施されるものであること。
　四　その他文部科学省令で定める要件に適合するものであること。
2　前項に規定する免許状更新講習（以下単に「免許状更新講習」という。）の時間は、三〇時間以上とする。
3　免許状更新講習は、次に掲げる者に限り、受けることができる。
　一　教育職員及び文部科学省令で定める教育の職にある者
　二　教育職員に任命され、又は雇用されることとなつている者及びこれに準ずるものとして文部科学省令で定める者
4　前項の規定にかかわらず、公立学校の教員であつて教育公務員特例法（昭和二四年法律第一号）第二五条の二第一項に規定する指導改善研修（以下この項及び次項において単に「指導改善研修」という。）を命ぜられた者は、その指導改善研修が終了するまでの間は、免許状更新講習を受けることができない。
5　前項に規定する者の任命権者（免許管理者を除く。）は、その者に指導改善研修を命じたとき、又はその者の指導改善研修が終了したときは、速やかにその旨を免許管理者に通知しなければならない。
6　前各項に規定するもののほか、免許状更新講習に関し必要な事項は、文部科学省令で定める。

（有効期間の更新又は延長の場合の通知等）
第九条の四　免許管理者は、普通免許状又は特別免許状の有効期間を更新し、又は延長したときは、その旨をその免許状を有する者、その者の所轄庁（免許管理者を除く。）及びその免許状を授与した授与権者（免許管理者を除く。）に通知しなければならない。
2　免許状の有効期間を更新し、若しくは延長したとき、又は前項の通知を受けたときは、その免許状を授与した授与権者は、その旨を第八条第一項の原簿に記入しなければならない。

（二種免許状を有する者の一種免許状の取得に係る努力義務）
第九条の五　教育職員で、その有する相当の免許状（主幹教諭（養護又は栄養の指導及び管理をつかさどる主幹教諭を除く。）及び指導教諭についてはその有する相当学校の教諭の免許状、養護をつかさどる主幹教諭についてはその有する養護教諭の免許状、栄養の指導及び管理をつかさどる主幹教諭についてはその有する栄養教諭の免許状、講師についてはその有する相当学校の教員の相当免許状）が二種免許状であるものは、相当の一種免許状の授与を受けるように努めなければならない。

第三章　免許状の失効及び取上げ

（失効）
第一〇条　免許状を有する者が、次の各号のいずれかに該当する場合には、その免許状はその効力を失う。
　一　第五条第一項第三号、第四号又は第七号に該当するに至つたとき。
　二　公立学校の教員であつて懲戒免職の処分を受けたとき。
　三　公立学校の教員（地方公務員法（昭和二五年法律第二六一号）第二九条の二第一項各号に掲げる者に該当する者を除く。）であつて同法第二八条第一項第一号又は第三号に該当するとして分限免職の処分を受けたとき。
2　前項の規定により免許状が失効した者は、速やかに、その免許状を免許管理者に返納しなければならない。

（取上げ）
第一一条　国立学校又は私立学校の教員が、前条第一項第二号に規定する者の場合における懲戒免職の事由に相当する事由により解雇されたと認められるときは、免許管理者は、その免許状を取り上げなければならない。
2　免許状を有する者が、次の各号のいずれかに該当する場合には、免許管理者は、その免許状を取り上げなければならない。
　一　国立学校又は私立学校の教員（地方公務員法第二九条の二第一項各号に掲げる者に相当する者を含む。）であつて、前条第一項第三号に規定する者の場合における同法第二八条第一項第一号又は第三号に掲げる分限免職の事由に相当する事由により解雇されたと認められるとき。
　二　地方公務員法第二九条の二第一項各号に掲げる者に該当する公立学校の教員であつて、前条第一項第三号に規定する者の場合における同法第二八条第一項第一号又は第三号に掲げる分限免職の事由に相当する事由により免職の処分を受けたと認められるとき。
3　免許状を有する者（教育職員以外の者に限る。）が、法令の規定に故意に違反し、又は教育職員たるにふさわしくない非行があつて、

その情状が重いと認められるときは、免許管理者は、その免許状を取り上げることができる。
4　前三項の規定により免許状取上げの処分を行つたときは、免許管理者は、その旨を直ちにその者に通知しなければならない。この場合において、当該免許状は、その通知を受けた日に効力を失うものとする。
5　前条第二項の規定は、前項の規定により免許状が失効した者について準用する。

（失効等の場合の公告等）
第一三条　免許管理者は、この章の規定により免許状が失効したとき、又は免許状取上げの処分を行つたときは、その免許状の種類及び失効又は取上げの事由並びにその者の氏名及び本籍地を官報に公告するとともに、その旨をその者の所轄庁及びその免許状を授与した授与権者に通知しなければならない。
2　この章の規定により免許状が失効し、若しくは免許状取上げの処分を行い、又はその旨の通知を受けたときは、その免許状を授与した授与権者は、この旨を第八条第一項の原簿に記入しなければならない。

（通知）
第一四条　所轄庁（免許管理者を除く。）は、教育職員が、次の各号のいずれかに該当すると認めたときは、速やかにその旨を免許管理者に通知しなければならない。
一　第五条第一項第三号、第四号又は第七号に該当するとき。
二　第一〇条第一項第二号又は第三号に該当するとき（懲戒免職又は分限免職の処分を行つた者が免許管理者である場合を除く。）。
三　第一一条第一項又は第二項に該当する事実があると思料するとき（同項第二号に規定する免職の処分を行つた者が免許管理者である場合を除く。）。

第五章　罰則

第二二条　第三条の規定に違反して、相当の免許状を有しない者を教育職員（幼保連携型認定こども園の教員を除く。次項において同じ。）に任命し、又は雇用した場合には、その違反行為をした者は、三〇万円以下の罰金に処する。
2　第三条の規定に違反して、相当の免許状を有しないにもかかわらず教育職員となつた者も、前項と同様とする。
第二三条　次の各号のいずれかに該当する者は、一〇万円以下の過料に処する。
一　第三条の二第二項の規定に違反して、届出をせず、又は虚偽の届出をした者
二　第一〇条第二項（第一一条第五項において準用する場合を含む。）の規定に違反して免許状を返納しなかつた者

（旧免許状に関する規定）
附則（平成一九年六月二七日法律第九八号）抄

（教育職員免許法の一部改正に伴う経過措置）
第二条　前条第二号に掲げる規定の施行の際現に第一条の規定による改正前の教育職員免許法の規定、附則第一〇条の規定による改正前の教育職員免許法施行法（昭和二四年法律第一四八号）の規定、附則第一一条の規定による改正前の教育職員免許法の一部を改正する法律（昭和二九年法律第一五八号。以下この項において「昭和二九年改正法」という。）の規定、附則第一三条の規定による改正前の教育職員免許法等の一部を改正する法律（昭和三六年法律第一二二号）の規定及び附則第一五条の規定による改正前の教育職員免許法等の一部を改正する法律（平成一二年法律第二九号）の規定により授与された普通免許状又は特別免許状を有する者（当該普通免許状及び特別免許状が失効した者を除く。以下この条において「旧免許状所持者」という。）については、第一条の規定による改正後の教育職員免許法（以下「新法」という。）第九条第一項及び第二項の規定にかかわらず、その者の有する普通免許状及び特別免許状（前条第二号に掲げる規定の施行の日以後に新たに授与されたものを含む。）には、有効期間の定めがないものとする。この場合において、新法第五条第二項、第六条第四項、第七条第四項、第九条第四項及び第五項、第九条の二、第九条の四、第一六条の二第二項、第一六条の三第三項、第一六条の四第四項、第一七条第二項、附則第五項後段、附則第八項ただし書、附則第九項後段、附則第一二項ただし書並びに附則第一八項後段の規定、附則第一〇条の規定による改正後の教育職員免許法施行法第二条第一項後段の規定並びに附則第一一条の規定による改正後の昭和二九年改正法附則第一〇項ただし書の規定は、旧免許状所持者には適用しない。
2　旧免許状所持者であって、新法第二条第一項に規定する教育職員（第七項において単に「教育職員」という。）その他文部科学省令で定める教育の職にある者（以下「旧免許状所持現職教員」という。）は、次項に規定する修了確認期限までに、当該修了確認期限までの文部科学省令で定める二年以上の期間内において免許状更新講習（新法第九条の三第一

項に規定する免許状更新講習をいう。以下同じ。）の課程を修了したことについての免許管理者（新法第二条第二項に規定する免許管理者をいう。以下この条において同じ。）による確認（以下「更新講習修了確認」という。）を受けなければならない。
3　修了確認期限は、次の各号に掲げる者の区分に応じ、当該各号に定める日とする。
　一　前条第二号に掲げる規定の施行の日から起算して一一年を経過する日までの期間内でその者の生年月日及びその有する免許状の授与の日に応じて文部科学省令で定める年度の末日を経過していない旧免許状所持者（次号に掲げる者を除く。）当該末日
　二　その修了確認期限までに更新講習修了確認を受けた旧免許状所持者当該修了確認期限の翌日から起算して一〇年を経過する日の属する年度の末日
　三　更新講習修了確認を受けずにその修了確認期限を経過した旧免許状所持者その後に免許管理者による免許状更新講習の課程を修了した後文部科学省令で定める二年以上の期間内にあることについての確認を受けた日の翌日から起算して一〇年を経過する日の属する年度の末日
4　免許管理者は、旧免許状所持現職教員が、新法第九条の三第四項の規定により免許状更新講習を受けることができないことその他文部科学省令で定めるやむを得ない事由により当該旧免許状所持現職教員に係る前項に規定する終了確認期限（以下この条において単に「修了確認期限」という。）までに免許状更新講習の課程を修了することが困難であると認めるときは、文部科学省令で定めるところにより相当の期間を定めて、当該修了確認期限を延期するものとする。旧免許状所持現職教員が、新たに普通免許状又は特別免許状の授与を受けたことその他の当該旧免許状所持現職教員に係る修了確認期限を延期することが相当であるものとして文部科学省令で定める事由に該当すると認めるときも、同様とする。
5　旧免許状所持現職教員（知識技能その他の事項を勘案して免許状更新講習を受ける必要がないものとして文部科学省令で定めるところにより免許管理者が認めた者を除く。）が修了確認期限までに更新講習修了確認を受けなかった場合には、その者の有する普通免許状及び特別免許状は、その効力を失う。
6　前項の規定により免許状が失効した者は、速やかに、その免許状を免許管理者に返納しなければならない。
7　旧免許状所持者（旧免許状所持現職教員を除く。）が更新講習修了確認を受けずに修了確認期限を経過した場合には、その者は、その後に、第三項第三号に規定する免許管理者による確認を受けなければ、教育職員になることができない。
8　免許管理者は、更新講習修了確認若しくは修了確認期限の延期を行ったとき、又は第五項の規定により免許状が失効したときは、その旨をその免許状を有する者、その者の所轄庁（新法第二条第三項に規定する所轄庁をいい、免許管理者を除く。）及びその免許状を授与した授与権者（新法第五条第七項に規定する授与権者をいい、免許管理者を除く。）に通知しなければならない。
9　更新講習修了確認若しくは修了確認期限の延期を行い、若しくは第五項の規定により免許状が失効したとき、又は前項の通知を受けたときは、その免許状を授与した授与権者（新法第五条第七項に規定する授与権者をいう。）は、その旨を新法第八条第一項の原簿に記入しなければならない。
10　更新講習修了確認及び第三項第三号に規定する免許管理者による確認並びに修了確認期限の延期に関する手続その他必要な事項は、文部科学省令で定める。
第三条　免許状更新講習を行う者は、更新講習修了確認又は前条第三項第三号に規定する免許管理者による確認を受けようとする者から請求があったときは、その者の免許状更新講習の課程の修了又は免許状更新講習の課程の一部の履修に関する証明書を発行しなければならない。
2　前項の証明書の様式その他必要な事項は、文部科学省令で定める。
第四条　附則第二条第六項の規定に違反して免許状を返納しなかった者は、一〇万円以下の過料に処する。

（検討）
第八条　政府は、この法律の施行後五年を経過した場合において、この法律の施行の状況等を勘案し、新法第一〇条及び第一一条に規定する免許状の失効及び取上げに係る制度について検討を加え、必要があると認めるときは、その結果に基づいて所要の措置を講ずるものとする。
2　政府は、附則第一条第二号に掲げる規定の施行後五年を経過した場合において、この法律の施行の状況等を勘案し、附則第二条に規定する旧免許状所持現職教員の免許状更新講習に係る制度について検討を加え、必要があると認めるときは、その結果に基づいて所要の措置を講ずるものとする。

教育職員免許法施行規則〔抜粋〕

昭和29年〔1954年〕10月27日文部省令第26号
最終改正　平成28年〔2016年〕4月1日公布
　　　　　文部科学省令第23号

〔新免許状に関する規定〕

第七章の二　免許状の有効期間の更新及び延長

第六一条の二　免許法第九条の二に規定する免許状の有効期間の更新及び延長に関しては、この章の定めるところによる。

第六一条の三　免許法第九条の二第三項に規定する文部科学省令で定める期間は、二年二月とする。

第六一条の四　免許管理者は、免許法第九条の二第一項の規定による申請をした者（免許法第九条の三第三項各号に掲げる者に限る。）が次の各号のいずれかに該当する者（第一号、第二号及び第五号に掲げる者については、最新の知識技能を十分に有していないと免許管理者が認める者を除く。）であるときは、免許法第九条の二第三項の規定により、免許状更新講習を受ける必要がないものとして認めるものとする。

一　校長、副校長、教頭、主幹教諭（幼保連携型認定こども園の主幹養護教諭及び主幹栄養教諭を含む。）、指導教諭、主幹保育教諭又は指導保育教諭

二　指導主事、社会教育主事その他教育委員会において学校教育又は社会教育に関する専門的事項の指導等に関する事務に従事している者として免許管理者が定める者

三　免許状更新講習の講師

四　国若しくは地方公共団体の職員又は次に掲げる法人の役員若しくは職員で、前二号に掲げる者に準ずる者として免許管理者が定める者

　イ　国立大学法人法（平成一五年法律第一一二号）第二条第一項に規定する国立大学法人及び同条第三項に規定する大学共同利用機関法人

　ロ　地方独立行政法人法（平成一五年法律第一一八号）第六八条第一項に規定する公立大学法人

　ハ　私立学校法（昭和二四年法律第二七〇号）第三条に規定する学校法人

　ニ　社会福祉法（昭和二六年法律第四五号）第二二条に規定する社会福祉法人（幼保連携型認定こども園を設置するものに限る。第六五条の七第三号において同じ。）

　ホ　独立行政法人通則法（平成一一年法律第一〇三号）第二条第一項に規定する独立行政法人であつて、文部科学大臣が指定したもの

五　学校における学習指導、生徒指導等に関し、特に顕著な功績があつた者に対する表彰等であつて免許管理者が指定したものを受けた者

六　その他前各号に掲げる者と同等以上の最新の知識技能を有する者として、文部科学大臣が別に定める者

第六一条の五　免許法第九条の二第五項の文部科学省令で定めるやむを得ない事由は、次の各号に掲げる事由とする。

一　心身の故障若しくは刑事事件に関し起訴されたことによる休職、引き続き九〇日以上の病気休暇（九〇日未満の病気休暇で免許管理者がやむを得ないと認めるものを含む。）、産前及び産後の休業、育児休業又は介護休業の期間中であること。

二　地震、積雪、洪水その他の自然現象により交通が困難となつていること。

三　海外に在留する邦人のための在外教育施設若しくは外国の教育施設又はこれらに準ずるものにおいて教育に従事していること。

四　外国の地方公共団体の機関等に派遣されていること。

五　大学の大学院の課程若しくは専攻科の課程又はこれらの課程に相当する外国の大学の課程に専修免許状の取得を目的として在学していること（取得しようとする専修免許状に係る基礎となる免許状（免許法別表第三、別表第五、別表第六、別表第六の二又は別表第七の規定により専修免許状の授与を受けようとする場合には有することを必要とされる免許状をいう。）を有している者に限る。）。

六　教育職員として任命され、又は雇用された日から普通免許状又は特別免許状の有効期間の満了の日までの期間が二年二月未満であること。

七　前各号に掲げる事由のほか、免許管理者がやむを得ない事由として認める事由があること。

第六一条の六　免許管理者は、免許法第九条の二第五項に規定する相当の期間を定めるに当たつては、免許法第九条の三第四項の規定によ

り免許状更新講習を受けることができない場合並びに前条第一号から第五号まで及び第七号に掲げる事由による場合にあつては、当該事由がなくなつた日から起算して二年二月を超えない範囲内で、同条第六号に掲げる事由による場合にあつては、教育職員として任命され、又は雇用された日から起算して二年二月を超えない範囲内で定めなければならない。

第六一条の七　免許法第九条の二第一項に規定する申請は、当該申請に係る普通免許状又は特別免許状の有効期間の満了する日の二月前までにしなければならない。

第六一条の八　前条の申請をしようとする者は、免許状更新講習規則（平成二〇年文部科学省令第一〇号）第四条の表選択領域の項に掲げる事項に係る免許状更新講習を履修するに当たつては、次の各号に掲げる者の区分に応じ、当該各号に定める免許状更新講習を履修しなければならない。
一　教諭の免許状の有効期間の更新を受けようとする者教諭を対象とする免許状更新講習
二　養護教諭の免許状の有効期間の更新を受けようとする者養護教諭を対象とする免許状更新講習
三　栄養教諭の免許状の有効期間の更新を受けようとする者栄養教諭を対象とする免許状更新講習

第六一条の九　免許法第九条の二第五項に規定する有効期間の延長は、当該有効期間の延長に係る普通免許状又は特別免許状を有する者の申請により行うものとする。
2　前項の申請は、普通免許状又は特別免許状の有効期間の満了する日の二月前までに、申請書に免許管理者が定める書類を添えて、これを免許管理者に提出してしなければならない。

第六一条の一〇　免許管理者は、普通免許状又は特別免許状の有効期間を更新し、又は延長したときは、その免許状を有する者に対して、普通免許状又は特別免許状の有効期間の更新又は延長に関する証明書を発行しなければならない。

第七章の三　免許状更新講習

第六一条の一一　免許状更新講習に関し必要な事項は、免許法に定めるもののほか、免許状更新講習規則の定めるところによる。

第一一章　雑則

第六五条の七　免許法第二条第二項に規定する文部科学省令で定める教育の職にある者は、次に掲げる者であつて教育職員以外の者とする。
一　幼稚園、小学校、中学校、義務教育学校、高等学校、中等教育学校、特別支援学校又は幼保連携型認定こども園の職員
二　教育委員会又は教育委員会の所管に属する教育機関（前号に規定するものを除く。）の職員
三　教育職員として任命され、又は雇用された者であつて、任命権者又は雇用者の要請に応じ、引き続き地方公共団体の職員又は国立大学法人法第二条第一項に規定する国立大学法人、地方独立行政法人法第六八条第一項に規定する公立大学法人、私立学校法第三条に規定する学校法人若しくは社会福祉法第二二条に規定する社会福祉法人の役員若しくは職員となつている者

第六五条の八　免許法第五条第二項、第六条第四項（免許法附則第五項後段、第九項後段及び第一八項後段の規定により読み替えて適用される場合を含む。次条において同じ。）、第九条第四項括弧書（免許法附則第五項後段、第九項後段及び第一八項後段の規定により読み替えて適用される場合を含む。次条において同じ。）及び第一六条の二第二項（第一六条の三第三項、第一六条の四第四項及び第一七条第二項において読み替えて準用する場合を含む。次条において同じ。）に規定する文部科学省令で定める期間は、二年二月とする。

第六五条の九　免許法第五条第二項、第六条第四項、第九条第四項括弧書及び第一六条の二第二項の規定により普通免許状の授与を受けようとする者は、免許状更新講習規則第四条の表選択領域の項に掲げる事項に係る免許状更新講習を履修するに当たつては、次の各号に掲げる授与を受けようとする普通免許状の種類に応じ、当該各号に定めるものを履修するものとする。
一　教諭の免許状教諭を対象とする免許状更新講習
二　養護教諭の免許状養護教諭を対象とする免許状更新講習
三　栄養教諭の免許状栄養教諭を対象とする免許状更新講習

第七三条の三　免許法第七条第四項に規定する証明書の様式は、別記第四号様式のとおりとする。

第七三条の四　第六一条の一〇に規定する有効期間の更新又は延長に関する証明書の様式は、それぞれ別記第五号様式及び別記第六号様式のとおりとする。

第七四条　免許法第八条の原簿は、免許法第四条及び第四条の二第一項の規定による免許状、

免許法第一六条の三第一項の規定による中学校教諭又は高等学校教諭の普通免許状、免許法第一六条の四第一項の規定による高等学校教諭の普通免許状並びに第六三条、第六三条の二及び第六五条の五の規定による特別支援学校の自立教科又は自立活動の教員の免許状の種類に応じて作製しなければならない。

2　前項の原簿には、氏名、生年月日、本籍地、免許状授与年月日、普通免許状に係る所要資格を得た日の属する年度、教員資格認定試験に合格した日の属する年度、免許法第一六条の三第二項又は第一七条第一項に規定する文部科学省令で定める資格を有することとなつた日の属する年度、教育職員免許法施行法（昭和二四年法律第一四八号）第二条の表の上欄各号に掲げる者となつた日の属する年度、有効期間の更新年月日、有効期間の更新番号、有効期間の延長年月日、有効期間の延長番号、有効期間の満了の年月日（有効期間が延長されたときにあつては延長後の有効期間の満了の年月日）、免許状の番号、授与の根拠規定、教科、特別支援教育領域（新教育領域の追加の定めがあつたときにあつては、当該新教育領域及び当該新教育領域の追加の定めの年月日を含む。）及び授与条件その他必要と認める事項を記載しなければならない。

〔旧免許状に関する規定〕

附則（平成二〇年三月三一日文部科学省令第九号）抄

第一条　この省令は、平成二一年四月一日から施行する。ただし、教育職員免許法施行規則附則第一四項の改正規定については、平成二〇年四月一日から施行する。

第二条　教育職員免許法施行規則第六一条の四第六号、次条第四号及び第一〇条第一項第六号の文部科学大臣が定める者は、この省令の施行前においても定めることができる。

第三条　教育職員免許法及び教育公務員特例法の一部を改正する法律（平成一九年法律第九八号。以下「改正法」という。）附則第二項に規定する教育の職にある者は、次に掲げる者とする。
一　校長、副校長又は教頭
二　指導主事、社会教育主事その他教育委員会において学校教育又は社会教育に関する専門的事項の指導等に関する事務に従事している者として免許管理者が定める者
三　地方公共団体の職員又は国立大学法人法（平成一五年法律第一一二号）第二条第一項に規定する国立大学法人、私立学校法（昭和二四年法律第二七〇号）第三条に規定する学校法人（いずれも幼稚園、小学校、中学校、義務教育学校、高等学校、中等教育学校、特別支援学校又は就学前の子どもに関する教育、保育等の総合的な提供の推進に関する法律（平成一八年法律第七七号）第二条第七項に規定する幼保連携型認定こども園（以下「幼保連携型認定こども園」という。）を設置するものに限る。）若しくは社会福祉法（昭和二六年法律第四五号）第二二条に規定する社会福祉法人（幼保連携型認定こども園を設置するものに限る。）の役員若しくは職員で、前号に掲げる者に準ずる者として免許管理者が定める者
四　前三号に掲げる者のほか、文部科学大臣が別に定める者

第四条　改正法附則第二条第二項に規定する文部科学省令で定める期間は、二年二月とする。

第五条　改正法附則第二条第三項第一号に規定する文部科学省令で定める年度の末日は、次の各号に掲げる者の区分に応じ、当該各号に定める日とする。
一　平成二三年三月三一日において、満三五歳、満四五歳又は満五五歳である旧免許状所持者（改正法附則第二条第一項に規定する旧免許状所持者をいう。以下同じ。）平成二三年三月三一日
二　平成二四年三月三一日において、満三五歳、満四五歳又は満五五歳である旧免許状所持者平成二四年三月三一日
三　平成二五年三月三一日において、満三五歳、満四五歳又は満五五歳である旧免許状所持者平成二五年三月三一日
四　平成二六年三月三一日において、満三五歳、満四五歳又は満五五歳である旧免許状所持者平成二六年三月三一日
五　平成二七年三月三一日において、満三五歳、満四五歳又は満五五歳である旧免許状所持者平成二七年三月三一日
六　平成二八年三月三一日において、満三五歳、満四五歳又は満五五歳である旧免許状所持者平成二八年三月三一日
七　平成二九年三月三一日において、満三五歳、満四五歳又は満五五歳である旧免許状所持者平成二九年三月三一日
八　平成三〇年三月三一日において、満三五歳、満四五歳又は満五五歳である旧免許状所持者平成三〇年三月三一日
九　平成三一年三月三一日において、満三五歳、満四五歳又は満五五歳である旧免許状所持者平成三一年三月三一日

一〇 平成三二年三月三一日において、満三五歳以下、満四五歳又は満五五歳である旧免許状所持者 平成三二年三月三一日
2 栄養教諭の普通免許状を有する旧免許状所持者の改正法附則第二条第三項第一号に規定する文部科学省令で定める年度の末日は、前項の規定にかかわらず、次の各号に掲げる者の区分に応じ、当該各号に定める日とする。
一 平成一八年三月三一日以前に栄養教諭の普通免許状を授与された旧免許状所持者 平成二八年三月三一日
二 平成一八年四月一日から平成一九年三月三一日までに栄養教諭の普通免許状を授与された旧免許状所持者 平成二九年三月三一日
三 平成一九年四月一日から平成二〇年三月三一日までに栄養教諭の普通免許状を授与された旧免許状所持者 平成三〇年三月三一日
四 平成二〇年四月一日から平成二一年三月三一日までに栄養教諭の普通免許状を授与された旧免許状所持者 平成三一年三月三一日

第六条 改正法附則第二条第三項第三号に規定する文部科学省令で定める期間は、二年二月とする。
2 教育職員免許法の一部を改正する法律（昭和二九年法律第一五八号。附則第一二条において「昭和二九年改正法」という。）附則第一〇項ただし書に規定する文部科学省令で定める期間は、二年二月とする。

第七条 改正法附則第二条第四項前段の文部科学省令で定めるやむを得ない事由は、次の各号に掲げる事由とする。
一 心身の故障若しくは刑事事件に関し起訴されたことによる休職、引き続き九〇日以上の病気休暇（九〇日未満の病気休暇で免許管理者がやむを得ないと認めるものを含む。）、産前及び産後の休業、育児休業又は介護休業の期間中であること。
二 地震、積雪、洪水その他の自然現象により交通が困難となっていること。
三 海外に在留する邦人のための在外教育施設若しくは外国の教育施設又はこれらに準ずるものにおいて教育に従事していること。
四 外国の地方公共団体の機関等に派遣されていること。
五 大学の大学院の課程若しくは専攻科の課程又はこれらの課程に相当する外国の大学の課程に専修免許状の取得を目的として在学していること（取得しようとする専修免許状に係る基礎となる免許状（免許法別表第三、別表第五、別表第六、別表第六の二又は別表第七の規定により専修免許状の授与を受けようとする場合には有することを必要とされる免許状をいう。）を有している者に限る。）。
六 教育職員として任命され、又は雇用された日から改正法附則第二条第三項に規定する修了確認期限（以下単に「修了確認期限」という。）までの期間が二年二月未満であること。
七 前各号に掲げる事由のほか、免許管理者がやむを得ない事由として認める事由があること。

2 改正法附則第二条第四項後段に規定する文部科学省令で定める事由は、次の各号に掲げる事由とする。
一 改正法附則第二条第二項に規定する旧免許状所持現職教員（以下単に「旧免許状所持現職教員」という。）が平成二一年四月一日以降に普通免許状又は特別免許状の授与を受けたこと。
二 修了確認期限が、旧免許状所持現職教員の有する普通免許状又は特別免許状の授与の日（学校教育法等の一部を改正する法律（平成一八年法律第八〇号。以下、本号において「一部改正法」という。）附則第五条並びに第六条第一項及び第二項の規定により、一部改正法の施行の日において一部改正法第二条の規定による改正後の教育職員免許法の規定による免許状の授与を受けたものとみなされる場合（当該施行の日以後に普通免許状又は特別免許状の授与を受けた場合を除く。）にあっては、一部改正法第二条の規定による改正前の教育職員免許法の規定により免許状の授与を受けた日）の翌日から起算して一〇年を超えない日であること（前号に該当する者を除く。）。
三 附則第五条第一項第一号に掲げる者（平成二二年の末日において免許状更新講習の課程を修了していないものに限る。）であること。

第八条 免許管理者は、改正法附則第二条第四項に規定する期間を定めるに当たっては、次の各号に掲げる事由の区分に応じ、次の各号に定める期間の範囲内において定めなければならない。
一 免許法第九条の三第四項の規定により免許状更新講習を受けることができないこと並びに前条第一項第一号から第五号まで及び第七号に掲げる事由 当該事由がなくなった日から起算して二年二月
二 前条第一項第六号に掲げる事由 修了確認

期限の延期を受けようとする者が教育職員として任用され、又は雇用された日から起算して二年二月
三　前条第二項第一号及び第二号に掲げる事由修了確認期限の延期を受けようとする者の有する普通免許状又は特別免許状の授与の日（普通免許状又は特別免許状を二以上有する者にあっては、それぞれの免許状に係る授与の日のうち最も遅い日）の翌日から起算して一〇年
四　前条第二項第三号に掲げる事由二月
第九条　次の各号に掲げる事項については、旧免許状所持者（第三号及び第四号に掲げる事項については旧免許状所持現職教員に限る。）の申請により行うものとする。
一　更新講習修了確認
二　改正法附則第二条第三項第三号に規定する確認
三　改正法附則第二条第四項に規定する修了確認期限の延期
四　改正法附則第二条第五項括弧書に規定する認定
2　前項の申請は、申請書に免許管理者が定める書類を添えて、これを免許管理者に提出してしなければならない。
3　第一項の申請（同項第二号に規定する確認に係るものを除く。）は、修了確認期限の二月前までに行わなければならない。
第一〇条　免許管理者は、前条第一項第四号に規定する認定に係る申請をした旧免許状所持現職教員が次の各号のいずれかに該当する者（第一号、第二号及び第五号に掲げる者については、最新の知識技能を十分に有していないと免許管理者が認める者を除く。）であるときは、改正法附則第二条第五項の規定により、免許状更新講習を受ける必要がないものとして認めるものとする。
一　校長、副校長、教頭、主幹教諭（幼保連携型認定こども園の主幹養護教諭及び主幹栄養教諭を含む。）、指導教諭、主幹保育教諭又は指導保育教諭
二　指導主事、社会教育主事その他教育委員会において学校教育又は社会教育に関する専門的事項の指導等に関する事務に従事している者として免許管理者が定める者
三　免許状更新講習の講師
四　附則第三条第三号に規定する者のうち、前二号に掲げる者に準ずる者として免許管理者が定める者
五　学校における学習指導、生徒指導等に関し、特に顕著な功績があった者に対する表彰等であって免許管理者が指定したものを受けた者
六　その他前各号に掲げる者と同等以上の最新の知識技能を有する者として、文部科学大臣が別に定める者
2　前項の規定による認定を受けた旧免許状所持現職教員は、その修了確認期限までに更新講習修了確認を受けた者とみなす。
第一一条　更新講習修了確認を受けようとする者は、免許状更新講習規則（平成二〇年文部科学省令第一〇号）第四条の表選択領域の項に掲げる事項に係る免許状更新講習を履修するに当たっては、次の各号に掲げる者の区分に応じ、当該各号に定める免許状更新講習を履修しなければならない。
一　教諭の職にある者教諭を対象とする免許状更新講習
二　養護教諭の職にある者養護教諭を対象とする免許状更新講習
三　栄養教諭の職にある者栄養教諭を対象とする免許状更新講習
第一二条　昭和二九年改正法附則第一〇項ただし書の規定により普通免許状の授与を受けようとする者は、免許状更新講習規則第四条の表選択領域の項に掲げる事項に係る免許状更新講習を履修するに当たっては、教諭を対象とするものを履修しなければならない。
第一三条　免許管理者は、改正法附則第二条第三項第三号に規定する確認を行ったときは、その旨を当該確認に係る免許状を有する者及びその免許状を授与した授与権者（免許法第五条第七項に規定する授与権者をいい、免許管理者を除く。以下本項において同じ。）に、改正法附則第二条第五項括弧書に規定する認定を行ったときは、その旨を当該認定に係る免許状を有する者、その者の所轄庁及びその免許状を授与した授与権者に通知しなければならない。
2　改正法附則第二条第三項第三号に規定する確認若しくは改正法附則第二条第五項括弧書に規定する認定を行ったとき、又は前項の通知を受けたときは、当該確認若しくは当該認定又は当該通知に係る免許状を授与した授与権者（免許法第五条第七項に規定する授与権者をいう。）は、その旨を免許法第八条第一項に規定する原簿に記入しなければならない。
第一四条　この省令による改正後の教育職員免許法施行規則第七四条の規定にかかわらず、旧免許状所持者に係る原簿には、氏名、生年月日、本籍地、免許状授与年月日、更新講習修了確認年月日及び更新講習修了確認番号、改正法附則第二条第三項第三号に規定する確認年月日及び確認番号、改正法附則第二条第四

項に規定する修了確認期限の延期年月日及び延期番号、改正法附則第二条第五項括弧書に規定する認定年月日及び認定番号、修了確認期限（修了確認期限が延期されたときにあっては延期後の修了確認期限）、免許状の番号、授与の根拠規定、教科、特別支援教育領域（新教育領域の追加の定めがあったときにあっては、当該新教育領域及び当該新教育領域の追加の定めの年月日を含む。）、授与条件並びにその者が有する他の免許状その他必要と認める事項を記載しなければならない。

第一五条 免許管理者は、附則第九条第一項各号に掲げる行為を行ったときは、当該各号に掲げる行為に係る免許状を有する者に対して、その旨の証明書を発行しなければならない。

第一六条 旧免許状所持者に授与される普通免許状の様式は、改正後の教育職員免許法施行規則別記第一号様式にかかわらず、なお従前の例による。

免許状更新講習規則

平成20年〔2008年〕3月31日文部省令第10号
最終改正　平成28年〔2016年〕3月31日公布
　　　　文部科学省令第20号

　教育職員免許法（昭和二四年法律第一四七号）第九条の三第一項、同項第一号、第二号ロ及び第四号、同条第三項第一号及び第二号並びに同条第六項の規定に基づき、免許状更新講習規則を次のように定める。

（講習開設者の資格）
第一条　教育職員免許法（昭和二四年法律第一四七号。以下「免許法」という。）第九条の三第一項各号列記以外の部分に規定する文部科学省令で定める者は、次に掲げる者とする。
　一　免許法第五条第一項に規定する養護教諭養成機関、免許法別表第一備考第二号の三及び第三号に規定する教員養成機関、免許法別表第二の二備考第二号に規定する栄養教諭の教員養成機関並びに教育職員免許法施行規則（昭和二九年文部省令第二六号。第九条第一項第一号において「免許法施行規則」という。）第六四条第一項の表の下欄及び同条第二項の表の第四欄に規定する特別支援学校の教員養成機関
　二　都道府県又は地方自治法（昭和二二年法律第六七号）第二五二条の一九第一項の指定都市若しくは同法第二五二条の二二第一項の中核市の教育委員会
　三　国立大学法人法（平成一五年法律第一一二号）第二条第四項に規定する大学共同利用機関四前三号に掲げる者のほか、文部科学大臣が指定する者

（認定の申請）
第二条　大学又は前条各号に掲げる者が、開設しようとする講習について、免許法第九条の三第一項の規定による文部科学大臣の認定を受けようとするときは、講習開始二月前までに、当該講習に関し次に掲げる事項を記載した申請書を文部科学大臣に提出しなければならない。
　一　講習の名称
　二　会場
　三　期間
　四　受講予定人員及び受講対象者
　五　講習の内容及び時間
　六　講師の氏名、主要職歴及び担当講習

七　修了の認定（免許法第九条の三第一項第三号に規定する修了の認定をいう。以下次号及び第六条において「修了認定」という。）の時期
八　修了認定の方法
九　その他開設しようとする者において必要と認める事項

(変更の届出)
第三条　免許状更新講習の開設者が、前条第三号から第八号までに掲げる事項を変更しようとするときは、文部科学大臣に届け出なければならない。

(講習の内容)
第四条　免許法第九条の三第一項第一号に規定する文部科学省令で定める事項は、次の表〔ページ下部〕の上欄に掲げる領域に応じ、それぞれ同条の中欄に掲げる事項とし、同条第二項に規定する免許状更新講習の時間の内訳は、同表の下欄に掲げる時間とする。

(講習の講師)
第五条　免許法第九条の三第一項第二号ロに規定する文部科学省令で定める者は、次に掲げる者とする。
一　第一条第一号に掲げる者の職員であって、免許状授与の所要資格を得させるために必要な授業科目を担当している者
二　大学又は大学共同利用機関の職員であって、前条の表の中欄に掲げる事項について教授し、又は研究に従事している者
三　第一条第二号に掲げる者の職員であって、学校教育に関する専門的事項の指導等に関する事務に従事している者
四　文部科学大臣が前三号に掲げる者に準ずる者として認める者

(修了認定の方法及び基準)
第六条　修了認定は試験による成績審査に合格した者に対して行うものとし、当該修了認定の基準は、前条に規定する事項について基礎的な知識技能を有することとする。

(運営)
第七条　免許状更新講習の開設者は、適切な方法により、自ら実施する免許状更新講習の内容等に関する受講者の意向を把握し、当該意向を適切に反映するよう努めなければならない。
2　免許状更新講習の開設者は、免許状更新講習を行った後、当該免許状更新講習の運営状況、効果等について評価を行い、その結果に基づき当該免許状更新講習の改善を図るため

領域	事項	時間
必修領域	イ　国の教育政策や世界の教育の動向 ロ　教員としての子ども観、教育観等についての省察 ハ　子どもの発達に関する脳科学、心理学等における最新の知見（特別支援教育に関するものを含む。） ニ　子どもの生活の変化を踏まえた課題	六時間以上
選択必修領域	イ　学校を巡る近年の状況の変化 ロ　学習指導要領の改訂の動向等 ハ　法令改正及び国の審議会の状況等 ニ　様々な問題に対する組織的対応の必要性 ホ　学校における危機管理上の課題 ヘ　教科横断的な視点からの教育活動の改善を支える教育課程の編成、実施、評価及び改善の一連の取組 ト　学習指導要領等に基づき育成すべき資質及び能力を育むための習得、活用及び探究の学習過程を見通した指導法の工夫及び改善 チ　教育相談（いじめ及び不登校への対応を含む。） リ　進路指導及びキャリア教育 ヌ　学校、家庭及び地域の連携及び協働 ル　道徳教育 ヲ　英語教育 ワ　国際理解及び異文化理解教育 カ　教育の情報化（情報通信技術を利用した指導及び情報教育（情報モラルを含む。）等 ヨ　その他文部科学大臣が必要と認める内容	六時間以上
選択領域	幼児、児童又は生徒に対する教科指導及び生徒指導上の課題	一八時間以上

備考　必修領域とは、全ての受講者が受講する領域をいい、選択必修領域とは、受講者が所有する免許状の種類、勤務する学校の種類又は教育職員としての経験に応じ、選択して受講する領域をいい、選択領域とは、受講者が任意に選択して受講する領域をいう。

に必要な措置を講ずることにより、その水準の向上に努めなければならない。
3　免許状更新講習の開設者は、前項の評価を行った後、遅滞なく、当該評価の結果を文部科学大臣に報告するものとする。

(認定の取消)
第八条　免許状更新講習の開設者が、第三条から前条までの規定に違反したときは、文部科学大臣はその認定を取り消すことができる。

(講習を受講できる者)
第九条　免許法第九条の三第三項第一号に規定する文部科学省令で定める教育の職にある者は、次に掲げる者であって、普通免許状若しくは特別免許状を有する者、普通免許状に係る所要資格を得た者、教員資格認定試験に合格した者、免許法第一六条の三第二項若しくは第一七条第一項に規定する文部科学省令で定める資格を有する者又は教育職員免許法施行法(昭和二四年法律第一四八号)第二条の表の上欄各号に掲げる者とする。
一　校長、副校長、教頭、実習助手、寄宿舎指導員、学校給食法(昭和二九年法律第一六〇号)第七条に規定する職員その他の学校給食の栄養に関する専門的事項をつかさどる職員のうち栄養の指導及び管理をつかさどる主幹教諭並びに栄養教諭以外の者並びに教育委員会の事務局において学校給食の適切な実施に係る指導を担当する者並びに免許法施行規則第六九条の三に規定する幼稚園、小学校、中学校、義務教育学校、高等学校、中等教育学校、特別支援学校又は就学前の子どもに関する教育、保育等の総合的な提供の推進に関する法律(平成一八年法律第七七号)第二条第七項に規定する幼保連携型認定こども園(以下「幼保連携型認定こども園」という。)(次項第一号において「学校」という。)において専ら幼児、児童又は生徒の養護に従事する職員で常時勤務に服する者
二　指導主事、社会教育主事その他教育委員会において学校教育又は社会教育に関する専門的事項の指導等に関する事務に従事している者として免許管理者が定める者
三　国若しくは地方公共団体の職員又は次に掲げる法人の役員若しくは職員で、前号に掲げる者に準ずる者として免許管理者が定める者
　イ　国立大学法人法第二条第一項に規定する国立大学法人及び同条第三項に規定する大学共同利用機関法人
　ロ　地方独立行政法人法(平成一五年法律第一一八号)第六八条第一項に規定する公立大学法人
　ハ　私立学校法(昭和二四年法律第二七〇号)第三条に規定する学校法人
　ニ　社会福祉法(昭和二六年法律第四五号)第二二条に規定する社会福祉法人(幼保連携型認定こども園を設置するものに限る。)
　ホ　独立行政法人通則法(平成一一年法律第一〇三号)第二条第一項に規定する独立行政法人であって、文部科学大臣が指定したもの
四　前三号に掲げる者のほか、文部科学大臣が別に定める者
2　免許法第九条の三第三項第二号に規定する文部科学省令で定める者は、次に掲げる者であって、普通免許状若しくは特別免許状を有する者、普通免許状に係る所要資格を得た者、教員資格認定試験に合格した者、免許法第一六条の三第二項若しくは第一七条第一項に規定する文部科学省令で定める資格を有する者又は教育職員免許法施行法第二条の表の上欄各号に掲げる者とする。
一　学校の校長、副校長、教頭又は教育職員であった者であって、教育職員となることを希望する者(前項第一号から第三号までに該当する者を除く。)
二　次に掲げる施設に勤務する保育士(国家戦略特別区域法(平成二五年法律第一〇七号)第一二条の四第五項に規定する事業実施区域内にある施設にあっては、保育士又は当該事業実施区域に係る国家戦略特別区域限定保育士)
　イ　就学前の子どもに関する教育、保育等の総合的な提供の推進に関する法律第二条第六項に規定する認定こども園(幼保連携型認定こども園を除く。)
　ロ　児童福祉法(昭和二二年法律第一六四号)第三九条第一項に規定する保育所ハ　児童福祉法第五九条第一項に規定する施設のうち同法第三九条第一項に規定する業務を目的とするもの(幼稚園を設置する者が設置するものに限る。)
三　教育職員に任命され、又は雇用されることが見込まれる者

(文部科学大臣による免許状更新講習の実施)
第一〇条　文部科学大臣は、免許法第九条の三第一項の認定を受けた者がいないとき、免許状更新講習の開設者が天災その他の事由により免許状更新講習に関する事務の全部又は一部を実施することが困難となったときその他必要があると認めるときは、免許状更新講習に関する事務の全部又は一部を自ら行うことが

できる。

附則
1 この省令は、平成二一年四月一日から施行する。
2 第二条の規定の適用については、当分の間、同条中「二月」とあるのは「三月」とする。
3 免許法附則第八項ただし書若しくは第一二項ただし書に規定する者又は教育職員免許法の一部を改正する法律（昭和二九年法律第一五八号。次項において「改正法」という。）附則第一〇項ただし書に規定する者であって、第九条第一項各号に該当する者は、当分の間、第九条第一項の規定にかかわらず、免許法第九条の三第三項第一号に規定する文部科学省令で定める教育の職にある者とする。
4 免許法附則第八項ただし書若しくは第一二項ただし書に規定する者又は改正法附則第一〇項ただし書に規定する者であって、第九条第二項各号に該当する者は、当分の間、第九条第二項の規定にかかわらず、免許法第九条の三第三項第二号に規定する文部科学省令で定める者とする。

附則（平成二六年九月二六日文部科学省令第二九号）

1 この省令は、平成二八年四月一日から施行する。ただし、第九条の改正規定は、子ども・子育て支援法（平成二四年法律第六五号）の施行の日から施行する。
2 この省令による改正前の免許状更新講習規則（以下「旧省令」という。）第四条第一項第一号の事項について履修認定を受けた者は、この省令による改正後の免許状更新講習規則（以下「新省令」という。）第四条の表必修領域の項及び選択必修領域の項に掲げる事項について履修認定を受けた者とみなす。
3 旧省令第四条第一項第二号の事項について履修認定を受けた者は、新省令第四条の表選択領域の項に掲げる事項について履修認定を受けた者とみなす。

学校保健安全法

昭和33年〔1958年〕4月10日法律第56号
最終改正　平成27年〔2015年〕6月20日公布
　　　　　法律第46号

第一章　総則

（目的）
第一条　この法律は、学校における児童生徒等及び職員の健康の保持増進を図るため、学校における保健管理に関し必要な事項を定めるとともに、学校における教育活動が安全な環境において実施され、児童生徒等の安全の確保が図られるよう、学校における安全管理に関し必要な事項を定め、もって学校教育の円滑な実施とその成果の確保に資することを目的とする。

（定義）
第二条　この法律において「学校」とは、学校教育法（昭和二二年法律第二六号）第一条に規定する学校をいう。
2　この法律において「児童生徒等」とは、学校に在学する幼児、児童、生徒又は学生をいう。

（国及び地方公共団体の責務）
第三条　国及び地方公共団体は、相互に連携を図り、各学校において保健及び安全に係る取組が確実かつ効果的に実施されるようにするため、学校における保健及び安全に関する最新の知見及び事例を踏まえつつ、財政上の措置その他の必要な施策を講ずるものとする。
2　国は、各学校における安全に係る取組を総合的かつ効果的に推進するため、学校安全の推進に関する計画の策定その他所要の措置を講ずるものとする。
3　地方公共団体は、国が講ずる前項の措置に準じた措置を講ずるように努めなければならない。

第二章　学校保健

第一節　学校の管理運営等

（学校保健に関する学校の設置者の責務）
第四条　学校の設置者は、その設置する学校の児童生徒等及び職員の心身の健康の保持増進を図るため、当該学校の施設及び設備並びに管理運営体制の整備充実その他の必要な措置を講ずるよう努めるものとする。

（学校保健計画の策定等）

第五条　学校においては、児童生徒等及び職員の心身の健康の保持増進を図るため、児童生徒等及び職員の健康診断、環境衛生検査、児童生徒等に対する指導その他保健に関する事項について計画を策定し、これを実施しなければならない。

(学校環境衛生基準)
第六条　文部科学大臣は、学校における換気、採光、照明、保温、清潔保持その他環境衛生に係る事項(学校給食法(昭和二九年法律第一六〇号)第九条第一項(夜間課程を置く高等学校における学校給食に関する法律(昭和三一年法律第一五七号)第七条及び特別支援学校の幼稚部及び高等部における学校給食に関する法律(昭和三二年法律第一一八号)第六条において準用する場合を含む。)に規定する事項を除く。)について、児童生徒等及び職員の健康を保護する上で維持されることが望ましい基準(以下この条において「学校環境衛生基準」という。)を定めるものとする。

2　学校の設置者は、学校環境衛生基準に照らしてその設置する学校の適切な環境の維持に努めなければならない。

3　校長は、学校環境衛生基準に照らし、学校の環境衛生に関し適正を欠く事項があると認めた場合には、遅滞なく、その改善のために必要な措置を講じ、又は当該措置を講ずることができないときは、当該学校の設置者に対し、その旨を申し出るものとする。

(保健室)
第七条　学校には、健康診断、健康相談、保健指導、救急処置その他の保健に関する措置を行うため、保健室を設けるものとする。

第二節　健康相談等

(健康相談)
第八条　学校においては、児童生徒等の心身の健康に関し、健康相談を行うものとする。

(保健指導)
第九条　養護教諭その他の職員は、相互に連携して、健康相談又は児童生徒等の健康状態の日常的な観察により、児童生徒等の心身の状況を把握し、健康上の問題があると認めるときは、遅滞なく、当該児童生徒等に対して必要な指導を行うとともに、必要に応じ、その保護者(学校教育法第一六条に規定する保護者をいう。第二四条及び第三〇条において同じ。)に対して必要な助言を行うものとする。

(地域の医療機関等との連携)
第一〇条　学校においては、救急処置、健康相談又は保健指導を行うに当たつては、必要に応じ、当該学校の所在する地域の医療機関その他の関係機関との連携を図るよう努めるものとする。

第三節　健康診断

(就学時の健康診断)
第一一条　市(特別区を含む。以下同じ。)町村の教育委員会は、学校教育法第一七条第一項の規定により翌学年の初めから同項に規定する学校に就学させるべき者で、当該市町村の区域内に住所を有するものの就学に当たつて、その健康診断を行わなければならない。

第一二条　市町村の教育委員会は、前条の健康診断の結果に基づき、治療を勧告し、保健上必要な助言を行い、及び学校教育法第一七条第一項に規定する義務の猶予若しくは免除又は特別支援学校への就学に関し指導を行う等適切な措置をとらなければならない。

(児童生徒等の健康診断)
第一三条　学校においては、毎学年定期に、児童生徒等(通信による教育を受ける学生を除く。)の健康診断を行わなければならない。

2　学校においては、必要があるときは、臨時に、児童生徒等の健康診断を行うものとする。

第一四条　学校においては、前条の健康診断の結果に基づき、疾病の予防処置を行い、又は治療を指示し、並びに運動及び作業を軽減する等適切な措置をとらなければならない。

(職員の健康診断)
第一五条　学校の設置者は、毎学年定期に、学校の職員の健康診断を行わなければならない。

2　学校の設置者は、必要があるときは、臨時に、学校の職員の健康診断を行うものとする。

第一六条　学校の設置者は、前条の健康診断の結果に基づき、治療を指示し、及び勤務を軽減する等適切な措置をとらなければならない。

(健康診断の方法及び技術的基準等)
第一七条　健康診断の方法及び技術的基準については、文部科学省令で定める。

2　第一一条から前条までに定めるもののほか、健康診断の時期及び検査の項目その他健康診断に関し必要な事項は、前項に規定するものを除き、第一一条の健康診断に関するものについては政令で、第一三条及び第一五条の健康診断に関するものについては文部科学省令で定める。

3　前二項の文部科学省令は、健康増進法(平成一四年法律第一〇三号)第九条第一項に規定する健康診査等指針と調和が保たれたものでなければならない。

(保健所との連絡)
第一八条　学校の設置者は、この法律の規定による健康診断を行おうとする場合その他政令で

第四節 感染症の予防

（出席停止）
第一九条　校長は、感染症にかかつており、かかつている疑いがあり、又はかかるおそれのある児童生徒等があるときは、政令で定めるところにより、出席を停止させることができる。

（臨時休業）
第二〇条　学校の設置者は、感染症の予防上必要があるときは、臨時に、学校の全部又は一部の休業を行うことができる。

（文部科学省令への委任）
第二一条　前二条（第一九条の規定に基づく政令を含む。）及び感染症の予防及び感染症の患者に対する医療に関する法律（平成一〇年法律第一一四号）その他感染症の予防に関して規定する法律（これらの法律に基づく命令を含む。）に定めるもののほか、学校における感染症の予防に関し必要な事項は、文部科学省令で定める。

第五節　学校保健技師並びに学校医、学校歯科医及び学校薬剤師

（学校保健技師）
第二二条　都道府県の教育委員会の事務局に、学校保健技師を置くことができる。
2　学校保健技師は、学校における保健管理に関する専門的事項について学識経験がある者でなければならない。
3　学校保健技師は、上司の命を受け、学校における保健管理に関し、専門的技術的指導及び技術に従事する。

（学校医、学校歯科医及び学校薬剤師）
第二三条　学校には、学校医を置くものとする。
2　大学以外の学校には、学校歯科医及び学校薬剤師を置くものとする。
3　学校医、学校歯科医及び学校薬剤師は、それぞれ医師、歯科医師又は薬剤師のうちから、任命し、又は委嘱する。
4　学校医、学校歯科医及び学校薬剤師は、学校における保健管理に関する専門的事項に関し、技術及び指導に従事する。
5　学校医、学校歯科医及び学校薬剤師の職務執行の準則は、文部科学省令で定める。

第六節　地方公共団体の援助及び国の補助

（地方公共団体の援助）
第二四条　地方公共団体は、その設置する小学校、中学校、義務教育学校、中等教育学校の前期課程又は特別支援学校の小学部若しくは中学部の児童又は生徒が、感染性又は学習に支障を生ずるおそれのある疾病で政令で定めるものにかかり、学校において治療の指示を受けたときは、当該児童又は生徒の保護者で次の各号のいずれかに該当するものに対して、その疾病の治療のための医療に要する費用について必要な援助を行うものとする。
一　生活保護法（昭和二五年法律第一四四号）第六条第二項に規定する要保護者
二　生活保護法第六条第二項に規定する要保護者に準ずる程度に困窮している者で政令で定めるもの

（国の補助）
第二五条　国は、地方公共団体が前条の規定により同条第一号に掲げる者に対して援助を行う場合には、予算の範囲内において、その援助に要する経費の一部を補助することができる。
2　前項の規定により国が補助を行う場合の補助の基準については、政令で定める。

第三章　学校安全

（学校安全に関する学校の設置者の責務）
第二六条　学校の設置者は、児童生徒等の安全の確保を図るため、その設置する学校において、事故、加害行為、災害等（以下この条及び第二九条第三項において「事故等」という。）により児童生徒等に生ずる危険を防止し、及び事故等により児童生徒等に危険又は危害が現に生じた場合（同条第一項及び第二項において「危険等発生時」という。）において適切に対処することができるよう、当該学校の施設及び設備並びに管理運営体制の整備充実その他の必要な措置を講ずるよう努めるものとする。

（学校安全計画の策定等）
第二七条　学校においては、児童生徒等の安全の確保を図るため、当該学校の施設及び設備の安全点検、児童生徒等に対する通学を含めた学校生活その他の日常生活における安全に関する指導、職員の研修その他学校における安全に関する事項について計画を策定し、これを実施しなければならない。

（学校環境の安全の確保）
第二八条　校長は、当該学校の施設又は設備について、児童生徒等の安全の確保を図る上で支障となる事項があると認めた場合には、遅滞なく、その改善を図るために必要な措置を講じ、又は当該措置を講ずることができないときは、当該学校の設置者に対し、その旨を申し出るものとする。

（危険等発生時対処要領の作成等）
第二九条　学校においては、児童生徒等の安全の

確保を図るため、当該学校の実情に応じて、危険等発生時において当該学校の職員がとるべき措置の具体的内容及び手順を定めた対処要領（次項において「危険等発生時対処要領」という。）を作成するものとする。
2　校長は、危険等発生時対処要領の職員に対する周知、訓練の実施その他の危険等発生時において職員が適切に対処するために必要な措置を講ずるものとする。
3　学校においては、事故等により児童生徒等に危害が生じた場合において、当該児童生徒等及び当該事故等により心理的外傷その他の心身の健康に対する影響を受けた児童生徒等その他の関係者の心身の健康を回復させるため、これらの者に対して必要な支援を行うものとする。この場合においては、第一〇条の規定を準用する。

（地域の関係機関等との連携）
第三〇条　学校においては、児童生徒等の安全の確保を図るため、児童生徒等の保護者との連携を図るとともに、当該学校が所在する地域の実情に応じて、当該地域を管轄する警察署その他の関係機関、地域の安全を確保するための活動を行う団体その他の関係団体、当該地域の住民その他の関係者との連携を図るよう努めるものとする。

第四章　雑則

（学校の設置者の事務の委任）
第三一条　学校の設置者は、他の法律に特別の定めがある場合のほか、この法律に基づき処理すべき事務を校長に委任することができる。

（専修学校の保健管理等）
第三二条　専修学校には、保健管理に関する専門的事項に関し、技術及び指導を行う医師を置くように努めなければならない。
2　専修学校には、健康診断、健康相談、保健指導、救急処置等を行うため、保健室を設けるように努めなければならない。
3　第三条から第六条まで、第八条から第一〇条まで、第一三条から第二一条まで及び第二六条から前条までの規定は、専修学校に準用する。

いじめ防止対策推進法

昭和25年〔2013年〕6月28日法律第71号
最終改正　平成28年〔2016年〕5月20日公布
　　　　　法律第47号

第一章　総則

（目的）
第一条　この法律は、いじめが、いじめを受けた児童等の教育を受ける権利を著しく侵害し、その心身の健全な成長及び人格の形成に重大な影響を与えるのみならず、その生命又は身体に重大な危険を生じさせるおそれがあるものであることに鑑み、児童等の尊厳を保持するため、いじめの防止等（いじめの防止、いじめの早期発見及びいじめへの対処をいう。以下同じ。）のための対策に関し、基本理念を定め、国及び地方公共団体等の責務を明らかにし、並びにいじめの防止等のための対策に関する基本的な方針の策定について定めるとともに、いじめの防止等のための対策の基本となる事項を定めることにより、いじめの防止等のための対策を総合的かつ効果的に推進することを目的とする。

（定義）
第二条　この法律において「いじめ」とは、児童等に対して、当該児童等が在籍する学校に在籍している等当該児童等と一定の人的関係にある他の児童等が行う心理的又は物理的な影響を与える行為（インターネットを通じて行われるものを含む。）であって、当該行為の対象となった児童等が心身の苦痛を感じているものをいう。
2　この法律において「学校」とは、学校教育法（昭和二二年法律第二六号）第一条に規定する小学校、中学校、高等学校、中等教育学校及び特別支援学校（幼稚部を除く。）をいう。
3　この法律において「児童等」とは、学校に在籍する児童又は生徒をいう。
4　この法律において「保護者」とは、親権を行う者（親権を行う者のないときは、未成年後見人）をいう。

（基本理念）
第三条　いじめの防止等のための対策は、いじめが全ての児童等に関係する問題であることに鑑み、児童等が安心して学習その他の活動に取り組むことができるよう、学校の内外を問わずいじめが行われなくなるようにすること

を旨として行われなければならない。
2　いじめの防止等のための対策は、全ての児童等がいじめを行わず、及び他の児童等に対して行われるいじめを認識しながらこれを放置することがないようにするため、いじめが児童等の心身に及ぼす影響その他のいじめの問題に関する児童等の理解を深めることを旨として行われなければならない。
3　いじめの防止等のための対策は、いじめを受けた児童等の生命及び心身を保護することが特に重要であることを認識しつつ、国、地方公共団体、学校、地域住民、家庭その他の関係者の連携の下、いじめの問題を克服することを目指して行われなければならない。

（いじめの禁止）
第四条　児童等は、いじめを行ってはならない。

（国の責務）
第五条　国は、第三条の基本理念（以下「基本理念」という。）にのっとり、いじめの防止等のための対策を総合的に策定し、及び実施する責務を有する。

（地方公共団体の責務）
第六条　地方公共団体は、基本理念にのっとり、いじめの防止等のための対策について、国と協力しつつ、当該地域の状況に応じた施策を策定し、及び実施する責務を有する。

（学校の設置者の責務）
第七条　学校の設置者は、基本理念にのっとり、その設置する学校におけるいじめの防止等のために必要な措置を講ずる責務を有する。

（学校及び学校の教職員の責務）
第八条　学校及び学校の教職員は、基本理念にのっとり、当該学校に在籍する児童等の保護者、地域住民、児童相談所その他の関係者との連携を図りつつ、学校全体でいじめの防止及び早期発見に取り組むとともに、当該学校に在籍する児童等がいじめを受けていると思われるときは、適切かつ迅速にこれに対処する責務を有する。

（保護者の責務等）
第九条　保護者は、子の教育について第一義的責任を有するものであって、その保護する児童等がいじめを行うことのないよう、当該児童等に対し、規範意識を養うための指導その他の必要な指導を行うよう努めるものとする。
2　保護者は、その保護する児童等がいじめを受けた場合には、適切に当該児童等をいじめから保護するものとする。
3　保護者は、国、地方公共団体、学校の設置者及びその設置する学校が講ずるいじめの防止等のための措置に協力するよう努めるものとする。

4　第一項の規定は、家庭教育の自主性が尊重されるべきことに変更を加えるものと解してはならず、また、前三項の規定は、いじめの防止等に関する学校の設置者及びその設置する学校の責任を軽減するものと解してはならない。

（財政上の措置等）
第一〇条　国及び地方公共団体は、いじめの防止等のための対策を推進するために必要な財政上の措置その他の必要な措置を講ずるよう努めるものとする。

第二章　いじめ防止基本方針等

（いじめ防止基本方針）
第一一条　文部科学大臣は、関係行政機関の長と連携協力して、いじめの防止等のための対策を総合的かつ効果的に推進するための基本的な方針（以下「いじめ防止基本方針」という。）を定めるものとする。
2　いじめ防止基本方針においては、次に掲げる事項を定めるものとする。
　一　いじめの防止等のための対策の基本的な方向に関する事項
　二　いじめの防止等のための対策の内容に関する事項
　三　その他いじめの防止等のための対策に関する重要事項

（地方いじめ防止基本方針）
第一二条　地方公共団体は、いじめ防止基本方針を参酌し、その地域の実情に応じ、当該地方公共団体におけるいじめの防止等のための対策を総合的かつ効果的に推進するための基本的な方針（以下「地方いじめ防止基本方針」という。）を定めるよう努めるものとする。

（学校いじめ防止基本方針）
第一三条　学校は、いじめ防止基本方針又は地方いじめ防止基本方針を参酌し、その学校の実情に応じ、当該学校におけるいじめの防止等のための対策に関する基本的な方針を定めるものとする。

（いじめ問題対策連絡協議会）
第一四条　地方公共団体は、いじめの防止等に関係する機関及び団体の連携を図るため、条例の定めるところにより、学校、教育委員会、児童相談所、法務局又は地方法務局、都道府県警察その他の関係者により構成されるいじめ問題対策連絡協議会を置くことができる。
2　都道府県は、前項のいじめ問題対策連絡協議会を置いた場合には、当該いじめ問題対策連絡協議会におけるいじめの防止等に関係する機関及び団体の連携が当該都道府県の区域内の市町村が設置する学校におけるいじめの防

止等に活用されるよう、当該いじめ問題対策連絡協議会と当該市町村の教育委員会との連携を図るために必要な措置を講ずるものとする。
3　前二項の規定を踏まえ、教育委員会といじめ問題対策連絡協議会との円滑な連携の下に、地方いじめ防止基本方針に基づく地域におけるいじめの防止等のための対策を実効的に行うようにするため必要があるときは、教育委員会に附属機関として必要な組織を置くことができるものとする。

第三章　基本的施策

（学校におけるいじめの防止）
第一五条　学校の設置者及びその設置する学校は、児童等の豊かな情操と道徳心を培い、心の通う対人交流の能力の素地を養うことがいじめの防止に資することを踏まえ、全ての教育活動を通じた道徳教育及び体験活動等の充実を図らなければならない。
2　学校の設置者及びその設置する学校は、当該学校におけるいじめを防止するため、当該学校に在籍する児童等の保護者、地域住民その他の関係者との連携を図りつつ、いじめの防止に資する活動であって当該学校に在籍する児童等が自主的に行うものに対する支援、当該学校に在籍する児童等及びその保護者並びに当該学校の教職員に対するいじめを防止することの重要性に関する理解を深めるための啓発その他必要な措置を講ずるものとする。

（いじめの早期発見のための措置）
第一六条　学校の設置者及びその設置する学校は、当該学校におけるいじめを早期に発見するため、当該学校に在籍する児童等に対する定期的な調査その他の必要な措置を講ずるものとする。
2　国及び地方公共団体は、いじめに関する通報及び相談を受け付けるための体制の整備に必要な施策を講ずるものとする。
3　学校の設置者及びその設置する学校は、当該学校に在籍する児童等及びその保護者並びに当該学校の教職員がいじめに係る相談を行うことができる体制（次項において「相談体制」という。）を整備するものとする。
4　学校の設置者及びその設置する学校は、相談体制を整備するに当たっては、家庭、地域社会等との連携の下、いじめを受けた児童等の教育を受ける権利その他の権利利益が擁護されるよう配慮するものとする。

（関係機関等との連携等）
第一七条　国及び地方公共団体は、いじめを受けた児童等又はその保護者に対する支援、いじめを行った児童等に対する指導又はその保護者に対する助言その他のいじめの防止等のための対策が関係者の連携の下に適切に行われるよう、関係省庁相互間その他関係機関、学校、家庭、地域社会及び民間団体の間の連携の強化、民間団体の支援その他必要な体制の整備に努めるものとする。

（いじめの防止等のための対策に従事する人材の確保及び資質の向上）
第一八条　国及び地方公共団体は、いじめを受けた児童等又はその保護者に対する支援、いじめを行った児童等に対する指導又はその保護者に対する助言その他のいじめの防止等のための対策が専門的知識に基づき適切に行われるよう、教員の養成及び研修の充実を通じた教員の資質の向上、生徒指導に係る体制等の充実のための教諭、養護教諭その他の教員の配置、心理、福祉等に関する専門的知識を有する者であっていじめの防止を含む教育相談に応じるものの確保、いじめへの対処に関し助言を行うために学校の求めに応じて派遣される者の確保等必要な措置を講ずるものとする。
2　学校の設置者及びその設置する学校は、当該学校の教職員に対し、いじめの防止等のための対策に関する研修の実施その他のいじめの防止等のための対策に関する資質の向上に必要な措置を計画的に行わなければならない。

（インターネットを通じて行われるいじめに対する対策の推進）
第一九条　学校の設置者及びその設置する学校は、当該学校に在籍する児童等及びその保護者が、発信された情報の高度の流通性、発信者の匿名性その他のインターネットを通じて送信される情報の特性を踏まえて、インターネットを通じて行われるいじめを防止し、及び効果的に対処することができるよう、これらの者に対し、必要な啓発活動を行うものとする。
2　国及び地方公共団体は、児童等がインターネットを通じて行われるいじめに巻き込まれていないかどうかを監視する関係機関又は関係団体の取組を支援するとともに、インターネットを通じて行われるいじめに関する事案に対処する体制の整備に努めるものとする。
3　インターネットを通じていじめが行われた場合において、当該いじめを受けた児童等又はその保護者は、当該いじめに係る情報の削除を求め、又は発信者情報（特定電気通信役務提供者の損害賠償責任の制限及び発信者情報の開示に関する法律（平成一三年法律第一三七号）第四条第一項に規定する発信者情

報をいう。）の開示を請求しようとするときは、必要に応じ、法務局又は地方法務局の協力を求めることができる。

（いじめの防止等のための対策の調査研究の推進等）
第二〇条　国及び地方公共団体は、いじめの防止及び早期発見のための方策等、いじめを受けた児童等又はその保護者に対する支援及びいじめを行った児童等に対する指導又はその保護者に対する助言の在り方、インターネットを通じて行われるいじめへの対応の在り方その他のいじめの防止等のために必要な事項やいじめの防止等のための対策の実施の状況についての調査研究及び検証を行うとともに、その成果を普及するものとする。

（啓発活動）
第二一条　国及び地方公共団体は、いじめが児童等の心身に及ぼす影響、いじめを防止することの重要性、いじめに係る相談制度又は救済制度等について必要な広報その他の啓発活動を行うものとする。

第四章　いじめの防止等に関する措置

（学校におけるいじめの防止等の対策のための組織）
第二二条　学校は、当該学校におけるいじめの防止等に関する措置を実効的に行うため、当該学校の複数の教職員、心理、福祉等に関する専門的な知識を有する者その他の関係者により構成されるいじめの防止等の対策のための組織を置くものとする。

（いじめに対する措置）
第二三条　学校の教職員、地方公共団体の職員その他の児童等からの相談に応じる者及び児童等の保護者は、児童等からいじめに係る相談を受けた場合において、いじめの事実があると思われるときは、いじめを受けたと思われる児童等が在籍する学校への通報その他の適切な措置をとるものとする。

2　学校は、前項の規定による通報を受けたときその他当該学校に在籍する児童等がいじめを受けていると思われるときは、速やかに、当該児童等に係るいじめの事実の有無の確認を行うための措置を講ずるとともに、その結果を当該学校の設置者に報告するものとする。

3　学校は、前項の規定による事実の確認によりいじめがあったことが確認された場合には、いじめをやめさせ、及びその再発を防止するため、当該学校の複数の教職員によって、心理、福祉等に関する専門的な知識を有する者の協力を得つつ、いじめを受けた児童等又はその保護者に対する支援及びいじめを行った児童等に対する指導又はその保護者に対する助言を継続的に行うものとする。

4　学校は、前項の場合において必要があると認めるときは、いじめを行った児童等についていじめを受けた児童等が使用する教室以外の場所において学習を行わせる等いじめを受けた児童等その他の児童等が安心して教育を受けられるようにするために必要な措置を講ずるものとする。

5　学校は、当該学校の教職員が第三項の規定による支援又は指導若しくは助言を行うに当たっては、いじめを受けた児童等の保護者といじめを行った児童等の保護者との間で争いが起きることのないよう、いじめの事案に係る情報をこれらの保護者と共有するための措置その他の必要な措置を講ずるものとする。

6　学校は、いじめが犯罪行為として取り扱われるべきものであると認めるときは所轄警察署と連携してこれに対処するものとし、当該学校に在籍する児童等の生命、身体又は財産に重大な被害が生じるおそれがあるときは直ちに所轄警察署に通報し、適切に、援助を求めなければならない。

（学校の設置者による措置）
第二四条　学校の設置者は、前条第二項の規定による報告を受けたときは、必要に応じ、その設置する学校に対し必要な支援を行い、若しくは必要な措置を講ずることを指示し、又は当該報告に係る事案について自ら必要な調査を行うものとする。

（校長及び教員による懲戒）
第二五条　校長及び教員は、当該学校に在籍する児童等がいじめを行っている場合であって教育上必要があると認めるときは、学校教育法第一一条の規定に基づき、適切に、当該児童等に対して懲戒を加えるものとする。

（出席停止制度の適切な運用等）
第二六条　市町村の教育委員会は、いじめを行った児童等の保護者に対して学校教育法第三五条第一項（同法第四九条において準用する場合を含む。）の規定に基づき当該児童等の出席停止を命ずる等、いじめを受けた児童等その他の児童等が安心して教育を受けられるようにするために必要な措置を速やかに講ずるものとする。

（学校相互間の連携協力体制の整備）
第二七条　地方公共団体は、いじめを受けた児童等といじめを行った児童等が同じ学校に在籍していない場合であっても、学校がいじめを受けた児童等又はその保護者に対する支援及びいじめを行った児童等に対する指導又はその保護者に対する助言を適切に行うことができるようにするため、学校相互間の連携協力体制を整備するものとする。

第五章　重大事態への対処

(学校の設置者又はその設置する学校による対処)
第二八条　学校の設置者又はその設置する学校は、次に掲げる場合には、その事態(以下「重大事態」という。)に対処し、及び当該重大事態と同種の事態の発生の防止に資するため、速やかに、当該学校の設置者又はその設置する学校の下に組織を設け、質問票の使用その他の適切な方法により当該重大事態に係る事実関係を明確にするための調査を行うものとする。
　一　いじめにより当該学校に在籍する児童等の生命、心身又は財産に重大な被害が生じた疑いがあると認めるとき。
　二　いじめにより当該学校に在籍する児童等が相当の期間学校を欠席することを余儀なくされている疑いがあると認めるとき。
2　学校の設置者又はその設置する学校は、前項の規定による調査を行ったときは、当該調査に係るいじめを受けた児童等及びその保護者に対し、当該調査に係る重大事態の事実関係等その他の必要な情報を適切に提供するものとする。
3　第一項の規定により学校が調査を行う場合においては、当該学校の設置者は、同項の規定による調査及び前項の規定による情報の提供について必要な指導及び支援を行うものとする。

(国立大学に附属して設置される学校に係る対処)
第二九条　国立大学法人(国立大学法人法(平成一五年法律第一一二号)第二条第一項に規定する国立大学法人をいう。以下この条において同じ。)が設置する国立大学に附属して設置される学校は、前条第一項各号に掲げる場合には、当該国立大学法人の学長を通じて、重大事態が発生した旨を、文部科学大臣に報告しなければならない。
2　前項の規定による報告を受けた文部科学大臣は、当該報告に係る重大事態への対処又は当該重大事態と同種の事態の発生の防止のため必要があると認めるときは、前条第一項の規定による調査の結果について調査を行うことができる。
3　文部科学大臣は、前項の規定による調査の結果を踏まえ、当該調査に係る国立大学法人又はその設置する国立大学に附属して設置される学校が当該調査に係る重大事態への対処又は当該重大事態と同種の事態の発生の防止のために必要な措置を講ずることができるよう、国立大学法人法第三五条において準用する独立行政法人通則法(平成一一年法律第一〇三号)第六四条第一項に規定する権限の適切な行使その他の必要な措置を講ずるものとする。

(公立の学校に係る対処)
第三〇条　地方公共団体が設置する学校は、第二八条第一項各号に掲げる場合には、当該地方公共団体の教育委員会を通じて、重大事態が発生した旨を、当該地方公共団体の長に報告しなければならない。
2　前項の規定による報告を受けた地方公共団体の長は、当該報告に係る重大事態への対処又は当該重大事態と同種の事態の発生の防止のため必要があると認めるときは、附属機関を設けて調査を行う等の方法により、第二八条第一項の規定による調査の結果について調査を行うことができる。
3　地方公共団体の長は、前項の規定による調査を行ったときは、その結果を議会に報告しなければならない。
4　第二項の規定は、地方公共団体の長に対し、地方教育行政の組織及び運営に関する法律(昭和三一年法律第一六二号)第二一条に規定する事務を管理し、又は執行する権限を与えるものと解釈してはならない。
5　地方公共団体の長及び教育委員会は、第二項の規定による調査の結果を踏まえ、自らの権限及び責任において、当該調査に係る重大事態への対処又は当該重大事態と同種の事態の発生の防止のために必要な措置を講ずるものとする。

(私立の学校に係る対処)
第三一条　学校法人(私立学校法(昭和二四年法律第二七〇号)第三条に規定する学校法人をいう。以下この条において同じ。)が設置する学校は、第二八条第一項各号に掲げる場合には、重大事態が発生した旨を、当該学校を所轄する都道府県知事(以下この条において単に「都道府県知事」という。)に報告しなければならない。
2　前項の規定による報告を受けた都道府県知事は、当該報告に係る重大事態への対処又は当該重大事態と同種の事態の発生の防止のため必要があると認めるときは、附属機関を設けて調査を行う等の方法により、第二八条第一項の規定による調査の結果について調査を行うことができる。
3　都道府県知事は、前項の規定による調査の結果を踏まえ、当該調査に係る学校法人又はその設置する学校が当該調査に係る重大事態への対処又は当該重大事態と同種の事態の発生の防止のために必要な措置を講ずることができるよう、私立学校法第六条に規定する権限

の適切な行使その他の必要な措置を講ずるものとする。
4　前二項の規定は、都道府県知事に対し、学校法人が設置する学校に対して行使することができる権限を新たに与えるものと解釈してはならない。

第三二条　学校設置会社（構造改革特別区域法（平成一四年法律第一八九号）第一二条第二項に規定する学校設置会社をいう。以下この条において同じ。）が設置する学校は、第二八条第一項各号に掲げる場合には、当該学校設置会社の代表取締役又は代表執行役を通じて、重大事態が発生した旨を、同法第一二条第一項の規定による認定を受けた地方公共団体の長（以下「認定地方公共団体の長」という。）に報告しなければならない。
2　前項の規定による報告を受けた認定地方公共団体の長は、当該報告に係る重大事態への対処又は当該重大事態と同種の事態の発生の防止のため必要があると認めるときは、附属機関を設けて調査を行う等の方法により、第二八条第一項の規定による調査の結果について調査を行うことができる。
3　認定地方公共団体の長は、前項の規定による調査の結果を踏まえ、当該調査に係る学校設置会社又はその設置する学校が当該調査に係る重大事態への対処又は当該重大事態と同種の事態の発生の防止のために必要な措置を講ずることができるよう、構造改革特別区域法第一二条第一〇項に規定する権限の適切な行使その他の必要な措置を講ずるものとする。
4　前二項の規定は、認定地方公共団体の長に対し、学校設置会社が設置する学校に対して行使することができる権限を新たに与えるものと解釈してはならない。
5　第一項から前項までの規定は、学校設置非営利法人（構造改革特別区域法第一三条第二項に規定する学校設置非営利法人をいう。）が設置する学校について準用する。この場合において、第一項中「学校設置会社の代表取締役又は代表執行役」とあるのは「学校設置非営利法人の代表権を有する理事」と、「第一二条第一項」とあるのは「第一三条第一項」と、第二項中「前項」とあるのは「第五項において準用する前項」と、第三項中「前項」とあるのは「第五項において準用する前項」と、「学校設置会社」とあるのは「学校設置非営利法人」と、「第一二条第一〇項」とあるのは「第一三条第三項において準用する同法第一二条第一〇項」と、前項中「前二項」とあるのは「次項において準用する前二項」と読み替えるものとする。

（文部科学大臣又は都道府県の教育委員会の指導、助言及び援助）
第三三条　地方自治法（昭和二二年法律第六七号）第二四五条の四第一項の規定によるほか、文部科学大臣は都道府県又は市町村に対し、都道府県の教育委員会は市町村に対し、重大事態への対処に関する都道府県又は市町村の事務の適正な処理を図るため、必要な指導、助言又は援助を行うことができる。

第六章　雑則

（学校評価における留意事項）
第三四条　学校の評価を行う場合においていじめの防止等のための対策を取り扱うに当たっては、いじめの事実が隠蔽されず、並びにいじめの実態の把握及びいじめに対する措置が適切に行われるよう、いじめの早期発見、いじめの再発を防止するための取組等について適正に評価が行われるようにしなければならない。

（高等専門学校における措置）
第三五条　高等専門学校（学校教育法第一条に規定する高等専門学校をいう。以下この条において同じ。）の設置者及びその設置する高等専門学校は、当該高等専門学校の実情に応じ、当該高等専門学校に在籍する学生に係るいじめに相当する行為の防止、当該行為の早期発見及び当該行為への対処のための対策に関し必要な措置を講ずるよう努めるものとする。

附則

（施行期日）
第一条　この法律は、公布の日から起算して三月を経過した日から施行する。

（検討）
第二条　いじめの防止等のための対策については、この法律の施行後三年を目途として、この法律の施行状況等を勘案し、検討が加えられ、必要があると認められるときは、その結果に基づいて必要な措置が講ぜられるものとする。
2　政府は、いじめにより学校における集団の生活に不安又は緊張を覚えることとなったために相当の期間学校を欠席することを余儀なくされている児童等が適切な支援を受けつつ学習することができるよう、当該児童等の学習に対する支援の在り方についての検討を行うものとする。

理由

いじめが、いじめを受けた児童等の教育を受け

る権利を著しく侵害し、その心身の健全な成長及び人格の形成に重大な影響を与えるのみならず、その生命又は身体に重大な危険を生じさせるおそれがあるものであることに鑑み、いじめの防止等のための対策を総合的かつ効果的に推進するため、いじめの防止等のための対策に関し、基本理念を定め、国及び地方公共団体等の責務を明らかにし、並びにいじめの防止等のための対策に関する基本的な方針の策定について定めるとともに、いじめの防止等のための対策の基本となる事項を定める必要がある。これが、この法律案を提出する理由である。

社会教育法

昭和24年〔1949年〕6月10日法律第207号
最終改正　平成29年〔2017年〕3月31日公布
　　　　　法律第5号

第一章　総則

（この法律の目的）
第一条　この法律は、教育基本法（平成一八年法律第一二〇号）の精神に則り、社会教育に関する国及び地方公共団体の任務を明らかにすることを目的とする。

（社会教育の定義）
第二条　この法律において「社会教育」とは、学校教育法（昭和二二年法律第二六号）又は就学前の子どもに関する教育、保育等の総合的な提供の推進に関する法律（平成一八年法律第七七号）に基づき、学校の教育課程として行われる教育活動を除き、主として青少年及び成人に対して行われる組織的な教育活動（体育及びレクリエーションの活動を含む。）をいう。

（国及び地方公共団体の任務）
第三条　国及び地方公共団体は、この法律及び他の法令の定めるところにより、社会教育の奨励に必要な施設の設置及び運営、集会の開催、資料の作製、頒布その他の方法により、すべての国民があらゆる機会、あらゆる場所を利用して、自ら実際生活に即する文化的教養を高め得るような環境を醸成するように努めなければならない。

2　国及び地方公共団体は、前項の任務を行うに当たつては、国民の学習に対する多様な需要を踏まえ、これに適切に対応するために必要な学習の機会の提供及びその奨励を行うことにより、生涯学習の振興に寄与することとなるよう努めるものとする。

3　国及び地方公共団体は、第一項の任務を行うに当たつては、社会教育が学校教育及び家庭教育との密接な関連性を有することにかんがみ、学校教育との連携の確保に努め、及び家庭教育の向上に資することとなるよう必要な配慮をするとともに、学校、家庭及び地域住民その他の関係者相互間の連携及び協力の促進に資することとなるよう努めるものとする。

（国の地方公共団体に対する援助）
第四条　前条第一項の任務を達成するために、国は、この法律及び他の法令の定めるところに

より、地方公共団体に対し、予算の範囲内において、財政的援助並びに物資の提供及びそのあつせんを行う。

(市町村の教育委員会の事務)

第五条 市(特別区を含む。以下同じ。)町村の教育委員会は、社会教育に関し、当該地方の必要に応じ、予算の範囲内において、次の事務を行う。
一 社会教育に必要な援助を行うこと。
二 社会教育委員の委嘱に関すること。
三 公民館の設置及び管理に関すること。
四 所管に属する図書館、博物館、青年の家その他の社会教育施設の設置及び管理に関すること。
五 所管に属する学校の行う社会教育のための講座の開設及びその奨励に関すること。
六 講座の開設及び討論会、講習会、講演会、展示会その他の集会の開催並びにこれらの奨励に関すること。
七 家庭教育に関する学習の機会を提供するための講座の開設及び集会の開催並びに家庭教育に関する情報の提供並びにこれらの奨励に関すること。
八 職業教育及び産業に関する科学技術指導のための集会の開催並びにその奨励に関すること。
九 生活の科学化の指導のための集会の開催及びその奨励に関すること。
一〇 情報化の進展に対応して情報の収集及び利用を円滑かつ適正に行うために必要な知識又は技能に関する学習の機会を提供するための講座の開設及び集会の開催並びにこれらの奨励に関すること。
一一 運動会、競技会その他体育指導のための集会の開催及びその奨励に関すること。
一二 音楽、演劇、美術その他芸術の発表会等の開催及びその奨励に関すること。
一三 主として学齢児童及び学齢生徒(それぞれ学校教育法第一八条に規定する学齢児童及び学齢生徒をいう。)に対し、学校の授業の終了後又は休業日において学校、社会教育施設その他の適切な施設を利用して行う学習その他の活動の機会を提供する事業の実施並びにその奨励に関すること。
一四 青少年に対しボランティア活動など社会奉仕体験活動、自然体験活動その他の体験活動の機会を提供する事業の実施及びその奨励に関すること。
一五 社会教育における学習の機会を利用して行つた学習の成果を活用して学校、社会教育施設その他地域において行う教育活動その他の活動の機会を提供する事業の実施及びその奨励に関すること。
一六 社会教育に関する情報の収集、整理及び提供に関すること。
一七 視聴覚教育、体育及びレクリエーションに必要な設備、器材及び資料の提供に関すること。
一八 情報の交換及び調査研究に関すること。
一九 その他第三条第一項の任務を達成するために必要な事務

2 市町村の教育委員会は、前項第一三号から第一五号までに規定する活動であつて地域住民その他の関係者(以下この項及び第九条の七第二項において「地域住民等」という。)が学校と協働して行うもの(以下「地域学校協働活動」という。)の機会を提供する事業を実施するに当たつては、地域住民等の積極的な参加を得て当該地域学校協働活動が学校との適切な連携の下に円滑かつ効果的に実施されるよう、地域住民等と学校との連携協力体制の整備、地域学校協働活動に関する普及啓発その他の必要な措置を講ずるものとする。

(都道府県の教育委員会の事務)

第六条 都道府県の教育委員会は、社会教育に関し、当該地方の必要に応じ、予算の範囲内において、前条第一項各号の事務(同項第三号の事務を除く。)を行うほか、次の事務を行う。
一 公民館及び図書館の設置及び管理に関し、必要な指導及び調査を行うこと。
二 社会教育を行う者の研修に必要な施設の設置及び運営、講習会の開催、資料の配布等に関すること。
三 社会教育施設の設置及び運営に必要な物資の提供及びそのあつせんに関すること。
四 市町村の教育委員会との連絡に関すること。
五 その他法令によりその職務権限に属する事項

2 前条第二項の規定は、都道府県の教育委員会が地域学校協働活動の機会を提供する事業を実施する場合に準用する。

(教育委員会と地方公共団体の長との関係)

第七条 地方公共団体の長は、その所掌事項に関する必要な広報宣伝で視聴覚教育の手段を利用しその他教育の施設及び手段によることを適当とするものにつき、教育委員会に対し、その実施を依頼し、又は実施の協力を求めることができる。

2 前項の規定は、他の行政庁がその所掌に関する必要な広報宣伝につき、教育委員会に対し、その実施を依頼し、又は実施の協力を求める場合に準用する。

第八条　教育委員会は、社会教育に関する事務を行うために必要があるときは、当該地方公共団体の長及び関係行政庁に対し、必要な資料の提供その他の協力を求めることができる。

(図書館及び博物館)
第九条　図書館及び博物館は、社会教育のための機関とする。
2　図書館及び博物館に関し必要な事項は、別に法律をもつて定める。

第二章　社会教育主事等

(社会教育主事及び社会教育主事補の設置)
第九条の二　都道府県及び市町村の教育委員会の事務局に、社会教育主事を置く。
2　都道府県及び市町村の教育委員会の事務局に、社会教育主事補を置くことができる。

(社会教育主事及び社会教育主事補の職務)
第九条の三　社会教育主事は、社会教育を行う者に専門的技術的な助言と指導を与える。ただし、命令及び監督をしてはならない。
2　社会教育主事は、学校が社会教育関係団体、地域住民その他の関係者の協力を得て教育活動を行う場合には、その求めに応じて、必要な助言を行うことができる。
3　社会教育主事補は、社会教育主事の職務を助ける。

(社会教育主事の資格)
第九条の四　次の各号のいずれかに該当する者は、社会教育主事となる資格を有する。
　一　大学に二年以上在学して六二単位以上を修得し、又は高等専門学校を卒業し、かつ、次に掲げる期間を通算した期間が三年以上になる者で、次条の規定による社会教育主事の講習を修了したもの
　　イ　社会教育主事補の職にあつた期間
　　ロ　官公署、学校、社会教育施設又は社会教育関係団体における職で司書、学芸員その他の社会教育主事補の職と同等以上の職として文部科学大臣の指定するものにあつた期間
　　ハ　官公署、学校、社会教育施設又は社会教育関係団体が実施する社会教育に関係のある事業における業務であつて、社会教育主事として必要な知識又は技能の習得に資するものとして文部科学大臣が指定するものに従事した期間（イ又はロに掲げる期間に該当する期間を除く。）
　二　教育職員の普通免許状を有し、かつ、五年以上文部科学大臣の指定する教育に関する職にあつた者で、次条の規定による社会教育主事の講習を修了したもの
　三　大学に二年以上在学して、六二単位以上を修得し、かつ、大学において文部科学省令で定める社会教育に関する科目の単位を修得した者で、第一号イからハまでに掲げる期間を通算した期間が一年以上になるもの
　四　次条の規定による社会教育主事の講習を修了した者（第一号及び第二号に掲げる者を除く。）で、社会教育に関する専門的事項について前三号に掲げる者に相当する教養と経験があると都道府県の教育委員会が認定したもの

(社会教育主事の講習)
第九条の五　社会教育主事の講習は、文部科学大臣の委嘱を受けた大学その他の教育機関が行う。
2　受講資格その他社会教育主事の講習に関し必要な事項は、文部科学省令で定める。

(社会教育主事及び社会教育主事補の研修)
第九条の六　社会教育主事及び社会教育主事補の研修は、任命権者が行うもののほか、文部科学大臣及び都道府県が行う。

(地域学校協働活動推進員)
第九条の七　教育委員会は、地域学校協働活動の円滑かつ効果的な実施を図るため、社会的信望があり、かつ、地域学校協働活動の推進に熱意と識見を有する者のうちから、地域学校協働活動推進員を委嘱することができる。
2　地域学校協働活動推進員は、地域学校協働活動に関する事項につき、教育委員会の施策に協力して、地域住民等と学校との間の情報の共有を図るとともに、地域学校協働活動を行う地域住民等に対する助言その他の援助を行う。

第三章　社会教育関係団体

(社会教育関係団体の定義)
第一〇条　この法律で「社会教育関係団体」とは、法人であると否とを問わず、公の支配に属しない団体で社会教育に関する事業を行うことを主たる目的とするものをいう。

(文部科学大臣及び教育委員会との関係)
第一一条　文部科学大臣及び教育委員会は、社会教育関係団体の求めに応じ、これに対し、専門的技術的指導又は助言を与えることができる。
2　文部科学大臣及び教育委員会は、社会教育関係団体の求めに応じ、これに対し、社会教育に関する事業に必要な物資の確保につき援助を行う。

(国及び地方公共団体との関係)
第一二条　国及び地方公共団体は、社会教育関係団体に対し、いかなる方法によつても、不当

に統制的支配を及ぼし、又はその事業に干渉を加えてはならない。

（審議会等への諮問）
第一三条 国又は地方公共団体が社会教育関係団体に対し補助金を交付しようとする場合には、あらかじめ、国にあつては文部科学大臣が審議会等（国家行政組織法（昭和二三年法律第一二〇号）第八条に規定する機関をいう。第五一条第三項において同じ。）で政令で定めるものの、地方公共団体にあつては教育委員会が社会教育委員の会議（社会教育委員が置かれていない場合には、条例で定めるところにより社会教育に係る補助金の交付に関する事項を調査審議する審議会その他の合議制の機関）の意見を聴いて行わなければならない。

（報告）
第一四条 文部科学大臣及び教育委員会は、社会教育関係団体に対し、指導資料の作製及び調査研究のために必要な報告を求めることができる。

第四章 社会教育委員

（社会教育委員の設置）
第一五条 都道府県及び市町村に社会教育委員を置くことができる。
2 社会教育委員は、教育委員会が委嘱する。
第一六条 削除
（社会教育委員の職務）
第一七条 社会教育委員は、社会教育に関し教育委員会に助言するため、次の職務を行う。
　一 社会教育に関する諸計画を立案すること。
　二 定時又は臨時に会議を開き、教育委員会の諮問に応じ、これに対して、意見を述べること。
　三 前二号の職務を行うために必要な研究調査を行うこと。
2 社会教育委員は、教育委員会の会議に出席して社会教育に関し意見を述べることができる。
3 市町村の社会教育委員は、当該市町村の教育委員会から委嘱を受けた青少年教育に関する特定の事項について、社会教育関係団体、社会教育指導者その他関係者に対し、助言と指導を与えることができる。

（社会教育委員の委嘱の基準等）
第一八条 社会教育委員の委嘱の基準、定数及び任期その他社会教育委員に関し必要な事項は、当該地方公共団体の条例で定める。この場合において、社会教育委員の委嘱の基準については、文部科学省令で定める基準を参酌するものとする。
第一九条 削除

第五章 公民館

（目的）
第二〇条 公民館は、市町村その他一定区域内の住民のために、実際生活に即する教育、学術及び文化に関する各種の事業を行い、もつて住民の教養の向上、健康の増進、情操の純化を図り、生活文化の振興、社会福祉の増進に寄与することを目的とする。

（公民館の設置者）
第二一条 公民館は、市町村が設置する。
2 前項の場合を除くほか、公民館は、公民館の設置を目的とする一般社団法人又は一般財団法人（以下この章において「法人」という。）でなければ設置することができない。
3 公民館の事業の運営上必要があるときは、公民館に分館を設けることができる。

（公民館の事業）
第二二条 公民館は、第二条の目的達成のために、おおむね、左の事業を行う。但し、この法律及び他の法令によつて禁じられたものは、この限りでない。
　一 定期講座を開設すること。
　二 討論会、講習会、講演会、実習会、展示会等を開催すること。
　三 図書、記録、模型、資料等を備え、その利用を図ること。
　四 体育、レクリエーション等に関する集会を開催すること。
　五 各種の団体、機関等の連絡を図ること。
　六 その施設を住民の集会その他の公共的利用に供すること。

（公民館の運営方針）
第二三条 公民館は、次の行為を行つてはならない。
　一 もつぱら営利を目的として事業を行い、特定の営利事務に公民館の名称を利用させその他営利事業を援助すること。
　二 特定の政党の利害に関する事業を行い、又は公私の選挙に関し、特定の候補者を支持すること。
2 市町村の設置する公民館は、特定の宗教を支持し、又は特定の教派、宗派若しくは教団を支援してはならない。

（公民館の基準）
第二三条の二 文部科学大臣は、公民館の健全な発達を図るために、公民館の設置及び運営上必要な基準を定めるものとする。
2 文部科学大臣及び都道府県の教育委員会は、市町村の設置する公民館が前項の基準に従つて設置され及び運営されるように、当該市町村に対し、指導、助言その他の援助に努める

ものとする。
(公民館の設置)
第二四条　市町村が公民館を設置しようとするときは、条例で、公民館の設置及び管理に関する事項を定めなければならない。
第二五条　削除
第二六条　削除
(公民館の職員)
第二七条　公民館に館長を置き、主事その他必要な職員を置くことができる。
2　館長は、公民館の行う各種の事業の企画実施その他必要な事務を行い、所属職員を監督する。
3　主事は、館長の命を受け、公民館の事業の実施にあたる。
第二八条　市町村の設置する公民館の館長、主事その他必要な職員は、当該市町村の教育委員会が任命する。
(公民館の職員の研修)
第二八条の二　第九条の六の規定は、公民館の職員の研修について準用する。
(公民館運営審議会)
第二九条　公民館に公民館運営審議会を置くことができる。
2　公民館運営審議会は、館長の諮問に応じ、公民館における各種の事業の企画実施につき調査審議するものとする。
第三条　市町村の設置する公民館にあつては、公民館運営審議会の委員は、当該市町村の教育委員会が委嘱する。
2　前項の公民館運営審議会の委員の委嘱の基準、定数及び任期その他当該公民館運営審議会に関し必要な事項は、当該市町村の条例で定める。この場合において、委員の委嘱の基準については、文部科学省令で定める基準を参酌するものとする。
第三一条　法人の設置する公民館に公民館運営審議会を置く場合にあつては、その委員は、当該法人の役員をもつて充てるものとする。
(運営の状況に関する評価等)
第三二条　公民館は、当該公民館の運営の状況について評価を行うとともに、その結果に基づき公民館の運営の改善を図るため必要な措置を講ずるよう努めなければならない。
(運営の状況に関する情報の提供)
第三二条の二　公民館は、当該公民館の事業に関する地域住民その他の関係者の理解を深めるとともに、これらの者との連携及び協力の推進に資するため、当該公民館の運営の状況に関する情報を積極的に提供するよう努めなければならない。
(基金)

第三三条　公民館を設置する市町村にあつては、公民館の維持運営のために、地方自治法（昭和二二年法律第六七号）第二四一条の基金を設けることができる。
(特別会計)
第三四条　公民館を設置する市町村にあつては、公民館の維持運営のために、特別会計を設けることができる。
(公民館の補助)
第三五条　国は、公民館を設置する市町村に対し、予算の範囲内において、公民館の施設、設備に要する経費その他必要な経費の一部を補助することができる。
2　前項の補助金の交付に関し必要な事項は、政令で定める。
第三六条　削除
第三七条　都道府県が地方自治法第二三二条の二の規定により、公民館の運営に要する経費を補助する場合において、文部科学大臣は、政令の定めるところにより、その補助金の額、補助の比率、補助の方法その他必要な事項につき報告を求めることができる。
第三八条　国庫の補助を受けた市町村は、左に掲げる場合においては、その受けた補助金を国庫に返還しなければならない。
　一　公民館がこの法律若しくはこの法律に基く命令又はこれらに基いてした処分に違反したとき。
　二　公民館がその事業の全部若しくは一部を廃止し、又は第二条に掲げる目的以外の用途に利用されるようになつたとき。
　三　補助金交付の条件に違反したとき。
　四　虚偽の方法で補助金の交付を受けたとき。
(法人の設置する公民館の指導)
第三九条　文部科学大臣及び都道府県の教育委員会は、法人の設置する公民館の運営その他に関し、その求めに応じて、必要な指導及び助言を与えることができる。
(公民館の事業又は行為の停止)
第四〇条　公民館が第二三条の規定に違反する行為を行つたときは、市町村の設置する公民館にあつては市町村の教育委員会、法人の設置する公民館にあつては都道府県の教育委員会は、その事業又は行為の停止を命ずることができる。
2　前項の規定による法人の設置する公民館の事業又は行為の停止命令に関し必要な事項は、都道府県の条例で定めることができる。
(罰則)
第四一条　前条第一項の規定による公民館の事業又は行為の停止命令に違反する行為をした者は、一年以下の懲役若しくは禁錮(こ)又は三万

円以下の罰金に処する。

(公民館類似施設)
第四二条　公民館に類似する施設は、何人もこれを設置することができる。
2　前項の施設の運営その他に関しては、第三九条の規定を準用する。

第六章　学校施設の利用

(適用範囲)
第四三条　社会教育のためにする国立学校(学校教育法第一条に規定する学校(以下この条において「第一条学校」という。)及び就学前の子どもに関する教育、保育等の総合的な提供の推進に関する法律第二条第七項に規定する幼保連携型認定こども園(以下「幼保連携型認定こども園」という。)であつて国(国立大学法人法(平成一五年法律第一一二号)第二条第一項に規定する国立大学法人(次条第二項において「国立大学法人」という。)及び独立行政法人国立高等専門学校機構を含む。)が設置するものをいう。以下同じ。)又は公立学校(第一条学校及び幼保連携型認定こども園であつて地方公共団体(地方独立行政法人法(平成一五年法律第一一八号)第六八条第一項に規定する公立大学法人(次条第二項及び第四八条第一項において「公立大学法人」という。)を含む。)が設置するものをいう。以下同じ。)の施設の利用に関しては、この章の定めるところによる。

(学校施設の利用)
第四四条　学校(国立学校又は公立学校をいう。以下この章において同じ。)の管理機関は、学校教育上支障がないと認める限り、その管理する学校の施設を社会教育のために利用に供するように努めなければならない。
2　前項において「学校の管理機関」とは、国立学校にあつては設置者である国立大学法人の学長又は独立行政法人国立高等専門学校機構の理事長、公立学校のうち、大学及び幼保連携型認定こども園にあつては設置者である地方公共団体の長又は公立大学法人の理事長、大学及び幼保連携型認定こども園以外の公立学校にあつては設置者である地方公共団体に設置されている教育委員会又は公立大学法人の理事長をいう。

(学校施設利用の許可)
第四五条　社会教育のために学校の施設を利用しようとする者は、当該学校の管理機関の許可を受けなければならない。
2　前項の規定により、学校の管理機関が学校施設の利用を許可しようとするときは、あらかじめ、学校の長の意見を聞かなければならない。

第四六条　国又は地方公共団体が社会教育のために、学校の施設を利用しようとするときは、前条の規定にかかわらず、当該学校の管理機関と協議するものとする。
第四七条　第四五条の規定による学校施設の利用が一時的である場合には、学校の管理機関は、同条第一項の許可に関する権限を学校の長に委任することができる。
2　前項の権限の委任その他学校施設の利用に関し必要な事項は、学校の管理機関が定める。

(社会教育の講座)
第四八条　文部科学大臣は国立学校に対し、地方公共団体の長は当該地方公共団体が設置する大学若しくは幼保連携型認定こども園又は当該地方公共団体が設立する公立大学法人が設置する公立学校に対し、地方公共団体に設置されている教育委員会は当該地方公共団体が設置する大学及び幼保連携型認定こども園以外の公立学校に対し、その教育組織及び学校の施設の状況に応じ、文化講座、専門講座、夏期講座、社会学級講座等学校施設の利用による社会教育のための講座の開設を求めることができる。
2　文化講座は、成人の一般的教養に関し、専門講座は、成人の専門的学術知識に関し、夏期講座は、夏期休暇中、成人の一般的教養又は専門的学術知識に関し、それぞれ大学、高等専門学校又は高等学校において開設する。
3　社会学級講座は、成人の一般的教養に関し、小学校、中学校又は義務教育学校において開設する。
4　第一項の規定する講座を担当する講師の報酬その他必要な経費は、予算の範囲内において、国又は地方公共団体が負担する。

第七章　通信教育

(適用範囲)
第四九条　学校教育法第五四条、第七〇条第一項、第八二条及び第八四条の規定により行うものを除き、通信による教育に関しては、この章の定めるところによる。

(通信教育の定義)
第五〇条　この法律において「通信教育」とは、通信の方法により一定の教育計画の下に、教材、補助教材等を受講者に送付し、これに基き、設問解答、添削指導、質疑応答等を行う教育をいう。
2　通信教育を行う者は、その計画実現のために、必要な指導者を置かなければならない。

(通信教育の認定)
第五一条　文部科学大臣は、学校又は一般社団法

人若しくは一般財団法人の行う通信教育で社会教育上奨励すべきものについて、通信教育の認定（以下「認定」という。）を与えることができる。
2　認定を受けようとする者は、文部科学大臣の定めるところにより、文部科学大臣に申請しなければならない。
3　文部科学大臣が、第一項の規定により、認定を与えようとするときは、あらかじめ、第一三条の政令で定める審議会等に諮問しなければならない。

（認定手数料）
第五二条　文部科学大臣は、認定を申請する者から実費の範囲内において文部科学省令で定める額の手数料を徴収することができる。ただし、国立学校又は公立学校が行う通信教育に関しては、この限りでない。

第五三条　削除

（郵便料金の特別取扱）
第五四条　認定を受けた通信教育に要する郵便料金については、郵便法（昭和二二年法律第一六五号）の定めるところにより、特別の取扱を受けるものとする。

（通信教育の廃止）
第五五条　認定を受けた通信教育を廃止しようとするとき、又はその条件を変更しようとするときは、文部科学大臣の定めるところにより、その許可を受けなければならない。
2　前項の許可に関しては、第五一条第三項の規定を準用する。

（報告及び措置）
第五六条　文部科学大臣は、認定を受けた者に対し、必要な報告を求め、又は必要な措置を命ずることができる。

（認定の取消）
第五七条　認定を受けた者がこの法律若しくはこの法律に基く命令又はこれらに基いてした処分に違反したときは、文部科学大臣は、認定を取り消すことができる。
2　前項の認定の取消に関しては、第五一条第三項の規定を準用する。

生涯学習の振興のための施策の推進体制等の整備に関する法律

平成2年〔1990年〕6月29日法律第71号
最終改正　平成14年〔2002年〕3月31日公布
　　　　　法律第15号

（目的）
第一条　この法律は、国民が生涯にわたって学習する機会があまねく求められている状況にかんがみ、生涯学習の振興に資するための都道府県の事業に関しその推進体制の整備その他の必要な事項を定め、及び特定の地区において生涯学習に係る機会の総合的な提供を促進するための措置について定めるとともに、都道府県生涯学習審議会の事務について定める等の措置を講ずることにより、生涯学習の振興のための施策の推進体制及び地域における生涯学習に係る機会の整備を図り、もって生涯学習の振興に寄与することを目的とする。

（施策における配慮等）
第二条　国及び地方公共団体は、この法律に規定する生涯学習の振興のための施策を実施するに当たっては、学習に関する国民の自発的意思を尊重するよう配慮するとともに、職業能力の開発及び向上、社会福祉等に関し生涯学習に資するための別に講じられる施策と相まって、効果的にこれを行うよう努めるものとする。

（生涯学習の振興に資するための都道府県の事業）
第三条　都道府県の教育委員会は、生涯学習の振興に資するため、おおむね次の各号に掲げる事業について、これらを相互に連携させつつ推進するために必要な体制の整備を図りつつ、これらを一体的かつ効果的に実施するよう努めるものとする。
一　学校教育及び社会教育に係る学習（体育に係るものを含む。以下この項において「学習」という。）並びに文化活動の機会に関する情報を収集し、整理し、及び提供すること。
二　住民の学習に対する需要及び学習の成果の評価に関し、調査研究を行うこと。
三　地域の実情に即した学習の方法の開発を行うこと。
四　住民の学習に関する指導者及び助言者に対する研修を行うこと。
五　地域における学校教育、社会教育及び文化に関する機関及び団体に対し、これらの

機関及び団体相互の連携に関し、照会及び相談に応じ、並びに助言その他の援助を行うこと。
六 前各号に掲げるもののほか、社会教育のための講座の開設その他の住民の学習の機会の提供に関し必要な事業を行うこと。
2 都道府県の教育委員会は、前項に規定する事業を行うに当たっては、社会教育関係団体その他の地域において生涯学習に資する事業を行う機関及び団体との連携に努めるものとする。

(都道府県の事業の推進体制の整備に関する基準)
第四条 文部科学大臣は、生涯学習の振興に資するため、都道府県の教育委員会が行う前条第一項に規定する体制の整備に関し望ましい基準を定めるものとする。
2 文部科学大臣は、前項の基準を定めようとするときは、あらかじめ、審議会等(国家行政組織法(昭和二三年法律第一二〇号)第八条に規定する機関をいう。以下同じ。)で政令で定めるものの意見を聴かなければならない。これを変更しようとするときも、同様とする。

(地域生涯学習振興基本構想)
第五条 都道府県は、当該都道府県内の特定の地区において、当該地区及びその周辺の相当程度広範囲の地域における住民の生涯学習の振興に資するため、社会教育に係る学習(体育に係るものを含む。)及び文化活動その他の生涯学習に資する諸活動の多様な機会の総合的な提供を民間事業者の能力を活用しつつ行うことに関する基本的な構想(以下「基本構想」という。)を作成することができる。
2 基本構想においては、次に掲げる事項について定めるものとする。
一 前項に規定する多様な機会(以下「生涯学習に係る機会」という。)の総合的な提供の方針に関する事項
二 前項に規定する地区の区域に関する事項
三 総合的な提供を行うべき生涯学習に係る機会(民間事業者により提供されるものを含む。)の種類及び内容に関する基本的な事項
四 前号に規定する民間事業者に対する資金の融通の円滑化その他の前項に規定する地区において行われる生涯学習に係る機会の総合的な提供に必要な業務であって政令で定めるものを行う者及び当該業務の運営に関する事項
五 その他生涯学習に係る機会の総合的な提供に関する重要事項
3 都道府県は、基本構想を作成しようとするときは、あらかじめ、関係市町村に協議しなければならない。
4 都道府県は、基本構想を作成しようとするきは、前項の規定による協議を経た後、文部科学大臣及び経済産業大臣に協議することができる。
5 文部科学大臣及び経済産業大臣は、前項の規定による協議を受けたときは、都道府県が作成しようとする基本構想が次の各号に該当するものであるかどうかについて判断するものとする。
一 当該基本構想に係る地区が、生涯学習に係る機会の提供の程度が著しく高い地域であって政令で定めるもの以外の地域のうち、交通条件及び社会的自然的条件からみて生涯学習に係る機会の総合的な提供を行うことが相当と認められる地区であること。
二 当該基本構想に係る生涯学習に係る機会の総合的な提供が当該基本構想に係る地区及びその周辺の相当程度広範囲の地域における住民の生涯学習に係る機会に対する要請に適切にこたえるものであること。
三 その他文部科学大臣及び経済産業大臣が判断に当たっての基準として次条の規定により定める事項(以下「判断基準」という。)に適合するものであること。
6 文部科学大臣及び経済産業大臣は、基本構想につき前項の判断をするに当たっては、あらかじめ、関係行政機関の長に協議するとともに、文部科学大臣にあっては前条第二項の政令で定める審議会等の意見を、経済産業大臣にあっては産業構造審議会の意見をそれぞれ聴くものとし、前項各号に該当するものであると判断するに至ったときは、速やかにその旨を当該都道府県に通知するものとする。
7 都道府県は、基本構想を作成したときは、遅滞なく、これを公表しなければならない。
8 第三項から前項までの規定は、基本構想の変更(文部科学省令、経済産業省令で定める軽微な変更を除く。)について準用する。

(判断基準)
第六条 判断基準においては、次に掲げる事項を定めるものとする。
一 生涯学習に係る機会の総合的な提供に関する基本的な事項
二 前条第一項に規定する地区の設定に関する基本的な事項
三 総合的な提供を行うべき生涯学習に係る機会(民間事業者により提供されるものを含む。)の種類及び内容に関する基本的な事項
四 生涯学習に係る機会の総合的な提供に必要な事業に関する基本的な事項

五　生涯学習に係る機会の総合的な提供に際し配慮すべき重要事項
2　文部科学大臣及び経済産業大臣は、判断基準を定めるに当たっては、あらかじめ、総務大臣その他関係行政機関の長に協議するとともに、文部科学大臣にあっては第四条第二項の政令で定める審議会等の意見を、経済産業大臣にあっては産業構造審議会の意見をそれぞれ聴かなければならない。
3　文部科学大臣及び経済産業大臣は、判断基準を定めたときは、遅滞なく、これを公表しなければならない。
4　前二項の規定は、判断基準の変更について準用する。

第七条　削除
(基本構想の実施等)
第八条　都道府県は、関係民間事業者の能力を活用しつつ、生涯学習に係る機会の総合的な提供を基本構想に基づいて計画的に行うよう努めなければならない。
2　文部科学大臣は、基本構想の円滑な実施の促進のため必要があると認めるときは、社会教育関係団体及び文化に関する団体に対し必要な協力を求めるものとし、かつ、関係地方公共団体及び関係事業者等の要請に応じ、その所管に属する博物館資料の貸出しを行うよう努めるものとする。
3　経済産業大臣は、基本構想の円滑な実施の促進のため必要があると認めるときは、商工会議所及び商工会に対し、これらの団体及びその会員による生涯学習に係る機会の提供その他の必要な協力を求めるものとする。
4　前二項に定めるもののほか、文部科学大臣及び経済産業大臣は、基本構想の作成及び円滑な実施の促進のため、関係地方公共団体に対し必要な助言、指導その他の援助を行うよう努めなければならない。
5　前三項に定めるもののほか、文部科学大臣、経済産業大臣、関係行政機関の長、関係地方公共団体及び関係事業者は、基本構想の円滑な実施が促進されるよう、相互に連携を図りながら協力しなければならない。

第九条　削除
(都道府県生涯学習審議会)
第一〇条　都道府県に、都道府県生涯学習審議会(以下「都道府県審議会」という。)を置くことができる。
2　都道府県審議会は、都道府県の教育委員会又は知事の諮問に応じ、当該都道府県の処理する事務に関し、生涯学習に資するための施策の総合的な推進に関する重要事項を調査審議する。
3　都道府県審議会は、前項に規定する事項に関し必要と認める事項を当該都道府県の教育委員会又は知事に建議することができる。
4　前三項に定めるもののほか、都道府県審議会の組織及び運営に関し必要な事項は、条例で定める。

(市町村の連携協力体制)
第一一条　市町村(特別区を含む。)は、生涯学習の振興に資するため、関係機関及び関係団体等との連携協力体制の整備に努めるものとする。

健康増進法〔抜粋〕

平成14年〔2002年〕8月2日法律第103号
最終改正　平成30年〔2018年〕7月25日公布
　　　　　法律第78号

第一章　総則

(目的)
第一条　この法律は、我が国における急速な高齢化の進展及び疾病構造の変化に伴い、国民の健康の増進の重要性が著しく増大していることにかんがみ、国民の健康の増進の総合的な推進に関し基本的な事項を定めるとともに、国民の栄養の改善その他の国民の健康の増進を図るための措置を講じ、もって国民保健の向上を図ることを目的とする。

(国民の責務)
第二条　国民は、健康な生活習慣の重要性に対する関心と理解を深め、生涯にわたって、自らの健康状態を自覚するとともに、健康の増進に努めなければならない。

(国及び地方公共団体の責務)
第三条　国及び地方公共団体は、教育活動及び広報活動を通じた健康の増進に関する正しい知識の普及、健康の増進に関する情報の収集、整理、分析及び提供並びに研究の推進並びに健康の増進に係る人材の養成及び資質の向上を図るとともに、健康増進事業実施者その他の関係者に対し、必要な技術的援助を与えることに努めなければならない。

(健康増進事業実施者の責務)
第四条　健康増進事業実施者は、健康教育、健康相談その他国民の健康の増進のために必要な事業(以下「健康増進事業」という。)を積極的に推進するよう努めなければならない。

(関係者の協力)
第五条　国、都道府県、市町村(特別区を含む。以下同じ。)、健康増進事業実施者、医療機関その他の関係者は、国民の健康の増進の総合的な推進を図るため、相互に連携を図りながら協力するよう努めなければならない。

(定義)
第六条　この法律において「健康増進事業実施者」とは、次に掲げる者をいう。
　一　健康保険法(大正一一年法律第七〇号)の規定により健康増進事業を行う全国健康保険協会、健康保険組合又は健康保険組合連合会
　二　船員保険法(昭和一四年法律第七三号)の規定により健康増進事業を行う全国健康保険協会
　三　国民健康保険法(昭和三三年法律第一九二号)の規定により健康増進事業を行う市町村、国民健康保険組合又は国民健康保険団体連合会
　四　国家公務員共済組合法(昭和三三年法律第一二八号)の規定により健康増進事業を行う国家公務員共済組合又は国家公務員共済組合連合会
　五　地方公務員等共済組合法(昭和三七年法律第一五二号)の規定により健康増進事業を行う地方公務員共済組合又は全国市町村職員共済組合連合会
　六　私立学校教職員共済法(昭和二八年法律第二四五号)の規定により健康増進事業を行う日本私立学校振興・共済事業団
　七　学校保健安全法(昭和三三年法律第五六号)の規定により健康増進事業を行う者
　八　母子保健法(昭和四〇年法律第一四一号)の規定により健康増進事業を行う市町村
　九　労働安全衛生法(昭和四七年法律第五七号)の規定により健康増進事業を行う事業者
　一〇　高齢者の医療の確保に関する法律(昭和五七年法律第八〇号)の規定により健康増進事業を行う全国健康保険協会、健康保険組合、市町村、国民健康保険組合、共済組合、日本私立学校振興・共済事業団又は後期高齢者医療広域連合
　一一　介護保険法(平成九年法律第一二三号)の規定により健康増進事業を行う市町村
　一二　この法律の規定により健康増進事業を行う市町村
　一三　その他健康増進事業を行う者であって、政令で定めるもの

第二章　基本方針等

(基本方針)
第七条　厚生労働大臣は、国民の健康の増進の総合的な推進を図るための基本的な方針(以下「基本方針」という。)を定めるものとする。
2　基本方針は、次に掲げる事項について定めるものとする。
　一　国民の健康の増進の推進に関する基本的な方向
　二　国民の健康の増進の目標に関する事項
　三　次条第一項の都道府県健康増進計画及び同条第二項の市町村健康増進計画の策定に

関する基本的な事項
四 第一〇条第一項の国民健康・栄養調査その他の健康の増進に関する調査及び研究に関する基本的な事項
五 健康増進事業実施者間における連携及び協力に関する基本的な事項
六 食生活、運動、休養、飲酒、喫煙、歯の健康の保持その他の生活習慣に関する正しい知識の普及に関する事項
七 その他国民の健康の増進の推進に関する重要事項
3 厚生労働大臣は、基本方針を定め、又はこれを変更しようとするときは、あらかじめ、関係行政機関の長に協議するものとする。
4 厚生労働大臣は、基本方針を定め、又はこれを変更したときは、遅滞なく、これを公表するものとする。

(都道府県健康増進計画等)
第八条 都道府県は、基本方針を勘案して、当該都道府県の住民の健康の増進の推進に関する施策についての基本的な計画(以下「都道府県健康増進計画」という。)を定めるものとする。
2 市町村は、基本方針及び都道府県健康増進計画を勘案して、当該市町村の住民の健康の増進の推進に関する施策についての計画(以下「市町村健康増進計画」という。)を定めるよう努めるものとする。
3 国は、都道府県健康増進計画又は市町村健康増進計画に基づいて住民の健康増進のために必要な事業を行う都道府県又は市町村に対し、予算の範囲内において、当該事業に要する費用の一部を補助することができる。

(健康診査の実施等に関する指針)
第九条 厚生労働大臣は、生涯にわたる国民の健康の増進に向けた自主的な努力を促進するため、健康診査の実施及びその結果の通知、健康手帳(自らの健康管理のために必要な事項を記載する手帳をいう。)の交付その他の措置に関し、健康増進事業実施者に対する健康診査の実施等に関する指針(以下「健康診査等指針」という。)を定めるものとする。
2 厚生労働大臣は、健康診査等指針を定め、又はこれを変更しようとするときは、あらかじめ、総務大臣、財務大臣及び文部科学大臣に協議するものとする。
3 厚生労働大臣は、健康診査等指針を定め、又はこれを変更したときは、遅滞なく、これを公表するものとする。

地方公務員法〔抜粋〕

昭和25年〔1950年〕12月13日法律第261号
最終改正 平成26年〔2014年〕6月13日公布
　　　　　法律第69号

第一章 総則

(この法律の目的)
第一条 この法律は、地方公共団体の人事機関並びに地方公務員の任用、人事評価、給与、勤務時間その他の勤務条件、休業、分限及び懲戒、服務、退職管理、研修、福祉及び利益の保護並びに団体等人事行政に関する根本基準を確立することにより、地方公共団体の行政の民主的かつ能率的な運営並びに特定地方独立行政法人の事務及び事業の確実な実施を保障し、もつて地方自治の本旨の実現に資することを目的とする。

(この法律の効力)
第二条 地方公務員(地方公共団体のすべての公務員をいう。)に関する従前の法令又は条例、地方公共団体の規則若しくは地方公共団体の機関の定める規程の規定がこの法律の規定に抵触する場合には、この法律の規定が、優先する。

(一般職に属する地方公務員及び特別職に属する地方公務員)
第三条 地方公務員(地方公共団体及び特定地方独立行政法人(地方独立行政法人法(平成一五年法律第一一八号)第二条第二項に規定する特定地方独立行政法人をいう。以下同じ。)のすべての公務員をいう。以下同じ。)の職は、一般職と特別職とに分ける。
2 一般職は、特別職に属する職以外の一切の職とする。
3 特別職は、次に掲げる職とする。
一 就任について公選又は地方公共団体の議会の選挙、議決若しくは同意によることを必要とする職
一の二 地方公営企業の管理者及び企業団の企業長の職
二 法令又は条例、地方公共団体の規則若しくは地方公共団体の機関の定める規程により設けられた委員及び委員会(審議会その他これに準ずるものを含む。)の構成員の職で臨時又は非常勤のもの
二の二 都道府県労働委員会の委員の職で常勤のもの

三　臨時又は非常勤の顧問、参与、調査員、嘱託員及びこれらの者に準ずる者の職
四　地方公共団体の長、議会の議長その他地方公共団体の機関の長の秘書の職で条例で指定するもの
五　非常勤の消防団員及び水防団員の職
六　特定地方独立行政法人の役員

（この法律の適用を受ける地方公務員）
第四条　この法律の規定は、一般職に属するすべての地方公務員（以下「職員」という。）に適用する。
2　この法律の規定は、法律に特別の定がある場合を除く外、特別職に属する地方公務員には適用しない。

（人事委員会及び公平委員会並びに職員に関する条例の制定）
第五条　地方公共団体は、法律に特別の定がある場合を除く外、この法律に定める根本基準に従い、条例で、人事委員会又は公平委員会の設置、職員に適用される基準の実施その他職員に関する事項について必要な規定を定めるものとする。但し、その条例は、この法律の精神に反するものであつてはならない。
2　第七条第一項又は第二項の規定により人事委員会を置く地方公共団体においては、前項の条例を制定し、又は改廃しようとするときは、当該地方公共団体の議会において、人事委員会の意見を聞かなければならない。

第二章　人事機関

（任命権者）
第六条　地方公共団体の長、議会の議長、選挙管理委員会、代表監査委員、教育委員会、人事委員会及び公平委員会並びに警視総監、道府県警察本部長、市町村の消防長（特別区が連合して維持する消防の消防長を含む。）その他法令又は条例に基づく任命権者は、法律に特別の定めがある場合を除くほか、この法律並びにこれに基づく条例、地方公共団体の規則及び地方公共団体の機関の定める規程に従い、それぞれ職員の任命、人事評価（任用、給与、分限その他の人事管理の基礎とするために、職員がその職務を遂行するに当たり発揮した能力及び挙げた業績を把握した上で行われる勤務成績の評価をいう。以下同じ。）、休職、免職及び懲戒等を行う権限を有するものとする。
2　前項の任命権者は、同項に規定する権限の一部をその補助機関たる上級の地方公務員に委任することができる。

（人事委員会又は公平委員会の設置）
第七条　都道府県及び地方自治法（昭和二二年法律第六七号）第二五二条の一九第一項の指定都市は、条例で人事委員会を置くものとする。
2　前項の指定都市以外の市で人口（官報で公示された最近の国勢調査又はこれに準ずる人口調査の結果による人口をいう。以下同じ。）一五万以上のもの及び特別区は、条例で人事委員会又は公平委員会を置くものとする。
3　人口一五万未満の市、町、村及び地方公共団体の組合は、条例で公平委員会を置くものとする。
4　公平委員会を置く地方公共団体は、議会の議決を経て定める規約により、公平委員会を置く他の地方公共団体と共同して公平委員会を置き、又は他の地方公共団体の人事委員会に委託して次条第二項に規定する公平委員会の事務を処理させることができる。

（人事委員会又は公平委員会の権限）
第八条　人事委員会は、次に掲げる事務を処理する。
一　人事行政に関する事項について調査し、人事記録に関することを管理し、及びその他人事に関する統計報告を作成すること。
二　人事評価、給与、勤務時間その他の勤務条件、研修、厚生福利制度その他職員に関する制度について絶えず研究を行い、その成果を地方公共団体の議会若しくは長又は任命権者に提出すること。
三　人事機関及び職員に関する条例の制定又は改廃に関し、地方公共団体の議会及び長に意見を申し出ること。
四　人事行政の運営に関し、任命権者に勧告すること。
五　給与、勤務時間その他の勤務条件に関し講ずべき措置について地方公共団体の議会及び長に勧告すること。
六　職員の競争試験及び選考並びにこれらに関する事務を行うこと。
七　削除
八　職員の給与がこの法律及びこれに基く条例に適合して行われることを確保するため必要な範囲において、職員に対する給与の支払を監理すること。
九　職員の給与、勤務時間その他の勤務条件に関する措置の要求を審査し、判定し、及び必要な措置を執ること。
一〇　職員に対する不利益な処分についての審査請求に対する裁決をすること。
一一　前二号に掲げるものを除くほか、職員の苦情を処理すること。
一二　前各号に掲げるものを除く外、法律又は条例に基きその権限に属せしめられた事務

2　公平委員会は、次に掲げる事務を処理する。
　一　職員の給与、勤務時間その他の勤務条件に関する措置の要求を審査し、判定し、及び必要な措置を執ること。
　二　職員に対する不利益な処分についての審査請求に対する裁決をすること。
　三　前二号に掲げるものを除くほか、職員の苦情を処理すること。
　四　前三号に掲げるものを除くほか、法律に基づきその権限に属せしめられた事務
3　人事委員会は、第一項第一号、第二号、第六号、第八号及び第一二号に掲げる事務で人事委員会規則で定めるものを当該地方公共団体の他の機関又は人事委員会の事務局長に委任することができる。
4　人事委員会又は公平委員会は、第一項第一一号又は第二項第三号に掲げる事務を委員又は事務局長に委任することができる。
5　人事委員会又は公平委員会は、法律又は条例に基づきその権限に属せしめられた事務に関し、人事委員会規則又は公平委員会規則を制定することができる。
6　人事委員会又は公平委員会は、法律又は条例に基くその権限の行使に関し必要があるときは、証人を喚問し、又は書類若しくはその写の提出を求めることができる。
7　人事委員会又は公平委員会は、人事行政に関する技術的及び専門的な知識、資料その他の便宜の授受のため、国若しくは他の地方公共団体の機関又は特定地方独立行政法人との間に協定を結ぶことができる。
8　第一項第九号及び第一〇号又は第二項第一号及び第二号の規定により人事委員会又は公平委員会に属せしめられた権限に基く人事委員会又は公平委員会の決定（判定を含む。）及び処分は、人事委員会規則又は公平委員会規則で定める手続により、人事委員会又は公平委員会によつてのみ審査される。
9　前項の規定は、法律問題につき裁判所に出訴する権利に影響を及ぼすものではない。

（抗告訴訟の取扱い）
第八条の二　人事委員会又は公平委員会は、人事委員会又は公平委員会の行政事件訴訟法（昭和三七年法律第一三九号）第三条第二項に規定する処分又は同条第三項に規定する裁決に係る同法第一一条第一項（同法第三八条第一項において準用する場合を含む。）の規定による地方公共団体を被告とする訴訟について、当該地方公共団体を代表する。

（公平委員会の権限の特例等）
第九条　公平委員会を置く地方公共団体は、条例で定めるところにより、公平委員会が、第八条第二項各号に掲げる事務のほか、職員の競争試験及び選考並びにこれらに関する事務を行うこととすることができる。
2　前項の規定により同項に規定する事務を行うこととされた公平委員会（以下「競争試験等を行う公平委員会」という。）を置く地方公共団体に対する第七条第四項の規定の適用については、同項中「公平委員会を置く地方公共団体」とあるのは「競争試験等を行う公平委員会（第九条第二項に規定する競争試験等を行う公平委員会をいう。以下この項において同じ。）を置く地方公共団体」と、「、公平委員会」とあるのは「、競争試験等を行う公平委員会」と、「公平委員会を置き、又は他の地方公共団体の人事委員会に委託して次条第二項に規定する公平委員会の事務を処理させる」とあるのは「競争試験等を行う公平委員会を置く」とする。
3　競争試験等を行う公平委員会は、第一項に規定する事務で公平委員会規則で定めるものを当該地方公共団体の他の機関又は競争試験等を行う公平委員会の事務局長に委任することができる。

（人事委員会又は公平委員会の委員）
第九条の二　人事委員会又は公平委員会は、三人の委員をもつて組織する。
2　委員は、人格が高潔で、地方自治の本旨及び民主的で能率的な事務の処理に理解があり、且つ、人事行政に関し識見を有する者のうちから、議会の同意を得て、地方公共団体の長が選任する。
3　第一六条第二号、第三号若しくは第五号の一に該当する者又は第六〇条から第六三条までに規定する罪を犯し刑に処せられた者は、委員となることができない。
4　委員の選任については、そのうちの二人が、同一の政党に属する者となることとなつてはならない。
5　委員のうち二人以上が同一の政党に属することとなつた場合においては、これらの者のうち一人を除く他の者は、地方公共団体の長が議会の同意を得て罷免するものとする。但し、政党所属関係について異動のなかつた者を罷免することはできない。
6　地方公共団体の長は、委員が心身の故障のため職務の遂行に堪えないと認めるとき、又は委員に職務上の義務違反その他委員たるに適しない非行があると認めるときは、議会の同意を得て、これを罷免することができる。この場合においては、議会の常任委員会又は特別委員会において公聴会を開かなければならない。

7　委員は、前二項の規定による場合を除く外、その意に反して罷免されることがない。

8　委員は、第一六条第二号、第四号又は第五号の一に該当するに至つたときは、その職を失う。

9　委員は、地方公共団体の議会の議員及び当該地方公共団体の地方公務員（第七条第四項の規定により公平委員会の事務の処理の委託を受けた地方公共団体の人事委員会の委員については、他の地方公共団体に公平委員会の事務の処理を委託した地方公共団体の地方公務員を含む。）の職（執行機関の附属機関の委員その他の構成員の職を除く。）を兼ねることができない。

10　委員の任期は、四年とする。但し、補欠委員の任期は、前任者の残任期間とする。

11　人事委員会の委員は、常勤又は非常勤とし、公平委員会の委員は、非常勤とする。

12　第三〇条から第三八条までの規定は、常勤の人事委員会の委員の服務に、第三〇条から第三四条まで、第三六条及び第三七条の規定は、非常勤の人事委員会の委員及び公平委員会の委員の服務に準用する。

（人事委員会又は公平委員会の委員長）
第一〇条　人事委員会又は公平委員会は、委員のうちから委員長を選挙しなければならない。

2　委員長は、委員会に関する事務を処理し、委員会を代表する。

3　委員長に事故があるとき、又は委員長が欠けたときは、委員長の指定する委員が、その職務を代理する。

（人事委員会又は公平委員会の議事）
第一一条　人事委員会又は公平委員会は、三人の委員が出席しなければ会議を開くことができない。

2　人事委員会又は公平委員会は、会議を開かなければ公務の運営又は職員の福祉若しくは利益の保護に著しい支障が生ずると認められる十分な理由があるときは、前項の規定にかかわらず、二人の委員が出席すれば会議を開くことができる。

3　人事委員会又は公平委員会の議事は、出席委員の過半数で決する。

4　人事委員会又は公平委員会の議事は、議事録として記録して置かなければならない。

5　前各項に定めるものを除くほか、人事委員会又は公平委員会の議事に関し必要な事項は、人事委員会又は公平委員会が定める。

（人事委員会及び公平委員会の事務局又は事務職員）
第一二条　人事委員会に事務局を置き、事務局長その他の事務職員を置く。

2　人事委員会は、第九条の二第九項の規定にかかわらず、委員に事務局長の職を兼ねさせることができる。

3　事務局長は、人事委員会の指揮監督を受け、事務局の局務を掌理する。

4　第七条第二項の規定により人事委員会を置く地方公共団体は、第一項の規定にかかわらず、事務局を置かないで事務職員を置くことができる。

5　公平委員会に、事務職員を置く。

6　競争試験等を行う公平委員会を置く地方公共団体は、前項の規定にかかわらず、事務局を置き、事務局に事務局長その他の事務職員を置くことができる。

7　第一項及び第四項又は前二項の事務職員は、人事委員会又は公平委員会がそれぞれ任免する。

8　第一項の事務局の組織は、人事委員会が定める。

9　第一項及び第四項から第六項までの事務職員の定数は、条例で定める。

10　第二項及び第三項の規定は第六項の事務局長について、第八項の規定は第六項の事務局について準用する。この場合において、第二項及び第三項中「人事委員会」とあるのは「競争試験等を行う公平委員会」と、第八項中「第一項の事務局」とあるのは「第六項の事務局」と、「人事委員会」とあるのは「競争試験等を行う公平委員会」と読み替えるものとする。

第三章　職員に適用される基準

第一節　通則

（平等取扱の原則）
第一三条　すべて国民は、この法律の適用について、平等に取り扱われなければならず、人種、信条、性別、社会的身分若しくは門地によつて、又は第一六条第五号に規定する場合を除く外、政治的意見若しくは政治的所属関係によつて差別されてはならない。

（情勢適応の原則）
第一四条　地方公共団体は、この法律に基いて定められた給与、勤務時間その他の勤務条件が社会一般の情勢に適応するように、随時、適当な措置を講じなければならない。

2　人事委員会は、随時、前項の規定により講ずべき措置について地方公共団体の議会及び長に勧告することができる。

第二節　任用

（任用の根本基準）
第一五条　職員の任用は、この法律の定めるとこ

ろにより、受験成績、人事評価その他の能力の実証に基づいて行わなければならない。
(定義)
第一五条の二　この法律において、次の各号に掲げる用語の意義は、当該各号に定めるところによる。
一　採用　職員以外の者を職員の職に任命すること（臨時的任用を除く。）をいう。
二　昇任　職員をその職員が現に任命されている職より上位の職制上の段階に属する職員の職に任命することをいう。
三　降任　職員をその職員が現に任命されている職より下位の職制上の段階に属する職員の職に任命することをいう。
四　転任　職員をその職員が現に任命されている職以外の職員の職に任命することであつて前二号に定めるものに該当しないものをいう。
五　標準職務遂行能力　職制上の段階の標準的な職（職員の職に限る。以下同じ。）の職務を遂行する上で発揮することが求められる能力として任命権者が定めるものをいう。
2　前項第五号の標準的な職は、職制上の段階及び職務の種類に応じ、任命権者が定める。
3　地方公共団体の長及び議会の議長以外の任命権者は、標準職務遂行能力及び第一項第五号の標準的な職を定めようとするときは、あらかじめ、地方公共団体の長に協議しなければならない。

(欠格条項)
第一六条　次の各号のいずれかに該当する者は、条例で定める場合を除くほか、職員となり、又は競争試験若しくは選考を受けることができない。
一　成年被後見人又は被保佐人
二　禁錮以上の刑に処せられ、その執行を終わるまで又はその執行を受けることがなくなるまでの者
三　当該地方公共団体において懲戒免職の処分を受け、当該処分の日から二年を経過しない者
四　人事委員会又は公平委員会の委員の職にあつて、第六〇条から第六三条までに規定する罪を犯し刑に処せられた者
五　日本国憲法施行の日以後において、日本国憲法又はその下に成立した政府を暴力で破壊することを主張する政党その他の団体を結成し、又はこれに加入した者

(任命の方法)
第一七条　職員の職に欠員を生じた場合においては、任命権者は、採用、昇任、降任又は転任のいずれか一の方法により、職員を任命することができる。
2　人事委員会（競争試験等を行う公平委員会を含む。以下この節において同じ。）を置く地方公共団体においては、人事委員会は、前項の任命の方法のうちのいずれによるべきかについての一般的基準を定めることができる。

(採用の方法)
第一七条の二　人事委員会を置く地方公共団体においては、職員の採用は、競争試験によるものとする。ただし、人事委員会規則（競争試験等を行う公平委員会を置く地方公共団体においては、公平委員会規則。以下この節において同じ。）で定める場合には、選考（競争試験以外の能力の実証に基づく試験をいう。以下同じ。）によることを妨げない。
2　人事委員会を置かない地方公共団体においては、職員の採用は、競争試験又は選考によるものとする。
3　人事委員会（人事委員会を置かない地方公共団体においては、任命権者とする。以下この節において「人事委員会等」という。）は、正式任用になつてある職に就いていた職員が、職制若しくは定数の改廃又は予算の減少に基づく廃職又は過員によりその職を離れた後において、再びその職に復する場合における資格要件、採用手続及び採用の際における身分に関し必要な事項を定めることができる。

(試験機関)
第一八条　採用のための競争試験（以下「採用試験」という。）又は選考は、人事委員会等が行うものとする。ただし、人事委員会等は、他の地方公共団体の機関との協定によりこれと共同して、又は国若しくは他の地方公共団体の機関との協定によりこれらの機関に委託して、採用試験又は選考を行うことができる。

(採用試験の公開平等)
第一八条の二　採用試験は、人事委員会等の定める受験の資格を有する全ての国民に対して平等の条件で公開されなければならない。

(受験の阻害及び情報提供の禁止)
第一八条の三　試験機関に属する者その他職員は、受験を阻害し、又は受験に不当な影響を与える目的をもつて特別若しくは秘密の情報を提供してはならない。

(受験の資格要件)
第一九条　人事委員会等は、受験者に必要な資格として職務の遂行上必要であつて最少かつ適当な限度の客観的かつ画一的な要件を定めるものとする。

(採用試験の目的及び方法)
第二〇条　採用試験は、受験者が、当該採用試験に係る職の属する職制上の段階の標準的な職

に係る標準職務遂行能力及び当該採用試験に係る職についての適性を有するかどうかを正確に判定することをもつてその目的とする。
2　採用試験は、筆記試験その他の人事委員会等が定める方法により行うものとする。

(採用候補者名簿の作成及びこれによる採用)
第二一条　人事委員会を置く地方公共団体における採用試験による職員の採用については、人事委員会は、試験ごとに採用候補者名簿を作成するものとする。
2　採用候補者名簿には、採用試験において合格点以上を得た者の氏名及び得点を記載するものとする。
3　採用候補者名簿による職員の採用は、任命権者が、人事委員会の提示する当該名簿に記載された者の中から行うものとする。
4　採用候補者名簿に記載された者の数が採用すべき者の数よりも少ない場合その他の人事委員会規則で定める場合には、人事委員会は、他の最も適当な採用候補者名簿に記載された者を加えて提示することを妨げない。
5　前各項に定めるものを除くほか、採用候補者名簿の作成及びこれによる採用の方法に関し必要な事項は、人事委員会規則で定めなければならない。

(選考による採用)
第二一条の二　選考は、当該選考に係る職の属する職制上の段階の標準的な職に係る標準職務遂行能力及び当該選考に係る職についての適性を有するかどうかを正確に判定することをもつてその目的とする。
2　選考による職員の採用は、任命権者が、人事委員会等の行う選考に合格した者の中から行うものとする。
3　人事委員会等は、その定める職員の職について前条第一項に規定する採用候補者名簿がなく、かつ、人事行政の運営上必要であると認める場合においては、その職の採用試験又は選考に相当する国又は他の地方公共団体の採用試験又は選考に合格した者を、その職の選考に合格した者とみなすことができる。

(昇任の方法)
第二一条の三　職員の昇任は、任命権者が、職員の受験成績、人事評価その他の能力の実証に基づき、任命しようとする職の属する職制上の段階の標準的な職に係る標準職務遂行能力及び当該任命しようとする職についての適性を有すると認められる者の中から行うものとする。

(昇任試験又は選考の実施)
第二一条の四　任命権者が職員を人事委員会規則で定める職(人事委員会を置かない地方公共団体においては、任命権者が定める職)に昇任させる場合には、当該職について昇任のための競争試験(以下「昇任試験」という。)又は選考が行われなければならない。
2　人事委員会は、前項の人事委員会規則を定めようとするときは、あらかじめ、任命権者の意見を聴くものとする。
3　昇任試験は、人事委員会等の指定する職に正式に任用された職員に限り、受験することができる。
4　第一八条から第二一条までの規定は、第一項の規定による職員の昇任試験を実施する場合について準用する。この場合において、第一八条の二中「定める受験の資格を有する全ての国民」とあるのは「指定する職に正式に任用された全ての職員」と、第二一条中「職員の採用」とあるのは「職員の昇任」と、「採用候補者名簿」とあるのは「昇任候補者名簿」と、同条第四項中「採用すべき」とあるのは「昇任させるべき」と、同条第五項中「採用の方法」とあるのは「昇任の方法」と読み替えるものとする。
5　第一八条並びに第二一条の二第一項及び第二項の規定は、第一項の規定による職員の昇任のための選考を実施する場合について準用する。この場合において、同条第二項中「職員の採用」とあるのは、「職員の昇任」と読み替えるものとする。

(降任及び転任の方法)
第二一条の五　任命権者は、職員を降任させる場合には、当該職員の人事評価その他の能力の実証に基づき、任命しようとする職の属する職制上の段階の標準的な職に係る標準職務遂行能力及び当該任命しようとする職についての適性を有すると認められる職に任命するものとする。
2　職員の転任は、任命権者が、職員の人事評価その他の能力の実証に基づき、任命しようとする職の属する職制上の段階の標準的な職に係る標準職務遂行能力及び当該任命しようとする職についての適性を有すると認められる者の中から行うものとする。

(条件付採用及び臨時的任用)
第二二条　臨時的任用又は非常勤職員の任用の場合を除き、職員の採用は、全て条件付のものとし、その職員がその職において六月を勤務し、その間その職務を良好な成績で遂行したときに正式採用になるものとする。この場合において、人事委員会等は、条件付採用の期間を一年に至るまで延長することができる。
2　人事委員会を置く地方公共団体においては、任命権者は、人事委員会規則で定めるところ

により、緊急の場合、臨時の職に関する場合又は採用候補者名簿（第二一条の四第四項において読み替えて準用する第二一条第一項に規定する昇任候補者名簿を含む。）がない場合においては、人事委員会の承認を得て、六月を超えない期間で臨時的任用を行うことができる。この場合において、その任用は、人事委員会の承認を得て、六月を超えない期間で更新することができるが、再度更新することはできない。
3 　前項の場合において、人事委員会は、臨時的任用につき、任用される者の資格要件を定めることができる。
4 　人事委員会は、前二項の規定に違反する臨時的任用を取り消すことができる。
5 　人事委員会を置かない地方公共団体においては、任命権者は、緊急の場合又は臨時の職に関する場合においては、六月をこえない期間で臨時的任用を行うことができる。この場合において、任命権者は、その任用を六月をこえない期間で更新することができるが、再度更新することはできない。
6 　臨時的任用は、正式任用に際して、いかなる優先権をも与えるものではない。
7 　前五項に定めるものの外、臨時的に任用された者に対しては、この法律を適用する。

第三節　人事評価

（人事評価の根本基準）
第二三条　職員の人事評価は、公正に行われなければならない。
2 　任命権者は、人事評価を任用、給与、分限その他の人事管理の基礎として活用するものとする。

（人事評価の実施）
第二三条の二　職員の執務については、その任命権者は、定期的に人事評価を行わなければならない。
2 　人事評価の基準及び方法に関する事項その他人事評価に関し必要な事項は、任命権者が定める。
3 　前項の場合において、任命権者が地方公共団体の長及び議会の議長以外の者であるときは、同項に規定する事項について、あらかじめ、地方公共団体の長に協議しなければならない。

（人事評価に基づく措置）
第二三条の三　任命権者は、前条第一項の人事評価の結果に応じた措置を講じなければならない。

（人事評価に関する勧告）
第二三条の四　人事委員会は、人事評価の実施に関し、任命権者に勧告することができる。

第四節　給与、勤務時間その他の勤務条件

（給与、勤務時間その他の勤務条件の根本基準）
第二四条　職員の給与は、その職務と責任に応ずるものでなければならない。
2 　職員の給与は、生計費並びに国及び他の地方公共団体の職員並びに民間事業の従事者の給与その他の事情を考慮して定められなければならない。
3 　職員は、他の職員の職を兼ねる場合においても、これに対して給与を受けてはならない。
4 　職員の勤務時間その他職員の給与以外の勤務条件を定めるに当つては、国及び他の地方公共団体の職員との間に権衡を失しないように適当な考慮が払われなければならない。
5 　職員の給与、勤務時間その他の勤務条件は、条例で定める。

（給与に関する条例及び給与の支給）
第二五条　職員の給与は、前条第五項の規定による給与に関する条例に基づいて支給されなければならず、また、これに基づかずには、いかなる金銭又は有価物も職員に支給してはならない。
2 　職員の給与は、法律又は条例により特に認められた場合を除き、通貨で、直接職員に、その全額を支払わなければならない。
3 　給与に関する条例には、次に掲げる事項を規定するものとする。
　一　給料表
　二　等級別基準職務表
　三　昇給の基準に関する事項
　四　時間外勤務手当、夜間勤務手当及び休日勤務手当に関する事項
　五　前号に規定するものを除くほか、地方自治法第二〇四条第二項に規定する手当を支給する場合においては、当該手当に関する事項
　六　非常勤職員の職その他勤務条件の特別な職があるときは、これらについて行う給与の調整に関する事項
　七　前各号に規定するものを除くほか、給与の支給方法及び支給条件に関する事項
4 　前項第一号の給料表には、職員の職務の複雑、困難及び責任の度に基づく等級ごとに明確な給料額の幅を定めていなければならない。
5 　第三項第二号の等級別基準職務表には、職員の職務を前項の等級ごとに分類する際に基準となるべき職務の内容を定めていなければならない。

（給料表に関する報告及び勧告）
第二六条　人事委員会は、毎年少くとも一回、給

料表が適当であるかどうかについて、地方公共団体の議会及び長に同時に報告するものとする。給与を決定する諸条件の変化により、給料表に定める給料額を増減することが適当であると認めるときは、あわせて適当な勧告をすることができる。

(修学部分休業)
第二六条の二　任命権者は、職員（臨時的に任用される職員その他の法律により任期を定めて任用される職員及び非常勤職員を除く。以下この条及び次条において同じ。）が申請した場合において、公務の運営に支障がなく、かつ、当該職員の公務に関する能力の向上に資すると認めるときは、条例で定めるところにより、当該職員が、大学その他の条例で定める教育施設における修学のため、当該修学に必要と認められる期間として条例で定める期間中、一週間の勤務時間の一部について勤務しないこと（以下この条において「修学部分休業」という。）を承認することができる。
2　前項の規定による承認は、修学部分休業をしている職員が休職又は停職の処分を受けた場合には、その効力を失う。
3　職員が第一項の規定による承認を受けて勤務しない場合には、条例で定めるところにより、減額して給与を支給するものとする。
4　前三項に定めるもののほか、修学部分休業に関し必要な事項は、条例で定める。

(高齢者部分休業)
第二六条の三　任命権者は、高年齢として条例で定める年齢に達した職員が申請した場合において、公務の運営に支障がないと認めるときは、条例で定めるところにより、当該職員が当該条例で定める年齢に達した日以後の日で当該申請において示した日から当該職員に係る定年退職日（第二八条の二第一項に規定する定年退職日をいう。）までの期間中、一週間の勤務時間の一部について勤務しないこと（次項において「高齢者部分休業」という。）を承認することができる。
2　前条第二項から第四項までの規定は、高齢者部分休業について準用する。

第四節の二　休業

(休業の種類)
第二六条の四　職員の休業は、自己啓発等休業、配偶者同行休業、育児休業及び大学院修学休業とする。
2　育児休業及び大学院修学休業については、別に法律で定めるところによる。

(自己啓発等休業)
第二六条の五　任命権者は、職員（臨時的に任用される職員その他の法律により任期を定めて任用される職員及び非常勤職員を除く。以下この条及び次条（第八項及び第九項を除く。）において同じ。）が申請した場合において、公務の運営に支障がなく、かつ、当該職員の公務に関する能力の向上に資すると認めるときは、条例で定めるところにより、当該職員が、三年を超えない範囲内において条例で定める期間、大学等課程の履修（大学その他の条例で定める教育施設の課程の履修をいう。第五項において同じ。）又は国際貢献活動（国際協力の促進に資する外国における奉仕活動（当該奉仕活動を行うために必要な国内における訓練その他の準備行為を含む。）のうち職員として参加することが適当であるとして条例で定めるものに参加することをいう。第五項において同じ。）のための休業（以下この条において「自己啓発等休業」という。）をすることを承認することができる。
2　自己啓発等休業をしている職員は、自己啓発等休業を開始した時就いていた職又は自己啓発等休業の期間中に異動した職を保有するが、職務に従事しない。
3　自己啓発等休業をしている期間については、給与を支給しない。
4　自己啓発等休業の承認は、当該自己啓発等休業をしている職員が休職又は停職の処分を受けた場合には、その効力を失う。
5　任命権者は、自己啓発等休業をしている職員が当該自己啓発等休業の承認に係る大学等課程の履修又は国際貢献活動を取りやめたことその他条例で定める事由に該当すると認めるときは、当該自己啓発等休業の承認を取り消すものとする。
6　前各項に定めるもののほか、自己啓発等休業に関し必要な事項は、条例で定める。

(配偶者同行休業)
第二六条の六　任命権者は、職員が申請した場合において、公務の運営に支障がないと認めるときは、条例で定めるところにより、当該申請をした職員の勤務成績その他の事情を考慮した上で、当該職員が、三年を超えない範囲内において条例で定める期間、配偶者同行休業（職員が、外国での勤務その他の条例で定める事由により外国に住所又は居所を定めて滞在するその配偶者（届出をしないが事実上婚姻関係と同様の事情にある者を含む。第五項及び第六項において同じ。）と、当該住所又は居所において生活を共にするための休業をいう。以下この条において同じ。）をすることを承認することができる。

2 配偶者同行休業をしている職員は、当該配偶者同行休業を開始した日から引き続き配偶者同行休業をしようとする期間が前項の条例で定める期間を超えない範囲内において、条例で定めるところにより、任命権者に対し、配偶者同行休業の期間の延長を申請することができる。
3 配偶者同行休業の期間の延長は、条例で定める特別の事情がある場合を除き、一回に限るものとする。
4 第一項の規定は、配偶者同行休業の期間の延長の承認について準用する。
5 配偶者同行休業の承認は、当該配偶者同行休業をしている職員が休職若しくは停職の処分を受けた場合又は当該配偶者同行休業に係る配偶者が死亡し、若しくは当該職員の配偶者でなくなつた場合には、その効力を失う。
6 任命権者は、配偶者同行休業をしている職員が当該配偶者同行休業に係る配偶者と生活を共にしなくなつたことその他条例で定める事由に該当すると認めるときは、当該配偶者同行休業の承認を取り消すものとする。
7 任命権者は、第一項又は第二項の規定による申請があつた場合において、当該申請に係る期間(以下この項及び次項において「申請期間」という。)について職員の配置換えその他の方法によつて当該申請をした職員の業務を処理することが困難であると認めるときは、条例で定めるところにより、当該業務を処理するため、次の各号に掲げる任用のいずれかを行うことができる。この場合において、第二号に掲げる任用は、申請期間について一年を超えて行うことができない。
 一 申請期間を任用の期間(以下この条において「任期」という。)の限度として行う任期を定めた採用
 二 申請期間を任期の限度として行う臨時的任用
8 任命権者は、条例で定めるところにより、前項の規定により任期を定めて採用された職員の任期が申請期間に満たない場合にあつては、当該申請期間の範囲内において、その任期を更新することができる。
9 任命権者は、第七項の規定により任期を定めて採用された職員を、任期を定めて採用した趣旨に反しない場合に限り、その任期中、他の職に任用することができる。
10 第七項の規定に基づき臨時的任用を行う場合には、第二二条第二項から第五項までの規定は、適用しない。
11 前条第二項、第三項及び第六項の規定は、配偶者同行休業について準用する。

第五節 分限及び懲戒

(分限及び懲戒の基準)
第二七条 すべて職員の分限及び懲戒については、公正でなければならない。
2 職員は、この法律で定める事由による場合でなければ、その意に反して、降任され、若しくは免職されず、この法律又は条例で定める事由による場合でなければ、その意に反して、休職されず、又、条例で定める事由による場合でなければ、その意に反して降給されることがない。
3 職員は、この法律で定める事由による場合でなければ、懲戒処分を受けることがない。

(降任、免職、休職等)
第二八条 職員が、次の各号に掲げる場合のいずれかに該当するときは、その意に反して、これを降任し、又は免職することができる。
 一 人事評価又は勤務の状況を示す事実に照らして、勤務実績がよくない場合
 二 心身の故障のため、職務の遂行に支障があり、又はこれに堪えない場合
 三 前二号に規定する場合のほか、その職に必要な適格性を欠く場合
 四 職制若しくは定数の改廃又は予算の減少により廃職又は過員を生じた場合
2 職員が、左の各号の一に該当する場合においては、その意に反してこれを休職することができる。
 一 心身の故障のため、長期の休養を要する場合
 二 刑事事件に関し起訴された場合
3 職員の意に反する降任、免職、休職及び降給の手続及び効果は、法律に特別の定がある場合を除く外、条例で定めなければならない。
4 職員は、第一六条各号(第三号を除く。)の一に該当するに至つたときは、条例に特別の定がある場合を除く外、その職を失う。

(定年による退職)
第二八条の二 職員は、定年に達したときは、定年に達した日以後における最初の三月三一日までの間において、条例で定める日(以下「定年退職日」という。)に退職する。
2 前項の定年は、国の職員につき定められている定年を基準として条例で定めるものとする。
3 前項の場合において、地方公共団体における当該職員に関しその職務と責任に特殊性があること又は欠員の補充が困難であることにより国の職員につき定められている定年を基準として定めることが実情に即さないと認められるときは、当該職員の定年については、条例で別の定めをすることができる。この場合

においては、国及び他の地方公共団体の職員との間に権衡を失しないように適当な考慮が払われなければならない。
4　前三項の規定は、臨時的に任用される職員その他の法律により任期を定めて任用される職員及び非常勤職員には適用しない。

(定年による退職の特例)
第二八条の三　任命権者は、定年に達した職員が前条第一項の規定により退職すべきこととなる場合において、その職員の職務の特殊性又はその職員の職務の遂行上の特別の事情からみてその退職により公務の運営に著しい支障が生ずると認められる十分な理由があるときは、同項の規定にかかわらず、条例で定めるところにより、その職員に係る定年退職日の翌日から起算して一年を超えない範囲内で期限を定め、その職員を当該職務に従事させるため引き続いて勤務させることができる。
2　任命権者は、前項の期限又はこの項の規定により延長された期限が到来する場合において、前項の事由が引き続き存すると認められる十分な理由があるときは、条例で定めるところにより、一年を超えない範囲内で期限を延長することができる。ただし、その期限は、その職員に係る定年退職日の翌日から起算して三年を超えることができない。

(定年退職者等の再任用)
第二八条の四　任命権者は、当該地方公共団体の定年退職者等(第二八条の二第一項の規定により退職した者若しくは前条の規定により勤務した後退職した者又は定年退職日以前に退職した者のうち勤続期間等を考慮してこれらに準ずるものとして条例で定める者をいう。以下同じ。)を、従前の勤務実績等に基づく選考により、一年を超えない範囲内で任期を定め、常時勤務を要する職に採用することができる。ただし、その者がその者を採用しようとする職に係る定年に達していないときは、この限りでない。
2　前項の任期又はこの項の規定により更新された任期は、条例で定めるところにより、一年を超えない範囲内で更新することができる。
3　前二項の規定による任期については、その末日は、その者が条例で定める年齢に達する日以後における最初の三月三一日までの間において条例で定める日以前でなければならない。
4　前項の年齢は、国の職員につき定められている任期の末日に係る年齢を基準として定めるものとする。
5　第一項の規定による採用については、第二二条第一項の規定は、適用しない。

第二八条の五　任命権者は、当該地方公共団体の定年退職者等を、従前の勤務実績等に基づく選考により、一年を超えない範囲内で任期を定め、短時間勤務の職(当該職を占める職員の一週間当たりの通常の勤務時間が、常時勤務を要する職でその職務が当該短時間勤務の職と同種のものを占める職員の一週間当たりの通常の勤務時間に比し短い時間であるものをいう。第三項及び次条第二項において同じ。)に採用することができる。
2　前項の規定により採用された職員の任期については、前条第二項から第四項までの規定を準用する。
3　短時間勤務の職については、定年退職者等のうち第二八条の二第一項から第三項までの規定の適用があるものとした場合の当該職に係る定年に達した者に限り任用することができるものとする。

第二八条の六　第二八条の四第一項本文の規定によるほか、地方公共団体の組合を組織する地方公共団体の任命権者にあつては当該地方公共団体が組織する地方公共団体の組合の定年退職者等を、地方公共団体の組合の任命権者にあつては当該地方公共団体の組合を組織する地方公共団体の定年退職者等を、従前の勤務実績等に基づく選考により、一年を超えない範囲内で任期を定め、常時勤務を要する職に採用することができる。この場合においては、同項ただし書及び同条第五項の規定を準用する。
2　前条第一項の規定によるほか、地方公共団体の組合を組織する地方公共団体の任命権者にあつては当該地方公共団体が組織する地方公共団体の組合の定年退職者等を、地方公共団体の組合の任命権者にあつては当該地方公共団体の組合を組織する地方公共団体の定年退職者等を、従前の勤務実績等に基づく選考により、一年を超えない範囲内で任期を定め、短時間勤務の職に採用することができる。この場合においては、同条第三項の規定を準用する。
3　前二項の規定により採用された職員の任期については、第二八条の四第二項から第四項までの規定を準用する。

(懲戒)
第二九条　職員が次の各号の一に該当する場合においては、これに対し懲戒処分として戒告、減給、停職又は免職の処分をすることができる。
一　この法律若しくは第五七条に規定する特例を定めた法律又はこれに基く条例、地方公共団体の規則若しくは地方公共団体の機関の定める規程に違反した場合

二 職務上の義務に違反し、又は職務を怠つた場合
三 全体の奉仕者たるにふさわしくない非行のあつた場合
2 職員が、任命権者の要請に応じ当該地方公共団体の特別職に属する地方公務員、他の地方公共団体若しくは特定地方独立行政法人の地方公務員、国家公務員又は地方公社（地方住宅供給公社、地方道路公社及び土地開発公社をいう。）その他その業務が地方公共団体若しくは国の事務若しくは事業と密接な関連を有する法人のうち条例で定めるものに使用される者（以下この項において「特別職地方公務員等」という。）となるため退職し、引き続き特別職地方公務員等として在職した後、引き続いて当該退職を前提として職員として採用された場合（一の特別職地方公務員等として在職した後、引き続き一以上の特別職地方公務員等として在職し、引き続いて当該退職を前提として職員として採用された場合を含む。）において、当該退職までの引き続く職員としての在職期間（当該退職前に同様の退職（以下この項において「先の退職」という。）、特別職地方公務員等としての在職及び職員としての採用がある場合には、当該先の退職までの引き続く職員としての在職期間を含む。次項において「要請に応じた退職前の在職期間」という。）中に前項各号のいずれかに該当したときは、これに対し同項に規定する懲戒処分を行うことができる。
3 職員が、第二八条の四第一項又は第二八条の五第一項の規定により採用された場合において、定年退職者等となつた日までの引き続く職員としての在職期間（要請に応じた退職前の在職期間を含む。）又はこれらの規定によりかつて採用されて職員として在職していた期間中に第一項各号の一に該当したときは、これに対し同項に規定する懲戒処分を行うことができる。
4 職員の懲戒の手続及び効果は、法律に特別の定がある場合を除く外、条例で定めなければならない。

（適用除外）
第二九条の二 次に掲げる職員及びこれに対する処分については、第二七条第二項、第二八条第一項から第三項まで、第四九条第一項及び第二項並びに行政不服審査法（平成二六年法律第六八号）の規定を適用しない。
一 条件附採用期間中の職員
二 臨時的に任用された職員
2 前項各号に掲げる職員の分限については、条例で必要な事項を定めることができる。

第六節　服務
（服務の根本基準）
第三〇条 すべて職員は、全体の奉仕者として公共の利益のために勤務し、且つ、職務の遂行に当つては、全力を挙げてこれに専念しなければならない。

（服務の宣誓）
第三一条 職員は、条例の定めるところにより、服務の宣誓をしなければならない。

（法令等及び上司の職務上の命令に従う義務）
第三二条 職員は、その職務を遂行するに当つて、法令、条例、地方公共団体の規則及び地方公共団体の機関の定める規程に従い、且つ、上司の職務上の命令に忠実に従わなければならない。

（信用失墜行為の禁止）
第三三条 職員は、その職の信用を傷つけ、又は職員の職全体の不名誉となるような行為をしてはならない。

（秘密を守る義務）
第三四条 職員は、職務上知り得た秘密を漏らしてはならない。その職を退いた後も、また、同様とする。
2 法令による証人、鑑定人等となり、職務上の秘密に属する事項を発表する場合においては、任命権者（退職者については、その退職した職又はこれに相当する職に係る任命権者）の許可を受けなければならない。
3 前項の許可は、法律に特別の定がある場合を除く外、拒むことができない。

（職務に専念する義務）
第三五条 職員は、法律又は条例に特別の定がある場合を除く外、その勤務時間及び職務上の注意力のすべてをその職責遂行のために用い、当該地方公共団体がなすべき責を有する職務にのみ従事しなければならない。

（政治的行為の制限）
第三六条 職員は、政党その他の政治的団体の結成に関与し、若しくはこれらの団体の役員となつてはならず、又はこれらの団体の構成員となるように、若しくはならないように勧誘運動をしてはならない。
2 職員は、特定の政党その他の政治的団体又は特定の内閣若しくは地方公共団体の執行機関を支持し、又はこれに反対する目的をもつて、あるいは公の選挙又は投票において特定の人又は事件を支持し、又はこれに反対する目的をもつて、次に掲げる政治的行為をしてはならない。ただし、当該職員の属する地方公共団体の区域（当該職員が都道府県の支庁若しくは地方事務所又は地方自治法第二五二

条の一九第一項 の指定都市の区若しくは総合区に勤務する者であるときは、当該支庁若しくは地方事務所又は区若しくは総合区の所管区域）外において、第一号から第三号まで及び第五号に掲げる政治的行為をすることができる。
一 公の選挙又は投票において投票をするように、又はしないように勧誘運動をすること。
二 署名運動を企画し、又は主宰する等これに積極的に関与すること。
三 寄附金その他の金品の募集に関与すること。
四 文書又は図画を地方公共団体又は特定地方独立行政法人の庁舎（特定地方独立行政法人にあつては、事務所。以下この号において同じ。）、施設等に掲示し、又は掲示させ、その他地方公共団体又は特定地方独立行政法人の庁舎、施設、資材又は資金を利用し、又は利用させること。
五 前各号に定めるものを除く外、条例で定める政治的行為
3 何人も前二項に規定する政治的行為を行うよう職員に求め、職員をそそのかし、若しくはあおつてはならず、又は職員が前二項に規定する政治的行為をなし、若しくはなさないことに対する代償若しくは報復として、任用、職務、給与その他職員の地位に関してなんらかの利益若しくは不利益を与え、与えようと企て、若しくは約束してはならない。
4 職員は、前項に規定する違法な行為に応じなかつたことの故をもつて不利益な取扱を受けることはない。
5 本条の規定は、職員の政治的中立性を保障することにより、地方公共団体の行政及び特定地方独立行政法人の業務の公正な運営を確保するとともに職員の利益を保護することを目的とするものであるという趣旨において解釈され、及び運用されなければならない。

（争議行為等の禁止）
第三七条 職員は、地方公共団体の機関が代表する使用者としての住民に対して同盟罷業、怠業その他の争議行為をし、又は地方公共団体の機関の活動能率を低下させる怠業的行為をしてはならない。又、何人も、このような違法な行為を企て、又はその遂行を共謀し、そそのかし、若しくはあおつてはならない。
2 職員で前項の規定に違反する行為をしたものは、その行為の開始とともに、地方公共団体に対し、法令又は条例、地方公共団体の規則若しくは地方公共団体の機関の定める規程に基いて保有する任命上又は雇用上の権利をもつて対抗することができなくなるものとする。

（営利企業への従事等の制限）
第三八条 職員は、任命権者の許可を受けなければ、商業、工業又は金融業その他営利を目的とする私企業（以下この項及び次条第一項において「営利企業」という。）を営むことを目的とする会社その他の団体の役員その他人事委員会規則（人事委員会を置かない地方公共団体においては、地方公共団体の規則）で定める地位を兼ね、若しくは自ら営利企業を営み、又は報酬を得ていかなる事業若しくは事務にも従事してはならない。
2 人事委員会は、人事委員会規則により前項の場合における任命権者の許可の基準を定めることができる。

第六節の二　退職管理

（再就職者による依頼等の規制）
第三八条の二 職員（臨時的に任用された職員、条件付採用期間中の職員及び非常勤職員（第二八条の五第一項に規定する短時間勤務の職を占める職員を除く。）を除く。以下この節、第六〇条及び第六三条において同じ。）であつた者であつて離職後に営利企業等（営利企業及び営利企業以外の法人（国、国際機関、地方公共団体、独立行政法人通則法（平成一一年法律第一〇三号）第二条第四項 に規定する行政執行法人及び特定地方独立行政法人を除く。）をいう。以下同じ。）の地位に就いている者（退職手当通算予定職員であつた者であつて引き続いて退職手当通算法人の地位に就いている者及び公益的法人等への一般職の地方公務員の派遣等に関する法律（平成一二年法律第五〇号）第一〇条第二項 に規定する退職派遣者を除く。以下「再就職者」という。）は、離職前五年間に在職していた地方公共団体の執行機関の組織（当該執行機関（当該執行機関の附属機関を含む。）の補助機関及び当該執行機関の管理に属する機関の総体をいう。第三八条の七において同じ。）若しくは議会の事務局（事務局を置かない場合にあつては、これに準ずる組織。同条において同じ。）若しくは特定地方独立行政法人（以下「地方公共団体の執行機関の組織等」という。）の職員若しくは特定地方独立行政法人の役員（以下「役職員」という。）又はこれらに類する者として人事委員会規則（人事委員会を置かない地方公共団体においては、地方公共団体の規則。以下この条（第七項を除く。）、第三八条の七、第六〇条及び第六四条において同じ。）で定めるものに対し、当該地方公共団体若しくは当該特定地方独立行政法人と当該

営利企業等若しくはその子法人（国家公務員法（昭和二二年法律第一二〇号）第一〇六条の二第一項に規定する子法人の例を基準として人事委員会規則で定めるものをいう。以下同じ。）との間で締結される売買、貸借、請負その他の契約又は当該営利企業等若しくはその子法人に対して行われる行政手続法（平成五年法律第八八号）第二条第二号に規定する処分に関する事務（以下「契約等事務」という。）であつて離職前五年間の職務に属するものに関し、離職後二年間、職務上の行為をするように、又はしないように要求し、又は依頼してはならない。

2　前項の「退職手当通算法人」とは、地方独立行政法人法第二条第一項に規定する地方独立行政法人その他その業務が地方公共団体又は国の事務又は事業と密接な関連を有する法人のうち人事委員会規則で定めるもの（退職手当（これに相当する給付を含む。）に関する規程において、職員が任命権者又はその委任を受けた者の要請に応じ、引き続いて当該法人の役員又は当該法人に使用される者となつた場合に、職員としての勤続期間を当該法人の役員又は当該法人に使用される者としての勤続期間に通算することと定められており、かつ、当該地方公共団体の条例において、当該法人の役員又は当該法人に使用される者として在職した後引き続いて再び職員となつた者の当該法人の役員又は当該法人に使用される者としての勤続期間を当該職員となつた者の職員としての勤続期間に通算することと定められている法人に限る。）をいう。

3　第一項の「退職手当通算予定職員」とは、任命権者又はその委任を受けた者の要請に応じ、引き続いて退職手当通算法人（前項に規定する退職手当通算法人をいう。以下同じ。）の役員又は退職手当通算法人に使用される者となるため退職することとなる職員であつて、当該退職手当通算法人に在職した後、特別の事情がない限り引き続いて選考による採用が予定されている者のうち人事委員会規則で定めるものをいう。

4　第一項の規定によるもののほか、再就職者のうち、地方自治法第一五八条第一項に規定する普通地方公共団体の長の直近下位の内部組織の長又はこれに準ずる職であつて人事委員会規則で定めるものに離職した日の五年前の日より前に就いていた者は、当該職に就いていた時に在職していた地方公共団体の執行機関の組織等の役職員又はこれに類する者として人事委員会規則で定めるものに対し、契約等事務であつて離職した日の五年前の日より前の職務（当該職に就いていたときの職務に限る。）に属するものに関し、離職後二年間、職務上の行為をするように、又はしないように要求し、又は依頼してはならない。

5　第一項及び前項の規定によるもののほか、再就職者は、在職していた地方公共団体の執行機関の組織等の役職員又はこれに類する者として人事委員会規則で定めるものに対し、当該地方公共団体若しくは当該特定地方独立行政法人と営利企業等（当該再就職者が現にその地位に就いているものに限る。）若しくはその子法人との間の契約であつて当該地方公共団体若しくは当該特定地方独立行政法人においてその締結について自らが決定したもの又は当該地方公共団体若しくは当該特定地方独立行政法人による当該営利企業等若しくはその子法人に対する行政手続法第二条第二号に規定する処分であつて自らが決定したものに関し、職務上の行為をするように、又はしないように要求し、又は依頼してはならない。

6　第一項及び前二項の規定（第八項の規定に基づく条例が定められているときは、当該条例の規定を含む。）は、次に掲げる場合には適用しない。

一　試験、検査、検定その他の行政上の事務であつて、法律の規定に基づく行政庁による指定若しくは登録その他の処分（以下「指定等」という。）を受けた者が行う当該指定等に係るもの若しくは行政庁から委託を受けた者が行う当該委託に係るものを遂行するために必要な場合、又は地方公共団体若しくは国の事務若しくは事業と密接な関連を有する業務として人事委員会規則で定めるものを行うために必要な場合

二　行政庁に対する権利若しくは義務を定めている法令の規定若しくは地方公共団体若しくは特定地方独立行政法人との間で締結された契約に基づき、権利を行使し、若しくは義務を履行する場合、行政庁の処分により課された義務を履行する場合又はこれらに類する場合として人事委員会規則で定める場合

三　行政手続法第二条第三号に規定する申請又は同条第七号に規定する届出を行う場合

四　地方自治法第二三四条第一項に規定する一般競争入札若しくはせり売りの手続又は特定地方独立行政法人が公告して申込みをさせることによる競争の手続に従い、売買、貸借、請負その他の契約を締結するために必要な場合

五　法令の規定により又は慣行として公にされ、又は公にすることが予定されている情

報の提供を求める場合（一定の日以降に公にすることが予定されている情報を同日前に開示するよう求める場合を除く。）
六　再就職者が役職員（これに類する者を含む。以下この号において同じ。）に対し、契約等事務に関し、職務上の行為をするように、又はしないように要求し、又は依頼することにより公務の公正性の確保に支障が生じないと認められる場合として人事委員会規則で定める場合において、人事委員会規則で定める手続により任命権者の承認を得て、再就職者が当該承認に係る役職員に対し、当該承認に係る契約等事務に関し、職務上の行為をするように、又はしないように要求し、又は依頼する場合
7　職員は、前項各号に掲げる場合を除き、再就職者から第一項、第四項又は第五項の規定（次項の規定に基づく条例が定められているときは、当該条例の規定を含む。）により禁止される要求又は依頼を受けたとき（地方独立行政法人法第五〇条の二において準用する第一項、第四項又は第五項の規定（同条において準用する次項の規定に基づく条例が定められているときは、当該条例の規定を含む。）により禁止される要求又は依頼を受けたときを含む。）は、人事委員会規則又は公平委員会規則で定めるところにより、人事委員会又は公平委員会にその旨を届け出なければならない。
8　地方公共団体は、その組織の規模その他の事情に照らして必要があると認めるときは、再就職者のうち、国家行政組織法（昭和二三年法律第一二〇号）第二一条第一項に規定する部長又は課長の職に相当する職として人事委員会規則で定めるものに離職した日の五年前の日より前に就いていた者について、当該職に就いていた時に在職していた地方公共団体の執行機関の組織等の役職員又はこれに類する者として人事委員会規則で定めるものに対し、契約等事務であつて離職した日の五年前の日より前の職務（当該職に就いていたときの職務に限る。）に属するものに関し、離職後二年間、職務上の行為をするように、又はしないように要求し、又は依頼してはならないことを条例により定めることができる。

（違反行為の疑いに係る任命権者の報告）
第三八条の三　任命権者は、職員又は職員であつた者に前条の規定（同条第八項の規定に基づく条例が定められているときは、当該条例の規定を含む。）に違反する行為（以下「規制違反行為」という。）を行つた疑いがあると思料するときは、その旨を人事委員会又は公平委員会に報告しなければならない。

（任命権者による調査）
第三八条の四　任命権者は、職員又は職員であつた者に規制違反行為を行つた疑いがあると思料して当該規制違反行為に関して調査を行おうとするときは、人事委員会又は公平委員会にその旨を通知しなければならない。
2　人事委員会又は公平委員会は、任命権者が行う前項の調査の経過について、報告を求め、又は意見を述べることができる。
3　任命権者は、第一項の調査を終了したときは、遅滞なく、人事委員会又は公平委員会に対し、当該調査の結果を報告しなければならない。

（任命権者に対する調査の要求等）
第三八条の五　人事委員会又は公平委員会は、第三八条の二第七項の届出、第三八条の三の報告又はその他の事由により職員又は職員であつた者に規制違反行為を行つた疑いがあると思料するときは、任命権者に対し、当該規制違反行為に関する調査を行うよう求めることができる。
2　前条第二項及び第三項の規定は、前項の規定により行われる調査について準用する。

（地方公共団体の講ずる措置）
第三八条の六　地方公共団体は、国家公務員法中退職管理に関する規定の趣旨及び当該地方公共団体の職員の離職後の就職の状況を勘案し、退職管理の適正を確保するために必要と認められる措置を講ずるものとする。
2　地方公共団体は、第三八条の二の規定の円滑な実施を図り、又は前項の規定による措置を講ずるため必要と認めるときは、条例で定めるところにより、職員であつた者で条例で定めるものが、条例で定める法人の役員その他の地位であつて条例で定めるものに就こうとする場合又は就いた場合には、離職後条例で定める期間、条例で定める事項を条例で定める者に届け出させることができる。

（廃置分合に係る特例）
第三八条の七　職員であつた者が在職していた地方公共団体（この条の規定により当該職員であつた者が在職していた地方公共団体とみなされる地方公共団体を含む。）の廃置分合により当該職員であつた者が在職していた地方公共団体（以下この条において「元在職団体」という。）の事務が他の地方公共団体に承継された場合には、当該他の地方公共団体を当該元在職団体と、当該他の地方公共団体の執行機関の組織若しくは議会の事務局で当該元在職団体の執行機関の組織若しくは議会の事務局に相当するものの職員又はこれに類する者として当該他の地方公共団体の人事委員会規

則で定めるものを当該元在職団体の執行機関の組織若しくは議会の事務局の職員又はこれに類する者として当該元在職団体の人事委員会規則で定めるものと、それぞれみなして、第三八条の二から前条までの規定（第三八条の二第八項の規定に基づく条例が定められているときは当該条例の規定を含み、これらの規定に係る罰則を含む。）並びに第六〇条第四号から第八号まで及び第六三条の規定を適用する。

第七節　研修

（研修）
第三九条　職員には、その勤務能率の発揮及び増進のために、研修を受ける機会が与えられなければならない。
2　前項の研修は、任命権者が行うものとする。
3　地方公共団体は、研修の目標、研修に関する計画の指針となるべき事項その他研修に関する基本的な方針を定めるものとする。
4　人事委員会は、研修に関する計画の立案その他研修の方法について任命権者に勧告することができる。
第四〇条　削除

第八節　福祉及び利益の保護

（福祉及び利益の保護の根本基準）
第四一条　職員の福祉及び利益の保護は、適切であり、且つ、公正でなければならない。

第一款　厚生福利制度

（厚生制度）
第四二条　地方公共団体は、職員の保健、元気回復その他厚生に関する事項について計画を樹立し、これを実施しなければならない。
（共済制度）
第四三条　職員の病気、負傷、出産、休業、災害、退職、障害若しくは死亡又はその被扶養者の病気、負傷、出産、死亡若しくは災害に関して適切な給付を行なうための相互救済を目的とする共済制度が、実施されなければならない。
2　前項の共済制度には、職員が相当年限忠実に勤務して退職した場合又は公務に基づく病気若しくは負傷により退職し、若しくは死亡した場合におけるその者又はその遺族に対する退職年金に関する制度が含まれていなければならない。
3　前項の退職年金に関する制度は、退職又は死亡の時の条件を考慮して、本人及びその退職又は死亡の当時その者が直接扶養する者のその後における適当な生活の維持を図ることを目的とするものでなければならない。
4　第一項の共済制度については、国の制度との間に権衡を失しないように適当な考慮が払われなければならない。
5　第一項の共済制度は、健全な保険数理を基礎として定めなければならない。
6　第一項の共済制度は、法律によつてこれを定める。
第四四条　削除

第二款　公務災害補償

（公務災害補償）
第四五条　職員が公務に因り死亡し、負傷し、若しくは疾病にかかり、若しくは公務に因る負傷若しくは疾病により死亡し、若しくは障害の状態となり、又は船員である職員が公務に因り行方不明となつた場合においてその者又はその者の遺族若しくは被扶養者がこれらの原因によつて受ける損害は、補償されなければならない。
2　前項の規定による補償の迅速かつ公正な実施を確保するため必要な補償に関する制度が実施されなければならない。
3　前項の補償に関する制度には、次に掲げる事項が定められなければならない。
　一　職員の公務上の負傷又は疾病に対する必要な療養又は療養の費用の負担に関する事項
　二　職員の公務上の負傷又は疾病に起因する療養の期間又は船員である職員の公務による行方不明の期間におけるその職員の所得の喪失に対する補償に関する事項
　三　職員の公務上の負傷又は疾病に起因して、永久に、又は長期に所得能力を害された場合におけるその職員の受ける損害に対する補償に関する事項
　四　職員の公務上の負傷又は疾病に起因する死亡の場合におけるその遺族又は職員の死亡の当時その収入によつて生計を維持した者の受ける損害に対する補償に関する事項
4　第二項の補償に関する制度は、法律によつて定めるものとし、当該制度については、国の制度との間に権衡を失しないように適当な考慮が払われなければならない。

第三款　勤務条件に関する措置の要求

（勤務条件に関する措置の要求）
第四六条　職員は、給与、勤務時間その他の勤務条件に関し、人事委員会又は公平委員会に対して、地方公共団体の当局により適当な措置が執られるべきことを要求することができる。
（審査及び審査の結果執るべき措置）

第四七条　前条に規定する要求があつたときは、人事委員会又は公平委員会は、事案について口頭審理その他の方法による審査を行い、事案を判定し、その結果に基いて、その権限に属する事項については、自らこれを実行し、その他の事項については、当該事項に関し権限を有する地方公共団体の機関に対し、必要な勧告をしなければならない。

(要求及び審査、判定の手続等)
第四八条　前二条の規定による要求及び審査、判定の手続並びに審査、判定の結果執るべき措置に関し必要な事項は、人事委員会規則又は公平委員会規則で定めなければならない。

第四款　不利益処分に関する審査請求
(不利益処分に関する説明書の交付)
第四九条　任命権者は、職員に対し、懲戒その他その意に反すると認める不利益な処分を行う場合においては、その際、その職員に対し処分の事由を記載した説明書を交付しなければならない。
2　職員は、その意に反して不利益な処分を受けたと思うときは、任命権者に対し処分の事由を記載した説明書の交付を請求することができる。
3　前項の規定による請求を受けた任命権者は、その日から一五日以内に、同項の説明書を交付しなければならない。
4　第一項又は第二項の説明書には、当該処分につき、人事委員会又は公平委員会に対して審査請求をすることができる旨及び審査請求をすることができる期間を記載しなければならない。

(審査請求)
第四九条の二　前条第一項に規定する処分を受けた職員は、人事委員会又は公平委員会に対してのみ審査請求をすることができる。
2　前条第一項に規定する処分を除くほか、職員に対する処分については、審査請求をすることができない。職員がした申請に対する不作為についても、同様とする。
3　第一項に規定する審査請求については、行政不服審査法第二章の規定を適用しない。

(審査請求期間)
第四九条の三　前条第一項に規定する審査請求は、処分があつたことを知つた日の翌日から起算して三月以内にしなければならず、処分があつた日の翌日から起算して一年を経過したときは、することができない。

(審査及び審査の結果執るべき措置)
第五〇条　第四九条の二第一項に規定する審査請求を受理したときは、人事委員会又は公平委員会は、直ちにその事案を審査しなければならない。この場合において、処分を受けた職員から請求があつたときは、口頭審理を行わなければならない。口頭審理は、その職員から請求があつたときは、公開して行わなければならない。
2　人事委員会又は公平委員会は、必要があると認めるときは、当該審査請求に対する裁決を除き、審査に関する事務の一部を委員又は事務局長に委任することができる。
3　人事委員会又は公平委員会は、第一項に規定する審査の結果に基いて、その処分を承認し、修正し、又は取り消し、及び必要がある場合においては、任命権者にその職員の受けるべきであつた給与その他の給付を回復するため必要で且つ適切な措置をさせる等その職員がその処分によつて受けた不当な取扱を是正するための指示をしなければならない。

(審査請求の手続等)
第五一条　審査請求の手続及び審査の結果執るべき措置に関し必要な事項は、人事委員会規則又は公平委員会規則で定めなければならない。

(審査請求と訴訟との関係)
第五一条の二　第四九条第一項に規定する処分であつて人事委員会又は公平委員会に対して審査請求をすることができるものの取消しの訴えは、審査請求に対する人事委員会又は公平委員会の裁決を経た後でなければ、提起することができない。

第九節　職員団体

(職員団体)
第五二条　この法律において「職員団体」とは、職員がその勤務条件の維持改善を図ることを目的として組織する団体又はその連合体をいう。
2　前項の「職員」とは、第五項に規定する職員以外の職員をいう。
3　職員は、職員団体を結成し、若しくは結成せず、又はこれに加入し、若しくは加入しないことができる。ただし、重要な行政上の決定を行う職員、重要な行政上の決定に参画する管理的地位にある職員、職員の任免に関して直接の権限を持つ監督的地位にある職員、職員の任免、分限、懲戒若しくは服務、職員の給与その他の勤務条件又は職員団体との関係についての当局の計画及び方針に関する機密の事項に接し、そのためにその職務上の義務と責任とが職員団体の構成員としての誠意と責任とに直接に抵触すると認められる監督的地位にある職員その他職員団体との関係において当局の立場に立つて遂行すべき職務を担

当する職員（以下「管理職員等」という。）と管理職員等以外の職員とは、同一の職員団体を組織することができず、管理職員等と管理職員等以外の職員とが組織する団体は、この法律にいう「職員団体」ではない。
4　前項ただし書に規定する管理職員等の範囲は、人事委員会規則又は公平委員会規則で定める。
5　警察職員及び消防職員は、職員の勤務条件の維持改善を図ることを目的とし、かつ、地方公共団体の当局と交渉する団体を結成し、又はこれに加入してはならない。

（職員団体の登録）
第五三条　職員団体は、条例で定めるところにより、理事その他の役員の氏名及び条例で定める事項を記載した申請書に規約を添えて人事委員会又は公平委員会に登録を申請することができる。
2　前項に規定する職員団体の規約には、少なくとも左に掲げる事項を記載するものとする。
　一　名称
　二　目的及び業務
　三　主たる事務所の所在地
　四　構成員の範囲及びその資格の得喪に関する規定
　五　理事その他の役員に関する規定
　六　第三項に規定する事項を含む業務執行、会議及び投票に関する規定
　七　経費及び会計に関する規定
　八　他の職員団体との連合に関する規定
　九　規約の変更に関する規定
　一〇　解散に関する規定
3　職員団体が登録される資格を有し、及び引き続き登録されているためには、規約の作成又は変更、役員の選挙その他これらに準ずる重要な行為が、すべての構成員が平等に参加する機会を有する直接且つ秘密の投票による全員の過半数（役員の選挙については、投票者の過半数）によって決定される旨の手続を定め、且つ、現実に、その手続によりこれらの重要な行為が決定されることを必要とする。但し、連合体である職員団体にあつては、すべての構成員が平等に参加する機会を有する構成団体ごとの直接且つ秘密の投票による投票者の過半数で代議員を選挙し、すべての代議員が平等に参加する機会を有する直接且つ秘密の投票によるその全員の過半数（役員の選挙については、投票者の過半数）によって決定される旨の手続を定め、且つ、現実に、その手続により決定されることをもつて足りるものとする。
4　前項に定めるもののほか、職員団体が登録される資格を有し、及び引き続き登録されているためには、当該職員団体が同一の地方公共団体に属する前条第五項に規定する職員以外の職員のみをもつて組織されていることを必要とする。ただし、同項に規定する職員以外の職員であつた者でその意に反して免職され、若しくは懲戒処分としての免職の処分を受け、当該処分を受けた日の翌日から起算して一年以内のもの又はその期間内に当該処分について法律の定めるところにより審査請求をし、若しくは訴えを提起し、これに対する裁決若しくは裁判が確定するに至らないものを構成員にとどめていること、及び当該職員団体の役員である者を構成員としていることを妨げない。
5　人事委員会又は公平委員会は、登録を申請した職員団体が前三項の規定に適合するものであるときは、条例で定めるところにより、規約及び第一項に規定する申請書の記載事項を登録し、当該職員団体にその旨を通知しなければならない。この場合において、職員でない者の役員就任を認めている職員団体を、そのゆえをもつて登録の要件に適合しないものと解してはならない。
6　登録を受けた職員団体が職員団体でなくなつたとき、登録を受けた職員団体について第二項から第四項までの規定に適合しない事実があつたとき、又は登録を受けた職員団体が第九項の規定による届出をしなかつたときは、人事委員会又は公平委員会は、条例で定めるところにより、六〇日を超えない範囲内で当該職員団体の登録の効力を停止し、又は当該職員団体の登録を取り消すことができる。
7　前項の規定による登録の取消しに係る聴聞の期日における審理は、当該職員団体から請求があつたときは、公開により行わなければならない。
8　第六項の規定による登録の取消しは、当該処分の取消しの訴えを提起することができる期間内及び当該処分の取消しの訴えの提起があつたときは当該訴訟が裁判所に係属する間は、その効力を生じない。
9　登録を受けた職員団体は、その規約又は第一項に規定する申請書の記載事項に変更があつたときは、条例で定めるところにより、人事委員会又は公平委員会にその旨を届け出なければならない。この場合において、第五項の規定を準用する。
10　登録を受けた職員団体は、解散したときは、条例で定めるところにより、人事委員会又は公平委員会にその旨を届け出なければならない。

第五四条　削除

(交渉)
第五五条 地方公共団体の当局は、登録を受けた職員団体から、職員の給与、勤務時間その他の勤務条件に関し、及びこれに附帯して、社交的又は厚生的活動を含む適法な活動に係る事項に関し、適法な交渉の申入れがあつた場合においては、その申入れに応ずべき地位に立つものとする。

2 職員団体と地方公共団体の当局との交渉は、団体協約を締結する権利を含まないものとする。

3 地方公共団体の事務の管理及び運営に関する事項は、交渉の対象とすることができない。

4 職員団体が交渉することのできる地方公共団体の当局は、交渉事項について適法に管理し、又は決定することのできる地方公共団体の当局とする。

5 交渉は、職員団体と地方公共団体の当局があらかじめ取り決めた員数の範囲内で、職員団体がその役員の中から指名する者と地方公共団体の当局の指名する者との間において行なわなければならない。交渉に当たつては、職員団体と地方公共団体の当局との間において、議題、時間、場所その他必要な事項をあらかじめ取り決めて行なうものとする。

6 前項の場合において、特別の事情があるときは、職員団体は、役員以外の者を指名することができるものとする。ただし、その指名する者は、当該交渉の対象である特定の事項について交渉する適法な委任を当該職員団体の執行機関から受けたことを文書によつて証明できる者でなければならない。

7 交渉は、前二項の規定に適合しないこととなつたとき、又は他の職員の職務の遂行を妨げ、若しくは地方公共団体の事務の正常な運営を阻害することとなつたときは、これを打ち切ることができる。

8 本条に規定する適法な交渉は、勤務時間中においても行なうことができる。

9 職員団体は、法令、条例、地方公共団体の規則及び地方公共団体の機関の定める規程にてい触しない限りにおいて、当該地方公共団体の当局と書面による協定を結ぶことができる。

10 前項の協定は、当該地方公共団体の当局及び職員団体の双方において、誠意と責任をもつて履行しなければならない。

11 職員は、職員団体に属していないという理由で、第一項に規定する事項に関し、不満を表明し、又は意見を申し出る自由を否定されてはならない。

(職員団体のための職員の行為の制限)
第五五条の二 職員は、職員団体の業務にもつぱら従事することができない。ただし、任命権者の許可を受けて、登録を受けた職員団体の役員としてもつぱら従事する場合は、この限りでない。

2 前項ただし書の許可は、任命権者が相当と認める場合に与えることができるものとし、これを与える場合においては、任命権者は、その許可の有効期間を定めるものとする。

3 第一項ただし書の規定により登録を受けた職員団体の役員として専ら従事する期間は、職員としての在職期間を通じて五年(地方公営企業等の労働関係に関する法律(昭和二七年法律第二八九号)第六条第一項 ただし書(同法附則第五項 において準用する場合を含む。)の規定により労働組合の業務に専ら従事したことがある職員については、五年からその専ら従事した期間を控除した期間)を超えることができない。

4 第一項ただし書の許可は、当該許可を受けた職員が登録を受けた職員団体の役員として当該職員団体の業務にもつぱら従事する者でなくなつたときは、取り消されるものとする。

5 第一項ただし書の許可を受けた職員は、その許可が効力を有する間は、休職者とし、いかなる給与も支給されず、また、その期間は、退職手当の算定の基礎となる勤続期間に算入されないものとする。

6 職員は、条例で定める場合を除き、給与を受けながら、職員団体のためその業務を行ない、又は活動してはならない。

(不利益取扱の禁止)
第五六条 職員は、職員団体の構成員であること、職員団体を結成しようとしたこと、若しくはこれに加入しようとしたこと又は職員団体のために正当な行為をしたことの故をもつて不利益な取扱を受けることはない。

第四章 補則

(特例)
第五七条 職員のうち、公立学校(学校教育法(昭和二二年法律第二六号)第一条 に規定する学校及び就学前の子どもに関する教育、保育等の総合的な提供の推進に関する法律(平成一八年法律第七七号)第二条第七項 に規定する幼保連携型認定こども園であつて地方公共団体の設置するものをいう。)の教職員(学校教育法第七条(就学前の子どもに関する教育、保育等の総合的な提供の推進に関する法律第二六条 において準用する場合を含む。)に規定する校長及び教員並びに学校教育法第二七条第二項(同法第八二条 において準用する場合を含む。)、第三七条第一項(同法第四九条 及

び第八二条 において準用する場合を含む。)、第六〇条第一項(同法第八二条 において準用する場合を含む。)、第六九条第一項、第九二条第一項及び第一二〇条第一項並びに就学前の子どもに関する教育、保育等の総合的な提供の推進に関する法律第一四条第二項 に規定する事務職員をいう。)、単純な労務に雇用される者その他その職務と責任の特殊性に基づいてこの法律に対する特例を必要とするものについては、別に法律で定める。ただし、その特例は、第一条の精神に反するものであつてはならない。

(他の法律の適用除外等)
第五八条 労働組合法(昭和二四年法律第一七四号)、労働関係調整法(昭和二一年法律第二五号)及び最低賃金法(昭和三四年法律第一三七号)並びにこれらに基く命令の規定は、職員に関して適用しない。
2 労働安全衛生法(昭和四七年法律第五七号)第二章 の規定並びに船員災害防止活動の促進に関する法律(昭和四二年法律第六一号)第二章 及び第五章 の規定並びに同章 に基づく命令の規定は、地方公共団体の行う労働基準法(昭和二二年法律第四九号)別表第一第一号から第一〇号まで及び第一三号から第一五号までに掲げる事業に従事する職員以外の職員に関して適用しない。
3 労働基準法第二条 、第一四条第二項及び第三項、第二四条第一項、第三二条の三から第三二条の五まで、第三八条の二第二項及び第三項、第三八条の三、第三八条の四、第三九条第六項、第七五条から第九三条まで並びに第一〇二条の規定、労働安全衛生法第九二条の規定、船員法(昭和二二年法律第一〇〇号)第六条 中労働基準法第二条に関する部分、第三〇条、第三七条中勤務条件に関する部分、第五三条第一項、第八九条から第一〇〇条まで、第一〇二条及び第一〇八条中勤務条件に関する部分の規定並びに船員災害防止活動の促進に関する法律第六二条 の規定並びにこれらの規定に基づく命令の規定は、職員に関して適用しない。ただし、労働基準法第一〇二条 の規定、労働安全衛生法第九二条 の規定、船員法第三七条 及び第一〇八条 中勤務条件に関する部分の規定並びに船員災害防止活動の促進に関する法律第六二条の規定並びにこれらの規定に基づく命令の規定は、地方公共団体の行う労働基準法 別表第一第一号から第一〇号まで及び第一三号から第一五号までに掲げる事業に従事する職員に、同法第七五条から第八八条 まで及び船員法第八九条 から第九六条 までの規定は、地方公務員災害補償法(昭和四二年法律第一二一号)第二条第一項 に規定する者以外の職員に関しては適用する。
4 職員に関しては、労働基準法第三二条の二第一項 中「使用者は、当該事業場に、労働者の過半数で組織する労働組合がある場合においてはその労働組合、労働者の過半数で組織する労働組合がない場合においては労働者の過半数を代表する者との書面による協定により、又は」とあるのは「使用者は、」と、同法第三四条第二項 ただし書中「当該事業場に、労働者の過半数で組織する労働組合がある場合においてはその労働組合、労働者の過半数で組織する労働組合がない場合においては労働者の過半数を代表する者との書面による協定があるときは」とあるのは「条例に特別の定めがある場合は」と、同法第三七条第三項 中「使用者が、当該事業場に、労働者の過半数で組織する労働組合があるときはその労働組合、労働者の過半数で組織する労働組合がないときは労働者の過半数を代表する者との書面による協定により」とあるのは「使用者が」と、同法第三九条第四項 中「当該事業場に、労働者の過半数で組織する労働組合があるときはその労働組合、労働者の過半数で組織する労働組合がないときは労働者の過半数を代表する者との書面による協定により、次に掲げる事項を定めた場合において、第一号に掲げる労働者の範囲に属する労働者が有給休暇を時間を単位として請求したときは、前三項の規定による有給休暇の日数のうち第二号に掲げる日数については、これらの規定にかかわらず、当該協定で定めるところにより」とあるのは「前三項の規定にかかわらず、特に必要があると認められるときは、」とする。
5 労働基準法 、労働安全衛生法 、船員法 及び船員災害防止活動の促進に関する法律 の規定並びにこれらの規定に基づく命令の規定中第三項 の規定により職員に関して適用されるものを適用する場合における職員の勤務条件に関する労働基準監督機関の職権は、地方公共団体の行う労働基準法 別表第一第一号から第一〇号まで及び第一三号から第一五号までに掲げる事業に従事する職員の場合を除き、人事委員会又はその委任を受けた人事委員会の委員(人事委員会を置かない地方公共団体においては、地方公共団体の長)が行うものとする。

(人事行政の運営等の状況の公表)
第五八条の二 任命権者は、次条に規定するもののほか、条例で定めるところにより、毎年、地方公共団体の長に対し、職員(臨時的に任

用された職員及び非常勤職員（第二八条の五第一項に規定する短時間勤務の職を占める職員を除く。）を除く。）の任用、人事評価、給与、勤務時間その他の勤務条件、休業、分限及び懲戒、服務、退職管理、研修並びに福祉及び利益の保護等人事行政の運営の状況を報告しなければならない。
2　人事委員会又は公平委員会は、条例で定めるところにより、毎年、地方公共団体の長に対し、業務の状況を報告しなければならない。
3　地方公共団体の長は、前二項の規定による報告を受けたときは、条例で定めるところにより、毎年、第一項の規定による報告を取りまとめ、その概要及び前項の規定による報告を公表しなければならない。

（等級等ごとの職員の数の公表）
第五八条の三　任命権者は、第二五条第四項に規定する等級及び職員の職の属する職制上の段階ごとに、職員の数を、毎年、地方公共団体の長に報告しなければならない。
2　地方公共団体の長は、毎年、前項の規定による報告を取りまとめ、公表しなければならない。

（総務省の協力及び技術的助言）
第五九条　総務省は、地方公共団体の人事行政がこの法律によって確立される地方公務員制度の原則に沿って運営されるように協力し、及び技術的助言をすることができる。

第五章　罰則

（罰則）
第六〇条　次の各号のいずれかに該当する者は、一年以下の懲役又は五〇万円以下の罰金に処する。
一　第一三条の規定に違反して差別をした者
二　第三四条第一項又は第二項の規定（第九条の二第一二項において準用する場合を含む。）に違反して秘密を漏らした者
三　第五〇条第三項の規定による人事委員会又は公平委員会の指示に故意に従わなかつた者
四　離職後二年を経過するまでの間に、離職前五年間に在職していた地方公共団体の執行機関の組織等に属する役職員又はこれに類する者として人事委員会規則で定めるものに対し、契約等事務であつて離職前五年間の職務に属するものに関し、職務上不正な行為をするように、又は相当の行為をしないように要求し、又は依頼した再就職者
五　地方自治法第一五八条第一項　に規定する普通地方公共団体の長の直近下位の内部組織の長又はこれに準ずる職であつて人事委員会規則で定めるものに離職した日の五年前の日より前に就いていた者であつて、離職後二年を経過するまでの間に、当該職に就いていた時に在職していた地方公共団体の執行機関の組織等に属する役職員又はこれに類する者として人事委員会規則で定めるものに対し、契約等事務であつて離職した日の五年前の日より前の職務（当該職に就いていたときの職務に限る。）に属するものに関し、職務上不正な行為をするように、又は相当の行為をしないように要求し、又は依頼した再就職者
六　在職していた地方公共団体の執行機関の組織等に属する役職員又はこれに類する者として人事委員会規則で定めるものに対し、当該地方公共団体若しくは当該特定地方独立行政法人と営利企業等（再就職者が現にその地位に就いているものに限る。）若しくはその子法人との間の契約であつて当該地方公共団体若しくは当該特定地方独立行政法人においてその締結について自らが決定したもの又は当該地方公共団体若しくは当該特定地方独立行政法人による当該営利企業等若しくはその子法人に対する行政手続法第二条第二号　に規定する処分であつて自らが決定したものに関し、職務上不正な行為をするように、又は相当の行為をしないように要求し、又は依頼した再就職者
七　国家行政組織法第二一条第一項　に規定する部長又は課長の職に相当する職として人事委員会規則で定めるものに離職した日の五年前の日より前に就いていた者であつて、離職後二年を経過するまでの間に、当該職に就いていた時に在職していた地方公共団体の執行機関の組織等に属する役職員又はこれに類する者として人事委員会規則で定めるものに対し、契約等事務であつて離職した日の五年前の日より前の職務（当該職に就いていたときの職務に限る。）に属するものに関し、職務上不正な行為をするように、又は相当の行為をしないように要求し、又は依頼した再就職者（第三八条の二第八項の規定に基づき条例を定めている地方公共団体の再就職者に限る。）
八　第四号から前号までに掲げる再就職者から要求又は依頼（地方独立行政法人法第五〇条の二　において準用する第四号　から前号までに掲げる要求又は依頼を含む。）を受けた職員であつて、当該要求又は依頼を受けたことを理由として、職務上不正な行為をし、又は相当の行為をしなかつた者

第六一条　次の各号のいずれかに該当する者は、

三年以下の懲役又は一〇〇万円以下の罰金に処する。
一　第五〇条第一項に規定する権限の行使に関し、第八条第六項の規定により人事委員会若しくは公平委員会から証人として喚問を受け、正当な理由がなくてこれに応ぜず、若しくは虚偽の陳述をした者又は同項の規定により人事委員会若しくは公平委員会から書類若しくはその写の提出を求められ、正当な理由がなくてこれに応ぜず、若しくは虚偽の事項を記載した書類若しくはその写を提出した者
二　第一五条の規定に違反して任用した者
三　第一八条の三（第二一条の四第四項において準用する場合を含む。）の規定に違反して受験を阻害し、又は情報を提供した者
四　何人たるを問わず、第三七条第一項前段に規定する違法な行為の遂行を共謀し、そそのかし、若しくはあおり、又はこれらの行為を企てた者
五　第四六条の規定による勤務条件に関する措置の要求の申出を故意に妨げた者

第六二条　第六〇条第二号又は前条第一号から第三号まで若しくは第五号に掲げる行為を企て、命じ、故意にこれを容認し、そそのかし、又はそのほう助をした者は、それぞれ各本条の刑に処する。

第六三条　次の各号のいずれかに該当する者は、三年以下の懲役に処する。ただし、刑法（明治四〇年法律第四五号）に正条があるときは、刑法による。
一　職務上不正な行為（当該職務上不正な行為が、営利企業等に対し、他の役職員をその離職後に、若しくは役職員であつた者を、当該営利企業等若しくはその子法人の地位に就かせることを目的として、当該役職員若しくは役職員であつた者に関する情報を提供し、若しくは当該地位に関する情報の提供を依頼し、若しくは当該役職員若しくは役職員であつた者を当該地位に就かせることを要求し、若しくは依頼する行為、又は営利企業等に対し、離職後に当該営利企業等若しくはその子法人の地位に就くことを目的として、自己に関する情報を提供し、若しくは当該地位に関する情報の提供を依頼し、若しくは当該地位に就くことを要求し、若しくは約束する行為である場合における当該職務上不正な行為を除く。次号において同じ。）をすること若しくはしたこと、又は相当の行為をしないこと若しくはしなかつたことに関し、営利企業等に対し、離職後に当該営利企業等若しくはその子法人の地位に就くこと、又は他の役職員をその離職後に、若しくは役職員であつた者を、当該営利企業等若しくはその子法人の地位に就かせることを要求し、又は約束した職員
二　職務に関し、他の役職員に職務上不正な行為をするように、又は相当の行為をしないように要求し、依頼し、若しくは唆すこと、又は要求し、依頼し、若しくは唆したことに関し、営利企業等に対し、離職後に当該営利企業等若しくはその子法人の地位に就くこと、又は他の役職員をその離職後に、若しくは役職員であつた者を、当該営利企業等若しくはその子法人の地位に就かせることを要求し、又は約束した職員
三　前号（地方独立行政法人法第五〇条の二において準用する場合を含む。）の不正な行為をするように、又は相当の行為をしないように要求し、依頼し、若しくは唆した行為の相手方であつて、同号（同条において準用する場合を含む。）の要求又は約束があつたことの情を知つて職務上不正な行為をし、又は相当の行為をしなかつた職員

第六四条　第三八条の二第一項、第四項又は第五項の規定（同条第八項の規定に基づく条例が定められているときは、当該条例の規定を含む。）に違反して、役職員又はこれらの規定に規定する役職員に類する者として人事委員会規則で定めるものに対し、契約等事務に関し、職務上の行為をするように、又はしないように要求し、又は依頼した者（不正な行為をするように、又は相当の行為をしないように要求し、又は依頼した者を除く。）は、一〇万円以下の過料に処する。

第六五条　第三八条の六第二項の条例には、これに違反した者に対し、一〇万円以下の過料を科する旨の規定を設けることができる。

附則〔抄〕
(施行期日)
1　この法律の規定中、第一五条及び第一七条から第二三条までの規定並びに第六一条第二号及び第三号の罰則並びに第六二条中第六一条第二号及び第三号に関する部分は、都道府県及び地方自治法第一五五条第二項の市にあつてはこの法律公布の日から起算して二年を経過した日から、その他の地方公共団体にあつてはこの法律公布の日から起算して二年六月を経過した日からそれぞれ施行し、第二七条から第二九条まで及び第四六条から第五一条までの規定並びに第六〇条第三号、第六一条第一号及び同条第五号の罰則並びに第六二

条中第六一条第一号及び第五号に関する部分は、この法律公布の日から起算して八月を経過した日から施行し、その他の規定は、この法律公布の日から起算して二月を経過した日から施行する。

(経過規定)

5 　最初に選任される人事委員会又は公平委員会の委員の任期は、第九条の二第一〇項本文の規定にかかわらず、一人は四年、一人は三年、一人は二年とする。この場合において、各委員の任期は、地方公共団体の長がくじで定める。

6 　職員の任免、給与、分限、懲戒、服務その他身分取扱に関する事項については、この法律中の各相当規定がそれぞれの地方公共団体に適用されるまでの間は、当該地方公共団体については、なお、従前の例による。

7 　昭和二三年七月二二日附内閣総理大臣宛連合国最高司令官書簡に基く臨時措置に関する政令（昭和二三年政令第二〇一号）は、職員に関してはその効力を失う。

8 　前項の政令がその効力を失う前にした同令二条第一項の規定に違反する行為に対する罰則の適用については、なお、従前の例による。

9 　第一六条第三号の懲戒免職の処分には、当該地方公共団体において、地方公務員に関する従前の規定によりなされた懲戒免職の処分を含むものとする。

10 　地方公務員に関する従前の規定により休職を命ぜられた者又は懲戒手続中の者若しくは懲戒処分を受けた者の休職又は懲戒に関しては、なお、従前の例による。

15 　第五八条第一項の規定施行の際現に存する法人である労働組合でその主たる構成員が職員であるものが第五三条第一項の規定により登録されたときは、第五四条第一項の法人である職員団体として設立されたものとみなす。

17 　前二項の場合において必要な事項は、政令で定める。

18 　第五八条第一項及び第二項の規定施行前にしたこれらの規定に規定する法令の規定に違反する行為に対する罰則の適用については、これらの規定にかかわらず、なお、従前の例による。

(職員が職員団体の役員として専ら従事することができる期間の特例)

20 　第五五条の二の規定の適用については、職員の労働関係の実態にかんがみ、労働関係の適正化を促進し、もつて公務の能率的な運営に資するため、当分の間、同条第三項中「五年」とあるのは、「七年以下の範囲内で人事委員会規則又は公平委員会規則で定める期間」とする。

(特別職に属する地方公務員に関する特例)

21 　第三条第三項各号に掲げる職のほか、地方公共団体が、緊急失業対策法を廃止する法律（平成七年法律第五四号）の施行の際現に失業者であつて同法の施行の日前二月間に一〇日以上同法による廃止前の緊急失業対策法（昭和二四年法律第八九号）第二条第一項の失業対策事業に使用されたもの及び総務省令で定めるこれに準ずる失業者（以下「旧失業対策事業従事者」という。）に就業の機会を与えることを主たる目的として平成一三年三月三一日までの間に実施する事業のため、旧失業対策事業従事者のうち、公共職業安定所から失業者として紹介を受けて雇用した者で技術者、技能者、監督者及び行政事務を担当する者以外のものの職は、特別職とする。

附則（平成二六年六月一三日法律第六九号）抄

(施行期日)

第一条　この法律は、行政不服審査法（平成二六年法律第六八号）の施行の日から施行する。

刑法〔抜粋〕

明治40年〔1907年〕4月24日法律第45号
最終改正　平成30年〔2017年〕7月13日公布
　　　　　法律第72号

第一編　総則

第一章　通則

(刑の種類)
第九条　死刑、懲役、禁錮、罰金、拘留及び科料を主刑とし、没収を付加刑とする。

第四章　刑の執行猶予

(刑の全部の執行猶予)
第二五条　次に掲げる者が三年以下の懲役若しくは禁錮又は五〇万円以下の罰金の言渡しを受けたときは、情状により、裁判が確定した日から一年以上五年以下の期間、その刑の全部の執行を猶予することができる。
一　前に禁錮以上の刑に処せられたことがない者
二　前に禁錮以上の刑に処せられたことがあっても、その執行を終わった日又はその執行の免除を得た日から五年以内に禁錮以上の刑に処せられたことがない者
2　前に禁錮以上の刑に処せられたことがあってもその刑の全部の執行を猶予された者が一年以下の懲役又は禁錮の言渡しを受け、情状に特に酌量すべきものがあるときも、前項と同様とする。ただし、次条第一項の規定により保護観察に付せられ、その期間内に更に罪を犯した者については、この限りでない。

(刑の全部の執行猶予中の保護観察)
第二五条の二　前条第一項の場合においては猶予の期間中保護観察に付することができ、同条第二項の場合においては猶予の期間中保護観察に付する。
2　前項の規定により付せられた保護観察は、行政官庁の処分によって仮に解除することができる。
3　前項の規定により保護観察を仮に解除されたときは、前条第二項ただし書及び第二六条の二第二号の規定の適用については、その処分を取り消されるまでの間は、保護観察に付せられなかったものとみなす。

(刑の全部の執行猶予の必要的取消し)
第二六条　次に掲げる場合においては、刑の全部の執行猶予の言渡しを取り消さなければならない。ただし、第三号の場合において、猶予の言渡しを受けた者が第二五条第一項第二号に掲げる者であるとき、又は次条第三号に該当するときは、この限りでない。
一　猶予の期間内に更に罪を犯して禁錮以上の刑に処せられ、その刑の全部について執行猶予の言渡しがないとき。
二　猶予の言渡し前に犯した他の罪について禁錮以上の刑に処せられ、その刑の全部について執行猶予の言渡しがないとき。
三　猶予の言渡し前に他の罪について禁錮以上の刑に処せられたことが発覚したとき。

(刑の全部の執行猶予の裁量的取消し)
第二六条の二　次に掲げる場合においては、刑の全部の執行猶予の言渡しを取り消すことができる。
一　猶予の期間内に更に罪を犯し、罰金に処せられたとき。
二　第二五条の二第一項の規定により保護観察に付せられた者が遵守すべき事項を遵守せず、その情状が重いとき。
三　猶予の言渡し前に他の罪について禁錮以上の刑に処せられ、その刑の全部の執行を猶予されたことが発覚したとき。

(刑の全部の執行猶予の取消しの場合における他の刑の執行猶予の取消し)
第二六条の三　前二条の規定により禁錮以上の刑の全部の執行猶予の言渡しを取り消したときは、執行猶予中の他の禁錮以上の刑についても、その猶予の言渡しを取り消さなければならない。

第五章　仮釈放

(仮釈放)
第二八条　懲役又は禁錮に処せられた者に改悛の状があるときは、有期刑についてはその刑期の三分の一を、無期刑については一〇年を経過した後、行政官庁の処分によって仮に釈放することができる。

(仮釈放の取消し等)
第二九条　次に掲げる場合においては、仮釈放の処分を取り消すことができる。
一　仮釈放中に更に罪を犯し、罰金以上の刑に処せられたとき。
二　仮釈放前に犯した他の罪について罰金以上の刑に処せられたとき。
三　仮釈放前に他の罪について罰金以上の刑に処せられた者に対し、その刑の執行をすべきとき。
四　仮釈放中に遵守すべき事項を遵守しなかったとき。

2　刑の一部の執行猶予の言渡しを受け、その刑について仮釈放の処分を受けた場合において、当該仮釈放中に当該執行猶予の言渡しを取り消されたときは、その処分は、効力を失う。
3　仮釈放の処分を取り消したとき、又は前項の規定により仮釈放の処分が効力を失ったときは、釈放中の日数は、刑期に算入しない。

（仮出場）
第三〇条　拘留に処せられた者は、情状により、いつでも、行政官庁の処分によって仮に出場を許すことができる。
2　罰金又は科料を完納することができないため留置された者も、前項と同様とする。

第六章　刑の時効及び刑の消滅

（刑の時効）
第三一条　刑（死刑を除く。）の言渡しを受けた者は、時効によりその執行の免除を得る。

（時効の期間）
第三二条　時効は、刑の言渡しが確定した後、次の期間その執行を受けないことによって完成する。
一　無期の懲役又は禁錮については三〇年
二　一〇年以上の有期の懲役又は禁錮については二〇年
三　三年以上一〇年未満の懲役又は禁錮については一〇年
四　三年未満の懲役又は禁錮については五年
五　罰金については三年
六　拘留、科料及び没収については一年

（時効の停止）
第三三条　時効は、法令により執行を猶予し、又は停止した期間内は、進行しない。

（時効の中断）
第三四条　懲役、禁錮及び拘留の時効は、刑の言渡しを受けた者をその執行のために拘束することによって中断する。
2　罰金、科料及び没収の時効は、執行行為をすることによって中断する。

（刑の消滅）
第三四条の二　禁錮以上の刑の執行を終わり又はその執行の免除を得た者が罰金以上の刑に処せられないで一〇年を経過したときは、刑の言渡しは、効力を失う。罰金以下の刑の執行を終わり又はその執行の免除を得た者が罰金以上の刑に処せられないで五年を経過したときも、同様とする。
2　刑の免除の言渡しを受けた者が、その言渡しが確定した後、罰金以上の刑に処せられないで二年を経過したときは、刑の免除の言渡しは、効力を失う。

第七章　犯罪の不成立及び刑の減免

（正当行為）
第三五条　法令又は正当な業務による行為は、罰しない。

（正当防衛）
第三六条　急迫不正の侵害に対して、自己又は他人の権利を防衛するため、やむを得ずにした行為は、罰しない。
2　防衛の程度を超えた行為は、情状により、その刑を減軽し、又は免除することができる。

（緊急避難）
第三七条　自己又は他人の生命、身体、自由又は財産に対する現在の危難を避けるため、やむを得ずにした行為は、これによって生じた害が避けようとした害の程度を超えなかった場合に限り、罰しない。ただし、その程度を超えた行為は、情状により、その刑を減軽し、又は免除することができる。
2　前項の規定は、業務上特別の義務がある者には、適用しない。

（故意）
第三八条　罪を犯す意思がない行為は、罰しない。ただし、法律に特別の規定がある場合は、この限りでない。
2　重い罪に当たるべき行為をしたのに、行為の時にその重い罪に当たることとなる事実を知らなかった者は、その重い罪によって処断することはできない。
3　法律を知らなかったとしても、そのことによって、罪を犯す意思がなかったとすることはできない。ただし、情状により、その刑を減軽することができる。

（心神喪失及び心神耗弱）
第三九条　心神喪失者の行為は、罰しない。
2　心神耗弱者の行為は、その刑を減軽する。

（責任年齢）
第四一条　一四歳に満たない者の行為は、罰しない。

（自首等）
第四二条　罪を犯した者が捜査機関に発覚する前に自首したときは、その刑を減軽することができる。
2　告訴がなければ公訴を提起することができない罪について、告訴をすることができる者に対して自己の犯罪事実を告げ、その措置にゆだねたときも、前項と同様とする。

第八章　未遂罪

（未遂減免）
第四三条　犯罪の実行に着手してこれを遂げなかった者は、その刑を減軽することができ

る。ただし、自己の意思により犯罪を中止したときは、その刑を減軽し、又は免除する。

第一一章　共犯

(共同正犯)
第六〇条　二人以上共同して犯罪を実行した者は、すべて正犯とする。

(教唆)
第六一条　人を教唆して犯罪を実行させた者には、正犯の刑を科する。
2　教唆者を教唆した者についても、前項と同様とする。

(幇助)
第六二条　正犯を幇助した者は、従犯とする。
2　従犯を教唆した者には、従犯の刑を科する。

(従犯減軽)
第六三条　従犯の刑は、正犯の刑を減軽する。

第一二章　酌量減軽

(酌量減軽)
第六六条　犯罪の情状に酌量すべきものがあるときは、その刑を減軽することができる。

(法律上の加減と酌量減軽)
第六七条　法律上刑を加重し、又は減軽する場合であっても、酌量減軽をすることができる。

第二編　罪

第五章　公務の執行を妨害する罪

(公務執行妨害及び職務強要)
第九五条　公務員が職務を執行するに当たり、これに対して暴行又は脅迫を加えた者は、三年以下の懲役若しくは禁錮又は五〇万円以下の罰金に処する。
2　公務員に、ある処分をさせ、若しくはさせないため、又はその職を辞させるために、暴行又は脅迫を加えた者も、前項と同様とする。

第七章　犯人蔵匿及び証拠隠滅の罪

(犯人蔵匿等)
第一〇三条　罰金以上の刑に当たる罪を犯した者又は拘禁中に逃走した者を蔵匿し、又は隠避させた者は、三年以下の懲役又は三〇万円以下の罰金に処する。

(証拠隠滅等)
第一〇四条　他人の刑事事件に関する証拠を隠滅し、偽造し、若しくは変造し、又は偽造若しくは変造の証拠を使用した者は、三年以下の懲役又は三〇万円以下の罰金に処する。

第九章　放火及び失火の罪

(失火)
第一一六条　失火により、第一〇八条に規定する物又は他人の所有に係る第一〇九条に規定する物を焼損した者は、五〇万円以下の罰金に処する。
2　失火により、第一〇九条に規定する物であって自己の所有に係るもの又は第一一〇条に規定する物を焼損し、よって公共の危険を生じさせた者も、前項と同様とする。

(激発物破裂)
第一一七条　火薬、ボイラーその他の激発すべき物を破裂させて、第一〇八条に規定する物又は他人の所有に係る第一〇九条に規定する物を損壊した者は、放火の例による。第一〇九条に規定する物であって自己の所有に係るもの又は第一一〇条に規定する物を損壊し、よって公共の危険を生じさせた者も、同様とする。
2　前項の行為が過失によるときは、失火の例による。

(業務上失火等)
第一一七条の二　第一一六条又は前条第一項の行為が業務上必要な注意を怠ったことによるとき、又は重大な過失によるときは、三年以下の禁錮又は一五〇万円以下の罰金に処する。

第一四章　あへん煙に関する罪

(あへん煙輸入等)
第一三六条　あへん煙を輸入し、製造し、販売し、又は販売の目的で所持した者は、六月以上七年以下の懲役に処する。

(あへん煙吸食器具輸入等)
第一三七条　あへん煙を吸食する器具を輸入し、製造し、販売し、又は販売の目的で所持した者は、三月以上五年以下の懲役に処する。

(あへん煙吸食及び場所提供)
第一三九条　あへん煙を吸食した者は、三年以下の懲役に処する。
2　あへん煙の吸食のため建物又は室を提供して利益を図った者は、六月以上七年以下の懲役に処する。

(あへん煙等所持)
第一四〇条　あへん煙又はあへん煙を吸食するための器具を所持した者は、一年以下の懲役に処する。

(未遂罪)
第一四一条　この章の罪の未遂は、罰する。

第一七章　文書偽造の罪

(公文書偽造等)
第一五五条　行使の目的で、公務所若しくは公務員の印章若しくは署名を使用して公務所若しくは公務員の作成すべき文書若しくは図画を

偽造し、又は偽造した公務所若しくは公務員の印章若しくは署名を使用して公務所若しくは公務員の作成すべき文書若しくは図画を偽造した者は、一年以上一〇年以下の懲役に処する。

2　公務所又は公務員が押印し又は署名した文書又は図画を変造した者も、前項と同様とする。

3　前二項に規定するもののほか、公務所若しくは公務員の作成すべき文書若しくは図画を偽造し、又は公務所若しくは公務員が作成した文書若しくは図画を変造した者は、三年以下の懲役又は二〇万円以下の罰金に処する。

(虚偽公文書作成等)
第一五六条　公務員が、その職務に関し、行使の目的で、虚偽の文書若しくは図画を作成し、又は文書若しくは図画を変造したときは、印章又は署名の有無により区別して、前二条の例による。

(公正証書原本不実記載等)
第一五七条　公務員に対し虚偽の申立てをして、登記簿、戸籍簿その他の権利若しくは義務に関する公正証書の原本に不実の記載をさせ、又は権利若しくは義務に関する公正証書の原本として用いられる電磁的記録に不実の記録をさせた者は、五年以下の懲役又は五〇万円以下の罰金に処する。

2　公務員に対し虚偽の申立てをして、免状、鑑札又は旅券に不実の記載をさせた者は、一年以下の懲役又は二〇万円以下の罰金に処する。

3　前二項の罪の未遂は、罰する。

(私文書偽造等)
第一五九条　行使の目的で、他人の印章若しくは署名を使用して権利、義務若しくは事実証明に関する文書若しくは図画を偽造し、又は偽造した他人の印章若しくは署名を使用して権利、義務若しくは事実証明に関する文書若しくは図画を偽造した者は、三月以上五年以下の懲役に処する。

2　他人が押印し又は署名した権利、義務又は事実証明に関する文書又は図画を変造した者も、前項と同様とする。

3　前二項に規定するもののほか、権利、義務又は事実証明に関する文書又は図画を偽造し、又は変造した者は、一年以下の懲役又は一〇万円以下の罰金に処する。

(電磁的記録不正作出及び供用)
第一六一条の二　人の事務処理を誤らせる目的で、その事務処理の用に供する権利、義務又は事実証明に関する電磁的記録を不正に作った者は、五年以下の懲役又は五〇万円以下の罰金に処する。

2　前項の罪が公務所又は公務員により作られるべき電磁的記録に係るときは、一〇年以下の懲役又は一〇〇万円以下の罰金に処する。

3　不正に作られた権利、義務又は事実証明に関する電磁的記録を、第一項の目的で、人の事務処理の用に供した者は、その電磁的記録を不正に作った者と同一の刑に処する。

4　前項の罪の未遂は、罰する。

第二〇章　偽証の罪

(偽証)
第一六九条　法律により宣誓した証人が虚偽の陳述をしたときは、三月以上一〇年以下の懲役に処する。

第二二章　わいせつ、姦淫及び重婚の罪

(公然わいせつ)
第一七四条　公然とわいせつな行為をした者は、六月以下の懲役若しくは三〇万円以下の罰金又は拘留若しくは科料に処する。

(わいせつ物頒布等)
第一七五条　わいせつな文書、図画、電磁的記録に係る記録媒体その他の物を頒布し、又は公然と陳列した者は、二年以下の懲役若しくは二五〇万円以下の罰金若しくは科料に処し、又は懲役及び罰金を併科する。電気通信の送信によりわいせつな電磁的記録その他の記録を頒布した者も、同様とする。

2　有償で頒布する目的で、前項の物を所持し、又は同項の電磁的記録を保管した者も、同項と同様とする。

(強制わいせつ)
第一七六条　一三歳以上の男女に対し、暴行又は脅迫を用いてわいせつな行為をした者は、六月以上一〇年以下の懲役に処する。一三歳未満の男女に対し、わいせつな行為をした者も、同様とする。

(強姦)
第一七七条　暴行又は脅迫を用いて一三歳以上の女子を姦淫した者は、強姦の罪とし、三年以上の有期懲役に処する。一三歳未満の女子を姦淫した者も、同様とする。

(準強制わいせつ及び準強姦)
第一七八条　人の心神喪失若しくは抗拒不能に乗じ、又は心神を喪失させ、若しくは抗拒不能にさせて、わいせつな行為をした者は、第一七六条の例による。

2　女子の心神喪失若しくは抗拒不能に乗じ、又は心神を喪失させ、若しくは抗拒不能にさせて、姦淫した者は、前条の例による。

(集団強姦等)
第一七八条の二　二人以上の者が現場において共同して第一七七条又は前条第二項の罪を犯し

たときは、四年以上の有期懲役に処する。
(未遂罪)
第一七九条　第一七六条から前条までの罪の未遂は、罰する。
(親告罪)
第一八〇条　第一七六条から第一七八条までの罪及びこれらの罪の未遂罪は、告訴がなければ公訴を提起することができない。
2　前項の規定は、二人以上の者が現場において共同して犯した第一七六条若しくは第一七八条第一項の罪又はこれらの罪の未遂罪については、適用しない。
(強制わいせつ等致死傷)
第一八一条　第一七六条若しくは第一七八条第一項の罪又はこれらの罪の未遂罪を犯し、よって人を死傷させた者は、無期又は三年以上の懲役に処する。
2　第一七七条若しくは第一七八条第二項の罪又はこれらの罪の未遂罪を犯し、よって女子を死傷させた者は、無期又は五年以上の懲役に処する。
3　第一七八条の二の罪又はその未遂罪を犯し、よって女子を死傷させた者は、無期又は六年以上の懲役に処する。

第二三章　賭博及び富くじに関する罪

(賭博)
第一八五条　賭博をした者は、五〇万円以下の罰金又は科料に処する。ただし、一時の娯楽に供する物を賭けたにとどまるときは、この限りでない。

第二五章　汚職の罪

(公務員職権濫用)
第一九三条　公務員がその職権を濫用して、人に義務のないことを行わせ、又は権利の行使を妨害したときは、二年以下の懲役又は禁錮に処する。
(収賄、受託収賄及び事前収賄)
第一九七条　公務員が、その職務に関し、賄賂を収受し、又はその要求若しくは約束をしたときは、五年以下の懲役に処する。この場合において、請託を受けたときは、七年以下の懲役に処する。
2　公務員になろうとする者が、その担当すべき職務に関し、請託を受けて、賄賂を収受し、又はその要求若しくは約束をしたときは、公務員となった場合において、五年以下の懲役に処する。
(第三者供賄)
第一九七条の二　公務員が、その職務に関し、請託を受けて、第三者に賄賂を供与させ、又はその供与の要求若しくは約束をしたときは、五年以下の懲役に処する。
(あっせん収賄)
第一九七条の四　公務員が請託を受け、他の公務員に職務上不正な行為をさせるように、又は相当の行為をさせないようにあっせんをすること又はしたことの報酬として、賄賂を収受し、又はその要求若しくは約束をしたときは、五年以下の懲役に処する。
(贈賄)
第一九八条　第一九七条から第一九七条の四までに規定する賄賂を供与し、又はその申込み若しくは約束をした者は、三年以下の懲役又は二五〇万円以下の罰金に処する。

第二六章　殺人の罪

(殺人)
第一九九条　人を殺した者は、死刑又は無期若しくは五年以上の懲役に処する。

第二七章　傷害の罪

(傷害)
第二〇四条　人の身体を傷害した者は、一五年以下の懲役又は五〇万円以下の罰金に処する。
(傷害致死)
第二〇五条　身体を傷害し、よって人を死亡させた者は、三年以上の有期懲役に処する。
(現場助勢)
第二〇六条　前二条の犯罪が行われるに当たり、現場において勢いを助けた者は、自ら人を傷害しなくても、一年以下の懲役又は一〇万円以下の罰金若しくは科料に処する。
(同時傷害の特例)
第二〇七条　二人以上で暴行を加えて人を傷害した場合において、それぞれの暴行による傷害の軽重を知ることができず、又はその傷害を生じさせた者を知ることができないときは、共同して実行した者でなくても、共犯の例による。
(暴行)
第二〇八条　暴行を加えた者が人を傷害するに至らなかったときは、二年以下の懲役若しくは三〇万円以下の罰金又は拘留若しくは科料に処する。
(凶器準備集合及び結集)
第二〇八条の二　二人以上の者が他人の生命、身体又は財産に対し共同して害を加える目的で集合した場合において、凶器を準備して又はその準備があることを知って集合した者は、二年以下の懲役又は三〇万円以下の罰金に処する。
2　前項の場合において、凶器を準備して又はその準備があることを知って人を集合させた者

は、三年以下の懲役に処する。

第二八章　過失傷害の罪

(過失傷害)
第二〇九条　過失により人を傷害した者は、三〇万円以下の罰金又は科料に処する。
2　前項の罪は、告訴がなければ公訴を提起することができない。

(過失致死)
第二一〇条　過失により人を死亡させた者は、五〇万円以下の罰金に処する。

(業務上過失致死傷等)
第二一一条　業務上必要な注意を怠り、よって人を死傷させた者は、五年以下の懲役若しくは禁錮又は一〇〇万円以下の罰金に処する。重大な過失により人を死傷させた者も、同様とする。

第三二章　脅迫の罪

(脅迫)
第二二二条　生命、身体、自由、名誉又は財産に対し害を加える旨を告知して人を脅迫した者は、二年以下の懲役又は三〇万円以下の罰金に処する。
2　親族の生命、身体、自由、名誉又は財産に対し害を加える旨を告知して人を脅迫した者も、前項と同様とする。

(強要)
第二二三条　生命、身体、自由、名誉若しくは財産に対し害を加える旨を告知して脅迫し、又は暴行を用いて、人に義務のないことを行わせ、又は権利の行使を妨害した者は、三年以下の懲役に処する。
2　親族の生命、身体、自由、名誉又は財産に対し害を加える旨を告知して脅迫し、人に義務のないことを行わせ、又は権利の行使を妨害した者も、前項と同様とする。
3　前二項の罪の未遂は、罰する。

第三四章　名誉に対する罪

(名誉毀損)
第二三〇条　公然と事実を摘示し、人の名誉を毀損した者は、その事実の有無にかかわらず、三年以下の懲役若しくは禁錮又は五〇万円以下の罰金に処する。
2　死者の名誉を毀損した者は、虚偽の事実を摘示することによってした場合でなければ、罰しない。

(公共の利害に関する場合の特例)
第二三〇条の二　前条第一項の行為が公共の利害に関する事実に係り、かつ、その目的が専ら公益を図ることにあったと認める場合には、事実の真否を判断し、真実であることの証明があったときは、これを罰しない。
2　前項の規定の適用については、公訴が提起されるに至っていない人の犯罪行為に関する事実は、公共の利益に関する事実とみなす。
3　前条第一項の行為が公務員又は公選による公務員の候補者に関する事実に係る場合には、事実の真否を判断し、真実であることの証明があったときは、これを罰しない。

(侮辱)
第二三一条　事実を摘示しなくても、公然と人を侮辱した者は、拘留又は科料に処する。

(親告罪)
第二三二条　この章の罪は、告訴がなければ公訴を提起することができない。
2　告訴をすることができる者が天皇、皇后、太皇太后、皇太后又は皇嗣であるときは内閣総理大臣、外国の君主又は大統領であるときはその国の代表者がそれぞれ代わって告訴を行う。

第三七章　詐欺及び恐喝の罪

(背任)
第二四七条　他人のためにその事務を処理する者が、自己若しくは第三者の利益を図り又は本人に損害を加える目的で、その任務に背く行為をし、本人に財産上の損害を加えたときは、五年以下の懲役又は五〇万円以下の罰金に処する。

第三八章　横領の罪

(業務上横領)
第二五三条　業務上自己の占有する他人の物を横領した者は、一〇年以下の懲役に処する。

民法〔抜粋〕

明治29年〔1896年〕4月27日法律第89号
最終改正　平成28年〔2016年〕6月7日公布
　　　　　法律第71号
（最終改正までの未施行法令）
平成28年4月13日法律第27号（未施行）

第三編　債権

第一章　総則

（債務不履行による損害賠償）
第四一五条　債務者がその債務の本旨に従った履行をしないときは、債権者は、これによって生じた損害の賠償を請求することができる。債務者の責めに帰すべき事由によって履行をすることができなくなったときも、同様とする。

（損害賠償の範囲）
第四一六条　債務の不履行に対する損害賠償の請求は、これによって通常生ずべき損害の賠償をさせることをその目的とする。
2　特別の事情によって生じた損害であっても、当事者がその事情を予見し、又は予見することができたときは、債権者は、その賠償を請求することができる。

（損害賠償の方法）
第四一七条　損害賠償は、別段の意思表示がないときは、金銭をもってその額を定める。

（過失相殺）
第四一八条　債務の不履行に関して債権者に過失があったときは、裁判所は、これを考慮して、損害賠償の責任及びその額を定める。

（損害賠償による代位）
第四二二条　債権者が、損害賠償として、その債権の目的である物又は権利の価額の全部の支払を受けたときは、債務者は、その物又は権利について当然に債権者に代位する。

（履行の請求）
第四三二条　数人が連帯債務を負担するときは、債権者は、その連帯債務者の一人に対し、又は同時に若しくは順次にすべての連帯債務者に対し、全部又は一部の履行を請求することができる。

（連帯債務者間の求償権）
第四四二条　連帯債務者の一人が弁済をし、その他自己の財産をもって共同の免責を得たときは、その連帯債務者は、他の連帯債務者に対し、各自の負担部分について求償権を有する。
2　前項の規定による求償は、弁済その他免責があった日以後の法定利息及び避けることができなかった費用その他の損害の賠償を包含する。

（和解）
第六九五条　和解は、当事者が互いに譲歩をしてその間に存する争いをやめることを約することによって、その効力を生ずる。

第五章　不法行為

（不法行為による損害賠償）
第七〇九条　故意又は過失によって他人の権利又は法律上保護される利益を侵害した者は、これによって生じた損害を賠償する責任を負う。

（財産以外の損害の賠償）
第七一〇条　他人の身体、自由若しくは名誉を侵害した場合又は他人の財産権を侵害した場合のいずれであるかを問わず、前条の規定により損害賠償の責任を負う者は、財産以外の損害に対しても、その賠償をしなければならない。

（近親者に対する損害の賠償）
第七一一条　他人の生命を侵害した者は、被害者の父母、配偶者及び子に対しては、その財産権が侵害されなかった場合においても、損害の賠償をしなければならない。

（責任能力）
第七一二条　未成年者は、他人に損害を加えた場合において、自己の行為の責任を弁識するに足りる知能を備えていなかったときは、その行為について賠償の責任を負わない。
第七一三条　精神上の障害により自己の行為の責任を弁識する能力を欠く状態にある間に他人に損害を加えた者は、その賠償の責任を負わない。ただし、故意又は過失によって一時的にその状態を招いたときは、この限りでない。

（責任無能力者の監督義務者等の責任）
第七一四条　前二条の規定により責任無能力者がその責任を負わない場合において、その責任無能力者を監督する法定の義務を負う者は、その責任無能力者が第三者に加えた損害を賠償する責任を負う。ただし、監督義務者がその義務を怠らなかったとき、又はその義務を怠らなくても損害が生ずべきであったときは、この限りでない。
2　監督義務者に代わって責任無能力者を監督する者も、前項の責任を負う。

（使用者等の責任）
第七一五条　ある事業のために他人を使用する者は、被用者がその事業の執行について第三者に加えた損害を賠償する責任を負う。ただ

し、使用者が被用者の選任及びその事業の監督について相当の注意をしたとき、又は相当の注意をしても損害が生ずべきであったときは、この限りでない。
2　使用者に代わって事業を監督する者も、前項の責任を負う。
3　前二項の規定は、使用者又は監督者から被用者に対する求償権の行使を妨げない。

(土地の工作物等の占有者及び所有者の責任)
第七一七条　土地の工作物の設置又は保存に瑕疵があることによって他人に損害を生じたときは、その工作物の占有者は、被害者に対してその損害を賠償する責任を負う。ただし、占有者が損害の発生を防止するのに必要な注意をしたときは、所有者がその損害を賠償しなければならない。
2　前項の規定は、竹木の栽植又は支持に瑕疵がある場合について準用する。
3　前二項の場合において、損害の原因について他にその責任を負う者があるときは、占有者又は所有者は、その者に対して求償権を行使することができる。

(共同不法行為者の責任)
第七一九条　数人が共同の不法行為によって他人に損害を加えたときは、各自が連帯してその損害を賠償する責任を負う。共同行為者のうちいずれの者がその損害を加えたかを知ることができないときも、同様とする。
2　行為者を教唆した者及び幇助した者は、共同行為者とみなして、前項の規定を適用する。

(正当防衛及び緊急避難)
第七二〇条　他人の不法行為に対し、自己又は第三者の権利又は法律上保護される利益を防衛するため、やむを得ず加害行為をした者は、損害賠償の責任を負わない。ただし、被害者から不法行為をした者に対する損害賠償の請求を妨げない。
2　前項の規定は、他人の物から生じた急迫の危難を避けるためその物を損傷した場合について準用する。

第七二二条　第四一七条の規定は、不法行為による損害賠償について準用する。
2　被害者に過失があったときは、裁判所は、これを考慮して、損害賠償の額を定めることができる。

(不法行為による損害賠償請求権の期間の制限)
第七二四条　不法行為による損害賠償の請求権は、被害者又はその法定代理人が損害及び加害者を知った時から三年間行使しないときは、時効によって消滅する。不法行為の時から二〇年を経過したときも、同様とする。

特定非営利活動促進法〔抜粋〕

平成10年〔1998年〕3月25日法律第7号
最終改正　平成28年〔2016年〕6月7日公布
　　　　　法律第70号

第一章　総則

(目的)
第一条　この法律は、特定非営利活動を行う団体に法人格を付与すること並びに運営組織及び事業活動が適正であって公益の増進に資する特定非営利活動法人の認定に係る制度を設けること等により、ボランティア活動をはじめとする市民が行う自由な社会貢献活動としての特定非営利活動の健全な発展を促進し、もって公益の増進に寄与することを目的とする。

(定義)
第二条　この法律において「特定非営利活動」とは、別表に掲げる活動に該当する活動であって、不特定かつ多数のものの利益の増進に寄与することを目的とするものをいう。
2　この法律において「特定非営利活動法人」とは、特定非営利活動を行うことを主たる目的とし、次の各号のいずれにも該当する団体であって、この法律の定めるところにより設立された法人をいう。
一　次のいずれにも該当する団体であって、営利を目的としないものであること。
　イ　社員の資格の得喪に関して、不当な条件を付さないこと。
　ロ　役員のうち報酬を受ける者の数が、役員総数の三分の一以下であること。
二　その行う活動が次のいずれにも該当する団体であること。
　イ　宗教の教義を広め、儀式行事を行い、及び信者を教化育成することを主たる目的とするものでないこと。
　ロ　政治上の主義を推進し、支持し、又はこれに反対することを主たる目的とするものでないこと。
　ハ　特定の公職(公職選挙法(昭和二五年法律第一〇〇号)第三条に規定する公職をいう。以下同じ。)の候補者(当該候補者になろうとする者を含む。以下同じ。)若しくは公職にある者又は政党を推薦し、支持し、又はこれらに反対することを目的とするものでないこと。

3 この法律において「認定特定非営利活動法人」とは、第四四条第一項の認定を受けた特定非営利活動法人をいう。
4 この法律において「特例認定特定非営利活動法人」とは、第五八条第一項の特例認定を受けた特定非営利活動法人をいう。

第二章 特定非営利活動法人

第一節 通則

(原則)
第三条 特定非営利活動法人は、特定の個人又は法人その他の団体の利益を目的として、その事業を行ってはならない。
2 特定非営利活動法人は、これを特定の政党のために利用してはならない。

(名称の使用制限)
第四条 特定非営利活動法人以外の者は、その名称中に、「特定非営利活動法人」又はこれに紛らわしい文字を用いてはならない。

(その他の事業)
第五条 特定非営利活動法人は、その行う特定非営利活動に係る事業に支障がない限り、当該特定非営利活動に係る事業以外の事業(以下「その他の事業」という。)を行うことができる。この場合において、利益を生じたときは、これを当該特定非営利活動に係る事業のために使用しなければならない。
2 その他の事業に関する会計は、当該特定非営利活動法人の行う特定非営利活動に係る事業に関する会計から区分し、特別の会計として経理しなければならない。

(住所)
第六条 特定非営利活動法人の住所は、その主たる事務所の所在地にあるものとする。

(登記)
第七条 特定非営利活動法人は、政令で定めるところにより、登記しなければならない。
2 前項の規定により登記しなければならない事項は、登記の後でなければ、これをもって第三者に対抗することができない。

(一般社団法人及び一般財団法人に関する法律の準用)
第八条 一般社団法人及び一般財団法人に関する法律(平成一八年法律第四八号)第七八条の規定は、特定非営利活動法人について準用する。

(所轄庁)
第九条 特定非営利活動法人の所轄庁は、その主たる事務所が所在する都道府県の知事(その事務所が一の指定都市(地方自治法(昭和二二年法律第六七号)第二五二条の一九第一項の指定都市をいう。以下同じ。)の区域内のみに所在する特定非営利活動法人にあっては、当該指定都市の長)とする。

第二節 設立

(設立の認証)
第一〇条 特定非営利活動法人を設立しようとする者は、都道府県又は指定都市の条例で定めるところにより、次に掲げる書類を添付した申請書を所轄庁に提出して、設立の認証を受けなければならない。
一 定款
二 役員に係る次に掲げる書類
 イ 役員名簿(役員の氏名及び住所又は居所並びに各役員についての報酬の有無を記載した名簿をいう。以下同じ。)
 ロ 各役員が第二〇条各号に該当しないこと及び第二一条の規定に違反しないことを誓約し、並びに就任を承諾する書面の謄本
 ハ 各役員の住所又は居所を証する書面として都道府県又は指定都市の条例で定めるもの
三 社員のうち一〇人以上の者の氏名(法人にあっては、その名称及び代表者の氏名)及び住所又は居所を記載した書面
四 第二条第二項第二号及び第一二条第一項第三号に該当することを確認したことを示す書面
五 設立趣旨書
六 設立についての意思の決定を証する議事録の謄本
七 設立当初の事業年度及び翌事業年度の事業計画書
八 設立当初の事業年度及び翌事業年度の活動予算書(その行う活動に係る事業の収益及び費用の見込みを記載した書類をいう。以下同じ。)
2 所轄庁は、前項の認証の申請があった場合には、遅滞なく、その旨及び次に掲げる事項を公告し、又はインターネットの利用により公表するとともに、同項第一号、第二号イ、第五号、第七号及び第八号に掲げる書類を、申請書を受理した日から一月間、その指定した場所において公衆の縦覧に供しなければならない。
一 申請のあった年月日
二 申請に係る特定非営利活動法人の名称、代表者の氏名及び主たる事務所の所在地並びにその定款に記載された目的
3 第一項の規定により提出された申請書又は当該申請書に添付された同項各号に掲げる書類

に不備があるときは、当該申請をした者は、当該不備が都道府県又は指定都市の条例で定める軽微なものである場合に限り、これを補正することができる。ただし、所轄庁が当該申請書を受理した日から二週間を経過したときは、この限りでない。

(定款)
第一一条 特定非営利活動法人の定款には、次に掲げる事項を記載しなければならない。
一 目的
二 名称
三 その行う特定非営利活動の種類及び当該特定非営利活動に係る事業の種類
四 主たる事務所及びその他の事務所の所在地
五 社員の資格の得喪に関する事項
六 役員に関する事項
七 会議に関する事項
八 資産に関する事項
九 会計に関する事項
一〇 事業年度
一一 その他の事業を行う場合には、その種類その他当該その他の事業に関する事項
一二 解散に関する事項
一三 定款の変更に関する事項
一四 公告の方法
2 設立当初の役員は、定款で定めなければならない。
3 第一項第一二号に掲げる事項中に残余財産の帰属すべき者に関する規定を設ける場合には、その者は、特定非営利活動法人その他次に掲げる者のうちから選定されるようにしなければならない。
一 国又は地方公共団体
二 公益社団法人又は公益財団法人
三 私立学校法(昭和二四年法律第二七〇号)第三条に規定する学校法人
四 社会福祉法(昭和二六年法律第四五号)第二二条に規定する社会福祉法人
五 更生保護事業法(平成七年法律第八六号)第二条第六項に規定する更生保護法人

(認証の基準等)
第一二条 所轄庁は、第一〇条第一項の認証の申請が次の各号に適合すると認めるときは、その設立を認証しなければならない。
一 設立の手続並びに申請書及び定款の内容が法令の規定に適合していること。
二 当該申請に係る特定非営利活動法人が第二条第二項に規定する団体に該当するものであること。
三 当該申請に係る特定非営利活動法人が次に掲げる団体に該当しないものであること。
　イ 暴力団(暴力団員による不当な行為の防止等に関する法律(平成三年法律第七七号)第二条第二号に規定する暴力団をいう。以下この号及び第四七条第六号において同じ。)
　ロ 暴力団又はその構成員(暴力団の構成団体の構成員を含む。以下この号において同じ。)若しくは暴力団の構成員でなくなった日から五年を経過しない者(以下「暴力団の構成員等」という。)の統制の下にある団体
四 当該申請に係る特定非営利活動法人が一〇人以上の社員を有するものであること。
2 前項の規定による認証又は不認証の決定は、正当な理由がない限り、第一〇条第二項の期間を経過した日から二月(都道府県又は指定都市の条例でこれより短い期間を定めたときは、当該期間)以内に行わなければならない。
3 所轄庁は、第一項の規定により認証の決定をしたときはその旨を、同項の規定により不認証の決定をしたときはその旨及びその理由を、当該申請をした者に対し、速やかに、書面により通知しなければならない。

(意見聴取等)
第一二条の二 第四三条の二及び第四三条の三の規定は、第一〇条第一項の認証の申請があった場合について準用する。

(成立の時期等)
第一三条 特定非営利活動法人は、その主たる事務所の所在地において設立の登記をすることによって成立する。
2 特定非営利活動法人は、前項の登記をしたときは、遅滞なく、当該登記をしたことを証する登記事項証明書及び次条の財産目録を添えて、その旨を所轄庁に届け出なければならない。
3 設立の認証を受けた者が設立の認証があった日から六月を経過しても第一項の登記をしないときは、所轄庁は、設立の認証を取り消すことができる。

(財産目録の作成及び備置き)
第一四条 特定非営利活動法人は、成立の時に財産目録を作成し、常にこれをその事務所に備え置かなければならない。

第三節 管理

(通常社員総会)
第一四条の二 理事は、少なくとも毎年一回、通常社員総会を開かなければならない。

(臨時社員総会)
第一四条の三 理事は、必要があると認めるときは、いつでも臨時社員総会を招集することが

できる。
2 総社員の五分の一以上から社員総会の目的である事項を示して請求があったときは、理事は、臨時社員総会を招集しなければならない。ただし、総社員の五分の一の割合については、定款でこれと異なる割合を定めることができる。

（社員総会の招集）
第一四条の四 社員総会の招集の通知は、その社員総会の日より少なくとも五日前に、その社員総会の目的である事項を示し、定款で定めた方法に従ってしなければならない。

（社員総会の権限）
第一四条の五 特定非営利活動法人の業務は、定款で理事その他の役員に委任したものを除き、すべて社員総会の決議によって行う。

（社員総会の決議事項）
第一四条の六 社員総会においては、第一四条の四の規定によりあらかじめ通知をした事項についてのみ、決議をすることができる。ただし、定款に別段の定めがあるときは、この限りでない。

（社員の表決権）
第一四条の七 各社員の表決権は、平等とする。
2 社員総会に出席しない社員は、書面で、又は代理人によって表決をすることができる。
3 社員は、定款で定めるところにより、前項の規定に基づく書面による表決に代えて、電磁的方法（〔省略〕）により表決をすることができる。
4 前三項の規定は、定款に別段の定めがある場合には、適用しない。

（表決権のない場合）
第一四条の八 特定非営利活動法人と特定の社員との関係について議決をする場合には、その社員は、表決権を有しない。

（社員総会の決議の省略）
第一四条の九 理事又は社員が社員総会の目的である事項について提案をした場合において、当該提案につき社員の全員が書面又は電磁的記録（〔省略〕）により同意の意思表示をしたときは、当該提案を可決する旨の社員総会の決議があったものとみなす。
2 前項の規定により社員総会の目的である事項の全てについての提案を可決する旨の社員総会の決議があったものとみなされた場合には、その時に当該社員総会が終結したものとみなす。

（役員の定数）
第一五条 特定非営利活動法人には、役員として、理事三人以上及び監事一人以上を置かなければならない。

（理事の代表権）
第一六条 理事は、すべて特定非営利活動法人の業務について、特定非営利活動法人を代表する。ただし、定款をもって、その代表権を制限することができる。

（業務の執行）
第一七条 特定非営利活動法人の業務は、定款に特別の定めのないときは、理事の過半数をもって決する。

（理事の代理行為の委任）
第一七条の二 理事は、定款又は社員総会の決議によって禁止されていないときに限り、特定の行為の代理を他人に委任することができる。

（仮理事）
第一七条の三 理事が欠けた場合において、業務が遅滞することにより損害を生ずるおそれがあるときは、所轄庁は、利害関係人の請求により又は職権で、仮理事を選任しなければならない。

（利益相反行為）
第一七条の四 特定非営利活動法人と理事との利益が相反する事項については、理事は、代表権を有しない。この場合においては、所轄庁は、利害関係人の請求により又は職権で、特別代理人を選任しなければならない。

（監事の職務）
第一八条 監事は、次に掲げる職務を行う。
一 理事の業務執行の状況を監査すること。
二 特定非営利活動法人の財産の状況を監査すること。
三 前二号の規定による監査の結果、特定非営利活動法人の業務又は財産に関し不正の行為又は法令若しくは定款に違反する重大な事実があることを発見した場合には、これを社員総会又は所轄庁に報告すること。
四 前号の報告をするために必要がある場合には、社員総会を招集すること。
五 理事の業務執行の状況又は特定非営利活動法人の財産の状況について、理事に意見を述べること。

（監事の兼職禁止）
第一九条 監事は、理事又は特定非営利活動法人の職員を兼ねてはならない。

（役員の欠格事由）
第二〇条 次の各号のいずれかに該当する者は、特定非営利活動法人の役員になることができない。
一 成年被後見人又は被保佐人
二 破産者で復権を得ないもの
三 禁錮以上の刑に処せられ、その執行を終わった日又はその執行を受けることがなくなった日から二年を経過しない者

四　この法律若しくは暴力団員による不当な行為の防止等に関する法律の規定〔条文省略〕に違反したことにより、又は刑法（明治四〇年法律第一〇五号）〔条文省略〕の罪若しくは暴力行為等処罰に関する法律（大正一五年法律第六〇号）の罪を犯したことにより、罰金の刑に処せられ、その執行を終わった日又はその執行を受けることがなくなった日から二年を経過しない者

五　暴力団の構成員等

六　第四十三条の規定により設立の認証を取り消された特定非営利活動法人の解散当時の役員で、設立の認証を取り消された日から二年を経過しない者

(役員の親族等の排除)
第二一条　役員のうちには、それぞれの役員について、その配偶者若しくは三親等以内の親族が一人を超えて含まれ、又は当該役員並びにその配偶者及び三親等以内の親族が役員の総数の三分の一を超えて含まれることになってはならない。

(役員の欠員補充)
第二二条　理事又は監事のうち、その定数の三分の一を超える者が欠けたときは、遅滞なくこれを補充しなければならない。

(役員の変更等の届出)
第二三条　特定非営利活動法人は、その役員の氏名又は住所若しくは居所に変更があったときは、遅滞なく、変更後の役員名簿を添えて、その旨を所轄庁に届け出なければならない。

2　特定非営利活動法人は、役員が新たに就任した場合（任期満了と同時に再任された場合を除く。）において前項の届出をするときは、当該役員に係る第一〇条第一項第二号ロ及びハに掲げる書類を所轄庁に提出しなければならない。

(役員の任期)
第二四条　役員の任期は、二年以内において定款で定める期間とする。ただし、再任を妨げない。

2　前項の規定にかかわらず、定款で役員を社員総会で選任することとしている特定非営利活動法人にあっては、定款により、後任の役員が選任されていない場合に限り、同項の規定により定款で定められた任期の末日後最初の社員総会が終結するまでその任期を伸長することができる。

(定款の変更)
第二五条　定款の変更は、定款で定めるところにより、社員総会の議決を経なければならない。

2　前項の議決は、社員総数の二分の一以上が出席し、その出席者の四分の三以上の多数をもってしなければならない。ただし、定款に特別の定めがあるときは、この限りでない。

3　定款の変更（〔省略〕）は、所轄庁の認証を受けなければ、その効力を生じない。〔後略〕

第二六条　所轄庁の変更を伴う定款の変更に係る前条第四項の申請書は、変更前の所轄庁を経由して変更後の所轄庁に提出するものとする。〔後略〕

(会計の原則)
第二七条　特定非営利活動法人の会計は、この法律に定めるもののほか、次に掲げる原則に従って、行わなければならない。
一　削除
二　会計簿は、正規の簿記の原則に従って正しく記帳すること。
三　計算書類（活動計算書及び貸借対照表をいう。次条第一項において同じ。）及び財産目録は、会計簿に基づいて活動に係る事業の実績及び財政状態に関する真実な内容を明瞭に表示したものとすること。
四　採用する会計処理の基準及び手続については、毎事業年度継続して適用し、みだりにこれを変更しないこと。

(事業報告書等の備置き等及び閲覧)
第二八条　特定非営利活動法人は、毎事業年度初めの三月以内に、都道府県又は指定都市の条例で定めるところにより、前事業年度の事業報告書、計算書類及び財産目録並びに年間役員名簿（前事業年度において役員であったことがある者全員の氏名及び住所又は居所並びにこれらの者についての前事業年度における報酬の有無を記載した名簿をいう。）並びに前事業年度の末日における社員のうち一〇人以上の者の氏名（法人にあっては、その名称及び代表者の氏名）及び住所又は居所を記載した書面（以下「事業報告書等」という。）を作成し、これらを、その作成の日から起算して五年が経過した日を含む事業年度の末日までの間、その事務所に備え置かなければならない。

2　特定非営利活動法人は、都道府県又は指定都市の条例で定めるところにより、役員名簿及び定款等（定款並びにその認証及び登記に関する書類の写しをいう。以下同じ。）を、その事務所に備え置かなければならない。

3　特定非営利活動法人は、その社員その他の利害関係人から次に掲げる書類の閲覧の請求があった場合には、正当な理由がある場合を除いて、これを閲覧させなければならない。
一　事業報告書等〔後略〕
二　役員名簿
三　定款等

(貸借対照表の公告)
第二八条の二 特定非営利活動法人は、内閣府令で定めるところにより、前条第一項の規定による前事業年度の貸借対照表の作成後遅滞なく、次に掲げる方法のうち定款で定める方法によりこれを公告しなければならない。
一 官報に掲載する方法
二 時事に関する事項を掲載する日刊新聞紙に掲載する方法
三 電子公告（〔省略〕）
四 前三号に掲げるもののほか、不特定多数の者が公告すべき内容である情報を認識することができる状態に置く措置として内閣府令で定める方法〔後略〕

(事業報告書等の公開)
第三〇条 所轄庁は、特定非営利活動法人から提出を受けた事業報告書等（過去五年間に提出を受けたものに限る。）、役員名簿又は定款等について閲覧又は謄写の請求があったときは、都道府県又は指定都市の条例で定めるところにより、これを閲覧させ、又は謄写させなければならない。

第四節 解散及び合併

(解散事由)
第三一条 特定非営利活動法人は、次に掲げる事由によって解散する。
一 社員総会の決議
二 定款で定めた解散事由の発生
三 目的とする特定非営利活動に係る事業の成功の不能
四 社員の欠亡
五 合併
六 破産手続開始の決定
七 第四三条の規定による設立の認証の取消し
2 前項第三号に掲げる事由による解散は、所轄庁の認定がなければ、その効力を生じない。〔後略〕

(合併)
第三三条 特定非営利活動法人は、他の特定非営利活動法人と合併することができる。
(合併手続)
第三四条 特定非営利活動法人が合併するには、社員総会の議決を経なければならない。
2 前項の議決は、社員総数の四分の三以上の多数をもってしなければならない。ただし、定款に特別の定めがあるときは、この限りでない。
3 合併は、所轄庁の認証を受けなければ、その効力を生じない。〔後略〕

第五節 監督

(報告及び検査)
第四一条 所轄庁は、特定非営利活動法人（認定特定非営利活動法人及び特例認定特定非営利活動法人を除く。以下この項及び次項において同じ。）が法令、法令に基づいてする行政庁の処分又は定款に違反する疑いがあると認められる相当な理由があるときは、当該特定非営利活動法人に対し、その業務若しくは財産の状況に関し報告をさせ、又はその職員に、当該特定非営利活動法人の事務所その他の施設に立ち入り、その業務若しくは財産の状況若しくは帳簿、書類その他の物件を検査させることができる。〔後略〕

(改善命令)
第四二条 所轄庁は、特定非営利活動法人が第一二条第一項第二号、第三号又は第四号に規定する要件を欠くに至ったと認めるときその他法令、法令に基づいてする行政庁の処分若しくは定款に違反し、又はその運営が著しく適正を欠くと認めるときは、当該特定非営利活動法人に対し、期限を定めて、その改善のために必要な措置を採るべきことを命ずることができる。

(設立の認証の取消し)
第四三条 所轄庁は、特定非営利活動法人が、前条の規定による命令に違反した場合であって他の方法により監督の目的を達することができないとき又は三年以上にわたって第二十九条の規定による事業報告書等の提出を行わないときは、当該特定非営利活動法人の設立の認証を取り消すことができる。〔後略〕

消費者契約法〔抜粋〕

平成12年〔2000年〕5月12日法律第61号
最終改正　平成30年〔2017年〕6月15日公布
　　　　　法律第54号

第一章　総則

(目的)
第一条　この法律は、消費者と事業者との間の情報の質及び量並びに交渉力の格差に鑑み、事業者の一定の行為により消費者が誤認し、又は困惑した場合等について契約の申込み又はその承諾の意思表示を取り消すことができることとするとともに、事業者の損害賠償の責任を免除する条項その他の消費者の利益を不当に害することとなる条項の全部又は一部を無効とするほか、消費者の被害の発生又は拡大を防止するため適格消費者団体が事業者等に対し差止請求をすることができることとすることにより、消費者の利益の擁護を図り、もって国民生活の安定向上と国民経済の健全な発展に寄与することを目的とする。

(定義)
第二条　この法律において「消費者」とは、個人(事業として又は事業のために契約の当事者となる場合におけるものを除く。)をいう。
2　この法律(第四三条第二項第二号を除く。)において「事業者」とは、法人その他の団体及び事業として又は事業のために契約の当事者となる場合における個人をいう。
3　この法律において「消費者契約」とは、消費者と事業者との間で締結される契約をいう。
4　この法律において「適格消費者団体」とは、不特定かつ多数の消費者の利益のためにこの法律の規定による差止請求権を行使するのに必要な適格性を有する法人である消費者団体(消費者基本法(昭和四三年法律第七八号)第八条の消費者団体をいう。以下同じ。)として第一三条の定めるところにより内閣総理大臣の認定を受けた者をいう。

(事業者及び消費者の努力)
第三条　事業者は、消費者契約の条項を定めるに当たっては、消費者の権利義務その他の消費者契約の内容が消費者にとって明確かつ平易なものになるよう配慮するとともに、消費者契約の締結について勧誘をするに際しては、消費者の理解を深めるために、消費者の権利義務その他の消費者契約の内容についての必要な情報を提供するよう努めなければならない。
2　消費者は、消費者契約を締結するに際しては、事業者から提供された情報を活用し、消費者の権利義務その他の消費者契約の内容について理解するよう努めるものとする。

第二章　消費者契約

(消費者契約の申込み又はその承諾の意思表示の取消し)
第四条　消費者は、事業者が消費者契約の締結について勧誘をするに際し、当該消費者に対して次の各号に掲げる行為をしたことにより当該各号に定める誤認をし、それによって当該消費者契約の申込み又はその承諾の意思表示をしたときは、これを取り消すことができる。
一　重要事項について事実と異なることを告げること。　当該告げられた内容が事実であるとの誤認
二　物品、権利、役務その他の当該消費者契約の目的となるものに関し、将来におけるその価額、将来において当該消費者が受け取るべき金額その他の将来における変動が不確実な事項につき断定的判断を提供すること。当該提供された断定的判断の内容が確実であるとの誤認
2　消費者は、事業者が消費者契約の締結について勧誘をするに際し、当該消費者に対してある重要事項又は当該重要事項に関連する事項について当該消費者の利益となる旨を告げ、かつ、当該重要事項について当該消費者の不利益となる事実(当該告知により当該事実が存在しないと消費者が通常考えるべきものに限る。)を故意に告げなかったことにより、当該事実が存在しないとの誤認をし、それによって当該消費者契約の申込み又はその承諾の意思表示をしたときは、これを取り消すことができる。ただし、当該事業者が当該消費者に対し当該事実を告げようとしたにもかかわらず、当該消費者がこれを拒んだときは、この限りでない。
3　消費者は、事業者が消費者契約の締結について勧誘をするに際し、当該消費者に対して次に掲げる行為をしたことにより困惑し、それによって当該消費者契約の申込み又はその承諾の意思表示をしたときは、これを取り消すことができる。
一　当該事業者に対し、当該消費者が、その住居又はその業務を行っている場所から退去すべき旨の意思を示したにもかかわらず、それらの場所から退去しないこと。
二　当該事業者が当該消費者契約の締結につ

いて勧誘をしている場所から当該消費者が退去する旨の意思を示したにもかかわらず、その場所から当該消費者を退去させないこと。
4 消費者は、事業者が消費者契約の締結について勧誘をするに際し、物品、権利、役務その他の当該消費者契約の目的となるものの分量、回数又は期間（以下この項において「分量等」という。）が当該消費者にとっての通常の分量等（消費者契約の目的となるものの内容及び取引条件並びに事業者がその締結について勧誘をする際の消費者の生活の状況及びこれについての当該消費者の認識に照らして当該消費者契約の目的となるものの分量等として通常想定される分量等をいう。以下この項において同じ。）を著しく超えるものであることを知っていた場合において、その勧誘により当該消費者契約の申込み又はその承諾の意思表示をしたときは、これを取り消すことができる。事業者が消費者契約の締結について勧誘をするに際し、消費者が既に当該消費者契約の目的となるものと同種のものを目的とする消費者契約（以下この項において「同種契約」という。）を締結し、当該同種契約の目的となるものの分量等と当該消費者契約の目的となるものの分量等とを合算した分量等が当該消費者にとっての通常の分量等を著しく超えるものであることを知っていた場合において、その勧誘により当該消費者契約の申込み又はその承諾の意思表示をしたときも、同様とする。
5 第一項第一号及び第二項の「重要事項」とは、消費者契約に係る次に掲げる事項（同項の場合にあっては、第三号に掲げるものを除く。）をいう。
一 物品、権利、役務その他の当該消費者契約の目的となるものの質、用途その他の内容であって、消費者の当該消費者契約を締結するか否かについての判断に通常影響を及ぼすべきもの
二 物品、権利、役務その他の当該消費者契約の目的となるものの対価その他の取引条件であって、消費者の当該消費者契約を締結するか否かについての判断に通常影響を及ぼすべきもの
三 前二号に掲げるもののほか、物品、権利、役務その他の当該消費者契約の目的となるものが当該消費者の生命、身体、財産その他の重要な利益についての損害又は危険を回避するために通常必要であると判断される事情
6 第一項から第四項までの規定による消費者契約の申込み又はその承諾の意思表示の取消しは、これをもって善意の第三者に対抗することができない。

（媒介の委託を受けた第三者及び代理人）
第五条 前条の規定は、事業者が第三者に対し、当該事業者と消費者との間における消費者契約の締結について媒介をすることの委託（以下この項において単に「委託」という。）をし、当該委託を受けた第三者（その第三者から委託（二以上の段階にわたる委託を含む。）を受けた者を含む。以下「受託者等」という。）が消費者に対して同条第一項から第四項までに規定する行為をした場合について準用する。この場合において、同条第二項ただし書中「当該事業者」とあるのは、「当該事業者又は次条第一項に規定する受託者等」と読み替えるものとする。
2 消費者契約の締結に係る消費者の代理人（復代理人（二以上の段階にわたり復代理人として選任された者を含む。）を含む。以下同じ。）、事業者の代理人及び受託者等の代理人は、前条第一項から第四項まで（前項において準用する場合を含む。次条及び第七条において同じ。）の規定の適用については、それぞれ消費者、事業者及び受託者等とみなす。

（解釈規定）
第六条 第四条第一項から第四項までの規定は、これらの項に規定する消費者契約の申込み又はその承諾の意思表示に対する民法（明治二九年法律第八九号）第九六条の規定の適用を妨げるものと解してはならない。

（取消権の行使期間等）
第七条 第四条第一項から第四項までの規定による取消権は、追認をすることができる時から一年間行わないときは、時効によって消滅する。当該消費者契約の締結の時から五年を経過したときも、同様とする。
2 会社法（平成一七年法律第八六号）その他の法律により詐欺又は強迫を理由として取消しをすることができないものとされている株式若しくは出資の引受け又は基金の拠出が消費者契約としてされた場合には、当該株式若しくは出資の引受け又は基金の拠出に係る意思表示については、第四条第一項から第四項までの規定によりその取消しをすることができない。

（事業者の損害賠償の責任を免除する条項の無効）
第八条 次に掲げる消費者契約の条項は、無効とする。
一 事業者の債務不履行により消費者に生じた損害を賠償する責任の全部を免除する条項

二 事業者の債務不履行（当該事業者、その代表者又はその使用する者の故意又は重大な過失によるものに限る。）により消費者に生じた損害を賠償する責任の一部を免除する条項
三 消費者契約における事業者の債務の履行に際してされた当該事業者の不法行為により消費者に生じた損害を賠償する責任の全部を免除する条項
四 消費者契約における事業者の債務の履行に際してされた当該事業者の不法行為（当該事業者、その代表者又はその使用する者の故意又は重大な過失によるものに限る。）により消費者に生じた損害を賠償する責任の一部を免除する条項
五 消費者契約が有償契約である場合において、当該消費者契約の目的物に隠れた瑕疵（かし）があるとき（当該消費者契約が請負契約である場合には、当該消費者契約の仕事の目的物に瑕疵があるとき。次項において同じ。）に、当該瑕疵により消費者に生じた損害を賠償する事業者の責任の全部を免除する条項
2 前項第五号に掲げる条項については、次に掲げる場合に該当するときは、同項の規定は、適用しない。
 一 当該消費者契約において、当該消費者契約の目的物に隠れた瑕疵があるときに、当該事業者が瑕疵のない物をもってこれに代える責任又は当該瑕疵を修補する責任を負うこととされている場合
 二 当該消費者と当該事業者の委託を受けた他の事業者との間の契約又は当該事業者と他の事業者との間の当該消費者のためにする契約で、当該消費者契約の締結に先立って又はこれと同時に締結されたものにおいて、当該消費者契約の目的物に隠れた瑕疵があるときに、当該他の事業者が、当該瑕疵により当該消費者に生じた損害を賠償する責任の全部若しくは一部を負い、瑕疵のない物をもってこれに代える責任を負い、又は当該瑕疵を修補する責任を負うこととされている場合

（消費者の解除権を放棄させる条項の無効）
第八条の二 次に掲げる消費者契約の条項は、無効とする。
 一 事業者の債務不履行により生じた消費者の解除権を放棄させる条項
 二 消費者契約が有償契約である場合において、当該消費者契約の目的物に隠れた瑕疵があること（当該消費者契約が請負契約である場合には、当該消費者契約の仕事の目的物に瑕疵があること）により生じた消費者の解除権を放棄させる条項

（消費者が支払う損害賠償の額を予定する条項等の無効）
第九条 次の各号に掲げる消費者契約の条項は、当該各号に定める部分について、無効とする。
 一 当該消費者契約の解除に伴う損害賠償の額を予定し、又は違約金を定める条項であって、これらを合算した額が、当該条項において設定された解除の事由、時期等の区分に応じ、当該消費者契約と同種の消費者契約の解除に伴い当該事業者に生ずべき平均的な損害の額を超えるもの 当該超える部分
 二 当該消費者契約に基づき支払うべき金銭の全部又は一部を消費者が支払期日（支払回数が二以上である場合には、それぞれの支払期日。以下この号において同じ。）までに支払わない場合における損害賠償の額を予定し、又は違約金を定める条項であって、これらを合算した額が、支払期日の翌日からその支払をする日までの期間について、その日数に応じ、当該支払期日に支払うべき額から当該支払期日に支払うべき額のうち既に支払われた額を控除した額に年一四・六パーセントの割合を乗じて計算した額を超えるもの 当該超える部分

（消費者の利益を一方的に害する条項の無効）
第一〇条 消費者の不作為をもって当該消費者が新たな消費者契約の申込み又はその承諾の意思表示をしたものとみなす条項その他の法令中の公の秩序に関しない規定の適用による場合に比して消費者の権利を制限し又は消費者の義務を加重する消費者契約の条項であって、民法第一条第二項に規定する基本原則に反して消費者の利益を一方的に害するものは、無効とする。

（他の法律の適用）
第一一条 消費者契約の申込み又はその承諾の意思表示の取消し及び消費者契約の条項の効力については、この法律の規定によるほか、民法及び商法（明治三二年法律第四八号）の規定による。
2 消費者契約の申込み又はその承諾の意思表示の取消し及び消費者契約の条項の効力について民法及び商法以外の他の法律に別段の定めがあるときは、その定めるところによる。

第三章 差止請求

（差止請求権）
第一二条 適格消費者団体は、事業者、受託者等又は事業者の代理人若しくは受託者等の代

理人（以下「事業者等」と総称する。）が、消費者契約の締結について勧誘をするに際し、不特定かつ多数の消費者に対して第四条第一項から第四項までに規定する行為（同条第二項に規定する行為にあっては、同項ただし書の場合に該当するものを除く。次項において同じ。）を現に行い又は行うおそれがあるときは、その事業者等に対し、当該行為の停止若しくは予防又は当該行為に供した物の廃棄若しくは除去その他の当該行為の停止若しくは予防に必要な措置をとることを請求することができる。ただし、民法及び商法以外の他の法律の規定によれば当該行為を理由として当該消費者契約を取り消すことができないときは、この限りでない。

2 適格消費者団体は、次の各号に掲げる者が、消費者契約の締結について勧誘をするに際し、不特定かつ多数の消費者に対して第四条第一項から第四項までに規定する行為を現に行い又は行うおそれがあるときは、当該各号に定める者に対し、当該各号に掲げる者に対する是正の指示又は教唆の停止その他の当該行為の停止又は予防に必要な措置をとることを請求することができる。この場合においては、前項ただし書の規定を準用する。
　一　受託者等　当該受託者等に対して委託（二以上の段階にわたる委託を含む。）をした事業者又は他の受託者等
　二　事業者の代理人又は受託者等の代理人　当該代理人を自己の代理人とする事業者若しくは受託者等又はこれらの他の代理人

3 適格消費者団体は、事業者又はその代理人が、消費者契約を締結するに際し、不特定かつ多数の消費者との間で第八条から第一〇条までに規定する消費者契約の条項（第八条第一項第五号に掲げる消費者契約の条項にあっては、同条第二項各号に掲げる場合に該当するものを除く。次項において同じ。）を含む消費者契約の申込み又はその承諾の意思表示を現に行い又は行うおそれがあるときは、その事業者又はその代理人に対し、当該行為の停止若しくは予防又は当該行為に供した物の廃棄若しくは除去その他の当該行為の停止若しくは予防に必要な措置をとることを請求することができる。ただし、民法及び商法以外の他の法律の規定によれば当該消費者契約の条項が無効とされないときは、この限りでない。

4 適格消費者団体は、事業者の代理人が、消費者契約を締結するに際し、不特定かつ多数の消費者との間で第八条から第一〇条までに規定する消費者契約の条項を含む消費者契約の申込み又はその承諾の意思表示を現に行い又は行うおそれがあるときは、当該代理人を自己の代理人とする事業者又は他の代理人に対し、当該代理人に対する是正の指示又は教唆の停止その他の当該行為の停止又は予防に必要な措置をとることを請求することができる。この場合においては、前項ただし書の規定を準用する。

（差止請求の制限）
第一二条の二　前条、不当景品類及び不当表示防止法（昭和三七年法律第一三四号）第三〇条第一項、特定商取引に関する法律（昭和五一年法律第五七号）第五八条の一八から第五八条の二四まで又は食品表示法（平成二五年法律第七〇号）第一一条の規定による請求（以下「差止請求」という。）は、次に掲げる場合には、することができない。
　一　当該適格消費者団体若しくは第三者の不正な利益を図り又は当該差止請求に係る相手方に損害を加えることを目的とする場合
　二　他の適格消費者団体を当事者とする差止請求に係る訴訟等（訴訟並びに和解の申立てに係る手続、調停及び仲裁をいう。以下同じ。）につき既に確定判決等（確定判決及びこれと同一の効力を有するものをいい、次のイからハまでに掲げるものを除く。以下同じ。）が存する場合において、請求の内容及び相手方が同一である場合。ただし、当該他の適格消費者団体について、当該確定判決等に係る訴訟等の手続に関し、次条第一項の認定が第三四条第一項第四号に掲げる事由により取り消され、又は同条第三項の規定により同号に掲げる事由があった旨の認定がされたときは、この限りでない。
　　イ　訴えを却下した確定判決
　　ロ　前号に掲げる場合に該当することのみを理由として差止請求を棄却した確定判決及び仲裁判断
　　ハ　差止請求をする権利（以下「差止請求権」という。）の不存在又は差止請求権に係る債務の不存在の確認の請求（第二四条において「差止請求権不存在等確認請求」という。）を棄却した確定判決及びこれと同一の効力を有するもの

2 前項第二号本文の規定は、当該確定判決に係る訴訟の口頭弁論の終結後又は当該確定判決と同一の効力を有するものの成立後に生じた事由に基づいて同号本文に掲げる場合の当該差止請求をすることを妨げない。

国家賠償法

昭和22年〔1947年〕10月27日 法律第125号

第一条 国又は公共団体の公権力の行使に当る公務員が、その職務を行うについて、故意又は過失によって違法に他人に損害を加えたときは、国又は公共団体が、これを賠償する責に任ずる。
② 前項の場合において、公務員に故意又は重大な過失があつたときは、国又は公共団体は、その公務員に対して求償権を有する。
第二条 道路、河川その他の公の営造物の設置又は管理に瑕疵があつたために他人に損害を生じたときは、国又は公共団体は、これを賠償する責に任ずる。
② 前項の場合において、他に損害の原因について責に任ずべき者があるときは、国又は公共団体は、これに対して求償権を有する。
第三条 前二条の規定によって国又は公共団体が損害を賠償する責に任ずる場合において、公務員の選任若しくは監督又は公の営造物の設置若しくは管理に当る者と公務員の俸給、給与その他の費用又は公の営造物の設置若しくは管理の費用を負担する者とが異なるときは、費用を負担する者もまた、その損害を賠償する責に任ずる。
② 前項の場合において、損害を賠償した者は、内部関係でその損害を賠償する責任ある者に対して求償権を有する。
第四条 国又は公共団体の損害賠償の責任については、前三条の規定によるの外、民法 の規定による。
第五条 国又は公共団体の損害賠償の責任について民法 以外の他の法律に別段の定があるときは、その定めるところによる。
第六条 この法律は、外国人が被害者である場合には、相互の保証があるときに限り、これを適用する。

附則〔抄〕
① この法律は、公布の日から、これを施行する。
⑥ この法律施行前の行為に基づく損害については、なお従前の例による。

労働組合法

昭和24年〔1949年〕6月1日法律第174号
最終改正 平成26年〔2014年〕6月13日公布
　　　　 法律第69号

労働組合法（昭和二〇年法律第五一号）の全部を改正する。

第一章　総則

（目的）
第一条 この法律は、労働者が使用者との交渉において対等の立場に立つことを促進することにより労働者の地位を向上させること、労働者がその労働条件について交渉するために自ら代表者を選出することその他の団体行動を行うために自主的に労働組合を組織し、団結することを擁護すること並びに使用者と労働者との関係を規制する労働協約を締結するための団体交渉をすること及びその手続を助成することを目的とする。
2　刑法（明治四〇年法律第四五号）第三五条の規定は、労働組合の団体交渉その他の行為であつて前項に掲げる目的を達成するためにした正当なものについて適用があるものとする。但し、いかなる場合においても、暴力の行使は、労働組合の正当な行為と解釈されてはならない。

（労働組合）
第二条 この法律で「労働組合」とは、労働者が主体となつて自主的に労働条件の維持改善その他経済的地位の向上を図ることを主たる目的として組織する団体又はその連合団体をいう。但し、左の各号の一に該当するものは、この限りでない。
一　役員、雇入解雇昇進又は異動に関して直接の権限を持つ監督的地位にある労働者、使用者の労働関係についての計画と方針とに関する機密の事項に接し、そのためにその職務上の義務と責任とが当該労働組合の組合員としての誠意と責任とに直接にて、い、触する監督的地位にある労働者その他使用者の利益を代表する者の参加を許すもの
二　団体の運営のための経費の支出につき使用者の経理上の援助を受けるもの。但し、労働者が労働時間中に時間又は賃金を失うことなく使用者と協議し、又は交渉することを使用者が許すことを妨げるものではな

く、且つ、厚生資金又は経済上の不幸若しくは災厄を防止し、若しくは救済するための支出に実際に用いられる福利その他の基金に対する使用者の寄附及び最小限の広さの事務所の供与を除くものとする。
三 共済事業その他福利事業のみを目的とするもの
四 主として政治運動又は社会運動を目的とするもの

(労働者)
第三条 この法律で「労働者」とは、職業の種類を問わず、賃金、給料その他これに準ずる収入によつて生活する者をいう。
第四条 削除〔昭二六法二〇三〕

第二章 労働組合

(労働組合として設立されたものの取扱)
第五条 労働組合は、労働委員会に証拠を提出して第二条及び第二項の規定に適合することを立証しなければ、この法律に規定する手続に参与する資格を有せず、且つ、この法律に規定する救済を与えられない。但し、第七条第一号の規定に基く個々の労働者に対する保護を否定する趣旨に解釈されるべきではない。
2 労働組合の規約には、左の各号に掲げる規定を含まなければならない。
一 名称
二 主たる事務所の所在地
三 連合団体である労働組合以外の労働組合(以下「単位労働組合」という。)の組合員は、その労働組合のすべての問題に参与する権利及び均等の取扱を受ける権利を有すること。
四 何人も、いかなる場合においても、人種、宗教、性別、門地又は身分によつて組合員たる資格を奪われないこと。
五 単位労働組合にあつては、その役員は、組合員の直接無記名投票により選挙されること、及び連合団体である労働組合又は全国的規模をもつ労働組合にあつては、その役員は、単位労働組合の組合員又はその組合員の直接無記名投票により選挙された代議員の直接無記名投票により選挙されること。
六 総会は、少くとも毎年一回開催すること。
七 すべての財源及び使途、主要な寄附者の氏名並びに現在の経理状況を示す会計報告は、組合員によつて委嘱された職業的に資格がある会計監査人による正確であることの証明書とともに、少くとも毎年一回組合員に公表されること。
八 同盟罷業は、組合員又は組合員の直接無記名投票により選挙された代議員の直接無記名投票の過半数による決定を経なければ開始しないこと。
九 単位労働組合にあつては、その規約は、組合員の直接無記名投票による過半数の支持を得なければ改正しないこと、及び連合団体である労働組合又は全国的規模をもつ労働組合にあつては、その規約は、単位労働組合の組合員又はその組合員の直接無記名投票により選挙された代議員の直接無記名投票による過半数の支持を得なければ改正しないこと。

〔昭二七法二八八・一部改正〕

(交渉権限)
第六条 労働組合の代表者又は労働組合の委任を受けた者は、労働組合又は組合員のために使用者又はその団体と労働協約の締結その他の事項に関して交渉する権限を有する。

(不当労働行為)
第七条 使用者は、次の各号に掲げる行為をしてはならない。
一 労働者が労働組合の組合員であること、労働組合に加入し、若しくはこれを結成しようとしたこと若しくは労働組合の正当な行為をしたことの故をもつて、その労働者を解雇し、その他これに対して不利益な取扱いをすること又は労働者が労働組合に加入せず、若しくは労働組合から脱退することを雇用条件とすること。ただし、労働組合が特定の工場事業場に雇用される労働者の過半数を代表する場合において、その労働者がその労働組合の組合員であることを雇用条件とする労働協約を締結することを妨げるものではない。
二 使用者が雇用する労働者の代表者と団体交渉をすることを正当な理由がなくて拒むこと。
三 労働者が労働組合を結成し、若しくは運営することを支配し、若しくはこれに介入すること、又は労働組合の運営のための経費の支払につき経理上の援助を与えること。ただし、労働者が労働時間中に時間又は賃金を失うことなく使用者と協議し、又は交渉することを使用者が許すことを妨げるものではなく、かつ、厚生資金又は経済上の不幸若しくは災厄を防止し、若しくは救済するための支出に実際に用いられる福利その他の基金に対する使用者の寄附及び最小限の広さの事務所の供与を除くものとする。
四 労働者が労働委員会に対し使用者がこの条の規定に違反した旨の申立てをしたこと

若しくは中央労働委員会に対し第二七条の一二第一項の規定による命令に対する再審査の申立てをしたこと又は労働委員会がこれらの申立てに係る調査若しくは審問をし、若しくは当事者に和解を勧め、若しくは労働関係調整法（昭和二一年法律第二五号）による労働争議の調整をする場合に労働者が証拠を提示し、若しくは発言をしたことを理由として、その労働者を解雇し、その他これに対して不利益な取扱いをすること。

〔昭二七法二八八・平一六法一四〇・一部改正〕

（損害賠償）
第八条 使用者は、同盟罷業その他の争議行為であつて正当なものによつて損害を受けたことの故をもつて、労働組合又はその組合員に対し賠償を請求することができない。

（基金の流用）
第九条 労働組合は、共済事業その他福利事業のために特設した基金を他の目的のために流用しようとするときは、総会の決議を経なければならない。

（解散）
第一〇条 労働組合は、左の事由によつて解散する。
一　規約で定めた解散事由の発生
二　組合員又は構成団体の四分の三以上の多数による総会の決議

（法人である労働組合）
第一一条 この法律の規定に適合する旨の労働委員会の証明を受けた労働組合は、その主たる事務所の所在地において登記することによつて法人となる。
2　この法律に規定するものの外、労働組合の登記に関して必要な事項は、政令で定める。
3　労働組合に関して登記すべき事項は、登記した後でなければ第三者に対抗することができない。

（準用規定）
第一二条 民法（明治二九年法律第八九号）第四三条、第四四条（この法律の第八条に規定する場合を除く。）、第五〇条、第五二条から第五五条まで、第五七条及び第七二条から第八三条まで並びに非訟事件手続法（明治三一年法律第一四号）第三五条から第四〇条までの規定は、法人である労働組合について準用する。〔平一七法八七・全改〕

第一三条 削除〔昭二五法七九〕

第三章　労働協約

（労働協約の効力の発生）
第一四条 労働組合と使用者又はその団体との間の労働条件その他に関する労働協約は、書面に作成し、両当事者が署名し、又は記名押印することによつてその効力を生ずる。
〔昭二七法二八八・一部改正〕

（労働協約の期間）
第一五条 労働協約には、三年をこえる有効期間の定をすることができない。
2　三年をこえる有効期間の定をした労働協約は、三年の有効期間の定をした労働協約とみなす。
3　有効期間の定がない労働協約は、当事者の一方が、署名し、又は記名押印した文書によつて相手方に予告して、解約することができる。一定の期間を定める労働協約であつて、その期間の経過後も期限を定めず効力を存続する旨の定があるものについて、その期間の経過後も、同様とする。
4　前項の予告は、解約しようとする日の少くとも九〇日前にしなければならない。
〔昭二七法二八八・全改〕

（基準の効力）
第一六条 労働協約に定める労働条件その他の労働者の待遇に関する基準に違反する労働契約の部分は、無効とする。この場合において無効となつた部分は、基準の定めるところによる。労働契約に定がない部分についても、同様とする。

（一般的拘束力）
第一七条 一の工場事業場に常時使用される同種の労働者の四分の三以上の数の労働者が一の労働協約の適用を受けるに至つたときは、当該工場事業場に使用される他の同種の労働者に関しても、当該労働協約が適用されるものとする。

（地域的の一般的拘束力）
第一八条 一の地域において従事する同種の労働者の大部分が一の労働協約の適用を受けるに至つたときは、当該労働協約の当事者の双方又は一方の申立てに基づき、労働委員会の決議により、厚生労働大臣又は都道府県知事は、当該地域において従事する他の同種の労働者及びその使用者も当該労働協約（第二項の規定により修正があつたものを含む。）の適用を受けるべきことの決定をすることができる。
2　労働委員会は、前項の決議をする場合において、当該労働協約に不適当な部分があると認めたときは、これを修正することができる。
3　第一項の決定は、公告によつてする。
4　第一項の申立てに係る労働協約が最低賃金法（昭和三四年法律第一三七号）第一一条に規定する労働協約に該当するものであると認める

ときは、厚生労働大臣又は都道府県知事は、同項の決定をするについては、賃金に関する部分に関し、あらかじめ、中央最低賃金審議会又は都道府県労働局長の意見を聴かなければならない。この場合において、都道府県労働局長が意見を提出するについては、あらかじめ、地方最低賃金審議会の意見を聴かなければならない。
〔昭三四法一三七・平一一法八七・平一一法一六〇・一部改正〕

第四章　労働委員会

第一節　設置、任務及び所掌事務並びに組織等
〔平一六法一四〇・節名追加〕

(労働委員会)

第一九条　労働委員会は、使用者を代表する者(以下「使用者委員」という。)、労働者を代表する者(以下「労働者委員」という。)及び公益を代表する者(以下「公益委員」という。)各同数をもつて組織する。

2　労働委員会は、中央労働委員会、船員中央労働委員会、都道府県労働委員会及び船員地方労働委員会とする。

3　労働委員会に関する事項は、この法律に定めるもののほか、政令で定める。

〔昭二五法八四・昭二五法一三九・昭二七法二八八・昭二九法二一二・昭三四法一三七・昭四一法六四・昭四六法六七・昭四六法一三〇・昭五三法三九・昭五五法八五・昭五八法七八・昭五九法二五・昭六三法八二・平一一法一〇二・平一六法一四〇・一部改正〕

(中央労働委員会)

第一九条の二　国家行政組織法(昭和二三年法律第一二〇号)第三条第二項の規定に基づいて、厚生労働大臣の所轄の下に、中央労働委員会を置く。

2　中央労働委員会は、労働者が団結することを擁護し、及び労働関係の公正な調整を図ることを任務とする。

3　中央労働委員会は、前項の任務を達成するため、第五条、第一一条、第一八条及び第二六条の規定による事務、不当労働行為事件の審査等(第七条、次節及び第三節の規定による事件の処理をいう。以下同じ。)に関する事務、労働争議のあつせん、調停及び仲裁に関する事務並びに労働関係調整法第三五条の二及び第三五条の三の規定による事務その他法律(法律に基づく命令を含む。)に基づき中央労働委員会に属させられた事務をつかさどる。

〔平一一法一〇二・全改、平一六法一四〇・一部改正〕

(中央労働委員会の委員の任命等)

第一九条の三　中央労働委員会は、使用者委員、労働者委員及び公益委員各一五人をもつて組織する。

2　使用者委員は使用者団体の推薦(使用者委員のうち六人については、特定独立行政法人(独立行政法人通則法(平成一一年法律第一〇三号)第二条第二項に規定する特定独立行政法人をいう。以下この項、第一九条の四第二項第二号及び第一九条の一〇第一項において同じ。)又は国有林野事業(特定独立行政法人等の労働関係に関する法律(昭和二三年法律第二五七号)第二条第二号に規定する国有林野事業をいう。以下この項及び第一九条の一〇第一項において同じ。)を行う国の経営する企業の推薦)に基づいて、労働者委員は労働組合の推薦(労働者委員のうち六人については、特定独立行政法人の特定独立行政法人等の労働関係に関する法律第二条第四号に規定する職員(以下この章において「特定独立行政法人職員」という。)又は国有林野事業を行う国の経営する企業の同号に規定する職員(以下この章において「国有林野事業職員」という。)が結成し、又は加入する労働組合の推薦)に基づいて、公益委員は厚生労働大臣が使用者委員及び労働者委員の同意を得て作成した委員候補者名簿に記載されている者のうちから両議院の同意を得て、内閣総理大臣が任命する。

3　公益委員の任期が満了し、又は欠員を生じた場合において、国会の閉会又は衆議院の解散のために両議院の同意を得ることができないときは、内閣総理大臣は、前項の規定にかかわらず、厚生労働大臣が使用者委員及び労働者委員の同意を得て作成した委員候補者名簿に記載されている者のうちから、公益委員を任命することができる。

4　前項の場合においては、任命後最初の国会で両議院の事後の承認を求めなければならない。この場合において、両議院の事後の承認が得られないときは、内閣総理大臣は、直ちにその公益委員を罷免しなければならない。

5　公益委員の任命については、そのうち七人以上が同一の政党に属することとなつてはならない。

6　中央労働委員会の委員(次条から第一九条の九までにおいて単に「委員」という。)は、非常勤とする。ただし、公益委員のうち二人以内は、常勤とすることができる。

〔昭六三法八二・追加、平一一法一〇二・平一一法一〇四・平一四法九八・平一七法一〇二・一部改正〕

(委員の欠格条項)

第一九条の四　禁錮 ⃝ 以上の刑に処せられ、その執行を終わるまで、又は執行を受けることがなくなるまでの者は、委員となることができない。
2　次の各号のいずれかに該当する者は、公益委員となることができない。
　一　国会又は地方公共団体の議会の議員
　二　特定独立行政法人の役員、特定独立行政法人職員又は特定独立行政法人職員が結成し、若しくは加入する労働組合の組合員若しくは役員
　三　国有林野事業職員又は国有林野事業職員が結成し、若しくは加入する労働組合の組合員若しくは役員
〔昭六三法八二・追加、平一一法一〇四・平一一法一五一・平一四法九八・平一七法一〇二・一部改正〕

(委員の任期等)
第一九条の五　委員の任期は、二年とする。ただし、補欠の委員の任期は、前任者の残任期間とする。
2　委員は、再任されることができる。
3　委員の任期が満了したときは、当該委員は、後任者が任命されるまで引き続き在任するものとする。
〔昭六三法八二・追加〕

(公益委員の服務)
第一九条の六　常勤の公益委員は、在任中、次の各号のいずれかに該当する行為をしてはならない。
　一　政党その他の政治的団体の役員となり、又は積極的に政治運動をすること。
　二　内閣総理大臣の許可のある場合を除くほか、報酬を得て他の職務に従事し、又は営利事業を営み、その他金銭上の利益を目的とする業務を行うこと。
2　非常勤の公益委員は、在任中、前項第一号に該当する行為をしてはならない。
〔昭六三法八二・追加〕

(委員の失職及び罷免)
第一九条の七　委員は、第一九条の四第一項に規定する者に該当するに至つた場合には、その職を失う。公益委員が同条第二項各号のいずれかに該当するに至つた場合も、同様とする。
2　内閣総理大臣は、委員が心身の故障のために職務の執行ができないと認める場合又は委員に職務上の義務違反その他委員たるに適しない非行があると認める場合には、使用者委員及び労働者委員にあつては中央労働委員会の同意を得て、公益委員にあつては両議院の同意を得て、その委員を罷免することができる。
3　前項の規定により、内閣総理大臣が中央労働委員会に対して、使用者委員又は労働者委員の罷免の同意を求めた場合には、当該委員は、その議事に参与することができない。
4　内閣総理大臣は、公益委員のうち六人が既に属している政党に新たに属するに至つた公益委員を直ちに罷免するものとする。
5　内閣総理大臣は、公益委員のうち七人以上が同一の政党に属することとなつた場合（前項の規定に該当する場合を除く。）には、同一の政党に属する者が六人になるように、両議院の同意を得て、公益委員を罷免するものとする。ただし、政党所属関係に異動のなかつた委員を罷免することはできないものとする。
〔昭六三法八二・追加、平一一法一〇四・平一一法一五一・一部改正〕

(委員の給与等)
第一九条の八　委員は、別に法律の定めるところにより俸給、手当その他の給与を受け、及び政令の定めるところによりその職務を行うために要する費用の弁償を受けるものとする。
〔昭六三法八二・追加〕

(中央労働委員会の会長)
第一九条の九　中央労働委員会に会長を置く。
2　会長は、委員が公益委員のうちから選挙する。
3　会長は、中央労働委員会の会務を総理し、中央労働委員会を代表する。
4　中央労働委員会は、あらかじめ公益委員のうちから委員の選挙により、会長に故障がある場合において会長を代理する委員を定めておかなければならない。
〔昭六三法八二・追加〕

(地方調整委員)
第一九条の一〇　中央労働委員会に、特定独立行政法人とその特定独立行政法人職員との間に発生した紛争、国有林野事業を行う国の経営する企業と国有林野事業職員との間に発生した紛争その他の事件で地方において中央労働委員会が処理すべきものとして政令で定めるものに係るあつせん若しくは調停又は第二四条の二第六項の規定による手続に参与させるため、使用者、労働者及び公益をそれぞれ代表する地方調整委員を置く。
2　地方調整委員は、中央労働委員会の同意を得て、政令で定める区域ごとに厚生労働大臣が任命する。
3　第一九条の五第一項本文及び第二項、第一九条の七第二項並びに第一九条の八の規定は、地方調整委員について準用する。この場合において、第一九条の七第二項中「内閣総理大臣」とあるのは「厚生労働大臣」と、「使用者委員及び労働者委員にあつては中央労働委

員会の同意を得て、公益委員にあつては両議院」とあるのは「中央労働委員会」と読み替えるものとする。

〔昭六三法八二・追加、平一一法一〇二・平一一法一〇四・平一四法九八・平一六法一四〇・平一七法一〇二・一部改正〕

(中央労働委員会の事務局)
第一九条の一一 中央労働委員会にその事務を整理させるために事務局を置き、事務局に会長の同意を得て厚生労働大臣が任命する事務局長及び必要な職員を置く。
2　事務局に、地方における事務を分掌させるため、地方事務所を置く。
3　地方事務所の位置、名称及び管轄区域は、政令で定める。

〔昭六三法八二・追加、平一一法一〇二・一部改正〕

(都道府県労働委員会)
第一九条の一二　都道府県知事の所轄の下に、都道府県労働委員会を置く。
2　都道府県労働委員会は、使用者委員、労働者委員及び公益委員各一三人、各一一人、各九人、各七人又は各五人のうち政令で定める数のものをもつて組織する。ただし、条例で定めるところにより、当該政令で定める数に使用者委員、労働者委員及び公益委員各二人を加えた数のものをもつて組織することができる。
3　使用者委員は使用者団体の推薦に基づいて、労働者委員は労働組合の推薦に基づいて、公益委員は使用者委員及び労働者委員の同意を得て、都道府県知事が任命する。
4　公益委員の任命については、都道府県労働委員会における別表の上欄に掲げる公益委員の数(第二項ただし書の規定により公益委員の数を同項の政令で定める数に二人を加えた数とする都道府県労働委員会にあつては当該二人を加えた数)に応じ、それぞれ同表の下欄に定める数以上の公益委員が同一の政党に属することとなつてはならない。
5　公益委員は、自己の行為によつて前項の規定に抵触するに至つたときは、当然退職するものとする。
6　第一九条の三第六項、第一九条の四第一項、第一九条の五、第一九条の七第一項前段、第二項及び第三項、第一九条の八、第一九条の九並びに前条第一項の規定は、都道府県労働委員会について準用する。この場合において、第一九条の三第六項ただし書中「、常勤」とあるのは「、条例で定めるところにより、常勤」と、第一九条の七第二項中「内閣総理大臣」とあるのは「都道府県知事」と、「使用者委員及び労働者委員にあつては中央労働委員会の同意を得て、公益委員にあつては両議院」とあるのは「都道府県労働委員会」と、同条第三項中「内閣総理大臣」とあるのは「都道府県知事」と、「使用者委員又は労働者委員」とあるのは「都道府県労働委員会の委員」と、前条第一項中「厚生労働大臣」とあるのは「都道府県知事」と読み替えるものとする。

〔昭六三法八二・追加、平一一法一〇四・平一一法一六〇・平一六法一四〇・一部改正〕

(船員労働委員会)
第一九条の一三　船員法(昭和二二年法律第一〇〇号)の適用を受ける船員(特定独立行政法人職員及び国有林野事業職員を除く。以下この項において同じ。)に関しては、この法律に規定する中央労働委員会、都道府県労働委員会並びに厚生労働大臣及び都道府県知事の行う権限は、それぞれ船員中央労働委員会、船員地方労働委員会及び国土交通大臣が行うものとする。この場合において、第一八条第四項の規定は、船員については、適用しない。
2　船員中央労働委員会は、使用者委員、労働者委員及び公益委員各七人をもつて組織し、船員地方労働委員会は、使用者委員、労働者委員及び公益委員各五人をもつて組織する。
3　使用者委員は使用者団体の推薦に基づいて、労働者委員は労働組合の推薦に基づいて、公益委員は使用者委員及び労働者委員の同意を得て、国土交通大臣が任命する。
4　中央労働委員会及び都道府県労働委員会に関する規定(第一九条の二、第一九条の三第一項から第四項まで及び第六項ただし書、第一九条の四第二項、第一九条の六、第一九条の七第一項後段、第四項及び第五項、第一九条の一〇、第一九条の一一第二項及び第三項、前条第二項、第三項及び第六項(第一九条の三第六項ただし書を準用する部分に限る。)、第二四条第二項、第二四条の二第一項、第二項、第四項ただし書及び第六項、第二六条第二項並びに第二七条の二三の規定を除く。)は、船員中央労働委員会及び船員地方労働委員会について準用する。この場合において、第一九条の三第五項中「七人以上」とあるのは「三人以上」と、第一九条の七第二項中「内閣総理大臣」とあるのは「国土交通大臣」と、「使用者委員及び労働者委員にあつては中央労働委員会の同意を得て、公益委員にあつては両議院」とあるのは「船員中央労働委員会」と、同条第三項中「内閣総理大臣」とあるのは「国土交通大臣」と、「使用者

委員又は労働者委員」とあるのは「船員中央労働委員会の委員」と、第一九条の一一第一項中「厚生労働大臣」とあるのは「国土交通大臣」と、前条第一項中「都道府県知事の所轄の下に」とあるのは「各地方運輸局の管轄区域（政令で定める地方運輸局にあつては、政令で定める区域を除く。）及び当該政令で定める区域を管轄区域として並びに当分の間沖縄県の区域を管轄区域として」と、同条第六項中「都道府県知事」とあるのは「国土交通大臣」と、第二五条第一項中「特定独立行政法人職員及び国有林野事業職員の労働関係に係る事件のあつせん、調停、仲裁及び処分（特定独立行政法人職員又は国有林野事業職員が結成し、又は加入する労働組合に関する第五条第一項及び第一一条第一項の規定による処分については、政令で定めるものに限る。）について、専属的に管轄するほか、二以上の都道府県」とあるのは「二以上の船員地方労働委員会の管轄区域」と読み替えるものとする。

5　前条第五項の規定は、船員中央労働委員会の公益委員について準用する。

〔昭六三法八二・追加、平一一法一〇二・平一一法一〇四・平一一法一六〇・平一四法九八・平一六法一四〇・平一七法一〇二・一部改正〕

（労働委員会の権限）
第二〇条　労働委員会は、第五条、第一一条及び第一八条の規定によるもののほか、不当労働行為事件の審査等並びに労働争議のあつせん、調停及び仲裁をする権限を有する。

〔平一六法一四〇・一部改正〕

（会議）
第二一条　労働委員会は、公益上必要があると認めたときは、その会議を公開することができる。

2　労働委員会の会議は、会長が招集する。

3　労働委員会は、使用者委員、労働者委員及び公益委員各一人以上が出席しなければ、会議を開き、議決することができない。

4　議事は、出席委員の過半数で決し、可否同数のときは、会長の決するところによる。

（強制権限）
第二二条　労働委員会は、その事務を行うために必要があると認めたときは、使用者又はその団体、労働組合その他の関係者に対して、出頭、報告の提出若しくは必要な帳簿書類の提出を求め、又は委員若しくは労働委員会の職員（以下単に「職員」という。）に関係工場事業場に臨検し、業務の状況若しくは帳簿書類その他の物件を検査させることができる。

2　労働委員会は、前項の臨検又は検査をさせる場合においては、委員又は職員にその身分を証明する証票を携帯させ、関係人にこれを呈示させなければならない。

（秘密を守る義務）
第二三条　労働委員会の委員若しくは委員であつた者又は職員若しくは職員であつた者は、その職務に関して知得した秘密を漏らしてはならない。中央労働委員会の地方調整委員又は地方調整委員であつた者も、同様とする。

〔昭六三法八二・一部改正〕

（公益委員のみで行う権限）
第二四条　第五条及び第一一条の規定による事件の処理並びに不当労働行為事件の審査等（次条において「審査等」という。）並びに労働関係調整法第四二条の規定による事件の処理には、労働委員会の公益委員のみが参与する。ただし、使用者委員及び労働者委員は、第二七条第一項（第二七条の一七の規定により準用する場合を含む。）の規定により調査（公益委員の求めがあつた場合に限る。）及び審問を行う手続並びに第二七条の一四第一項（第二七条の一七の規定により準用する場合を含む。）の規定により和解を勧める手続に参与し、又は第二七条の七第四項及び第二七条の一二第二項（第二七条の一七の規定により準用する場合を含む。）の規定による行為をすることができる。

2　中央労働委員会は、常勤の公益委員に、中央労働委員会に係属している事件に関するもののほか、特定独立行政法人職員及び国有林野事業職員の労働関係の状況その他中央労働委員会の事務を処理するために必要と認める事項の調査を行わせることができる。

〔昭六三法八二・平一一法一〇四・平一四法九八・平一六法一四〇・平一七法一〇二・一部改正〕

（合議体等）
第二四条の二　中央労働委員会は、会長が指名する公益委員五人をもつて構成する合議体で、審査等を行う。

2　前項の規定にかかわらず、次の各号のいずれかに該当する場合においては、公益委員の全員をもつて構成する合議体で、審査等を行う。

一　前項の合議体が、法令の解釈適用について、その意見が前に中央労働委員会のした第五条第一項若しくは第一一条第一項又は第二七条の一二第一項（第二七条の一七の規定により準用する場合を含む。）の規定による処分に反すると認めた場合

二　前項の合議体を構成する者の意見が分かれたため、その合議体としての意見が定まらない場合

三　前項の合議体が、公益委員の全員をもって構成する合議体で審査等を行うことを相当と認めた場合
　　四　第二七条の一〇第三項（第二七条の一七の規定により準用する場合を含む。）の規定による異議の申立てを審理する場合
3　船員中央労働委員会は、公益委員の全員をもって構成する合議体で、審査等を行う。ただし、会長が指名する公益委員五人をもって構成する合議体で、審査等を行うことができる。この場合において、前項の規定は、船員中央労働委員会について準用する。
4　都道府県労働委員会は、公益委員の全員をもって構成する合議体で、審査等を行う。ただし、条例で定めるところにより、会長が指名する公益委員五人又は七人をもって構成する合議体で、審査等を行うことができる。この場合において、第二項（第一号及び第四号を除く。）の規定は、都道府県労働委員会について準用する。
5　労働委員会は、前各項（第一九条の一三第四項の規定により準用する場合を含む。）の規定により審査等を行うときは、一人又は数人の公益委員に審査等の手続（第五条第一項、第一一条第一項、第二七条の四第一項（第二七条の一七の規定により準用する場合を含む。）、第二七条の七第一項（当事者若しくは証人に陳述させ、又は提出された物件を留め置く部分を除き、第二七条の一七の規定により準用する場合を含む。）、第二七条の一〇第二項並びに同条第四項及び第二七条の一二第一項（第二七条の一七の規定により準用する場合を含む。）の規定による処分並びに第二七条の二〇の申立てを除く。次項において同じ。）の全部又は一部を行わせることができる。
6　中央労働委員会は、公益を代表する地方調整委員に、中央労働委員会が行う審査等の手続のうち、第二七条第一項（第二七条の一七の規定により準用する場合を含む。）の規定により調査及び審問を行う手続並びに第二七条の一四第一項（第二七条の一七の規定により準用する場合を含む。）の規定により和解を勧める手続の全部又は一部を行わせることができる。この場合において、使用者を代表する地方調整委員及び労働者を代表する地方調整委員は、これらの手続（調査を行う手続にあつては公益を代表する地方調整委員の求めがあつた場合に限る。）に参与することができる。
〔平一六法一四〇・追加〕

(中央労働委員会の管轄等)
第二五条　中央労働委員会は、特定独立行政法人職員及び国有林野事業職員の労働関係に係る事件のあつせん、調停、仲裁及び処分（特定独立行政法人職員又は国有林野事業職員が結成し、又は加入する労働組合に関する第五条第一項及び第一一条第一項の規定による処分については、政令で定めるものに限る。）について、専属的に管轄するほか、二以上の都道府県にわたり、又は全国的に重要な問題に係る事件のあつせん、調停、仲裁及び処分について、優先して管轄する。
2　中央労働委員会は、第五条第一項、第一一条第一項及び第二七条の一二第一項の規定による都道府県労働委員会の処分を取り消し、承認し、若しくは変更する完全な権限をもつて再審査し、又はその処分に対する再審査の申立てを却下することができる。この再審査は、都道府県労働委員会の処分の当事者のいずれか一方の申立てに基づいて、又は職権で、行うものとする。
〔昭二七法二八八・昭六三法八二・平一一法一〇二・平一一法一〇四・平一四法九八・平一六法一四〇・平一七法一〇二・一部改正〕

(規則制定権)
第二六条　中央労働委員会は、その行う手続及び都道府県労働委員会が行う手続に関する規則を定めることができる。
2　都道府県労働委員会は、前項の規則に違反しない限りにおいて、その会議の招集に関する事項その他の政令で定める事項に関する規則を定めることができる。
〔平一六法一四〇・一部改正〕

第二節　不当労働行為事件の審査の手続
〔平一六法一四〇・節名追加〕

(不当労働行為事件の審査の開始)
第二七条　労働委員会は、使用者が第七条の規定に違反した旨の申立てを受けたときは、遅滞なく調査を行い、必要があると認めたときは、当該申立てが理由があるかどうかについて審問を行わなければならない。この場合において、審問の手続においては、当該使用者及び申立人に対し、証拠を提出し、証人に反対尋問をする充分な機会が与えられなければならない。
2　労働委員会は、前項の申立てが、行為の日（継続する行為にあつてはその終了した日）から一年を経過した事件に係るものであるときは、これを受けることができない。
〔昭二七法二八八・昭三七法一四〇・昭三七法一六一・昭六三法八二・平一六法一四〇・一部改正〕

(公益委員の除斥)

第二七条の二　公益委員は、次の各号のいずれかに該当するときは、審査に係る職務の執行から除斥される。
　一　公益委員又はその配偶者若しくは配偶者であつた者が事件の当事者又は法人である当事者の代表者であり、又はあつたとき。
　二　公益委員が事件の当事者の四親等以内の血族、三親等以内の姻族又は同居の親族であり、又はあつたとき。
　三　公益委員が事件の当事者の後見人、後見監督人、保佐人、保佐監督人、補助人又は補助監督人であるとき。
　四　公益委員が事件について証人となつたとき。
　五　公益委員が事件について当事者の代理人であり、又はあつたとき。
２　前項に規定する除斥の原因があるときは、当事者は、除斥の申立てをすることができる。
〔平一六法一四〇・追加〕

(公益委員の忌避)
第二七条の三　公益委員について審査の公正を妨げるべき事情があるときは、当事者は、これを忌避することができる。
２　当事者は、事件について労働委員会に対し書面又は口頭をもつて陳述した後は、公益委員を忌避することができない。ただし、忌避の原因があることを知らなかつたとき、又は忌避の原因がその後に生じたときは、この限りでない。
〔平一六法一四〇・追加〕

(除斥又は忌避の申立てについての決定)
第二七条の四　除斥又は忌避の申立てについては、労働委員会が決定する。
２　除斥又は忌避の申立てに係る公益委員は、前項の規定による決定に関与することができない。ただし、意見を述べることができる。
３　第一項の規定による決定は、書面によるものとし、かつ、理由を付さなければならない。
〔平一六法一四〇・追加〕

(審査の手続の中止)
第二七条の五　労働委員会は、除斥又は忌避の申立てがあつたときは、その申立てについての決定があるまで審査の手続を中止しなければならない。ただし、急速を要する行為についてはこの限りでない。〔平一六法一四〇・追加〕

(審査の計画)
第二七条の六　労働委員会は、審問開始前に、当事者双方の意見を聴いて、審査の計画を定めなければならない。
２　前項の審査の計画においては、次に掲げる事項を定めなければならない。
　一　調査を行う手続において整理された争点及び証拠(その後の審査の手続における取調べが必要な証拠として整理されたものを含む。)
　二　審問を行う期間及び回数並びに尋問する証人の数
　三　第二七条の一二第一項の命令の交付の予定時期
３　労働委員会は、審査の現状その他の事情を考慮して必要があると認めるときは、当事者双方の意見を聴いて、審査の計画を変更することができる。
４　労働委員会及び当事者は、適正かつ迅速な審査の実現のため、審査の計画に基づいて審査が行われるよう努めなければならない。
〔平一六法一四〇・追加〕

(証拠調べ)
第二七条の七　労働委員会は、当事者の申立てにより又は職権で、調査を行う手続においては第二号に掲げる方法により、審問を行う手続においては次の各号に掲げる方法により証拠調べをすることができる。
　一　事実の認定に必要な限度において、当事者又は証人に出頭を命じて陳述させること。
　二　事件に関係のある帳簿書類その他の物件であつて、当該物件によらなければ当該物件により認定すべき事実を認定することが困難となるおそれがあると認めるもの(以下「物件」という。)の所持者に対し、当該物件の提出を命じ、又は提出された物件を留め置くこと。
２　労働委員会は、前項第二号の規定により物件の提出を命ずる処分(以下「物件提出命令」という。)をするかどうかを決定するに当たつては、個人の秘密及び事業者の事業上の秘密の保護に配慮しなければならない。
３　労働委員会は、物件提出命令をする場合において、物件に提出を命ずる必要がないと認める部分又は前項の規定により配慮した結果提出を命ずることが適当でないと認める部分があるときは、その部分を除いて、提出を命ずることができる。
４　調査又は審問を行う手続に参与する使用者委員及び労働者委員は、労働委員会が第一項第一号の規定により当事者若しくは証人に出頭を命ずる処分(以下「証人等出頭命令」という。)又は物件提出命令をしようとする場合には、意見を述べることができる。
５　労働委員会は、職権で証拠調べをしたときは、その結果について、当事者の意見を聴かなければならない。
６　物件提出命令の申立ては、次に掲げる事項を

明らかにしてしなければならない。
　一　物件の表示
　二　物件の趣旨
　三　物件の所持者
　四　証明すべき事実
7　労働委員会は、物件提出命令をしようとする場合には、物件の所持者を審尋しなければならない。
8　労働委員会は、物件提出命令をする場合には、第六項各号（第三号を除く。）に掲げる事項を明らかにしなければならない。
〔平一六法一四〇・追加〕

第二七条の八　労働委員会が証人に陳述させるときは、その証人に宣誓をさせなければならない。
2　労働委員会が当事者に陳述させるときは、その当事者に宣誓をさせることができる。
〔平一六法一四〇・追加〕

第二七条の九　民事訴訟法（平成八年法律第一〇九号）第一九六条、第一九七条及び第二〇一条第二項から第四項までの規定は、労働委員会が証人に陳述させる手続に、同法第二〇〇条の規定において準用する同法第二〇一条第二項の規定は、労働委員会が当事者に陳述させる手続について準用する。
〔平一六法一四〇・追加〕

（不服の申立て）
第二七条の一〇　都道府県労働委員会の証人等出頭命令又は物件提出命令（以下この条において「証人等出頭命令等」という。）を受けた者は、証人等出頭命令等について不服があるときは、証人等出頭命令等を受けた日から一週間以内（天災その他この期間内に審査の申立てをしなかつたことについてやむを得ない理由があるときは、その理由がやんだ日の翌日から起算して一週間以内）に、その理由を記載した書面により、中央労働委員会に審査を申し立てることができる。
2　中央労働委員会は、前項の規定による審査の申立てを理由があると認めるときは、証人等出頭命令等の全部又は一部を取り消す。
3　中央労働委員会の証人等出頭命令等を受けた者は、証人等出頭命令等について不服があるときは、証人等出頭命令等を受けた日から一週間以内（天災その他この期間内に異議の申立てをしなかつたことについてやむを得ない理由があるときは、その理由がやんだ日の翌日から起算して一週間以内）に、その理由を記載した書面により、中央労働委員会に異議を申し立てることができる。
4　中央労働委員会は、前項の規定による異議の申立てを理由があると認めるときは、証人等出頭命令等の全部若しくは一部を取り消し、又はこれを変更する。
5　審査の申立て又は異議の申立ての審理は、書面による。
6　中央労働委員会は、職権で審査申立人又は異議申立人を審尋することができる。
〔平一六法一四〇・追加〕

（審問廷の秩序維持）
第二七条の一一　労働委員会は、審問を妨げる者に対し退廷を命じ、その他審問廷の秩序を維持するために必要な措置を執ることができる。
〔平一六法一四〇・追加〕

（救済命令等）
第二七条の一二　労働委員会は、事件が命令を発するのに熟したときは、事実の認定をし、この認定に基づいて、申立人の請求に係る救済の全部若しくは一部を認容し、又は申立てを棄却する命令（以下「救済命令等」という。）を発しなければならない。
2　調査又は審問を行う手続に参与する使用者委員及び労働者委員は、労働委員会が救済命令等を発しようとする場合には、意見を述べることができる。
3　第一項の事実の認定及び救済命令等は、書面によるものとし、その写しを使用者及び申立人に交付しなければならない。
4　救済命令等は、交付の日から効力を生ずる。
〔平一六法一四〇・追加〕

（救済命令等の確定）
第二七条の一三　使用者が救済命令等について第二七条の一九第一項の期間内に同項の取消しの訴えを提起しないときは、救済命令等は、確定する。
2　使用者が確定した救済命令等に従わないときは、労働委員会は、使用者の住所地の地方裁判所にその旨を通知しなければならない。この通知は、労働組合及び労働者もすることができる。
〔平一六法一四〇・追加〕

（和解）
第二七条の一四　労働委員会は、審査の途中において、いつでも、当事者に和解を勧めることができる。
2　救済命令等が確定するまでの間に当事者間で和解が成立し、当事者双方の申立てがあつた場合において、労働委員会が当該和解の内容が当事者間の労働関係の正常な秩序を維持させ、又は確立させるため適当と認めるときは、審査の手続は終了する。
3　前項に規定する場合において、和解（前項の規定により労働委員会が適当と認めたものに限る。次項において同じ。）に係る事件につい

て既に発せられている救済命令等は、その効力を失う。
4 労働委員会は、和解に金銭の一定額の支払又はその他の代替物若しくは有価証券の一定の数量の給付を内容とする合意が含まれる場合は、当事者双方の申立てにより、当該合意について和解調書を作成することができる。
5 前項の和解調書は、強制執行に関しては、民事執行法（昭和五四年法律第四号）第二二条第五号に掲げる債務名義とみなす。
6 前項の規定による債務名義についての執行文の付与は、労働委員会の会長が行う。民事執行法第二九条後段の執行文及び文書の謄本の送達も、同様とする。
7 前項の規定による執行文付与に関する異議についての裁判は、労働委員会の所在地を管轄する地方裁判所においてする。
8 第四項の和解調書並びに第六項後段の執行文及び文書の謄本の送達に関して必要な事項は、政令で定める。
〔平一六法一四〇・追加〕

（再審査の申立て）
第二七条の一五 使用者は、都道府県労働委員会の救済命令等の交付を受けたときは、一五日以内（天災その他この期間内に再審査の申立てをしなかつたことについてやむを得ない理由があるときは、その理由がやんだ日の翌日から起算して一週間以内）に中央労働委員会に再審査の申立てをすることができる。ただし、この申立ては、救済命令等の効力を停止せず、救済命令等は、中央労働委員会が第二五条第二項の規定による再審査の結果、これを取り消し、又は変更したときは、その効力を失う。
2 前項の規定は、労働組合又は労働者が中央労働委員会に対して行う再審査の申立てについて準用する。
〔平一六法一四〇・追加〕

（再審査と訴訟との関係）
第二七条の一六 中央労働委員会は、第二七条の一九第一項の訴えに基づく確定判決によつて都道府県労働委員会の救済命令等の全部又は一部が支持されたときは、当該救済命令等について、再審査することができない。〔平一六法一四〇・追加〕

（再審査の手続への準用）
第二七条の一七 第二七条第一項、第二七条の二から第二七条の九まで、第二七条の一〇第三項から第六項まで及び第二七条の一一から第二七条の一四までの規定は、中央労働委員会の再審査の手続について準用する。この場合において、第二七条の二第一項第四号中「と

き」とあるのは「とき又は事件について既に発せられている都道府県労働委員会の救済命令等に関与したとき」と読み替えるものとする。〔平一六法一四〇・追加〕

（審査の期間）
第二七条の一八 労働委員会は、迅速な審査を行うため、審査の期間の目標を定めるとともに、目標の達成状況その他の審査の実施状況を公表するものとする。〔平一六法一四〇・追加〕

第三節　訴訟〔平一六法一四〇・追加〕
（取消しの訴え）
第二七条の一九 使用者が都道府県労働委員会の救済命令等について中央労働委員会に再審査の申立てをしないとき、又は中央労働委員会が救済命令等を発したときは、使用者は、救済命令等の交付の日から三〇日以内に、救済命令等の取消しの訴えを提起することができる。この期間は、不変期間とする。
2 使用者は、第二七条の一五第一項の規定により中央労働委員会に再審査の申立てをしたときは、その申立てに対する中央労働委員会の救済命令等に対してのみ、取消しの訴えを提起することができる。この訴えについては、行政事件訴訟法（昭和三七年法律第一三九号）第一二条第三項から第五項までの規定は、適用しない。
3 前項の規定は、労働組合又は労働者が行政事件訴訟法の定めるところにより提起する取消しの訴えについて準用する。
〔平一六法一四〇・追加、平一六法八四（平一六法一四〇）・一部改正〕

（緊急命令）
第二七条の二〇 前条第一項の規定により使用者が裁判所に訴えを提起した場合において、受訴裁判所は、救済命令等を発した労働委員会の申立てにより、決定をもつて、使用者に対し判決の確定に至るまで救済命令等の全部又は一部に従うべき旨を命じ、又は当事者の申立てにより、若しくは職権でこの決定を取り消し、若しくは変更することができる。〔平一六法一四〇・追加〕

（証拠の申出の制限）
第二七条の二一 労働委員会が物件提出命令をしたにもかかわらず物件を提出しなかつた者（審査の手続において当事者でなかつた者を除く。）は、裁判所に対し、当該物件提出命令に係る物件により認定すべき事実を証明するためには、当該物件に係る証拠の申出をすることができない。ただし、物件を提出しなかつたことについて正当な理由があると認め

られる場合は、この限りでない。〔平一六法一四〇・追加〕

第四節 雑則〔平一六法一四〇・節名追加〕

(中央労働委員会の勧告等)
第二七条の二二 中央労働委員会は、都道府県労働委員会に対し、この法律の規定により都道府県労働委員会が処理する事務について、報告を求め、又は法令の適用その他当該事務の処理に関して必要な勧告、助言若しくはその委員若しくは事務局職員の研修その他の援助を行うことができる。〔平一六法一四〇・追加〕

(抗告訴訟の取扱い等)
第二七条の二三 都道府県労働委員会は、その処分(行政事件訴訟法第三条第二項に規定する処分をいい、第二四条の二第五項の規定により公益委員がした処分及び同条第六項の規定により公益を代表する地方調整委員がした処分を含む。次項において同じ。)に係る行政事件訴訟法第一一条第一項(同法第三八条第一項において準用する場合を含む。次項において同じ。)の規定による都道府県を被告とする訴訟について、当該都道府県を代表する。
2 都道府県労働委員会は、公益委員、事務局長又は事務局の職員でその指定するものに都道府県労働委員会の処分に係る行政事件訴訟法第一一条第一項の規定による都道府県を被告とする訴訟又は都道府県労働委員会を当事者とする訴訟を行わせることができる。
〔平一六法一四〇・追加、平一六法八四(平一六法一四〇)・一部改正〕

(費用弁償)
第二七条の二四 第二二条第一項の規定により出頭を求められた者又は第二七条の七第一項第一号(第二七条の一七の規定により準用する場合を含む。)の証人は、政令の定めるところにより、費用の弁償を受けることができる。
〔昭二七法二八八・追加、平一六法一四〇・旧第二七条の二繰下・一部改正〕

(行政手続法の適用除外)
第二七条の二五 労働委員会がする処分(第二四条の二第五項の規定により公益委員がする処分及び同条第六項の規定により公益を代表する地方調整委員がする処分を含む。)については、行政手続法(平成五年法律第八八号)第二章及び第三章の規定は、適用しない。〔平五法八九・追加、平一六法一四〇・旧第二七条の三繰下・一部改正〕

(不服申立ての制限)
第二七条の二六 労働委員会がした処分(第二四条の二第五項の規定により公益委員がした処分及び同条第六項の規定により公益を代表する地方調整委員がした処分を含む。)については、行政不服審査法(昭和三七年法律第一六〇号)による不服申立てをすることができない。〔昭三七法一六一・追加、平五法八九・旧第二七条の三繰下、平一六法一四〇・旧第二七条の四繰下・一部改正〕

第五章 罰則

第二八条 救済命令等の全部又は一部が確定判決によって支持された場合において、その違反があつたときは、その行為をした者は、一年以下の禁錮若しくは一〇〇万円以下の罰金に処し、又はこれに併科する。〔昭二七法二八八・平一六法一四〇・一部改正〕

第二八条の二 第二七条の八第一項(第二七条の一七の規定により準用する場合を含む。)の規定により宣誓した証人が虚偽の陳述をしたときは、三月以上一〇年以下の懲役に処する。〔平一六法一四〇・追加〕

第二九条 第二三条の規定に違反した者は、一年以下の懲役又は三〇万円以下の罰金に処する。〔平一六法一四〇・一部改正〕

第三〇条 第二二条の規定に違反して報告をせず、若しくは虚偽の報告をし、若しくは帳簿書類の提出をせず、又は同条の規定に違反して出頭をせず、若しくは同条の規定による検査を拒み、妨げ、若しくは忌避した者は、三〇万円以下の罰金に処する。〔平一六法一四〇・一部改正〕

第三一条 法人の代表者又は法人若しくは人の代理人、使用人その他の従業者が、その法人又は人の業務に関して前条の違反行為をしたときは、行為者を罰するほか、その法人又は人に対しても同条の刑を科する。〔平一六法一四〇・全改〕

第三二条 使用者が第二七条の二〇の規定による裁判所の命令に違反したときは、五〇万円(当該命令が作為を命ずるものであるときは、その命令の日の翌日から起算して不履行の日数が五日を超える場合にはその超える日数一日につき一〇万円の割合で算定した金額を加えた金額)以下の過料に処する。第二七条の一三第一項(第二七条の一七の規定により準用する場合を含む。)の規定により確定した救済命令等に違反した場合も、同様とする。〔昭二七法二八八・昭三七法一四〇・平一六法一四〇・一部改正〕

第三二条の二 次の各号のいずれかに該当する者は、三〇万円以下の過料に処する。
一 正当な理由がないのに、第二七条の七第一項第一号(第二七条の一七の規定により

準用する場合を含む。）の規定による処分に違反して出頭せず、又は陳述をしない者
二　正当な理由がないのに、第二七条の七第一項第二号（第二七条の一七の規定により準用する場合を含む。）の規定による処分に違反して物件を提出しない者
三　正当な理由がないのに、第二七条の八（第二七条の一七の規定により準用する場合を含む。）の規定による処分に違反して宣誓をしない者
〔平一六法一四〇・追加〕

第三二条の三　第二七条の八第二項（第二七条の一七の規定により準用する場合を含む。）の規定により宣誓した当事者が虚偽の陳述をしたときは、三〇万円以下の過料に処する。〔平一六法一四〇・追加〕

第三二条の四　第二七条の一一（第二七条の一七の規定により準用する場合を含む。）の規定による処分に違反して審問を妨げた者は、一〇万円以下の過料に処する。〔平一六法一四〇・追加〕

第三三条　法人である労働組合の清算人が第一二条で準用された民法の規定に違反して同法第八四条の三第一項の規定によつて罰せられるべき行為をしたときは、その清算人は、同項に規定する過料と同一の範囲の額の過料に処する。
2　前項の規定は、法人である労働組合の代表者が第一一条第二項の規定に基いて発する政令で定められた登記事項の変更の登記をすることを怠つた場合において、その代表者につき準用する。
〔平一六法一四七・一部改正〕

附則〔抄〕

1　この法律施行の期日は、公布の日から起算して三〇日を越えない期間内において、政令で定める。（昭和二四年政令第二〇一号で昭和二四年六月一〇日から施行）
2　この法律施行の際現に法人である労働組合は、この法律の規定による法人である労働組合とみなす。但し、この法律施行の日から六〇日以内にこの法律の規定に適合する旨の労働委員会の証明を受けなければならない。
3　この法律施行の際現に労働委員会の委員である者は、この法律の規定によつて罷免される場合を除く外、その任期満了の日まで在任するものとし、労働委員会の事務局長及びその他の職員は、法令に従つて別に辞令を発せられないときは、この法律の規定によつて任命されたものとみなされ、同級に止まり、同俸給を受けるものとする。
4　この法律施行の際現に労働委員会に係属中の事件の処理については、なお改正前の労働組合法（昭和二〇年法律第五一号）の規定による。
5　この法律の施行前にした行為に対する罰則の適用については、なお従前の例による。
9　他の法律中「労働組合法（昭和二〇年法律第五一号）」を「労働組合法（昭和二四年法律第一七四号）」に改める。

労働基準法〔抄〕

昭和22年〔1947年〕4月7日法律第49号
最終改正　平成30年〔2018年〕2月14日公布
　　　　　法律第45号

第一章　総則

（労働条件の原則）
第一条　労働条件は、労働者が人たるに値する生活を営むための必要を充たすべきものでなければならない。
2　この法律で定める労働条件の基準は最低のものであるから、労働関係の当事者は、この基準を理由として労働条件を低下させてはならないことはもとより、その向上を図るように努めなければならない。

（労働条件の決定）
第二条　労働条件は、労働者と使用者が、対等の立場において決定すべきものである。
2　労働者及び使用者は、労働協約、就業規則及び労働契約を遵守し、誠実に各々その義務を履行しなければならない。

（均等待遇）
第三条　使用者は、労働者の国籍、信条又は社会的身分を理由として、賃金、労働時間その他の労働条件について、差別的取扱をしてはならない。

（男女同一賃金の原則）
第四条　使用者は、労働者が女性であることを理由として、賃金について、男性と差別的取扱いをしてはならない。

（強制労働の禁止）
第五条　使用者は、暴行、脅迫、監禁その他精神又は身体の自由を不当に拘束する手段によつて、労働者の意思に反して労働を強制してはならない。

（中間搾取の排除）
第六条　何人も、法律に基いて許される場合の外、業として他人の就業に介入して利益を得てはならない。

（公民権行使の保障）
第七条　使用者は、労働者が労働時間中に、選挙権その他公民としての権利を行使し、又は公の職務を執行するために必要な時間を請求した場合においては、拒んではならない。但し、権利の行使又は公の職務の執行に妨げがない限り、請求された時刻を変更することができる。

第八条　削除
（定義）
第九条　この法律で「労働者」とは、職業の種類を問わず、事業又は事務所（以下「事業」という。）に使用される者で、賃金を支払われる者をいう。
第一〇条　この法律で使用者とは、事業主又は事業の経営担当者その他その事業の労働者に関する事項について、事業主のために行為をするすべての者をいう。
第一一条　この法律で賃金とは、賃金、給料、手当、賞与その他名称の如何を問わず、労働の対償として使用者が労働者に支払うすべてのものをいう。
第一二条　この法律で平均賃金とは、これを算定すべき事由の発生した日以前三箇月間にその労働者に対し支払われた賃金の総額を、その期間の総日数で除した金額をいう。ただし、その金額は、次の各号の一によつて計算した金額を下つてはならない。
　一　賃金が、労働した日若しくは時間によつて算定され、又は出来高払制その他の請負制によつて定められた場合においては、賃金の総額をその期間中に労働した日数で除した金額の一〇〇分の六〇
　二　賃金の一部が、月、週その他一定の期間によつて定められた場合においては、その部分の総額をその期間の総日数で除した金額と前号の金額の合算額
2　前項の期間は、賃金締切日がある場合においては、直前の賃金締切日から起算する。
3　前二項に規定する期間中に、次の各号のいずれかに該当する期間がある場合においては、その日数及びその期間中の賃金は、前二項の期間及び賃金の総額から控除する。
　一　業務上負傷し、又は疾病にかかり療養のために休業した期間
　二　産前産後の女性が第六五条の規定によつて休業した期間
　三　使用者の責めに帰すべき事由によつて休業した期間
　四　育児休業、介護休業等育児又は家族介護を行う労働者の福祉に関する法律（平成三年法律第七六号）第二条第一号に規定する育児休業又は同条第二号に規定する介護休業（同法第六一条第三項（同条第六項において準用する場合を含む。）に規定する介護をするための休業を含む。第三九条第一〇項において同じ。）をした期間
　五　試みの使用期間
4　第一項の賃金の総額には、臨時に支払われた賃金及び三箇月を超える期間ごとに支払われ

る賃金並びに通貨以外のもので支払われた賃金で一定の範囲に属しないものは算入しない。
5　賃金が通貨以外のもので支払われる場合、第一項の賃金の総額に算入すべきものの範囲及び評価に関し必要な事項は、厚生労働省令で定める。
6　雇入後三箇月に満たない者については、第一項の期間は、雇入後の期間とする。
7　日日雇い入れられる者については、その従事する事業又は職業について、厚生労働大臣の定める金額を平均賃金とする。
8　第一項乃至第六項によつて算定し得ない場合の平均賃金は、厚生労働大臣の定めるところによる。

第二章　労働契約

(この法律違反の契約)
第一三条　この法律で定める基準に達しない労働条件を定める労働契約は、その部分については無効とする。この場合において、無効となつた部分は、この法律で定める基準による。

(契約期間等)
第一四条　労働契約は、期間の定めのないものを除き、一定の事業の完了に必要な期間を定めるもののほかは、三年(次の各号のいずれかに該当する労働契約にあつては、五年)を超える期間について締結してはならない。
　一　専門的な知識、技術又は経験(以下この号及び第四一条の二第一項第一号において「専門的知識等」という。)であつて高度のものとして厚生労働大臣が定める基準に該当する専門的知識等を有する労働者(当該高度の専門的知識等を必要とする業務に就く者に限る。)との間に締結される労働契約
　二　満六〇歳以上の労働者との間に締結される労働契約(前号に掲げる労働契約を除く。)
2　厚生労働大臣は、期間の定めのある労働契約の締結時及び当該労働契約の期間の満了時において労働者と使用者との間に紛争が生ずることを未然に防止するため、使用者が講ずべき労働契約の期間の満了に係る通知に関する事項その他必要な事項についての基準を定めることができる。
3　行政官庁は、前項の基準に関し、期間の定めのある労働契約を締結する使用者に対し、必要な助言及び指導を行うことができる。

(労働条件の明示)
第一五条　使用者は、労働契約の締結に際し、労働者に対して賃金、労働時間その他の労働条件を明示しなければならない。この場合において、賃金及び労働時間に関する事項その他の厚生労働省令で定める事項については、厚生労働省令で定める方法により明示しなければならない。
2　前項の規定によつて明示された労働条件が事実と相違する場合においては、労働者は、即時に労働契約を解除することができる。
3　前項の場合、就業のために住居を変更した労働者が、契約解除の日から一四日以内に帰郷する場合においては、使用者は、必要な旅費を負担しなければならない。

(賠償予定の禁止)
第一六条　使用者は、労働契約の不履行について違約金を定め、又は損害賠償額を予定する契約をしてはならない。

(前借金相殺の禁止)
第一七条　使用者は、前借金その他労働することを条件とする前貸の債権と賃金を相殺してはならない。

(強制貯金)
第一八条　使用者は、労働契約に附随して貯蓄の契約をさせ、又は貯蓄金を管理する契約をしてはならない。
2　使用者は、労働者の貯蓄金をその委託を受けて管理しようとする場合においては、当該事業場に、労働者の過半数で組織する労働組合があるときはその労働組合、労働者の過半数で組織する労働組合がないときは労働者の過半数を代表する者との書面による協定をし、これを行政官庁に届け出なければならない。
3　使用者は、労働者の貯蓄金をその委託を受けて管理する場合においては、貯蓄金の管理に関する規程を定め、これを労働者に周知させるため作業場に備え付ける等の措置をとらなければならない。
4　使用者は、労働者の貯蓄金をその委託を受けて管理する場合において、貯蓄金の管理が労働者の預金の受入であるときは、利子をつけなければならない。この場合において、その利子が、金融機関の受け入れる預金の利率を考慮して厚生労働省令で定める利率による利子を下るときは、その厚生労働省令で定める利率による利子をつけたものとみなす。
5　使用者は、労働者の貯蓄金をその委託を受けて管理する場合において、労働者がその返還を請求したときは、遅滞なく、これを返還しなければならない。
6　使用者が前項の規定に違反した場合において、当該貯蓄金の管理を継続することが労働者の利益を著しく害すると認められるときは、行政官庁は、使用者に対して、その必要な限度の範囲内で、当該貯蓄金の管理を中止すべきことを命ずることができる。

7 前項の規定により貯蓄金の管理を中止すべきことを命ぜられた使用者は、遅滞なく、その管理に係る貯蓄金を労働者に返還しなければならない。

(解雇制限)
第一九条 使用者は、労働者が業務上負傷し、又は疾病にかかり療養のために休業する期間及びその後三〇日間並びに産前産後の女性が第六五条の規定によつて休業する期間及びその後三〇日間は、解雇してはならない。ただし、使用者が、第八一条の規定によつて打切補償を支払う場合又は天災事変その他やむを得ない事由のために事業の継続が不可能となつた場合においては、この限りでない。

2 前項但書後段の場合においては、その事由について行政官庁の認定を受けなければならない。

(解雇の予告)
第二〇条 使用者は、労働者を解雇しようとする場合においては、少くとも三〇日前にその予告をしなければならない。三〇日前に予告をしない使用者は、三〇日分以上の平均賃金を支払わなければならない。但し、天災事変その他やむを得ない事由のために事業の継続が不可能となつた場合又は労働者の責に帰すべき事由に基いて解雇する場合においては、この限りでない。

2 前項の予告の日数は、一日について平均賃金を支払つた場合においては、その日数を短縮することができる。

3 前条第二項の規定は、第一項但書の場合にこれを準用する。

第二一条 前条の規定は、左の各号の一に該当する労働者については適用しない。但し、第一号に該当する者が一箇月を超えて引き続き使用されるに至つた場合、第二号若しくは第三号に該当する者が所定の期間を超えて引き続き使用されるに至つた場合又は第四号に該当する者が一四日を超えて引き続き使用されるに至つた場合においては、この限りでない。
 一 日日雇い入れられる者
 二 二箇月以内の期間を定めて使用される者
 三 季節的業務に四箇月以内の期間を定めて使用される者
 四 試の使用期間中の者

(退職時等の証明)
第二二条 労働者が、退職の場合において、使用期間、業務の種類、その事業における地位、賃金又は退職の事由(退職の事由が解雇の場合にあつては、その理由を含む。)について証明書を請求した場合においては、使用者は、遅滞なくこれを交付しなければならない。

2 労働者が、第二〇条第一項の解雇の予告がされた日から退職の日までの間において、当該解雇の理由について証明書を請求した場合においては、使用者は、遅滞なくこれを交付しなければならない。ただし、解雇の予告がされた日以後に労働者が当該解雇以外の事由により退職した場合においては、使用者は、当該退職の日以後、これを交付することを要しない。

3 前二項の証明書には、労働者の請求しない事項を記入してはならない。

4 使用者は、あらかじめ第三者と謀り、労働者の就業を妨げることを目的として、労働者の国籍、信条、社会的身分若しくは労働組合運動に関する通信をし、又は第一項及び第二項の証明書に秘密の記号を記入してはならない。

(金品の返還)
第二三条 使用者は、労働者の死亡又は退職の場合において、権利者の請求があつた場合においては、七日以内に賃金を支払い、積立金、保証金、貯蓄金その他名称の如何を問わず、労働者の権利に属する金品を返還しなければならない。

2 前項の賃金又は金品に関して争がある場合においては、使用者は、異議のない部分を、同項の期間中に支払い、又は返還しなければならない。

第三章 賃金

(賃金の支払)
第二四条 賃金は、通貨で、直接労働者に、その全額を支払わなければならない。ただし、法令若しくは労働協約に別段の定めがある場合又は厚生労働省令で定める賃金について確実な支払の方法で厚生労働省令で定めるものによる場合においては、通貨以外のもので支払い、また、法令に別段の定めがある場合又は当該事業場の労働者の過半数で組織する労働組合があるときはその労働組合、労働者の過半数で組織する労働組合がないときは労働者の過半数を代表する者との書面による協定がある場合においては、賃金の一部を控除して支払うことができる。

2 賃金は、毎月一回以上、一定の期日を定めて支払わなければならない。ただし、臨時に支払われる賃金、賞与その他これに準ずるもので厚生労働省令で定める賃金(第八九条において「臨時の賃金等」という。)については、この限りでない。

(非常時払)
第二五条 使用者は、労働者が出産、疾病、災害その他厚生労働省令で定める非常の場合の費

用に充てるために請求する場合においては、支払期日前であつても、既往の労働に対する賃金を支払わなければならない。

(休業手当)
第二六条 使用者の責に帰すべき事由による休業の場合においては、使用者は、休業期間中当該労働者に、その平均賃金の一〇〇分の六〇以上の手当を支払わなければならない。

(出来高払制の保障給)
第二七条 出来高払制その他の請負制で使用する労働者については、使用者は、労働時間に応じ一定額の賃金の保障をしなければならない。

(最低賃金)
第二八条 賃金の最低基準に関しては、最低賃金法(昭和三四年法律第一三七号)の定めるところによる。

第二九条から**第三一条**まで　削除

第四章　労働時間、休憩、休日及び年次有給休暇

(労働時間)
第三二条 使用者は、労働者に、休憩時間を除き一週間について四〇時間を超えて、労働させてはならない。
2　使用者は、一週間の各日については、労働者に、休憩時間を除き一日について八時間を超えて、労働させてはならない。

第三二条の二 使用者は、当該事業場に、労働者の過半数で組織する労働組合がある場合においてはその労働組合、労働者の過半数で組織する労働組合がない場合においては労働者の過半数を代表する者との書面による協定により、又は就業規則その他これに準ずるものにより、一箇月以内の一定の期間を平均し一週間当たりの労働時間が前項第一項の労働時間を超えない定めをしたときは、同条の規定にかかわらず、その定めにより、特定された週において同項の労働時間又は特定された日において同条第二項の労働時間を超えて、労働させることができる。
2　使用者は、厚生労働省令で定めるところにより、前項の協定を行政官庁に届け出なければならない。

第三二条の三 使用者は、就業規則その他これに準ずるものにより、その労働者に係る始業及び終業の時刻をその労働者の決定に委ねることとした労働者について、当該事業場の労働者の過半数で組織する労働組合がある場合においてはその労働組合、労働者の過半数で組織する労働組合がない場合においては労働者の過半数を代表する者との書面による協定により、次に掲げる事項を定めたときは、

その協定で第二号の清算期間として定められた期間を平均し一週間当たりの労働時間が第三二条第一項の労働時間を超えない範囲内において、同条の規定にかかわらず、一週間において同項の労働時間又は一日において同条第二項の労働時間を超えて、労働させることができる。
一　この項の規定による労働時間により労働させることができることとされる労働者の範囲
二　清算期間(その期間を平均し一週間当たりの労働時間が第三二条第一項の労働時間を超えない範囲内において労働させる期間をいい、三箇月以内の期間に限るものとする。以下この条及び次号において同じ。)
三　清算期間における総労働時間
四　その他厚生労働省令で定める事項
2　清算期間が一箇月を超えるものである場合における前項の規定の適用については、同項各号列記以外の部分中「労働時間を超えない」とあるのは「労働時間を超えず、かつ、当該清算期間をその開始の日以後一箇月ごとに区分した各期間(最後に一箇月未満の期間を生じたときは、当該期間。以下この項において同じ。)ごとに当該各期間を平均し一週間当たりの労働時間が五〇時間を超えない」と、「同項」とあるのは「同条第一項」とする。
3　一週間の所定労働日数が五日の労働者について第一項の規定に各号列記以外の部分(前項の規定により読み替えて適用する場合を含む。)中「第三二条第一項の労働時間」とあるのは「第三二条第一項の労働時間(当該事業場の労働者の過半数で組織する労働組合がある場合においてはその労働組合、労働者の過半数で組織する労働組合がない場合においては労働者の過半数を代表する者との書面による協定により、労働時間の限度について、当該清算期間における所定労働日数を同条第二項の労働時間に乗じて得た時間とする旨を定めたときは、当該清算期間における日数を七で除して得た数をもつてその時間を除して得た時間)」と、「同項」とあるのは「同条第一項」とする。
4　前条第二項の規定は、第一項各号に掲げる事項を定めた協定について準用する。ただし、清算期間が一箇月以内のものであるときは、この限りでない。

第三二条の三の二 使用者が、清算期間が一箇月を超えるものであるときの当該清算期間中の前条第一項の規定により労働させた期間が当該清算期間より短い労働者について、当該労働させた期間を平均し一週間当たり四十時間

を超えて労働させた場合においては、その超えた時間（第三三条又は第三六条第一項の規定により延長し、又は休日に労働させた時間を除く。）の労働については、第三七条の規定の例により割増賃金を支払わなければならない。

第三二条の四 使用者は、当該事業場に、労働者の過半数で組織する労働組合がある場合においてはその労働組合、労働者の過半数で組織する労働組合がない場合においては労働者の過半数を代表する者との書面による協定により、次に掲げる事項を定めたときは、第三二条の規定にかかわらず、その協定で第二号の対象期間として定められた期間を平均し一週間当たりの労働時間が四〇時間を超えない範囲内において、当該協定（次項の規定による定めをした場合においては、その定めを含む。）で定めるところにより、特定された週において同条第一項の労働時間又は特定された日において同条第二項の労働時間を超えて、労働させることができる。

一　この条の規定による労働時間により労働させることができることとされる労働者の範囲
二　対象期間（その期間を平均し一週間当たりの労働時間が四〇時間を超えない範囲において労働させる期間をいい、一箇月を超え一年以内の期間に限るものとする。以下この条及び次条において同じ。）
三　特定期間（対象期間中の特に業務が繁忙な期間をいう。第三項において同じ。）
四　対象期間における労働日及び当該労働日ごとの労働時間（対象期間を一箇月以上の期間ごとに区分することとした場合においては、当該区分による各期間のうち当該対象期間の初日の属する期間（以下この条において「最初の期間」という。）における労働日及び当該労働日ごとの労働時間並びに当該最初の期間を除く各期間における労働日数及び総労働時間）
五　その他厚生労働省令で定める事項

2　使用者は、前項の協定で同項第四号の区分をし当該区分による各期間のうち最初の期間を除く各期間における労働日数及び総労働時間を定めたときは、当該各期間の初日の少なくとも三〇日前に、当該事業場に、労働者の過半数で組織する労働組合がある場合においてはその労働組合、労働者の過半数で組織する労働組合がない場合においては労働者の過半数を代表する者の同意を得て、厚生労働省令で定めるところにより、当該労働日数を超えない範囲内において当該各期間における労働日及び当該総労働時間を超えない範囲内において当該各期間における労働日ごとの労働時間を定めなければならない。

3　厚生労働大臣は、労働政策審議会の意見を聴いて、厚生労働省令で、対象期間における労働日数の限度並びに一日及び一週間の労働時間の限度並びに対象期間（第一項の協定で特定期間として定められた期間を除く。）及び同項の協定で特定期間として定められた期間における連続して労働させる日数の限度を定めることができる。

4　第三二条の二第二項の規定は、第一項の協定について準用する。

第三二条の四の二　使用者が、対象期間中の前条の規定により労働させた期間が当該対象期間より短い労働者について、当該労働させた期間を平均し一週間当たり四〇時間を超えて労働させた場合においては、その超えた時間（第三三条又は第三六条第一項の規定により延長し、又は休日に労働させた時間を除く。）の労働については、第三七条の規定の例により割増賃金を支払わなければならない。

第三二条の五　使用者は、日ごとの業務に著しい繁閑の差が生ずることが多く、かつ、これを予測した上で就業規則その他これに準ずるものにより各日の労働時間を特定することが困難であると認められる厚生労働省令で定める事業であつて、常時使用する労働者の数が厚生労働省令で定める数未満のものに従事する労働者については、当該事業場に、労働者の過半数で組織する労働組合がある場合においてはその労働組合、労働者の過半数で組織する労働組合がない場合においては労働者の過半数を代表する者との書面による協定があるときは、第三二条第二項の規定にかかわらず、一日について一〇時間まで労働させることができる。

2　使用者は、前項の規定により労働者に労働させる場合においては、厚生労働省令で定めるところにより、当該労働させる一週間の各日の労働時間を、あらかじめ、当該労働者に通知しなければならない。

3　第三二条の二第二項の規定は、第一項の協定について準用する。

（災害等による臨時の必要がある場合の時間外労働等）

第三三条　災害その他避けることのできない事由によつて、臨時の必要がある場合においては、使用者は、行政官庁の許可を受けて、その必要の限度において第三二条から前条まで若しくは第四〇条の労働時間を延長し、又は第三五条の休日に労働させることができる。

ただし、事態急迫のために行政官庁の許可を受ける暇がない場合においては、事後に遅滞なく届け出なければならない。
2　前項ただし書の規定による届出があつた場合において、行政官庁がその労働時間の延長又は休日の労働を不適当と認めるときは、その後にその時間に相当する休憩又は休日を与えるべきことを、命ずることができる。
3　公務のために臨時の必要がある場合においては、第一項の規定にかかわらず、官公署の事業（別表第一に掲げる事業を除く。）に従事する国家公務員及び地方公務員については、第三二条から前条まで若しくは第四〇条の労働時間を延長し、又は第三五条の休日に労働させることができる。

（休憩）
第三四条　使用者は、労働時間が六時間を超える場合においては少くとも四五分、八時間を超える場合においては少くとも一時間の休憩時間を労働時間の途中に与えなければならない。
2　前項の休憩時間は、一斉に与えなければならない。ただし、当該事業場に、労働者の過半数で組織する労働組合がある場合においてはその労働組合、労働者の過半数で組織する労働組合がない場合においては労働者の過半数を代表する者との書面による協定があるときは、この限りでない。
3　使用者は、第一項の休憩時間を自由に利用させなければならない。

（休日）
第三五条　使用者は、労働者に対して、毎週少くとも一回の休日を与えなければならない。
2　前項の規定は、四週間を通じ四日以上の休日を与える使用者については適用しない。

（時間外及び休日の労働）
第三六条　使用者は、当該事業場に、労働者の過半数で組織する労働組合がある場合においてはその労働組合、労働者の過半数で組織する労働組合がない場合においては労働者の過半数を代表する者との書面による協定をし、厚生労働省で定めるところによりこれを行政官庁に届け出た場合においては、第三二条から第三二条の五まで若しくは第四〇条の労働時間（以下この条において「労働時間」という。）又は前条の休日（以下この条において「休日」という。）に関する規定にかかわらず、その協定で定めるところによつて労働時間を延長し、又は休日に労働させることができる。
2　前項の協定においては、次に掲げる事項を定めるものとする。
　一　この条の規定により労働時間を延長し、又は休日に労働させることができることとされる労働者の範囲
　二　対象期間（この条の規定により労働時間を延長し、又は休日に労働させることができる期間をいい、一年間に限るものとする。第四号及び第六項第三号において同じ。）
　三　労働時間を延長し、又は休日に労働させることができる場合
　四　対象期間における一日、一箇月及び一年のそれぞれの期間について労働時間を延長して労働させることができる時間又は労働させることができる休日の日数
　五　労働時間の延長及び休日の労働を適正なものとするために必要な事項として厚生労働省令で定める事項
3　前項第四号の労働時間を延長して労働させることができる時間は、当該事業場の業務量、時間外労働の動向その他の事情を考慮して通常予見される時間外労働の範囲内において、限度時間を超えない時間に限る。
4　前項の限度時間は、一箇月について四五時間及び一年について三六〇時間（第三二条の四第一項第二号の対象期間として三箇月を超える期間を定めて同条の規定により労働させる場合にあつては、一箇月について四二時間及び一年について三二〇時間）とする。
5　第一項の協定においては、第二項各号に掲げるもののほか、当該事業場における通常予見することのできない業務量の大幅な増加等に伴い臨時的に第三項の限度時間を超えて労働させる必要がある場合において、一箇月について労働時間を延長して労働させ、及び休日において労働させることができる時間（第二項第四号に関して協定した時間を含め百時間未満の範囲内に限る。）並びに一年について労働時間を延長して労働させることができる時間（同号に関して協定した時間を含め七二〇時間を超えない範囲内に限る。）を定めることができる。この場合において、第一項の協定に、併せて第二項第二号の対象期間において労働時間を延長して労働させる時間が一箇月について四五時間（第三二条の四第一項第二号の対象期間として三箇月を超える期間を定めて同条の規定により労働させる場合にあつては、一箇月について四二時間）を超えることができる月数（一年について六箇月以内に限る。）を定めなければならない。
6　使用者は、第一項の協定で定めるところによつて労働時間を延長して労働させ、又は休日において労働させる場合であつても、次の各号に掲げる時間について、当該各号に定める

一 坑内労働その他厚生労働省令で定める健康上特に有害な業務について、一日について労働時間を延長して労働させた時間二時間を超えないこと。
二 一箇月について労働時間を延長して労働させ、及び休日において労働させた時間百時間未満であること。
三 対象期間の初日から一箇月ごとに区分した各期間に当該各期間の直前の一箇月、二箇月、三箇月、四箇月及び五箇月の期間を加えたそれぞれの期間における労働時間を延長して労働させ、及び休日において労働させた時間の一箇月当たりの平均時間八〇時間を超えないこと。
7 厚生労働大臣は、労働時間の延長及び休日の労働を適正なものとするため、第一項の協定で定める労働時間の延長及び休日の労働について留意すべき事項、当該労働時間の延長に係る割増賃金の率その他の必要な事項について、労働者の健康、福祉、時間外労働の動向その他の事情を考慮して指針を定めることができる。
8 第一項の協定をする使用者及び労働組合又は労働者の過半数を代表する者は、当該協定で労働時間の延長及び休日の労働を定めるに当たり、当該協定の内容が前項の指針に適合したものとなるようにしなければならない。ばならない。
9 行政官庁は、第七項の指針に関し、第一項の協定をする使用者及び労働組合又は労働者の過半数を代表する者に対し、必要な助及び労働組合又は労働者の過半数を代表する者に対し、必要な助言及び指導を行うことができる。言及び指導を行うことができる。
10 前項の助言及び指導を行うに当たつては、労働者の健康が確保されるよう特に配慮しなければならない。
11 第三項から第五項まで及び第六項(第二号及び第三号に係る部分に限る。)の規定は、新たな技術、商品又は役務の研究開発に係る業務については適用しない。

(時間外、休日及び深夜の割増賃金)
第三七条 使用者が、第三三条又は前条第一項の規定により労働時間を延長し、又は休日に労働させた場合においては、その時間又はその日の労働については、通常の労働時間又は労働日の賃金の計算額の二割五分以上五割以下の範囲内でそれぞれ政令で定める率以上の率で計算した割増賃金を支払わなければならない。ただし、当該延長して労働させた時間が一箇月について六〇時間を超えた場合においては、その超えた時間の労働については、通常の労働時間の賃金の計算額の五割以上の率で計算した割増賃金を支払わなければならない。
2 前項の政令は、労働者の福祉、時間外又は休日の労働の動向その他の事情を考慮して定めるものとする。
3 使用者が、当該事業場に、労働者の過半数で組織する労働組合があるときはその労働組合、労働者の過半数で組織する労働組合がないときは労働者の過半数を代表する者との書面による協定により、第一項ただし書の規定により割増賃金を支払うべき労働者に対して、当該割増賃金の支払に代えて、通常の労働時間の賃金が支払われる休暇(第三九条の規定による有給休暇を除く。)を厚生労働省令で定めるところにより与えることを定めた場合において、当該労働者が当該休暇を取得したときは、当該労働者の同項ただし書に規定する時間を超えた時間の労働のうち当該取得した休暇に対応するものとして厚生労働省令で定める時間の労働については、同項ただし書の規定による割増賃金を支払うことを要しない。
4 使用者が、午後一〇時から午前五時まで(厚生労働大臣が必要であると認める場合においては、その定める地域又は期間については午後一一時から午前六時まで)の間において労働させた場合においては、その時間の労働については、通常の労働時間の賃金の計算額の二割五分以上の率で計算した割増賃金を支払わなければならない。
5 第一項及び前項の割増賃金の基礎となる賃金には、家族手当、通勤手当その他厚生労働省令で定める賃金は算入しない。

(時間計算)
第三八条 労働時間は、事業場を異にする場合においても、労働時間に関する規定の適用については通算する。
2 坑内労働については、労働者が坑口に入った時刻から坑口を出た時刻までの時間を、休憩時間を含め労働時間とみなす。但し、この場合においては、第三四条第二項及び第三項の休憩に関する規定は適用しない。

第三八条の二 労働者が労働時間の全部又は一部について事業場外で業務に従事した場合において、労働時間を算定し難いときは、所定労働時間労働したものとみなす。ただし、当該業務を遂行するためには通常所定労働時間を超えて労働することが必要となる場合においては、当該業務に関しては、厚生労働省令で定めるところにより、当該業務の遂行に通常

必要とされる時間労働したものとみなす。
2　前項ただし書の場合において、当該業務に関し、当該事業場に、労働者の過半数で組織する労働組合があるときはその労働組合、労働者の過半数で組織する労働組合がないときは労働者の過半数を代表する者との書面による協定があるときは、その協定で定める時間を同項ただし書の当該業務の遂行に通常必要とされる時間とする。
3　使用者は、厚生労働省令で定めるところにより、前項の協定を行政官庁に届け出なければならない。

第三八条の三　使用者が、当該事業場に、労働者の過半数で組織する労働組合があるときはその労働組合、労働者の過半数で組織する労働組合がないときは労働者の過半数を代表する者との書面による協定により、次に掲げる事項を定めた場合において、労働者を第一号に掲げる業務に就かせたときは、当該労働者は、厚生労働省令で定めるところにより、第二号に掲げる時間労働したものとみなす。
一　業務の性質上その遂行の方法を大幅に当該業務に従事する労働者の裁量にゆだねる必要があるため、当該業務の遂行の手段及び時間配分の決定等に関し使用者が具体的な指示をすることが困難なものとして厚生労働省令で定める業務のうち、労働者に就かせることとする業務（以下この条において「対象業務」という。）
二　対象業務に従事する労働者の労働時間として算定される時間
三　対象業務の遂行の手段及び時間配分の決定等に関し、当該対象業務に従事する労働者に対し使用者が具体的な指示をしないこと。
四　対象業務に従事する労働者の労働時間の状況に応じた当該労働者の健康及び福祉を確保するための措置を当該協定で定めるところにより使用者が講ずること。
五　対象業務に従事する労働者からの苦情の処理に関する措置を当該協定で定めるところにより使用者が講ずること。
六　前各号に掲げるもののほか、厚生労働省令で定める事項
2　前条第三項の規定は、前項の協定について準用する。

第三八条の四　賃金、労働時間その他の当該事業場における労働条件に関する事項を調査審議し、事業主に対し当該事項について意見を述べることを目的とする委員会（使用者及び当該事業場の労働者を代表する者を構成員とするものに限る。）が設置された事業場において、当該委員会がその委員の五分の四以上の多数による議決により次に掲げる事項に関する決議をし、かつ、使用者が、厚生労働省令で定めるところにより当該決議を行政官庁に届け出た場合において、第二号に掲げる労働者の範囲に属する労働者を当該事業場における第一号に掲げる業務に就かせたときは、当該労働者は、厚生労働省令で定めるところにより、第三号に掲げる時間労働したものとみなす。
一　事業の運営に関する事項についての企画、立案、調査及び分析の業務であつて、当該業務の性質上これを適切に遂行するにはその遂行の方法を大幅に労働者の裁量に委ねる必要があるため、当該業務の遂行の手段及び時間配分の決定等に関し使用者が具体的な指示をしないこととする業務（以下この条において「対象業務」という。）
二　対象業務を適切に遂行するための知識、経験等を有する労働者であつて、当該対象業務に就かせたときは当該決議で定める時間労働したものとみなされることとなるものの範囲
三　対象業務に従事する前号に掲げる労働者の範囲に属する労働者の労働時間として算定される時間
四　対象業務に従事する第二号に掲げる労働者の範囲に属する労働者の労働時間の状況に応じた当該労働者の健康及び福祉を確保するための措置を当該決議で定めるところにより使用者が講ずること。
五　対象業務に従事する第二号に掲げる労働者の範囲に属する労働者からの苦情の処理に関する措置を当該決議で定めるところにより使用者が講ずること。
六　使用者は、この項の規定により第二号に掲げる労働者の範囲に属する労働者を対象業務に就かせたときは第三号に掲げる時間労働したものとみなすことについて当該労働者の同意を得なければならないこと及び当該同意をしなかつた当該労働者に対して解雇その他不利益な取扱いをしてはならないこと。
七　前各号に掲げるもののほか、厚生労働省令で定める事項
2　前項の委員会は、次の各号に適合するものでなければならない。
一　当該委員会の委員の半数については、当該事業場に、労働者の過半数で組織する労働組合がある場合においてはその労働組合、労働者の過半数で組織する労働組合がない場合においては労働者の過半数を代表

する者に厚生労働省令で定めるところにより任期を定めて指名されていること。
二　当該委員会の議事について、厚生労働省令で定めるところにより、議事録が作成され、かつ、保存されるとともに、当該事業場の労働者に対する周知が図られていること。
三　前二号に掲げるもののほか、厚生労働省令で定める要件
3　厚生労働大臣は、対象業務に従事する労働者の適正な労働条件の確保を図るために、労働政策審議会の意見を聴いて、第一項各号に掲げる事項その他同項の委員会が決議する事項について指針を定め、これを公表するものとする。
4　第一項の規定による届出をした使用者は、厚生労働省令で定めるところにより、定期的に、同項第四号に規定する措置の実施状況を行政官庁に報告しなければならない。
5　第一項の委員会においてその委員の五分の四以上の多数による議決により第三二条の二第一項、第三二条の三第一項、第三二条の四第一項及び第二項、第三二条の五第一項、第三四条第二項ただし書、第三六条第一項、第二項及び第五項第三七条第三項、第三八条の二第二項、前条第一項並びに次条第四項、第六項及び第九項ただし書に規定する事項について決議が行われた場合における第三二条の二第一項、第三二条の三第一項、第三二条の四第一項から第三項まで、第三二条の五第一項、第三四条第二項ただし書、第三六条、第三七条第三項、第三八条の二第二項、前条第一項並びに次条第四項、第六項及び第九項ただし書の規定の適用については、第三二条の二第一項中「協定」とあるのは「協定若しくは第三八条の四第一項に規定する委員会の決議（第一〇六条第一項を除き、以下「決議」という。）」と、第三二条の三第一項、第三二条の四第一項から第三項まで、第三二条の五第一項、第三四条第二項ただし書、第三六条第二項及び第五項から第七項まで、第三七条第三項、第三八条の二第二項、前条第一項並びに次条第四項、第六項及び第九項ただし書中「協定」とあるのは「協定又は決議」と、第三二条の四第二項中「同意を得て」とあるのは「同意を得て、又は決議に基づき」と、第三六条第一項中「届け出た場合」とあるのは「届け出た場合又は決議を行政官庁に届け出た場合」と、「その協定」とあるのは「その協定又は決議」と、同条第八項中「又は労働者の過半数を代表する者」とあるのは「若しくは労働者の過半数を代表する者又は同項の決議をする委員」と、「当該協定」とあるのは「当該協定又は当該決議」と、同条第九項中「又は労働者の過半数を代表する者」とあるのは「若しくは労働者の過半数を代表する者又は同項の決議をする委員」とする。

（年次有給休暇）
第三九条　使用者は、その雇入れの日から起算して六箇月間継続勤務し全労働日の八割以上出勤した労働者に対して、継続し、又は分割した一〇労働日の有給休暇を与えなければならない。
2　使用者は、一年六箇月以上継続勤務した労働者に対しては、雇入れの日から起算して六箇月を超えて継続勤務する日（以下「六箇月経過日」という。）から起算した継続勤務年数一年ごとに、前項の日数に、次の表の上欄に掲げる六箇月経過日から起算した継続勤務年数の区分に応じ同表の下欄に掲げる労働日を加算した有給休暇を与えなければならない。ただし、継続勤務した期間を六箇月経過日から一年ごとに区分した各期間（最後に一年未満の期間を生じたときは、当該期間）の初日の前日の属する期間において出勤した日数が全労働日の八割未満である者に対しては、当該初日以後の一年間においては有給休暇を与えることを要しない。

六箇月経過日から起算した継続勤務年数	労働日
一年	一労働日
二年	二労働日
三年	四労働日
四年	六労働日
五年	八労働日
六年以上	一〇労働日

3　次に掲げる労働者（一週間の所定労働時間が厚生労働省令で定める時間以上の者を除く。）の有給休暇の日数については、前二項の規定にかかわらず、これらの規定による有給休暇の日数を基準とし、通常の労働者の一週間の所定労働日数として厚生労働省令で定める日数（第一号において「通常の労働者の週所定労働日数」という。）と当該労働者の一週間の所定労働日数又は一週間当たりの平均所定労働日数との比率を考慮して厚生労働省令で定める日数とする。
一　一週間の所定労働日数が通常の労働者の週所定労働日数に比し相当程度少ないものとして厚生労働省令で定める日数以下の労働者
二　週以外の期間によって所定労働日数が定められている労働者については、一年間の

所定労働日数が、前号の厚生労働省令で定める日数に一日を加えた日数を一週間の所定労働日数とする労働者の一年間の所定労働日数その他の事情を考慮して厚生労働省令で定める日数以下の労働者

4　使用者は、当該事業場に、労働者の過半数で組織する労働組合があるときはその労働組合、労働者の過半数で組織する労働組合がないときは労働者の過半数を代表する者との書面による協定により、次に掲げる事項を定めた場合において、第一号に掲げる労働者の範囲に属する労働者が有給休暇を時間を単位として請求したときは、前三項の規定による有給休暇の日数のうち第二号に掲げる日数については、これらの規定にかかわらず、当該協定で定めるところにより時間を単位として有給休暇を与えることができる。
　一　時間を単位として有給休暇を与えることができることとされる労働者の範囲
　二　時間を単位として与えることができることとされる有給休暇の日数（五日以内に限る。）
　三　その他厚生労働省令で定める事項

5　使用者は、前各項の規定による有給休暇を労働者の請求する時季に与えなければならない。ただし、請求された時季に有給休暇を与えることが事業の正常な運営を妨げる場合においては、他の時季にこれを与えることができる。

6　使用者は、当該事業場に、労働者の過半数で組織する労働組合がある場合においてはその労働組合、労働者の過半数で組織する労働組合がない場合においては労働者の過半数を代表する者との書面による協定により、第一項から第三項までの規定による有給休暇を与える時季に関する定めをしたときは、これらの規定による有給休暇の日数のうち五日を超える部分については、前項の規定にかかわらず、その定めにより有給休暇を与えることができる。

7　使用者は、第一項から第三項までの規定による有給休暇（これらの規定により使用者が与えなければならない有給休暇の日数が一〇労働日以上である労働者に係るものに限る。以下この項及び次項において同じ。）の日数のうち五日については、基準日（継続勤務した期間を六箇月経過日から一年ごとに区分した各期間（最後に一年未満の期間を生じたときは、当該期間）の初日をいう。以下この項において同じ。）から一年以内の期間に、労働者ごとにその時季を定めることにより与えなければならない。ただし、第一項から第三項まで
での規定による有給休暇を当該有給休暇に係る基準日より前の日から与えることとしたときは、厚生労働省令で定めるところにより、労働者ごとにその時季を定めることにより与えなければならない。

8　前項の規定にかかわらず、第五項又は第六項の規定により第一項から第三項までの規定による有給休暇を与えた場合においては、当該与えた有給休暇の日数（当該日数が五日を超える場合には、五日とする。）分については、時季を定めることにより与えることを要しない。

9　使用者は、第一項から第三項までの規定による有給休暇の期間又は第四項の規定による有給休暇の時間については、就業規則その他これに準ずるもので定めるところにより、それぞれ、平均賃金若しくは所定労働時間労働した場合に支払われる通常の賃金又はこれらの額を基準として厚生労働省令で定めるところにより算定した額の賃金を支払わなければならない。ただし、当該事業場に、労働者の過半数で組織する労働組合がある場合においてはその労働組合、労働者の過半数で組織する労働組合がない場合においては労働者の過半数を代表する者との書面による協定により、その期間又はその時間について、それぞれ、健康保険法（大正一一年法律第七〇号）第四〇条第一項に規定する標準報酬月額の三〇分の一に相当する金額（その金額に、五円未満の端数があるときは、これを切り捨て、五円以上一〇円未満の端数があるときは、これを一〇円に切り上げるものとする。）又は当該金額を基準として厚生労働省令で定めるところにより算定した金額を支払う旨を定めたときは、これによらなければならない。

10　労働者が業務上負傷し、又は疾病にかかり療養のために休業した期間及び育児休業、介護休業等育児又は家族介護を行う労働者の福祉に関する法律第二条第一号に規定する育児休業又は同条第二号に規定する介護休業をした期間並びに産前産後の女性が第六五条の規定によつて休業した期間は、第一項及び第二項の規定の適用については、これを出勤したものとみなす。

（労働時間及び休憩の特例）
第四〇条　別表第一第一号から第三号まで、第六号及び第七号に掲げる事業以外の事業で、公衆の不便を避けるために必要なものその他特殊の必要あるものについては、その必要避くべからざる限度で、第三二条から第三二条の五までの労働時間及び第三四条の休憩に関する規定について、厚生労働省令で別段の定め

をすることができる。
2　前項の規定による別段の定めは、この法律で定める基準に近いものであつて、労働者の健康及び福祉を害しないものでなければならない。

（労働時間等に関する規定の適用除外）
第四一条　この章、第六章及び第六章の二で定める労働時間、休憩及び休日に関する規定は、次の各号の一に該当する労働者については適用しない。
　一　別表第一第六号（林業を除く。）又は第七号に掲げる事業に従事する者
　二　事業の種類にかかわらず監督若しくは管理の地位にある者又は機密の事務を取り扱う者
　三　監視又は断続的労働に従事する者で、使用者が行政官庁の許可を受けたもの

第四一条の二　賃金、労働時間その他の当該事業場における労働条件に関する事項を調査審議し、事業主に対し当該事項について意見を述べることを目的とする委員会（使用者及び当該事業場の労働者を代表する者を構成員とするものに限る。）が設置された事業場において、当該委員会がその委員の五分の四以上の多数による議決により次に掲げる事項に関する決議をし、かつ、使用者が、厚生労働省令で定めるところにより当該決議を行政官庁に届け出た場合において、第二号に掲げる労働者の範囲に属する労働者（以下この項において「対象労働者」という。）であつて書面その他の厚生労働省令で定める方法によりその同意を得たものを当該事業場における第一号に掲げる業務に就かせたときは、この章で定める労働時間、休憩、休日及び深夜の割増賃金に関する規定は、対象労働者については適用しない。ただし、第三号から第五号までに規定する措置のいずれかを使用者が講じていない場合は、この限りでない。
　一　高度の専門的知識等を必要とし、その性質上従事した時間と従事して得た成果との関連性が通常高くないと認められるものとして厚生労働省令で定める業務のうち、労働者に就かせることとする業務（以下この項において「対象業務」という。）
　二　この項の規定により労働する期間において次のいずれにも該当する労働者であつて、対象業務に就かせようとするものの範囲
　　イ　使用者との間の書面その他の厚生労働省令で定める方法による合意に基づき職務が明確に定められていること。
　　ロ　労働契約により使用者から支払われると見込まれる賃金の額を一年間当たりの賃金の額に換算した額が基準年間平均給与額（厚生労働省において作成する毎月勤労統計における毎月きまつて支給する給与の額を基礎として厚生労働省令で定めるところにより算定した労働者一人当たりの給与の平均額をいう。）の三倍の額を相当程度上回る水準として厚生労働省令で定める額以上であること。
　三　対象業務に従事する対象労働者の健康管理を行うために当該対象労働者が事業場内にいた時間（この項の委員会が厚生労働省令で定める労働時間以外の時間を除くことを決議したときは、当該決議に係る時間を除いた時間）と事業場外において労働した時間との合計の時間（第五号ロ及びニ並びに第六号において「健康管理時間」という。）を把握する措置（厚生労働省令で定める方法に限る。）を当該決議で定めるところにより使用者が講ずること。
　四　対象業務に従事する対象労働者に対し、一年間を通じ一〇四日以上、かつ、四週間を通じ四日以上の休日を当該決議及び就業規則その他これに準ずるもので定めるところにより使用者が与えること。
　五　対象業務に従事する対象労働者に対し、次のいずれかに該当する措置を当該決議及び就業規則その他これに準ずるもので定めるところにより使用者が講ずること。
　　イ　労働者ごとに始業から二十四時間を経過するまでに厚生労働省令で定める時間以上の継続した休息時間を確保し、かつ、第三十七条第四項に規定する時刻の間において労働させる回数を一箇月について厚生労働省令で定める回数以内とすること。
　　ロ　健康管理時間を一箇月又は三箇月についてそれぞれ厚生労働省令で定める時間を超えない範囲内とすること。
　　ハ　一年に一回以上の継続した二週間（労働者が請求した場合においては、一年に二回以上の継続した一週間）（使用者が当該期間において、第三九条の規定による有給休暇を与えたときは、当該有給休暇を与えた日を除く。）について、休日を与えること。
　　ニ　健康管理時間の状況その他の事項が労働者の健康の保持を考慮して厚生労働省令で定める要件に該当する労働者に健康診断（厚生労働省令で定める項目を含むものに限る。）を実施すること。
　六　対象業務に従事する対象労働者の健康管

理時間の状況に応じた当該対象労働者の健康及び福祉を確保するための措置であつて、当該対象労働者に対する有給休暇（第三九条の規定による有給休暇を除く。）の付与、健康診断の実施その他の厚生労働省令で定める措置のうち当該決議で定めるものを使用者が講ずること。
七　対象労働者のこの項の規定による同意の撤回に関する手続
八　対象業務に従事する対象労働者からの苦情の処理に関する措置を当該決議で定めるところにより使用者が講ずること。
九　使用者は、この項の規定による同意をしなかつた対象労働者に対して解雇その他不利益な取扱いをしてはならないこと。
一〇　前各号に掲げるもののほか、厚生労働省令で定める事項
2　前項の規定による届出をした使用者は、厚生労働省令で定めるところにより、同項第四号から第六号までに規定する措置の実施状況を行政官庁に報告しなければならない。
3　第三八条の四第二項、第三項及び第五項の規定は、第一項の委員会について準用する。
4　第一項の決議をする委員は、当該決議の内容が前項において準用する第三八条の四第三項の指針に適合したものとなるようにしなければならない。
5　行政官庁は、第三項において準用する第三八条の四第三項の指針に関し、第一項の決議をする委員に対し、必要な助言及び指導を行うことができる。

第五章　安全及び衛生

第四二条　労働者の安全及び衛生に関しては、労働安全衛生法（昭和四七年法律第五七号）の定めるところによる。
第四三条から**第五五条**まで　削除

第六章　年少者

（最低年齢）
第五六条　使用者は、児童が満一五歳に達した日以後の最初の三月三一日が終了するまで、これを使用してはならない。
2　前項の規定にかかわらず、別表第一第一号から第五号までに掲げる事業以外の事業に係る職業で、児童の健康及び福祉に有害でなく、かつ、その労働が軽易なものについては、行政官庁の許可を受けて、満一三歳以上の児童をその者の修学時間外に使用することができる。映画の製作又は演劇の事業については、満一三歳に満たない児童についても、同様とする。

（年少者の証明書）
第五七条　使用者は、満一八才に満たない者について、その年齢を証明する戸籍証明書を事業場に備え付けなければならない。
2　使用者は、前条第二項の規定によつて使用する児童については、修学に差し支えないことを証明する学校長の証明書及び親権者又は後見人の同意書を事業場に備え付けなければならない。

（未成年者の労働契約）
第五八条　親権者又は後見人は、未成年者に代つて労働契約を締結してはならない。
2　親権者若しくは後見人又は行政官庁は、労働契約が未成年者に不利であると認める場合においては、将来に向つてこれを解除することができる。
第五九条　未成年者は、独立して賃金を請求することができる。親権者又は後見人は、未成年者の賃金を代つて受け取つてはならない。

（労働時間及び休日）
第六〇条　第三二条の二から第三二条の五まで、第三六条、第四〇条及び第四一条の二の規定は、満一八才に満たない者については、これを適用しない。
2　第五六条第二項の規定によつて使用する児童についての第三二条の規定の適用については、同条第一項中「一週間について四〇時間」とあるのは「、修学時間を通算して一週間について四〇時間」と、同条第二項中「一日について八時間」とあるのは「、修学時間を通算して一日について七時間」とする。
3　使用者は、第三二条の規定にかかわらず、満一五歳以上で満一八歳に満たない者については、満一八歳に達するまでの間（満一五歳に達した日以後の最初の三月三一日までの間を除く。）、次に定めるところにより、労働させることができる。
一　一週間の労働時間が第三二条第一項の労働時間を超えない範囲内において、一週間のうち一日の労働時間を四時間以内に短縮する場合において、他の日の労働時間を一〇時間まで延長すること。
二　一週間について四八時間以下の範囲内で厚生労働省令で定める時間、一日について八時間を超えない範囲内において、第三二条の二又は第三二条の四及び第三二条の四の二の規定の例により労働させること。

（深夜業）
第六一条　使用者は、満一八才に満たない者を午後一〇時から午前五時までの間において使用してはならない。ただし、交替制によつて使用する満一六才以上の男性については、この

限りでない。
2　厚生労働大臣は、必要であると認める場合においては、前項の時刻を、地域又は期間を限つて、午後一一時及び午前六時とすることができる。
3　交替制によつて労働させる事業については、行政官庁の許可を受けて、第一項の規定にかかわらず午後一〇時三〇分まで労働させ、又は前項の規定にかかわらず午前五時三〇分から労働させることができる。
4　前三項の規定は、第三三条第一項の規定によつて労働時間を延長し、若しくは休日に労働させる場合又は別表第一第六号、第七号若しくは第一三号に掲げる事業若しくは電話交換の業務については、適用しない。
5　第一項及び第二項の時刻は、第五六条第二項の規定によつて使用する児童については、第一項の時刻は、午後八時及び午前五時とし、第二項の時刻は、午後九時及び午前六時とする。

（危険有害業務の就業制限）
第六二条　使用者は、満一八才に満たない者に、運転中の機械若しくは動力伝導装置の危険な部分の掃除、注油、検査若しくは修繕をさせ、運転中の機械若しくは動力伝導装置にベルト若しくはロープの取付け若しくは取りはずしをさせ、動力によるクレーンの運転をさせ、その他厚生労働省令で定める危険な業務に就かせ、又は厚生労働省令で定める重量物を取り扱う業務に就かせてはならない。
2　使用者は、満一八才に満たない者を、毒劇薬、毒劇物その他有害な原料若しくは材料又は爆発性、発火性若しくは引火性の原料若しくは材料を取り扱う業務、著しくじんあい若しくは粉末を飛散し、若しくは有害ガス若しくは有害放射線を発散する場所又は高温若しくは高圧の場所における業務その他安全、衛生又は福祉に有害な場所における業務に就かせてはならない。
3　前項に規定する業務の範囲は、厚生労働省令で定める。

（坑内労働の禁止）
第六三条　使用者は、満一八才に満たない者を坑内で労働させてはならない。

（帰郷旅費）
第六四条　満一八才に満たない者が解雇の日から一四日以内に帰郷する場合においては、使用者は、必要な旅費を負担しなければならない。ただし、満一八才に満たない者がその責めに帰すべき事由に基づいて解雇され、使用者がその事由について行政官庁の認定を受けたときは、この限りでない。

第六章の二　妊産婦等

（坑内業務の就業制限）
第六四条の二　使用者は、次の各号に掲げる女性を当該各号に定める業務に就かせてはならない。
一　妊娠中の女性及び坑内で行われる業務に従事しない旨を使用者に申し出た産後一年を経過しない女性　坑内で行われるすべての業務
二　前号に掲げる女性以外の満一八歳以上の女性　坑内で行われる業務のうち人力により行われる掘削の業務その他の女性に有害な業務として厚生労働省令で定めるもの

（危険有害業務の就業制限）
第六四条の三　使用者は、妊娠中の女性及び産後一年を経過しない女性（以下「妊産婦」という。）を、重量物を取り扱う業務、有害ガスを発散する場所における業務その他妊産婦の妊娠、出産、哺ほ育等に有害な業務に就かせてはならない。
2　前項の規定は、同項に規定する業務のうち女性の妊娠又は出産に係る機能に有害である業務につき、厚生労働省令で、妊産婦以外の女性に関して、準用することができる。
3　前二項に規定する業務の範囲及びこれらの規定によりこれらの業務に就かせてはならない者の範囲は、厚生労働省令で定める。

（産前産後）
第六五条　使用者は、六週間（多胎妊娠の場合にあつては、一四週間）以内に出産する予定の女性が休業を請求した場合においては、その者を就業させてはならない。
2　使用者は、産後八週間を経過しない女性を就業させてはならない。ただし、産後六週間を経過した女性が請求した場合において、その者について医師が支障がないと認めた業務に就かせることは、差し支えない。
3　使用者は、妊娠中の女性が請求した場合においては、他の軽易な業務に転換させなければならない。

第六六条　使用者は、妊産婦が請求した場合においては、第三二条の二第一項、第三二条の四第一項及び第三二条の五第一項の規定にかかわらず、一週間について第三二条第一項の労働時間、一日について同条第二項の労働時間を超えて労働させてはならない。
2　使用者は、妊産婦が請求した場合においては、第三三条第一項及び第三項並びに第三六条第一項の規定にかかわらず、時間外労働をさせてはならず、又は休日に労働させてはならない。

3　使用者は、妊産婦が請求した場合においては、深夜業をさせてはならない。

(育児時間)
第六七条　生後満一年に達しない生児を育てる女性は、第三四条の休憩時間のほか、一日二回各々少なくとも三〇分、その生児を育てるための時間を請求することができる。
2　使用者は、前項の育児時間中は、その女性を使用してはならない。

(生理日の就業が著しく困難な女性に対する措置)
第六八条　使用者は、生理日の就業が著しく困難な女性が休暇を請求したときは、その者を生理日に就業させてはならない。

第七章　技能者の養成

(徒弟の弊害排除)
第六九条　使用者は、徒弟、見習、養成工その他名称の如何を問わず、技能の習得を目的とする者であることを理由として、労働者を酷使してはならない。
2　使用者は、技能の習得を目的とする労働者を家事その他技能の習得に関係のない作業に従事させてはならない。

(職業訓練に関する特例)
第七〇条　職業能力開発促進法(昭和四四年法律第六四号)第二四条第一項(同法第二七条の二第二項において準用する場合を含む。)の認定を受けて行う職業訓練を受ける労働者について必要がある場合においては、その必要の限度で、第一四条第一項の契約期間、第六二条及び第六四条の三の年少者及び妊産婦等の危険有害業務の就業制限、第六三条の年少者の坑内労働の禁止並びに第六四条の二の妊産婦等の坑内業務の就業制限に関する規定について、厚生労働省令で別段の定めをすることができる。ただし、第六三条の年少者の坑内労働の禁止に関する規定については、満一六歳に満たない者に関しては、この限りでない。
第七一条　前条の規定に基いて発する厚生労働省令は、当該厚生労働省令によつて労働者を使用することについて行政官庁の許可を受けた使用者に使用される労働者以外の労働者については、適用しない。
第七二条　第七〇条の規定に基づく厚生労働省令の適用を受ける未成年者についての第三九条の規定の適用については、同条第一項中「一〇労働日」とあるのは「一二労働日」と、同条第二項の表六年以上の項中「一〇労働日」とあるのは「八労働日」とする。
第七三条　第七一条の規定による許可を受けた使用者が第七〇条の規定に基いて発する厚生労働省令に違反した場合においては、行政官庁は、その許可を取り消すことができる。
第七四条　削除

第八章　災害補償

(療養補償)
第七五条　労働者が業務上負傷し、又は疾病にかかつた場合においては、使用者は、その費用で必要な療養を行い、又は必要な療養の費用を負担しなければならない。
2　前項に規定する業務上の疾病及び療養の範囲は、厚生労働省令で定める。

(休業補償)
第七六条　労働者が前条の規定による療養のため、労働することができないために賃金を受けない場合においては、使用者は、労働者の療養中平均賃金の一〇〇分の六〇の休業補償を行わなければならない。
2　使用者は、前項の規定により休業補償を行つている労働者と同一の事業場における同種の労働者に対して所定労働時間労働した場合に支払われる通常の賃金の、一月から三月まで、四月から六月まで、七月から九月まで及び一〇月から一二月までの各区分による期間(以下四半期という。)ごとの一箇月一人当り平均額(常時一〇〇人未満の労働者を使用する事業場については、厚生労働省において作成する毎月勤労統計における当該事業場の属する産業に係る毎月きまつて支給する給与の四半期の労働者一人当りの一箇月平均額。以下平均給与額という。)が、当該労働者が業務上負傷し、又は疾病にかかつた日の属する四半期における平均給与額の一〇〇分の一二〇をこえ、又は一〇〇分の八〇を下るに至つた場合においては、使用者は、その上昇し又は低下した比率に応じて、その上昇し又は低下するに至つた四半期の次の次の四半期において、前項の規定により当該労働者に対して行つている休業補償の額を改訂し、その改訂をした四半期に属する最初の月から改訂された額により休業補償を行わなければならない。改訂後の休業補償の額の改訂についてもこれに準ずる。
3　前項の規定により難い場合における改訂の方法その他同項の規定による改訂について必要な事項は、厚生労働省令で定める。

(障害補償)
第七七条　労働者が業務上負傷し、又は疾病にかかり、治つた場合において、その身体に障害が存するときは、使用者は、その障害の程度に応じて、平均賃金に別表第二に定める日数を乗じて得た金額の障害補償を行わなければならない。

(休業補償及び障害補償の例外)
第七八条　労働者が重大な過失によつて業務上負傷し、又は疾病にかかり、且つ使用者がその過失について行政官庁の認定を受けた場合においては、休業補償又は障害補償を行わなくてもよい。

(遺族補償)
第七九条　労働者が業務上死亡した場合においては、使用者は、遺族に対して、平均賃金の千日分の遺族補償を行わなければならない。

(葬祭料)
第八〇条　労働者が業務上死亡した場合においては、使用者は、葬祭を行う者に対して、平均賃金の六〇日分の葬祭料を支払わなければならない。

(打切補償)
第八一条　第七五条の規定によつて補償を受ける労働者が、療養開始後三年を経過しても負傷又は疾病がなおらない場合においては、使用者は、平均賃金の一二〇〇日分の打切補償を行い、その後はこの法律の規定による補償を行わなくてもよい。

(分割補償)
第八二条　使用者は、支払能力のあることを証明し、補償を受けるべき者の同意を得た場合においては、第七七条又は第七九条の規定による補償に替え、平均賃金に別表第三に定める日数を乗じて得た金額を、六年にわたり毎年補償することができる。

(補償を受ける権利)
第八三条　補償を受ける権利は、労働者の退職によつて変更されることはない。
2　補償を受ける権利は、これを譲渡し、又は差し押えてはならない。

(他の法律との関係)
第八四条　この法律に規定する災害補償の事由について、労働者災害補償保険法(昭和二二年法律第五〇号)又は厚生労働省令で指定する法令に基づいてこの法律の災害補償に相当する給付が行なわれるべきものである場合においては、使用者は、補償の責を免れる。
2　使用者は、この法律による補償を行つた場合においては、同一の事由については、その価額の限度において民法による損害賠償の責を免れる。

(審査及び仲裁)
第八五条　業務上の負傷、疾病又は死亡の認定、療養の方法、補償金額の決定その他補償の実施に関して異議のある者は、行政官庁に対して、審査又は事件の仲裁を申し立てることができる。
2　行政官庁は、必要があると認める場合においては、職権で審査又は事件の仲裁をすることができる。
3　第一項の規定により審査若しくは仲裁の申立てがあつた事件又は前項の規定により行政官庁が審査若しくは仲裁を開始した事件について民事訴訟が提起されたときは、行政官庁は、当該事件については、審査又は仲裁をしない。
4　行政官庁は、審査又は仲裁のために必要であると認める場合においては、医師に診断又は検案をさせることができる。
5　第一項の規定による審査又は仲裁の申立て及び第二項の規定による審査又は仲裁の開始は、時効の中断に関しては、これを裁判上の請求とみなす。

第八六条　前条の規定による審査及び仲裁の結果に不服のある者は、労働者災害補償保険審査官の審査又は仲裁を申し立てることができる。
2　前条第三項の規定は、前項の規定により審査又は仲裁の申立てがあつた場合に、これを準用する。

(請負事業に関する例外)
第八七条　厚生労働省令で定める事業が数次の請負によつて行われる場合においては、災害補償については、その元請負人を使用者とみなす。
2　前項の場合、元請負人が書面による契約で下請負人に補償を引き受けさせた場合においては、その下請負人もまた使用者とする。但し、二以上の下請負人に、同一の事業について重複して補償を引き受けさせてはならない。
3　前項の場合、元請負人が補償の請求を受けた場合においては、補償を引き受けた下請負人に対して、まづ催告すべきことを請求することができる。ただし、その下請負人が破産手続開始の決定を受け、又は行方が知れない場合においては、この限りでない。

(補償に関する細目)
第八八条　この章に定めるものの外、補償に関する細目は、厚生労働省令で定める。

第九章　就業規則

(作成及び届出の義務)
第八九条　常時一〇人以上の労働者を使用する使用者は、次に掲げる事項について就業規則を作成し、行政官庁に届け出なければならない。次に掲げる事項を変更した場合においても、同様とする。
一　始業及び終業の時刻、休憩時間、休日、休暇並びに労働者を二組以上に分けて交替に就業させる場合においては就業時転換に関する事項

二　賃金（臨時の賃金等を除く。以下この号において同じ。）の決定、計算及び支払の方法、賃金の締切り及び支払の時期並びに昇給に関する事項
三　退職に関する事項（解雇の事由を含む。）
三の二　退職手当の定めをする場合においては、適用される労働者の範囲、退職手当の決定、計算及び支払の方法並びに退職手当の支払の時期に関する事項
四　臨時の賃金等（退職手当を除く。）及び最低賃金額の定めをする場合においては、これに関する事項
五　労働者に食費、作業用品その他の負担をさせる定めをする場合においては、これに関する事項
六　安全及び衛生に関する定めをする場合においては、これに関する事項
七　職業訓練に関する定めをする場合においては、これに関する事項
八　災害補償及び業務外の傷病扶助に関する定めをする場合においては、これに関する事項
九　表彰及び制裁の定めをする場合においては、その種類及び程度に関する事項
一〇　前各号に掲げるもののほか、当該事業場の労働者のすべてに適用される定めをする場合においては、これに関する事項

（作成の手続）
第九〇条　使用者は、就業規則の作成又は変更について、当該事業場に、労働者の過半数で組織する労働組合がある場合においてはその労働組合、労働者の過半数で組織する労働組合がない場合においては労働者の過半数を代表する者の意見を聴かなければならない。
2　使用者は、前条の規定により届出をなすについて、前項の意見を記した書面を添付しなければならない。

（制裁規定の制限）
第九一条　就業規則で、労働者に対して減給の制裁を定める場合においては、その減給は、一回の額が平均賃金の一日分の半額を超え、総額が一賃金支払期における賃金の総額の一〇分の一を超えてはならない。

（法令及び労働協約との関係）
第九二条　就業規則は、法令又は当該事業場について適用される労働協約に反してはならない。
2　行政官庁は、法令又は労働協約に牴触する就業規則の変更を命ずることができる。

（労働契約との関係）
第九三条　労働契約と就業規則との関係については、労働契約法（平成一九年法律第一二八号）第一二条の定めるところによる。

第一〇章　寄宿舎

（寄宿舎生活の自治）
第九四条　使用者は、事業の附属寄宿舎に寄宿する労働者の私生活の自由を侵してはならない。
2　使用者は、寮長、室長その他寄宿舎生活の自治に必要な役員の選任に干渉してはならない。

（寄宿舎生活の秩序）
第九五条　事業の附属寄宿舎に労働者を寄宿させる使用者は、左の事項について寄宿舎規則を作成し、行政官庁に届け出なければならない。これを変更した場合においても同様である。
一　起床、就寝、外出及び外泊に関する事項
二　行事に関する事項
三　食事に関する事項
四　安全及び衛生に関する事項
五　建設物及び設備の管理に関する事項
2　使用者は、前項第一号乃至第四号の事項に関する規定の作成又は変更については、寄宿舎に寄宿する労働者の過半数を代表する者の同意を得なければならない。
3　使用者は、第一項の規定により届出をなすについて、前項の同意を証明する書面を添附しなければならない。
4　使用者及び寄宿舎に寄宿する労働者は、寄宿舎規則を遵守しなければならない。

（寄宿舎の設備及び安全衛生）
第九六条　使用者は、事業の附属寄宿舎について、換気、採光、照明、保温、防湿、清潔、避難、定員の収容、就寝に必要な措置その他労働者の健康、風紀及び生命の保持に必要な措置を講じなければならない。
2　使用者が前項の規定によつて講ずべき措置の基準は、厚生労働省令で定める。

（監督上の行政措置）
第九六条の二　使用者は、常時一〇人以上の労働者を就業させる事業、厚生労働省令で定める危険な事業又は衛生上有害な事業の附属寄宿舎を設置し、移転し、又は変更しようとする場合においては、前条の規定に基づいて発する厚生労働省令で定める危害防止等に関する基準に従い定めた計画を、工事着手一四日前までに、行政官庁に届け出なければならない。
2　行政官庁は、労働者の安全及び衛生に必要であると認める場合においては、工事の着手を差し止め、又は計画の変更を命ずることができる。

第九六条の三　労働者を就業させる事業の附属寄宿舎が、安全及び衛生に関し定められた基準に反する場合においては、行政官庁は、使用者に対して、その全部又は一部の使用の停

止、変更その他必要な事項を命ずることができる。
2　前項の場合において行政官庁は、使用者に命じた事項について必要な事項を労働者に命ずることができる。

第一一章　監督機関

(監督機関の職員等)
第九七条　労働基準主管局(厚生労働省の内部部局として置かれる局で労働条件及び労働者の保護に関する事務を所掌するものをいう。以下同じ。)、都道府県労働局及び労働基準監督署に労働基準監督官を置くほか、厚生労働省令で定める必要な職員を置くことができる。
2　労働基準主管局の局長(以下「労働基準主管局長」という。)、都道府県労働局長及び労働基準監督署長は、労働基準監督官をもつてこれに充てる。
3　労働基準監督官の資格及び任免に関する事項は、政令で定める。
4　厚生労働省に、政令で定めるところにより、労働基準監督官分限審議会を置くことができる。
5　労働基準監督官を罷免するには、労働基準監督官分限審議会の同意を必要とする。
6　前二項に定めるもののほか、労働基準監督官分限審議会の組織及び運営に関し必要な事項は、政令で定める。

第九八条　削除

(労働基準主管局長等の権限)
第九九条　労働基準主管局長は、厚生労働大臣の指揮監督を受けて、都道府県労働局長を指揮監督し、労働基準に関する法令の制定改廃、労働基準監督官の任免教養、監督方法についての規程の制定及び調整、監督年報の作成並びに労働政策審議会及び労働基準監督官分限審議会に関する事項(労働政策審議会に関する事項については、労働条件及び労働者の保護に関するものに限る。)その他この法律の施行に関する事項をつかさどり、所属の職員を指揮監督する。
2　都道府県労働局長は、労働基準主管局長の指揮監督を受けて、管内の労働基準監督署長を指揮監督し、監督方法の調整に関する事項その他この法律の施行に関する事項をつかさどり、所属の職員を指揮監督する。
3　労働基準監督署長は、都道府県労働局長の指揮監督を受けて、この法律に基く臨検、尋問、許可、認定、審査、仲裁その他この法律の実施に関する事項をつかさどり、所属の職員を指揮監督する。
4　労働基準主管局長及び都道府県労働局長は、下級官庁の権限を自ら行い、又は所属の労働基準監督官をして行わせることができる。

(女性主管局長の権限)
第一〇〇条　厚生労働省の女性主管局長(厚生労働省の内部部局として置かれる局で女性労働者の特性に係る労働問題に関する事務を所掌するものの局長をいう。以下同じ。)は、厚生労働大臣の指揮監督を受けて、この法律中女性に特殊の規定の制定、改廃及び解釈に関する事項をつかさどり、その施行に関する事項については、労働基準主管局長及びその下級の官庁の長に勧告を行うとともに、労働基準主管局長が、その下級の官庁に対して行う指揮監督について援助を与える。
2　女性主管局長は、自ら又はその指定する所属官吏をして、女性に関し労働基準主管局若しくはその下級の官庁又はその所属官吏の行つた監督その他に関する文書を閲覧し、又は閲覧せしめることができる。
3　第一〇一条及び第一〇五条の規定は、女性主管局長又はその指定する所属官吏が、この法律中女性に特殊の規定の施行に関して行う調査の場合に、これを準用する。

(労働基準監督官の権限)
第一〇一条　労働基準監督官は、事業場、寄宿舎その他の附属建設物に臨検し、帳簿及び書類の提出を求め、又は使用者若しくは労働者に対して尋問を行うことができる。
2　前項の場合において、労働基準監督官は、その身分を証明する証票を携帯しなければならない。

第一〇二条　労働基準監督官は、この法律違反の罪について、刑事訴訟法に規定する司法警察官の職務を行う。

第一〇三条　労働者を就業させる事業の附属寄宿舎が、安全及び衛生に関して定められた基準に反し、且つ労働者に急迫した危険がある場合においては、労働基準監督官は、第九六条の三の規定による行政官庁の権限を即時に行うことができる。

(監督機関に対する申告)
第一〇四条　事業場に、この法律又はこの法律に基いて発する命令に違反する事実がある場合においては、労働者は、その事実を行政官庁又は労働基準監督官に申告することができる。
2　使用者は、前項の申告をしたことを理由として、労働者に対して解雇その他不利益な取扱をしてはならない。

(報告等)
第一〇四条の二　行政官庁は、この法律を施行するため必要があると認めるときは、厚生労働省令で定めるところにより、使用者又は労働

者に対し、必要な事項を報告させ、又は出頭を命ずることができる。
2　労働基準監督官は、この法律を施行するため必要があると認めるときは、使用者又は労働者に対し、必要な事項を報告させ、又は出頭を命ずることができる。

(労働基準監督官の義務)
第一〇五条　労働基準監督官は、職務上知り得た秘密を漏してはならない。労働基準監督官を退官した後においても同様である。

第一二章　雑則

(国の援助義務)
第一〇五条の二　厚生労働大臣又は都道府県労働局長は、この法律の目的を達成するために、労働者及び使用者に対して資料の提供その他必要な援助をしなければならない。

(法令等の周知義務)
第一〇六条　使用者は、この法律及びこれに基づく命令の要旨、就業規則、第一八条第二項、第二四条第一項ただし書、第三二条の二第一項、第三二条の三第一項、第三二条の四第一項、第三二条の五第一項、第三四条第二項ただし書、第三六条第一項、第三七条第三項、第三八条の二第二項、第三八条の三第一項並びに第三九条第四項、第六項及び第九項ただし書に規定する協定並びに第三八条の四第一項及び同条第五項（第四一条の二第三項において準用する場合を含む。）並びに第四一条の二第一項に規定する決議を、常時各作業場の見やすい場所へ掲示し、又は備え付けること、書面を交付することその他の厚生労働省令で定める方法によって、労働者に周知させなければならない。
2　使用者は、この法律及びこの法律に基いて発する命令のうち、寄宿舎に関する規定及び寄宿舎規則を、寄宿舎の見易い場所に掲示し、又は備え付ける等の方法によつて、寄宿舎に寄宿する労働者に周知させなければならない。

(労働者名簿)
第一〇七条　使用者は、各事業場ごとに労働者名簿を、各労働者（日日雇い入れられる者を除く。）について調製し、労働者の氏名、生年月日、履歴その他厚生労働省令で定める事項を記入しなければならない。
2　前項の規定により記入すべき事項に変更があつた場合においては、遅滞なく訂正しなければならない。

(賃金台帳)
第一〇八条　使用者は、各事業場ごとに賃金台帳を調製し、賃金計算の基礎となる事項及び賃金の額その他厚生労働省令で定める事項を賃金支払の都度遅滞なく記入しなければならない。

(記録の保存)
第一〇九条　使用者は、労働者名簿、賃金台帳及び雇入、解雇、災害補償、賃金その他労働関係に関する重要な書類を三年間保存しなければならない。

第一一〇条　削除

(無料証明)
第一一一条　労働者及び労働者になろうとする者は、その戸籍に関して戸籍事務を掌る者又はその代理者に対して、無料で証明を請求することができる。使用者が、労働者及び労働者になろうとする者の戸籍に関して証明を請求する場合においても同様である。

(国及び公共団体についての適用)
第一一二条　この法律及びこの法律に基いて発する命令は、国、都道府県、市町村その他これに準ずべきものについても適用あるものとする。

(命令の制定)
第一一三条　この法律に基いて発する命令は、その草案について、公聴会で労働者を代表する者、使用者を代表する者及び公益を代表する者の意見を聴いて、これを制定する。

(付加金の支払)
第一一四条　裁判所は、第二〇条、第二六条若しくは第三七条の規定に違反した使用者又は第三九条第九項の規定による賃金を支払わなかつた使用者に対して、労働者の請求により、これらの規定により使用者が支払わなければならない金額についての未払金のほか、これと同一額の付加金の支払を命ずることができる。ただし、この請求は、違反のあつた時から二年以内にしなければならない。

(時効)
第一一五条　この法律の規定による賃金（退職手当を除く。）、災害補償その他の請求権は二年間、この法律の規定による退職手当の請求権は五年間行わない場合においては、時効によつて消滅する。

(経過措置)
第一一五条の二　この法律の規定に基づき命令を制定し、又は改廃するときは、その命令で、その制定又は改廃に伴い合理的に必要と判断される範囲内において、所要の経過措置（罰則に関する経過措置を含む。）を定めることができる。

(適用除外)
第一一六条　第一条から第一一条まで、次項、第一一七条から第一一九条まで及び第一二一条の規定を除き、この法律は、船員法（昭和

二二年法律第一〇〇号）第一条第一項に規定する船員については、適用しない。

2　この法律は、同居の親族のみを使用する事業及び家事使用人については、適用しない。

第一三章　罰則

第一一七条　第五条の規定に違反した者は、これを一年以上一〇年以下の懲役又は二〇万円以上三〇〇万円以下の罰金に処する。

第一一八条　第六条、第五六条、第六三条又は第六四条の二の規定に違反した者は、これを一年以下の懲役又は五〇万円以下の罰金に処する。

2　第七〇条の規定に基づいて発する厚生労働省令（第六三条又は第六四条の二の規定に係る部分に限る。）に違反した者についても前項の例による。

第一一九条　次の各号のいずれかに該当する者は、これを六箇月以下の懲役又は三〇万円以下の罰金に処する。

一　第三条、第四条、第七条、第一六条、第一七条、第一八条第一項、第一九条、第二〇条、第二二条第四項、第三二条、第三四条、第三五条、第三六条第六項、第三七条、第三九条（第七項を除く。）、第六一条、第六二条、第六四条の三から第六七条まで、第七二条、第七五条から第七七条まで、第七九条、第八〇条、第九四条第二項、第九六条又は第一〇四条第二項の規定に違反した者

二　第三三条第二項、第九六条の二第二項又は第九六条の三第一項の規定による命令に違反した者

三　第四〇条の規定に基づいて発する厚生労働省令に違反した者

四　第七〇条の規定に基づいて発する厚生労働省令（第六二条又は第六四条の三の規定に係る部分に限る。）に違反した者

第一二〇条　次の各号のいずれかに該当する者は、三〇万円以下の罰金に処する。

一　第一四条、第一五条第一項若しくは第三項、第一八条第七項、第二二条第一項から第三項まで、第二三条から第二七条まで、第三二条の二第二項（第三二条の三第四項及び第三二条の五第三項において準用する場合を含む。）、第三二条の五第二項、第三三条第一項ただし書、第三八条の二第二項（第三八条の三第二項において準用する場合を含む。）、第三九条第七項第五七条から第五九条まで、第六四条、第六八条、第八九条、第九〇条第一項、第九一条、第九五条第一項若しくは第二項、第九六条の二第一項、第一〇五条（第一〇〇条第三項において準用する場合を含む。）又は第一〇六条から第一〇九条までの規定に違反した者

二　第七〇条の規定に基づいて発する厚生労働省令（第一四条の規定に係る部分に限る。）に違反した者

三　第九二条第二項又は第九六条の三第二項の規定による命令に違反した者

四　第一〇一条（第一〇〇条第三項において準用する場合を含む。）の規定による労働基準監督官又は女性主管局長若しくはその指定する所属官吏の臨検を拒み、妨げ、若しくは忌避し、その尋問に対して陳述をせず、若しくは虚偽の陳述をし、帳簿書類の提出をせず、又は虚偽の記載をした帳簿書類の提出をした者

五　第一〇四条の二の規定による報告をせず、若しくは虚偽の報告をし、又は出頭しなかつた者

第一二一条　この法律の違反行為をした者が、当該事業の労働者に関する事項について、事業主のために行為した代理人、使用人その他の従業者である場合においては、事業主に対しても各本条の罰金刑を科する。ただし、事業主（事業主が法人である場合においてはその代表者、事業主が営業に関し成年者と同一の行為能力を有しない未成年者又は成年被後見人である場合においてはその法定代理人（法定代理人が法人であるときは、その代表者）を事業主とする。次項において同じ。）が違反の防止に必要な措置をした場合においては、この限りでない。

2　事業主が違反の計画を知りその防止に必要な措置を講じなかつた場合、違反行為を知り、その是正に必要な措置を講じなかつた場合又は違反を教唆した場合においては、事業主も行為者として罰する。

〔以下省略〕

労働安全衛生法〔抄〕

昭和47年〔1972年〕6月8日法律第57号
最終改正　平成29年〔2017年〕5月31日公布
　　　　　法律第41号

第一章　総則

（目的）
第一条　この法律は、労働基準法（昭和二二年法律第四九号）と相まつて、労働災害の防止のための危害防止基準の確立、責任体制の明確化及び自主的活動の促進の措置を講ずる等その防止に関する総合的計画的な対策を推進することにより職場における労働者の安全と健康を確保するとともに、快適な職場環境の形成を促進することを目的とする。

（定義）
第二条　この法律において、次の各号に掲げる用語の意義は、それぞれ当該各号に定めるところによる。
　一　労働災害　労働者の就業に係る建設物、設備、原材料、ガス、蒸気、粉じん等により、又は作業行動その他業務に起因して、労働者が負傷し、疾病にかかり、又は死亡することをいう。
　二　労働者　労働基準法第九条に規定する労働者（同居の親族のみを使用する事業又は事務所に使用される者及び家事使用人を除く。）をいう。
　三　事業者　事業を行う者で、労働者を使用するものをいう。
　三の二　化学物質　元素及び化合物をいう。
　四　作業環境測定　作業環境の実態をは握するため空気環境その他の作業環境について行うデザイン、サンプリング及び分析（解析を含む。）をいう。

（事業者等の責務）
第三条　事業者は、単にこの法律で定める労働災害の防止のための最低基準を守るだけでなく、快適な職場環境の実現と労働条件の改善を通じて職場における労働者の安全と健康を確保するようにしなければならない。また、事業者は、国が実施する労働災害の防止に関する施策に協力するようにしなければならない。
2　機械、器具その他の設備を設計し、製造し、若しくは輸入する者、原材料を製造し、若しくは輸入する者又は建設物を建設し、若しくは設計する者は、これらの物の設計、製造、輸入又は建設に際して、これらの物が使用されることによる労働災害の発生の防止に資するように努めなければならない。
3　建設工事の注文者等仕事を他人に請け負わせる者は、施工方法、工期等について、安全で衛生的な作業の遂行をそこなうおそれのある条件を附さないように配慮しなければならない。

（労働者の責務）
第四条　労働者は、労働災害を防止するため必要な事項を守るほか、事業者その他の関係者が実施する労働災害の防止に関する措置に協力するように努めなければならない。

（事業者に関する規定の適用）
第五条　二以上の建設業に属する事業の事業者が、一の場所において行われる当該事業の仕事を共同連帯して請け負つた場合においては、厚生労働省令で定めるところにより、そのうちの一人を代表者として定め、これを都道府県労働局長に届け出なければならない。
2　前項の規定による届出がないときは、都道府県労働局長が代表者を指名する。
3　前二項の代表者の変更は、都道府県労働局長に届け出なければ、その効力を生じない。
4　第一項に規定する場合においては、当該事業を同項又は第二項の代表者のみの事業と、当該代表者のみを当該事業の事業者と、当該事業の仕事に従事する労働者を当該代表者のみが使用する労働者とそれぞれみなして、この法律を適用する。

第二章　労働災害防止計画

（労働災害防止計画の策定）
第六条　厚生労働大臣は、労働政策審議会の意見をきいて、労働災害の防止のための主要な対策に関する事項その他労働災害の防止に関し重要な事項を定めた計画（以下「労働災害防止計画」という。）を策定しなければならない。

（変更）
第七条　厚生労働大臣は、労働災害の発生状況、労働災害の防止に関する対策の効果等を考慮して必要があると認めるときは、労働政策審議会の意見をきいて、労働災害防止計画を変更しなければならない。

（公表）
第八条　厚生労働大臣は、労働災害防止計画を策定したときは、遅滞なく、これを公表しなければならない。これを変更したときも、同様とする。

（勧告等）

第九条　厚生労働大臣は、労働災害防止計画の的確かつ円滑な実施のため必要があると認めるときは、事業者、事業者の団体その他の関係者に対し、労働災害の防止に関する事項について必要な勧告又は要請をすることができる。

第三章　安全衛生管理体制

(総括安全衛生管理者)
第一〇条　事業者は、政令で定める規模の事業場ごとに、厚生労働省令で定めるところにより、総括安全衛生管理者を選任し、その者に安全管理者、衛生管理者又は第二五条の二第二項の規定により技術的事項を管理する者の指揮をさせるとともに、次の業務を統括管理させなければならない。
　一　労働者の危険又は健康障害を防止するための措置に関すること。
　二　労働者の安全又は衛生のための教育の実施に関すること。
　三　健康診断の実施その他健康の保持増進のための措置に関すること。
　四　労働災害の原因の調査及び再発防止対策に関すること。
　五　前各号に掲げるもののほか、労働災害を防止するため必要な業務で、厚生労働省令で定めるもの。
2　総括安全衛生管理者は、当該事業場においてその事業の実施を統括管理する者をもって充てなければならない。
3　都道府県労働局長は、労働災害を防止するため必要があると認めるときは、総括安全衛生管理者の業務の執行について事業者に勧告することができる。

(安全管理者)
第一一条　事業者は、政令で定める業種及び規模の事業場ごとに、厚生労働省令で定める資格を有する者のうちから、厚生労働省令で定めるところにより、安全管理者を選任し、その者に前条第一項各号の業務(第二五条の二第二項の規定により技術的事項を管理する者を選任した場合においては、同条第一項各号の措置に該当するものを除く。)のうち安全に係る技術的事項を管理させなければならない。
2　労働基準監督署長は、労働災害を防止するため必要があると認めるときは、事業者に対し、安全管理者の増員又は解任を命ずることができる。

(衛生管理者)
第一二条　事業者は、政令で定める規模の事業場ごとに、都道府県労働局長の免許を受けた者その他厚生労働省令で定める資格を有する者のうちから、厚生労働省令で定めるところにより、当該事業場の業務の区分に応じて、衛生管理者を選任し、その者に第一〇条第一項各号の業務(第二五条の二第二項の規定により技術的事項を管理する者を選任した場合においては、同条第一項各号の措置に該当するものを除く。)のうち衛生に係る技術的事項を管理させなければならない。
2　前条第二項の規定は、衛生管理者について準用する。

(安全衛生推進者等)
第一二条の二　事業者は、第一一条第一項の事業場及び前条第一項の事業場以外の事業場で、厚生労働省令で定める規模のものごとに、厚生労働省令で定めるところにより、安全衛生推進者(第一一条第一項の政令で定める業種以外の業種の事業場にあっては、衛生推進者)を選任し、その者に第一〇条第一項各号の業務(第二五条の二第二項の規定により技術的事項を管理する者を選任した場合においては、同条第一項各号の措置に該当するものを除くものとし、第一一条第一項の政令で定める業種以外の業種の事業場にあっては、衛生に係る業務に限る。)を担当させなければならない。

(産業医等)
第一三条　事業者は、政令で定める規模の事業場ごとに、厚生労働省令で定めるところにより、医師のうちから産業医を選任し、その者に労働者の健康管理その他の厚生労働省令で定める事項(以下「労働者の健康管理等」という。)を行わせなければならない。
2　産業医は、労働者の健康管理等を行うのに必要な医学に関する知識について厚生労働省令で定める要件を備えた者でなければならない。
3　産業医は、労働者の健康を確保するため必要があると認めるときは、事業者に対し、労働者の健康管理等について必要な勧告をすることができる。
4　事業者は、前項の勧告を受けたときは、これを尊重しなければならない。
第一三条の二　事業者は、前条第一項の事業場以外の事業場については、労働者の健康管理等を行うのに必要な医学に関する知識を有する医師その他厚生労働省令で定める者に労働者の健康管理等の全部又は一部を行わせるように努めなければならない。

(作業主任者)
第一四条　事業者は、高圧室内作業その他の労働災害を防止するための管理を必要とする作業で、政令で定めるものについては、都道府県労働局長の免許を受けた者又は都道府県労働局長の登録を受けた者が行う技能講習を修了

した者のうちから、厚生労働省令で定めるところにより、当該作業の区分に応じて、作業主任者を選任し、その者に当該作業に従事する労働者の指揮その他の厚生労働省令で定める事項を行わせなければならない。

(統括安全衛生責任者)
第一五条 事業者で、一の場所において行う事業の仕事の一部を請負人に請け負わせているもの(当該事業の仕事の一部を請け負わせる契約が二以上あるため、その者が二以上あることとなるときは、当該請負契約のうちの最も先次の請負契約における注文者とする。以下「元方事業者」という。)のうち、建設業その他政令で定める業種に属する事業(以下「特定事業」という。)を行う者(以下「特定元方事業者」という。)は、その労働者及びその請負人(元方事業者の当該事業の仕事が数次の請負契約によつて行われるときは、当該請負人の請負契約の後次のすべての請負契約の当事者である請負人を含む。以下「関係請負人」という。)の労働者が当該場所において作業を行うときは、これらの労働者の作業が同一の場所において行われることによつて生ずる労働災害を防止するため、統括安全衛生責任者を選任し、その者に元方安全衛生管理者の指揮をさせるとともに、第三〇条第一項各号の事項を統括管理させなければならない。ただし、これらの労働者の数が政令で定める数未満であるときは、この限りでない。
2 統括安全衛生責任者は、当該場所においてその事業の実施を統括管理する者をもつて充てなければならない。
3 第三〇条第四項の場合において、同項のすべての労働者の数が政令で定める数以上であるときは、当該指名された事業者は、これらの労働者に関し、これらの労働者の作業が同一の場所において行われることによつて生ずる労働災害を防止するため、統括安全衛生責任者を選任し、その者に元方安全衛生管理者の指揮をさせるとともに、同条第一項各号の事項を統括管理させなければならない。この場合においては、当該指名された事業者及び当該指名された事業者以外の事業者については、第一項の規定は、適用しない。
4 第一項又は前項に定めるもののほか、第二五条の二第一項に規定する仕事が数次の請負契約によつて行われる場合においては、第一項又は前項の規定により統括安全衛生責任者を選任した事業者は、統括安全衛生責任者に第三〇条の三第五項において準用する第二五条の二第二項の規定により技術的事項を管理する者の指揮をさせるとともに、同条第一項各号の措置を統括管理させなければならない。
5 第一〇条第三項の規定は、統括安全衛生責任者の業務の執行について準用する。この場合において、同項中「事業者」とあるのは、「当該統括安全衛生責任者を選任した事業者」と読み替えるものとする。

(元方安全衛生管理者)
第一五条の二 前条第一項又は第三項の規定により統括安全衛生責任者を選任した事業者で、建設業その他政令で定める業種に属する事業を行うものは、厚生労働省令で定める資格を有する者のうちから、厚生労働省令で定めるところにより、元方安全衛生管理者を選任し、その者に第三〇条第一項各号の事項のうち技術的事項を管理させなければならない。
2 第一一条第二項の規定は、元方安全衛生管理者について準用する。この場合において、同項中「事業者」とあるのは、「当該元方安全衛生管理者を選任した事業者」と読み替えるものとする。

(店社安全衛生管理者)
第一五条の三 建設業に属する事業の元方事業者は、その労働者及び関係請負人の労働者が一の場所(これらの労働者の数が厚生労働省令で定める数未満である場所及び第一五条第一項又は第三項の規定により統括安全衛生責任者を選任しなければならない場所を除く。)において作業を行うときは、当該場所において行われる仕事に係る請負契約を締結している事業場ごとに、これらの労働者の作業が同一の場所で行われることによつて生ずる労働災害を防止するため、厚生労働省令で定める資格を有する者のうちから、厚生労働省令で定めるところにより、店社安全衛生管理者を選任し、その者に、当該事業場で締結している当該請負契約に係る仕事を行う場所における第三〇条第一項各号の事項を担当する者に対する指導その他厚生労働省令で定める事項を行わせなければならない。
2 第三〇条第四項の場合において、同項のすべての労働者の数が厚生労働省令で定める数以上であるとき(第一五条第一項又は第三項の規定により統括安全衛生責任者を選任しなければならないときを除く。)は、当該指名された事業者で建設業に属する事業の仕事を行うものは、当該場所において行われる仕事に係る請負契約を締結している事業場ごとに、これらの労働者に関し、これらの労働者の作業が同一の場所で行われることによつて生ずる労働災害を防止するため、厚生労働省令で定める資格を有する者のうちから、厚生労働省令で定めるところにより、店社安全衛生管理

者を選任し、その者に、当該事業場で締結している当該請負契約に係る仕事を行う場所における第三〇条第一項各号の事項を担当する者に対する指導その他厚生労働省令で定める事項を行わせなければならない。この場合においては、当該指名された事業者及び当該指名された事業者以外の事業者については、前項の規定は適用しない。

(安全衛生責任者)
第一六条 第一五条第一項又は第三項の場合において、これらの規定により統括安全衛生責任者を選任すべき事業者以外の請負人で、当該仕事を自ら行うものは、安全衛生責任者を選任し、その者に統括安全衛生責任者との連絡その他の厚生労働省令で定める事項を行わせなければならない。
2 前項の規定により安全衛生責任者を選任した請負人は、同項の事業者に対し、遅滞なく、その旨を通報しなければならない。

(安全委員会)
第一七条 事業者は、政令で定める業種及び規模の事業場ごとに、次の事項を調査審議させ、事業者に対し意見を述べさせるため、安全委員会を設けなければならない。
一 労働者の危険を防止するための基本となるべき対策に関すること。
二 労働災害の原因及び再発防止対策で、安全に係るものに関すること。
三 前二号に掲げるもののほか、労働者の危険の防止に関する重要事項
2 安全委員会の委員は、次の者をもつて構成する。ただし、第一号の者である委員(以下「第一号の委員」という。)は、一人とする。
一 総括安全衛生管理者又は総括安全衛生管理者以外の者で当該事業場においてその事業の実施を統括管理するもの若しくはこれに準ずる者のうちから事業者が指名した者
二 安全管理者のうちから事業者が指名した者
三 当該事業場の労働者で、安全に関し経験を有するもののうちから事業者が指名した者
3 安全委員会の議長は、第一号の委員がなるものとする。
4 事業者は、第一号の委員以外の委員の半数については、当該事業場に労働者の過半数で組織する労働組合があるときにおいてはその労働組合、労働者の過半数で組織する労働組合がないときにおいては労働者の過半数を代表する者の推薦に基づき指名しなければならない。
5 前二項の規定は、当該事業場の労働者の過半数で組織する労働組合との間における労働協約に別段の定めがあるときは、その限度において適用しない。

(衛生委員会)
第一八条 事業者は、政令で定める規模の事業場ごとに、次の事項を調査審議させ、事業者に対し意見を述べさせるため、衛生委員会を設けなければならない。
一 労働者の健康障害を防止するための基本となるべき対策に関すること。
二 労働者の健康の保持増進を図るための基本となるべき対策に関すること。
三 労働災害の原因及び再発防止対策で、衛生に係るものに関すること。
四 前三号に掲げるもののほか、労働者の健康障害の防止及び健康の保持増進に関する重要事項
2 衛生委員会の委員は、次の者をもつて構成する。ただし、第一号の者である委員は、一人とする。
一 総括安全衛生管理者又は総括安全衛生管理者以外の者で当該事業場においてその事業の実施を統括管理するもの若しくはこれに準ずる者のうちから事業者が指名した者
二 衛生管理者のうちから事業者が指名した者
三 産業医のうちから事業者が指名した者
四 当該事業場の労働者で、衛生に関し経験を有するもののうちから事業者が指名した者
3 事業者は、当該事業場の労働者で、作業環境測定を実施している作業環境測定士であるものを衛生委員会の委員として指名することができる。
4 前条第三項から第五項までの規定は、衛生委員会について準用する。この場合において、同条第三項及び第四項中「第一号の委員」とあるのは、「第一八条第二項第一号の者である委員」と読み替えるものとする。

(安全衛生委員会)
第一九条 事業者は、第一七条及び前条の規定により安全委員会及び衛生委員会を設けなければならないときは、それぞれの委員会の設置に代えて、安全衛生委員会を設置することができる。
2 安全衛生委員会の委員は、次の者をもつて構成する。ただし、第一号の者である委員は、一人とする。
一 総括安全衛生管理者又は総括安全衛生管理者以外の者で当該事業場においてその事業の実施を統括管理するもの若しくはこれに準ずる者のうちから事業者が指名した者

二　安全管理者及び衛生管理者のうちから事業者が指名した者
三　産業医のうちから事業者が指名した者
四　当該事業場の労働者で、安全に関し経験を有するもののうちから事業者が指名した者
五　当該事業場の労働者で、衛生に関し経験を有するもののうちから事業者が指名した者
3　事業者は、当該事業場の労働者で、作業環境測定を実施している作業環境測定士であるものを安全衛生委員会の委員として指名することができる。
4　第一七条第三項から第五項までの規定は、安全衛生委員会について準用する。この場合において、同条第三項及び第四項中「第一号の委員」とあるのは、「第一九条第二項第一号の者である委員」と読み替えるものとする。

(安全管理者等に対する教育等)
第一九条の二　事業者は、事業場における安全衛生の水準の向上を図るため、安全管理者、衛生管理者、安全衛生推進者、衛生推進者その他労働災害の防止のための業務に従事する者に対し、これらの者が従事する業務に関する能力の向上を図るための教育、講習等を行い、又はこれらを受ける機会を与えるように努めなければならない。
2　厚生労働大臣は、前項の教育、講習等の適切かつ有効な実施を図るため必要な指針を公表するものとする。
3　厚生労働大臣は、前項の指針に従い、事業者又はその団体に対し、必要な指導等を行うことができる。

(国の援助)
第一九条の三　国は、第一三条の二の事業場の労働者の健康の確保に資するため、労働者の健康管理等に関する相談、情報の提供その他の必要な援助を行うように努めるものとする。

第四章　労働者の危険又は健康障害を防止するための措置

(事業者の講ずべき措置等)
第二〇条　事業者は、次の危険を防止するため必要な措置を講じなければならない。
一　機械、器具その他の設備(以下「機械等」という。)による危険
二　爆発性の物、発火性の物、引火性の物等による危険
三　電気、熱その他のエネルギーによる危険
第二一条　事業者は、掘削、採石、荷役、伐木等の業務における作業方法から生ずる危険を防止するため必要な措置を講じなければならない。
2　事業者は、労働者が墜落するおそれのある場所、土砂等が崩壊するおそれのある場所等に係る危険を防止するため必要な措置を講じなければならない。
第二二条　事業者は、次の健康障害を防止するため必要な措置を講じなければならない。
一　原材料、ガス、蒸気、粉じん、酸素欠乏空気、病原体等による健康障害
二　放射線、高温、低温、超音波、騒音、振動、異常気圧等による健康障害
三　計器監視、精密工作等の作業による健康障害
四　排気、排液又は残さい物による健康障害
第二三条　事業者は、労働者を就業させる建設物その他の作業場について、通路、床面、階段等の保全並びに換気、採光、照明、保温、防湿、休養、避難及び清潔に必要な措置その他労働者の健康、風紀及び生命の保持のため必要な措置を講じなければならない。
第二四条　事業者は、労働者の作業行動から生ずる労働災害を防止するため必要な措置を講じなければならない。
第二五条　事業者は、労働災害発生の急迫した危険があるときは、直ちに作業を中止し、労働者を作業場から退避させる等必要な措置を講じなければならない。
第二五条の二　建設業その他政令で定める業種に属する事業の仕事で、政令で定めるものを行う事業者は、爆発、火災等が生じたことに伴い労働者の救護に関する措置がとられる場合における労働災害の発生を防止するため、次の措置を講じなければならない。
一　労働者の救護に関し必要な機械等の備付け及び管理を行うこと。
二　労働者の救護に関し必要な事項についての訓練を行うこと。
三　前二号に掲げるもののほか、爆発、火災等に備えて、労働者の救護に関し必要な事項を行うこと。
2　前項に規定する事業者は、厚生労働省令で定める資格を有する者のうちから、厚生労働省令で定めるところにより、同項各号の措置のうち技術的事項を管理する者を選任し、その者に当該技術的事項を管理させなければならない。
第二六条　労働者は、事業者が第二〇条から第二五条まで及び前条第一項の規定に基づき講ずる措置に応じて、必要な事項を守らなければならない。
第二七条　第二〇条から第二五条まで及び第二五条の二第一項の規定により事業者が講ずべき

措置及び前条の規定により労働者が守らなければならない事項は、厚生労働省令で定める。
2　前項の厚生労働省令を定めるに当たつては、公害（環境基本法（平成五年法律第九一号）第二条第三項に規定する公害をいう。）その他一般公衆の災害で、労働災害と密接に関連するものの防止に関する法令の趣旨に反しないように配慮しなければならない。

（技術上の指針等の公表等）
第二八条　厚生労働大臣は、第二〇条から第二五条まで及び第二五条の二第一項の規定により事業者が講ずべき措置の適切かつ有効な実施を図るため必要な業種又は作業ごとの技術上の指針を公表するものとする。
2　厚生労働大臣は、前項の技術上の指針を定めるに当たつては、中高年齢者に関して、特に配慮するものとする。
3　厚生労働大臣は、次の化学物質で厚生労働大臣が定めるものを製造し、又は取り扱う事業者が当該化学物質による労働者の健康障害を防止するための指針を公表するものとする。
　一　第五七条の四第四項の規定による勧告又は第五七条の五第一項の規定による指示に係る化学物質
　二　前号に掲げる化学物質以外の化学物質で、がんその他の重度の健康障害を労働者に生ずるおそれのあるもの
4　厚生労働大臣は、第一項又は前項の規定により、技術上の指針又は労働者の健康障害を防止するための指針を公表した場合において必要があると認めるときは、事業者又はその団体に対し、当該技術上の指針又は労働者の健康障害を防止するための指針に関し必要な指導等を行うことができる。

（事業者の行うべき調査等）
第二八条の二　事業者は、厚生労働省令で定めるところにより、建設物、設備、原材料、ガス、蒸気、粉じん等による、又は作業行動その他業務に起因する危険性又は有害性等（第五七条第一項の政令で定める物及び第五七条の二第一項に規定する通知対象物による危険性又は有害性等を除く。）を調査し、その結果に基づいて、この法律又はこれに基づく命令の規定による措置を講ずるほか、労働者の危険又は健康障害を防止するため必要な措置を講ずるように努めなければならない。ただし、当該調査のうち、化学物質、化学物質を含有する製剤その他の物で労働者の危険又は健康障害を生ずるおそれのあるものに係るもの以外のものについては、製造業その他厚生労働省令で定める業種に属する事業者に限る。
2　厚生労働大臣は、前条第一項及び第三項に定めるもののほか、前項の措置に関して、その適切かつ有効な実施を図るため必要な指針を公表するものとする。
3　厚生労働大臣は、前項の指針に従い、事業者又はその団体に対し、必要な指導、援助等を行うことができる。

（元方事業者の講ずべき措置等）
第二九条　元方事業者は、関係請負人及び関係請負人の労働者が、当該仕事に関し、この法律又はこれに基づく命令の規定に違反しないよう必要な指導を行なわなければならない。
2　元方事業者は、関係請負人又は関係請負人の労働者が、当該仕事に関し、この法律又はこれに基づく命令の規定に違反していると認めるときは、是正のため必要な指示を行なわなければならない。
3　前項の指示を受けた関係請負人又はその労働者は、当該指示に従わなければならない。

第二九条の二　建設業に属する事業の元方事業者は、土砂等が崩壊するおそれのある場所、機械等が転倒するおそれのある場所その他の厚生労働省令で定める場所において関係請負人の労働者が当該事業の仕事の作業を行うときは、当該関係請負人が講ずべき当該場所に係る危険を防止するための措置が適正に講ぜられるように、技術上の指導その他の必要な措置を講じなければならない。

（特定元方事業者等の講ずべき措置）
第三〇条　特定元方事業者は、その労働者及び関係請負人の労働者の作業が同一の場所において行われることによつて生ずる労働災害を防止するため、次の事項に関する必要な措置を講じなければならない。
　一　協議組織の設置及び運営を行うこと。
　二　作業間の連絡及び調整を行うこと。
　三　作業場所を巡視すること。
　四　関係請負人が行う労働者の安全又は衛生のための教育に対する指導及び援助を行うこと。
　五　仕事を行う場所が仕事ごとに異なることを常態とする業種で、厚生労働省令で定めるものに属する事業を行う特定元方事業者にあつては、仕事の工程に関する計画及び作業場所における機械、設備等の配置に関する計画を作成するとともに、当該機械、設備等を使用する作業に関し関係請負人がこの法律又はこれに基づく命令の規定に基づき講ずべき措置についての指導を行うこと。
　六　前各号に掲げるもののほか、当該労働災害を防止するため必要な事項
2　特定事業の仕事の発注者（注文者のうち、そ

の仕事を他の者から請け負わないで注文している者をいう。以下同じ。）で、特定元方事業者以外のものは、一の場所において行なわれる特定事業の仕事を二以上の請負人に請け負わせている場合において、当該場所において当該仕事に係る二以上の請負人の労働者が作業を行なうときは、厚生労働省令で定めるところにより、請負人で当該仕事を自ら行なう事業者であるもののうちから、前項に規定する措置を講ずべき者として一人を指名しなければならない。一の場所において行なわれる特定事業の仕事の全部を請け負つた者で、特定元方事業者以外のもののうち、当該仕事を二以上の請負人に請け負わせている者についても、同様とする。
3　前項の規定による指名がされないときは、同項の指名は、労働基準監督署長がする。
4　第二項又は前項の規定による指名がされたときは、当該指名された事業者は、当該場所において当該仕事の作業に従事するすべての労働者に関し、第一項に規定する措置を講じなければならない。この場合において、当該指名された事業者及び当該指名された事業者以外の事業者については、第一項の規定は、適用しない。

第三〇条の二　製造業その他政令で定める業種に属する事業（特定事業を除く。）の元方事業者は、その労働者及び関係請負人の労働者の作業が同一の場所において行われることによつて生ずる労働災害を防止するため、作業間の連絡及び調整を行うことに関する措置その他必要な措置を講じなければならない。
2　前条第二項の規定は、前項に規定する事業の仕事の発注者について準用する。この場合において、同条第二項中「特定元方事業者」とあるのは「元方事業者」と、「特定事業の仕事を二以上」とあるのは「仕事を二以上」と、「前項」とあるのは「次条第一項」と、「特定事業の仕事の全部」とあるのは「仕事の全部」と読み替えるものとする。
3　前項において準用する前条第二項の規定による指名がされないときは、同項の指名は、労働基準監督署長がする。
4　第二項において準用する前条第二項又は前項の規定による指名がされたときは、当該指名された事業者は、当該場所において当該仕事の作業に従事するすべての労働者に関し、第一項に規定する措置を講じなければならない。この場合において、当該指名された事業者及び当該指名された事業者以外の事業者については、同項の規定は、適用しない。

第三〇条の三　第二五条の二第一項に規定する仕事が数次の請負契約によつて行われる場合（第四項の場合を除く。）においては、元方事業者は、当該場所において当該仕事の作業に従事するすべての労働者に関し、同条第一項各号の措置を講じなければならない。この場合においては、当該元方事業者及び当該元方事業者以外の事業者については、同項の規定は、適用しない。
2　第三〇条第二項の規定は、第二五条の二第一項に規定する仕事の発注者について準用する。この場合において、第三〇条第二項中「特定元方事業者」とあるのは「元方事業者」と、「特定事業の仕事を二以上」とあるのは「仕事を二以上」と、「前項に規定する措置」とあるのは「第二五条の二第一項各号の措置」と、「特定事業の仕事の全部」とあるのは「仕事の全部」と読み替えるものとする。
3　前項において準用する第三〇条第二項の規定による指名がされないときは、同項の指名は、労働基準監督署長がする。
4　第二項において準用する第三〇条第二項又は前項の規定による指名がされたときは、当該指名された事業者は、当該場所において当該仕事の作業に従事するすべての労働者に関し、第二五条の二第一項各号の措置を講じなければならない。この場合においては、当該指名された事業者及び当該指名された事業者以外の事業者については、同項の規定は、適用しない。
5　第二五条の二第二項の規定は、第一項に規定する元方事業者及び前項の指名された事業者について準用する。この場合においては、当該元方事業者及び当該指名された事業者並びに当該元方事業者及び当該指名された事業者以外の事業者については、同条第二項の規定は、適用しない。

（注文者の講ずべき措置）
第三一条　特定事業の仕事を自ら行う注文者は、建設物、設備又は原材料（以下「建設物等」という。）を、当該仕事を行う場所においてその請負人（当該仕事が数次の請負契約によつて行われるときは、当該請負人の請負契約の後次のすべての請負契約の当事者である請負人を含む。第三一条の四において同じ。）の労働者に使用させるときは、当該建設物等について、当該労働者の労働災害を防止するため必要な措置を講じなければならない。
2　前項の規定は、当該事業の仕事が数次の請負契約によつて行なわれることにより同一の建設物等について同項の措置を講ずべき注文者が二以上あることとなるときは、後次の請負契約の当事者である注文者については、適用

しない。
第三一条の二 化学物質、化学物質を含有する製剤その他の物を製造し、又は取り扱う設備で政令で定めるものの改造その他の厚生労働省令で定める作業に係る仕事の注文者は、当該物について、当該仕事に係る請負人の労働者の労働災害を防止するため必要な措置を講じなければならない。
第三一条の三 建設業に属する事業の仕事を行う二以上の事業者の労働者が一の場所において機械で厚生労働省令で定めるものに係る作業（以下この条において「特定作業」という。）を行う場合において、特定作業に係る仕事を自ら行う発注者又は当該仕事の全部を請け負つた者で、当該場所において当該仕事の一部を請け負わせているものは、厚生労働省令で定めるところにより、当該場所において特定作業に従事するすべての労働者の労働災害を防止するため必要な措置を講じなければならない。
2 前項の場合において、同項の規定により同項に規定する措置を講ずべき者がいないときは、当該場所において行われる特定作業に係る仕事の全部を請負人に請け負わせている建設業に属する事業の元方事業者又は第三〇条第二項若しくは第三項の規定により指名された事業者で建設業に属する事業を行うものは、前項に規定する措置を講ずる者を指名する等当該場所において特定作業に従事するすべての労働者の労働災害を防止するため必要な配慮をしなければならない。

（違法な指示の禁止）
第三一条の四 注文者は、その請負人に対し、当該仕事に関し、その指示に従つて当該請負人の労働者を労働させたならば、この法律又はこれに基づく命令の規定に違反することとなる指示をしてはならない。

（請負人の講ずべき措置等）
第三二条 第三〇条第一項又は第四項の場合において、同条第一項に規定する措置を講ずべき事業者以外の請負人で、当該仕事を自ら行うものは、これらの規定により講ぜられる措置に応じて、必要な措置を講じなければならない。
2 第三〇条の二第一項又は第四項の場合において、同条第一項に規定する措置を講ずべき事業者以外の請負人で、当該仕事を自ら行うものは、これらの規定により講ぜられる措置に応じて、必要な措置を講じなければならない。
3 第三〇条の三第一項又は第四項の場合において、第二五条の二第一項各号の措置を講ずべき事業者以外の請負人で、当該仕事を自ら行うものは、第三〇条の三第一項又は第四項の規定により講ぜられる措置に応じて、必要な措置を講じなければならない。
4 第三一条第一項の場合において、当該建設物等を使用する労働者に係る事業者である請負人は、同項の規定により講ぜられる措置に応じて、必要な措置を講じなければならない。
5 第三一条の二の場合において、同条に規定する仕事に係る請負人は、同条の規定により講ぜられる措置に応じて、必要な措置を講じなければならない。
6 第三〇条第一項若しくは第四項、第三〇条の二第一項若しくは第四項、第三〇条の三第一項若しくは第四項、第三一条第一項又は第三一条の二の場合において、労働者は、これらの規定又は前各項の規定により講ぜられる措置に応じて、必要な事項を守らなければならない。
7 第一項から第五項までの請負人及び前項の労働者は、第三〇条第一項の特定元方事業者等、第三〇条の二第一項若しくは第三〇条の三第一項の元方事業者等、第三一条第一項若しくは第三一条の二の注文者又は第一項から第五項までの請負人が第三〇条第一項若しくは第四項、第三〇条の二第一項若しくは第四項、第三〇条の三第一項若しくは第四項、第三一条第一項、第三一条の二又は第一項から第五項までの規定に基づく措置の実施を確保するためにする指示に従わなければならない。

（機械等貸与者等の講ずべき措置等）
第三三条 機械等で、政令で定めるものを他の事業者に貸与する者で、厚生労働省令で定めるもの（以下「機械等貸与者」という。）は、当該機械等の貸与を受けた事業者の事業場における当該機械等による労働災害を防止するため必要な措置を講じなければならない。
2 機械等貸与者から機械等の貸与を受けた者は、当該機械等を操作する者がその使用する労働者でないときは、当該機械等の操作による労働災害を防止するため必要な措置を講じなければならない。
3 前項の機械等を操作する者は、機械等の貸与を受けた者が同項の規定により講ずる措置に応じて、必要な事項を守らなければならない。

（建築物貸与者の講ずべき措置）
第三四条 建築物で、政令で定めるものを他の事業者に貸与する者（以下「建築物貸与者」という。）は、当該建築物の貸与を受けた事業者の事業に係る当該建築物による労働災害を防止するため必要な措置を講じなければならない。ただし、当該建築物の全部を一の事業者に貸与するときは、この限りでない。

(重量表示)
第三五条 一の貨物で、重量が一トン以上のものを発送しようとする者は、見やすく、かつ、容易に消滅しない方法で、当該貨物にその重量を表示しなければならない。ただし、包装されていない貨物で、その重量が一見して明らかであるものを発送しようとするときは、この限りでない。

(厚生労働省令への委任)
第三六条 第三〇条第一項若しくは第四項、第三〇条の二第一項若しくは第四項、第三〇条の三第一項若しくは第四項、第三一条第一項、第三一条の二、第三二条第一項から第五項まで、第三三条第一項若しくは第二項又は第三四条の規定によりこれらの規定に定める者が講ずべき措置及び第三二条第六項又は第三三条第三項の規定によりこれらの規定に定める者が守らなければならない事項は、厚生労働省令で定める。

第五章 機械等並びに危険物及び有害物に関する規制〔省略〕

第六章 労働者の就業に当たつての措置

(安全衛生教育)
第五九条 事業者は、労働者を雇い入れたときは、当該労働者に対し、厚生労働省令で定めるところにより、その従事する業務に関する安全又は衛生のための教育を行なわなければならない。
2 前項の規定は、労働者の作業内容を変更したときについて準用する。
3 事業者は、危険又は有害な業務で、厚生労働省令で定めるものに労働者をつかせるときは、厚生労働省令で定めるところにより、当該業務に関する安全又は衛生のための特別の教育を行なわなければならない。
第六〇条 事業者は、その事業場の業種が政令で定めるものに該当するときは、新たに職務につくこととなつた職長その他の作業中の労働者を直接指導又は監督する者(作業主任者を除く。)に対し、次の事項について、厚生労働省令で定めるところにより、安全又は衛生のための教育を行なわなければならない。
一 作業方法の決定及び労働者の配置に関すること。
二 労働者に対する指導又は監督の方法に関すること。
三 前二号に掲げるもののほか、労働災害を防止するため必要な事項で、厚生労働省令で定めるもの
第六〇条の二 事業者は、前二条に定めるもののほか、その事業場における安全衛生の水準の向上を図るため、危険又は有害な業務に現に就いている者に対し、その従事する業務に関する安全又は衛生のための教育を行うように努めなければならない。
2 厚生労働大臣は、前項の教育の適切かつ有効な実施を図るため必要な指針を公表するものとする。
3 厚生労働大臣は、前項の指針に従い、事業者又はその団体に対し、必要な指導等を行うことができる。

(就業制限)
第六一条 事業者は、クレーンの運転その他の業務で、政令で定めるものについては、都道府県労働局長の当該業務に係る免許を受けた者又は都道府県労働局長の登録を受けた者が行う当該業務に係る技能講習を修了した者その他厚生労働省令で定める資格を有する者でなければ、当該業務に就かせてはならない。
2 前項の規定により当該業務につくことができる者以外の者は、当該業務を行なつてはならない。
3 第一項の規定により当該業務につくことができる者は、当該業務に従事するときは、これに係る免許証その他その資格を証する書面を携帯していなければならない。
4 職業能力開発促進法(昭和四四年法律第六四号)第二四条第一項(同法第二七条の二第二項において準用する場合を含む。)の認定に係る職業訓練を受ける労働者について必要がある場合においては、その必要の限度で、前三項の規定について、厚生労働省令で別段の定めをすることができる。

(中高年齢者等についての配慮)
第六二条 事業者は、中高年齢者その他労働災害の防止上その就業に当たつて特に配慮を必要とする者については、これらの者の心身の条件に応じて適正な配置を行なうように努めなければならない。

(国の援助)
第六三条 国は、事業者が行なう安全又は衛生のための教育の効果的実施を図るため、指導員の養成及び資質の向上のための措置、教育指導方法の整備及び普及、教育資料の提供その他必要な施策の充実に努めるものとする。

第七章 健康の保持増進のための措置

第六四条 削除
(作業環境測定)
第六五条 事業者は、有害な業務を行う屋内作業場その他の作業場で、政令で定めるものについて、厚生労働省令で定めるところにより、

必要な作業環境測定を行い、及びその結果を記録しておかなければならない。
2　前項の規定による作業環境測定は、厚生労働大臣の定める作業環境測定基準に従って行わなければならない。
3　厚生労働大臣は、第一項の規定による作業環境測定の適切かつ有効な実施を図るため必要な作業環境測定指針を公表するものとする。
4　厚生労働大臣は、前項の作業環境測定指針を公表した場合において必要があると認めるときは、事業者若しくは作業環境測定機関又はこれらの団体に対し、当該作業環境測定指針に関し必要な指導等を行うことができる。
5　都道府県労働局長は、作業環境の改善により労働者の健康を保持する必要があると認めるときは、労働衛生指導医の意見に基づき、厚生労働省令で定めるところにより、事業者に対し、作業環境測定の実施その他必要な事項を指示することができる。

(作業環境測定の結果の評価等)
第六五条の二　事業者は、前条第一項又は第五項の規定による作業環境測定の結果の評価に基づいて、労働者の健康を保持するため必要があると認められるときは、厚生労働省令で定めるところにより、施設又は設備の設置又は整備、健康診断の実施その他の適切な措置を講じなければならない。
2　事業者は、前項の評価を行うに当たつては、厚生労働省令で定めるところにより、厚生労働大臣の定める作業環境評価基準に従つて行なわなければならない。
3　事業者は、前項の規定による作業環境測定の結果の評価を行つたときは、厚生労働省令で定めるところにより、その結果を記録しておかなければならない。

(作業の管理)
第六五条の三　事業者は、労働者の健康に配慮して、労働者の従事する作業を適切に管理するように努めなければならない。

(作業時間の制限)
第六五条の四　事業者は、潜水業務その他の健康障害を生ずるおそれのある業務で、厚生労働省令で定めるものに従事させる労働者については、厚生労働省令で定める作業時間についての基準に違反して、当該業務に従事させてはならない。

(健康診断)
第六六条　事業者は、労働者に対し、厚生労働省令で定めるところにより、医師による健康診断(第六六条の一〇第一項に規定する検査を除く。以下この条及び次条において同じ。)を行わなければならない。
2　事業者は、有害な業務で、政令で定めるものに従事する労働者に対し、厚生労働省令で定めるところにより、医師による特別の項目についての健康診断を行なわなければならない。有害な業務で、政令で定めるものに従事させたことのある労働者で、現に使用しているものについても、同様とする。
3　事業者は、有害な業務で、政令で定めるものに従事する労働者に対し、厚生労働省令で定めるところにより、歯科医師による健康診断を行なわなければならない。
4　都道府県労働局長は、労働者の健康を保持するため必要があると認めるときは、労働衛生指導医の意見に基づき、厚生労働省令で定めるところにより、事業者に対し、臨時の健康診断の実施その他必要な事項を指示することができる。
5　労働者は、前各項の規定により事業者が行なう健康診断を受けなければならない。ただし、事業者の指定した医師又は歯科医師が行なう健康診断を受けることを希望しない場合において、他の医師又は歯科医師の行なうこれらの規定による健康診断に相当する健康診断を受け、その結果を証明する書面を事業者に提出したときは、この限りでない。

(自発的健康診断の結果の提出)
第六六条の二　午後一〇時から午前五時まで(厚生労働大臣が必要であると認める場合においては、その定める地域又は期間については午後一一時から午前六時まで)の間における業務(以下「深夜業」という。)に従事する労働者であつて、その深夜業の回数その他の事項が深夜業に従事する労働者の健康の保持を考慮して厚生労働省令で定める要件に該当するものは、厚生労働省令で定めるところにより、自ら受けた健康診断(前条第五項ただし書の規定による健康診断を除く。)の結果を証明する書面を事業者に提出することができる。

(健康診断の結果の記録)
第六六条の三　事業者は、厚生労働省令で定めるところにより、第六六条第一項から第四項まで及び第五項ただし書並びに前条の規定による健康診断の結果を記録しておかなければならない。

(健康診断の結果についての医師等からの意見聴取)
第六六条の四　事業者は、第六六条第一項から第四項まで若しくは第五項ただし書又は第六六条の二の規定による健康診断の結果(当該健康診断の項目に異常の所見があると診断された労働者に係るものに限る。)に基づき、当該労働者の健康を保持するために必要な措置について、厚生労働省令で定めるところによ

(健康診断実施後の措置)
第六六条の五 事業者は、前条の規定による医師又は歯科医師の意見を勘案し、その必要があると認めるときは、当該労働者の実情を考慮して、就業場所の変更、作業の転換、労働時間の短縮、深夜業の回数の減少等の措置を講ずるほか、作業環境測定の実施、施設又は設備の設置又は整備、当該医師又は歯科医師の意見の衛生委員会若しくは安全衛生委員会又は労働時間等設定改善委員会（労働時間等の設定の改善に関する特別措置法（平成四年法律第九号）第七条第一項に規定する労働時間等設定改善委員会をいう。以下同じ。）への報告その他の適切な措置を講じなければならない。
2　厚生労働大臣は、前項の規定により事業者が講ずべき措置の適切かつ有効な実施を図るため必要な指針を公表するものとする。
3　厚生労働大臣は、前項の指針を公表した場合において必要があると認めるときは、事業者又はその団体に対し、当該指針に関し必要な指導等を行うことができる。

(健康診断の結果の通知)
第六六条の六 事業者は、第六六条第一項から第四項までの規定により行う健康診断を受けた労働者に対し、厚生労働省令で定めるところにより、当該健康診断の結果を通知しなければならない。

(保健指導等)
第六六条の七 事業者は、第六六条第一項の規定による健康診断若しくは当該健康診断に係る同条第五項ただし書の規定による健康診断又は第六六条の二の規定による健康診断の結果、特に健康の保持に努める必要があると認める労働者に対し、医師又は保健師による保健指導を行うように努めなければならない。
2　労働者は、前条の規定により通知された健康診断の結果及び前項の規定による保健指導を利用して、その健康の保持に努めるものとする。

(面接指導等)
第六六条の八 事業者は、その労働時間の状況その他の事項が労働者の健康の保持を考慮して厚生労働省令で定める要件に該当する労働者に対し、厚生労働省令で定めるところにより、医師による面接指導（問診その他の方法により心身の状況を把握し、これに応じて面接により必要な指導を行うことをいう。以下同じ。）を行わなければならない。
2　労働者は、前項の規定により事業者が行う面接指導を受けなければならない。ただし、事業者の指定した医師が行う面接指導を受けることを希望しない場合において、他の医師の行う同項の規定による面接指導に相当する面接指導を受け、その結果を証明する書面を事業者に提出したときは、この限りでない。
3　事業者は、厚生労働省令で定めるところにより、第一項及び前項ただし書の規定による面接指導の結果を記録しておかなければならない。
4　事業者は、第一項又は第二項ただし書の規定による面接指導の結果に基づき、当該労働者の健康を保持するために必要な措置について、厚生労働省令で定めるところにより、医師の意見を聴かなければならない。
5　事業者は、前項の規定による医師の意見を勘案し、その必要があると認めるときは、当該労働者の実情を考慮して、就業場所の変更、作業の転換、労働時間の短縮、深夜業の回数の減少等の措置を講ずるほか、当該医師の意見の衛生委員会若しくは安全衛生委員会又は労働時間等設定改善委員会への報告その他の適切な措置を講じなければならない。
第六六条の九 事業者は、前条第一項の規定により面接指導を行う労働者以外の労働者であつて健康への配慮が必要なものについては、厚生労働省令で定めるところにより、必要な措置を講ずるように努めなければならない。

(心理的な負担の程度を把握するための検査等)
第六六条の一〇 事業者は、労働者に対し、厚生労働省令で定めるところにより、医師、保健師その他の厚生労働省令で定める者（以下この条において「医師等」という。）による心理的な負担の程度を把握するための検査を行わなければならない。
2　事業者は、前項の規定により行う検査を受けた労働者に対し、厚生労働省令で定めるところにより、当該検査を行つた医師等から当該検査の結果が通知されるようにしなければならない。この場合において、当該医師等は、あらかじめ当該検査を受けた労働者の同意を得ないで、当該労働者の検査の結果を事業者に提供してはならない。
3　事業者は、前項の規定による通知を受けた労働者であつて、心理的な負担の程度が労働者の健康の保持を考慮して厚生労働省令で定める要件に該当するものが医師による面接指導を受けることを希望する旨を申し出たときは、当該申出をした労働者に対し、厚生労働省令で定めるところにより、医師による面接指導を行わなければならない。この場合において、事業者は、労働者が当該申出をしたこ

とを理由として、当該労働者に対し、不利益な取扱いをしてはならない。
4　事業者は、厚生労働省令で定めるところにより、前項の規定による面接指導の結果を記録しておかなければならない。
5　事業者は、第三項の規定による面接指導の結果に基づき、当該労働者の健康を保持するために必要な措置について、厚生労働省令で定めるところにより、医師の意見を聴かなければならない。
6　事業者は、前項の規定による医師の意見を勘案し、その必要があると認めるときは、当該労働者の実情を考慮して、就業場所の変更、作業の転換、労働時間の短縮、深夜業の回数の減少等の措置を講ずるほか、当該医師の意見の衛生委員会若しくは安全衛生委員会又は労働時間等設定改善委員会への報告その他の適切な措置を講じなければならない。
7　厚生労働大臣は、前項の規定により事業者が講ずべき措置の適切かつ有効な実施を図るため必要な指針を公表するものとする。
8　厚生労働大臣は、前項の指針を公表した場合において必要があると認めるときは、事業者又はその団体に対し、当該指針に関し必要な指導等を行うことができる。
9　国は、心理的な負担の程度が労働者の健康の保持に及ぼす影響に関する医師等に対する研修を実施するよう努めるとともに、第二項の規定により通知された検査の結果を利用する労働者に対する健康相談の実施その他の当該労働者の健康の保持増進を図ることを促進するための措置を講ずるよう努めるものとする。

（健康管理手帳）
第六七条　都道府県労働局長は、がんその他の重度の健康障害を生ずるおそれのある業務で、政令で定めるものに従事していた者のうち、厚生労働省令で定める要件に該当する者に対し、離職の際に又は離職の後に、当該業務に係る健康管理手帳を交付するものとする。ただし、現に当該業務に係る健康管理手帳を所持している者については、この限りでない。
2　政府は、健康管理手帳を所持している者に対する健康診断に関し、厚生労働省令で定めるところにより、必要な措置を行なう。
3　健康管理手帳の交付を受けた者は、当該健康管理手帳を他人に譲渡し、又は貸与してはならない。
4　健康管理手帳の様式その他健康管理手帳について必要な事項は、厚生労働省令で定める。

（病者の就業禁止）
第六八条　事業者は、伝染性の疾病その他の疾病で、厚生労働省令で定めるものにかかつた労働者については、厚生労働省令で定めるところにより、その就業を禁止しなければならない。

（受動喫煙の防止）
第六八条の二　事業者は、労働者の受動喫煙（室内又はこれに準ずる環境において、他人のたばこの煙を吸わされることをいう。第七一条第一項において同じ。）を防止するため、当該事業者及び事業場の実情に応じ適切な措置を講ずるよう努めるものとする。

（健康教育等）
第六九条　事業者は、労働者に対する健康教育及び健康相談その他労働者の健康の保持増進を図るため必要な措置を継続的かつ計画的に講ずるように努めなければならない。
2　労働者は、前項の事業者が講ずる措置を利用して、その健康の保持増進に努めるものとする。

（体育活動等についての便宜供与等）
第七〇条　事業者は、前条第一項に定めるもののほか、労働者の健康の保持増進を図るため、体育活動、レクリエーションその他の活動についての便宜を供与する等必要な措置を講ずるように努めなければならない。

（健康の保持増進のための指針の公表等）
第七〇条の二　厚生労働大臣は、第六九条第一項の事業者が講ずべき健康の保持増進のための措置に関して、その適切かつ有効な実施を図るため必要な指針を公表するものとする。
2　厚生労働大臣は、前項の指針に従い、事業者又はその団体に対し、必要な指導等を行うことができる。

（健康診査等指針との調和）
第七〇条の三　第六六条第一項の厚生労働省令、第六六条の五第二項の指針、第六六条の六の厚生労働省令及び前条第一項の指針は、健康増進法（平成一四年法律第一〇三号）第九条第一項に規定する健康診査等指針と調和が保たれたものでなければならない。

（国の援助）
第七一条　国は、労働者の健康の保持増進に関する措置の適切かつ有効な実施を図るため、必要な資料の提供、作業環境測定及び健康診断の実施の促進、受動喫煙の防止のための設備の設置の促進、事業場における健康教育等に関する指導員の確保及び資質の向上の促進その他の必要な援助に努めるものとする。
2　国は、前項の援助を行うに当たつては、中小企業者に対し、特別の配慮をするものとする。

第七章の二　快適な職場環境の形成のための措置

(事業者の講ずる措置)

第七一条の二　事業者は、事業場における安全衛生の水準の向上を図るため、次の措置を継続的かつ計画的に講ずることにより、快適な職場環境を形成するように努めなければならない。
一　作業環境を快適な状態に維持管理するための措置
二　労働者の従事する作業について、その方法を改善するための措置
三　作業に従事することによる労働者の疲労を回復するための施設又は設備の設置又は整備
四　前三号に掲げるもののほか、快適な職場環境を形成するため必要な措置

(快適な職場環境の形成のための指針の公表等)

第七一条の三　厚生労働大臣は、前条の事業者が講ずべき快適な職場環境の形成のための措置に関して、その適切かつ有効な実施を図るため必要な指針を公表するものとする。
2　厚生労働大臣は、前項の指針に従い、事業者又はその団体に対し、必要な指導等を行うことができる。

(国の援助)

第七一条の四　国は、事業者が講ずる快適な職場環境を形成するための措置の適切かつ有効な実施に資するため、金融上の措置、技術上の助言、資料の提供その他の必要な援助に努めるものとする。

第八章　免許等〔省略〕

第九章　事業場の安全又は衛生に関する改善措置等

第一節　特別安全衛生改善計画及び安全衛生改善計画

(特別安全衛生改善計画)

第七八条　厚生労働大臣は、重大な労働災害として厚生労働省令で定めるもの(以下この条において「重大な労働災害」という。)が発生した場合において、重大な労働災害の再発を防止するため必要がある場合として厚生労働省令で定める場合に該当すると認めるときは、厚生労働省令で定めるところにより、事業者に対し、その事業場の安全又は衛生に関する改善計画(以下「特別安全衛生改善計画」という。)を作成し、これを厚生労働大臣に提出すべきことを指示することができる。
2　事業者は、特別安全衛生改善計画を作成しようとする場合には、当該事業場に労働者の過半数で組織する労働組合があるときにおいてはその労働組合、労働者の過半数で組織する労働組合がないときにおいては労働者の過半数を代表する者の意見を聴かなければならない。
3　第一項の事業者及びその労働者は、特別安全衛生改善計画を守らなければならない。
4　厚生労働大臣は、特別安全衛生改善計画が重大な労働災害の再発の防止を図る上で適切でないと認めるときは、厚生労働省令で定めるところにより、事業者に対し、当該特別安全衛生改善計画を変更すべきことを指示することができる。
5　厚生労働大臣は、第一項若しくは前項の規定による指示を受けた事業者がその指示に従わなかつた場合又は特別安全衛生改善計画を作成した事業者が当該特別安全衛生改善計画を守つていないと認める場合において、重大な労働災害が再発するおそれがあると認めるときは、当該事業者に対し、重大な労働災害の再発の防止に関し必要な措置をとるべきことを勧告することができる。
6　厚生労働大臣は、前項の規定による勧告を受けた事業者がこれに従わなかつたときは、その旨を公表することができる。

(安全衛生改善計画)

第七九条　都道府県労働局長は、事業場の施設その他の事項について、労働災害の防止を図るため総合的な改善措置を講ずる必要があると認めるとき(前条第一項の規定により厚生労働大臣が同項の厚生労働省令で定める場合に該当すると認めるときを除く。)は、厚生労働省令で定めるところにより、事業者に対し、当該事業場の安全又は衛生に関する改善計画(以下「安全衛生改善計画」という。)を作成すべきことを指示することができる。
2　前条第二項及び第三項の規定は、安全衛生改善計画について準用する。この場合において、同項中「第一項」とあるのは、「次条第一項」と読み替えるものとする。

(安全衛生診断)

第八〇条　厚生労働大臣は、第七八条第一項又は第四項の規定による指示をした場合において、専門的な助言を必要とすると認めるときは、当該事業者に対し、労働安全コンサルタント又は労働衛生コンサルタントによる安全又は衛生に係る診断を受け、かつ、特別安全衛生改善計画の作成又は変更について、これらの者の意見を聴くべきことを勧奨することができる。

2 前項の規定は、都道府県労働局長が前条第一項の規定による指示をした場合について準用する。この場合において、前項中「作成又は変更」とあるのは、「作成」と読み替えるものとする。

第二節　労働安全コンサルタント及び労働衛生コンサルタント〔省略〕

第一〇章　監督等

(計画の届出等)
第八八条 事業者は、機械等で、危険若しくは有害な作業を必要とするもの、危険な場所において使用するもの又は危険若しくは健康障害を防止するため使用するもののうち、厚生労働省令で定めるものを設置し、若しくは移転し、又はこれらの主要構造部分を変更しようとするときは、その計画を当該工事の開始の日の三〇日前までに、厚生労働省令で定めるところにより、労働基準監督署長に届け出なければならない。ただし、第二八条の二第一項に規定する措置その他の厚生労働省令で定める措置を講じているものとして、厚生労働省令で定めるところにより労働基準監督署長が認定した事業者については、この限りでない。
2 事業者は、建設業に属する事業の仕事のうち重大な労働災害を生ずるおそれがある特に大規模な仕事で、厚生労働省令で定めるものを開始しようとするときは、その計画を当該仕事の開始の日の三〇日前までに、厚生労働省令で定めるところにより、厚生労働大臣に届け出なければならない。
3 事業者は、建設業その他政令で定める業種に属する事業の仕事（建設業に属する事業にあつては、前項の厚生労働省令で定める仕事を除く。）で、厚生労働省令で定めるものを開始しようとするときは、その計画を当該仕事の開始の日の一四日前までに、厚生労働省令で定めるところにより、労働基準監督署長に届け出なければならない。
4 事業者は、第一項の規定による届出に係る工事のうち厚生労働省令で定める工事の計画、第二項の厚生労働省令で定める仕事の計画又は前項の規定による届出に係る仕事のうち厚生労働省令で定める仕事の計画を作成するときは、当該工事に係る建設物若しくは機械等又は当該仕事から生ずる労働災害の防止を図るため、厚生労働省令で定める資格を有する者を参画させなければならない。
5 前三項の規定（前項の規定のうち、第一項の規定による届出に係る部分を除く。）は、当該仕事が数次の請負契約によつて行われる場合において、当該仕事を自ら行う発注者がいるときは当該発注者以外の事業者、当該仕事を自ら行う発注者がいないときは元請負人以外の事業者については、適用しない。
6 労働基準監督署長は第一項又は第三項の規定による届出があつた場合において、厚生労働大臣は第二項の規定による届出があつた場合において、それぞれ当該届出に係る事項がこの法律又はこれに基づく命令の規定に違反すると認めるときは、当該届出をした事業者に対し、その届出に係る工事若しくは仕事の開始を差し止め、又は当該計画を変更すべきことを命ずることができる。
7 厚生労働大臣又は労働基準監督署長は、前項の規定による命令（第二項又は第三項の規定による届出をした事業者に対するものに限る。）をした場合において、必要があると認めるときは、当該命令に係る仕事の発注者（当該仕事を自ら行う者を除く。）に対し、労働災害の防止に関する事項について必要な勧告又は要請を行うことができる。

(厚生労働大臣の審査等)
第八九条 厚生労働大臣は、前条第一項から第三項までの規定による届出（次条を除き、以下「届出」という。）があつた計画のうち、高度の技術的検討を要するものについて審査をすることができる。
2 厚生労働大臣は、前項の審査を行なうに当たつては、厚生労働省令で定めるところにより、学識経験者の意見をきかなければならない。
3 厚生労働大臣は、第一項の審査の結果必要があると認めるときは、届出をした事業者に対し、労働災害の防止に関する事項について必要な勧告又は要請をすることができる。
4 厚生労働大臣は、前項の勧告又は要請をするに当たつては、あらかじめ、当該届出をした事業者の意見をきかなければならない。
5 第二項の規定により第一項の計画に関してその意見を求められた学識経験者は、当該計画に関して知り得た秘密を漏らしてはならない。

(都道府県労働局長の審査等)
第八九条の二 都道府県労働局長は、第八八条第一項又は第三項の規定による届出があつた計画のうち、前条第一項の高度の技術的検討を要するものに準ずるものとして当該計画に係る建設物若しくは機械等又は仕事の規模その他の事項を勘案して厚生労働省令で定めるものについて審査をすることができる。ただし、当該計画のうち、当該審査と同等の技術的検討を行つたと認められるものとして厚生

労働省令で定めるものについては、当該審査を行わないものとする。
2　前条第二項から第五項までの規定は、前項の審査について準用する。

(労働基準監督署長及び労働基準監督官)
第九〇条　労働基準監督署長及び労働基準監督官は、厚生労働省令で定めるところにより、この法律の施行に関する事務をつかさどる。

(労働基準監督官の権限)
第九一条　労働基準監督官は、この法律を施行するため必要があると認めるときは、事業場に立ち入り、関係者に質問し、帳簿、書類その他の物件を検査し、若しくは作業環境測定を行い、又は検査に必要な限度において無償で製品、原材料若しくは器具を収去することができる。
2　医師である労働基準監督官は、第六八条の疾病にかかつた疑いのある労働者の検診を行なうことができる。
3　前二項の場合において、労働基準監督官は、その身分を示す証票を携帯し、関係者に提示しなければならない。
4　第一項の規定による立入検査の権限は、犯罪捜査のために認められたものと解釈してはならない。

第九二条　労働基準監督官は、この法律の規定に違反する罪について、刑事訴訟法(昭和二三年法律第一三一号)の規定による司法警察員の職務を行なう。

(産業安全専門官及び労働衛生専門官)
第九三条　厚生労働省、都道府県労働局及び労働基準監督署に、産業安全専門官及び労働衛生専門官を置く。
2　産業安全専門官は、第三七条第一項の許可、特別安全衛生改善計画、安全衛生改善計画及び届出に関する事務並びに労働災害の原因の調査その他特に専門的知識を必要とする事務で、安全に係るものをつかさどるほか、事業者、労働者その他の関係者に対し、労働者の危険を防止するため必要な事項について指導及び援助を行う。
3　労働衛生専門官は、第五六条第一項の許可、第五七条の四第四項の規定による勧告、第五七条の五第一項の規定による指示、第六五条の規定による作業環境測定についての専門技術的事項、特別安全衛生改善計画、安全衛生改善計画及び届出に関する事務並びに労働災害の原因の調査その他特に専門的知識を必要とする事務で、衛生に係るものをつかさどるほか、事業者、労働者その他の関係者に対し、労働者の健康障害を防止するため必要な事項及び労働者の健康の保持増進を図るため必要な事項について指導及び援助を行う。
4　前三項に定めるもののほか、産業安全専門官及び労働衛生専門官について必要な事項は、厚生労働省令で定める。

(産業安全専門官及び労働衛生専門官の権限)
第九四条　産業安全専門官又は労働衛生専門官は、前条第二項又は第三項の規定による事務を行うため必要があると認めるときは、事業場に立ち入り、関係者に質問し、帳簿、書類その他の物件を検査し、若しくは作業環境測定を行い、又は検査に必要な限度において無償で製品、原材料若しくは器具を収去することができる。
2　第九一条第三項及び第四項の規定は、前項の規定による立入検査について準用する。

(労働衛生指導医)
第九五条　都道府県労働局に、労働衛生指導医を置く。
2　労働衛生指導医は、第六五条第五項又は第六六条第四項の規定による指示に関する事務その他労働者の衛生に関する事務に参画する。
3　労働衛生指導医は、労働衛生に関し学識経験を有する医師のうちから、厚生労働大臣が任命する。
4　労働衛生指導医は、非常勤とする。

(厚生労働大臣等の権限)
第九六条　厚生労働大臣は、型式検定に合格した型式の機械等の構造並びに当該機械等を製造し、及び検査する設備等に関し労働者の安全と健康を確保するため必要があると認めるときは、その職員をして当該型式検定を受けた者の事業場又は当該型式検定に係る機械等若しくは設備等の所在すると認める場所に立ち入り、関係者に質問させ、又は当該機械等若しくは設備等その他の物件を検査させることができる。
2　厚生労働大臣は、コンサルタントの業務の適正な運営を確保するため必要があると認めるときは、その職員をしてコンサルタントの事務所に立ち入り、関係者に質問させ、又はその業務に関係のある帳簿若しくは書類(その作成、備付け又は保存に代えて電磁的記録の作成、備付け又は保存がされている場合における当該電磁的記録を含む。)を検査させることができる。
3　厚生労働大臣又は都道府県労働局長は、登録製造時等検査機関、登録性能検査機関、登録個別検定機関、登録型式検定機関、検査業者、指定試験機関、登録教習機関、指定コンサルタント試験機関又は指定登録機関(外国登録製造時等検査機関、外国登録性能検査機関、外国登録個別検定機関及び外国登録型式

検定機関（第一二三条第一号において「外国登録製造時等検査機関等」という。）を除く。）（以下「登録製造時等検査機関等」という。）の業務の適正な運営を確保するため必要があると認めるときは、その職員をしてこれらの事務所に立ち入り、関係者に質問させ、又はその業務に関係のある帳簿、書類その他の物件を検査させることができる。
4 都道府県労働局長は、労働衛生指導医を前条第二項の規定による事務に参画させるため必要があると認めるときは、当該労働衛生指導医をして事業場に立ち入り、関係者に質問させ、又は作業環境測定若しくは健康診断の結果の記録その他の物件を検査させることができる。
5 第九一条第三項及び第四項の規定は、前各項の規定による立入検査について準用する。

(機構による労働災害の原因の調査等の実施)
第九六条の二 厚生労働大臣は、第九三条第二項又は第三項の規定による労働災害の原因の調査が行われる場合において、当該労働災害の規模その他の状況から判断して必要があると認めるときは、独立行政法人労働者健康安全機構（以下「機構」という。）に、当該調査を行わせることができる。
2 厚生労働大臣は、必要があると認めるときは、機構に、第九四条第一項の規定による立入検査（前項に規定する調査に係るものに限る。）を行わせることができる。
3 厚生労働大臣は、前項の規定により機構に立入検査を行わせる場合には、機構に対し、当該立入検査の場所その他必要な事項を示してこれを実施すべきことを指示するものとする。
4 機構は、前項の指示に従つて立入検査を行つたときは、その結果を厚生労働大臣に報告しなければならない。
5 第九一条第三項及び第四項の規定は、第二項の規定による立入検査について準用する。この場合において、同条第三項中「労働基準監督官」とあるのは、「独立行政法人労働者健康安全機構の職員」と読み替えるものとする。

(機構に対する命令)
第九六条の三 厚生労働大臣は、前条第一項に規定する調査に係る業務及び同条第二項に規定する立入検査の業務の適正な実施を確保するため必要があると認めるときは、機構に対し、これらの業務に関し必要な命令をすることができる。

(労働者の申告)
第九七条 労働者は、事業場にこの法律又はこれに基づく命令の規定に違反する事実があるときは、その事実を都道府県労働局長、労働基準監督署長又は労働基準監督官に申告して是正のため適当な措置をとるように求めることができる。
2 事業者は、前項の申告をしたことを理由として、労働者に対し、解雇その他不利益な取扱いをしてはならない。

(使用停止命令等)
第九八条 都道府県労働局長又は労働基準監督署長は、第二〇条から第二五条まで、第二五条の二第一項、第三〇条の三第一項若しくは第四項、第三一条第一項、第三一条の二、第三三条第一項又は第三四条の規定に違反する事実があるときは、その違反した事業者、注文者、機械等貸与者又は建築物貸与者に対し、作業の全部又は一部の停止、建設物等の全部又は一部の使用の停止又は変更その他労働災害を防止するため必要な事項を命ずることができる。
2 都道府県労働局長又は労働基準監督署長は、前項の規定により命じた事項について必要な事項を労働者、請負人又は建築物の貸与を受けている者に命ずることができる。
3 労働基準監督官は、前二項の場合において、労働者に急迫した危険があるときは、これらの項の都道府県労働局長又は労働基準監督署長の権限を即時に行うことができる。
4 都道府県労働局長又は労働基準監督署長は、請負契約によつて行われる仕事について第一項の規定による命令をした場合において、必要があると認めるときは、当該仕事の注文者（当該仕事が数次の請負契約によつて行われるときは、当該注文者の請負契約の先次のすべての請負契約の当事者である注文者を含み、当該命令を受けた注文者を除く。）に対し、当該違反する事実に関して、労働災害を防止するため必要な事項について勧告又は要請を行うことができる。
第九九条 都道府県労働局長又は労働基準監督署長は、前条第一項の場合以外の場合において、労働災害発生の急迫した危険があり、かつ、緊急の必要があるときは、必要な限度において、事業者に対し、作業の全部又は一部の一時停止、建設物等の全部又は一部の使用の一時停止その他当該労働災害を防止するため必要な応急の措置を講ずることを命ずることができる。
2 都道府県労働局長又は労働基準監督署長は、前項の規定により命じた事項について必要な事項を労働者に命ずることができる。

(講習の指示)
第九九条の二 都道府県労働局長は、労働災害が発生した場合において、その再発を防止する

ため必要があると認めるときは、当該労働災害に係る事業者に対し、期間を定めて、当該労働災害が発生した事業場の総括安全衛生管理者、安全管理者、衛生管理者、統括安全衛生責任者その他労働災害の防止のための業務に従事する者（次項において「労働災害防止業務従事者」という。）に都道府県労働局長の指定する者が行う講習を受けさせるよう指示することができる。

2 前項の規定による指示を受けた事業者は、労働災害防止業務従事者に同項の講習を受けさせなければならない。

3 前二項に定めるもののほか、講習の科目その他第一項の講習について必要な事項は、厚生労働省令で定める。

第九九条の三 都道府県労働局長は、第六一条第一項の規定により同項に規定する業務に就くことができる者が、当該業務について、この法律又はこれに基づく命令の規定に違反して労働災害を発生させた場合において、その再発を防止するため必要があると認めるときは、その者に対し、期間を定めて、都道府県労働局長の指定する者が行う講習を受けるよう指示することができる。

2 前条第三項の規定は、前項の講習について準用する。

（報告等）

第一〇〇条 厚生労働大臣、都道府県労働局長又は労働基準監督署長は、この法律を施行するため必要があると認めるときは、厚生労働省令で定めるところにより、事業者、労働者、機械等貸与者、建築物貸与者又はコンサルタントに対し、必要な事項を報告させ、又は出頭を命ずることができる。

2 厚生労働大臣、都道府県労働局長又は労働基準監督署長は、この法律を施行するため必要があると認めるときは、厚生労働省令で定めるところにより、登録製造時等検査機関等に対し、必要な事項を報告させることができる。

3 労働基準監督官は、この法律を施行するため必要があると認めるときは、事業者又は労働者に対し、必要な事項を報告させ、又は出頭を命ずることができる。

第一一章 雑則〔省略〕

第一二章 罰則〔省略〕

小学校学習指導要領

平成29年〔2017年〕3月告示　文部科学省

〔前文〕

　教育は、教育基本法第1条に定めるとおり、人格の完成を目指し、平和で民主的な国家及び社会の形成者として必要な資質を備えた心身ともに健康な国民の育成を期すという目的のもと、同法第2条に掲げる次の目標を達成するよう行われなければならない。

1　幅広い知識と教養を身に付け、真理を求める態度を養い、豊かな情操と道徳心を培うとともに、健やかな身体を養うこと。

2　個人の価値を尊重して、その能力を伸ばし、創造性を培い、自主及び自律の精神を養うとともに、職業及び生活との関連を重視し、勤労を重んずる態度を養うこと。

3　正義と責任、男女の平等、自他の敬愛と協力を重んずるとともに、公共の精神に基づき、主体的に社会の形成に参画し、その発展に寄与する態度を養うこと。

4　生命を尊び、自然を大切にし、環境の保全に寄与する態度を養うこと。

5　伝統と文化を尊重し、それらをはぐくんできた我が国と郷土を愛するとともに、他国を尊重し、国際社会の平和と発展に寄与する態度を養うこと。

　これからの学校には、こうした教育の目的及び目標の達成を目指しつつ、一人一人の児童が、自分のよさや可能性を認識するとともに、あらゆる他者を価値のある存在として尊重し、多様な人々と協働しながら様々な社会的変化を乗り越え、豊かな人生を切り拓（ひら）き、持続可能な社会の創り手となることができるようにすることが求められる。このために必要な教育の在り方を具体化するのが、各学校において教育の内容等を組織的かつ計画的に組み立てた教育課程である。

　教育課程を通して、これからの時代に求められる教育を実現していくためには、よりよい学校教育を通してよりよい社会を創るという理念を学校と社会とが共有し、それぞれの学校において、必要な学習内容をどのように学び、どのような資質・能力を身に付けられるようにするのかを教育課程において明確にしながら、社会との連携及び協働によりその実現を図っていくという、社会に開かれた教育課程の実現が重要となる。

　学習指導要領とは、こうした理念の実現に向けて必要となる教育課程の基準を大綱的に定めるも

のである。学習指導要領が果たす役割の一つは、公の性質を有する学校における教育水準を全国的に確保することである。また、各学校がその特色を生かして創意工夫を重ね、長年にわたり積み重ねられてきた教育実践や学術研究の蓄積を生かしながら、児童や地域の現状や課題を捉え、家庭や地域社会と協力して、学習指導要領を踏まえた教育活動の更なる充実を図っていくことも重要である。

児童が学ぶことの意義を実感できる環境を整え、一人一人の資質・能力を伸ばせるようにしていくことは、教職員をはじめとする学校関係者はもとより、家庭や地域の人々も含め、様々な立場から児童や学校に関わる全ての大人に期待される役割である。幼児期の教育の基礎の上に、中学校以降の教育や生涯にわたる学習とのつながりを見通しながら、児童の学習の在り方を展望していくために広く活用されるものとなることを期待して、ここに小学校学習指導要領を定める。

第1章　総則

第1　小学校教育の基本と教育課程の役割

1　各学校においては、教育基本法及び学校教育法その他の法令並びにこの章以下に示すところに従い、児童の人間として調和のとれた育成を目指し、児童の心身の発達の段階や特性及び学校や地域の実態を十分考慮して、適切な教育課程を編成するものとし、これらに掲げる目標を達成するよう教育を行うものとする。

2　学校の教育活動を進めるに当たっては、各学校において、第3の1に示す主体的・対話的で深い学びの実現に向けた授業改善を通して、創意工夫を生かした特色ある教育活動を展開する中で、次の(1)から(3)までに掲げる事項の実現を図り、児童に生きる力を育むことを目指すものとする。

(1) 基礎的・基本的な知識及び技能を確実に習得させ、これらを活用して課題を解決するために必要な思考力、判断力、表現力等を育むとともに、主体的に学習に取り組む態度を養い、個性を生かし多様な人々との協働を促す教育の充実に努めること。その際、児童の発達の段階を考慮して、児童の言語活動など、学習の基盤をつくる活動を充実するとともに、家庭との連携を図りながら、児童の学習習慣が確立するよう配慮すること。

(2) 道徳教育や体験活動、多様な表現や鑑賞の活動等を通して、豊かな心や創造性の涵養を目指した教育の充実に努めること。

学校における道徳教育は、特別の教科である道徳(以下「道徳科」という。)を要として学校の教育活動全体を通じて行うものであり、道徳科はもとより各教科、外国語

別表第一　(第51条関係)

区　分		第1学年	第2学年	第3学年	第4学年	第5学年	第6学年
各教科の授業時数	国語	306	315	245	245	175	175
	社会			70	90	100	105
	算数	136	175	175	175	175	175
	理科			90	105	105	105
	生活	102	105				
	音楽	68	70	60	60	50	50
	図画工作	68	70	60	60	50	50
	家庭					60	55
	体育	102	105	105	105	90	90
	外国語					70	70
特別の教科である道徳の授業時数		34	35	35	35	35	35
外国語活動の授業時数				35	35		
総合的な学習の時間の授業時数				70	70	70	70
特別活動の授業時数		34	35	35	35	35	35
総授業時数		850	910	980	1015	1015	1015

備考1　この表の授業時数の1単位時間は、45分とする。〔以下略〕

活動、総合的な学習の時間及び特別活動のそれぞれの特質に応じて、児童の発達の段階を考慮して、適切な指導を行うこと。
　　　道徳教育は、教育基本法及び学校教育法に定められた教育の根本精神に基づき、自己の生き方を考え、主体的な判断の下に行動し、自立した人間として他者と共によりよく生きるための基盤となる道徳性を養うことを目標とすること。
　　　道徳教育を進めるに当たっては、人間尊重の精神と生命に対する畏敬の念を家庭、学校、その他社会における具体的な生活の中に生かし、豊かな心をもち、伝統と文化を尊重し、それらを育んできた我が国と郷土を愛し、個性豊かな文化の創造を図るとともに、平和で民主的な国家及び社会の形成者として、公共の精神を尊び、社会及び国家の発展に努め、他国を尊重し、国際社会の平和と発展や環境の保全に貢献し未来を拓く主体性のある日本人の育成に資することとなるよう特に留意すること。
　　(3)　学校における体育・健康に関する指導を、児童の発達の段階を考慮して、学校の教育活動全体を通じて適切に行うことにより、健康で安全な生活と豊かなスポーツライフの実現を目指した教育の充実に努めること。特に、学校における食育の推進並びに体力の向上に関する指導、安全に関する指導及び心身の健康の保持増進に関する指導については、体育科、家庭科及び特別活動の時間はもとより、各教科、道徳科、外国語活動及び総合的な学習の時間などにおいてもそれぞれの特質に応じて適切に行うよう努めること。また、それらの指導を通して、家庭や地域社会との連携を図りながら、日常生活において適切な体育・健康に関する活動の実践を促し、生涯を通じて健康・安全で活力ある生活を送るための基礎が培われるよう配慮すること。
　3　2の(1)から(3)までに掲げる事項の実現を図り、豊かな創造性を備え持続可能な社会の創り手となることが期待される児童に、生きる力を育むことを目指すに当たっては、学校教育全体並びに各教科、道徳科、外国語活動、総合的な学習の時間及び特別活動（以下「各教科等」という。ただし、第2の3の(2)のア及びウにおいて、特別活動については学級活動（学校給食に係るものを除く。）に限る。）の指導を通してどのような資質・能力の育成を目指すのかを明確にしながら、教育活動の充実を図るものとする。その際、児童の発達の段階や特性等を踏まえつつ、次に掲げることが偏りなく実現できるようにするものとする。
　　(1)　知識及び技能が習得されるようにすること。
　　(2)　思考力、判断力、表現力等を育成すること。
　　(3)　学びに向かう力、人間性等を涵養すること。
　4　各学校においては、児童や学校、地域の実態を適切に把握し、教育の目的や目標の実現に必要な教育の内容等を教科等横断的な視点で組み立てていくこと、教育課程の実施状況を評価してその改善を図っていくこと、教育課程の実施に必要な人的又は物的な体制を確保するとともにその改善を図っていくことなどを通して、教育課程に基づき組織的かつ計画的に各学校の教育活動の質の向上を図っていくこと（以下「カリキュラム・マネジメント」という。）に努めるものとする。

第2　教育課程の編成

1　各学校の教育目標と教育課程の編成

　　教育課程の編成に当たっては、学校教育全体や各教科等における指導を通して育成を目指す資質・能力を踏まえつつ、各学校の教育目標を明確にするとともに、教育課程の編成についての基本的な方針が家庭や地域とも共有されるよう努めるものとする。その際、第5章総合的な学習の時間の第2の1に基づき定められる目標との関連を図るものとする。

2　教科等横断的な視点に立った資質・能力の育成

　　(1)　各学校においては、児童の発達の段階を考慮し、言語能力、情報活用能力（情報モラルを含む。）、問題発見・解決能力等の学習の基盤となる資質・能力を育成していくことができるよう、各教科等の特質を生かし、教科等横断的な視点から教育課程の編成を図るものとする。
　　(2)　各学校においては、児童や学校、地域の実態及び児童の発達の段階を考慮し、豊かな人生の実現や災害等を乗り越えて次代の社会を形成することに向けた現代的な諸課題に対応して求められる資質・能力を、教科等横断的な視点で育成していくことができるよう、各学校の特色を生かした教育課程の編成を図るものとする。

3　教育課程の編成における共通的事項

　　(1)　内容等の取扱い
　　　ア　第2章以下に示す各教科、道徳科、外国語活動及び特別活動の内容に関する事項は、特に示す場合を除き、いずれの学

校においても取り扱わなければならない。
　イ　学校において特に必要がある場合には、第2章以下に示していない内容を加えて指導することができる。また、第2章以下に示す内容の取扱いのうち内容の範囲や程度等を示す事項は、全ての児童に対して指導するものとする内容の範囲や程度等を示したものであり、学校において特に必要がある場合には、この事項にかかわらず加えて指導することができる。ただし、これらの場合には、第2章以下に示す各教科、道徳科、外国語活動及び特別活動の目標や内容の趣旨を逸脱したり、児童の負担過重となったりすることのないようにしなければならない。
　ウ　第2章以下に示す各教科、道徳科、外国語活動及び特別活動の内容に掲げる事項の順序は、特に示す場合を除き、指導の順序を示すものではないので、学校においては、その取扱いについて適切な工夫を加えるものとする。
　エ　学年の内容を2学年まとめて示した教科及び外国語活動の内容は、2学年間かけて指導する事項を示したものである。各学校においては、これらの事項を児童や学校、地域の実態に応じ、2学年間を見通して計画的に指導することとし、特に示す場合を除き、いずれかの学年に分けて、又はいずれの学年においても指導するものとする。
　オ　学校において2以上の学年の児童で編制する学級について特に必要がある場合には、各教科及び道徳科の目標の達成に支障のない範囲内で、各教科及び道徳科の目標及び内容について学年別の順序によらないことができる。
　カ　道徳科を要として学校の教育活動全体を通じて行う道徳教育の内容は、第3章特別の教科道徳の第2に示す内容とし、その実施に当たっては、第6に示す道徳教育に関する配慮事項を踏まえるものとする。
(2) 授業時数等の取扱い
　ア　各教科等の授業は、年間35週（第1学年については34週）以上にわたって行うよう計画し、週当たりの授業時数が児童の負担過重にならないようにするものとする。ただし、各教科等や学習活動の特質に応じ効果的な場合には、夏季、冬季、学年末等の休業日の期間に授業日を設定する場合を含め、これらの授業を特定の期間に行うことができる。
　イ　特別活動の授業のうち、児童会活動、クラブ活動及び学校行事については、それらの内容に応じ、年間、学期ごと、月ごとなどに適切な授業時数を充てるものとする。
　ウ　各学校の時間割については、次の事項を踏まえ適切に編成するものとする。
　　(ア) 各教科等のそれぞれの授業の1単位時間は、各学校において、各教科等の年間授業時数を確保しつつ、児童の発達の段階及び各教科等や学習活動の特質を考慮して適切に定めること。
　　(イ) 各教科等の特質に応じ、10分から15分程度の短い時間を活用して特定の教科等の指導を行う場合において、教師が、単元や題材など内容や時間のまとまりを見通した中で、その指導内容の決定や指導の成果の把握と活用等を責任をもって行う体制が整備されているときは、その時間を当該教科等の年間授業時数に含めることができること。
　　(ウ) 給食、休憩などの時間については、各学校において工夫を加え、適切に定めること。
　　(エ) 各学校において、児童や学校、地域の実態、各教科等や学習活動の特質等に応じて、創意工夫を生かした時間割を弾力的に編成できること。
　エ　総合的な学習の時間における学習活動により、特別活動の学校行事に掲げる各行事の実施と同様の成果が期待できる場合においては、総合的な学習の時間における学習活動をもって相当する特別活動の学校行事に掲げる各行事の実施に替えることができる。
(3) 指導計画の作成等に当たっての配慮事項
　各学校においては、次の事項に配慮しながら、学校の創意工夫を生かし、全体として、調和のとれた具体的な指導計画を作成するものとする。
　ア　各教科等の指導内容については、(1)のアを踏まえつつ、単元や題材など内容や時間のまとまりを見通しながら、そのまとめ方や重点の置き方に適切な工夫を加え、第3の1に示す主体的・対話的で深い学びの実現に向けた授業改善を通して資質・能力を育む効果的な指導ができるようにすること。
　イ　各教科等及び各学年相互間の関連を図り、系統的、発展的な指導ができるようにすること。
　ウ　学年の内容を2学年まとめて示した教

科及び外国語活動については、当該学年間を見通して、児童や学校、地域の実態に応じ、児童の発達の段階を考慮しつつ、効果的、段階的に指導するようにすること。
　エ　児童の実態等を考慮し、指導の効果を高めるため、児童の発達の段階や指導内容の関連性等を踏まえつつ、合科的・関連的な指導を進めること。
4　学校段階等間の接続
　教育課程の編成に当たっては、次の事項に配慮しながら、学校段階等間の接続を図るものとする。
　(1)　幼児期の終わりまでに育ってほしい姿を踏まえた指導を工夫することにより、幼稚園教育要領等に基づく幼児期の教育を通して育まれた資質・能力を踏まえて教育活動を実施し、児童が主体的に自己を発揮しながら学びに向かうことが可能となるようにすること。
　　　また、低学年における教育全体において、例えば生活科において育成する自立し生活を豊かにしていくための資質・能力が、他教科等の学習においても生かされるようにするなど、教科等間の関連を積極的に図り、幼児期の教育及び中学年以降の教育との円滑な接続が図られるよう工夫すること。特に、小学校入学当初においては、幼児期において自発的な活動としての遊びを通して育まれてきたことが、各教科等における学習に円滑に接続されるよう、生活科を中心に、合科的・関連的な指導や弾力的な時間割の設定など、指導の工夫や指導計画の作成を行うこと。
　(2)　中学校学習指導要領及び高等学校学習指導要領を踏まえ、中学校教育及びその後の教育との円滑な接続が図られるよう工夫すること。特に、義務教育学校、中学校連携型小学校及び中学校併設型小学校においては、義務教育9年間を見通した計画的かつ継続的な教育課程を編成すること。

第3　教育課程の実施と学習評価

1　主体的・対話的で深い学びの実現に向けた授業改善
　各教科等の指導に当たっては、次の事項に配慮するものとする。
　(1)　第1の3の(1)から(3)までに示すことが偏りなく実現されるよう、単元や題材など内容や時間のまとまりを見通しながら、児童の主体的・対話的で深い学びの実現に向けた授業改善を行うこと。
　　　特に、各教科等において身に付けた知識及び技能を活用したり、思考力、判断力、表現力等や学びに向かう力、人間性等を発揮させたりして、学習の対象となる物事を捉え思考することにより、各教科等の特質に応じた物事を捉える視点や考え方（以下「見方・考え方」という。）が鍛えられていくことに留意し、児童が各教科等の特質に応じた見方・考え方を働かせながら、知識を相互に関連付けてより深く理解したり、情報を精査して考えを形成したり、問題を見いだして解決策を考えたり、思いや考えを基に創造したりすることに向かう過程を重視した学習の充実を図ること。
　(2)　第2の2の(1)に示す言語能力の育成を図るため、各学校において必要な言語環境を整えるとともに、国語科を要としつつ各教科等の特質に応じて、児童の言語活動を充実すること。あわせて、(7)に示すとおり読書活動を充実すること。
　(3)　第2の2の(1)に示す情報活用能力の育成を図るため、各学校において、コンピュータや情報通信ネットワークなどの情報手段を活用するために必要な環境を整え、これらを適切に活用した学習活動の充実を図ること。また、各種の統計資料や新聞、視聴覚教材や教育機器などの教材・教具の適切な活用を図ること。
　　　あわせて、各教科等の特質に応じて、次の学習活動を計画的に実施すること。
　　ア　児童がコンピュータで文字を入力するなどの学習の基盤として必要となる情報手段の基本的な操作を習得するための学習活動
　　イ　児童がプログラミングを体験しながら、コンピュータに意図した処理を行わせるために必要な論理的思考力を身に付けるための学習活動
　(4)　児童が学習の見通しを立てたり学習したことを振り返ったりする活動を、計画的に取り入れるように工夫すること。
　(5)　児童が生命の有限性や自然の大切さ、主体的に挑戦してみることや多様な他者と協働することの重要性などを実感しながら理解することができるよう、各教科等の特質に応じた体験活動を重視し、家庭や地域社会と連携しつつ体系的・継続的に実施できるよう工夫すること。
　(6)　児童が自ら学習課題や学習活動を選択する機会を設けるなど、児童の興味・関心を生かした自主的、自発的な学習が促されるよう工夫すること。

(7) 学校図書館を計画的に利用しその機能の活用を図り、児童の主体的・対話的で深い学びの実現に向けた授業改善に生かすとともに、児童の自主的、自発的な学習活動や読書活動を充実すること。また、地域の図書館や博物館、美術館、劇場、音楽堂等の施設の活用を積極的に図り、資料を活用した情報の収集や鑑賞等の学習活動を充実すること。

2 学習評価の充実

学習評価の実施に当たっては、次の事項に配慮するものとする。
(1) 児童のよい点や進歩の状況などを積極的に評価し、学習したことの意義や価値を実感できるようにすること。また、各教科等の目標の実現に向けた学習状況を把握する観点から、単元や題材など内容や時間のまとまりを見通しながら評価の場面や方法を工夫して、学習の過程や成果を評価し、指導の改善や学習意欲の向上を図り、資質・能力の育成に生かすようにすること。
(2) 創意工夫の中で学習評価の妥当性や信頼性が高められるよう、組織的かつ計画的な取組を推進するとともに、学年や学校段階を越えて児童の学習の成果が円滑に接続されるように工夫すること。

第4 児童の発達の支援

1 児童の発達を支える指導の充実

教育課程の編成及び実施に当たっては、次の事項に配慮するものとする。
(1) 学習や生活の基盤として、教師と児童との信頼関係及び児童相互のよりよい人間関係を育てるため、日頃から学級経営の充実を図ること。また、主に集団の場面で必要な指導や援助を行うガイダンスと、個々の児童の多様な実態を踏まえ、一人一人が抱える課題に個別に対応した指導を行うカウンセリングの双方により、児童の発達を支援すること。
あわせて、小学校の低学年、中学年、高学年の学年の時期の特長を生かした指導の工夫を行うこと。
(2) 児童が、自己の存在感を実感しながら、よりよい人間関係を形成し、有意義で充実した学校生活を送る中で、現在及び将来における自己実現を図っていくことができるよう、児童理解を深め、学習指導と関連付けながら、生徒指導の充実を図ること。
(3) 児童が、学ぶことと自己の将来とのつながりを見通しながら、社会的・職業的自立に向けて必要な基盤となる資質・能力を身に付けていくことができるよう、特別活動を要としつつ各教科等の特質に応じて、キャリア教育の充実を図ること。
(4) 児童が、基礎的・基本的な知識及び技能の習得も含め、学習内容を確実に身に付けることができるよう、児童や学校の実態に応じ、個別学習やグループ別学習、繰り返し学習、学習内容の習熟の程度に応じた学習、児童の興味・関心等に応じた課題学習、補充的な学習や発展的な学習などの学習活動を取り入れることや、教師間の協力による指導体制を確保することなど、指導方法や指導体制の工夫改善により、個に応じた指導の充実を図ること。その際、第3の1の(3)に示す情報手段や教材・教具の活用を図ること。

2 特別な配慮を必要とする児童への指導

(1) 障害のある児童などへの指導
ア 障害のある児童などについては、特別支援学校等の助言又は援助を活用しつつ、個々の児童の障害の状態等に応じた指導内容や指導方法の工夫を組織的かつ計画的に行うものとする。
イ 特別支援学級において実施する特別の教育課程については、次のとおり編成するものとする。
(ア) 障害による学習上又は生活上の困難を克服し自立を図るため、特別支援学校小学部・中学部学習指導要領第7章に示す自立活動を取り入れること。
(イ) 児童の障害の程度や学級の実態等を考慮の上、各教科の目標や内容を下学年の教科の目標や内容に替えたり、各教科を、知的障害者である児童に対する教育を行う特別支援学校の各教科に替えたりするなどして、実態に応じた教育課程を編成すること。
ウ 障害のある児童に対して、通級による指導を行い、特別の教育課程を編成する場合には、特別支援学校小学部・中学部学習指導要領第7章に示す自立活動の内容を参考とし、具体的な目標や内容を定め、指導を行うものとする。その際、効果的な指導が行われるよう、各教科等と通級による指導との関連を図るなど、教師間の連携に努めるものとする。
エ 障害のある児童などについては、家庭、地域及び医療や福祉、保健、労働等の業務を行う関係機関との連携を図り、長期的な視点で児童への教育的支援を行うために、個別の教育支援計画を作成し活用することに努めるとともに、各教科

等の指導に当たって、個々の児童の実態を的確に把握し、個別の指導計画を作成し活用することに努めるものとする。特に、特別支援学級に在籍する児童や通級による指導を受ける児童については、個々の児童の実態を的確に把握し、個別の教育支援計画や個別の指導計画を作成し、効果的に活用するものとする。
(2) 海外から帰国した児童などの学校生活への適応や、日本語の習得に困難のある児童に対する日本語指導
　ア　海外から帰国した児童などについては、学校生活への適応を図るとともに、外国における生活経験を生かすなどの適切な指導を行うものとする。
　イ　日本語の習得に困難のある児童については、個々の児童の実態に応じた指導内容や指導方法の工夫を組織的かつ計画的に行うものとする。特に、通級による日本語指導については、教師間の連携に努め、指導についての計画を個別に作成することなどにより、効果的な指導に努めるものとする。
(3) 不登校児童への配慮
　ア　不登校児童については、保護者や関係機関と連携を図り、心理や福祉の専門家の助言又は援助を得ながら、社会的自立を目指す観点から、個々の児童の実態に応じた情報の提供その他の必要な支援を行うものとする。
　イ　相当の期間小学校を欠席し引き続き欠席すると認められる児童を対象として、文部科学大臣が認める特別の教育課程を編成する場合には、児童の実態に配慮した教育課程を編成するとともに、個別学習やグループ別学習など指導方法や指導体制の工夫改善に努めるものとする。

第5　学校運営上の留意事項

1　教育課程の改善と学校評価等

　ア　各学校においては、校長の方針の下に、校務分掌に基づき教職員が適切に役割を分担しつつ、相互に連携しながら、各学校の特色を生かしたカリキュラム・マネジメントを行うよう努めるものとする。また、各学校が行う学校評価については、教育課程の編成、実施、改善が教育活動や学校運営の中核となることを踏まえ、カリキュラム・マネジメントと関連付けながら実施するよう留意するものとする。
　イ　教育課程の編成及び実施に当たっては、学校保健計画、学校安全計画、食に関する指導の全体計画、いじめの防止等のための対策に関する基本的な方針など、各分野における学校の全体計画等と関連付けながら、効果的な指導が行われるように留意するものとする。

2　家庭や地域社会との連携及び協働と学校間の連携

　教育課程の編成及び実施に当たっては、次の事項に配慮するものとする。
　ア　学校がその目的を達成するため、学校や地域の実態等に応じ、教育活動の実施に必要な人的又は物的な体制を家庭や地域の人々の協力を得ながら整えるなど、家庭や地域社会との連携及び協働を深めること。また、高齢者や異年齢の子供など、地域における世代を越えた交流の機会を設けること。
　イ　他の小学校や、幼稚園、認定こども園、保育所、中学校、高等学校、特別支援学校などとの間の連携や交流を図るとともに、障害のある幼児児童生徒との交流及び共同学習の機会を設け、共に尊重し合いながら協働して生活していく態度を育むようにすること。

第6　道徳教育に関する配慮事項

　道徳教育を進めるに当たっては、道徳教育の特質を踏まえ、前項までに示す事項に加え、次の事項に配慮するものとする。
1　各学校においては、第1の2の(2)に示す道徳教育の目標を踏まえ、道徳教育の全体計画を作成し、校長の方針の下に、道徳教育の推進を主に担当する教師（以下「道徳教育推進教師」という。）を中心に、全教師が協力して道徳教育を展開すること。なお、道徳教育の全体計画の作成に当たっては、児童や学校、地域の実態を考慮して、学校の道徳教育の重点目標を設定するとともに、道徳科の指導方針、第3章特別の教科道徳の第2に示す内容との関連を踏まえた各教科、外国語活動、総合的な学習の時間及び特別活動における指導の内容及び時期並びに家庭や地域社会との連携の方法を示すこと。
2　各学校においては、児童の発達の段階や特性等を踏まえ、指導内容の重点化を図ること。その際、各学年を通じて、自立心や自律性、生命を尊重する心や他者を思いやる心を育てることに留意すること。また、各学年段階においては、次の事項に留意すること。
(1) 第1学年及び第2学年においては、挨拶などの基本的な生活習慣を身に付けるこ

と,善悪を判断し,してはならないことをしないこと,社会生活上のきまりを守ること。
(2) 第3学年及び第4学年においては,善悪を判断し,正しいと判断したことを行うこと,身近な人々と協力し助け合うこと,集団や社会のきまりを守ること。
(3) 第5学年及び第6学年においては,相手の考え方や立場を理解して支え合うこと,法やきまりの意義を理解して進んで守ること,集団生活の充実に努めること,伝統と文化を尊重し,それらを育んできた我が国と郷土を愛するとともに,他国を尊重すること。

3 学校や学級内の人間関係や環境を整えるとともに,集団宿泊活動やボランティア活動,自然体験活動,地域の行事への参加などの豊かな体験を充実すること。また,道徳教育の指導内容が,児童の日常生活に生かされるようにすること。その際,いじめの防止や安全の確保等にも資することとなるよう留意すること。

4 学校の道徳教育の全体計画や道徳教育に関する諸活動などの情報を積極的に公表したり,道徳教育の充実のために家庭や地域の人々の積極的な参加や協力を得たりするなど,家庭や地域社会との共通理解を深め,相互の連携を図ること。

第2章 各教科

第9節 体育

第1 目標

体育や保健の見方・考え方を働かせ,課題を見付け,その解決に向けた学習過程を通して,心と体を一体として捉え,生涯にわたって心身の健康を保持増進し豊かなスポーツライフを実現するための資質・能力を次のとおり育成することを目指す。
(1) その特性に応じた各種の運動の行い方及び身近な生活における健康・安全について理解するとともに,基本的な動きや技能を身に付けるようにする。
(2) 運動や健康についての自己の課題を見付け,その解決に向けて思考し判断するとともに,他者に伝える力を養う。
(3) 運動に親しむとともに健康の保持増進と体力の向上を目指し,楽しく明るい生活を営む態度を養う。

第2 各学年の目標及び内容

〈第1学年及び第2学年〉

1 目標
(1) 各種の運動遊びの楽しさに触れ,その行い方を知るとともに,基本的な動きを身に付けるようにする。
(2) 各種の運動遊びの行い方を工夫するとともに,考えたことを他者に伝える力を養う。
(3) 各種の運動遊びに進んで取り組み,きまりを守り誰とでも仲よく運動をしたり,健康・安全に留意したりし,意欲的に運動をする態度を養う。

2 内容
A 体つくりの運動遊び
体つくりの運動遊びについて,次の事項を身に付けることができるよう指導する。
(1) 次の運動遊びの楽しさに触れ,その行い方を知るとともに,体を動かす心地よさを味わったり,基本的な動きを身に付けたりすること。
ア 体ほぐしの運動遊びでは,手軽な運動遊びを行い,心と体の変化に気付いたり,みんなで関わり合ったりすること。
イ 多様な動きをつくる運動遊びでは,体のバランスをとる動き,体を移動する動き,用具を操作する動き,力試しの動きをすること。
(2) 体をほぐしたり多様な動きをつくったりする遊び方を工夫するとともに,考えたことを友達に伝えること。
(3) 運動遊びに進んで取り組み,きまりを守り誰とでも仲よく運動をしたり,場の安全に気を付けたりすること。

B 器械・器具を使っての運動遊び
器械・器具を使っての運動遊びについて,次の事項を身に付けることができるよう指導する。
(1) 次の運動遊びの楽しさに触れ,その行い方を知るとともに,その動きを身に付けること。
ア 固定施設を使った運動遊びでは,登り下りや懸垂移行,渡り歩きや跳び下りをすること。
イ マットを使った運動遊びでは,いろいろな方向への転がり,手で支えての体の保持や回転をすること。
ウ 鉄棒を使った運動遊びでは,支持しての揺れや上がり下り,ぶら下がりや易しい回転をすること。

エ 跳び箱を使った運動遊びでは、跳び乗りや跳び下り、手を着いてのまたぎ乗りやまたぎ下りをすること。
(2) 器械・器具を用いた簡単な遊び方を工夫するとともに、考えたことを友達に伝えること。
(3) 運動遊びに進んで取り組み、順番やきまりを守り誰とでも仲よく運動をしたり、場や器械・器具の安全に気を付けたりすること。

C 走・跳の運動遊び
走・跳の運動遊びについて、次の事項を身に付けることができるよう指導する。
(1) 次の運動遊びの楽しさに触れ、その行い方を知るとともに、その動きを身に付けること。
　ア 走の運動遊びでは、いろいろな方向に走ったり、低い障害物を走り越えたりすること。
　イ 跳の運動遊びでは、前方や上方に跳んだり、連続して跳んだりすること。
(2) 走ったり跳んだりする簡単な遊び方を工夫するとともに、考えたことを友達に伝えること。
(3) 運動遊びに進んで取り組み、順番やきまりを守り誰とでも仲よく運動をしたり、勝敗を受け入れたり、場の安全に気を付けたりすること。

D 水遊び
水遊びについて、次の事項を身に付けることができるよう指導する。
(1) 次の運動遊びの楽しさに触れ、その行い方を知るとともに、その動きを身に付けること。
　ア 水の中を移動する運動遊びでは、水につかって歩いたり走ったりすること。
　イ もぐる・浮く運動遊びでは、息を止めたり吐いたりしながら、水にもぐったり浮いたりすること。
(2) 水の中を移動したり、もぐったり浮いたりする簡単な遊び方を工夫するとともに、考えたことを友達に伝えること。
(3) 運動遊びに進んで取り組み、順番やきまりを守り誰とでも仲よく運動をしたり、水遊びの心得を守って安全に気を付けたりすること。

E ゲーム
ゲームについて、次の事項を身に付けることができるよう指導する。
(1) 次の運動遊びの楽しさに触れ、その行い方を知るとともに、易しいゲームをすること。
　ア ボールゲームでは、簡単なボール操作と攻めや守りの動きによって、易しいゲームをすること。
　イ 鬼遊びでは、一定の区域で、逃げる、追いかける、陣地を取り合うなどをすること。
(2) 簡単な規則を工夫したり、攻め方を選んだりするとともに、考えたことを友達に伝えること。
(3) 運動遊びに進んで取り組み、規則を守り誰とでも仲よく運動をしたり、勝敗を受け入れたり、場や用具の安全に気を付けたりすること。

F 表現リズム遊び
表現リズム遊びについて、次の事項を身に付けることができるよう指導する。
(1) 次の運動遊びの楽しさに触れ、その行い方を知るとともに、題材になりきったりリズムに乗ったりして踊ること。
　ア 表現遊びでは、身近な題材の特徴を捉え、全身で踊ること。
　イ リズム遊びでは、軽快なリズムに乗って踊ること。
(2) 身近な題材の特徴を捉えて踊ったり、軽快なリズムに乗って踊ったりする簡単な踊り方を工夫するとともに、考えたことを友達に伝えること。
(3) 運動遊びに進んで取り組み、誰とでも仲よく踊ったり、場の安全に気を付けたりすること。

3 内容の取扱い
(1) 内容の「A体つくりの運動遊び」については、2学年間にわたって指導するものとする。
(2) 内容の「C走・跳の運動遊び」については、児童の実態に応じて投の運動遊びを加えて指導することができる。
(3) 内容の「F表現リズム遊び」の(1)のイについては、簡単なフォークダンスを含めて指導することができる。
(4) 学校や地域の実態に応じて歌や運動を伴う伝承遊び及び自然の中での運動遊びを加えて指導することができる。
(5) 各領域の各内容については、運動と健康が関わっていることについての具体的な考えがもてるよう指導すること。

〈第3学年及び第4学年〉
1 目標
(1) 各種の運動の楽しさや喜びに触れ、その行い方及び健康で安全な生活や体の発育・

発達について理解するとともに、基本的な動きや技能を身に付けるようにする。
(2) 自己の運動や身近な生活における健康の課題を見付け、その解決のための方法や活動を工夫するとともに、考えたことを他者に伝える力を養う。
(3) 各種の運動に進んで取り組み、きまりを守り誰とでも仲よく運動をしたり、友達の考えを認めたり、場や用具の安全に留意したりし、最後まで努力して運動をする態度を養う。また、健康の大切さに気付き、自己の健康の保持増進に進んで取り組む態度を養う。

2 内容
A 体つくり運動
体つくり運動について、次の事項を身に付けることができるよう指導する。
(1) 次の運動の楽しさや喜びに触れ、その行い方を知るとともに、体を動かす心地よさを味わったり、基本的な動きを身に付けたりすること。
　ア 体ほぐしの運動では、手軽な運動を行い、心と体の変化に気付いたり、みんなで関わり合ったりすること。
　イ 多様な動きをつくる運動では、体のバランスをとる動き、体を移動する動き、用具を操作する動き、力試しの動きをし、それらを組み合わせること。
(2) 自己の課題を見付け、その解決のための活動を工夫するとともに、考えたことを友達に伝えること。
(3) 運動に進んで取り組み、きまりを守り誰とでも仲よく運動をしたり、友達の考えを認めたり、場や用具の安全に気を付けたりすること。

B 器械運動
器械運動について、次の事項を身に付けることができるよう指導する。
(1) 次の運動の楽しさや喜びに触れ、その行い方を知るとともに、その技を身に付けること。
　ア マット運動では、回転系や巧技系の基本的な技をすること。
　イ 鉄棒運動では、支持系の基本的な技をすること。
　ウ 跳び箱運動では、切り返し系や回転系の基本的な技をすること。
(2) 自己の能力に適した課題を見付け、技ができるようになるための活動を工夫するとともに、考えたことを友達に伝えること。
(3) 運動に進んで取り組み、きまりを守り誰とでも仲よく運動をしたり、友達の考えを認めたり、場や器械・器具の安全に気を付けたりすること。

C 走・跳の運動
走・跳の運動について、次の事項を身に付けることができるよう指導する。
(1) 次の運動の楽しさや喜びに触れ、その行い方を知るとともに、その動きを身に付けること。
　ア かけっこ・リレーでは、調子よく走ったりバトンの受渡しをしたりすること。
　イ 小型ハードル走では、小型ハードルを調子よく走り越えること。
　ウ 幅跳びでは、短い助走から踏み切って跳ぶこと。
　エ 高跳びでは、短い助走から踏み切って跳ぶこと。
(2) 自己の能力に適した課題を見付け、動きを身に付けるための活動や競争の仕方を工夫するとともに、考えたことを友達に伝えること。
(3) 運動に進んで取り組み、きまりを守り誰とでも仲よく運動をしたり、勝敗を受け入れたり、友達の考えを認めたり、場や用具の安全に気を付けたりすること。

D 水泳運動
水泳運動について、次の事項を身に付けることができるよう指導する。
(1) 次の運動の楽しさや喜びに触れ、その行い方を知るとともに、その動きを身に付けること。
　ア 浮いて進む運動では、け伸びや初歩的な泳ぎをすること。
　イ もぐる・浮く運動では、息を止めたり吐いたりしながら、いろいろなもぐり方や浮き方をすること。
(2) 自己の能力に適した課題を見付け、水の中での動きを身に付けるための活動を工夫するとともに、考えたことを友達に伝えること。
(3) 運動に進んで取り組み、きまりを守り誰とでも仲よく運動をしたり、友達の考えを認めたり、水泳運動の心得を守って安全に気を付けたりすること。

E ゲーム
ゲームについて、次の事項を身に付けることができるよう指導する。
(1) 次の運動の楽しさや喜びに触れ、その行い方を知るとともに、易しいゲームをすること。

ア ゴール型ゲームでは、基本的なボール操作とボールを持たないときの動きによって、易しいゲームをすること。
イ ネット型ゲームでは、基本的なボール操作とボールを操作できる位置に体を移動する動きによって、易しいゲームをすること。
ウ ベースボール型ゲームでは、蹴る、打つ、捕る、投げるなどのボール操作と得点をとったり防いだりする動きによって、易しいゲームをすること。
(2) 規則を工夫したり、ゲームの型に応じた簡単な作戦を選んだりするとともに、考えたことを友達に伝えること。
(3) 運動に進んで取り組み、規則を守り誰とでも仲よく運動をしたり、勝敗を受け入れたり、友達の考えを認めたり、場や用具の安全に気を付けたりすること。

F 表現運動
　表現運動について、次の事項を身に付けることができるよう指導する。
(1) 次の運動の楽しさや喜びに触れ、その行い方を知るとともに、表したい感じを表現したりリズムに乗ったりして踊ること。
ア 表現では、身近な生活などの題材からその主な特徴を捉え、表したい感じをひと流れの動きで踊ること。
イ リズムダンスでは、軽快なリズムに乗って全身で踊ること。
(2) 自己の能力に適した課題を見付け、題材やリズムの特徴を捉えた踊り方や交流の仕方を工夫するとともに、考えたことを友達に伝えること。
(3) 運動に進んで取り組み、誰とでも仲よく踊ったり、友達の動きや考えを認めたり、場の安全に気を付けたりすること。

G 保健
(1) 健康な生活について、課題を見付け、その解決を目指した活動を通して、次の事項を身に付けることができるよう指導する。
ア 健康な生活について理解すること。
(ア) 心や体の調子がよいなどの健康の状態は、主体の要因や周囲の環境の要因が関わっていること。
(イ) 毎日を健康に過ごすには、運動、食事、休養及び睡眠の調和のとれた生活を続けること、また、体の清潔を保つことなどが必要であること。
(ウ) 毎日を健康に過ごすには、明るさの調節、換気などの生活環境を整えることなどが必要であること。
イ 健康な生活について課題を見付け、その解決に向けて考え、それを表現すること。
(2) 体の発育・発達について、課題を見付け、その解決を目指した活動を通して、次の事項を身に付けることができるよう指導する。
ア 体の発育・発達について理解すること。
(ア) 体は、年齢に伴って変化すること。また、体の発育・発達には、個人差があること。
(イ) 体は、思春期になると次第に大人の体に近づき、体つきが変わったり、初経、精通などが起こったりすること。また、異性への関心が芽生えること。
(ウ) 体をよりよく発育・発達させるには、適切な運動、食事、休養及び睡眠が必要であること。
イ 体がよりよく発育・発達するために、課題を見付け、その解決に向けて考え、それを表現すること。

3 内容の取扱い
(1) 内容の「A体つくり運動」については、2学年間にわたって指導するものとする。
(2) 内容の「C走・跳の運動」については、児童の実態に応じて投の運動を加えて指導することができる。
(3) 内容の「Eゲーム」の(1)のアについては、味方チームと相手チームが入り交じって得点を取り合うゲーム及び陣地を取り合うゲームを取り扱うものとする。
(4) 内容の「F表現運動」の(1)については、学校や地域の実態に応じてフォークダンスを加えて指導することができる。
(5) 内容の「G保健」については、(1)を第3学年、(2)を第4学年で指導するものとする。
(6) 内容の「G保健」の(1)については、学校でも、健康診断や学校給食など様々な活動が行われていることについて触れるものとする。
(7) 内容の「G保健」の(2)については、自分と他の人では発育・発達などに違いがあることに気付き、それらを肯定的に受け止めることが大切であることについて触れるものとする。
(8) 各領域の各内容については、運動と健康が密接に関連していることについての具体

的な考えがもてるよう指導すること。

〈第5学年及び第6学年〉
1 目 標
(1) 各種の運動の楽しさや喜びを味わい、その行い方及び心の健康やけがの防止、病気の予防について理解するとともに、各種の運動の特性に応じた基本的な技能及び健康で安全な生活を営むための技能を身に付けるようにする。
(2) 自己やグループの運動の課題や身近な健康に関わる課題を見付け、その解決のための方法や活動を工夫するとともに、自己や仲間の考えたことを他者に伝える力を養う。
(3) 各種の運動に積極的に取り組み、約束を守り助け合って運動をしたり、仲間の考えや取組を認めたり、場や用具の安全に留意したりし、自己の最善を尽くして運動をする態度を養う。また、健康・安全の大切さに気付き、自己の健康の保持増進や回復に進んで取り組む態度を養う。

2 内 容
A 体つくり運動
体つくり運動について、次の事項を身に付けることができるよう指導する。
(1) 次の運動の楽しさや喜びを味わい、その行い方を理解するとともに、体を動かす心地よさを味わったり、体の動きを高めたりすること。
ア 体ほぐしの運動では、手軽な運動を行い、心と体との関係に気付いたり、仲間と関わり合ったりすること。
イ 体の動きを高める運動では、ねらいに応じて、体の柔らかさ、巧みな動き、力強い動き、動きを持続する能力を高めるための運動をすること。
(2) 自己の体の状態や体力に応じて、運動の行い方を工夫するとともに、自己や仲間の考えたことを他者に伝えること。
(3) 運動に積極的に取り組み、約束を守り助け合って運動をしたり、仲間の考えや取組を認めたり、場や用具の安全に気を配ったりすること。
B 器械運動
器械運動について、次の事項を身に付けることができるよう指導する。
(1) 次の運動の楽しさや喜びを味わい、その行い方を理解するとともに、その技を身に付けること。
ア マット運動では、回転系や巧技系の基本的な技を安定して行ったり、その発展技を行ったり、それらを繰り返したり組み合わせたりすること。
イ 鉄棒運動では、支持系の基本的な技を安定して行ったり、その発展技を行ったり、それらを繰り返したり組み合わせたりすること。
ウ 跳び箱運動では、切り返し系や回転系の基本的な技を安定して行ったり、その発展技を行ったりすること。
(2) 自己の能力に適した課題の解決の仕方や技の組み合わせ方を工夫するとともに、自己や仲間の考えたことを他者に伝えること。
(3) 運動に積極的に取り組み、約束を守り助け合って運動をしたり、仲間の考えや取組を認めたり、場や器械・器具の安全に気を配ったりすること。
C 陸上運動
陸上運動について、次の事項を身に付けることができるよう指導する。
(1) 次の運動の楽しさや喜びを味わい、その行い方を理解するとともに、その技能を身に付けること。
ア 短距離走・リレーでは、一定の距離を全力で走ったり、滑らかなバトンの受渡しをしたりすること。
イ ハードル走では、ハードルをリズミカルに走り越えること。
ウ 走り幅跳びでは、リズミカルな助走から踏み切って跳ぶこと。
エ 走り高跳びでは、リズミカルな助走から踏み切って跳ぶこと。
(2) 自己の能力に適した課題の解決の仕方、競争や記録への挑戦の仕方を工夫するとともに、自己や仲間の考えたことを他者に伝えること。
(3) 運動に積極的に取り組み、約束を守り助け合って運動をしたり、勝敗を受け入れたり、仲間の考えや取組を認めたり、場や用具の安全に気を配ったりすること。
D 水泳運動
水泳運動について、次の事項を身に付けることができるよう指導する。
(1) 次の運動の楽しさや喜びを味わい、その行い方を理解するとともに、その技能を身に付けること。
ア クロールでは、手や足の動きに呼吸を合わせて続けて長く泳ぐこと。
イ 平泳ぎでは、手や足の動きに呼吸を合わせて続けて長く泳ぐこと。
ウ 安全確保につながる運動では、背浮きや浮き沈みをしながら続けて長く浮

くこと。
(2) 自己の能力に適した課題の解決の仕方や記録への挑戦の仕方を工夫するとともに、自己や仲間の考えたことを他者に伝えること。
(3) 運動に積極的に取り組み、約束を守り助け合って運動をしたり、仲間の考えや取組を認めたり、水泳運動の心得を守って安全に気を配ったりすること。

E　ボール運動
ボール運動について、次の事項を身に付けることができるよう指導する。
(1) 次の運動の楽しさや喜びを味わい、その行い方を理解するとともに、その技能を身に付け、簡易化されたゲームをすること。
　ア　ゴール型では、ボール操作とボールを持たないときの動きによって、簡易化されたゲームをすること。
　イ　ネット型では、個人やチームによる攻撃と守備によって、簡易化されたゲームをすること。
　ウ　ベースボール型では、ボールを打つ攻撃と隊形をとった守備によって、簡易化されたゲームをすること。
(2) ルールを工夫したり、自己やチームの特徴に応じた作戦を選んだりするとともに、自己や仲間の考えたことを他者に伝えること。
(3) 運動に積極的に取り組み、ルールを守り助け合って運動をしたり、勝敗を受け入れたり、仲間の考えや取組を認めたり、場や用具の安全に気を配ったりすること。

F　表現運動
表現運動について、次の事項を身に付けることができるよう指導する。
(1) 次の運動の楽しさや喜びを味わい、その行い方を理解するとともに、表したい感じを表現したり踊りで交流したりすること。
　ア　表現では、いろいろな題材からそれらの主な特徴を捉え、表したい感じをひと流れの動きで即興的に踊ったり、簡単なひとまとまりの動きにして踊ったりすること。
　イ　フォークダンスでは、日本の民踊（みんよう）や外国の踊りから、それらの踊り方の特徴を捉え、音楽に合わせて簡単なステップや動きで踊ること。
(2) 自己やグループの課題の解決に向けて、表したい内容や踊りの特徴を捉えた練習や発表・交流の仕方を工夫するとともに、自己や仲間の考えたことを他者に伝えること。
(3) 運動に積極的に取り組み、互いのよさを認め合い助け合って踊ったり、場の安全に気を配ったりすること。

G　保健
(1) 心の健康について、課題を見付け、その解決を目指した活動を通して、次の事項を身に付けることができるよう指導する。
　ア　心の発達及び不安や悩みへの対処について理解するとともに、簡単な対処をすること。
　　(ア) 心は、いろいろな生活経験を通して、年齢に伴って発達すること。
　　(イ) 心と体には、密接な関係があること。
　　(ウ) 不安や悩みへの対処には、大人や友達に相談する、仲間と遊ぶ、運動をするなどいろいろな方法があること。
　イ　心の健康について、課題を見付け、その解決に向けて思考し判断するとともに、それらを表現すること。
(2) けがの防止について、課題を見付け、その解決を目指した活動を通して、次の事項を身に付けることができるよう指導する。
　ア　けがの防止に関する次の事項を理解するとともに、けがなどの簡単な手当をすること。
　　(ア) 交通事故や身の回りの生活の危険が原因となって起こるけがの防止には、周囲の危険に気付くこと、的確な判断の下に安全に行動すること、環境を安全に整えることが必要であること。
　　(イ) けがなどの簡単な手当は、速やかに行う必要があること。
　イ　けがを防止するために、危険の予測や回避の方法を考え、それらを表現すること。
(3) 病気の予防について、課題を見付け、その解決を目指した活動を通して、次の事項を身に付けることができるよう指導する。
　ア　病気の予防について理解すること。
　　(ア) 病気は、病原体、体の抵抗力、生活行動、環境が関わりあって起こること。
　　(イ) 病原体が主な要因となって起こる

病気の予防には、病原体が体に入るのを防ぐことや病原体に対する体の抵抗力を高めることが必要であること。
(ウ) 生活習慣病など生活行動が主な要因となって起こる病気の予防には、適切な運動、栄養の偏りのない食事をとること、口腔（こうくう）の衛生を保つことなど、望ましい生活習慣を身に付ける必要があること。
(エ) 喫煙、飲酒、薬物乱用などの行為は、健康を損なう原因となること。
(オ) 地域では、保健に関わる様々な活動が行われていること。
イ 病気を予防するために、課題を見付け、その解決に向けて思考し判断するとともに、それらを表現すること。

3 内容の取扱い

(1) 内容の「A体つくり運動」については、2学年間にわたって指導するものとする。また、(1)のイについては、体の柔らかさ及び巧みな動きを高めることに重点を置いて指導するものとする。その際、音楽に合わせて運動をするなどの工夫を図ること。
(2) 内容の「A体つくり運動」の(1)のアと「G保健」の(1)のアの(ウ)については、相互の関連を図って指導するものとする。
(3) 内容の「C陸上運動」については、児童の実態に応じて、投の運動を加えて指導することができる。
(4) 内容の「D水泳運動」の(1)のア及びイについては、水中からのスタートを指導するものとする。また、学校の実態に応じて背泳ぎを加えて指導することができる。
(5) 内容の「Eボール運動」の(1)については、アはバスケットボール及びサッカーを、イはソフトバレーボールを、ウはソフトボールを主として取り扱うものとするが、これらに替えてハンドボール、タグラグビー、フラッグフットボールなどア、イ及びウの型に応じたその他のボール運動を指導することもできるものとする。なお、学校の実態に応じてウは取り扱わないことができる。
(6) 内容の「F表現運動」の(1)については、学校や地域の実態に応じてリズムダンスを加えて指導することができる。
(7) 内容の「G保健」については、(1)及び(2)を第5学年、(3)を第6学年で指導するものとする。また、けがや病気からの回復についても触れるものとする。
(8) 内容の「G保健」の(3)のアの(エ)の薬物については、有機溶剤の心身への影響を中心に取り扱うものとする。また、覚醒剤等についても触れるものとする。
(9) 各領域の各内容については、運動領域と保健領域との関連を図る指導に留意すること。

第3 指導計画の作成と内容の取扱い

1 指導計画の作成に当たっては、次の事項に配慮するものとする。
(1) 単元など内容や時間のまとまりを見通して、その中で育む資質・能力の育成に向けて、児童の主体的・対話的で深い学びの実現を図るようにすること。その際、体育や保健の見方・考え方を働かせ、運動や健康についての自己の課題を見付け、その解決のための活動を選んだり工夫したりする活動の充実を図ること。また、運動の楽しさや喜びを味わったり、健康の大切さを実感したりすることができるよう留意すること。
(2) 一部の領域の指導に偏ることのないよう授業時数を配当すること。
(3) 第2の第3学年及び第4学年の内容の「G保健」に配当する授業時数は、2学年間で8単位時間程度、また、第2の第5学年及び第6学年の内容の「G保健」に配当する授業時数は、2学年間で16単位時間程度とすること。
(4) 第2の第3学年及び第4学年の内容の「G保健」並びに第5学年及び第6学年の内容の「G保健」（以下「保健」という。）については、効果的な学習が行われるよう適切な時期に、ある程度まとまった時間を配当すること。
(5) 低学年においては、第1章総則の第2の4の(1)を踏まえ、他教科等との関連を積極的に図り、指導の効果を高めるようにするとともに、幼稚園教育要領等に示す幼児期の終わりまでに育ってほしい姿との関連を考慮すること。特に、小学校入学当初においては、生活科を中心とした合科的・関連的な指導や、弾力的な時間割の設定を行うなどの工夫をすること。
(6) 障害のある児童などについては、学習活動を行う場合に生じる困難さに応じた指導内容や指導方法の工夫を計画的、組織的に行うこと。
(7) 第1章総則の第1の2の(2)に示す道徳教育の目標に基づき、道徳科などとの関連を考慮しながら、第3章特別の教科道徳の

第2に示す内容について、体育科の特質に応じて適切な指導をすること。
2　第2の内容の取扱いについては、次の事項に配慮するものとする。
 (1) 学校や地域の実態を考慮するとともに、個々の児童の運動経験や技能の程度などに応じた指導や児童自らが運動の課題の解決を目指す活動を行えるよう工夫すること。特に、運動を苦手と感じている児童や、運動に意欲的に取り組まない児童への指導を工夫するとともに、障害のある児童などへの指導の際には、周りの児童が様々な特性を尊重するよう指導すること。
 (2) 筋道を立てて練習や作戦について話し合うことや、身近な健康の保持増進について話し合うことなど、コミュニケーション能力や論理的な思考力の育成を促すための言語活動を積極的に行うことに留意すること。
 (3) 第2の内容の指導に当たっては、コンピュータや情報通信ネットワークなどの情報手段を積極的に活用し、各領域の特質に応じた学習活動を行うことができるように工夫すること。その際、情報機器の基本的な操作についても、内容に応じて取り扱うこと。
 (4) 運動領域におけるスポーツとの多様な関わり方や保健領域の指導については、具体的な体験を伴う学習を取り入れるよう工夫すること。
 (5) 第2の内容の「A体つくりの運動遊び」及び「A体つくり運動」の(1)のアについては、各学年の各領域においてもその趣旨を生かした指導ができること。
 (6) 第2の内容の「D水遊び」及び「D水泳運動」の指導については、適切な水泳場の確保が困難な場合にはこれらを取り扱わないことができるが、これらの心得については、必ず取り上げること。
 (7) オリンピック・パラリンピックに関する指導として、フェアなプレイを大切にするなど、児童の発達の段階に応じて、各種の運動を通してスポーツの意義や価値等に触れることができるようにすること。
 (8) 集合、整頓、列の増減などの行動の仕方を身に付け、能率的で安全な集団としての行動ができるようにするための指導については、第2の内容の「A体つくりの運動遊び」及び「A体つくり運動」をはじめとして、各学年の各領域（保健を除く。）において適切に行うこと。
 (9) 自然との関わりの深い雪遊び、氷上遊び、スキー、スケート、水辺活動などの指導については、学校や地域の実態に応じて積極的に行うことに留意すること。
 (10) 保健の内容のうち運動、食事、休養及び睡眠については、食育の観点も踏まえつつ、健康的な生活習慣の形成に結び付くよう配慮するとともに、保健を除く第3学年以上の各領域及び学校給食に関する指導においても関連した指導を行うようにすること。
 (11) 保健の指導に当たっては、健康に関心をもてるようにし、健康に関する課題を解決する学習活動を取り入れるなどの指導方法の工夫を行うこと。

中学校学習指導要領

平成29年〔2018年〕告知　文部科学省

前文〔小学校学習指導要領を参照〕

第1章　総則

第1　中学校教育の基本と教育課程の役割
〔小学校学習指導要領を参照〕

第2　教育課程の編成

1　各学校の教育目標と教育課程の編成

教育課程の編成に当たっては、学校教育全体や各教科等における指導を通して育成を目指す資質・能力を踏まえつつ、各学校の教育目標を明確にするとともに、教育課程の編成についての基本的な方針が家庭や地域とも共有されるよう努めるものとする。その際、第4章総合的な学習の時間の第2の1に基づき定められる目標との関連を図るものとする。

2　教科等横断的な視点に立った資質・能力の育成

(1)　各学校においては、生徒の発達の段階を考慮し、言語能力、情報活用能力（情報モラルを含む。）、問題発見・解決能力等の学習の基盤となる資質・能力を育成していくことができるよう、各教科等の特質を生かし、教科等横断的な視点から教育課程の編成を図るものとする。

(2)　各学校においては、生徒や学校、地域の実態及び生徒の発達の段階を考慮し、豊かな人生の実現や災害等を乗り越えて次代の社会を形成することに向けた現代的な諸課題に対応して求められる資質・能力を、教科等横断的な視点で育成していくことができるよう、各学校の特色を生かした教育課程の編成を図るものとする。

3　教育課程の編成における共通的事項

(1)　内容等の取扱い

ア　第2章以下に示す各教科、道徳科及び特別活動の内容に関する事項は、特に示す場合を除き、いずれの学校においても取り扱わなければならない。

イ　学校において特に必要がある場合には、第2章以下に示していない内容を加えて指導することができる。また、第2章以下に示す内容の取扱いのうち内容の範囲や程度等を示す事項は、全ての生徒に対して指導するものとする内容の範囲や程度等を示したものであり、学校において特に必要がある場合には、この事項にかかわらず加えて指導することができる。ただし、これらの場合には、第2章以下に示す各教科、道徳科及び特別活動の目標や内容の趣旨を逸脱したり、生徒の負担過重となったりすることのないようにしなければならない。

ウ　第2章以下に示す各教科、道徳科及び特別活動の内容に掲げる事項の順序は、特に示す場合を除き、指導の順序を示すものではないので、学校においては、その取扱いについて適切な工夫を加えるものとする。

エ　学校において2以上の学年の生徒で編制する学級について特に必要がある場合には、各教科の目標の達成に支障のない範囲内で、各教科の目標及び内容について学年別の順序によらないことができる。

オ　各学校においては、生徒や学校、地域の実態を考慮して、生徒の特性等に応じた多様な学習活動が行えるよう、第2章に示す各教科や、特に必要な教科を、選択教科として開設し生徒に履修させることができる。その場合にあっては、全ての生徒に指導すべき内容との関連を図りつつ、選択教科の授業時数及び内容を適切に定め選択教科の指導計画を作成し、生徒の負担過重となることのないようにしなければならない。また、特に必要な教科の名称、目標、内容などについては、各学校が適切に定めるものとする。

カ　道徳科を要として学校の教育活動全体を通じて行う道徳教育の内容は、第3章特別の教科道徳の第2に示す内容とし、その実施に当たっては、第6に示す道徳教育に関する配慮事項を踏まえるものとする。

(2)　授業時数等の取扱い

ア　各教科等の授業は、年間35週以上にわたって行うよう計画し、週当たりの授業時数が生徒の負担過重にならないようにするものとする。ただし、各教科等や学習活動の特質に応じ効果的な場合には、夏季、冬季、学年末等の休業日の期間に授業日を設定する場合を含め、これらの授業を特定の期間に行うことができる。

イ　特別活動の授業のうち、生徒会活動及び学校行事については、それらの内容に応じ、年間、学期ごと、月ごとなどに適切な授業時数を充てるものとする。

ウ　各学校の時間割については、次の事項

を踏まえ適切に編成するものとする。
　（ア）各教科等のそれぞれの授業の1単位時間は、各学校において、各教科等の年間授業時数を確保しつつ、生徒の発達の段階及び各教科等や学習活動の特質を考慮して適切に定めること。
　（イ）各教科等の特質に応じ、10分から15分程度の短い時間を活用して特定の教科等の指導を行う場合において、当該教科等を担当する教師が、単元や題材など内容や時間のまとまりを見通した中で、その指導内容の決定や指導の成果の把握と活用等を責任をもって行う体制が整備されているときは、その時間を当該教科等の年間授業時数に含めることができること。
　（ウ）給食、休憩などの時間については、各学校において工夫を加え、適切に定めること。
　（エ）各学校において、生徒や学校、地域の実態、各教科等や学習活動の特質等に応じて、創意工夫を生かした時間割を弾力的に編成できること。
エ　総合的な学習の時間における学習活動により、特別活動の学校行事に掲げる各行事の実施と同様の成果が期待できる場合においては、総合的な学習の時間における学習活動をもって相当する特別活動の学校行事に掲げる各行事の実施に替えることができる。
(3) 指導計画の作成等に当たっての配慮事項
　各学校においては、次の事項に配慮しながら、学校の創意工夫を生かし、全体として、調和のとれた具体的な指導計画を作成するものとする。
　ア　各教科等の指導内容については、(1)のアを踏まえつつ、単元や題材など内容や時間のまとまりを見通しながら、そのまとめ方や重点の置き方に適切な工夫を加え、第3の1に示す主体的・対話的で深い学びの実現に向けた授業改善を通して資質・能力を育む効果的な指導ができるようにすること。
　イ　各教科等及び各学年相互間の関連を図り、系統的、発展的な指導ができるようにすること。
4　学校段階間の接続
　教育課程の編成に当たっては、次の事項に配慮しながら、学校段階間の接続を図るものとする。
　(1) 小学校学習指導要領を踏まえ、小学校教育までの学習の成果が中学校教育に円滑に接続され、義務教育段階の終わりまでに育成することを目指す資質・能力を、生徒が確実に身に付けることができるよう工夫すること。特に、義務教育学校、小学校連携型中学校及び小学校併設型中学校においては、義務教育9年間を見通した計画的かつ継続的な教育課程を編成すること。
　(2) 高等学校学習指導要領を踏まえ、高等学校教育及びその後の教育との円滑な接続が図られるよう工夫すること。特に、中等教育学校、連携型中学校及び併設型中学校においては、中等教育6年間を見通した計画的かつ継続的な教育課程を編成すること。

第3　教育課程の実施と学習評価

1　主体的・対話的で深い学びの実現に向けた授業改善
　各教科等の指導に当たっては、次の事項に配慮するものとする。
　(1) 第1の3の(1)から(3)までに示すことが偏りなく実現されるよう、単元や題材など内容や時間のまとまりを見通しながら、生徒の主体的・対話的で深い学びの実現に向けた授業改善を行うこと。
　　特に、各教科等において身に付けた知識及び技能を活用したり、思考力、判断力、表現力等や学びに向かう力、人間性等を発揮させたりして、学習の対象となる物事を捉え思考することにより、各教科等の特質に応じた物事を捉える視点や考え方（以下

別表第二（第七三条関係）

区分		第1学年	第2学年	第3学年
各教科の授業時数	国語	140	140	105
	社会	105	105	140
	数学	140	105	140
	理科	105	140	140
	音楽	45	35	35
	美術	45	35	35
	保健体育	105	105	105
	技術・家庭	70	70	35
	外国語	140	140	140
特別の教科である道徳の授業時数		34	35	35
総合的な学習の時間の授業時数		50	70	70
特別活動の授業時数		35	35	35
総授業時数		1015	1015	1015

備考1　この表の授業時数の一単位時間は、50分とする。〔以下略〕

「見方・考え方」という。）が鍛えられていくことに留意し、生徒が各教科等の特質に応じた見方・考え方を働かせながら、知識を相互に関連付けてより深く理解したり、情報を精査して考えを形成したり、問題を見いだして解決策を考えたり、思いや考えを基に創造したりすることに向かう過程を重視した学習の充実を図ること。

(2) 第2の2の(1)に示す言語能力の育成を図るため、各学校において必要な言語環境を整えるとともに、国語科を要としつつ各教科等の特質に応じて、生徒の言語活動を充実すること。あわせて、(7)に示すとおり読書活動を充実すること。

(3) 第2の2の(1)に示す情報活用能力の育成を図るため、各学校において、コンピュータや情報通信ネットワークなどの情報手段を活用するために必要な環境を整え、これらを適切に活用した学習活動の充実を図ること。また、各種の統計資料や新聞、視聴覚教材や教育機器などの教材・教具の適切な活用を図ること。

(4) 生徒が学習の見通しを立てたり学習したことを振り返ったりする活動を、計画的に取り入れるように工夫すること。

(5) 生徒が生命の有限性や自然の大切さ、主体的に挑戦してみることや多様な他者と協働することの重要性などを実感しながら理解することができるよう、各教科等の特質に応じた体験活動を重視し、家庭や地域社会と連携しつつ体系的・継続的に実施できるよう工夫すること。

(6) 生徒が自ら学習課題や学習活動を選択する機会を設けるなど、生徒の興味・関心を生かした自主的、自発的な学習が促されるよう工夫すること。

(7) 学校図書館を計画的に利用しその機能の活用を図り、生徒の主体的・対話的で深い学びの実現に向けた授業改善に生かすとともに、生徒の自主的、自発的な学習活動や読書活動を充実すること。また、地域の図書館や博物館、美術館、劇場、音楽堂等の施設の活用を積極的に図り、資料を活用した情報の収集や鑑賞等の学習活動を充実すること。

2　学習評価の充実
学習評価の実施に当たっては、次の事項に配慮するものとする。
(1) 生徒のよい点や進歩の状況などを積極的に評価し、学習したことの意義や価値を実感できるようにすること。また、各教科等の目標の実現に向けた学習状況を把握する観点から、単元や題材など内容や時間のまとまりを見通しながら評価の場面や方法を工夫して、学習の過程や成果を評価し、指導の改善や学習意欲の向上を図り、資質・能力の育成に生かすようにすること。

(2) 創意工夫の中で学習評価の妥当性や信頼性が高められるよう、組織的かつ計画的な取組を推進するとともに、学年や学校段階を越えて生徒の学習の成果が円滑に接続されるように工夫すること。

第4　生徒の発達の支援

1　生徒の発達を支える指導の充実
教育課程の編成及び実施に当たっては、次の事項に配慮するものとする。
(1) 学習や生活の基盤として、教師と生徒との信頼関係及び生徒相互のよりよい人間関係を育てるため、日頃から学級経営の充実を図ること。また、主に集団の場面で必要な指導や援助を行うガイダンスと、個々の生徒の多様な実態を踏まえ、一人一人が抱える課題に個別に対応した指導を行うカウンセリングの双方により、生徒の発達を支援すること。

(2) 生徒が、自己の存在感を実感しながら、よりよい人間関係を形成し、有意義で充実した学校生活を送る中で、現在及び将来における自己実現を図っていくことができるよう、生徒理解を深め、学習指導と関連付けながら、生徒指導の充実を図ること。

(3) 生徒が、学ぶことと自己の将来とのつながりを見通しながら、社会的・職業的自立に向けて必要な基盤となる資質・能力を身に付けていくことができるよう、特別活動を要としつつ各教科等の特質に応じて、キャリア教育の充実を図ること。その中で、生徒が自らの生き方を考え主体的に進路を選択することができるよう、学校の教育活動全体を通じ、組織的かつ計画的な進路指導を行うこと。

(4) 生徒が、基礎的・基本的な知識及び技能の習得も含め、学習内容を確実に身に付けることができるよう、生徒や学校の実態に応じ、個別学習やグループ別学習、繰り返し学習、学習内容の習熟の程度に応じた学習、生徒の興味・関心等に応じた課題学習、補充的な学習や発展的な学習などの学習活動を取り入れることや、教師間の協力による指導体制を確保することなど、指導方法や指導体制の工夫改善により、個に応じた指導の充実を図ること。その際、第3の1の(3)に示す情報手段や教材・教具の

活用を図ること。
2 特別な配慮を必要とする生徒への指導
 (1) 障害のある生徒などへの指導
  ア 障害のある生徒などについては、特別支援学校等の助言又は援助を活用しつつ、個々の生徒の障害の状態等に応じた指導内容や指導方法の工夫を組織的かつ計画的に行うものとする。
  イ 特別支援学級において実施する特別の教育課程については、次のとおり編成するものとする。
   (ア) 障害による学習上又は生活上の困難を克服し自立を図るため、特別支援学校小学部・中学部学習指導要領第7章に示す自立活動を取り入れること。
   (イ) 生徒の障害の程度や学級の実態等を考慮の上、各教科の目標や内容を下学年の教科の目標や内容に替えたり、各教科を、知的障害者である生徒に対する教育を行う特別支援学校の各教科に替えたりするなどして、実態に応じた教育課程を編成すること。
  ウ 障害のある生徒に対して、通級による指導を行い、特別の教育課程を編成する場合には、特別支援学校小学部・中学部学習指導要領第7章に示す自立活動の内容を参考とし、具体的な目標や内容を定め、指導を行うものとする。その際、効果的な指導が行われるよう、各教科等と通級による指導との関連を図るなど、教師間の連携に努めるものとする。
  エ 障害のある生徒などについては、家庭、地域及び医療や福祉、保健、労働等の業務を行う関係機関との連携を図り、長期的な視点で生徒への教育的支援を行うために、個別の教育支援計画を作成し活用することに努めるとともに、各教科等の指導に当たって、個々の生徒の実態を的確に把握し、個別の指導計画を作成し活用することに努めるものとする。特に、特別支援学級に在籍する生徒や通級による指導を受ける生徒については、個々の生徒の実態を的確に把握し、個別の教育支援計画や個別の指導計画を作成し、効果的に活用するものとする。
 (2) 海外から帰国した生徒などの学校生活への適応や、日本語の習得に困難のある生徒に対する日本語指導
  ア 海外から帰国した生徒などについては、学校生活への適応を図るとともに、外国における生活経験を生かすなどの適切な指導を行うものとする。
  イ 日本語の習得に困難のある生徒については、個々の生徒の実態に応じた指導内容や指導方法の工夫を組織的かつ計画的に行うものとする。特に、通級による日本語指導については、教師間の連携に努め、指導についての計画を個別に作成することなどにより、効果的な指導に努めるものとする。
 (3) 不登校生徒への配慮
  ア 不登校生徒については、保護者や関係機関と連携を図り、心理や福祉の専門家の助言又は援助を得ながら、社会的自立を目指す観点から、個々の生徒の実態に応じた情報の提供その他の必要な支援を行うものとする。
  イ 相当の期間中学校を欠席し引き続き欠席すると認められる生徒を対象として、文部科学大臣が認める特別の教育課程を編成する場合には、生徒の実態に配慮した教育課程を編成するとともに、個別学習やグループ別学習など指導方法や指導体制の工夫改善に努めるものとする。
 (4) 学齢を経過した者への配慮
  ア 夜間その他の特別の時間に授業を行う課程において学齢を経過した者を対象として特別の教育課程を編成する場合には、学齢を経過した者の年齢、経験又は勤労状況その他の実情を踏まえ、中学校教育の目的及び目標並びに第2章以下に示す各教科等の目標に照らして、中学校教育を通じて育成を目指す資質・能力を身に付けることができるようにするものとする。
  イ 学齢を経過した者を教育する場合には、個別学習やグループ別学習など指導方法や指導体制の工夫改善に努めるものとする。

第5 学校運営上の留意事項

1 教育課程の改善と学校評価、教育課程外の活動との連携等
  ア 各学校においては、校長の方針の下に、校務分掌に基づき教職員が適切に役割を分担しつつ、相互に連携しながら、各学校の特色を生かしたカリキュラム・マネジメントを行うよう努めるものとする。また、各学校が行う学校評価については、教育課程の編成、実施、改善が教育活動や学校運営の中核となることを踏まえ、カリキュラム・マネジメントと関連付けながら実施するよう留意するものとする。
  イ 教育課程の編成及び実施に当たっては、

学校保健計画、学校安全計画、食に関する指導の全体計画、いじめの防止等のための対策に関する基本的な方針など、各分野における学校の全体計画等と関連付けながら、効果的な指導が行われるように留意するものとする。
- ウ 教育課程外の学校教育活動と教育課程の関連が図られるように留意するものとする。特に、生徒の自主的、自発的な参加により行われる部活動については、スポーツや文化、科学等に親しませ、学習意欲の向上や責任感、連帯感の涵養等、学校教育が目指す資質・能力の育成に資するものであり、学校教育の一環として、教育課程との関連が図られるよう留意すること。

 その際、学校や地域の実態に応じ、地域の人々の協力、社会教育施設や社会教育関係団体等の各種団体との連携などの運営上の工夫を行い、持続可能な運営体制が整えられるようにするものとする。

2 **家庭や地域社会との連携及び協働と学校間の連携**

教育課程の編成及び実施に当たっては、次の事項に配慮するものとする。
- ア 学校がその目的を達成するため、学校や地域の実態等に応じ、教育活動の実施に必要な人的又は物的な体制を家庭や地域の人々の協力を得ながら整えるなど、家庭や地域社会との連携及び協働を深めること。また、高齢者や異年齢の子供など、地域における世代を越えた交流の機会を設けること。
- イ 他の中学校や、幼稚園、認定こども園、保育所、小学校、高等学校、特別支援学校などとの間の連携や交流を図るとともに、障害のある幼児児童生徒との交流及び共同学習の機会を設け、共に尊重し合いながら協働して生活していく態度を育むようにすること。

第6 道徳教育に関する配慮事項

道徳教育を進めるに当たっては、道徳教育の特質を踏まえ、前項までに示す事項に加え、次の事項に配慮するものとする。
1 各学校においては、第1の2の(2)に示す道徳教育の目標を踏まえ、道徳教育の全体計画を作成し、校長の方針の下に、道徳教育の推進を主に担当する教師(以下「道徳教育推進教師」という。)を中心に、全教師が協力して道徳教育を展開すること。なお、道徳教育の全体計画の作成に当たっては、生徒や学校、地域の実態を考慮して、学校の道徳教育の重点目標を設定するとともに、道徳科の指導方針、第3章特別の教科道徳の第2に示す内容との関連を踏まえた各教科、総合的な学習の時間及び特別活動における指導の内容及び時期並びに家庭や地域社会との連携の方法を示すこと。
2 各学校においては、生徒の発達の段階や特性等を踏まえ、指導内容の重点化を図ること。その際、小学校における道徳教育の指導内容を更に発展させ、自立心や自律性を高め、規律ある生活をすること、生命を尊重する心や自らの弱さを克服して気高く生きようとする心を育てること、法やきまりの意義に関する理解を深めること、自らの将来の生き方を考え主体的に社会の形成に参画する意欲と態度を養うこと、伝統と文化を尊重し、それらを育んできた我が国と郷土を愛するとともに、他国を尊重すること、国際社会に生きる日本人としての自覚を身に付けることに留意すること。
3 学校や学級内の人間関係や環境を整えるとともに、職場体験活動やボランティア活動、自然体験活動、地域の行事への参加などの豊かな体験を充実すること。また、道徳教育の指導内容が、生徒の日常生活に生かされるようにすること。その際、いじめの防止や安全の確保等にも資することとなるよう留意すること。
4 学校の道徳教育の全体計画や道徳教育に関する諸活動などの情報を積極的に公表したり、道徳教育の充実のために家庭や地域の人々の積極的な参加や協力を得たりするなど、家庭や地域社会との共通理解を深め、相互の連携を図ること。

第2章 各教科

第7節 保健体育

第1 目標

体育や保健の見方・考え方を働かせ、課題を発見し、合理的な解決に向けた学習過程を通して、心と体を一体として捉え、生涯にわたって心身の健康を保持増進し豊かなスポーツライフを実現するための資質・能力を次のとおり育成することを目指す。
(1) 各種の運動の特性に応じた技能等及び個人生活における健康・安全について理解するとともに、基本的な技能を身に付けるようにする。
(2) 運動や健康についての自他の課題を発見し、合理的な解決に向けて思考し判断すると

ともに、他者に伝える力を養う。
(3) 生涯にわたって運動に親しむとともに健康の保持増進と体力の向上を目指し、明るく豊かな生活を営む態度を養う。

第2 各学年の目標及び内容

〈体育分野 第1学年及び第2学年〉
1 目標
(1) 運動の合理的な実践を通して、運動の楽しさや喜びを味わい、運動を豊かに実践することができるようにするため、運動、体力の必要性について理解するとともに、基本的な技能を身に付けるようにする。
(2) 運動についての自己の課題を発見し、合理的な解決に向けて思考し判断するとともに、自己や仲間の考えたことを他者に伝える力を養う。
(3) 運動における競争や協働の経験を通して、公正に取り組む、互いに協力する、自己の役割を果たす、一人一人の違いを認めようとするなどの意欲を育てるとともに、健康・安全に留意し、自己の最善を尽くして運動をする態度を養う。

2 内容
A 体つくり運動
体つくり運動について、次の事項を身に付けることができるよう指導する。
(1) 次の運動を通して、体を動かす楽しさや心地よさを味わい、体つくり運動の意義や行い方、体の動きを高める方法などを理解し、目的に適した運動を身に付け、組み合わせること。
　ア 体ほぐしの運動では、手軽な運動を行い、心と体との関係や心身の状態に気付き、仲間と積極的に関わり合うこと。
　イ 体の動きを高める運動では、ねらいに応じて、体の柔らかさ、巧みな動き、力強い動き、動きを持続する能力を高めるための運動を行うとともに、それらを組み合わせること。
(2) 自己の課題を発見し、合理的な解決に向けて運動の取り組み方を工夫するとともに、自己や仲間の考えたことを他者に伝えること。
(3) 体つくり運動に積極的に取り組むとともに、仲間の学習を援助しようとすること、一人一人の違いに応じた動きなどを認めようとすること、話合いに参加しようとすることなどや、健康・安全に気を配ること。

B 器械運動
器械運動について、次の事項を身に付けることができるよう指導する。
(1) 次の運動について、技ができる楽しさや喜びを味わい、器械運動の特性や成り立ち、技の名称や行い方、その運動に関連して高まる体力などを理解するとともに、技をよりよく行うこと。
　ア マット運動では、回転系や巧技系の基本的な技を滑らかに行うこと、条件を変えた技や発展技を行うこと及びそれらを組み合わせること。
　イ 鉄棒運動では、支持系や懸垂系の基本的な技を滑らかに行うこと、条件を変えた技や発展技を行うこと及びそれらを組み合わせること。
　ウ 平均台運動では、体操系やバランス系の基本的な技を滑らかに行うこと、条件を変えた技や発展技を行うこと及びそれらを組み合わせること。
　エ 跳び箱運動では、切り返し系や回転系の基本的な技を滑らかに行うこと、条件を変えた技や発展技を行うこと。
(2) 技などの自己の課題を発見し、合理的な解決に向けて運動の取り組み方を工夫するとともに、自己の考えたことを他者に伝えること。
(3) 器械運動に積極的に取り組むとともに、よい演技を認めようとすること、仲間の学習を援助しようとすること、一人一人の違いに応じた課題や挑戦を認めようとすることなどや、健康・安全に気を配ること。

C 陸上競技
陸上競技について、次の事項を身に付けることができるよう指導する。
(1) 次の運動について、記録の向上や競争の楽しさや喜びを味わい、陸上競技の特性や成り立ち、技術の名称や行い方、その運動に関連して高まる体力などを理解するとともに、基本的な動きや効率のよい動きを身に付けること。
　ア 短距離走・リレーでは、滑らかな動きで速く走ることやバトンの受渡しでタイミングを合わせること、長距離走では、ペースを守って走ること、ハードル走では、リズミカルな走りから滑らかにハードルを越すこと。
　イ 走り幅跳びでは、スピードに乗った助走から素早く踏み切って跳ぶこと、走り高跳びでは、リズミカルな助走から力強く踏み切って大きな動作で跳ぶ

こと。
(2) 動きなどの自己の課題を発見し、合理的な解決に向けて運動の取り組み方を工夫するとともに、自己の考えたことを他者に伝えること。
(3) 陸上競技に積極的に取り組むとともに、勝敗などを認め、ルールやマナーを守ろうとすること、分担した役割を果たそうとすること、一人一人の違いに応じた課題や挑戦を認めようとすることなどや、健康・安全に気を配ること。

D 水泳
　水泳について、次の事項を身に付けることができるよう指導する。
(1) 次の運動について、記録の向上や競争の楽しさや喜びを味わい、水泳の特性や成り立ち、技術の名称や行い方、その運動に関連して高まる体力などを理解するとともに、泳法を身に付けること。
　ア　クロールでは、手と足の動き、呼吸のバランスをとり速く泳ぐこと。
　イ　平泳ぎでは、手と足の動き、呼吸のバランスをとり長く泳ぐこと。
　ウ　背泳ぎでは、手と足の動き、呼吸のバランスをとり泳ぐこと。
　エ　バタフライでは、手と足の動き、呼吸のバランスをとり泳ぐこと。
(2) 泳法などの自己の課題を発見し、合理的な解決に向けて運動の取り組み方を工夫するとともに、自己の考えたことを他者に伝えること。
(3) 水泳に積極的に取り組むとともに、勝敗などを認め、ルールやマナーを守ろうとすること、分担した役割を果たそうとすること、一人一人の違いに応じた課題や挑戦を認めようとすることなどや、水泳の事故防止に関する心得を遵守するなど健康・安全に気を配ること。

E 球技
　球技について、次の事項を身に付けることができるよう指導する。
(1) 次の運動について、勝敗を競う楽しさや喜びを味わい、球技の特性や成り立ち、技術の名称や行い方、その運動に関連して高まる体力などを理解するとともに、基本的な技能や仲間と連携した動きでゲームを展開すること。
　ア　ゴール型では、ボール操作と空間に走り込むなどの動きによってゴール前での攻防をすること。
　イ　ネット型では、ボールや用具の操作と定位置に戻るなどの動きによって空いた場所をめぐる攻防をすること。
　ウ　ベースボール型では、基本的なバット操作と走塁での攻撃、ボール操作と定位置での守備などによって攻防をすること。
(2) 攻防などの自己の課題を発見し、合理的な解決に向けて運動の取り組み方を工夫するとともに、自己や仲間の考えたことを他者に伝えること。
(3) 球技に積極的に取り組むとともに、フェアなプレイを守ろうとすること、作戦などについての話合いに参加しようとすること、一人一人の違いに応じたプレイなどを認めようとすること、仲間の学習を援助しようとすることなどや、健康・安全に気を配ること。

F 武道
　武道について、次の事項を身に付けることができるよう指導する。
(1) 次の運動について、技ができる楽しさや喜びを味わい、武道の特性や成り立ち、伝統的な考え方、技の名称や行い方、その運動に関連して高まる体力などを理解するとともに、基本動作や基本となる技を用いて簡易な攻防を展開すること。
　ア　柔道では、相手の動きに応じた基本動作や基本となる技を用いて、投げたり抑えたりするなどの簡易な攻防をすること。
　イ　剣道では、相手の動きに応じた基本動作や基本となる技を用いて、打ったり受けたりするなどの簡易な攻防をすること。
　ウ　相撲では、相手の動きに応じた基本動作や基本となる技を用いて、押したり寄ったりするなどの簡易な攻防をすること。
(2) 攻防などの自己の課題を発見し、合理的な解決に向けて運動の取り組み方を工夫するとともに、自己の考えたことを他者に伝えること。
(3) 武道に積極的に取り組むとともに、相手を尊重し、伝統的な行動の仕方を守ろうとすること、分担した役割を果たそうとすること、一人一人の違いに応じた課題や挑戦を認めようとすることなどや、禁じ技を用いないなど健康・安全に気を配ること。

G ダンス
　ダンスについて、次の事項を身に付けることができるよう指導する。

(1) 次の運動について、感じを込めて踊ったりみんなで踊ったりする楽しさや喜びを味わい、ダンスの特性や由来、表現の仕方、その運動に関連して高まる体力などを理解するとともに、イメージを捉えた表現や踊りを通した交流をすること。
　ア　創作ダンスでは、多様なテーマから表したいイメージを捉え、動きに変化を付けて即興的に表現したり、変化のあるひとまとまりの表現にしたりして踊ること。
　イ　フォークダンスでは、日本の民踊や外国の踊りから、それらの踊り方の特徴を捉え、音楽に合わせて特徴的なステップや動きで踊ること。
　ウ　現代的なリズムのダンスでは、リズムの特徴を捉え、変化のある動きを組み合わせて、リズムに乗って全身で踊ること。
(2) 表現などの自己の課題を発見し、合理的な解決に向けて運動の取り組み方を工夫するとともに、自己や仲間の考えたことを他者に伝えること。
(3) ダンスに積極的に取り組むとともに、仲間の学習を援助しようとすること、交流などの話合いに参加しようとすること、一人一人の違いに応じた表現や役割を認めようとすることなどや、健康・安全に気を配ること。

H　体育理論
(1) 運動やスポーツが多様であることについて、課題を発見し、その解決を目指した活動を通して、次の事項を身に付けることができるよう指導する。
　ア　運動やスポーツが多様であることについて理解すること。
　　(ア)　運動やスポーツは、体を動かしたり健康を維持したりするなどの必要性及び競い合うことや課題を達成することなどの楽しさから生みだされ発展してきたこと。
　　(イ)　運動やスポーツには、行うこと、見ること、支えること及び知ることなどの多様な関わり方があること。
　　(ウ)　世代や機会に応じて、生涯にわたって運動やスポーツを楽しむためには、自己に適した多様な楽しみ方を見付けたり、工夫したりすることが大切であること。
　イ　運動やスポーツが多様であることについて、自己の課題を発見し、よりよい解決に向けて思考し判断するとともに、他者に伝えること。
　ウ　運動やスポーツが多様であることについての学習に積極的に取り組むこと。
(2) 運動やスポーツの意義や効果と学び方や安全な行い方について、課題を発見し、その解決を目指した活動を通して、次の事項を身に付けることができるよう指導する。
　ア　運動やスポーツの意義や効果と学び方や安全な行い方について理解すること。
　　(ア)　運動やスポーツは、身体の発達やその機能の維持、体力の向上などの効果や自信の獲得、ストレスの解消などの心理的効果及びルールやマナーについて合意したり、適切な人間関係を築いたりするなどの社会性を高める効果が期待できること。
　　(イ)　運動やスポーツには、特有の技術があり、その学び方には、運動の課題を合理的に解決するための一定の方法があること。
　　(ウ)　運動やスポーツを行う際は、その特性や目的、発達の段階や体調などを踏まえて運動を選ぶなど、健康・安全に留意する必要があること。
　イ　運動やスポーツの意義や効果と学び方や安全な行い方について、自己の課題を発見し、よりよい解決に向けて思考し判断するとともに、他者に伝えること。
　ウ　運動やスポーツの意義や効果と学び方や安全な行い方についての学習に積極的に取り組むこと。

〈体育分野　第3学年〉
1　目　標
(1) 運動の合理的な実践を通して、運動の楽しさや喜びを味わい、生涯にわたって運動を豊かに実践することができるようにするため、運動、体力の必要性について理解するとともに、基本的な技能を身に付けるようにする。
(2) 運動についての自己や仲間の課題を発見し、合理的な解決に向けて思考し判断するとともに、自己や仲間の考えたことを他者に伝える力を養う。
(3) 運動における競争や協働の経験を通して、公正に取り組む、互いに協力する、自己の責任を果たす、参画する、一人一人の違いを大切にしようとするなどの意欲を育てるとともに、健康・安全を確保して、生

涯にわたって運動に親しむ態度を養う。

2 内 容
　A 体つくり運動
　　体つくり運動について,次の事項を身に付けることができるよう指導する。
　(1) 次の運動を通して,体を動かす楽しさや心地よさを味わい,運動を継続する意義,体の構造,運動の原則などを理解するとともに,健康の保持増進や体力の向上を目指し,目的に適した運動の計画を立て取り組むこと。
　　ア　体ほぐしの運動では,手軽な運動を行い,心と体は互いに影響し変化することや心身の状態に気付き,仲間と自主的に関わり合うこと。
　　イ　実生活に生かす運動の計画では,ねらいに応じて,健康の保持増進や調和のとれた体力の向上を図るための運動の計画を立て取り組むこと。
　(2) 自己や仲間の課題を発見し,合理的な解決に向けて運動の取り組み方を工夫するとともに,自己や仲間の考えたことを他者に伝えること。
　(3) 体つくり運動に自主的に取り組むとともに,互いに助け合い教え合おうとすること,一人一人の違いに応じた動きなどを大切にしようとすること,話合いに貢献しようとすることなどや,健康・安全を確保すること。
　B 器械運動
　　器械運動について,次の事項を身に付けることができるよう指導する。
　(1) 次の運動について,技ができる楽しさや喜びを味わい,技の名称や行い方,運動観察の方法,体力の高め方などを理解するとともに,自己に適した技で演技すること。
　　ア　マット運動では,回転系や巧技系の基本的な技を滑らかに安定して行うこと,条件を変えた技や発展技を行うこと及びそれらを構成し演技すること。
　　イ　鉄棒運動では,支持系や懸垂系の基本的な技を滑らかに安定して行うこと,条件を変えた技や発展技を行うこと及びそれらを構成し演技すること。
　　ウ　平均台運動では,体操系やバランス系の基本的な技を滑らかに安定して行うこと,条件を変えた技や発展技を行うこと及びそれらを構成し演技すること。
　　エ　跳び箱運動では,切り返し系や回転系の基本的な技を滑らかに安定して行うこと,条件を変えた技や発展技を行うこと。
　(2) 技などの自己や仲間の課題を発見し,合理的な解決に向けて運動の取り組み方を工夫するとともに,自己の考えたことを他者に伝えること。
　(3) 器械運動に自主的に取り組むとともに,よい演技を讃えようとすること,互いに助け合い教え合おうとすること,一人一人の違いに応じた課題や挑戦を大切にしようとすることなどや,健康・安全を確保すること。
　C 陸上競技
　　陸上競技について,次の事項を身に付けることができるよう指導する。
　(1) 次の運動について,記録の向上や競争の楽しさや喜びを味わい,技術の名称や行い方,体力の高め方,運動観察の方法などを理解するとともに,各種目特有の技能を身に付けること。
　　ア　短距離走・リレーでは,中間走へのつなぎを滑らかにして速く走ることやバトンの受渡しで次走者のスピードを十分高めること,長距離走では,自己に適したペースを維持して走ること,ハードル走では,スピードを維持した走りからハードルを低く越すこと。
　　イ　走り幅跳びでは,スピードに乗った助走から力強く踏み切って跳ぶこと,走り高跳びでは,リズミカルな助走から力強く踏み切り滑らかな空間動作で跳ぶこと。
　(2) 動きなどの自己や仲間の課題を発見し,合理的な解決に向けて運動の取り組み方を工夫するとともに,自己の考えたことを他者に伝えること。
　(3) 陸上競技に自主的に取り組むとともに,勝敗などを冷静に受け止め,ルールやマナーを大切にしようとすること,自己の責任を果たそうとすること,一人一人の違いに応じた課題や挑戦を大切にしようとすることなどや,健康・安全を確保すること。
　D 水 泳
　　水泳について,次の事項を身に付けることができるよう指導する。
　(1) 次の運動について,記録の向上や競争の楽しさや喜びを味わい,技術の名称や行い方,体力の高め方,運動観察の方法などを理解するとともに,効率的に泳ぐこと。

ア　クロールでは、手と足の動き、呼吸のバランスを保ち、安定したペースで長く泳いだり速く泳いだりすること。
　イ　平泳ぎでは、手と足の動き、呼吸のバランスを保ち、安定したペースで長く泳いだり速く泳いだりすること。
　ウ　背泳ぎでは、手と足の動き、呼吸のバランスを保ち、安定したペースで泳ぐこと。
　エ　バタフライでは、手と足の動き、呼吸のバランスを保ち、安定したペースで泳ぐこと。
　オ　複数の泳法で泳ぐこと、又はリレーをすること。
（2）泳法などの自己や仲間の課題を発見し、合理的な解決に向けて運動の取り組み方を工夫するとともに、自己の考えたことを他者に伝えること。
（3）水泳に自主的に取り組むとともに、勝敗などを冷静に受け止め、ルールやマナーを大切にしようとすること、自己の責任を果たそうとすること、一人一人の違いに応じた課題や挑戦を大切にしようとすることなどや、水泳の事故防止に関する心得を遵守するなど健康・安全を確保すること。

E　球　技
　球技について、次の事項を身に付けることができるよう指導する。
（1）次の運動について、勝敗を競う楽しさや喜びを味わい、技術の名称や行い方、体力の高め方、運動観察の方法などを理解するとともに、作戦に応じた技能で仲間と連携しゲームを展開すること。
　ア　ゴール型では、安定したボール操作と空間を作りだすなどの動きによってゴール前への侵入などから攻防をすること。
　イ　ネット型では、役割に応じたボール操作や安定した用具の操作と連携した動きによって空いた場所をめぐる攻防をすること。
　ウ　ベースボール型では、安定したバット操作と走塁での攻撃、ボール操作と連携した守備などによって攻防をすること。
（2）攻防などの自己やチームの課題を発見し、合理的な解決に向けて運動の取り組み方を工夫するとともに、自己や仲間の考えたことを他者に伝えること。
（3）球技に自主的に取り組むとともに、フェアなプレイを大切にしようとすること、作戦などについての話合いに貢献しようとすること、一人一人の違いに応じたプレイなどを大切にしようとすること、互いに助け合い教え合おうとすることなどや、健康・安全を確保すること。

F　武　道
　武道について、次の事項を身に付けることができるよう指導する。
（1）次の運動について、技を高め勝敗を競う楽しさや喜びを味わい、伝統的な考え方、技の名称や見取り稽古の仕方、体力の高め方などを理解するとともに、基本動作や基本となる技を用いて攻防を展開すること。
　ア　柔道では、相手の動きの変化に応じた基本動作や基本となる技、連絡技を用いて、相手を崩して投げたり、抑えたりするなどの攻防をすること。
　イ　剣道では、相手の動きの変化に応じた基本動作や基本となる技を用いて、相手の構えを崩し、しかけたり応じたりするなどの攻防をすること。
　ウ　相撲では、相手の動きの変化に応じた基本動作や基本となる技を用いて、相手を崩し、投げたりいなしたりするなどの攻防をすること。
（2）攻防などの自己や仲間の課題を発見し、合理的な解決に向けて運動の取り組み方を工夫するとともに、自己の考えたことを他者に伝えること。
（3）武道に自主的に取り組むとともに、相手を尊重し、伝統的な行動の仕方を大切にしようとすること、自己の責任を果たそうとすること、一人一人の違いに応じた課題や挑戦を大切にしようとすることなどや、健康・安全を確保すること。

G　ダンス
　ダンスについて、次の事項を身に付けることができるよう指導する。
（1）次の運動について、感じを込めて踊ったり、みんなで自由に踊ったりする楽しさや喜びを味わい、ダンスの名称や用語、踊りの特徴と表現の仕方、交流や発表の仕方、運動観察の方法、体力の高め方などを理解するとともに、イメージを深めた表現や踊りを通した交流や発表をすること。
　ア　創作ダンスでは、表したいテーマにふさわしいイメージを捉え、個や群で、緩急強弱のある動きや空間の使い方で変化を付けて即興的に表現したり、簡単な作品にまとめたりして踊る

　　　　こと。
　　　イ　フォークダンスでは、日本の民踊や外国の踊りから、それらの踊り方の特徴を捉え、音楽に合わせて特徴的なステップや動きと組み方で踊ること。
　　　ウ　現代的なリズムのダンスでは、リズムの特徴を捉え、変化とまとまりを付けて、リズムに乗って全身で踊ること。
　　(2)　表現などの自己や仲間の課題を発見し、合理的な解決に向けて運動の取り組み方を工夫するとともに、自己や仲間の考えたことを他者に伝えること。
　　(3)　ダンスに自主的に取り組むとともに、互いに助け合い教え合おうとすること、作品や発表などの話合いに貢献しようとすること、一人一人の違いに応じた表現や役割を大切にしようとすることなどや、健康・安全を確保すること。
　H　体育理論
　　(1)　文化としてのスポーツの意義について、課題を発見し、その解決を目指した活動を通して、次の事項を身に付けることができるよう指導する。
　　　ア　文化としてのスポーツの意義について理解すること。
　　　　(ア)　スポーツは、文化的な生活を営みよりよく生きていくために重要であること。
　　　　(イ)　オリンピックやパラリンピック及び国際的なスポーツ大会などは、国際親善や世界平和に大きな役割を果たしていること。
　　　　(ウ)　スポーツは、民族や国、人種や性、障害の違いなどを超えて人々を結び付けていること。
　　　イ　文化としてのスポーツの意義について、自己の課題を発見し、よりよい解決に向けて思考し判断するとともに、他者に伝えること。
　　　ウ　文化としてのスポーツの意義についての学習に自主的に取り組むこと。

〈内容の取扱い〉
(1)　内容の各領域については、次のとおり取り扱うものとする。
　ア　第1学年及び第2学年においては、「A体つくり運動」から「H体育理論」までについては、全ての生徒に履修させること。その際、「A体つくり運動」及び「H体育理論」については、2学年間にわたって履修させること。
　イ　第3学年においては、「A体つくり運動」及び「H体育理論」については、全ての生徒に履修させること。「B器械運動」、「C陸上競技」、「D水泳」及び「Gダンス」についてはいずれかから一以上を、「E球技」及び「F武道」についてはいずれか一以上をそれぞれ選択して履修できるようにすること。
(2)　内容の「A体つくり運動」から「H体育理論」までに示す事項については、次のとおり取り扱うものとする。
　ア　「A体つくり運動」の(1)のアの運動については、「B器械運動」から「Gダンス」までにおいても関連を図って指導することができるとともに、心の健康など保健分野との関連を図って指導すること。また、「A体つくり運動」の(1)のイの運動については、第1学年及び第2学年においては、動きを持続する能力を高めるための運動に重点を置いて指導することができるが、調和のとれた体力を高めることに留意すること。その際、音楽に合わせて運動をするなどの工夫を図ること。第3学年においては、日常的に取り組める運動例を取り上げるなど指導方法の工夫を図ること。
　イ　「B器械運動」の(1)の運動については、第1学年及び第2学年においては、アからエまでの中からアを含む二を選択して履修できるようにすること。第3学年においては、アからエまでの中から選択して履修できるようにすること。
　ウ　「C陸上競技」の(1)の運動については、ア及びイに示すそれぞれの運動の中から選択して履修できるようにすること。
　エ　「D水泳」の(1)の運動については、第1学年及び第2学年においては、アからエまでの中からア又はイのいずれかを含む二を選択して履修できるようにすること。第3学年においては、アからオまでの中から選択して履修できるようにすること。なお、学校や地域の実態に応じて、安全を確保するための泳ぎを加えて履修させることができること。また、泳法との関連において水中からのスタート及びターンを取り上げること。なお、水泳の指導については、適切な水泳場の確保が困難な場合にはこれを扱わないことができるが、水泳の事故防止に関する心得については、必ず取り上げること。また、保健分野の応急手当との関連を図ること。
　オ　「E球技」の(1)の運動については、第1学年及び第2学年においては、アからウまでを全ての生徒に履修させること。第3

学年においては、アからウまでの中から二を選択して履修できるようにすること。また、アについては、バスケットボール、ハンドボール、サッカーの中から、イについては、バレーボール、卓球、テニス、バドミントンの中から、ウについては、ソフトボールを適宜取り上げることとし、学校や地域の実態に応じて、その他の運動についても履修させることができること。なお、ウの実施に当たり、十分な広さの運動場の確保が難しい場合は指導方法を工夫して行うこと。

カ 「F武道」については、柔道、剣道、相撲、空手道、なぎなた、弓道、合気道、少林寺拳法、銃剣道などを通して、我が国固有の伝統と文化により一層触れることができるようにすること。また、(1) の運動については、アからウまでの中から一を選択して履修できるようにすること。なお、学校や地域の実態に応じて、空手道、なぎなた、弓道、合気道、少林寺拳法、銃剣道などについても履修させることができること。また、武道場などの確保が難しい場合は指導方法を工夫して行うとともに、学習段階や個人差を踏まえ、段階的な指導を行うなど安全を十分に確保すること。

キ 「Gダンス」の (1) の運動については、アからウまでの中から選択して履修できるようにすること。なお、学校や地域の実態に応じて、その他のダンスについても履修させることができること。

ク 第1学年及び第2学年の内容の「H体育理論」については、(1) は第1学年、(2) は第2学年で取り上げること。

(3) 内容の「A体つくり運動」から「Gダンス」までの領域及び運動の選択並びにその指導に当たっては、学校や地域の実態及び生徒の特性等を考慮するものとする。また、第3学年の領域の選択に当たっては、安全を十分に確保した上で、生徒が自由に選択して履修することができるよう配慮すること。その際、指導に当たっては、内容の「B器械運動」から「Gダンス」までの領域については、それぞれの運動の特性に触れるために必要な体力を生徒自ら高めるように留意するものとする。

(4) 自然との関わりの深いスキー、スケートや水辺活動などの指導については、学校や地域の実態に応じて積極的に行うことに留意するものとする。

(5) 集合、整頓、列の増減、方向変換などの行動の仕方を身に付け、能率的で安全な集団としての行動ができるようにするための指導については、内容の「A体つくり運動」から「Gダンス」までの領域において適切に行うものとする。

〈保健分野〉

1 目 標

(1) 個人生活における健康・安全について理解するとともに、基本的な技能を身に付けるようにする。

(2) 健康についての自他の課題を発見し、よりよい解決に向けて思考し判断するとともに、他者に伝える力を養う。

(3) 生涯を通じて心身の健康の保持増進を目指し、明るく豊かな生活を営む態度を養う。

2 内 容

(1) 健康な生活と疾病の予防について、課題を発見し、その解決を目指した活動を通して、次の事項を身に付けることができるよう指導する。

ア 健康な生活と疾病の予防について理解を深めること。

(ア) 健康は、主体と環境の相互作用の下に成り立っていること。また、疾病は、主体の要因と環境の要因が関わり合って発生すること。

(イ) 健康の保持増進には、年齢、生活環境等に応じた運動、食事、休養及び睡眠の調和のとれた生活を続ける必要があること。

(ウ) 生活習慣病などは、運動不足、食事の量や質の偏り、休養や睡眠の不足などの生活習慣の乱れが主な要因となって起こること。また、生活習慣病などの多くは、適切な運動、食事、休養及び睡眠の調和のとれた生活を実践することによって予防できること。

(エ) 喫煙、飲酒、薬物乱用などの行為は、心身に様々な影響を与え、健康を損なう原因となること。また、これらの行為には、個人の心理状態や人間関係、社会環境が影響することから、それぞれの要因に適切に対処する必要があること。

(オ) 感染症は、病原体が主な要因となって発生すること。また、感染症の多くは、発生源をなくすこと、感染経路を遮断すること、主体の抵抗力を高めることによって予防できること。

(カ) 健康の保持増進や疾病の予防のためには、個人や社会の取組が重要であ

り、保健・医療機関を有効に利用することが必要であること。また、医薬品は、正しく使用すること。
　イ　健康な生活と疾病の予防について、課題を発見し、その解決に向けて思考し判断するとともに、それらを表現すること。
(2)　心身の機能の発達と心の健康について、課題を発見し、その解決を目指した活動を通して、次の事項を身に付けることができるよう指導する。
　ア　心身の機能の発達と心の健康について理解を深めるとともに、ストレスへの対処をすること。
　　(ア)　身体には、多くの器官が発育し、それに伴い、様々な機能が発達する時期があること。また、発育・発達の時期やその程度には、個人差があること。
　　(イ)　思春期には、内分泌の働きによって生殖に関わる機能が成熟すること。また、成熟に伴う変化に対応した適切な行動が必要となること。
　　(ウ)　知的機能、情意機能、社会性などの精神機能は、生活経験などの影響を受けて発達すること。また、思春期においては、自己の認識が深まり、自己形成がなされること。
　　(エ)　精神と身体は、相互に影響を与え、関わっていること。欲求やストレスは、心身に影響を与えることがあること。また、心の健康を保つには、欲求やストレスに適切に対処する必要があること。
　イ　心身の機能の発達と心の健康について、課題を発見し、その解決に向けて思考し判断するとともに、それらを表現すること。
(3)　傷害の防止について、課題を発見し、その解決を目指した活動を通して、次の事項を身に付けることができるよう指導する。
　ア　傷害の防止について理解を深めるとともに、応急手当をすること。
　　(ア)　交通事故や自然災害などによる傷害は、人的要因や環境要因などが関わって発生すること。
　　(イ)　交通事故などによる傷害の多くは、安全な行動、環境の改善によって防止できること。
　　(ウ)　自然災害による傷害は、災害発生時だけでなく、二次災害によっても生じること。また、自然災害による傷害の多くは、災害に備えておくこと、安全に避難することによって防止できること。
　　(エ)　応急手当を適切に行うことによって、傷害の悪化を防止することができること。また、心肺蘇生法などを行うこと。
　イ　傷害の防止について、危険の予測やその回避の方法を考え、それらを表現すること。
(4)　健康と環境について、課題を発見し、その解決を目指した活動を通して、次の事項を身に付けることができるよう指導する。
　ア　健康と環境について理解を深めること。
　　(ア)　身体には、環境に対してある程度まで適応能力があること。身体の適応能力を超えた環境は、健康に影響を及ぼすことがあること。また、快適で能率のよい生活を送るための温度、湿度や明るさには一定の範囲があること。
　　(イ)　飲料水や空気は、健康と密接な関わりがあること。また、飲料水や空気を衛生的に保つには、基準に適合するよう管理する必要があること。
　　(ウ)　人間の生活によって生じた廃棄物は、環境の保全に十分配慮し、環境を汚染しないように衛生的に処理する必要があること。
　イ　健康と環境に関する情報から課題を発見し、その解決に向けて思考し判断するとともに、それらを表現すること。

3　内容の取扱い
(1)　内容の(1)のアのア及びイは第1学年、(1)のアのウ及びエは第2学年、(1)のアのオ及びカは第3学年で取り扱うものとし、(1)のイは全ての学年で取り扱うものとする。内容の(2)は第1学年、(3)は第2学年、(4)は第3学年で取り扱うものとする。
(2)　内容の(1)のアについては、健康の保持増進と疾病の予防に加えて、疾病の回復についても取り扱うものとする。
(3)　内容の(1)のアのイ及びウについては、食育の観点も踏まえつつ健康的な生活習慣の形成に結び付くように配慮するとともに、必要に応じて、コンピュータなどの情報機器の使用と健康との関わりについて取り扱うことにも配慮するものとする。また、がんについても取り扱うものとする。
(4)　内容の(1)のアのエについては、心身への急性影響及び依存性について取り扱うこと。また、薬物は、覚醒剤や大麻等を取り扱うものとする。

(5) 内容の(1)のアのオについては、後天性免疫不全症候群（エイズ）及び性感染症についても取り扱うものとする。
(6) 内容の(2)のアのアについては、呼吸器、循環器を中心に取り扱うものとする。
(7) 内容の(2)のアのイについては、妊娠や出産が可能となるような成熟が始まるという観点から、受精・妊娠を取り扱うものとし、妊娠の経過は取り扱わないものとする。また、身体の機能の成熟とともに、性衝動が生じたり、異性への関心が高まったりすることなどから、異性の尊重、情報への適切な対処や行動の選択が必要となることについて取り扱うものとする。
(8) 内容の(2)のアのエについては、体育分野の内容の「A体つくり運動」の(1)のアの指導との関連を図って指導するものとする。
(9) 内容の(3)のアのエについては、包帯法、止血法など傷害時の応急手当も取り扱い、実習を行うものとする。また、効果的な指導を行うため、水泳など体育分野の内容との関連を図るものとする。
(10) 内容の(4)については、地域の実態に即して公害と健康との関係を取り扱うことにも配慮するものとする。また、生態系については、取り扱わないものとする。
(11) 保健分野の指導に際しては、自他の健康に関心をもてるようにし、健康に関する課題を解決する学習活動を取り入れるなどの指導方法の工夫を行うものとする。

第3 指導計画の作成と内容の取扱い

1 指導計画の作成に当たっては、次の事項に配慮するものとする。
(1) 単元など内容や時間のまとまりを見通して、その中で育む資質・能力の育成に向けて、生徒の主体的・対話的で深い学びの実現を図るようにすること。その際、体育や保健の見方・考え方を働かせながら、運動や健康についての自他の課題を発見し、その合理的な解決のための活動の充実を図ること。また、運動の楽しさや喜びを味わったり、健康の大切さを実感したりすることができるよう留意すること。
(2) 授業時数の配当については、次のとおり扱うこと。
　ア　保健分野の授業時数は、3学年間で48単位時間程度配当すること。
　イ　保健分野の授業時数は、3学年間を通じて適切に配当し、各学年において効果的な学習が行われるよう考慮して配当すること。
　ウ　体育分野の授業時数は、各学年にわたって適切に配当すること。その際、体育分野の内容の「A体つくり運動」については、各学年で7単位時間以上を、「H体育理論」については、各学年で3単位時間以上を配当すること。
　エ　体育分野の内容の「B器械運動」から「Gダンス」までの領域の授業時数は、それらの内容の習熟を図ることができるよう考慮して配当すること。
(3) 障害のある生徒などについては、学習活動を行う場合に生じる困難さに応じた指導内容や指導方法の工夫を計画的、組織的に行うこと。
(4) 第1章総則の第1の2の(2)に示す道徳教育の目標に基づき、道徳科などとの関連を考慮しながら、第3章特別の教科道徳の第2に示す内容について、保健体育科の特質に応じて適切な指導をすること。

2 第2の内容の取扱いについては、次の事項に配慮するものとする。
(1) 体力や技能の程度、性別や障害の有無等に関わらず、運動の多様な楽しみ方を共有することができるよう留意すること。
(2) 言語能力を育成する言語活動を重視し、筋道を立てて練習や作戦について話し合う活動や、個人生活における健康の保持増進や回復について話し合う活動などを通して、コミュニケーション能力や論理的な思考力の育成を促し、自主的な学習活動の充実を図ること。
(3) 第2の内容の指導に当たっては、コンピュータや情報通信ネットワークなどの情報手段を積極的に活用して、各分野の特質に応じた学習活動を行うよう工夫すること。
(4) 体育分野におけるスポーツとの多様な関わり方や保健分野の指導については、具体的な体験を伴う学習の工夫を行うよう留意すること。
(5) 生徒が学習内容を確実に身に付けることができるよう、学校や生徒の実態に応じ、学習内容の習熟の程度に応じた指導、個別指導との連携を踏まえた教師間の協力的な指導などを工夫改善し、個に応じた指導の充実が図られるよう留意すること。
(6) 第1章総則の第1の2の(3)に示す学校における体育・健康に関する指導の趣旨を生かし、特別活動、運動部の活動などとの関連を図り、日常生活における体育・健康に関する活動が適切かつ継続的に実践できるよう留意すること。なお、体力の測定に

ついては、計画的に実施し、運動の指導及び体力の向上に活用するようにすること。
(7) 体育分野と保健分野で示された内容については、相互の関連が図られるよう留意すること。

高等学校学習指導要領

平成30年〔2018年〕告示　文部科学省

前文〔小学校学習指導要領を参照〕

第1章　総　則

第1款　高等学校教育の基本と教育課程の役割

1～3　〔小学校学習指導要領を参照〕
4　学校においては、地域や学校の実態等に応じて、就業やボランティアに関わる体験的な学習の指導を適切に行うようにし、勤労の尊さや創造することの喜びを体得させ、望ましい勤労観、職業観の育成や社会奉仕の精神の涵養に資するものとする。
5　各学校においては、生徒や学校、地域の実態を適切に把握し、教育の目的や目標の実現に必要な教育の内容等を教科等横断的な視点で組み立てていくこと、教育課程の実施状況を評価してその改善を図っていくこと、教育課程の実施に必要な人的又は物的な体制を確保するとともにその改善を図っていくことなどを通して、教育課程に基づき組織的かつ計画的に各学校の教育活動の質の向上を図っていくこと（以下「カリキュラム・マネジメント」という。）に努めるものとする。

第2款　教育課程の編成

1　各学校の教育目標と教育課程の編成
　教育課程の編成に当たっては、学校教育全体や各教科・科目等における指導を通して育成を目指す資質・能力を踏まえつつ、各学校の教育目標を明確にするとともに、教育課程の編成についての基本的な方針が家庭や地域とも共有されるよう努めるものとする。その際、第4章の第2の1に基づき定められる目標との関連を図るものとする。
2　教科等横断的な視点に立った資質・能力の育成
(1) 各学校においては、生徒の発達の段階を考慮し、言語能力、情報活用能力（情報モラルを含む。）、問題発見・解決能力等の学習の基盤となる資質・能力を育成していくことができるよう、各教科・科目等の特質を生かし、教科等横断的な視点から教育課程の編成を図るものとする。
(2) 各学校においては、生徒や学校、地域の実態及び生徒の発達の段階を考慮し、豊かな人生の実現や災害等を乗り越えて次代の

社会を形成することに向けた現代的な諸課題に対応して求められる資質・能力を、教科等横断的な視点で育成していくことができるよう、各学校の特色を生かした教育課程の編成を図るものとする。
3 教育課程の編成における共通的事項
 (1) 各教科・科目及び単位数等
  ア 卒業までに履修させる単位数等
   各学校においては、卒業までに履修させるイからオまでに示す各教科・科目及びその単位数、総合的な探究の時間の単位数並びに特別活動及びその授業時数に関する事項を定めるものとする。この場合、各教科・科目及び総合的な探究の時間の単位数の計は、(2)のア、イ及びウの(ア)に掲げる各教科・科目の単位数並びに総合的な探究の時間の単位数を含めて74単位以上とする。
   単位については、1単位時間を50分とし、35単位時間の授業を1単位として計算することを標準とする。ただし、通信制の課程においては、5に定めるところによるものとする。
  イ 各学科に共通する各教科・科目及び総合的な探究の時間並びに標準単位数
   各学校においては、教育課程の編成に当たって、次の表に掲げる各教科・科目及び総合的な探究の時間並びにそれぞれの標準単位数を踏まえ、生徒に履修させる各教科・科目及び総合的な探究の時間並びにそれらの単位数について適切に定めるものとする。ただし、生徒の実態等を考慮し、特に必要がある場合には、標準単位数の標準の限度を超えて単位数を増加して配当することができる。
  ウ 主として専門学科において開設される各教科・科目
   各学校においては、教育課程の編成に当たって、次の表に掲げる主として専門学科(専門教育を主とする学科をいう。

教科等	科目	標準単位数
国語	現代の国語	2
	言語文化	2
	論理国語	4
	文学国語	4
	国語表現	4
	古典探究	4
地理歴史	地理総合	2
	地理探究	3
	歴史総合	2
	日本史探究	3
	世界史探究	3
公民	公共	2
	公民倫理	2
	政治・経済	2
数学	数学Ⅰ	3
	数学Ⅱ	4
	数学Ⅲ	3
	数学A	2
	数学B	2
	数学C	2
理科	科学と人間生活	2
	物理基礎	2
	物理	4
	化学基礎	2
	化学	4
	生物基礎	2
	生物	4
	地学基礎	2
	地学	4

教科等	科目	標準単位数
保健体育	体育	7〜8
	保健	2
芸術	音楽Ⅰ	2
	音楽Ⅱ	2
	音楽Ⅲ	2
	美術Ⅰ	2
	美術Ⅱ	2
	美術Ⅲ	2
	工芸Ⅰ	2
	工芸Ⅱ	2
	工芸Ⅲ	2
	書道Ⅰ	2
	書道Ⅱ	2
	書道Ⅲ	2
外国語	英語コミュニケーションⅠ	3
	英語コミュニケーションⅡ	4
	英語コミュニケーションⅢ	4
	論理・表現Ⅰ	2
	論理・表現Ⅱ	2
	論理・表現Ⅲ	2
家庭	家庭基礎	2
	家庭総合	4
情報	情報Ⅰ	2
	情報Ⅱ	2
理数	理数探究基礎	1
	理数探究	2〜5
総合的な探究の時間		3〜6

以下同じ。)において開設される各教科・科目及び設置者の定めるそれぞれの標準単位数を踏まえ、生徒に履修させる各教科・科目及びその単位数について適切に定めるものとする。〈教科と科目一覧の表省略〉

エ 学校設定科目
　学校においては、生徒や学校、地域の実態及び学科の特色等に応じ、特色ある教育課程の編成に資するよう、イ及びウの表に掲げる教科について、これらに属する科目以外の科目(以下「学校設定科目」という。)を設けることができる。この場合において、学校設定科目の名称、目標、内容、単位数等については、その科目の属する教科の目標に基づき、高等学校教育としての水準の確保に十分配慮し、各学校の定めるところによるものとする。

オ 学校設定教科
(ア)　学校においては、生徒や学校、地域の実態及び学科の特色等に応じ、特色ある教育課程の編成に資するよう、イ及びウの表に掲げる教科以外の教科(以下「学校設定教科」という。)及び当該教科に関する科目を設けることができる。この場合において、学校設定教科及び当該教科に関する科目の名称、目標、内容、単位数等については、高等学校教育の目標に基づき、高等学校教育としての水準の確保に十分配慮し、各学校の定めるところによるものとする。

(イ)　学校においては、学校設定教科に関する科目として「産業社会と人間」を設けることができる。この科目の目標、内容、単位数等を各学校において定めるに当たっては、産業社会における自己の在り方生き方について考えさせ、社会に積極的に寄与し、生涯にわたって学習に取り組む意欲や態度を養うとともに、生徒の主体的な各教科・科目の選択に資するよう、就業体験活動等の体験的な学習や調査・研究などを通して、次のような事項について指導することに配慮するものとする。

㋐ 社会生活や職業生活に必要な基本的な能力や態度及び望ましい勤労観、職業観の育成
㋑ 我が国の産業の発展とそれがもたらした社会の変化についての考察
㋒ 自己の将来の生き方や進路についての考察及び各教科・科目の履修計画の作成

(2) 各教科・科目の履修等
ア 各学科に共通する必履修教科・科目及び総合的な探究の時間
(ア)　全ての生徒に履修させる各教科・科目(以下「必履修教科・科目」という。)は次のとおりとし、その単位数は、(1)のイに標準単位数として示された単位数を下らないものとする。ただし、生徒の実態及び専門学科の特色等を考慮し、特に必要がある場合には、「数学Ⅰ」及び「英語コミュニケーションⅠ」については2単位とすることができ、その他の必履修教科・科目(標準単位数が2単位であるものを除く。)についてはその単位数の一部を減じることができる。

㋐ 国語のうち「現代の国語」及び「言語文化」
㋑ 地理歴史のうち「地理総合」及び「歴史総合」
㋒ 公民のうち「公共」
㋓ 数学のうち「数学Ⅰ」
㋔ 理科のうち「科学と人間生活」、「物理基礎」、「化学基礎」、「生物基礎」及び「地学基礎」のうちから2科目(うち1科目は「科学と人間生活」とする。)又は「物理基礎」、「化学基礎」、「生物基礎」及び「地学基礎」のうちから3科目
㋕ 保健体育のうち「体育」及び「保健」
㋖ 芸術のうち「音楽Ⅰ」、「美術Ⅰ」、「工芸Ⅰ」及び「書道Ⅰ」のうちから1科目
㋗ 外国語のうち「英語コミュニケーションⅠ」(英語以外の外国語を履修する場合は、学校設定科目として設ける1科目とし、その標準単位数は3単位とする。)
㋘ 家庭のうち「家庭基礎」及び「家庭総合」のうちから1科目
㋙ 情報のうち「情報Ⅰ」

(イ)　総合的な探究の時間については、全ての生徒に履修させるものとし、その単位数は、(1)のイに標準単位数として示された単位数の下限を下らないものとする。ただし、特に必要がある場合には、その単位数を2単位とすることができる。

(ウ)　外国の高等学校に留学していた生徒

について、外国の高等学校における履修により、必履修教科・科目又は総合的な探究の時間の履修と同様の成果が認められる場合においては、外国の高等学校における履修をもって相当する必履修教科・科目又は総合的な探究の時間の履修の一部又は全部に替えることができる。
 イ 専門学科における各教科・科目の履修
   専門学科における各教科・科目の履修については、アのほか次のとおりとする。
  (ア) 専門学科においては、専門教科・科目((1)のウの表に掲げる各教科・科目、同表に掲げる教科に属する学校設定科目及び専門教育に関する学校設定教科に関する科目をいう。以下同じ。)について、全ての生徒に履修させる単位数は、25単位を下らないこと。ただし、商業に関する学科においては、上記の単位数の中に外国語に属する科目の単位を5単位まで含めることができること。また、商業に関する学科以外の専門学科においては、各学科の目標を達成する上で、専門教科・科目以外の各教科・科目の履修により、専門教科・科目の履修と同様の成果が期待できる場合においては、その専門教科・科目以外の各教科・科目の単位を5単位まで上記の単位数の中に含めることができること。
  (イ) 専門教科・科目の履修によって、アの必履修教科・科目の履修と同様の成果が期待できる場合においては、その専門教科・科目の履修をもって、必履修教科・科目の履修の一部又は全部に替えることができること。
  (ウ) 職業教育を主とする専門学科においては、総合的な探究の時間の履修により、農業、工業、商業、水産、家庭若しくは情報の各教科の「課題研究」、看護の「看護臨地実習」又は福祉の「介護総合演習」(以下「課題研究等」という。)の履修と同様の成果が期待できる場合においては、総合的な探究の時間の履修をもって課題研究等の履修の一部又は全部に替えることができること。また、課題研究等の履修により、総合的な探究の時間の履修と同様の成果が期待できる場合においては、課題研究等の履修をもって総合的な探究の時間の履修の一部又は全部に替えることができること。
 ウ 総合学科における各教科・科目の履修等
   総合学科における各教科・科目の履修等については、アのほか次のとおりとする。
  (ア) 総合学科においては、(1)のオの(イ)に掲げる「産業社会と人間」を全ての生徒に原則として入学年次に履修させるものとし、標準単位数は2〜4単位とすること。
  (イ) 総合学科においては、学年による教育課程の区分を設けない課程(以下「単位制による課程」という。)とすることを原則とするとともに、「産業社会と人間」及び専門教科・科目を合わせて25単位以上設け、生徒が多様な各教科・科目から主体的に選択履修できるようにすること。その際、生徒が選択履修するに当たっての指針となるよう、体系性や専門性等において相互に関連する各教科・科目によって構成される科目群を複数設けるとともに、必要に応じ、それら以外の各教科・科目を設け、生徒が自由に選択履修できるようにすること。
(3) 各教科・科目等の授業時数等
 ア 全日制の課程における各教科・科目及びホームルーム活動の授業は、年間35週行うことを標準とし、必要がある場合には、各教科・科目の授業を特定の学期又は特定の期間(夏季、冬季、学年末等の休業日の期間に授業日を設定する場合を含む。)に行うことができる。
 イ 全日制の課程における週当たりの授業時数は、30単位時間を標準とする。ただし、必要がある場合には、これを増加することができる。
 ウ 定時制の課程における授業日数の季節的配分又は週若しくは1日当たりの授業時数については、生徒の勤労状況と地域の諸事情等を考慮して、適切に定めるものとする。
 エ ホームルーム活動の授業時数については、原則として、年間35単位時間以上とするものとする。
 オ 生徒会活動及び学校行事については、学校の実態に応じて、それぞれ適切な授業時数を充てるものとする。
 カ 定時制の課程において、特別の事情がある場合には、ホームルーム活動の授業時数の一部を減じ、又はホームルーム活動及び生徒会活動の内容の一部を行わな

キ 各教科・科目等のそれぞれの授業の1単位時間は、各学校において、各教科・科目等の授業時数を確保しつつ、生徒の実態及び各教科・科目等の特質を考慮して適切に定めるものとする。

ク 各教科・科目等の特質に応じ、10分から15分程度の短い時間を活用して特定の各教科・科目等の指導を行う場合において、当該各教科・科目等を担当する教師が単元や題材など内容や時間のまとまりを見通した中で、その指導内容の決定や指導の成果の把握と活用等を責任をもって行う体制が整備されているときは、その時間を当該各教科・科目等の授業時数に含めることができる。

ケ 総合的な探究の時間における学習活動により、特別活動の学校行事に掲げる各行事の実施と同様の成果が期待できる場合においては、総合的な探究の時間における学習活動をもって相当する特別活動の学校行事に掲げる各行事の実施に替えることができる。

コ 理数の「理数探究基礎」又は「理数探究」の履修により、総合的な探究の時間の履修と同様の成果が期待できる場合においては、「理数探究基礎」又は「理数探究」の履修をもって総合的な探究の時間の履修の一部又は全部に替えることができる。

(4) 選択履修の趣旨を生かした適切な教育課程の編成

教育課程の編成に当たっては、生徒の特性、進路等に応じた適切な各教科・科目の履修ができるようにし、このため、多様な各教科・科目を設け生徒が自由に選択履修することのできるよう配慮するものとする。また、教育課程の類型を設け、そのいずれかの類型を選択して履修させる場合においても、その類型において履修させることになっている各教科・科目以外の各教科・科目を履修させたり、生徒が自由に選択履修することのできる各教科・科目を設けたりするものとする。

(5) 各教科・科目等の内容等の取扱い

ア 学校においては、第2章以下に示していない事項を加えて指導することができる。また、第2章以下に示す内容の取扱いのうち内容の範囲や程度等を示す事項は、当該科目を履修する全ての生徒に対して指導するものとする内容の範囲や程度等を示したものであり、学校において特に必要がある場合には、この事項にかかわらず指導することができる。ただし、これらの場合には、第2章以下に示す教科、科目及び特別活動の目標や内容の趣旨を逸脱したり、生徒の負担が過重となったりすることのないようにするものとする。

イ 第2章以下に示す各教科・科目及び特別活動の内容に掲げる事項の順序は、特に示す場合を除き、指導の順序を示すものではないので、学校においては、その取扱いについて適切な工夫を加えるものとする。

ウ 学校においては、あらかじめ計画して、各教科・科目の内容及び総合的な探究の時間における学習活動を学期の区分に応じて単位ごとに分割して指導することができる。

エ 学校においては、特に必要がある場合には、第2章及び第3章に示す教科及び科目の目標の趣旨を損なわない範囲で、各教科・科目の内容に関する事項について、基礎的・基本的な事項に重点を置くなどその内容を適切に選択して指導することができる。

(6) 指導計画の作成に当たって配慮すべき事項

各学校においては、次の事項に配慮しながら、学校の創意工夫を生かし、全体として、調和のとれた具体的な指導計画を作成するものとする。

ア 各教科・科目等の指導内容については、単元や題材など内容や時間のまとまりを見通しながら、そのまとめ方や重点の置き方に適切な工夫を加え、第3款の1に示す主体的・対話的で深い学びの実現に向けた授業改善を通して資質・能力を育む効果的な指導ができるようにすること。

イ 各教科・科目等について相互の関連を図り、系統的、発展的な指導ができるようにすること。

(7) キャリア教育及び職業教育に関して配慮すべき事項

ア 学校においては、第5款の1に示すキャリア教育及び職業教育を推進するために、生徒の特性や進路、学校や地域の実態等を考慮し、地域や産業界等との連携を図り、産業現場等における長期間の実習を取り入れるなどの就業体験活動の機会を積極的に設けるとともに、地域や産業界等の人々の協力を積極的に得るよ

う配慮するものとする。
　イ　普通科においては、生徒の特性や進路、学校や地域の実態等を考慮し、必要に応じて、適切な職業に関する各教科・科目の履修の機会の確保について配慮するものとする。
　ウ　職業教育を主とする専門学科においては、次の事項に配慮するものとする。
　　(ア)　職業に関する各教科・科目については、実験・実習に配当する授業時数を十分確保するようにすること。
　　(イ)　生徒の実態を考慮し、職業に関する各教科・科目の履修を容易にするため特別な配慮が必要な場合には、各分野における基礎的又は中核的な科目を重点的に選択し、その内容については基礎的・基本的な事項が確実に身に付くように取り扱い、また、主として実験・実習によって指導するなどの工夫をこらすようにすること。
　エ　職業に関する各教科・科目については、次の事項に配慮するものとする。
　　(ア)　職業に関する各教科・科目については、就業体験活動をもって実習に替えることができること。この場合、就業体験活動は、その各教科・科目の内容に直接関係があり、かつ、その一部としてあらかじめ計画し、評価されるものであることを要すること。
　　(イ)　農業、水産及び家庭に関する各教科・科目の指導に当たっては、ホームプロジェクト並びに学校家庭クラブ及び学校農業クラブなどの活動を活用して、学習の効果を上げるよう留意すること。この場合、ホームプロジェクトについては、その各教科・科目の授業時数の10分の2以内をこれに充てることができること。
　　(ウ)　定時制及び通信制の課程において、職業に関する各教科・科目を履修する生徒が、現にその各教科・科目と密接な関係を有する職業（家事を含む。）に従事している場合で、その職業における実務等が、その各教科・科目の一部を履修した場合と同様の成果があると認められるときは、その実務等をもってその各教科・科目の履修の一部に替えることができること。
4　学校段階等間の接続
　教育課程の編成に当たっては、次の事項に配慮しながら、学校段階等間の接続を図るものとする。
(1)　現行の中学校学習指導要領を踏まえ、中学校教育までの学習の成果が高等学校教育に円滑に接続され、高等学校教育段階の終わりまでに育成することを目指す資質・能力を、生徒が確実に身に付けることができるよう工夫すること。特に、中等教育学校、連携型高等学校及び併設型高等学校においては、中等教育6年間を見通した計画的かつ継続的な教育課程を編成すること。
(2)　生徒や学校の実態等に応じ、必要がある場合には、例えば次のような工夫を行い、義務教育段階での学習内容の確実な定着を図るようにすること。
　ア　各教科・科目の指導に当たり、義務教育段階での学習内容の確実な定着を図るための学習機会を設けること。
　イ　義務教育段階での学習内容の確実な定着を図りながら、必履修教科・科目の内容を十分に習得させることができるよう、その単位数を標準単位数の標準の限度を超えて増加して配当すること。
　ウ　義務教育段階での学習内容の確実な定着を図ることを目標とした学校設定科目等を履修させた後に、必履修教科・科目を履修させるようにすること。
(3)　大学や専門学校等における教育や社会的・職業的自立、生涯にわたる学習のために、高等学校卒業以降の教育や職業との円滑な接続が図られるよう、関連する教育機関や企業等との連携により、卒業後の進路に求められる資質・能力を着実に育成することができるよう工夫すること。
5　通信制の課程における教育課程の特例
　通信制の課程における教育課程については、1から4まで（3の(3)、(4)並びに(7)のエの(ア)及び(イ)を除く。）並びに第1款及び第3款から第7款までに定めるところによるほか、次に定めるところによる。
(1)　各教科・科目の添削指導の回数及び面接指導の単位時間（1単位時間は、50分として計算するものとする。以下同じ。）数の標準は、1単位につき次の表のとおりとする。

各教科・科目	添削指導（回）	面接指導（単位時間）
国語、地理歴史、公民及び数学に属する科目	3	1
理科に属する科目	3	4

保健体育に属する科目のうち「体育」	1	5
保健体育に属する科目のうち「保健」	3	1
芸術及び外国語に属する科目	3	4
家庭及び情報に属する科目並びに専門教科・科目	各教科・科目の必要に応じて2〜3	各教科・科目の必要に応じて2〜8

(2) 学校設定教科に関する科目のうち専門教科・科目以外のものの添削指導の回数及び面接指導の単位時間数については、1単位につき、それぞれ1回以上及び1単位時間以上を確保した上で、各学校が適切に定めるものとする。

(3) 理数に属する科目及び総合的な探究の時間の添削指導の回数及び面接指導の単位時間数については、1単位につき、それぞれ1回以上及び1単位時間以上を確保した上で、各学校において、学習活動に応じ適切に定めるものとする。

(4) 各学校における面接指導の1回あたりの時間は、各学校において、(1) から (3) までの標準を踏まえ、各教科・科目及び総合的な探究の時間の面接指導の単位時間数を確保しつつ、生徒の実態並びに各教科・科目及び総合的な探究の時間の特質を考慮して適切に定めるものとする。

(5) 学校が、その指導計画に、各教科・科目又は特別活動について体系的に行われるラジオ放送、テレビ放送その他の多様なメディアを利用して行う学習を計画的かつ継続的に取り入れた場合で、生徒がこれらの方法により学習し、報告課題の作成等により、その成果が満足できると認められるときは、その生徒について、その各教科・科目の面接指導の時間数又は特別活動の時間数(以下「面接指導等時間数」という。)のうち、10分の6以内の時間数を免除することができる。また、生徒の実態等を考慮して特に必要がある場合は、面接指導等時間数のうち、複数のメディアを利用することにより、各メディアごとにそれぞれ10分の6以内の時間数を免除することができる。ただし、免除する時間数は、合わせて10分の8を超えることができない。

なお、生徒の面接指導等時間数を免除しようとする場合には、本来行われるべき学習の量と質を低下させることがないよう十分配慮しなければならない。

(6) 特別活動については、ホームルーム活動を含めて、各々の生徒の卒業までに30単位時間以上指導するものとする。なお、特別の事情がある場合には、ホームルーム活動及び生徒会活動の内容の一部を行わないものとすることができる。

第3款 教育課程の実施と学習評価

1 主体的・対話的で深い学びの実現に向けた授業改善

各教科・科目等の指導に当たっては、次の事項に配慮するものとする。

(1) 第1款の3の (1) から (3) までに示すことが偏りなく実現されるよう、単元や題材など内容や時間のまとまりを見通しながら、生徒の主体的・対話的で深い学びの実現に向けた授業改善を行うこと。

特に、各教科・科目等において身に付けた知識及び技能を活用したり、思考力、判断力、表現力等や学びに向かう力、人間性等を発揮させたりして、学習の対象となる物事を捉え思考することにより、各教科・科目等の特質に応じた物事を捉える視点や考え方(以下「見方・考え方」という。)が鍛えられていくことに留意し、生徒が各教科・科目等の特質に応じた見方・考え方を働かせながら、知識を相互に関連付けてより深く理解したり、情報を精査して考えを形成したり、問題を見いだして解決策を考えたり、思いや考えを基に創造したりすることに向かう過程を重視した学習の充実を図ること。

(2) 第2款の2の (1) に示す言語能力の育成を図るため、各学校において必要な言語環境を整えるとともに、国語科を要としつつ各教科・科目等の特質に応じて、生徒の言語活動を充実すること。あわせて、(6) に示すとおり読書活動を充実すること。

(3) 第2款の2の (1) に示す情報活用能力の育成を図るため、各学校において、コンピュータや情報通信ネットワークなどの情報手段を活用するために必要な環境を整え、これらを適切に活用した学習活動の充実を図ること。また、各種の統計資料や新聞、視聴覚教材や教育機器などの教材・教具の適切な活用を図ること。

(4) 生徒が学習の見通しを立てたり学習したことを振り返ったりする活動を、計画的に取り入れるように工夫すること。

(5) 生徒が生命の有限性や自然の大切さ、主体的に挑戦してみることや多様な他者と協

働することの重要性などを実感しながら理解することができるよう、各教科・科目等の特質に応じた体験活動を重視し、家庭や地域社会と連携しつつ体系的・継続的に実施できるよう工夫すること。
(6) 学校図書館を計画的に利用しその機能の活用を図り、生徒の主体的・対話的で深い学びの実現に向けた授業改善に生かすとともに、生徒の自主的、自発的な学習活動や読書活動を充実すること。また、地域の図書館や博物館、美術館、劇場、音楽堂等の施設の活用を積極的に図り、資料を活用した情報の収集や鑑賞等の学習活動を充実すること。

2 学習評価の充実
学習評価の実施に当たっては、次の事項に配慮するものとする。
(1) 生徒のよい点や進歩の状況などを積極的に評価し、学習したことの意義や価値を実感できるようにすること。また、各教科・科目等の目標の実現に向けた学習状況を把握する観点から、単元や題材など内容や時間のまとまりを見通しながら評価の場面や方法を工夫して、学習の過程や成果を評価し、指導の改善や学習意欲の向上を図り、資質・能力の育成に生かすようにすること。
(2) 創意工夫の中で学習評価の妥当性や信頼性が高められるよう、組織的かつ計画的な取組を推進するとともに、学年や学校段階を越えて生徒の学習の成果が円滑に接続されるように工夫すること。

第4款 単位の修得及び卒業の認定
1 各教科・科目及び総合的な探究の時間の単位の修得の認定
(1) 学校においては、生徒が学校の定める指導計画に従って各教科・科目を履修し、その成果が教科及び科目の目標からみて満足できると認められる場合には、その各教科・科目について履修した単位を修得したことを認定しなければならない。
(2) 学校においては、生徒が学校の定める指導計画に従って総合的な探究の時間を履修し、その成果が第4章の第2の1に基づき定められる目標からみて満足できると認められる場合には、総合的な探究の時間について履修した単位を修得したことを認定しなければならない。
(3) 学校においては、生徒が1科目又は総合的な探究の時間を2以上の年次にわたって履修したときは、各年次ごとにその各教科・科目又は総合的な探究の時間について

履修した単位を修得したことを認定することを原則とする。また、単位の修得の認定を学期の区分ごとに行うことができる。

2 卒業までに修得させる単位数
学校においては、卒業までに修得させる単位数を定め、校長は、当該単位数を修得した者で、特別活動の成果がその目標からみて満足できると認められるものについて、高等学校の全課程の修了を認定するものとする。この場合、卒業までに修得させる単位数は、74単位以上とする。なお、普通科においては、卒業までに修得させる単位数に含めることができる学校設定科目及び学校設定教科に関する科目に係る修得単位数は、合わせて20単位を超えることができない。

3 各学年の課程の修了の認定
学校においては、各学年の課程の修了の認定については、単位制が併用されていることを踏まえ、弾力的に行うよう配慮するものとする。

第5款 生徒の発達の支援
1 生徒の発達を支える指導の充実
教育課程の編成及び実施に当たっては、次の事項に配慮するものとする。
(1) 学習や生活の基盤として、教師と生徒との信頼関係及び生徒相互のよりよい人間関係を育てるため、日頃からホームルーム経営の充実を図ること。また、主に集団の場面で必要な指導や援助を行うガイダンスと、個々の生徒の多様な実態を踏まえ、一人一人が抱える課題に個別に対応した指導を行うカウンセリングの双方により、生徒の発達を支援すること。
(2) 生徒が、自己の存在感を実感しながら、よりよい人間関係を形成し、有意義で充実した学校生活を送る中で、現在及び将来における自己実現を図っていくことができるよう、生徒理解を深め、学習指導と関連付けながら、生徒指導の充実を図ること。
(3) 生徒が、学ぶことと自己の将来とのつながりを見通しながら、社会的・職業的自立に向けて必要な基盤となる資質・能力を身に付けていくことができるよう、特別活動を要としつつ各教科・科目等の特質に応じて、キャリア教育の充実を図ること。その中で、生徒が自己の在り方生き方を考え主体的に進路を選択することができるよう、学校の教育活動全体を通じ、組織的かつ計画的な進路指導を行うこと。
(4) 学校の教育活動全体を通じて、個々の生徒の特性等の的確な把握に努め、その伸長

を図ること。また、生徒が適切な各教科・科目や類型を選択し学校やホームルームでの生活によりよく適応するとともに、現在及び将来の生き方を考え行動する態度や能力を育成することができるようにすること。
(5) 生徒が、基礎的・基本的な知識及び技能の習得も含め、学習内容を確実に身に付けることができるよう、生徒や学校の実態に応じ、個別学習やグループ別学習、繰り返し学習、学習内容の習熟の程度に応じた学習、生徒の興味・関心等に応じた課題学習、補充的な学習や発展的な学習などの学習活動を取り入れることや、教師間の協力による指導体制を確保することなど、指導方法や指導体制の工夫改善により、個に応じた指導の充実を図ること。その際、第3款の1の(3)に示す情報手段や教材・教具の活用を図ること。
(6) 学習の遅れがちな生徒などについては、各教科・科目等の選択、その内容の取扱いなどについて必要な配慮を行い、生徒の実態に応じ、例えば義務教育段階の学習内容の確実な定着を図るための指導を適宜取り入れるなど、指導内容や指導方法を工夫すること。

2 特別な配慮を必要とする生徒への指導
(1) 障害のある生徒などへの指導
ア 障害のある生徒などについては、特別支援学校等の助言又は援助を活用しつつ、個々の生徒の障害の状態等に応じた指導内容や指導方法の工夫を組織的かつ計画的に行うものとする。
イ 障害のある生徒に対して、学校教育法施行規則第140条の規定に基づき、特別の教育課程を編成し、障害に応じた特別の指導（以下「通級による指導」という。）を行う場合には、学校教育法施行規則第129条の規定により定める現行の特別支援学校高等部学習指導要領第6章に示す自立活動の内容を参考とし、具体的な目標や内容を定め、指導を行うものとする。その際、通級による指導が効果的に行われるよう、各教科・科目等と通級による指導との関連を図るなど、教師間の連携に努めるものとする。なお、通級による指導における単位の修得の認定については、次のとおりとする。
(ア) 学校においては、生徒が学校の定める個別の指導計画に従って通級による指導を履修し、その成果が個別に設定された指導目標からみて満足できると認められる場合には、当該学校の単位を修得したことを認定しなければならない。
(イ) 学校においては、生徒が通級による指導を2以上の年次にわたって履修したときは、各年次ごとに当該学校の単位を修得したことを認定することを原則とする。ただし、年度途中から通級による指導を開始するなど、特定の年度における授業時数が、1単位として計算する標準の単位時間に満たない場合は、次年度以降に通級による指導の時間を設定し、2以上の年次にわたる授業時数を合算して単位の修得の認定を行うことができる。また、単位の修得の認定を学期の区分ごとに行うことができる。
ウ 障害のある生徒などについては、家庭、地域及び医療や福祉、保健、労働等の業務を行う関係機関との連携を図り、長期的な視点で生徒への教育的支援を行うために、個別の教育支援計画を作成し活用することに努めるとともに、各教科・科目等の指導に当たって、個々の生徒の実態を的確に把握し、個別の指導計画を作成し活用することに努めるものとする。特に、通級による指導を受ける生徒については、個々の生徒の障害の状態等の実態を的確に把握し、個別の教育支援計画や個別の指導計画を作成し、効果的に活用するものとする。
(2) 海外から帰国した生徒などの学校生活への適応や、日本語の習得に困難のある生徒に対する日本語指導
ア 海外から帰国した生徒などについては、学校生活への適応を図るとともに、外国における生活経験を生かすなどの適切な指導を行うものとする。
イ 日本語の習得に困難のある生徒については、個々の生徒の実態に応じた指導内容や指導方法の工夫を組織的かつ計画的に行うものとする。
(3) 不登校生徒への配慮
ア 不登校生徒については、保護者や関係機関と連携を図り、心理や福祉の専門家の助言又は援助を得ながら、社会的自立を目指す観点から、個々の生徒の実態に応じた情報の提供その他の必要な支援を行うものとする。
イ 相当の期間高等学校を欠席し引き続き欠席すると認められる生徒等を対象として、文部科学大臣が認める特別の教育課程を編成する場合には、生徒の実態に配

第6款　学校運営上の留意事項

1　教育課程の改善と学校評価、教育課程外の活動との連携等

ア　各学校においては、校長の方針の下に、校務分掌に基づき教職員が適切に役割を分担しつつ、相互に連携しながら、各学校の特色を生かしたカリキュラム・マネジメントを行うよう努めるものとする。また、各学校が行う学校評価については、教育課程の編成、実施、改善が教育活動や学校運営の中核となることを踏まえ、カリキュラム・マネジメントと関連付けながら実施するよう留意するものとする。

イ　教育課程の編成及び実施に当たっては、学校保健計画、学校安全計画、食に関する指導の全体計画、いじめの防止等のための対策に関する基本的な方針など、各分野における学校の全体計画等と関連付けながら、効果的な指導が行われるように留意するものとする。

ウ　教育課程外の学校教育活動と教育課程の関連が図られるように留意するものとする。特に、生徒の自主的、自発的な参加により行われる部活動については、スポーツや文化、科学等に親しませ、学習意欲の向上や責任感、連帯感の涵養等、学校教育が目指す資質・能力の育成に資するものであり、学校教育の一環として、教育課程との関連が図られるよう留意すること。その際、学校や地域の実態に応じ、地域の人々の協力、社会教育施設や社会教育関係団体等の各種団体との連携などの運営上の工夫を行い、持続可能な運営体制が整えられるようにするものとする。

2　家庭や地域社会との連携及び協働と学校間の連携

教育課程の編成及び実施に当たっては、次の事項に配慮するものとする。

ア　学校がその目的を達成するため、学校や地域の実態等に応じ、教育活動の実施に必要な人的又は物的な体制を家庭や地域の人々の協力を得ながら整えるなど、家庭や地域社会との連携及び協働を深めること。また、高齢者や異年齢の子供など、地域における世代を越えた交流の機会を設けること。

イ　他の高等学校や、幼稚園、認定こども園、保育所、小学校、中学校、特別支援学校及び大学などとの間の連携や交流を図るとともに、障害のある幼児児童生徒との交流及び共同学習の機会を設け、共に尊重し合いながら協働して生活していく態度を育むようにすること。

第7款　道徳教育に関する配慮事項

道徳教育を進めるに当たっては、道徳教育の特質を踏まえ、第6款までに示す事項に加え、次の事項に配慮するものとする。

1　各学校においては、第1款の2の(2)に示す道徳教育の目標を踏まえ、道徳教育の全体計画を作成し、校長の方針の下に、道徳教育の推進を主に担当する教師（「道徳教育推進教師」という。）を中心に、全教師が協力して道徳教育を展開すること。なお、道徳教育の全体計画の作成に当たっては、生徒や学校の実態に応じ、指導の方針や重点を明らかにして、各教科・科目等との関係を明らかにすること。その際、公民科の「公共」及び「倫理」並びに特別活動が、人間としての在り方生き方に関する中核的な指導の場面であることに配慮すること。

2　道徳教育を進めるに当たっては、中学校までの特別の教科である道徳の学習等を通じて深めた、主として自分自身、人との関わり、集団や社会との関わり、生命や自然、崇高なものとの関わりに関する道徳的諸価値についての理解を基にしながら、様々な体験や思索の機会等を通して、人間としての在り方生き方についての考えを深めるよう留意すること。また、自立心や自律性を高め、規律ある生活をすること、生命を尊重する心を育てること、社会連帯の自覚を高め、主体的に社会の形成に参画する意欲と態度を養うこと、義務を果たし責任を重んずる態度及び人権を尊重し差別のないよりよい社会を実現しようとする態度を養うこと、伝統と文化を尊重し、それらを育んできた我が国と郷土を愛するとともに、他国を尊重すること、国際社会に生きる日本人としての自覚を身に付けることに関する指導が適切に行われるよう配慮すること。

3　学校やホームルーム内の人間関係や環境を整えるとともに、就業体験活動やボランティア活動、自然体験活動、地域の行事への参加などの豊かな体験を充実すること。また、道徳教育の指導が、生徒の日常生活に生かされるようにすること。その際、いじめの防止や安全の確保等にも資することとなるように留意すること。

4　学校の道徳教育の全体計画や道徳教育に関する諸活動などの情報を積極的に公表したり、

道徳教育の充実のために家庭や地域の人々の積極的な参加や協力を得たりするなど、家庭や地域社会との共通理解を深めること。

第2章　各学科に共通する各教科

第6節　保健体育

第1款　目標

体育や保健の見方・考え方を働かせ、課題を発見し、合理的、計画的な解決に向けた学習過程を通して、心と体を一体として捉え、生涯にわたって心身の健康を保持増進し豊かなスポーツライフを継続するための資質・能力を次のとおり育成することを目指す。

(1) 各種の運動の特性に応じた技能等及び社会生活における健康・安全について理解するとともに、技能を身に付けるようにする。
(2) 運動や健康についての自他や社会の課題を発見し、合理的、計画的な解決に向けて思考し判断するとともに、他者に伝える力を養う。
(3) 生涯にわたって継続して運動に親しむとともに健康の保持増進と体力の向上を目指し、明るく豊かで活力ある生活を営む態度を養う。

第2款　各科目

第1　体育

1　目標

体育の見方・考え方を働かせ、課題を発見し、合理的、計画的な解決に向けた学習過程を通して、心と体を一体として捉え、生涯にわたって豊かなスポーツライフを継続するとともに、自己の状況に応じて体力の向上を図るための資質・能力を次のとおり育成することを目指す。

(1) 運動の合理的、計画的な実践を通して、運動の楽しさや喜びを深く味わい、生涯にわたって運動を豊かに継続することができるようにするため、運動の多様性や体力の必要性について理解するとともに、それらの技能を身に付けるようにする。
(2) 生涯にわたって運動を豊かに継続するための課題を発見し、合理的、計画的な解決に向けて思考し判断するとともに、自己や仲間の考えたことを他者に伝える力を養う。
(3) 運動における競争や協働の経験を通して、公正に取り組む、互いに協力する、自己の責任を果たす、参画する、一人一人の違いを大切にしようとするなどの意欲を育てるとともに、健康・安全を確保して、生涯にわたって継続して運動に親しむ態度を養う。

2　内容

A　体つくり運動

体つくり運動について、次の事項を身に付けることができるよう指導する。

(1) 次の運動を通して、体を動かす楽しさや心地よさを味わい、体つくり運動の行い方、体力の構成要素、実生活への取り入れ方などを理解するとともに、自己の体力や生活に応じた継続的な運動の計画を立て、実生活に役立てること。
　ア　体ほぐしの運動では、手軽な運動を行い、心と体は互いに影響し変化することや心身の状態に気付き、仲間と主体的に関わり合うこと。
　イ　実生活に生かす運動の計画では、自己のねらいに応じて、健康の保持増進や調和のとれた体力の向上を図るための継続的な運動の計画を立て取り組むこと。
(2) 生涯にわたって運動を豊かに継続するための自己や仲間の課題を発見し、合理的、計画的な解決に向けて取り組み方を工夫するとともに、自己や仲間の考えたことを他者に伝えること。
(3) 体つくり運動に主体的に取り組むとともに、互いに助け合い高め合おうとすること、一人一人の違いに応じた動きなどを大切にしようとすること、合意形成に貢献しようとすることなどや、健康・安全を確保すること。

B　器械運動

器械運動について、次の事項を身に付けることができるよう指導する。

(1) 次の運動について、技がよりよくできたり自己や仲間の課題を解決したりするなどの多様な楽しさや喜びを味わい、技の名称や行い方、体力の高め方、課題解決の方法、発表の仕方などを理解するとともに、自己に適した技で演技すること。
　ア　マット運動では、回転系や巧技系の基本的な技を滑らかに安定して行うこと、条件を変えた技や発展技を行うこと及びそれらを構成し演技すること。
　イ　鉄棒運動では、支持系や懸垂系の基本的な技を滑らかに安定して行うこと、条件を変えた技や発展技を行うこと及びそれらを構成し演技すること。
　ウ　平均台運動では、体操系やバランス系の基本的な技を滑らかに安定して行うこと、条件を変えた技や発展技を行うこと及びそれらを構成し演技すること。

エ 跳び箱運動では、切り返し系や回転系の基本的な技を滑らかに安定して行うこと、条件を変えた技や発展技を行うこと。
(2) 生涯にわたって運動を豊かに継続するための自己や仲間の課題を発見し、合理的、計画的な解決に向けて取り組み方を工夫するとともに、自己や仲間の考えたことを他者に伝えること。
(3) 器械運動に主体的に取り組むとともに、よい演技を讃えようとすること、互いに助け合い高め合おうとすること、一人一人の違いに応じた課題や挑戦を大切にしようとすることなどや、健康・安全を確保すること。

C 陸上競技
陸上競技について、次の事項を身に付けることができるよう指導する。
(1) 次の運動について、記録の向上や競争及び自己や仲間の課題を解決するなどの多様な楽しさや喜びを味わい、技術の名称や行い方、体力の高め方、課題解決の方法、競技会の仕方などを理解するとともに、各種目特有の技能を身に付けること。
 ア 短距離走・リレーでは、中間走の高いスピードを維持して速く走ることやバトンの受渡しで次走者と前走者の距離を長くすること、長距離走では、ペースの変化に対応して走ること、ハードル走では、スピードを維持した走りからハードルを低くリズミカルに越すこと。
 イ 走り幅跳びでは、スピードに乗った助走と力強い踏み切りから着地までの動きを滑らかにして跳ぶこと、走り高跳びでは、スピードのあるリズミカルな助走から力強く踏み切り、滑らかな空間動作で跳ぶこと、三段跳びでは、短い助走からリズミカルに連続して跳ぶこと。
 ウ 砲丸投げでは、立ち投げなどから砲丸を突き出して投げること、やり投げでは、短い助走からやりを前方にまっすぐ投げること。
(2) 生涯にわたって運動を豊かに継続するための自己や仲間の課題を発見し、合理的、計画的な解決に向けて取り組み方を工夫するとともに、自己や仲間の考えたことを他者に伝えること。
(3) 陸上競技に主体的に取り組むとともに、勝敗などを冷静に受け止め、ルールやマナーを大切にしようとすること、役割を積極的に引き受け自己の責任を果たそうとすること、一人一人の違いに応じた課題や挑戦を大切にしようとすることなどや、健康・安全を確保すること。

D 水泳
水泳について、次の事項を身に付けることができるよう指導する。
(1) 次の運動について、記録の向上や競争及び自己や仲間の課題を解決するなどの多様な楽しさや喜びを味わい、技術の名称や行い方、体力の高め方、課題解決の方法、競技会の仕方などを理解するとともに、自己に適した泳法の効率を高めて泳ぐこと。
 ア クロールでは、手と足の動き、呼吸のバランスを保ち、伸びのある動作と安定したペースで長く泳いだり速く泳いだりすること。
 イ 平泳ぎでは、手と足の動き、呼吸のバランスを保ち、伸びのある動作と安定したペースで長く泳いだり速く泳いだりすること。
 ウ 背泳ぎでは、手と足の動き、呼吸のバランスを保ち、安定したペースで長く泳いだり速く泳いだりすること。
 エ バタフライでは、手と足の動き、呼吸のバランスを保ち、安定したペースで長く泳いだり速く泳いだりすること。
 オ 複数の泳法で長く泳ぐこと又はリレーをすること。
(2) 生涯にわたって運動を豊かに継続するための自己や仲間の課題を発見し、合理的、計画的な解決に向けて取り組み方を工夫するとともに、自己や仲間の考えたことを他者に伝えること。
(3) 水泳に主体的に取り組むとともに、勝敗などを冷静に受け止め、ルールやマナーを大切にしようとすること、役割を積極的に引き受け自己の責任を果たそうとすること、一人一人の違いに応じた課題や挑戦を大切にしようとすることなどや、水泳の事故防止に関する心得を遵守するなど健康・安全を確保すること。

E 球技
球技について、次の事項を身に付けることができるよう指導する。
(1) 次の運動について、勝敗を競ったりチームや自己の課題を解決したりするなどの多様な楽しさや喜びを味わい、技術などの名称や行い方、体力の高め方、課題解決の方法、競技会の仕方などを理解

するとともに、作戦や状況に応じた技能で仲間と連携しゲームを展開すること。
　ア　ゴール型では、状況に応じたボール操作と空間を埋めるなどの動きによって空間への侵入などから攻防をすること。
　イ　ネット型では、状況に応じたボール操作や安定した用具の操作と連携した動きによって空間を作り出すなどの攻防をすること。
　ウ　ベースボール型では、状況に応じたバット操作と走塁での攻撃、安定したボール操作と状況に応じた守備などによって攻防をすること。
(2) 生涯にわたって運動を豊かに継続するためのチームや自己の課題を発見し、合理的、計画的な解決に向けて取り組み方を工夫するとともに、自己やチームの考えたことを他者に伝えること。
(3) 球技に主体的に取り組むとともに、フェアなプレイを大切にしようとすること、合意形成に貢献しようとすること、一人一人の違いに応じたプレイなどを大切にしようとすること、互いに助け合い高め合おうとすることなどや、健康・安全を確保すること。

F　武道
　武道について、次の事項を身に付けることができるよう指導する。
(1) 次の運動について、勝敗を競ったり自己や仲間の課題を解決したりするなどの多様な楽しさや喜びを味わい、伝統的な考え方、技の名称や見取り稽古の仕方、体力の高め方、課題解決の方法、試合の仕方などを理解するとともに、得意技などを用いた攻防を展開すること。
　ア　柔道では、相手の動きの変化に応じた基本動作から、得意技や連絡技・変化技を用いて、素早く相手を崩して投げたり、抑えたり、返したりするなどの攻防をすること。
　イ　剣道では、相手の動きの変化に応じた基本動作から、得意技を用いて、相手の構えを崩し、素早くしかけたり応じたりするなどの攻防をすること。
(2) 生涯にわたって運動を豊かに継続するための自己や仲間の課題を発見し、合理的、計画的な解決に向けて取り組み方を工夫するとともに、自己や仲間の考えたことを他者に伝えること。
(3) 武道に主体的に取り組むとともに、相手を尊重し、礼法などの伝統的な行動の仕方を大切にしようとすること、役割を積極的に引き受け自己の責任を果たそうとすること、一人一人の違いに応じた課題や挑戦を大切にしようとすることなどや、健康・安全を確保すること。

G　ダンス
　ダンスについて、次の事項を身に付けることができるよう指導する。
(1) 次の運動について、感じを込めて踊ったり仲間と自由に踊ったり、自己や仲間の課題を解決したりするなどの多様な楽しさや喜びを味わい、ダンスの名称や用語、文化的背景と表現の仕方、交流や発表の仕方、課題解決の方法、体力の高め方などを理解するとともに、それぞれ特有の表現や踊りを身に付けて交流や発表をすること。
　ア　創作ダンスでは、表したいテーマにふさわしいイメージを捉え、個や群で、対極の動きや空間の使い方で変化を付けて即興的に表現したり、イメージを強調した作品にまとめたりして踊ること。
　イ　フォークダンスでは、日本の民踊や外国の踊りから、それらの踊り方の特徴を強調して、音楽に合わせて多様なステップや動きと組み方で仲間と対応して踊ること。
　ウ　現代的なリズムのダンスでは、リズムの特徴を強調して全身で自由に踊ったり、変化とまとまりを付けて仲間と対応したりして踊ること。
(2) 生涯にわたって運動を豊かに継続するための自己や仲間の課題を発見し、合理的、計画的な解決に向けて取り組み方を工夫するとともに、自己や仲間の考えたことを他者に伝えること。
(3) ダンスに主体的に取り組むとともに、互いに共感し高め合おうとすること、合意形成に貢献しようとすること、一人一人の違いに応じた表現や役割を大切にしようとすることなどや、健康・安全を確保すること。

H　体育理論
(1) スポーツの文化的特性や現代のスポーツの発展について、課題を発見し、その解決を目指した活動を通して、次の事項を身に付けることができるよう指導する。
　ア　スポーツの文化的特性や現代のスポーツの発展について理解すること。
　　(ア) スポーツは、人類の歴史とともに始まり、その理念が時代に応じて多

様に変容してきていること。また、我が国から世界に普及し、発展しているスポーツがあること。
(イ) 現代のスポーツは、オリンピックやパラリンピック等の国際大会を通して、国際親善や世界平和に大きな役割を果たし、共生社会の実現にも寄与していること。また、ドーピングは、フェアプレイの精神に反するなど、能力の限界に挑戦するスポーツの文化的価値を失わせること。
(ウ) 現代のスポーツは、経済的な波及効果があり、スポーツ産業が経済の中で大きな影響を及ぼしていること。また、スポーツの経済的な波及効果が高まるにつれ、スポーツの高潔さなどが一層求められること。
(エ) スポーツを行う際は、スポーツが環境や社会にもたらす影響を考慮し、多様性への理解や持続可能な社会の実現に寄与する責任ある行動が求められること。
イ スポーツの文化的特性や現代のスポーツの発展について、課題を発見し、よりよい解決に向けて思考し判断するとともに、他者に伝えること。
ウ スポーツの文化的特性や現代のスポーツの発展についての学習に自主的に取り組むこと。
(2) 運動やスポーツの効果的な学習の仕方について、課題を発見し、その解決を目指した活動を通して、次の事項を身に付けることができるよう指導する。
ア 運動やスポーツの効果的な学習の仕方について理解すること。
(ア) 運動やスポーツの技能と体力は、相互に関連していること。また、期待する成果に応じた技能や体力の高め方があること。さらに、過度な負荷や長期的な酷使は、けがや疾病の原因となる可能性があること。
(イ) 運動やスポーツの技術は、学習を通して技能として発揮されるようになること。また、技術の種類に応じた学習の仕方があること。現代のスポーツの技術や戦術、ルールは、用具の改良やメディアの発達に伴い変わり続けていること。
(ウ) 運動やスポーツの技能の上達過程にはいくつかの段階があり、その学習の段階に応じた練習方法や運動観察の方法、課題の設定方法などがあること。また、これらの獲得には、一定の期間がかかること。
(エ) 運動やスポーツを行う際は、気象条件の変化など様々な危険を予見し、回避することが求められること。
イ 運動やスポーツの効果的な学習の仕方について、課題を発見し、よりよい解決に向けて思考し判断するとともに、他者に伝えること。
ウ 運動やスポーツの効果的な学習の仕方についての学習に主体的に取り組むこと。
(3) 豊かなスポーツライフの設計の仕方について、課題を発見し、その解決を目指した活動を通して、次の事項を身に付けることができるよう指導する。
ア 豊かなスポーツライフの設計の仕方について理解すること。
(ア) スポーツは、各ライフステージにおける身体的、心理的、社会的特徴に応じた多様な楽しみ方があること。また、その楽しみ方は、個人のスポーツに対する欲求などによっても変化すること。
(イ) 生涯にわたってスポーツを継続するためには、ライフスタイルに応じたスポーツとの関わり方を見付けること、仕事と生活の調和を図ること、運動の機会を生み出す工夫をすることなどが必要であること。
(ウ) スポーツの推進は、様々な施策や組織、人々の支援や参画によって支えられていること。
(エ) 人生に潤いをもたらす貴重な文化的資源として、スポーツを未来に継承するためには、スポーツの可能性と問題点を踏まえて適切な「する、みる、支える、知る」などの関わりが求められること。
イ 豊かなスポーツライフの設計の仕方について、課題を発見し、よりよい解決に向けて思考し判断するとともに、他者に伝えること。
ウ 豊かなスポーツライフの設計の仕方についての学習に主体的に取り組むこと。

3 内容の取扱い
(1) 内容の「A体つくり運動」から「H体育理論」までの領域については、次のとおり取り扱うものとする。
ア 「A体つくり運動」及び「H体育理論」

については、各年次において全ての生徒に履修させること。
イ 入学年次においては、「B器械運動」、「C陸上競技」、「D水泳」及び「Gダンス」についてはこれらの中から一つ以上を、「E球技」及び「F武道」についてはこれらの中から一つ以上をそれぞれ選択して履修できるようにすること。その次の年次以降においては、「B器械運動」から「Gダンス」までの中から二つ以上を選択して履修できるようにすること。
(2) 内容の「A体つくり運動」から「H体育理論」までに示す事項については、各年次において次のとおり取り扱うものとする。
ア 「A体つくり運動」に示す事項については、全ての生徒に履修させること。なお、(1)のアの運動については、「B器械運動」から「Gダンス」までにおいても関連を図って指導することができるとともに、「保健」における精神疾患の予防と回復などの内容との関連を図ること。(1)のイの運動については、日常的に取り組める運動例を組み合わせることに重点を置くなど指導方法の工夫を図ること。
イ 「B器械運動」の(1)の運動については、アからエまでの中から選択して履修できるようにすること。
ウ 「C陸上競技」の(1)の運動については、アからウまでの中から選択して履修できるようにすること。
エ 「D水泳」の(1)の運動については、アからオまでの中から選択して履修できるようにすること。なお、「保健」における応急手当の内容との関連を図ること。
また、泳法との関連において水中からのスタート及びターンを取り上げること。なお、入学年次の次の年次以降は、安全を十分に確保した上で、学校や生徒の実態に応じて段階的な指導を行うことができること。
オ 「E球技」の(1)の運動については、入学年次においては、アからウまでの中から二つを、その次の年次以降においては、アからウまでの中から一つを選択して履修できるようにすること。また、アについては、バスケットボール、ハンドボール、サッカー、ラグビーの中から、イについては、バレーボール、卓球、テニス、バドミントンの中から、ウについては、ソフトボールを適宜取り上げることとし、学校や地域の実態に応じて、その他の運動についても履修させることができること。
カ 「F武道」については、柔道、剣道、相撲、空手道、なぎなた、弓道、合気道、少林寺拳法、銃剣道などを通して、我が国固有の伝統と文化により一層触れることができるようにすること。また、(1)の運動については、ア又はイのいずれかを選択して履修できるようにすること。なお、学校や地域の実態に応じて、相撲、空手道、なぎなた、弓道、合気道、少林寺拳法、銃剣道などについても履修させることができること。
キ 「Gダンス」の(1)の運動については、アからウまでの中から選択して履修できるようにすること。なお、学校や地域の実態に応じて、社交ダンスなどのその他のダンスについても履修させることができること。
ク 「H体育理論」については、(1)は入学年次、(2)はその次の年次、(3)はそれ以降の年次で取り上げること。その際、各年次で6単位時間以上を配当すること。
(3) 内容の「B器械運動」から「Gダンス」までの領域及び運動については、学校や地域の実態及び生徒の特性や選択履修の状況等を踏まえるとともに、安全を十分に確保した上で、生徒が自由に選択して履修することができるよう配慮するものとする。指導に当たっては、内容の「B器械運動」から「Gダンス」までの領域については、それぞれの運動の特性に触れるために必要な体力を生徒自ら高めるように留意するものとする。また、内容の「B器械運動」から「F武道」までの領域及び運動については、必要に応じて審判の仕方についても指導するものとする。また、「F武道」については、我が国固有の伝統と文化により一層触れさせるため、中学校の学習の基礎の上に、より深められる機会を確保するよう配慮するものとする。
(4) 自然との関わりの深いスキー、スケートや水辺活動などの指導については、学校や地域の実態に応じて積極的に行うことに留意するものとする。また、レスリングについても履修させることができるものとする。
(5) 集合、整頓、列の増減、方向変換などの行動の仕方を身に付け、能率的で安全な集団としての行動ができるようにするための指導については、内容の「A体つくり運動」から「Gダンス」までの領域において適切に行うものとする。
(6) 筋道を立てて練習や作戦について話し合

う活動などを通して、コミュニケーション能力や論理的な思考力の育成を促し、主体的な学習活動が充実するよう配慮するものとする。

第2　保健

1　目標
保健の見方・考え方を働かせ、合理的、計画的な解決に向けた学習過程を通して、生涯を通じて人々が自らの健康や環境を適切に管理し、改善していくための資質・能力を次のとおり育成する。
(1) 個人及び社会生活における健康・安全について理解を深めるとともに、技能を身に付けるようにする。
(2) 健康についての自他や社会の課題を発見し、合理的、計画的な解決に向けて思考し判断するとともに、目的や状況に応じて他者に伝える力を養う。
(3) 生涯を通じて自他の健康の保持増進やそれを支える環境づくりを目指し、明るく豊かで活力ある生活を営む態度を養う。

2　内容
(1) 現代社会と健康について、自他や社会の課題を発見し、その解決を目指した活動を通して、次の事項を身に付けることができるよう指導する。
　ア　現代社会と健康について理解を深めること。
　　(ア) 健康の考え方
　　　国民の健康課題や健康の考え方は、国民の健康水準の向上や疾病構造の変化に伴って変わってきていること。また、健康は、様々な要因の影響を受けながら、主体と環境の相互作用の下に成り立っていること。
　　　健康の保持増進には、ヘルスプロモーションの考え方を踏まえた個人の適切な意思決定や行動選択及び環境づくりが関わること。
　　(イ) 現代の感染症とその予防
　　　感染症の発生や流行には、時代や地域によって違いがみられること。その予防には、個人の取組及び社会的な対策を行う必要があること。
　　(ウ) 生活習慣病などの予防と回復
　　　健康の保持増進と生活習慣病などの予防と回復には、運動、食事、休養及び睡眠の調和のとれた生活の実践や疾病の早期発見、及び社会的な対策が必要であること。
　　(エ) 喫煙、飲酒、薬物乱用と健康
　　　喫煙と飲酒は、生活習慣病などの要因になること。また、薬物乱用は、心身の健康や社会に深刻な影響を与えることから行ってはならないこと。それらの対策には、個人や社会環境への対策が必要であること。
　　(オ) 精神疾患の予防と回復
　　　精神疾患の予防と回復には、運動、食事、休養及び睡眠の調和のとれた生活を実践するとともに、心身の不調に気付くことが重要であること。また、疾病の早期発見及び社会的な対策が必要であること。
　イ　現代社会と健康について、課題を発見し、健康や安全に関する原則や概念に着目して解決の方法を思考し判断するとともに、それらを表現すること。
(2) 安全な社会生活について、自他や社会の課題を発見し、その解決を目指した活動を通して、次の事項を身に付けることができるよう指導する。
　ア　安全な社会生活について理解を深めるとともに、応急手当を適切にすること。
　　(ア) 安全な社会づくり
　　　安全な社会づくりには、環境の整備とそれに応じた個人の取組が必要であること。また、交通事故を防止するには、車両の特性の理解、安全な運転や歩行など適切な行動、自他の生命を尊重する態度、交通環境の整備が関わること。交通事故には補償をはじめとした責任が生じること。
　　(イ) 応急手当
　　　適切な応急手当は、傷害や疾病の悪化を軽減できること。応急手当には、正しい手順や方法があること。また、応急手当は、傷害や疾病によって身体が時間の経過とともに損なわれていく場合があることから、速やかに行う必要があること。
　　　心肺蘇生法などの応急手当を適切に行うこと。
　イ　安全な社会生活について、安全に関する原則や概念に着目して危険の予測やその回避の方法を考え、それらを表現すること。
(3) 生涯を通じる健康について、自他や社会の課題を発見し、その解決を目指した活動を通して、次の事項を身に付けることができるよう指導する。
　ア　生涯を通じる健康について理解を深めること。
　　(ア) 生涯の各段階における健康

生涯を通じる健康の保持増進や回復には、生涯の各段階の健康課題に応じた自己の健康管理及び環境づくりが関わっていること。
(イ) 労働と健康
労働災害の防止には、労働環境の変化に起因する傷害や職業病などを踏まえた適切な健康管理及び安全管理をする必要があること。
イ 生涯を通じる健康に関する情報から課題を発見し、健康に関する原則や概念に着目して解決の方法を思考し判断するとともに、それらを表現すること。
(4) 健康を支える環境づくりについて、自他や社会の課題を発見し、その解決を目指した活動を通して、次の事項を身に付けることができるよう指導する。
ア 健康を支える環境づくりについて理解を深めること。
(ア) 環境と健康
人間の生活や産業活動は、自然環境を汚染し健康に影響を及ぼすことがあること。それらを防ぐには、汚染の防止及び改善の対策をとる必要があること。また、環境衛生活動は、学校や地域の環境を健康に適したものとするよう基準が設定され、それに基づき行われていること。
(イ) 食品と健康
食品の安全性を確保することは健康を保持増進する上で重要であること。また、食品衛生活動は、食品の安全性を確保するよう基準が設定され、それに基づき行われていること。
(ウ) 保健・医療制度及び地域の保健・医療機関
生涯を通じて健康を保持増進するには、保健・医療制度や地域の保健所、保健センター、医療機関などを適切に活用することが必要であること。
また、医薬品は、有効性や安全性が審査されており、販売には制限があること。疾病からの回復や悪化の防止には、医薬品を正しく使用することが有効であること。
(エ) 様々な保健活動や社会的対策
我が国や世界では、健康課題に対応して様々な保健活動や社会的対策などが行われていること。
(オ) 健康に関する環境づくりと社会参加
自他の健康を保持増進するには、ヘルスプロモーションの考え方を生かした健康に関する環境づくりが重要であり、それに積極的に参加していくことが必要であること。また、それらを実現するには、適切な健康情報の活用が有効であること。
イ 健康を支える環境づくりに関する情報から課題を発見し、健康に関する原則や概念に着目して解決の方法を思考し判断するとともに、それらを表現すること。

3 内容の取扱い
(1) 内容の (1) のアの (ウ) 及び (4) のアの (イ) については、食育の観点を踏まえつつ、健康的な生活習慣の形成に結び付くよう配慮するものとする。また、(1) のアの (ウ) については、がんについても取り扱うものとする。
(2) 内容の (1) のアの (ウ) 及び (4) のアの (ウ) については、健康とスポーツの関連について取り扱うものとする。
(3) 内容の (1) のアの (エ) については、疾病との関連、社会への影響などについて総合的に取り扱い、薬物については、麻薬、覚醒剤、大麻等を取り扱うものとする。
(4) 内容の (1) のアの (オ) については、大脳の機能、神経系及び内分泌系の機能について必要に応じ関連付けて扱う程度とする。また、「体育」の「A体つくり運動」における体ほぐしの運動との関連を図るよう配慮するものとする。
(5) 内容の (2) のアの (ア) については、犯罪や自然災害などによる傷害の防止についても、必要に応じ関連付けて扱うよう配慮するものとする。また、交通安全については、二輪車や自動車を中心に取り上げるものとする。
(6) 内容の (2) のアの (イ) については、実習を行うものとし、呼吸器系及び循環器系の機能については、必要に応じ関連付けて扱う程度とする。また、効果的な指導を行うため、「体育」の「D水泳」などとの関連を図るよう配慮するものとする。
(7) 内容の (3) のアの (ア) については、思春期と健康、結婚生活と健康及び加齢と健康を取り扱うものとする。また、生殖に関する機能については、必要に応じ関連付けて扱う程度とする。責任感を涵養することや異性を尊重する態度が必要であること、及び性に関する情報等への適切な対処についても扱うよう配慮するものとする。
(8) 内容の (4) のアの (ア) については、廃棄物の処理と健康についても触れるものとする。

（9）指導に際しては、自他の健康やそれを支える環境づくりに関心をもてるようにし、健康に関する課題を解決する学習活動を取り入れるなどの指導方法の工夫を行うものとする。

第3款　各科目にわたる指導計画の作成と内容の取扱い

1　指導計画の作成に当たっては、次の事項に配慮するものとする。
　（1）単元など内容や時間のまとまりを見通して、その中で育む資質・能力の育成に向けて、生徒の主体的・対話的で深い学びの実現を図るようにすること。その際、体育や保健の見方・考え方を働かせながら、運動や健康についての自他や社会の課題を発見し、その合理的、計画的な解決のための活動の充実を図ること。また、運動の楽しさや喜びを深く味わったり、健康の大切さを実感したりすることができるよう留意すること。
　（2）第1章第1款の2の（3）に示す学校における体育・健康に関する指導の趣旨を生かし、特別活動、運動部の活動などとの関連を図り、日常生活における体育・健康に関する活動が適切かつ継続的に実践できるよう留意すること。なお、体力の測定については、計画的に実施し、運動の指導及び体力の向上に活用するようにすること。
　（3）「体育」は、各年次継続して履修できるようにし、各年次の単位数はなるべく均分して配当すること。なお、内容の「A体つくり運動」に対する授業時数については、各年次で7～10単位時間程度を、内容の「H体育理論」に対する授業時数については、各年次で6単位時間以上を配当するとともに、内容の「B器械運動」から「Gダンス」までの領域に対する授業時数の配当については、その内容の習熟を図ることができるよう考慮すること。
　（4）「保健」は、原則として入学年次及びその次の年次の2か年にわたり履修させること。
　（5）義務教育段階との接続を重視し、中学校保健体育科との関連に留意すること。
　（6）障害のある生徒などについては、学習活動を行う場合に生じる困難さに応じた指導内容や指導方法の工夫を計画的、組織的に行うこと。

2　内容の取扱いに当たっては、次の事項に配慮するものとする。
　（1）言語能力を育成する言語活動を重視し、筋道を立てて練習や作戦について話し合ったり身振りや身体を使って動きの修正を図ったりする活動や、個人及び社会生活における健康の保持増進や回復について話し合う活動などを通して、コミュニケーション能力や論理的な思考力の育成を促し、主体的な学習活動の充実を図ること。
　（2）各科目の指導に当たっては、その特質を踏まえ、必要に応じて、コンピュータや情報通信ネットワークなどを適切に活用し、学習の効果を高めるよう配慮すること。
　（3）体力や技能の程度、性別や障害の有無等にかかわらず、運動の多様な楽しみ方を社会で実践することができるよう留意すること。
　（4）「体育」におけるスポーツとの多様な関わり方や「保健」の指導については、具体的な体験を伴う学習の工夫を行うよう留意すること。
　（5）「体育」と「保健」で示された内容については、相互の関連が図られるよう、それぞれの内容を適切に指導した上で、学習成果の関連が実感できるよう留意すること。

第3章　主として専門学科において解説される各教科

第10節　体育

第1款　目標

　体育の見方・考え方を働かせ、課題を発見し、主体的、合理的、計画的な解決に向けた学習過程を通して、心と体を一体として捉え、健やかな心身の育成に資するとともに、生涯を通してスポーツの推進及び発展に寄与する資質・能力を次のとおり育成することを目指す。
（1）スポーツの多様な意義やスポーツの推進及び発展の仕方について理解するとともに、生涯を通してスポーツの推進及び発展に必要な技能を身に付けるようにする。
（2）スポーツの推進及び発展についての自他や社会の課題を発見し、主体的、合理的、計画的な解決に向けて思考し判断するとともに、他者に伝える力を養う。
（3）生涯を通してスポーツを継続するとともにスポーツの推進及び発展に寄与することを目指し、明るく豊かで活力ある生活を営む態度を養う。

第2款　各科目

第1　スポーツ概論

1　目標
　体育の見方・考え方を働かせ、課題を発見し、主体的、合理的、計画的な解決に向けた学習過程

を通して、心と体を一体として捉え、健やかな心身の育成に資するとともに、生涯を通してスポーツの推進及び発展に寄与する資質・能力を次のとおり育成することを目指す。
(1) スポーツの多様な意義やスポーツの推進及び発展の仕方について理解するとともに、スポーツの推進及び発展に必要な技能を身に付ける。
(2) スポーツの推進及び発展に必要な自他や社会の課題を発見し、思考し判断するとともに、他者に伝える力を養う。
(3) 生涯を通してスポーツの推進及び発展に寄与するための学習に主体的に取り組む態度を養う。

2 内容
1に示す資質・能力を育成するため、次の〈指導項目〉を指導する。
〈指導項目〉
(1) スポーツの文化的特性や現代におけるスポーツの発展
(2) スポーツの効果的な学習の仕方
(3) 豊かなスポーツライフの設計の仕方
(4) スポーツの多様な指導法と健康・安全
(5) スポーツの企画と運営

3 内容の取扱い
(1) 〈指導項目〉の(1)から(5)までの各項目とも扱うものとする。
(2) 指導に当たっては、「スポーツ概論」の学習成果が「スポーツⅠ」、「スポーツⅡ」、「スポーツⅢ」、「スポーツⅣ」、「スポーツⅤ」、「スポーツⅥ」及び「スポーツ総合演習」の各科目における学習と密接に関連していることに配慮するものとする。

第2 スポーツⅠ

1 目標
体育の見方・考え方を働かせ、課題を発見し、主体的、合理的、計画的な解決に向けた学習過程を通して、心と体を一体として捉え、健やかな心身の育成に資するとともに、生涯を通してスポーツの推進及び発展に寄与する資質・能力を次のとおり育成することを目指す。
(1) 採点競技及び測定競技の推進及び発展に向けた多様な関わり方を理解するとともに、技能を身に付ける。
(2) 採点競技及び測定競技における自他や社会の課題を発見し、思考し判断するとともに、他者に伝える力を養う。
(3) 採点競技及び測定競技の学習に主体的に取り組むとともに、公正、協力、責任、参画、共生などに対する意欲を高め、健康・安全を確保して、生涯を通してスポーツを継続するとともにスポーツの推進及び発展に寄与する態度を養う。

2 内容
1に示す資質・能力を育成するため、次の〈指導項目〉を指導する。
〈指導項目〉
(1) 採点競技への多様な関わり方
(2) 測定競技への多様な関わり方

3 内容の取扱い
(1) 〈指導項目〉の(1)又は(2)のいずれかを選択して扱うことができる。
(2) 〈指導項目〉の(1)については、体操競技を、(2)については、陸上競技、水泳競技の中から適宜取り上げるものとし、スキー、スケート等についても、学校や地域の実態に応じて扱うことができる。

第3 スポーツⅡ

1 目標
体育の見方・考え方を働かせ、課題を発見し、主体的、合理的、計画的な解決に向けた学習過程を通して、心と体を一体として捉え、健やかな心身の育成に資するとともに、生涯を通してスポーツの推進及び発展に寄与する資質・能力を次のとおり育成することを目指す。
(1) 球技の推進及び発展に向けた多様な関わり方を理解するとともに、技能を身に付ける。
(2) 球技における自他や社会の課題を発見し、思考し判断するとともに、他者に伝える力を養う。
(3) 球技の学習に主体的に取り組むとともに、公正、協力、責任、参画、共生などに対する意欲を高め、健康・安全を確保して、生涯を通してスポーツを継続するとともにスポーツの推進及び発展に寄与する態度を養う。

2 内容
1に示す資質・能力を育成するため、次の〈指導項目〉を指導する。
〈指導項目〉
(1) ゴール型球技への多様な関わり方
(2) ネット型球技への多様な関わり方
(3) ベースボール型球技への多様な関わり方
(4) ターゲット型球技への多様な関わり方

3 内容の取扱い
(1) 〈指導項目〉の(1)から(4)までの中から一つ以上を選択して扱うことができる。
(2) 〈指導項目〉の(1)については、バスケットボール、ハンドボール、サッカー、ラグビーの中から、(2)については、バレーボール、卓球、テニス、バドミントンの中から、(3)については、ソフトボール、野球の中から、(4)については、ゴルフを適宜取り上げ

るものとし、その他の球技についても、学校や地域の実態に応じて扱うことができる。

第4 スポーツⅢ

1 目標

体育の見方・考え方を働かせ、課題を発見し、主体的、合理的、計画的な解決に向けた学習過程を通して、心と体を一体として捉え、健やかな心身の育成に資するとともに、生涯を通してスポーツの推進及び発展に寄与する資質・能力を次のとおり育成することを目指す。

(1) 武道及び諸外国の対人的競技等の推進及び発展に向けた多様な関わり方を理解するとともに、技能を身に付ける。
(2) 武道及び諸外国の対人的競技等における自他や社会の課題を発見し、思考し判断するとともに、他者に伝える力を養う。
(3) 武道及び諸外国の対人的競技等の学習に主体的に取り組むとともに、伝統的な行動の仕方、公正、協力、責任、参画、共生などに対する意欲を高め、健康・安全を確保して、生涯を通してスポーツを継続するとともにスポーツの推進及び発展に寄与する態度を養う。

2 内容

1に示す資質・能力を育成するため、次の〈指導項目〉を指導する。
〈指導項目〉
(1) 武道への多様な関わり方
(2) 諸外国の対人的競技への多様な関わり方

3 内容の取扱い

(1) 〈指導項目〉の (1) 又は (2) のいずれかを選択して扱うことができる。
(2) 〈指導項目〉の (1) については、柔道、剣道、相撲、空手道、なぎなた、弓道、合気道、少林寺拳法、銃剣道の中から、(2) については、レスリングを適宜取り上げるものとし、その他の武道等についても、学校や地域の実態に応じて扱うことができる。

第5 スポーツⅣ

1 目標

体育の見方・考え方を働かせ、課題を発見し、主体的、合理的、計画的な解決に向けた学習過程を通して、心と体を一体として捉え、健やかな心身の育成に資するとともに、生涯を通してスポーツの推進及び発展に寄与する資質・能力を次のとおり育成することを目指す。

(1) ダンスの推進及び発展に向けた多様な関わり方を理解するとともに、技能を身に付ける。
(2) ダンスにおける自他や社会の課題を発見し、思考し判断するとともに、他者に伝える力を養う。
(3) ダンスの学習に主体的に取り組むとともに、公正、協力、責任、参画、共生などに対する意欲を高め、健康・安全を確保して、生涯を通してスポーツを継続するとともにスポーツの推進及び発展に寄与する態度を養う。

2 内容

1に示す資質・能力を育成するため、次の〈指導項目〉を指導する。
〈指導項目〉
(1) 創造型ダンスへの多様な関わり方
(2) 伝承型ダンスへの多様な関わり方

3 内容の取扱い

(1) 〈指導項目〉の (1) 又は (2) のいずれかを選択して扱うことができる。
(2) 〈指導項目〉の (1) については、創作ダンス、現代的なリズムのダンスの中から、(2) については、フォークダンス、社交ダンスの中から適宜取り上げるものとし、その他のダンスについても、学校や地域の実態に応じて扱うことができる。

第6 スポーツⅤ

1 目標

体育の見方・考え方を働かせ、課題を発見し、主体的、合理的、計画的な解決に向けた学習過程を通して、心と体を一体として捉え、健やかな心身の育成に資するとともに、生涯を通してスポーツの推進及び発展に寄与する資質・能力を次のとおり育成することを目指す。

(1) 自然との関わりの深い野外の運動の推進及び発展に向けた多様な関わり方を理解するとともに、技能を身に付ける。
(2) 自然との関わりの深い野外の運動における自他や社会の課題を発見し、思考し判断するとともに、他者に伝える力を養う。
(3) 自然との関わりの深い野外の運動の学習に主体的に取り組むとともに、公正、協力、責任、参画、共生などに対する意欲を高め、健康・安全を確保して、生涯を通してスポーツを継続するとともにスポーツの推進及び発展に寄与する態度を養う。

2 内容

1に示す資質・能力を育成するため、次の〈指導項目〉を指導する。
〈指導項目〉
(1) 自然体験型の野外の運動への多様な関わり方
(2) 競技型の野外の運動への多様な関わり方

3 内容の取扱い

(1) 〈指導項目〉の (1) 又は (2) のいずれかを選択して扱うことができる。
(2) 〈指導項目〉の (1) については、キャン

プ、登山、遠泳などの水辺活動の中から、(2) については、スキー、スケートの中から適宜取り上げるものとし、その他の運動についても、機械等の動力を用いない活動を中心に、学校や地域の実態に応じて扱うことができる。
(3) 特定の期間に集中的に校外で授業を行う場合は、安全対策に十分配慮するものとする。

第7 スポーツⅥ
1 目標
体育の見方・考え方を働かせ、課題を発見し、主体的、合理的、計画的な解決に向けた学習過程を通して、心と体を一体として捉え、健やかな心身の育成に資するとともに、生涯を通してスポーツの推進及び発展に寄与する資質・能力を次のとおり育成することを目指す。
(1) 体つくり運動の推進及び発展に向けた多様な関わり方を理解するとともに、技能を身に付ける。
(2) 体つくり運動における自他や社会の課題を発見し、思考し判断するとともに、他者に伝える力を養う。
(3) 体つくり運動の学習に主体的に取り組むとともに、協力、責任、参画、共生などに対する意欲を高め、健康・安全を確保して、生涯を通してスポーツを継続するとともにスポーツの推進及び発展に寄与する態度を養う。

2 内容
1に示す資質・能力を育成するため、次の〈指導項目〉を指導する。
〈指導項目〉
(1) 体つくり運動への多様な関わり方
(2) 目的に応じた心身の気付きや交流を深めるための運動の仕方
(3) ライフステージ及びライフスタイルに応じた体操や運動の計画の立て方

3 内容の取扱い
〈指導項目〉の (1) を入学年次で扱うものとし、〈指導項目〉の (2) 及び (3) はその次の年次以降で扱うこととする。

第8 スポーツ総合演習
1 目標
体育の見方・考え方を働かせ、課題を発見し、主体的、合理的、計画的な解決に向けた学習過程を通して、心と体を一体として捉え、健やかな心身の育成に資するとともに、生涯を通してスポーツの推進及び発展に寄与する資質・能力を次のとおり育成することを目指す。
(1) スポーツの多様な意義やスポーツの推進及び発展の仕方について理解するとともに、スポーツの推進及び発展に必要な技能を身に付ける。
(2) スポーツの推進及び発展に必要な自他や社会の課題を発見し、思考し判断するとともに、他者に伝える力を養う。
(3) 生涯を通してスポーツの推進及び発展に寄与するための課題研究に主体的に取り組む態度を養う。

2 内容
1に示す資質・能力を育成するため、次の〈指導項目〉を指導する。
〈指導項目〉
(1) スポーツの多様な理論や実践に関する課題研究
(2) スポーツの多様な指導や企画と運営に関する課題研究
(3) スポーツを通した多様な社会参画に関する課題研究

3 内容の取扱い
(1) 〈指導項目〉の (1) から (3) までの中から一つ以上を選択して扱うことができる。
(2) 指導に当たっては、「スポーツ概論」との関連を図るとともに、体育科に属する他の科目の学習成果を生かし、関係団体等との協力、連携の機会を通して、知識及び技能、思考力、判断力、表現力等、学びに向かう力、人間性等のバランスのよい育成に配慮するものとする。

第3款 各科目にわたる指導計画の作成と内容の取扱い
1 指導計画の作成に当たっては、次の事項に配慮するものとする。
(1) 単元など内容や時間のまとまりを見通して、その中で育む資質・能力の育成に向けて、生徒の主体的・対話的で深い学びの実現を図るようにすること。その際、体育の見方・考え方を働かせ、課題を発見し、主体的、合理的、計画的な解決に向けた学習過程を通して、心と体を一体として捉え、健やかな心身の育成に資するとともに、生涯を通してスポーツの推進及び発展に寄与することができるよう留意すること。
(2) 体育に関する学科においては、「スポーツ概論」、「スポーツⅤ」、「スポーツⅥ」及び「スポーツ総合演習」については、原則として、全ての生徒に履修させること。
(3) 体育に関する学科においては、「スポーツⅠ」、「スポーツⅡ」、「スポーツⅢ」及び「スポーツⅣ」については、これらの中から生徒の興味や適性等に応じて1科目以上を選択して履修できるようにすること。

(4) 障害のある生徒などについては、学習活動を行う場合に生じる困難さに応じた指導内容や指導方法の工夫を計画的、組織的に行うこと。
2 内容の取扱いに当たっては、次の事項に配慮するものとする。
  (1) 各科目の指導に当たっては、公正、協力、責任、参画、共生に対する意欲及び思考力、判断力、表現力等を育成するとともに、生徒の健康・安全を確保し、事故防止を図ること。
  (2) 「スポーツⅠ」、「スポーツⅡ」、「スポーツⅢ」及び「スポーツⅣ」の指導に当たっては、「スポーツⅥ」の学習成果の活用を図ること。
  (3) 体力の測定については、計画的に実施し、各科目の指導及び体力の向上に活用するようにすること。
  (4) 集合、整頓、列の増減、方向変換などの行動の仕方については、各科目の特性との関連において適切に行うこと。
  (5) 各科目の指導に当たっては、その特質を踏まえ、必要に応じて、コンピュータや情報通信ネットワークなどを適切に活用し、学習の効果を高めるようにすること。
  (6) 学外の認定資格等の取得と関連付けるなど、より専門的かつ実践的な知識及び技術の習得が図られるようにすること。

地方自治体のスポーツ条例

解説

　地方自治体の多くは、スポーツ政策の展開のしかたとして、後出の地方スポーツ推進計画（行政計画）の策定やスポーツ都市宣言といった手法をとっている。しかし、スポーツ政策の重要性に鑑み、地方自治体の憲法とでもいうべき、最高規範である条例において、基本的な方針等を定めるスポーツ（基本）条例を制定している。過去、40件程度の制定例が見られ、近時では、毎年数件の新条例が見られる。

　初期のスポーツ条例は、町レベルで振興の観点から制定され、「○○スポーツ振興条例」と命名されたものであった。「倶知安町スポーツ振興条例（現倶知安町スポーツ推進条例）」がその代表格で、昭和47（1972）年に制定され、戦後初のスポーツ条例である。

　スポーツと文化の振興をあわせ規定するものが平成2（1990）年に登場した。「葛飾区文化・スポーツ活動振興条例」である。以降、同種のものがいくつか現れている。平成18（2006）年に成立した「21世紀出雲スポーツのまちづくり条例」は、主要政策ごとに条例を制定することが必要との、時の首長の考えに基づき制定された。スポーツとまちづくりをドッキングさせた「まちづくり条例」の始まりでもあった。

　スポーツ基本法制定（平成23［2011］年6月）後の条例では、同法前文及び第2条で規定するスポーツ権の規定と同じ内容をスポーツ条例内に盛り込むもの（岡山県スポーツ推進条例が登場した。平成25（2013）年9月に東京2020オリンピック・パラリンピックの開催が決定してからは、それを意識したスポーツ条例が制定されるケース（大分県スポーツ推進条例）も出てきた。大分県条例は、前文で東京2020オリ・パラ開催によるスポーツの推進に向けた機運の高まりを明記している。

　スポーツ基本法制定前に「振興」の名を付した条例の多くは、同法制定後に「推進」の名に変更している。上記倶知安町スポーツ推進条例もその一つである。

（吉田勝光）

倶知安町スポーツ推進条例……254
葛飾区文化・スポーツ活動振興条例……254
21世紀出雲スポーツのまちづくり条例……255
岡山県スポーツ推進条例……256
大分県スポーツ推進条例……258

倶知安町スポーツ推進条例

平成23年〔2011年〕12月16日条例第23号

倶知安町スポーツ振興条例（昭和47年倶知安町条例第19号）の全部を改正する。

(目的)
第1条　この条例は、スポーツ基本法（平成23年法律第78号）の規定に基づき、スポーツの推進に関する施策の基本を明らかにし、もって住民の心身の健全な発達と健康で明るい生活形成を助長し、本町の社会体育の向上に寄与することを目的とする。
2　この条例の運用にあたってはスポーツを行うことを住民に強制し、又はスポーツを前項の目的以外に利用することがあってはならない。

(定義)
第2条　この条例において「スポーツ」とは、運動競技及び身体運動等で、心身の健全な発達を図るために行われるものをいう。

(町技)
第3条　倶知安町は、スポーツの推進を図るため町技を指定することができる。
2　前項の指定にあたっては議会の同意を得て町長がこれを宣言する。

(町技の推進)
第4条　町技の推進に関して必要な事項は、規則で定める。

(スポーツ推進審議会)
第5条　スポーツの推進に関する重要事項を調査審議させるため、倶知安町スポーツ推進審議会を置く。
2　スポーツ推進審議会の委員の定数は、10人以内とする。
3　委員の任期は、2年とし、欠員を生じた場合の補欠委員の任期は前任者の残任期間とする。
4　スポーツ推進審議会委員について必要な事項は、規則で定める。

(スポーツ推進委員)
第6条　スポーツの推進のための事業実施に係る連絡調整及び実技の指導その他指導助言を行うためスポーツ推進委員を置く。
2　スポーツ推進委員の定数は、10人以内とする。
3　スポーツ推進委員の任期は2年とし、欠員を生じた場合の補欠委員の任期は前任者の残任期間とする。
4　スポーツ推進委員について必要な事項は、規則で定める。

(スポーツ指導員)
第7条　スポーツ推進委員の実践活動を助長し補助するためにスポーツ指導員を置く。
2　スポーツ指導員の定数は、30人以内とする。
3　スポーツ指導員の任期は、1年とする。
4　スポーツ指導員について必要な事項は、規則で定める。

(委任)
第8条　この条例の施行に関し必要な事項は、教育委員会規則で定める。

附則
(施行期日)
第1条　この条例は、公布の日から施行する。
(スポーツ推進審議会委員に関する経過措置)
第2条　この条例の施行の際、現に改正前の倶知安町スポーツ振興条例第5条第1項の規定により任命されているスポーツ振興審議会委員は、改正後の倶知安町スポーツ推進条例第5条第1項の規定により任命されたスポーツ推進審議会委員とみなす。
(スポーツ推進委員に関する経過措置)
第3条　この条例の施行の際、現に改正前の倶知安町スポーツ振興条例第6条第1項の規定により任命されている体育指導委員は、改正後の倶知安町スポーツ推進条例第6条第1項の規定により任命されたスポーツ推進委員とみなす。

葛飾区文化・スポーツ活動振興条例

平成2年〔1990年〕3月16日条例第4号
最終改正　平成5年〔1993年〕3月16日条例第36号

(目的)
第1条　この条例は、区民の自主的な文化活動及びスポーツ活動（以下「文化・スポーツ活動」という。）の振興を図ることにより、地域社会の活性化に寄与するとともに豊かな区民文化の創造と健康で活力に満ちた区民生活の向上に資することを目的とする。

(区の責務)
第2条　区は、前条の目的を達成するため、文化・スポーツ活動の振興のための施策を総合的かつ効果的に推進するよう努めるものとする。

（文化・スポーツ活動の促進）
第3条　区は、文化・スポーツ活動を促進するため、これらの活動に対する援助、助成その他の必要な措置を講ずるよう努めるものとする。
（行事への参加に対する助成）
第4条　区は、文化及びスポーツに関する行事で次に掲げるものに参加する個人又は団体に対して、その参加に要する経費の一部を助成することができる。
（1）国際的規模の行事
（2）全国的規模の行事
（3）関東等を地域的規模とする行事
（4）東京都を地域的規模とする行事
（5）その他区長が適当と認める行事
（平5条例36・全改）
（委任）
第5条　この条例の施行に関し必要な事項は、葛飾区規則で定める。

21世紀出雲スポーツの まちづくり条例

平成18年〔2006年〕出雲市条例第56号
最終改正　平成23年〔2011年〕12月27日
　　　　　条例第144号

前文
　今日、市民一人ひとりが、終生、活力と心の張り合いをもって自己実現を図り、心身ともに健康で幸せを実感できる地域社会を築いていくことが、全市民が目指すべき共通の目標であり、21世紀出雲のまちづくりの基本である。
　　スポーツは、我々が本来有する運動本能の欲求を満たし、爽（そう）快感、達成感等の精神的充足と体力向上、精神的ストレスの発散、生活習慣病の予防など生涯にわたり心身両面の健康増進に寄与するものである。スポーツの振興こそ、まさに21世紀出雲を支える心身ともに健全な人材の養成・確保を図り、全市民の真の願いである健康で活力ある生涯を約束する基本的に重要な施策であると考える。
　　すなわち、市民生活のあらゆる局面で、市民が言わば生涯スポーツに親しみ、幅広く多様なスポーツや運動を生涯を通じ楽しみ、その活動の輪と裾（すそ）野を広げるとともに、市民が言わば競技スポーツの専門家を目指し、記録に挑戦し、夢と感動を与えられ、誇りを持つことは、活力ある健全な地域社会の発展に大きく貢献するものである。
　　他方、大型スポーツイベントの誘致・開催は、市民の日常活動に大きな刺激を与えるとともに、観光ビジネス等地域経済の発展に重要な役割を果たしつつある。
　　このため、全市民の生涯にわたる幸せと本市の悠久の発展を願い、これまで述べてきたスポーツ文化によるまちづくりの基本を定めるべく、ここに「21世紀出雲スポーツのまちづくり条例」を制定する。
（目的）
第1条　この条例は、出雲市におけるスポーツ振興の基本的な目標・方策及びスポーツ関係団体の協力関係を明らかにし、市、市民、スポーツ関係団体及び事業所等の連携・協力を促し、もって本市のスポーツ文化の定着・発展に努め、真に心豊かなスポーツ文化都市・出雲の創造に資することを目的とする。
（スポーツ振興の基本目標）
第2条　夢を育み、人を結び、まちが輝くスポーツ文化都市・出雲の創造のため、市、市民、スポーツ関係団体及び事業所等が連携・協力して、次に掲げる基本目標の実現に努力する。
（1）大型スポーツイベントの開催及び誘致・支援、各種スポーツ大会等の開催及び支援、各種スポーツ教室等の開催及び支援並びにスポーツ拠点づくりの推進による「スポーツがあふれるまちづくり」
（2）選手強化施策の充実、全国大会等出場選手への参加支援及び指導者等人材の育成・支援による「スポーツを担う人づくり」
（3）各種スポーツ団体との連携及び組織強化への支援、学校と地域の連携強化への支援及びスポーツ交流事業の推進による「スポーツを支えるネットワークづくり」
（スポーツ振興の基本方策）
第3条　前条に定める基本目標の実現のため、市、市民、スポーツ関係団体及び事業所等が連携・協力のもとに進めるスポーツ振興の基本方策は、次のとおりとする。
（1）市は、市民、スポーツ関係団体及び事業所等が、本市のスポーツ振興の共通の基本目標のもとに、相互に緊密に連携・協力できるよう支援する。
（2）市は、スポーツ関係団体が、それぞれの目的に合った役割を十分に発揮できるよう、情報の共有化を図るとともに適切な支援に努める。
（3）市は、スポーツ関係団体及び事業所等と連携・協働して、各種スポーツ大会・教室の開催、大型スポーツイベントの誘致・開催及びスポーツ施設の整備と有効活用を図り、市民にスポーツに触れる機会をより多く提供で

きるよう努める。その際、あらゆる年齢層を対象とし、特に青少年の健全な育成と高齢者・障害者の活力増進に配慮する。
(4) 市は、地域を代表し国内外で活躍するスポーツ競技者の育成と指導者の養成を図るため、スポーツ関係団体の協力・支援を得て、小学校、中学校及び高等学校(以下「学校」という。)並びに出雲市体育協会、スポーツ少年団等から選抜された者に、スポーツ競技力の向上に資する教育・訓練を行うとともに、指導者の研修機会の充実に努める。
(5) 市民は、自らがスポーツによるまちづくりの担い手であるという立場から、それぞれがスポーツに対する関心を培い、市やスポーツ関係団体が行う多様なスポーツ事業に積極的に参加する。
(6) スポーツ関係団体は、市のスポーツ振興施策への積極的な参加・協力に努めるとともに、市が行うスポーツ振興施策と連携しつつ、自らのスポーツ事業活動により、スポーツのまちづくりに貢献する。
(7) 事業所等は、市が行うスポーツ振興施策と連携しつつ、自らの事業活動及び社会奉仕活動を通じて、スポーツのまちづくりに貢献する。

(スポーツ関係団体の連携・協力)
第4条 前2条で定める基本目標及び基本方策の実現を目指して活動する本市のスポーツ関係団体の連携・協力の関係は、次のとおりである。
(1) 学校、出雲市体育協会、総合型地域スポーツクラブ、スポーツ少年団その他運動・スポーツサークル等は、それぞれの役割に応じ、指導者・競技者の養成、各種スポーツ大会への参加、情報の提供等密接に連携・協力し、本市におけるスポーツ活動の総合的な振興を図るものとする。
(2) 学校は、児童・生徒の学校外のスポーツ活動を尊重し、学校の体育・スポーツ指導と学校外のスポーツ活動との連携・協力に配慮するものとする。
(3) 学校における体育・スポーツ指導はもとより、総合型地域スポーツクラブその他運動・スポーツサークル等も、広く市民の生涯スポーツ愛好の裾野の拡大に資するとともに、出雲市体育協会及びスポーツ少年団は、学校との連携・協力により、優秀な人材・競技者の育成、競技力の向上に資するものとする。

(出雲市スポーツ振興審議会への諮問)
第5条 市長は、21世紀出雲のスポーツ振興のあり方について、今後必要に応じ、出雲市スポーツ振興審議会条例(平成17年出雲市条例第343号)に基づき設置する出雲市スポーツ振興審議会に諮るものとする。

(委任)
第6条 この条例の施行に関し必要な事項は、市長が別に定める。

岡山県スポーツ推進条例

平成24年〔2012年〕7月3日条例第33号

(目的)
第1条 この条例は、スポーツが心身の健全な発達、健康及び体力の保持増進、精神的な充足感の獲得、自律心その他の精神のかん養等のために重要であるとともに、スポーツを通じて幸福で豊かな生活を営むことは全ての人々の権利であることに鑑み、スポーツの推進に関し、基本理念を定め、並びに県、市町村及びスポーツ団体の責務又は役割を明らかにするとともに、スポーツの推進に関する施策の基本となる事項を定めることにより、スポーツの推進に関する施策を総合的かつ計画的に実施し、もって県民の心身ともに健康な生活及び活力ある地域社会の実現に寄与することを目的とする。

(定義)
第2条 この条例において「スポーツ団体」とは、スポーツの振興のための事業を行うことを主たる目的とする団体をいう。
2 この条例において「スポーツ活動」とは、スポーツを行い、指導し、観戦し、又はスポーツの競技会その他の催しの運営に携わる活動をいう。

(基本理念)
第3条 スポーツの推進は、全ての県民がスポーツの持つ意義について理解を深め、その関心、適性及び健康状態に応じ、生涯にわたり身近にスポーツに親しむことができるよう行われなければならない。
2 スポーツの推進は、スポーツを行う者の心身の健康の保持増進及び安全の確保が図られるよう行われなければならない。
3 スポーツの推進は、青少年(満一八歳に満たない者をいう。第一二条において同じ。)の体力の向上を図るとともに、公正さ、規律を尊ぶ態度、克己心等を培い、豊かな人間性が育まれるよう行われなければならない。
4 スポーツの推進は、障害のある人が積極的に

スポーツ活動に参加することができるよう、その障害の種類及び程度に応じ、必要な配慮をしつつ行われなければならない。
5　スポーツの推進は、県内に活動の拠点を置き、現に居住し、若しくは居住していたスポーツ選手又は県内に活動の拠点を置くスポーツチーム（以下「県のスポーツ選手等」という。）が国際的又は全国的な規模のスポーツの競技会において優秀な成績を収めることができるよう、競技水準の向上に資する施策相互の有機的な連携を図りつつ、効果的に行われなければならない。
6　スポーツの推進は、世代間及び地域間の交流の基盤が形成され、かつ、その交流が促進されるよう行われなければならない。
7　スポーツの推進は、スポーツが県民に夢、勇気及び感動を与えることに鑑み、県のスポーツ選手等の活動を応援する社会的気運を高め、県民の一体感及び活力が醸成されるよう行われなければならない。

（県の責務）
第4条　県は、前条に規定する基本理念（次条及び第六条において「基本理念」という。）にのっとり、スポーツの推進に関する施策を総合的に策定し、及び計画的に実施する責務を有する。
2　県は、前項の施策の実施に当たっては、市町村、スポーツ団体、大学その他の関係者との連携に努めるとともに、関係者相互の連携によるスポーツの推進に関する取組の促進に努めるものとする。

（市町村の役割）
第5条　市町村は、基本理念にのっとり、地域の特性に応じ、スポーツの推進に関する施策を策定し、及び実施するよう努めるものとする。

（スポーツ団体の役割）
第6条　スポーツ団体は、基本理念にのっとり、スポーツの推進に関する施策に理解を深め、県、市町村、他のスポーツ団体その他の関係者との協働に努めるものとする。

（推進計画の策定）
第7条　知事は、スポーツの推進に関する施策を総合的かつ計画的に実施するため、スポーツの推進に関する計画（以下この条において「推進計画」という。）を策定するものとする。
2　知事は、推進計画を策定するに当たっては、岡山県スポーツ推進審議会（岡山県スポーツ推進審議会条例（昭和三七年岡山県条例第三一号）に基づく岡山県スポーツ推進審議会をいう。）の意見を聴かなければならない。
3　知事は、推進計画を策定したときは、遅滞なく、これを公表しなければならない。
4　前2項の規定は、推進計画の変更について準用する。

（県民のスポーツ活動への参加の促進）
第8条　県は、スポーツの持つ意義についての県民の理解を深め、その関心、適性及び健康状態に応じたスポーツ活動への自主的な参加を促進するよう努めるものとする。

（生涯にわたるスポーツ活動の推進）
第9条　県は、全ての県民が生涯にわたって、体力、年齢、技術、目的等に応じて、身近にスポーツに親しむことができるよう、スポーツ活動に参加する機会の提供、地域スポーツクラブ（地域の住民が主体的に運営するスポーツ団体であって、体力、年齢、技術、目的等に配慮しつつ、地域の住民に対しスポーツ活動に参加する機会を提供するものをいう。）及び地域におけるスポーツ活動を担う人材の育成その他の必要な施策を講ずるよう努めるものとする。

（スポーツ施設の整備等）
第10条　県は、県民のスポーツ活動の場の充実を図るため、県が設置するスポーツ施設（当該施設の設備を含む。次項において同じ。）の整備及び機能の維持増進に努めなければならない。
2　県は、県が設置する学校（学校教育法（昭和二二年法律第二六号）第一条に規定する学校をいう。第一三条において同じ。）及びスポーツ施設を県民がスポーツ活動の場として有効に活用することができるよう配慮するものとする。

（心身の健康の保持増進のためのスポーツ活動の推進）
第11条　県は、県民の心身の健康の保持増進のためのスポーツ活動を推進するため、当該スポーツ活動に関する情報の提供その他の必要な施策を講ずるよう努めるものとする。

（青少年のスポーツ活動への参加の機会の提供）
第12条　県は、青少年の心身の健全な発達及び体力の向上を図るため、青少年がスポーツ活動に参加する機会の提供その他の必要な施策を講ずるよう努めるものとする。

（学校における体育の充実）
第13条　県は、学校における体育の充実を図るため、教員の体育に関する資質の向上を図るとともに、地域におけるスポーツ活動を担う人材の活用、環境の整備その他の必要な施策を講ずるよう努めるものとする。

（障害のある人のスポーツ活動の推進）
第14条　県は、障害のある人が積極的にスポーツ活動に参加することができるよう、その障害の種類及び程度に応じたスポーツ活動への

参加の機会の提供、障害のある人のスポーツ活動に携わる人材及び団体の育成その他の必要な施策を講ずるよう努めるものとする。

(競技水準の向上等)

第15条　県は、競技水準の向上を図るため、県のスポーツ選手等又はその指導者のスポーツの競技会への派遣、研修会又は講習会の開催等による県のスポーツ選手等、その指導者及びスポーツ団体の計画的な育成その他の必要な施策を講ずるよう努めるものとする。

2　県は、スポーツ選手が、スポーツの競技会においてその能力を最大限に発揮することができるよう、スポーツに伴う事故の防止等に関する啓発及び知識の普及並びにスポーツ医科学の活用の促進に関し必要な施策を講ずるよう努めるものとする。

3　県は、スポーツ選手及びその指導者が、その能力を幅広く地域社会に生かすことができるよう、地域社会の各分野において活躍することができる知識及び技能の習得に対する支援並びに環境の整備に努めるものとする。

(スポーツを通じた地域の活性化等)

第16条　県は、スポーツを通じた地域の活性化及び一体感の醸成並びに県の情報の発信を図るため、県のスポーツ選手等と県民の交流又は地域スポーツクラブ相互の交流の促進、スポーツの大会の開催又はスポーツの合宿の誘致その他の必要な施策を講ずるよう努めるものとする。

(顕彰)

第17条　県は、スポーツの競技会において特に優秀な成績を収めた者その他スポーツの推進に特に功績があったと認められるものの顕彰を行うものとする。

(財政上の措置)

第18条　県は、スポーツの推進に関する施策を実施するため、必要な財政上の措置を講ずるよう努めるものとする。

大分県スポーツ推進条例

平成30年〔2018年〕3月14日大分県条例第2号

(前文)

　スポーツは、体を動かすという人間の本源的な欲求に応えるとともに、爽快感、達成感、他者との連帯感等の精神的充足や楽しさ、喜びをもたらし、さらには、体力の向上や精神的なストレスの発散、生活習慣病の予防など、心身両面にわたる健康の保持増進に資するものである。

　また、スポーツは、子どもの健全育成や、障がい者の社会参加の促進、地域社会の再生、社会・経済の活力の創造など、多面にわたる役割を担っている。

　このため、年齢や性別、障がいの有無にかかわらず、県民一人ひとりがスポーツの意義を理解し、より多くの県民が生涯にわたり日常的にスポーツに親しむとともに、スポーツ選手が競技においてその力を十分に発揮し活躍することが求められており、そのためには、スポーツの意義や価値を広く共有し、県民の参画のもとに、スポーツ環境を整備していくことが必要である。

　本県においては、ラグビーワールドカップ2019の開催及び大規模大会も開催可能な武道をはじめとする屋内スポーツの拠点施設の供用開始を控えており、併せて2020年東京オリンピック・パラリンピックが開催されることから、スポーツの推進に向けた機運が高まりを見せている。

　これを契機として、より多くの県民がスポーツに親しむための環境づくりや、競技力の向上を推進するとともに、その成果をレガシー（遺産）として更に発展させ、次世代に引き継いでいかなければならない。

　ここに、県民の誰もが、それぞれのライフステージに応じて、スポーツに親しみ、スポーツの楽しさや感動を味わいながら、健康で活力ある豊かな生活を営むことができる大分県の実現を目指し、この条例を制定する。

第1章　総則

(目的)

第1条　この条例は、スポーツの推進について、基本理念を定め、県の責務並びに県民、事業者、スポーツ関係団体（主としてスポーツの推進に関する活動を行う団体をいう。以下同じ。）及びスポーツ関係者（スポーツの推進に関する活動を行う者をいう。以下同じ。）の役割を明らかにするとともに、スポーツの推進に関する施策の基本となる事項を定めることにより、スポーツの推進に関する施策を総合的かつ計画的に実施し、もって県民の心身ともに健康な生活及び活力ある地域社会の実現に寄与することを目的とする。

(定義)

第2条　この条例において、次の各号に掲げる用語の意義は、当該各号に定めるところとする。

一　スポーツ　個人又は集団で行われる運動競技その他の身体活動（レクリエーションとして行われる身体活動、ウォーキングその他の軽度の身体活動を含む。）をいう。

二　スポーツ活動スポーツを行い、指導し、若しくは観戦し、又はスポーツの競技会その他の催しの運営に携わる活動をいう。

(基本理念)

第3条　スポーツの推進は、次に掲げる事項を基本理念として行われなければならない。
一　県民参加の促進県民のスポーツに対する理解と関心を高めるとともに、全ての県民が、生涯にわたって、自らの関心、目的、体力、技術、健康状態等に応じて、身近にスポーツに親しむことのできる機会の確保を図ることによって、スポーツ活動への自主的な参加を促進すること。
二　健康づくりの推進及び健康寿命の延伸スポーツを通じて、県民の心身の健康の保持増進、体力の向上、疾病の予防、介護の予防などの健康づくりを推進するとともに、健康寿命の延伸に寄与すること。
三　子どもの健全育成スポーツを通じて、子どもの心身の健全な発達、規範意識の醸成及び豊かな人間性の涵養を図り、健全な育成に資すること。
四　障がい者への配慮及び支援障がい者が自主的かつ積極的にスポーツに親しむことができるよう、障がいの種類及び程度に応じて必要な配慮及び支援を行うこと。
五　競技力の向上スポーツ選手及びスポーツチームが優秀な成績を収めることができるよう、競技力の向上を図ること。
六　地域の活性化スポーツを通じて、地域間交流、世代間交流及び国際交流を促進し、地域の活性化を図ること。

(県の責務)

第4条　県は、前条に定める基本理念(以下「基本理念」という。)にのっとり、スポーツの推進に関する施策を総合的かつ計画的に策定し、実施するものとする。
2　県は、前項の規定により施策を策定し、実施するに当たっては、県民、市町村、事業者、スポーツ関係団体、スポーツ関係者、学校及び保健医療福祉関係者その他の健康づくり関係者との連携に努めるものとする。

(県民及び事業者の役割)

第5条　県民及び事業者は、基本理念にのっとり、スポーツが県民生活及び地域社会で果たす役割について理解を深めるよう努めるとともに、スポーツの推進に主体的に取り組むよう努めるものとする。

(スポーツ関係団体及びスポーツ関係者の役割)

第6条　スポーツ関係団体及びスポーツ関係者は、基本理念にのっとり、スポーツの推進に主体的に取り組むよう努めるとともに、県、市町村、事業者、他のスポーツ関係団体、他のスポーツ関係者、学校及び保健医療福祉関係者その他の健康づくり関係者との協働に努めるものとする。

第2章　施策

(推進計画)

第7条　県は、スポーツの推進に関する施策の総合的かつ計画的な推進を図るため、その実情に即したスポーツの推進に関する計画(以下「推進計画」という。)を策定するものとする。
2　県は、推進計画を策定するに当たっては、県民の意見を反映することができるよう適切な措置を講ずるものとする。
3　県は、推進計画を策定するに当たっては、あらかじめ、大分県スポーツ推進審議会の意見を聴かなければならない。
4　県は、推進計画を策定したときは、遅滞なく、これを公表しなければならない。
5　前3項の規定は、推進計画の変更について準用する。
6　県は、推進計画の進捗状況について、毎年度、大分県スポーツ推進審議会に報告し、その意見等を踏まえて、計画の効果的な推進に努めるものとする。

(生涯にわたるスポーツ活動の推進)

第8条　県は、全ての県民が、生涯にわたって、自らの関心、目的、体力、技術、健康状態等に応じて、身近にスポーツに親しむことができるよう、県民がスポーツ活動に参加する機会の提供及び環境の整備、スポーツ医科学の活用その他の必要な施策を講ずるものとする。

(健康づくりの推進及び健康寿命の延伸)

第9条　県は、県民のスポーツを通じた心身の健康の保持増進、体力の向上、疾病の予防、介護の予防などの健康づくりを推進するとともに、健康寿命の延伸に寄与するため、適切な情報の提供、スポーツ医科学の活用その他の必要な施策を講ずるものとする。

(子どものスポーツ活動の推進)

第10条　県は、子どもの心身の健全な発達、規範意識の醸成及び豊かな人間性の涵養を図り、健全な育成に資するため、子どもがスポーツ活動に参加する機会の提供その他の必要な施策を講ずるものとする。

(学校におけるスポーツ活動の推進)

第11条　県は、学校におけるスポーツ活動の充実を図るため、教員の資質の向上、スポーツ環境の整備その他の必要な施策を講ずるものとする。

(障がい者のスポーツ活動の推進)

第12条　県は、障がい者が自主的かつ積極的に

スポーツ活動に参加することができるよう、その障がいの種類及び程度に応じたスポーツへの参加の機会の提供その他の必要な施策を講ずるものとする。

(競技力の向上)
第13条　県は、競技力の向上を図るため、スポーツ選手の計画的な育成、スポーツ医科学の活用その他の必要な施策を講ずるものとする。

(スポーツを通じた地域の活性化)
第14条　県は、スポーツを通じて、地域間交流、世代間交流及び国際交流を促進し、地域の活性化を図るため、総合型地域スポーツクラブの活用、豊かな自然環境の活用など地域の特性に応じた取組への支援、スポーツツーリズムの推進、スポーツの競技会その他の催しの開催又は誘致その他の必要な施策を講ずるものとする。

(スポーツの観戦及び支援の促進)
第15条　県は、県民によるスポーツの観戦及びスポーツへの支援を促進し、スポーツへの関心の拡大及びスポーツに親しむ機運の醸成を図るため、スポーツの観戦機会の提供及び広報、スポーツボランティア活動の推進その他の必要な施策を講ずるものとする。

(人材の確保、育成及び活用)
第16条　県は、競技力の向上及びスポーツ活動の充実に寄与するため、スポーツ指導者その他のスポーツ活動に携わる人材の確保、育成及び活用に関し必要な施策を講ずるものとする。

(調査研究及び情報提供)
第17条　県は、スポーツ活動の充実に寄与するため、スポーツに関する調査研究を行うとともに、広く県民に対してスポーツに関する情報提供を行うものとする。

(スポーツ施設の整備等)
第18条　県は、基本理念の実現を図るため、スポーツ施設の整備及び管理を行うとともに、利用促進のため必要な施策を講ずるものとする。

(顕彰)
第19条　県は、県民のスポーツに対する関心及びスポーツを行う意欲を高めるため、スポーツで特に優秀な成績を収めた者及びスポーツの推進に特に功績があったと認められる者の顕彰を行うものとする。

(財政上の措置)
第20条　県は、スポーツの推進に関する施策を実施するため、必要な財政上の措置を講ずるよう努めるものとする。

第2編

スポーツ政策

解説 …………………………………… 262
スポーツ立国戦略 …………………………………… 264
スポーツ基本計画〔第1期〕 …………………………………… 273
スポーツ基本計画〔第2期〕 …………………………………… 288
地方都市のスポーツ推進計画
    松本市スポーツ推進計画 …………………………………… 308
スポーツ都市宣言
    苫小牧スポーツ都市宣言 …………………………………… 320
    八女市スポーツ・健康づくり都市宣言 ……… 320

解 説

この「スポーツ政策編」は、地域スポーツ振興方策を立案する上で、重要な視点となる比較的最近の国の基本方針を収録した。

スポーツ振興政策の展開

2011（平成23）年スポーツ基本法が制定される以前は、スポーツ振興法（1961［昭和36］年制定）がスポーツ施策推進の根拠法となっていた。その第4条1項で「文部大臣は、スポーツの振興に関する基本的計画を定めるものとする。」と規定されていたが、スポーツ施策は、保健体育審議会の各答申に基づき進められてきた。例えば、1972（昭和47）年12月に「体育・スポーツの普及振興に関する基本方策について」の答申は、「経済成長に伴う生活様式の変化」から日常生活において国民の身体活動が減退し、全体的に体力低下の傾向があるから、体育・スポーツを振興し、「人間尊重を基盤とした健康な社会を建設すること」が重要な課題であるとして、当時体育・スポーツ施設の大半を学校に頼っていたことを踏まえ、すべての国民が日常生活のなかで体育・スポーツ活動に親しむことができるような施設の整備を、基準を示し、促していた。1989（平成元）年11月21日に出された答申「21世紀に向けたスポーツの振興方策について」では、スポーツは世界共通の人類の文化であるとし、スポーツにおける諸課題（施設の整備、生涯スポーツの推進、競技スポーツにおける競技力の向上、学校における体育・スポーツの関係性、国際交流、企業スポーツの在り方、プロアマの連携等）は、国・地方公共団体と民間の役割分担で体系的・計画的に推進していく必要があると述べている。施設の整備からスポーツの充実を求める答申へと変遷した。

総合型地域スポーツクラブの育成

多くの市民がスポーツに親しみ、かつ限られた種目ではなく他種目にわたって活動できる場所としては、海外では早くからスポーツクラブが設置されていた。日本でも1995（平成7）年の『平成7年度我が国の文教政策』において示すように、同年度から地域住民が気軽に参加できる地域スポーツクラブ＝総合型地域スポーツクラブの育成を促すモデル事業を文部科学省（当時文部省）が始めた。

2000（平成12）年の同審議会答申「スポーツ振興基本計画の在り方について─豊かなスポーツ環境を目指して」でも、社会環境の変化に伴い、国民のスポーツの実施目的、実施内容が高度化・多様化してきているとした上で、振興をめぐる諸課題に体系的・計画的に取り組むために2001（平成13）年から10年間で実現すべき政策目標を設定し、1995（平成7）年から地域住民が気軽に参加できるようにと文部科学省が推進している「総合型地域スポーツクラブ」の全国展開を最重点施策として計画的に推進していく方策を打ち出した。この総合型地域スポーツクラブ育成数は、スポーツ庁によると2017（平成29）年で、全国3580クラブとなっており、2002（平成14）年の541に対し、約7倍の数となっている。

スポーツ立国戦略

2010年になると文部科学省は「スポーツ立国戦略─スポーツコミュニティ・ニッポン」を発表し「新たなスポーツ文化の確立」を目指すことになった。その基本的な考え方は「人（する人、観る人、支える（育てる）人）の重視」と「連携・協働の推

進」であった。この考え方を実施すべきとして、①ライフステージに応じたスポーツの機会の創造、②世界で競い合うトップアスリートの育成、③スポーツ界の連携・協働による「好循環」の創出、④スポーツ界における透明性や公平・公平性の向上、⑤社会全体でスポーツをさせる基盤の整備、の5つの重点戦略を掲げ、スポーツ立国を目指すことになった。

スポーツ振興基本計画

　前述したようにスポーツ振興法4条で文部大臣はスポーツ基本計画を定めるものとするとしていたが、ようやく2000（平成12）年になって、スポーツ振興基本計画が示された。計画の主要な課題は、①生涯スポーツ社会の実現に向けた、地域におけるスポーツ環境の整備充実、②我が国の国際競技力の総合的な向上方策、③生涯スポーツ及び競技スポーツと学校体育・スポーツとの連携を推進するための方策とし、到達目標を掲げてスポーツ振興を目指した。2006（平成18）年には計画策定から5年経過したとして改訂を行った。この改訂での主要課題は①スポーツの振興を通じた子どもの体力の向上、②生涯スポーツ社会の実現に向けた、地域におけるスポーツ環境の整備充実、③我が国の国際競技力の総合的な向上方策とし、先の振興計画を推進する上で、当時、子どもの体力格差が広がっていることを踏まえ、「人間力」の重要な要素である子どもの体力について向上を図ることを基盤に据えた方策を推進することになった。

スポーツ基本法の制定

　スポーツ立国戦略に基づきスポーツ振興を進めて行くなか2011（平成23）年、議員立法としてスポーツ振興法を全面改正したスポーツ基本法が制定された。基本法は、スポーツは世界共通の人類の文化だとした上で「スポーツは、心身の健全な発達、健康及び体力の保持増進、精神的な充足感の獲得、自律心その他の精神の涵養等のために個人又は集団で行われる運動競技その他の活動」と位置づけ、すべての人々の権利であると規定した。

　なお、スポーツに関する総合的な政策を企画立案推進していく行政機関として2015（平成27）年にスポーツ庁が発足し、初代長官に鈴木大地氏が就任した。

スポーツ基本計画

　スポーツ基本法9条において、文部科学大臣は、「スポーツの推進に関する基本的な計画を定めなければならない」とされていることを受けて、スポーツ基本法制定後初の「スポーツ基本計画」が策定された（2012（平成24）年3月30日文部科学省告示）。計画の基本的政策課題は「年齢や性別、障害等を問わず、広く人々が関心、適性等に応じてスポーツに参画することができる環境を整備すること」とし、スポーツ立国戦略で示した「人」を重視した取組を提示した。第1期基本計画から5年後の2017年に第2期スポーツ基本計画が公表された。計画では多面にわたるスポーツの価値を高め、広く国民に伝えていくために目指す方向性を、①スポーツで「人生」が変わる、②スポーツで「社会」を変える、③スポーツで「世界」とつながる、④スポーツで「未来」を創る、とした。これによりスポーツ参画人口を拡大し、「一億総スポーツ社会」の実現に取り組むことを基本方針として提示した。

（入澤　充）

スポーツ立国戦略

平成22年〔2010年〕8月26日
文部科学省

はじめに

スポーツは、世界の人々に大きな感動や楽しみ、活力をもたらすものであり、言語や生活習慣の違いを超え、人類が共同して発展させてきた世界共通の文化の一つである。

また、スポーツは、人格の形成、体力の向上、健康長寿の礎であるとともに、地域の活性化や、スポーツ産業の広がりによる経済的効果など、明るく豊かで活力に満ちた社会を形成する上で欠かすことのできない存在である。

文部科学省では、現在の「スポーツ振興法」を見直し、新たにこれに代わる「スポーツ基本法」の検討を視野に入れ、今後の我が国のスポーツ政策の基本的な方向性を示す「スポーツ立国戦略」の策定に向けた検討を進めてきた。

検討に当たっては、スポーツが国民の一人一人の生活に密接なものであることを踏まえ、現場で活躍するアスリート、指導者、有識者をはじめ、スポーツ団体や企業、地方公共団体におけるスポーツ行政担当者や地域スポーツクラブ関係者など、幅広くスポーツに携わる方々との意見交換を重ねながら、現代のスポーツを巡る様々な課題を点検してきた。

こうした検討の経緯を踏まえ、本戦略は、我が国の「新たなスポーツ文化の確立」を目指し、
○人（する人、観る人、支える（育てる）人）の重視
○連携・協働の推進を「基本的な考え方」として、それらに導かれる今後概ね10年間で実施すべき5つの重点戦略、政策目標、重点的に実施すべき施策や体制整備の在り方などをパッケージとして示した広範囲をカバーするものとなっている。

文部科学省は、本戦略に掲げる施策を総合的かつ積極的に推進し、我が国の一層のスポーツ振興に取り組むことにより、スポーツ立国の実現を目指す。

本戦略の策定を機に、より多くの人々がスポーツに親しみ、スポーツを楽しみ、スポーツを支え、そしてスポーツを育てることを通じて、スポーツの持つ多様な意義や価値が社会全体に広く共有され、我が国の「新たなスポーツ文化」が確立されることを切に期待する。

Ⅰ　スポーツ立国戦略の目指す姿

新たなスポーツ文化の確立

スポーツは、私たちの「こころ」と「からだ」の健全な発達を促し、人生をより充実したものとするとともに、明るく豊かで活力に満ちた社会の形成に寄与する世界共通の人類の文化の一つである。

スポーツはその活動自体、体を動かすという人間の本源的な欲求にこたえ、爽快感、達成感、他者との連帯感等の精神的充足や楽しさ、喜びをもたらすという内在的な価値を有する。このため、生涯にわたり主体的にスポーツに親しむことのできる地域社会をつくることは幅広い世代の人々にとって大きな意義のあるものである。

また、スポーツは社会的に次のような多様な意義を有しており、少子高齢社会を迎え、様々な課題に対峙しなければならない我が国にとって、スポーツの振興は、従前にも増して国や地方公共団体、スポーツ団体の重要な責務となっている。

・コミュニケーション能力やリーダーシップの育成、克己心やフェアプレイ、チームワークの精神の涵養、自然体験活動を通じた豊かな人間性の育成等により、青少年の心身の健全な発達に資する。

・スポーツを通じた交流は、地域の一体感や活力を醸成し、人間関係の希薄化等の問題を抱える地域社会の再生につながる。

・スポーツ振興によるスポーツ産業の広がりは、新たな需要と雇用を生み、我が国の経済成長に資するとともに、スポーツによる国民の心身の健康の保持増進は、医療・介護費抑制等の経済的効果を生む。

・スポーツの国際交流は、言語や生活習慣の違いを超え、同一のルールの下で互いに競い合うことなどにより、世界の人々との相互の理解を促進し、国際的な友好と親善に資する。

・国際競技大会などにおける日本人選手の活躍は、我々に日本人としての誇りと喜び、夢と感動を与え、国民の意識を高揚させ、社会全体の活力となるとともに、国際社会における我が国の存在感を高める。

これまでもスポーツの意義や価値は、スポーツ関係者はもとより、多くの人々から指摘されてきており、政府としてもスポーツ振興のための取組を進めてきたところであるが、本戦略においては、さらに、今後概ね10年間を見据え、「新しい公共」の理念の下、各々の興味・関心、適性等に応じて現状よりさらに多くの人々が様々な形態（する、観る、支える（育てる））でスポーツに積極的に参画できる環境を実現することを目指している。

そのため、本戦略では、トップスポーツと地域スポーツを一体的に捉え、トップスポーツと地域スポーツが互いに支え合う「好循環」を生み出すことなどを掲げている。

トップスポーツで培ったアスリートの技術・経験や人間的な魅力、スポーツ医・科学の研究成果等を地域スポーツに還元し、スポーツのすそ野を広げるとともに、その中で新たに発掘された才能をスポーツ医・科学研究を活かして体系的に育成・強化することにより、地域からの新たなトップアスリートの輩出も期待できる。

本戦略は、このような取組を通じて、スポーツの意義や価値が広く国民に共有され、より多くの人々がスポーツの楽しさや感動を分かち、互いに支え合う「新たなスポーツ文化」を確立することを目指すものである。

II 基本的な考え方

本戦略では、「スポーツ立国戦略の目指す姿」を実現するため、
1．人（する人、観る人、支える（育てる）人）の重視
2．連携・協働の推進の基本的な考え方のもと、実施すべき５つの重点戦略として、
（1）ライフステージに応じたスポーツ機会の創造
（2）世界で競い合うトップアスリートの育成・強化
（3）スポーツ界の連携・協働による「好循環」の創出
（4）スポーツ界における透明性や公平・公正性の向上
（5）社会全体でスポーツを支える基盤の整備
を掲げることとする。基本的な考え方は次の通りである。

1 人（する人、観る人、支える（育てる）人）の重視

○スポーツを通じて幸福で豊かな生活を実現することは、すべての人々に保障されるべき権利の一つである。各人の自発性のもと、各々の興味・関心、適性等に応じて安全かつ公正な環境のもとで、日常的にスポーツに親しみ、スポーツを楽しみ、スポーツを支え、スポーツを育てる活動に参画する機会が確保されなければならない。

○こうした観点から、スポーツを実際に「する人」だけではなく、トップレベルの競技大会やプロスポーツの観戦など、スポーツを「観る人」、そして指導者やスポーツボランティアといったスポーツを「支える（育てる）人」に着目し、人々が生涯にわたってスポーツに親しむことができる環境をハード（施設等）、ソフト（プログラム・指導者等）の両面から整備する。

○具体的には、地域における人々のスポーツ機会の確保・充実を図るとともに、豊かなスポーツライフを実現する基礎となる学校体育・運動部活動の充実に取り組む。また、世界で活躍するトップアスリートが安心して競技に専念できる環境の整備や、トップアスリート・指導者・審判員等に対し、必要なサポートを提供する。さらに、国際競技大会の招致・開催を積極的に支援する。

○我が国のスポーツの普及及び競技水準の向上において重要な役割を担うスポーツ団体の運営は、スポーツを行うアスリートや指導者等の個人にとって大きな影響がある。また、スポーツ界には、国費はもとより、スポーツ振興基金・スポーツ振興くじ助成など多額の公的な資金が投入されている。スポーツ界にはこれら財源をアスリート等の育成・強化やスポーツの普及のために効果的・効率的に活用する責任と、公的な資金を受給するのにふさわしい団体のガバナンスが求められる。

○このため、国はスポーツ団体等と連携・協力し、団体のガバナンス強化、紛争解決システムの整備、ドーピング防止活動等を通じて、透明性の高い公平・公正なスポーツ界を実現する。

2 連携・協働の推進

○スポーツを普及・定着させ、スポーツを人々にとって身近なものとするためには、地域スポーツクラブ、学校、地方公共団体、スポーツ団体、企業などが組織の違いを超えて連携することにより、トップスポーツと地域スポーツの垣根をなくし、人材の好循環を生み出すことが必要である。

○すなわち、トップアスリートが有する優れた技や人間的な魅力とスポーツを通じて培ったコミュニケーション能力やマネジメント能力を積極的に地域に還元することにより、青少年を含む人々のスポーツへの参加意欲を高め、地域から新たな才能が発掘されることが期待できる。このような人材の好循環を形成することにより、スポーツのすそ野が拡大し、トップの伸長にも寄与するであろう。

○このための具体的な方策として、拠点となる総合型地域スポーツクラブ（「拠点クラブ」）に引退後のトップアスリートを配置し、地域住民に質の高いスポーツサービスを提供したり、学校体育の外部指導者として派遣したりすることなどを積極的に進める。また、競技

により培ったトップアスリートの技能が社会に還元されるよう、キャリア形成のための奨学金の給付、企業や総合型地域スポーツクラブ（総合型クラブ）等への紹介・斡旋などを一体的に行う新たなシステムの構築を検討する。
○また、我が国のスポーツ界全体の向上という観点からは、優れた技術・能力・施設を有する組織には、自らの組織にのみ目を向けるのではなく、それらを他者に開放し、互いに共有・活用しあう姿勢が求められる。このため、地域スポーツクラブ、学校、地方公共団体、スポーツ団体、企業などスポーツ界の横断的な連携を強化し、スポーツ界が一丸となってスポーツ振興に取り組む体制を構築することが必要である。
○さらに、スポーツは世界共通の人類の文化の一つであり、現在、国際競技大会をはじめとする世界的な規模でのスポーツ交流が活発に行われている。このような交流を通じて、多くの日本人が積極的に諸外国の人々と広く国際的に連携・協働することは、我が国に対する理解を深め、友好的な関係を構築するとともに、スポーツ界における我が国の存在感を高めることにもつながる。
○一方、スポーツは、地域住民の結びつきを強め、地域の一体感を生み、ソーシャルキャピタル（社会関係資本）の形成に大きく貢献するものである。現在、推進している総合型クラブ等を通じて、互いに顔の見える家族や社会とのつながりの中で住民同士が連携・協働することにより、スポーツを主体的に楽しむことができる地域スポーツ環境の整備を進める。
○その際、これまでの行政による無償の公共サービスから脱却し、地域住民が出し合う会費や寄附により自主的に運営するNPO型のコミュニティスポーツクラブが主体となった「新しい公共」を形成することを進める。
○また、このようなスポーツを基盤とする「新しい公共」の形成への参画を促すためには、人々が広くスポーツの持つ意義や価値を共有することが必要である。このため、公的な資金に支えられて活動しているトップアスリート・指導者が、自らの活動内容や成果を直接人々に訴えかける機会を設けるなど、スポーツ界自身が積極的に社会貢献や説明責任を果たす取組を進める。また、人々のスポーツへの興味・関心を高めるための国民運動の積極的な展開や広くスポーツに対する寄附を促す税制措置の検討等を行う。

Ⅲ　5つの重点戦略の目標と主な施策

1　ライフステージに応じたスポーツ機会の創造

〈目標〉
○国民の誰もが、それぞれの体力や年齢、技術、興味・目的に応じて、いつでも、どこでも、いつまでもスポーツに親しむことができる生涯スポーツ社会を実現する。
○その目標として、できるかぎり早期に、成人の週1回以上のスポーツ実施率が3人に2人（65パーセント程度）、成人の週3回以上のスポーツ実施率が3人に1人（30パーセント程度）となることを目指す。
○豊かなスポーツライフを実現する基礎となる学校体育・運動部活動の充実を図る。

（1）総合型地域スポーツクラブを中心とした地域スポーツ環境の整備
1）トップアスリート等を活用した魅力あるスポーツサービスの提供
　地域住民がトップアスリート等と身近に接することにより、子どもから高齢者までがスポーツに興味関心を持ち、スポーツへの参加意欲を高めるとともに、競技力の向上に資するよう、広域市町村圏（日常社会生活の圏域）を目安として、総合型クラブに引退後のトップアスリートなどの優れた指導者を配置し、複数のクラブや学校の運動部活動等を対象に巡回指導を実施するための拠点化に向けた体制を整備する。
　また、地域のシンボルスポーツを掲げて、トップアスリート等による地域のジュニアアスリートの育成・強化等に積極的に取り組むクラブを支援する。
2）「新しい公共」を担うコミュニティスポーツクラブの推進
　地域のスポーツクラブにおいて、地域の課題（学校・地域連携、健康増進、体力向上、子育て支援など）の解決も視野に入れて、地域住民が主体的に取り組むスポーツ活動を推進することにより、地域のクラブがスポーツを通じて「新しい公共」を担うコミュニティの拠点（コミュニティスポーツクラブ）として充実・発展していくことを促進する。
3）地域スポーツを担う人材の養成・活用の充実
　総合型クラブをはじめとした地域スポーツの推進を担う指導者やクラブマネジャーを確保するため、スポーツ指導者の実態を踏まえつつ、財団法人日本体育協会（日体協）、財団法人日本レクリエーション協会（日レク協）などのスポーツ団

体、体育系大学等が行う指導者や総合型クラブの運営を担う人材の養成のための取組をより一層促進する。
　また、養成された指導者を地域スポーツの様々な場で円滑に活用できるよう、広域スポーツセンター等において、個人情報保護に配慮しつつ、指導者に関するデータの整備と提供を一体的に行うワンストップサービス化のための取組を促進するとともに、地域スポーツの総合的な推進に向けて、体育指導委員の企画・立案等のコーディネーターとしての役割の充実を図る。
4）身近なスポーツ活動の場の確保
　総合型クラブの活動場所をはじめ、地域住民が身近にスポーツに親しみ、交流する場を確保するため、学校体育施設等の既存の施設の有効活用や地域のスポーツ施設の整備を支援する。
5）学校体育施設の有効活用の推進
　学校体育施設の地域との共同利用を促進するため、地域住民が利用しやすい施設づくりの取組を推進するとともに、更衣室を備えたクラブハウスや温水シャワー等必要な施設設備の整備を支援する。
　また、休・廃校となった学校体育施設を有効活用するために必要な施設設備の整備を支援する。
6）グラウンドの芝生化の推進
　緑豊かなグラウンドで楽しく安全にスポーツに親しめる環境を創り出すため、学校や地域の実態に応じてグラウンドの芝生化を支援する。
7）安心してスポーツ活動を行うための環境整備
　安心してスポーツ活動を行うことができる環境を確保するため、地域スポーツ活動におけるスポーツ障害・事故に備え、保険への加入を促進するとともに、スポーツ医・科学を活用し、日常のスポーツ活動におけるスポーツ障害等を防止するため、啓発活動や指導者の資質の向上を図る。

（2）ライフステージに応じたスポーツ活動の推進
1）幼児期・学童期の運動・スポーツ指針の策定
　子どもに目安をもって運動やスポーツに取り組む習慣を身に付けさせるために、幼児期・学童期の運動・スポーツ指針を策定し、体力向上のために具体的な運動量などの目標値を示す。
2）子どもの体力向上に向けたスポーツ機会の充実等の取組の推進
　昭和60年頃から長期的に低下傾向にある子どもの体力を上昇傾向に転じさせ、昭和60年頃の水準に回復させることを目指し、教育委員会や学校等における「全国体力・運動能力、運動習慣等調査」に基づく子どもの体力向上のための取組を支援するとともに、保護者向けの啓発事業等を実施する。
　また、運動・スポーツ指針に則った子どものスポーツ機会を確保するため、総合型クラブやスポーツ少年団と連携し、放課後子ども教室や放課後児童クラブ（「学童保育」）等における活動の中で、子どもに運動やスポーツに親しむ機会を提供する取組を支援する。
3）若者をはじめとした成人のスポーツ参加機会の拡充
　スポーツ実施率の低い世代（20代男性、30代女性等）のスポーツ活動を向上させることを目指し、例えば、総合型クラブにおいて、スポーツを通じて若者が交流する場（「スポーツ婚活」など）を設けたり、親子や高齢者がともに参加できるスポーツ教室や大会を開催するなど、スポーツ参加を促進するための取組やその効果について実態把握を行い、優れた取組を支援する。
4）高齢者の体力つくり支援
　高齢者が自分の体力の現状を把握できる体力測定の仕組み（体力検定制度）を創設するとともに、高齢者が日常生活において手軽に取り組める運動・スポーツプログラムを開発し、そのプログラムを継続的に実施するよう普及啓発を実施する。

（3）学校における体育・運動部活動の充実
1）「小学校体育活動コーディネーター（仮称）」の配置
　小学校では体育の専科教員を置いている学校は少なく、指導体制の充実が求められている。このため、小学校全体の体育授業や体育的活動を計画したり、担任とティームティーチングで体育の授業に取り組んだりするとともに、総合型クラブ等地域との連携を図るため、これらを中心となって行う教員等を、「小学校体育活動コーディネーター（仮称）」として配置する。
2）体育授業・運動部活動における外部指導者の充実
　平成24年度から中学校で必修となる武道・ダンスの指導の充実を図るとともに、少子化に伴う教員数の減や専門的な指導を行うことができる運動部活動等の指導者の不足を補い、体育の授業や運動部活動の充実を図るため、地域のスポーツクラブや関係団体等と連携し、児童・生徒の実態に対応して、地域のスポーツ指導者を外部指導者として学校に受け入れることを推進する。
3）新学習指導要領の円滑な実施による体育授業の充実
　小・中学校の体育・保健体育の授業時数の増加や、小学校低学年からの体つくり運動の実施、中学校における武道・ダンスの必修化など、新学習指導要領を円滑に実施できるよう、必要な条件整備を行う。特に、平成24年度からの中学校における武道・ダンスの必修化に向けて、必要となる

施設・用具・指導者の充実を図る。
　また、子どもの体力の低下傾向や、積極的に運動する子どもとそうでない子どもに二極化している傾向を踏まえ、スポーツ医・科学を活用し、心身の発達段階に応じた指導の充実を図る。
4）体育・保健体育のデジタル教材の作成・配布
　体育・保健体育の実技については、現在教科書が作成されていないが、児童生徒に学習内容の着実な定着を図る観点から、教員の実技指導を支援するとともに、児童生徒に模範となる実技をヴィジュアルに示すため、体育・保健体育のデジタル教材を作成し、公表するとともに全国の学校に配布する。
5）中学生・高校生のスポーツ機会の充実
　生徒のスポーツ機会を充実する観点から、全国中学校体育大会や全国高等学校総合体育大会（インターハイ）などの大会について、地域のスポーツクラブで活動する生徒や複数校で組織するチームなどに参加資格を認めたり、地域のクラブの大会との交流を実施したりすることについて、主催する団体における検討を促す。
6）安心して学校におけるスポーツ活動を行うための環境整備
　体育の授業や運動部活動など、学校におけるスポーツ活動を安心して行うことができる環境を確保するため、地域の医療機関などの専門家等との連携により、スポーツ医・科学を活用した安全の確保やスポーツ障害の早期発見・予防に関する参考資料の作成及び教員・指導者等に対する研修の充実を図る。

2　世界で競い合うトップアスリートの育成・強化

〈目標〉
○世界の強豪国に伍する競技力向上を図るため、ジュニア期からトップレベルに至る体系的な強化体制を構築する。
○今後の夏季・冬季オリンピック競技大会について、それぞれ過去最多（夏季37（アテネ）、冬季10（長野））を超えるメダル数の獲得を目指す。また、オリンピック競技大会及び各世界選手権大会において、過去最多（オリンピック競技大会では、夏季52（北京）、冬季25（ソルトレークシティー））を超える入賞者数を目指す。さらに、将来を見据えた中・長期的な強化・育成戦略を推進する観点から、各ジュニア選手権大会のメダル獲得数の大幅増を目指す。
○トップアスリートがジュニア期から引退後まで安心して競技に専念することができる環境を整備する。
○国際競技大会等を積極的に招致・開催し、競技力向上を含めたスポーツの振興、地域の活性化等を図る。

（1）トップアスリート・指導者等の多様な活躍の支援
1）ジュニア期からトップレベルに至る戦略的支援の強化
　今後の夏季・冬季オリンピック競技大会等を目指して、a）スポーツ医・科学サポート、競技用具の開発等による多方面からの高度な支援（マルチ・サポート）の戦略的実施、b）ナショナルコーチ等の配置、c）各都道府県や競技団体による才能あるジュニアアスリートの発掘（タレント発掘）をはじめとする競技者育成プログラムに基づく一貫指導体制の促進等により、ジュニア期からの中・長期的な強化・育成戦略の実施を推進する。
　国民体育大会については、ジュニアアスリートからトップアスリートまで、国際レベルを目指すアスリートが競う国内トップレベルの総合競技大会として、将来性豊かなアスリートの発掘・育成の場となるよう充実する。
2）トップアスリート・指導者・審判員等の海外研さん支援の充実
　国際スポーツ界における我が国の貢献度や存在感を高めるため、トップアスリート、指導者の海外研さんに対する支援を充実するとともに、国際競技大会や国際競技連盟での活躍が期待される審判員、医師、専門スタッフ等についても海外研さんの機会を設ける。

（2）トップアスリートのための強化・研究活動等の拠点構築
1）大学を活用した分散型強化・研究活動拠点ネットワークの構築
　高度な練習施設や研究活動を通じてトップアスリートの競技力向上に貢献している大学を「分散型強化・研究活動拠点」と位置づけ、ナショナルトレーニングセンター、国立スポーツ科学センター（JISS：Japan Institute of Sports Sciences）、中央競技団体（NF：National Sports Federation）等とのネットワーク化を図ることなどにより、国全体として戦略的にトップアスリートのための強化・研究活動を行う体制を構築する。
　また、競技力向上の取組のみならず、大学による総合型クラブの運営や地元のジュニア育成活動などの地域貢献活動も支援する。
2）国立スポーツ科学センター（JISS）の機能強化
　独立行政法人日本スポーツ振興センター

(NAASH：National Agency for the Advancement of Sports and Health）に、外部有識者等からなる委員会を設け、JISSの活動状況の点検・評価を行い、国際競技力向上、生涯スポーツ、産学連携、国際戦略等の必要な機能強化について検討する。

また、今後、JISSによる高度なスポーツ医・科学の研究成果をスポーツ障害防止などに活用し、人々の日常のスポーツ活動に広く還元できる方策を検討する。

3）ナショナルトレーニングセンターの在り方の検討

今後のナショナルトレーニングセンターの在り方（競技別強化拠点の集約化及び活用促進、海外拠点の設置、新たなセンターの設置、冬季競技等に関する国民体育大会施設の拠点化、パラリンピアンの利用等）について、それぞれのメリット、デメリット、実現可能性等について、日体協、財団法人日本オリンピック委員会（JOC：Japanese Olympic Committee)、NF等の意向も踏まえながら検討する。

（3）トップアスリートが安心して競技に専念できる環境の整備

1）ジュニア期から引退後までのキャリア形成支援と社会貢献の推進

引退後のトップアスリートの能力を社会全体で有効に活用できるよう、キャリア形成奨励金を一定期間支給し、大学院進学等を支援する。受給者には、総合型クラブ・学校等における社会貢献活動や、自らの活動内容及び成果を直接人々に訴えかける活動の実施を義務づける。

また、ジュニアアスリートに対するキャリアデザインの重要性等についての啓発活動を支援するとともに、大学院の機能を活用したキャリア形成のためのプログラム開発を支援する。

2）女性アスリートが活躍しやすい環境の整備

女性アスリートについて、出産・育児後に競技活動を継続するための円滑な現役復帰トレーニング方法の開発、女性アスリート特有のニーズを踏まえた医・科学サポート等を実施できる女性スタッフ等の積極的登用などを行い、出産・育児と競技活動の両立を支援する。

3）強化活動に貢献した企業への表彰等の実施

トップアスリートの強化活動に多大な貢献をしている企業スポーツを側面的に支援するため、新たに、オリンピックメダリストの輩出等に貢献した企業に対する表彰等を行うとともに、企業チームに対する経営・広報等の専門的なサポートを実施する。

4）障害者スポーツとの連携強化

パラリンピックなどの競技性の高い障害者スポーツについて、将来的なオリンピックなどのトップスポーツとの一体的支援を見据え、厚生労働省と連携しつつ、障害者スポーツに関するスポーツ医・科学研究を推進するとともに、強化拠点の在り方についても検討を行う。

（4）その他の国際競技力向上策

1）国際競技大会の招致・開催支援、スポーツ・ツーリズムの促進

関係省庁、地方公共団体、JOC、NF等と連携し、国際競技大会の招致・開催や各国の代表選手等の合宿の誘致への支援を積極的に行い、競技力向上を含めたスポーツの振興や地域の活性化等を図る。

また、訪日外国人による稽古見学・武道体験等の機会を設けるなど、観光庁等と連携しつつ、スポーツ・ツーリズムを促進する。

2）ドーピング検査体制・防止活動の充実

我が国の国内ドーピング防止機関である財団法人日本アンチ・ドーピング機構との連携を図りつつ、国際的な水準のドーピングに関する検査・調査体制の充実を図ると共に、血液ドーピング等のドーピング検査技術・機器の研究開発を促進する。

また、教育・研修、普及啓発等のドーピング防止活動についても充実を図る。

3 スポーツ界の連携・協働による「好循環」の創出

〈目標〉
○トップスポーツと地域スポーツの好循環を創出するため、広域市町村圏（全国300箇所程度）を目安として、拠点となる総合型クラブ（「拠点クラブ」）に引退後のトップアスリートなどの優れた指導者を配置する。
○学校と地域の連携を強化し、人材の好循環を図るため、学校体育・運動部活動で活用する地域のスポーツ人材の拡充を目指す。

（1）トップスポーツと地域スポーツの好循環の創出

1）トップアスリート等が地域スポーツの場で活躍できる体制の整備

トップアスリート等がセカンドキャリアとして、地域スポーツの推進や次世代アスリートの育成の役割を担うことができるよう、広域市町村圏を目安として、総合型クラブに引退後のトップアスリートなどの優れた指導者を配置し、複数のクラブや学校の運動部活動等を対象に巡回指導を実施するための拠点化に向けた体制を整備する。

また、地域のシンボルスポーツを掲げて、トップアスリート等による地域のジュニアアスリート

の育成・強化等に積極的に取り組むクラブを支援することを通じて、トップスポーツと地域スポーツにおける人材の好循環を実現する。(再掲)
2)「小学校体育活動コーディネーター（仮称）」の配置
　小学校では体育の専科教員を置いている学校は少なく、指導体制の充実が求められている。このため、小学校全体の体育授業や体育的活動を計画したり、担任とティームティーチングで体育の授業に取り組んだりするとともに、総合型クラブ等地域との連携を図るため、これらを中心となって行う教員等を、「小学校体育活動コーディネーター（仮称）」として配置する。(再掲)
3)体育授業・運動部活動における外部指導者の充実
　平成24年度から中学校で必修となる武道・ダンスの指導の充実を図るとともに、少子化に伴う教員数の減や専門的な指導を行うことができる運動部活動等の指導者の不足を補い、体育の授業や運動部活動の充実を図るため、地域のスポーツクラブや関係団体等と連携し、地域のスポーツ指導者を外部指導者として学校に受け入れることを推進する。(再掲)
4)ジュニア期からの戦略的支援の強化
　各都道府県や競技団体による才能あるジュニアアスリートの発掘（タレント発掘）を推進し、ジュニア期からのアスリート育成のための中・長期的な強化・育成戦略の実施を支援する。(再掲)
5)ジュニア期から引退後までのキャリア形成支援と社会貢献の推進
　引退後のトップアスリートの能力を社会全体で有効に活用できるよう、キャリア形成奨励金を一定期間支給し、大学院進学等を支援する。受給者には、総合型クラブ・学校等における社会貢献活動や、自らの活動内容及び成果を直接人々に訴えかける活動の実施を義務づける。
　また、ジュニアアスリートに対するキャリアデザインの重要性等についての啓発活動、大学院の機能を活用したキャリア形成のためのプログラム開発等を支援する。(再掲)
6)スポーツキャリア形成支援のためのワンストップサービスの実現
　トップアスリートが現役時に形成したスポーツキャリアを引退後においても様々な場面で社会全体に還元するため、a)引退後の奨学金等による支援、b)トップアスリートへのキャリア形成支援、c)トップアスリートの企業、総合型クラブ、学校等への紹介・斡旋などを一体的に実施するスポーツキャリア形成支援のためのワンストップサービスを実現する。

（2）スポーツ界の連携・協働の促進
1)大学を活用した分散型強化・研究活動拠点ネットワークの構築
　高度な練習施設や研究活動を通じてトップアスリートの競技力向上に貢献している大学を「分散型強化・研究活動拠点」と位置づけ、ナショナルトレーニングセンター、JISS、NF等とのネットワーク化を図ることにより、国全体として戦略的にトップアスリートのための強化・研究活動を行う体制を構築する。
　また、競技力向上の取組のみならず、大学による総合型クラブの運営や地元のジュニア育成活動などの地域貢献活動も支援する。(再掲)
2)国立スポーツ科学センター（JISS）の機能強化
　NAASHに、外部有識者等からなる委員会を設け、JISSの活動状況の点検・評価を行い、国際競技力向上、生涯スポーツ、産学連携、国際戦略等の必要な機能強化について検討する。
　また、今後、JISSで開発された高度なスポーツ医・科学の研究成果をスポーツ傷害防止などに活用し、人々の日常のスポーツ活動に広く還元できる方策を検討する。(再掲)
3)学校体育施設の有効活用の推進
　学校体育施設の地域との共同利用を促進するため、地域住民が利用しやすい施設づくりの取組を推進するとともに、更衣室を備えたクラブハウスや温水シャワー等必要な施設設備の整備を支援する。
　また、休・廃校となった学校体育施設を有効活用するために必要な施設設備の整備を支援する。(再掲)
4)スポーツ団体の連携体制の構築
　トップスポーツと地域スポーツの好循環を創出するため、日体協、JOC、日レク協、NF及び都道府県・市区町村のスポーツ団体等における具体的な連携のための方策と支援の在り方について検討する。
5)スポーツに関する国際交流・協力の推進
　スポーツを通じた国際的な相互交流を推進するため、ジュニア世代の競技会や市民レベルのスポーツ大会等への派遣・受入れを行う。
　また、諸外国のスポーツ振興に資するよう、海外からスポーツ指導者を受け入れ、我が国におけるスポーツ振興の取組等に関する研修の機会を提供するとともに、我が国のスポーツ指導者を海外に派遣し、現地で指導する機会を設ける。

4　スポーツ界における透明性や公平・公正性の向上

〈目標〉
○スポーツ団体のガバナンスを強化し、団体の

管理運営の透明性を高めるとともに、スポーツ紛争の迅速・円滑な解決を支援し、公平・公正なスポーツ界を実現する。
○ドーピングのないクリーンで公正なスポーツ界を実現する。

1) スポーツ団体の組織運営に関するガイドラインの策定等

これまで一部のスポーツ団体のガバナンスの在り方に疑問や批判の声が寄せられてきたが、このような問題は国民にスポーツ団体全体に対する疑問を喚起させ、信頼を失わせる危険性もある。

このため、スポーツ団体の代表、学識経験者等による有識者会合を設置し、団体の組織運営体制の在り方についての指針となるガイドラインを策定するとともに、日体協やJOCなどの統括団体の果たすべき役割に留意しつつ、ガイドラインに基づく体制整備の状況を国庫補助やスポーツ振興基金・スポーツ振興くじ助成の内容等に反映する。

また、団体への助成の減額・不交付が長期化した場合に備え、アスリート個人に対するセーフティネットも整備する。

なお、青少年の健全育成などスポーツ団体の果たすべき社会的責任やスポーツに対する人々の高い関心から、問題事例が生じた場合、国が直接問題の解決を図るよう求める声が強い。一方、制度上、国のスポーツ団体への直接的な関与は限定的である。

このため、スポーツの自主性の尊重と国の関与の在り方のバランスをどのように図るべきか実体面、制度面などあらゆる角度から検討する。

2) 公平・公正なスポーツ団体の運営の確保

スポーツ団体に対しガイドラインに基づく組織運営の体制整備の状況を積極的に公表することを促すとともに、アスリートや指導者等が公平・公正な環境のもとでスポーツ活動を行うことができるよう、団体の運営にアスリートの意見を反映する仕組みの導入や女性の団体役員等への積極的な登用を推進する。

また、問題事例が発生した場合において、公平・公正の観点から、団体の運営状況を外部からチェックする仕組みを設けることについて調査研究を行う。

3) スポーツ団体のマネジメント機能強化の推進

スポーツ団体のマネジメント機能の強化につなげるため、例えば、団体間の連携を図りつつ、共通する事務を共同で処理するための取組や、外部有識者等による団体の円滑な運営のための助言（コンサルティング）を受けるなどの取組を推進する。

4) スポーツ紛争の迅速・円滑な解決支援

JOC、日体協に加盟しているスポーツ団体等に対し、スポーツ仲裁自動受託条項の採択をはじめとしたスポーツ紛争の迅速・円滑な解決のための取組を求めるとともに、スポーツ紛争の迅速・円滑な解決支援のための体制整備を図るため、紛争解決手続に関する団体・アスリート等の理解増進、仲裁人・調停人の人材育成等、一般財団法人日本スポーツ仲裁機構の機能強化を支援する。

5) ドーピング検査体制・防止活動の充実

我が国の国内ドーピング防止機関である（財）日本アンチ・ドーピング機構との連携を図りつつ、国際的な水準のドーピングに関する検査・調査体制の充実を図るとともに、血液ドーピング等のドーピング検査技術・機器の研究開発を促進する。

また、教育・研修、普及啓発等のドーピング防止活動についても充実を図る。（再掲）

5　社会全体でスポーツを支える基盤の整備

〈目標〉
地域スポーツ活動の推進により「新しい公共」の形成を促すとともに、国民のスポーツへの興味・関心を高めるための国民運動の展開や税制措置等により、社会全体でスポーツを支えるための基盤を整備する。

1) 「新しい公共」を担うコミュニティスポーツクラブの推進

地域のスポーツクラブにおいて、地域の課題（学校・地域連携、健康増進、体力向上、子育て支援など）の解決も視野に入れて、地域住民が主体的に取り組むスポーツ活動を推進することにより、地域のクラブがスポーツを通じて「新しい公共」を担うコミュニティの拠点（コミュニティスポーツクラブ）として充実・発展していくことを促進する。（再掲）

2) 地域スポーツ活動支援のための環境整備等

地域のスポーツ活動全般及び総合型クラブの創設や運営、活動を効率的に支援するために必要な広域スポーツセンターに対する機能強化のための取組の推進や総合型クラブ育成率の低い自治体の取組、スポーツ・レクリエーション大会の開催等を支援する。

3) 「スポーツ・プロモーション・ムーブメント（仮称）」の展開

スポーツ振興基金・スポーツ振興くじの仕組み等を活用した寄附文化の醸成など、人々のスポーツへの興味・関心を高めるための国民運動（企業・スポーツ団体・NPO法人・国民等を巻き込んだ「スポーツ・プロモーション・ムーブメント

(仮称)」)を展開し、オリンピック・ムーブメントと連携しつつ広く社会全体でスポーツを支える機運を高める。
4)「新しい公共」の形成を促進するための寄附税制等の税制措置の検討
　「新しい公共」の形成を担う総合型クラブの取組や「新しい公共」の形成を支援する企業等のスポーツを支える取組を促進するため、寄附税制等の税制措置を検討する。
5)スポーツ分野における顕彰制度等の拡充
　スポーツ文化の形成に資するため、スポーツの意義や価値を評価し、スポーツ分野において文化の向上発達に関し特に功績顕著な者等について、積極的な顕彰の在り方を検討する。
　また、新たに、オリンピックメダリストの輩出等に貢献した企業等の団体も表彰する。さらに、将来的課題として、スポーツの振興に関して功績が極めて顕著な者について優遇顕彰するための栄誉機関やスポーツ遺産の保存・継承についての調査検討を行う。

IV　スポーツ立国戦略実現のための国の体制整備と今後の進め方

　スポーツの振興は、スポーツ界の自主性が尊重されるべきであり、国は、スポーツ振興を支える民間のスポーツ団体・関係者等との健全なパートナーシップの下、連携・協働して我が国のスポーツ振興に取り組むことが肝要である。
　このため、統括団体である日体協、JOCをはじめとするスポーツ団体のスポーツ振興に向けた主体的な取組を期待するとともに、国としては、以下のような方向性で財源、組織、法令等の整備に取り組むこととする。

1　スポーツ振興財源の効率的な活用

　本戦略の推進に当たっては、スポーツ振興のための財源確保が重要である。このため、寄附文化の醸成を通じたスポーツ振興基金の原資拡充やスポーツ振興くじの売上げ向上により、スポーツ振興財源を確保するとともに、国費、スポーツ振興基金・スポーツ振興くじ助成の役割分担を明確にし、それぞれの充実を図るとともに、これらの財源を効果的かつ効率的に活用する。
　具体的には、国費では国として責任を持って実施する施策(ナショナルチームの強化、地域スポーツの基盤整備、学校体育の充実等)を実施するとともに、基金助成とくじ助成は「スポーツ振興助成(仮称)」として一元化する。
　また、スポーツ振興くじについては、スポーツ振興の貴重な財源として、有効に活用するとともに、スポーツを支える資金であることを国民に広く周知する。
　さらに、基金は安定的な財源として個人への継続的な助成に充てるなど、財源の使途や配分等の在り方を検討し、制度の見直しを図る。

2　国の総合的なスポーツ行政推進のための組織の在り方

(1)総合的なスポーツ行政体制の検討
1)現場の視点に立った総合的なスポーツ振興施策を実行するため、関係省庁が相互連携する連絡会議を新設する。
2)政府の行政組織の検討の中で、「スポーツ庁」の在り方について検討する。
(2)独立行政法人日本スポーツ振興センター(NAASH)の支援機能の強化と体制整備
　スポーツ界全体の連携・協働に資するよう、NAASHが有する人的資源(研究者等)、物的資源(施設、設備(研究機器、トレーニング機器))、助成機能(スポーツ振興基金助成、スポーツ振興くじ助成)を十分に活用するとともに、相互に連携させ、一体的かつ効率的に業務を推進することができるよう、組織の在り方を検討する。
　さらに、スポーツ界への支援のための中心的な機関として、関係者の意見を円滑に反映できるよう、日体協やJOC等のスポーツ界の代表で構成される会議を設けるなどNAASHの体制を整備する。

3　スポーツ基本法などの関連法制の整備

(1)スポーツ基本法の検討
　スポーツ振興法を半世紀ぶりに見直し、新しい政策の拠り所となる「スポーツ基本法」を検討する。
(2)関連法制の見直しの検討
　スポーツ基本法の検討や振興財源の見直し等に伴い、独立行政法人日本スポーツ振興センター法、スポーツ振興投票の実施等に関する法律等についても必要な見直しを行う。

4　今後の進め方

　今後、本戦略を踏まえ、「スポーツ基本法」等の検討に取り組むとともに、短期的に実現すべき施策については、財政運営戦略を踏まえた平成23年度の概算要求や、スポーツ振興くじ・スポーツ振興基金の助成内容に反映させる。
　また、中長期的に取り組むべき施策については、今後新たに策定するスポーツ振興基本計画において具体的な実施計画を示すこととする。

スポーツ基本計画〔第1期〕〔抄〕

平成24年〔2012年〕3月30日
文部科学省

はじめに

平成23年6月に制定されたスポーツ基本法においては、スポーツを通じて幸福で豊かな生活を営むことは全ての人々の権利であるとされ、スポーツは、青少年の健全育成や、地域社会の再生、心身の健康の保持増進、社会・経済の活力の創造、我が国の国際的地位の向上等国民生活において多面にわたる役割を担うとされている。

スポーツ基本法のこのような理念の実現には、国をはじめ、独立行政法人、地方公共団体、学校、スポーツ団体及び民間事業者等、スポーツに関する多様な主体が連携・協働して、スポーツの推進に総合的かつ計画的に取り組んでいくことが重要である。

ここに、スポーツ基本法第9条の規定に基づき、スポーツの推進に関する基本的な計画（「スポーツ基本計画」）を策定する。

第1章　スポーツをめぐる現状と今後の課題

1　背景と展望

（1）我が国の社会の現状と目指すべき社会像

近年、我が国は、少子高齢化や情報化の進展、地域社会の空洞化や人間関係の希薄化が進んだほか、グローバル化に伴い国際的な協力・交流が活発になる一方、国際競争も激化するなど、我が国を取り巻く社会環境や価値観は急激に変化している。

また、平成23年3月11日に発生した東日本大震災では、多くの人命が奪われるとともに、国民生活にも未曾有の大きな被害をもたらした。現在も復旧・復興が大きな課題となっているが、そのプロセスを通じて、「社会の絆」の重要性が改めて認識された。このような環境の変化に対応して、我が国の社会が将来も持続的な発展を遂げるためには、人々が深い絆で結ばれた地域社会が健在であり続け、そこでは、次代を担う青少年が、他者との協働や公正さと規律を学びながら健全に育つとともに、人々が健康に長寿を享受できる社会を実現することが必要であると考えられる。さらには、国民が自国に誇りを持つことができ、我が国が国際的にも信頼され、尊敬される国であることを目指すべきである。そして、そのような社会を目指すに当たっては、スポーツには大きな貢献が期待される。これは、被災地でのスポーツによる被災者や避難者を元気づける取組からも分かるように、スポーツは、状況や社会を変える大きな力を持つものであるからである。

（2）スポーツ基本法の制定～背景とスポーツの果たす役割の明確化～

スポーツの振興については、平成13年からのスポーツ振興基本計画に基づく振興方策の結果、子どもの体力の低下傾向に歯止めがかかるとともに、成人のスポーツ実施率やオリンピックにおけるメダル獲得率が上昇したが、なお計画に掲げる目標には達していない状況にある。

スポーツ界では、ガバナンスの向上やドーピング防止、スポーツ仲裁等のスポーツ界の透明性、公平・公正性に対する要請が高まるとともに、プロスポーツ及び障害者スポーツの発展や国際化の進展等の大きな環境変化が生じている。

上記のような我が国の社会の現状や国際的な環境変化を踏まえ、スポーツ界における新たな課題に対応するため、超党派の国会議員で構成される議員連盟の提案により、スポーツ振興法が50年ぶりに全面改正され、新たにスポーツ基本法が制定され、平成23年8月24日に施行された。

スポーツ基本法は、スポーツを取り巻く現代的課題を踏まえ、スポーツに関する基本理念を定め、国・地方公共団体の責務やスポーツ団体等の努力等を明らかにするとともに、スポーツに関する施策の基本となる事項を規定するものである。

同法は、スポーツを通じて幸福で豊かな生活を営むことは全ての人々の権利であるとするとともに、スポーツが、青少年の健全育成や、地域社会の再生、心身の健康の保持増進、社会・経済の活力の創造、我が国の国際的地位の向上等国民生活において多面にわたる役割を担うことを明らかにしている。今後のスポーツの推進に当たっては、体を動かすという人間の本源的な欲求に応え、精神的充足や楽しさ、喜びをもたらすというスポーツの内在的な価値とともに、前述のようなスポーツが果たす役割を常に念頭におく必要がある。

（3）スポーツを通じてすべての人々が幸福で豊かな生活を営むことができる社会の創出

上記のようなスポーツの役割の重要性に鑑み、スポーツを通じてすべての人々が幸福で豊かな生活を営むことができる社会の創出を目指していくことが必要であり、その具体的な社会の姿として以下のものを掲げる。

①青少年が健全に育ち、他者との協同や公正さと規律を重んじる社会
②健康で活力に満ちた長寿社会
③地域の人々の主体的な協働により、深い絆で結ばれた一体感や活力がある地域社会

④国民が自国に誇りを持ち、経済的に発展し、活力ある社会
⑤平和と友好に貢献し、国際的に信頼され、尊敬される国

こうした社会を目指す過程において、またその実現により、スポーツの意義や価値が広く国民に共有され、より多くの人々がスポーツの楽しさや感動を分かち互いに支え合う「新たなスポーツ文化」の確立を目指していくことが必要である。

2　スポーツ基本計画の策定

スポーツ基本計画は、スポーツ基本法に基づき、文部科学大臣が、スポーツに関する施策の総合的かつ計画的な推進を図るため定めるものである。したがって、スポーツ基本計画は、スポーツ基本法の理念を具体化し、今後の我が国のスポーツ政策の具体的な方向性を示すものとして、国、地方公共団体及びスポーツ団体等の関係者が一体となって施策を推進していくための重要な指針として位置づけられるものであり、今後のスポーツ施策はスポーツ基本計画に基づき推進されることとなる。計画の期間については、総合的で包括的な計画とするという観点から10年間程度を見通した計画としつつ、社会やスポーツ界の変化の早さに適切に対応し、期間経過後における施策の評価を改善サイクルに結びつけるため、平成24年度から、概ね5年間に総合的かつ計画的に取り組む施策を体系化している。

なお、今後概ね10年間のスポーツ施策の基本的な方向性を示すものとして、文部科学省は、平成22年8月に「スポーツ立国戦略」を策定している。そこでは、「新たなスポーツ文化」の確立を目指し、「人（する人、観る人、支える（育てる）人）の重視」と「連携・協働の推進」を基本的な考え方とし、ライフステージに応じたスポーツ機会の創造、世界で競い合うトップアスリートの育成・強化、スポーツ界の連携・協働による「好循環」の創出、スポーツ界における透明性や公平・公正性の向上、社会全体でスポーツを支える基盤整備を重点戦略と位置づけているが、「スポーツ立国戦略」の内容で引き続き有効なものについては、スポーツ基本計画の策定にあたり必要に応じて取り入れている。

スポーツ基本法では、地方公共団体は、スポーツ基本計画を参酌して、その地方の実情に即したスポーツの推進に関する計画を定めるよう努めることとされている。本計画が、地方公共団体の計画策定の指針となるよう、国と地方公共団体が果たすべき役割に留意して策定している。

次章では、10年間を通じた基本方針を明らかにすると共に、第3章において、今後5年間にどのように具体的な施策に取り組んでいくかを、客観的な到達目標を明らかにしつつ、現状と課題の分析や、それを踏まえ展開すべき施策を明示する。

第2章　今後10年間を見通したスポーツ推進の基本方針

スポーツの果たす役割を踏まえ、スポーツを通じてすべての人々が幸福で豊かな生活を営むことができる社会を創出するため、本計画においては、「年齢や性別、障害等を問わず、広く人々が、関心、適性等に応じてスポーツに参画することができる環境を整備すること」を基本的な政策課題としつつ、さらに、前章1．（3）において示した「幸福で豊かな生活を営むことができる社会」の具体的な内容を達成するため、次の課題ごとに政策目標を設定し、スポーツの推進に取り組み、スポーツ立国の実現を目指すこととする。

その際、スポーツを実際に「する人」だけではなく、トップレベルの競技大会やプロスポーツの観戦等スポーツを「観る人」、そして指導者やスポーツボランティアといった「支える（育てる）人」にも着目し、人々が生涯にわたってスポーツに親しむことができる環境を整えるものとする。

①青少年の体力を向上させるとともに、他者を尊重しこれと協同する精神、公正さと規律を尊ぶ態度や克己心を培い、実践的な思考力や判断力を育むなど人格の形成に積極的な影響を及ぼし、次代を担う人材を育成するため、子どものスポーツ機会を充実する。

②心身の健康の保持・増進を図り、健康で活力に満ちた長寿社会を実現するため、ライフステージに応じたスポーツ活動を推進する。

③人と人との交流及び地域と地域との交流を促進し、地域の一体感や活力を醸成し、人間関係の希薄化等の問題を抱える地域社会の再生に貢献するため、住民が主体的に参画する地域のスポーツ環境を整備する。

④国際競技大会における日本人選手の活躍が、国民に誇りと喜び、夢と感動を与え、国民のスポーツへの関心を高め、我が国の社会に活力を生み出し、国民経済の発展に広く寄与するため、国際競技力の向上に向けた人材の養成やスポーツ環境の整備を行う。

⑤国際相互理解を促進し、国際平和に大きく貢献するなどにより、我が国の国際的地位を向上させるため、オリンピック・パラリンピック等の国際競技大会の招致・開催等を通じた国際貢献・交流を推進する。

⑥才能ある若い世代が夢や希望を持ってスポーツ界に進めるなど、誰もが、安全かつ公正な環境の下でスポーツに参画できる機会を充実させるため、スポーツ界の透明性、公平・公正性を向上させる。

⑦地域におけるスポーツを推進する中から優れたスポーツ選手が育まれ、そのスポーツ選手が地域におけるスポーツの推進に寄与するというスポーツ界の好循環を創出する。

なお、①の子どものスポーツ機会の充実と②のライフステージに応じたスポーツ活動の推進については、幼児から高齢者まで誰もがライフステージに応じてスポーツに参画できる環境づくりという点では共通している。また、③の住民が主体的に参画する地域のスポーツ環境の整備は、これらの基盤となるものであり、これらに係る施策の一体的な推進を図ることとする。

第3章　今後5年間に総合的かつ計画的に取り組むべき施策

1　学校と地域における子どものスポーツ機会の充実

政策目標：
　子どものスポーツ機会の充実を目指し、学校や地域等において、すべての子どもがスポーツを楽しむことができる環境の整備を図る。
　そうした取組の結果として、今後10年以内に子どもの体力が昭和60年頃の水準を上回ることができるよう、今後5年間、体力の向上傾向が維持され、確実なものとなることを目標とする。

子どもにとってスポーツは、生涯にわたってたくましく生きるための健康や体力の基礎を培うとともに、公正さと規律を尊ぶ態度や克己心を培うなど人間形成に重要な役割を果たすものである。

子どもの体力については、文部科学省が実施している「体力・運動能力調査」によると、平成13年から約10年間にわたり概ね低下傾向に歯止めがかかってきており、子どもの体力向上に関するこれまでの施策は、全体的に効果は出てきているが、体力水準が高かった昭和60年頃と比較すると、基礎的運動能力は依然として低い状況にある。

また、近年、積極的にスポーツをする子どもとそうでない子どもの二極化が顕著に認められることから、運動習慣が身に付いていない子どもに対する支援の充実等は引き続き大きな課題としてある。

このため、子どもが積極的にスポーツに取り組む態度を育成することが必要であり、学校の体育に関する活動や地域スポーツを通じて、子どもが十分に体を動かして、スポーツの楽しさや意義・価値を実感することができる環境の整備を図る。

また、こうした取組の結果として、今後10年以内に子どもの体力が昭和60年頃の水準を上回ることができるよう、今後5年間、体力の向上傾向を維持し、確実なものとする。

(1) 幼児期からの子どもの体力向上方策の推進

①施策目標：
「全国体力・運動能力等調査」等による検証を行いつつ、子どもが積極的に運動遊び等を通じてスポーツに親しむ習慣や意欲を養い、体力の向上を図る。

②現状と課題：
　子どもの体力は、文部科学省が実施している「体力・運動能力調査」によると、平成13年から約10年間にわたり、概ね低下傾向に歯止めがかかってきており、これまでの施策が一定の効果をあげていると言えるが、体力水準が高かった昭和60年頃と比較すると、基礎的運動能力は依然として低い状況にある。また、近年、積極的にスポーツをする子どもとそうでない子どもの二極化が顕著に認められる。中学校女子においては、スポーツをほとんどしない子どもが3割を超えている。

このような状況において、運動習慣が身に付いていない子どもに対する支援の充実等を学校だけでなく、家庭や地域が一体となって行い、積極的にスポーツに取り組む態度を育成し、ひいては体力を向上させることは、引き続き大きな課題である。

また、積極的にスポーツをする子どもとそうでない子どもの二極化については、小学校の早い段階からその傾向が認められるとともに、小学校低学年においては、明確な体力の向上傾向は認められないこと等から、幼児期からの積極的な取組が重要となっている。なお、日本学術会議においても幼児の生活全体における身体活動等の促進が提言されている。

さらに、障害のある子どものスポーツについて、障害の種類や程度に応じた配慮が求められている。

③今後の具体的施策展開：
○国及び地方公共団体は、各地域の教育委員会や学校等が行う「全国体力・運動能力等調査」等に基づいたすべての子どもの体力向上に向けた取組において検証改善サイクルの確立を促進する。
　その際、子どもの体力の重要性に関し、保護者に対する理解促進が有効であることから、保護者が参加する取組を推進する。
　また、積極的にスポーツを行わない子どもが多くいることから、特にその傾向が中学校段階で顕著となる女子を対象にして、スポーツの楽しさや喜びを味わうことができるよう

にすることに重点を置く。
○国は、幼児期における運動指針をもとに実践研究を実施すること等を通じて、全国的に幼児期からの体力向上に向けた取組を促進するための普及啓発を推進する。
○地方公共団体等においては、幼児期における運動指針を踏まえ、地域の実情に応じて、幼児期から体を動かした遊びに取り組む習慣や望ましい生活習慣を身に付けさせるための取組を行うことが期待される。
○国及び地方公共団体は、年齢や性別に応じたスポーツの促進や体力向上方策の中で、医学・歯学・生理学・心理学・力学をはじめ経営学や社会学等を含めたスポーツ医・科学(「スポーツ医・科学」)の積極的な活用を図る。
○国及び地方公共団体は、地域のスポーツ施設やスポーツ指導者に対する障害者のニーズを把握する。また、障害者スポーツ団体等と連携を図りつつ、地域のスポーツ施設が障害者を受け入れる際に必要な運営上・指導上の留意点に関する手引きや、新しい種目、用品・用具等の開発・実践研究を推進する。

(2)学校の体育に関する活動の充実
①施策目標:
　教員の指導力の向上やスポーツ指導者の活用等による体育・保健体育の授業の充実、運動部活動の活性化等により、学校の教育活動全体を通じて、児童生徒がスポーツの楽しさや喜びを味わえるようにするとともに、体力の向上を図る。
②現状と課題:
　学校における体育に関する活動は、生涯にわたる豊かなスポーツライフを実現するための基礎となるものである。
　平成20年及び平成21年に改訂した学習指導要領においては、小学校から高等学校までを見通して発達の段階のまとまりを踏まえた指導内容の系統化や明確化が図られたが、小学校においては、教員の高齢化も進む中で、ほとんどの教員が全教科を指導しており、教員が体育の授業に不安を抱えたり、専門性を重視した指導が十分に実施されていない状況もみられる。中学校においては、武道等が必修化されたことに伴い、安全で円滑な指導を充実させるための取組が求められている。高等学校においては、将来にわたって継続的なスポーツライフを営むことができるようにする指導の充実が求められている。また、中学校及び高等学校においては、オリンピック等の国際競技大会の国際親善や世界平和における大きな役割等のスポーツの意義等について理解させることとしている。
　指導体制の充実を図るためには、専科教員や専門性を有する地域のスポーツ指導者の配置を促進することが有効であるが、全体としてはその活用の実態は十分とは言えない状況にある。
　運動部活動については、例えば中学校での所属率がほぼ横ばいで推移しているが、少子化に伴う運動部活動の所属生徒数の減少等により、チーム競技等においては特に活動に支障をきたしている。また、顧問教員の負担を軽減するためのスポーツ指導者の確保についても課題があり、その形態や運営について一層の工夫が求められている。さらに、種目によっては女子の参加が困難なものもあり、参加機会の充実が求められている。
　なお、体育・保健体育の授業や運動部活動等、学校の体育に関する活動においては、毎年度、重大な事故が報告されており、安全面での更なる配慮・工夫が求められている。
　また、障害のある児童生徒の学校の体育に関する活動については、児童生徒の教育的ニーズに応じた対応が行われてきたところであるが、スポーツ基本法でも、障害の種類や程度に応じた配慮が求められている。
　学校体育施設[＊1]については、耐震化率はまだ100％に達しておらず、また、グラウンドの芝生化の整備率は上昇しているものの、依然として低い水準にとどまっているなどの状況にあり、その充実が課題となっている。さらに、学習指導要領の改訂による武道必修化にあたっては、武道場の整備の推進が課題となっている。
　[＊1]小学校、中学校、高等学校、中等教育学校及び特別支援学校の体育施設を指す。
③今後の具体的施策展開:
○国は、平成20年及び平成21年に改訂した学習指導要領に基づく発達の段階に応じた指導内容の定着を図る観点から、教員の実技指導研修等を支援するとともに、児童生徒に模範となる実技を視覚的に示すための体育・保健体育の授業のためのデジタル教材の作成・提供等の取組を推進する。
　地方公共団体においては、研修会の開催や実技指導資料等の作成により、教員の指導力向上を図ることが期待される。
○大学においては、大学の自主性に基づき、教員養成課程において、健康や安全、障害者に配慮した体育の授業や運動部活動の指導・経営・調整に必要な確かな力量等を備えた教員を養成するため、学校現場と連携するとともに、カリキュラムや学習方法の一層の改善を図ることが期待される。
○国は、教職員配置について、「義務標準法」[＊2]に基づき各学校における学級数等に応じて基礎的な教職員定数を国の標準として定めており、この中で、学級担任以外の教員も配

置できるよう、学級数以上の定数が算定されるようになっている。また、平成23年4月の義務標準法改正により、上記の基礎的な定数とは別に措置される、いわゆる加配定数について、新たに小学校における教科の専門的な指導を実施するための加配措置が設けられたところであり、地方公共団体においては、これらの定数も活用し、体育の専科教員の配置を推進しながら、学校の教育活動全体を通じて、体育に関する活動の充実を図ることが期待される。

○国は、地域での教育支援体制を強化するため、地域のスポーツ指導者を活用するなどして、小学校全体の体育の授業等を計画したり、担任とティームティーチングで体育の授業に取り組む人材（小学校体育活動コーディネーター）の派遣体制の整備を支援する。地方公共団体においては、地域のスポーツ指導者等を積極的に活用することが望まれる。

○地方公共団体においては、中学校における武道等の必修化に伴い、安全かつ効果的な指導のために、地域の指導者等の積極的な活用等による指導体制の充実や、施設等の整備を図ることが期待される。国においては、武道等の指導の充実を図る取組を支援する。

○国は、生徒のスポーツに関する多様なニーズに応えた中学校及び高等学校の運動部活動の充実を促進し、生徒の運動部活動への参加機会を充実させるため、複数校による合同実施やシーズン制等による複数種目実施、総合型地域スポーツクラブ（「総合型クラブ」）との連携等運動部活動における先導的な取組を支援する。これらを通じて、男子と比較して加入率が低い女子の運動部活動への参加機会の向上を図る。

○地方公共団体においては、運動部活動の充実のため、児童生徒のスポーツに関する多様なニーズに応える柔軟な運営等を行う取組を一層促進することが期待される。

　また、こうした児童生徒の多様なニーズに応える運動部活動を推進するため、研修等により運動部活動に関する指導力や経営・調整能力の向上を図るとともに、学校と地域のスポーツ指導者との連携を支援することも期待される。その際、総合型クラブ等との連携についても、一層理解の促進を図ることが求められる。さらに、運動部活動の指導に当たる教員の意欲を高める取組を行うことも期待される。

○学校体育団体等スポーツ団体においては、主催する大会等について、国や地方公共団体と協議しながら総合型クラブで活動する生徒等の参加を認めたり、地域スポーツクラブの大会との交流大会を実施したりするなど、柔軟な対応が図られるよう検討することが期待される。

○国及び地方公共団体は、学校の体育に関する活動を安心して行うことができるよう、スポーツ医・科学を活用したスポーツ事故の防止及びスポーツ障害の予防・早期発見に関する知識の普及啓発や、学校とスポーツドクター等地域の医療機関の専門家等との連携を促進するとともに、安全性の向上や事故防止等についての教員等の研修の充実を図る。その際、マウスガードの着用の効果等の普及啓発を図ることも考えられる。また、学校で保有しているスポーツ用具の定期的な点検・適切な保管管理に関する啓発を図る。

○独立行政法人日本スポーツ振興センターは、災害共済給付業務から得られる学校の管理下における災害事例について、医学・歯学等の専門家と連携しつつ、調査・分析を行い、学校関係者等に情報提供を行う。

○国は、障害のある児童生徒の学校の体育に関する活動について、障害の種類や程度に応じて参加できるようにするため、適切かつ効果的な指導の在り方について調査し、先導的な取組を検討・推進する。

○地方公共団体においては、障害のある児童生徒の学校の体育に関する活動を推進するため、学校と地域のスポーツ関係者等との連携を促進することが期待される。

○学校においては、「個別の教育支援計画」を作成するなど、障害のある児童生徒の教育的ニーズに応じて適切な教育的支援を行うことが求められる。また、「交流及び共同学習」を行う際は、障害のある児童生徒の実態に応じた配慮を行いつつ、障害の有無にかかわらず、ともに体を動かす喜びを味わうとともに交流を深める取組等を行うことも期待される。

○国は、子どもが楽しく安全にスポーツに親しめる環境を創り出すため、地方公共団体が行う学校体育施設の耐震化や、学校の実態に応じたグラウンドの芝生化等の学校体育施設の充実を支援する。

○地方公共団体においては、耐震化やグラウンドの芝生化等の学校体育施設の充実に努めることが期待される。

　［＊2］公立義務教育諸学校の学級編制及び教職員定数の標準に関する法律（昭和33年5月1日法律第116号）

（3）子どもを取り巻く社会のスポーツ環境の充実

①施策目標：
地域社会全体が連携・協働して、総合型クラブをはじめとした地域のスポーツ環境の充実により、子どものスポーツ機会を向上させる。

②現状と課題：
近年、積極的にスポーツをする子どもとそうでない子どもの二極化が顕著に認められる。中学校女子においては、スポーツをほとんどしない子どもが3割を超えている。

子ども自身が体を動かすことの楽しさに触れ、進んで体を動かすようになるためには、子どもたちの生活の場である地域におけるスポーツ活動を充実していくことが重要であるが、内閣府の「体力・スポーツに関する世論調査」（平成21年9月）によると、多くの大人が自分の子ども時代と比べて、子どものスポーツ環境は悪くなったと考えている。また、子どもの多くもスポーツ機会が増えることを望んでいる。

このような中、地域における子どものスポーツ機会の場として、地域スポーツクラブ等での活動が重要であると考えられるが、総合型クラブでは、スポーツ指導者の確保が十分にはできていないとともに、スポーツ指導者の派遣等学校の体育に関する活動との連携も不十分な状況にある。また、スポーツ少年団についても、小学生の加入率は高いが、中学生の加入率は低く、各地域において、子どものスポーツ機会を十分提供できているとは言えない状況にある。

さらに、障害のある子どものスポーツについて、障害の種類や程度に応じた配慮が求められている。

③今後の具体的施策展開：

○国は、中学校女子をはじめ積極的にスポーツを行わない子どもに対して魅力ある活動を提供し、子どものスポーツ環境の充実を図るため、総合型クラブやスポーツ少年団をはじめとした地域における子どもの多様なスポーツ機会を充実させるための取組を推進する。

○国は、運動習慣が身に付いていない子どもやスポーツが苦手な子どもを運動好きにするためのきっかけをもたらすとともに、豊かな人間性・社会性を育むため、スポーツ・レクリエーション活動等の活用を推進する。

このため、国立青少年教育施設・国立公園・国営公園等におけるハイキング、トレッキング、サイクリングやキャンプ活動等野外活動やスポーツ・レクリエーション活動を推進する。

○特に、国及び国立青少年教育施設を設置する独立行政法人国立青少年教育振興機構は、子どもが伸び伸びと、かつ安全に野外活動等を実施できるよう、知識と経験を備えた質の高い指導者の養成に引き続き取り組むとともに、野外活動の重要性を幅広く家庭や社会に伝え、社会全体で野外活動等を推進する機運を高めるための普及啓発等の取組をより一層推進する。

○国は、旅行先で気軽に多様なスポーツに親しめるスポーツツーリズムを推進し、子どもにとって居住地域だけでは不足しがちなスポーツ機会を向上させる取組を推進する。

○国は、学校の体育に関する活動と地域スポーツの連携促進の観点から、総合型クラブによる学校へのスポーツ指導者派遣のための体制の整備を推進する。

○地方公共団体においては、学校、総合型クラブ、スポーツ少年団、学校体育団体、競技団体、野外活動関係団体、スポーツ・レクリエーション活動関係団体、障害者スポーツ団体等が連携して、子どもの多様なスポーツ活動が効率的・効果的に行われるための取組を推進することが期待される。

具体的には、地域の実情に応じて、子どものスポーツに関する団体等が一堂に会する場を設定し、子どもの指導に関する理念等についての共通理解を促進させるとともに、子どものスポーツへの参加機会の選択肢を充実させるための取組等について協議することも考えられる。

○総合型クラブにおいては、子どもと保護者・家族が、異年齢の子どもや多世代の大人とともにスポーツに親しむことができるよう、今後幅広い世代の参加者を確保したクラブ運営が期待される。また、地方公共団体や学校との連絡・協議により、総合型クラブにおいて活躍するスポーツ指導者に対し、学校の体育に関する活動に対する理解の促進を図ることが望まれる。

○スポーツ少年団においては、子どもにジュニアリーダー・シニアリーダーとして、スポーツとの多様な関わり方の場を提供することや、中学校の部活動との連携等を通じて、中学生や高校生の参加の促進に対する取組を行うことが期待される。

○スポーツ団体においては、子どもの発達の段階に応じて多様な指導を行うことができるスポーツ指導者の養成及び資質の向上を図るための講習会やスポーツ指導者養成事業等に取り組むことが期待される。

○国及び地方公共団体は、地域のスポーツ施設やスポーツ指導者に対する障害者のニーズを把握する。また、障害者スポーツ団体等と連携

を図りつつ、地域のスポーツ施設が障害者を受け入れる際に必要な運営上・指導上の留意点に関する手引きや、新しい種目、用品・用具等の開発・実践研究を推進する。
○国は、障害者の競技大会への参加や旅行先でもスポーツに親しめる機会を充実するため、民間事業者等と連携し、障害の有無にかかわらず移動・旅行ができる環境整備に取り組む。

2　若者のスポーツ参加機会の拡充や高齢者の体力つくり支援等ライフステージに応じたスポーツ活動の推進

政策目標：
　ライフステージに応じたスポーツ活動を推進するため、国民の誰もが、それぞれの体力や年齢、技術、興味・目的に応じて、いつでも、どこでも、いつまでも安全にスポーツに親しむことができる生涯スポーツ社会の実現に向けた環境の整備を推進する。
　そうした取組を通して、できるかぎり早期に、成人の週1回以上のスポーツ実施率が3人に2人（65％程度）、週3回以上のスポーツ実施率が3人に1人（30％程度）となることを目標とする。また、健康状態等によりスポーツを実施することが困難な人の存在にも留意しつつ、成人のスポーツ未実施者（1年間に一度もスポーツをしない者）の数がゼロに近づくことを目標とする。

　人々がライフステージに応じてスポーツ活動に取り組むことは、生涯にわたり心身ともに健康で文化的な生活を営むために不可欠である。このような観点から、国民の誰もが、各人の自発性のもと、各々の興味・関心・適性等に応じて日常的にスポーツに親しみ、スポーツを楽しみ、スポーツを支え、スポーツを育てる活動に参画できる環境の整備を図る。その際、障害者が自主的かつ積極的にスポーツ活動に取り組めるよう、障害の種類及び程度に応じ必要な配慮をすることが必要である。
　また、スポーツを行う者の安全性を確保するため、医学・歯学・生理学・心理学・力学をはじめ経営学や社会学等を含めたスポーツ医・科学（「スポーツ医・科学」）の研究成果を活用しつつ、スポーツ事故その他スポーツによって生じる外傷、障害等の防止及びこれらの軽減を図る。

（1）ライフステージに応じたスポーツ活動等の推進
①施策目標：
　年齢、性別を問わず人々がスポーツを行うようにするとともに、既にスポーツを行っている者についてはさらなる実施頻度の向上を目指し、ライフステージに応じたスポーツ参加等を促進する環境を整備する。
②現状と課題：
　内閣府の「体力・スポーツに関する世論調査」（平成21年9月）によると、週1回以上運動・スポーツを行う成人の割合は45.3％と概ね2人に1人、週3回以上は23.5％と概ね4人に1人となっている。世代別に見ると、週1回以上、週3回以上ともに20歳代、30歳代が他の世代と比べて低くなっている。
　一方、運動・スポーツを年に1回も行わない成人の割合は、平成12年度には全体で31.9％であったものが、平成21年度には22.2％まで低下しているが、これを男女別に見ると概ね女性の方が高く、また年齢別に見ると、年齢が高くなるほど高くなっている。
　次に、運動・スポーツを行った理由を見ると、「健康・体力つくりのため」、「楽しみ、気晴らしとして」、「友人、仲間との交流として」という動機が強い傾向としてうかがえるため、このようなニーズにあった運動・スポーツを行える機会や環境を整備することが運動・スポーツを行う成人の割合を増やすために重要となると考えられる。
　運動・スポーツを行わなかった理由を世代別に見ると、「仕事（家事・育児）が忙しくて時間がない」が20～60歳代で最も多く挙げられ、70歳以上では「体が弱いから」、「年をとったから」等の理由が大きな割合を占めており、運動・スポーツを行う際の阻害要因は世代によって異なる。また、スポーツ推進についての国や地方公共団体への要望の上位に「年齢層にあったスポーツの開発普及」が挙げられている。
　これらのことから、多くの国民は、国や地方公共団体に年齢による生活の変化に対応してスポーツ活動を行える環境を整えることを期待していると考えられる。また、「21世紀における国民健康づくり運動（健康日本21）」（平成12年～平成24年）の最終評価においては、意識的に運動を心がけている人の割合は増加したが、運動習慣者の割合は変化がなく、運動・身体活動の重要性を理解しているものの行動に移せない状況にあることから、行動変容を促すことが求められている。
　スポーツを「支える人」の重要な要素であるスポーツボランティアは、地域スポーツクラブ等のスポーツ団体において、日常的に運営やスポーツ指導を支えたり、国際競技大会や地域スポーツ大会等の運営を支えるなどしており、スポーツ推進のために一層の活躍が期待されている。
　公益財団法人笹川スポーツ財団の「スポーツライフ・データ2010」（平成22年）によると、ス

ポーツボランティア活動に携わる成人の割合は、平成13～平成22年の10年間、7～8％前後で推移しており、直近の平成22年は成人の8.4％、すなわち約870万のスポーツボランティアが存在すると推計されるが、スポーツ推進のためには、その数がさらに増加することが望まれる。

また、年間の活動状況については、『日常的な活動』の「スポーツ指導」（平均38.6回）が最も多く、次いで「団体・クラブの運営や世話」（平均24.6回）、「スポーツの審判」（平均17.9回）と続き、スポーツボランティアは日常的なスポーツ活動に主として取り組んでいる。地域スポーツ推進の観点から、このような日常的・継続的な活動に対する評価・顕彰を行うことも考えられる。

スポーツ基本法の規定において、スポーツは、障害者が自主的かつ積極的にスポーツを行うことができるよう、障害の種類や程度に応じ必要な配慮をしつつ推進することが求められている。障害者スポーツについては、例えばスペシャルオリンピックス等さまざまなスポーツ活動を通じた障害者の自立や社会参加を促す取組も進められている。公益財団法人日本障害者スポーツ協会による障害者スポーツ指導員については、人数は増加しているものの、活躍の場所や機会が少ないとの指摘がある。一方、地域スポーツにおいては、障害者のスポーツ活動に知見のあるスポーツ指導者の確保や障害者に配慮した施設・設備の整備が課題となっている。

③今後の具体的施策展開：
（スポーツ実施率の向上）
○国は、各年齢層や性別等ライフステージに応じたスポーツ活動の実態を把握する調査研究を行い、ライフステージに応じたスポーツ活動を促進するための方策を検討する。
○国は、独立行政法人、地方公共団体、大学・研究機関、スポーツ団体、民間事業者等と連携を図りながら、スポーツ医・科学の研究成果を活用し、心身の健康の保持・増進のために各年齢層、性別等ごとに日常的に望まれる運動量の目安となる指針・基準の策定を行い、その普及・啓発を図る。
○独立行政法人日本スポーツ振興センターは、助成等を通じ、総合型地域スポーツクラブ（「総合型クラブ」）や地方公共団体等が行う地域におけるスポーツ活動を支援する。

（多様な主体のスポーツ参加の促進）
○国は、スポーツ実施率の低い比較的若い年齢層（20歳代、30歳代）のスポーツ参加機会の拡充を図るため、これらの年齢層のスポーツ参加が困難な要因を分析する。地方公共団体やスポーツ団体においては、スポーツに身近に親しむことが出来る交流の場を設定するなど、スポーツ活動に参加しやすい機会を充実させることが期待される。
○国は、独立行政法人、大学・研究機関、スポーツ団体、民間事業者等と連携し、仕事や家事・育児とのバランスを図りながら日常的に気軽にスポーツに親しめるよう、仕事や家事・育児の合間に行える運動等について開発・普及・啓発を図る。
○国は、高齢者に対するスポーツ参加機会の拡充を図るため、環境・嗜好・適性に応じて高齢者が無理なく日常的に取り組むことのできる、日常生活動作を活かした運動等の多様なスポーツ・レクリエーションプログラムを開発し、その普及・啓発を図る。
○国は、総合型クラブ等において行われる、スポーツが苦手な人でも楽しく、気軽にスポーツに親しめるスポーツ・レクリエーション活動を支援する。
○国は、旅行先で気軽に多様なスポーツに親しめるスポーツツーリズムを推進し、ライフステージに応じたスポーツ機会を向上させる取組を推進する。
○国及び地方公共団体は、地域のスポーツ施設やスポーツ指導者に対する障害者のニーズを把握する。また、障害者スポーツ団体等と連携を図りつつ、地域のスポーツ施設が障害者を受け入れる際に必要な運営上・指導上の留意点に関する手引きや、新しい種目、用品・用具等の開発・実践研究を推進する。
○国は、障害者の競技大会への参加や旅行先でもスポーツに親しめる機会を充実するため、民間事業者等と連携し、障害の有無にかかわらず移動・旅行ができる環境整備に取り組む。
○地方公共団体においては、職業人・社会人として経験を積み、生活が安定し、子育ても一段落するなど、余暇時間を自分のために使える年齢層や定年退職を迎え、仕事中心の生活から地域における生活に比重が移行していく年齢層が、スポーツボランティア等のスポーツ活動を通じて、地域社会に参加し積極的な役割を得ることができるよう、スポーツプログラムやスポーツイベント等様々な機会を提供することが期待される。
○地方公共団体や総合型クラブ等のスポーツ団体においては、親子や家族がともに参加できるスポーツ教室やスポーツイベントの開催等を通じて、スポーツ未実施者やスポーツが苦手な人に対するスポーツへの参加のきっかけづくりに取り組むことが期待される。
○総合型クラブ等の地域スポーツクラブにおいては、若者デーやレディースデーを設けるなど特定の年齢層・性別等をターゲットに、ス

ポーツプログラムやスポーツ教室、スポーツイベント等を開催することが期待される。
○職場において、「スポーツのためのノー残業デー」を設けたり、社内報でスポーツの重要性を広報するなど積極的な取組が期待される。

（スポーツボランティア活動の普及促進）
○国は、地方公共団体、大学・研究機関、スポーツ団体、民間事業者等と連携を図りつつ、スポーツボランティア活動に関する事例の紹介等の普及・啓発活動を通して、スポーツボランティア活動に対する国民の関心を高める。
○地方公共団体においては、スポーツボランティアとして大きな貢献がある者を、例えば「スポーツボランティアマスター（仮称）」として認定しその功績を称えること等により、スポーツボランティア活動を奨励することが期待される。
○地方公共団体やスポーツ団体等においては、地域住民が、日常的に総合型クラブをはじめとした地域スポーツクラブやスポーツ団体等の運営に参画できたり、校区運動会や地域スポーツ大会等のスポーツイベントの運営・実施やスポーツの指導に参画できる環境を整えることが期待される。

（２）スポーツにおける安全の確保
①施策目標：
　安心してスポーツ活動を行うための環境を整備し、スポーツによって生じる事故・外傷・障害等の防止や軽減を図る。
②現状と課題：
　スポーツ事故その他スポーツによって生じる外傷、障害等の防止及びこれらの軽減を図ることは、安全な環境のもとで日常的にスポーツに親しむために不可欠である。
　現在、スポーツ事故・外傷・障害等の全般的な状況を示すデータは存在しないが、財団法人スポーツ安全協会の「スポーツ安全保険」では、平成21年度に18万7,763件の傷害保険支払の実績があり、この他にもスポーツ事故・外傷・障害等が非常に多く発生していることが推測されるため、地域スポーツにおける事故・外傷・障害等の実態を把握し、軽減することが喫緊の課題となっている。
　また、スポーツ活動中の事故・外傷・障害等の防止や軽減を図るためには、スポーツ用具の安全性を確保することや、実技指導にあたるスポーツ指導者が、必要な知識・技術を習得して指導に活用することが重要となる。
　スポーツ用具の安全性の確保については、施設管理者がスポーツ用具の定期的な点検や保管管理について一層の配慮を行うことが必要である。

　また、スポーツ指導者の育成については、公益財団法人日本体育協会及び公益財団法人日本レクリエーション協会等による公認スポーツ指導者の資格取得課程のカリキュラムでは、心肺蘇生法や外傷・障害等に対する救急処置等のスポーツ外傷・障害等の予防や対処法、熱中症の予防等が必修とされている。しかし、現場のスポーツ指導者の全てがスポーツ指導者資格を有しているわけではなく、また、資格を有している者についても、常に最新のスポーツ医・科学に関する知見を習得し続けることは容易ではない。
　さらに、スポーツを行う際には、特に生死にかかわる急な心肺停止等についても十分対処できるようにしておくことが重要である。
　現在、スポーツ実施中に限定した心肺機能停止傷病者の発生数や除細動の実施による救命率等のデータは存在しないが、総務省消防庁の「救急統計活用検討会報告書」（平成22年3月）によると、公共の場所における自動体外式除細動器（「AED」）の設置台数の増加により、早期除細動が実施され、心肺機能停止傷病者の社会復帰率の増加に寄与したという結果が報告されている。このため、スポーツ施設にAEDを設置することは人命救助に大きく寄与する喫緊の課題である。
　現在、様々な施設にAEDが設置され、地方公共団体や医療機関、スポーツ団体等によりAED設置状況の公開や、利用方法等の研修会が行われ、人命救助のために大きな力となっている。しかし、現状では、必ずしも全てのスポーツ施設にAEDが配置されているわけではなく、また施設利用者側も十分意識していなかったり、自らAEDを携帯したりすることが少ないという問題もある。

③今後の具体的施策展開：
（スポーツ安全に関する情報分析・研究及び成果の活用）
○国は、独立行政法人、大学・研究機関、スポーツ団体、民間事業者等と連携を図りつつ、全国的なスポーツ事故・外傷・障害等の実態を把握し、その原因を分析して、スポーツ事故・外傷・障害等の確実な予防を可能にするスポーツ医・科学の疫学的研究の取組を推進する。
○国立スポーツ科学センターは、開発した高度なスポーツ医・科学の研究成果をスポーツ事故・外傷・障害等の防止等に活用し、人々の日常のスポーツ活動に広く還元する。
○地方公共団体においては、スポーツ医・科学の成果を地域スポーツの様々な場面で活用できるよう、スポーツ事故・外傷・障害等に関するデータの整備・提供や、研究者を講師とする研修等において研究成果の普及・啓発を図

ることが期待される。
○国、独立行政法人、地方公共団体及びスポーツ団体等は、スポーツ指導者やクラブマネジャー、スポーツイベントの主催者、スポーツ施設の管理者等を対象として、スポーツ事故・外傷・障害等に関わる最新のスポーツ医・科学的知見を学習するための研修やスポーツ用具の定期的な点検及び適切な保管管理に関する啓発の機会を設けるとともに、スポーツドクター等地域の医療機関の専門家等との連携を促進するなど、スポーツ事故・外傷・障害等を未然に防止するための取組を推進する。あわせて、スポーツに関する保険制度について普及を促すなど、事故対応に係る意識の啓発を促進する。

（AEDの活用）
○国は、地方公共団体やスポーツ団体に対して、スポーツ事業の実施・運営にあたり、AED設置の確認や携行、機器を使用できる者の会場配置等、不測の事態が生じた際に速やかにAEDを使用できる体制整備を図るよう普及・啓発する。
○地方公共団体においては、保有する公共スポーツ施設等におけるAEDについて、定期的な点検や適切な保管管理を行うとともに、その設置の有無や、設置の機器のタイプ等を表示して、施設利用者に周知することが期待される。

（スポーツ施設等の安全対策）
○国は、国立青少年教育施設・国営公園等におけるハイキング、トレッキング、サイクリングやキャンプ活動等野外活動やスポーツ・レクリエーション活動の場となる施設等の安全確保を図る。
○地方公共団体においては、子どもや女性、高齢者、障害者を含む全ての地域住民が楽しく安全にスポーツ・レクリエーション活動を含むスポーツに親しめる環境を創り出すため、バリアフリー化や耐震化等の公共スポーツ施設等の安全確保に努めることが期待される。国においては、地方公共団体が行う公共スポーツ施設等の安全確保対策を支援する。

3　住民が主体的に参画する地域のスポーツ環境の整備

政策目標：
　住民が主体的に参画する地域のスポーツ環境を整備するため、総合型地域スポーツクラブの育成やスポーツ指導者・スポーツ施設の充実等を図る。

住民が主体的に参画する地域のスポーツ環境を整備することは、地域社会の再生において重要な意義を有するものであるとともに、生涯を通じた住民のスポーツ参画の基盤となるものである。このような観点から、総合型地域スポーツクラブ（「総合型クラブ」）を中心とする地域スポーツクラブが、地域スポーツの担い手としての重要な役割を果たしていけるよう、さらなる育成とその活動の充実を図る。また、ライフステージに応じて住民が安心して地域でスポーツ活動に取り組んでいくためには、その基盤として、住民のニーズに応えつつ、スポーツ指導者やその活動の場となるスポーツ施設等を充実させる必要がある。さらに、地域の企業や大学は、人材や施設、研究能力等、スポーツについて豊富な資源を有しており、地域スポーツにおいて、これらを積極的に活用していくため、企業や大学等との連携を図る。

（1）コミュニティの中心となる地域スポーツクラブの育成・推進

①施策目標：
　総合型クラブを中心とする地域スポーツクラブがスポーツを通じて「新しい公共」を担い、コミュニティの核となれるよう、地方公共団体の人口規模や高齢化、過疎化等に留意しつつ、各市区町村に少なくとも1つは総合型クラブが育成されることを目指す。
　さらに、総合型クラブがより自立的に運営することができるようにするため、運営面や指導面において周辺の地域スポーツクラブを支えることができる総合型クラブ（「拠点クラブ」）を広域市町村圏（全国300箇所程度）を目安として育成する。

②現状と課題：
　総合型クラブは、地域の人々に年齢、興味・関心、技術・技能レベル等に応じた様々なスポーツ機会を提供する、多種目、多世代、多志向のスポーツクラブである。
　国においては、平成7年度からこのような理念による総合型クラブづくりのモデル事業を展開し、平成16年度以降は、公益財団法人日本体育協会（「日体協」）を通じて総合型クラブに支援を行っているところである。
　文部科学省の「平成23年度総合型地域スポーツクラブに関する実態調査」によると、総合型クラブの設置率は平成23年7月現在、市（東京23区含む）のみの場合は90.9％であり、町村を加えると75.4％と低くなる。この地域差の背景には、各市区町村の人口規模や高齢化、過疎化等の要因が存在すると考えられる。
　スポーツ振興基本計画（平成12年策定、平成18年改訂）では、全国の各市区町村において少なくとも1つは総合型クラブを育成することを目

標に掲げている。他方、これが標準と受け止められ、複数の総合型クラブを育成できる市区町村でも1つしか育成されていない原因となり、結果として、総合型クラブの育成の鈍化に繋がっていると考えられる。

総合型クラブの自主性・主体性を支える重要な要素である財源については、平成23年7月現在、総合型クラブのうち、自己財源率が50％以下のクラブが半数以上（57.65％）を占めており、財政基盤が弱い総合型クラブが多い（文部科学省「平成23年度 総合型地域スポーツクラブに関する実態調査」（平成24年2月））。

また、多様な財源の確保が期待できる法人格を取得した総合型クラブは11.4％、地方公共団体から指定管理者として委託された総合型クラブは3.7％といずれもまだ少ない。これらのことから、総合型クラブにおける自己財源の確保に向けた取組の充実が大きな課題となっている。

さらに、総合型クラブの認知度については、公益財団法人笹川スポーツ財団の「スポーツライフ・データ2008」（平成20年）によると、総合型クラブを知らない者が約7割にのぼり、総合型クラブの理念・趣旨、特徴、地域住民の関与の仕方等に関わる情報が広く行き渡っていない。

総合型クラブの創設や運営、活動を効率的に支援することが期待される広域スポーツセンターについては、全都道府県に設置されているものの、広域スポーツセンターに相談したことがある総合型クラブは全体の約3割に過ぎず、総合型クラブの期待に十分応えているとは言い難い状況にある。また、広域スポーツセンターについては、会費収入等の恒常的な収入基盤がないことが課題となっている。文部科学省の「平成22年度 総合型地域スポーツクラブに関する実態調査」（平成23年2月）によると、総合型クラブの設立による地域の変化として、「世代を超えた交流が生まれた」、「地域住民間の交流が活性化した」、「地域の連帯感が強まった」等の意見も掲げられており、総合型クラブは、様々なスポーツ活動を行う場を創出することはもとより、地域スポーツ活動を通して、地域の絆や結びつきを再発見するなど、官だけでなく、市民、NPO、企業等が積極的に公共的な財・サービスの提供主体となり、身近な分野において、共助の精神で活動する「新しい公共」を担うコミュニティの核となることが期待されている側面もある。

③今後の具体的施策展開：
（地域スポーツクラブの育成・支援等）
○国は、地方公共団体やスポーツ団体、大学・企業等と連携し、市区町村の人口規模や高齢化、過疎化等各地域の実情に応じて、望ましい総合型クラブの在り方や支援策について検討を行うとともに、その成果に基づき総合型クラブの支援策の改善を図り、各地域の実情に応じたきめ細やかな総合型クラブの育成を促進する。

○国は、総合型クラブの自立化を促すとともに、総合型クラブへの移行を指向する単一種目（多世代・多志向）の地域スポーツクラブや、周辺の拠点クラブ・スポーツ少年団等と連携することにより総体として総合型クラブと同等の役割を果たす地域スポーツクラブ等についても支援を行うなど、総合型クラブ育成に向けた支援の対象範囲の拡大を検討する。

○国は、総合型クラブを含む地域スポーツクラブの財源の拡充のため、会費収入の増加につながる会員募集の広報活動や、認定NPO法人制度の積極的な活用、地元企業とのパートナーシップの確立により幅広く寄附を集める取組、公共の施設の指定管理者となることによりその収入を運営財源にするための取組等の優良事例を収集・検討し、地方公共団体や各地域スポーツクラブに対して普及・啓発を図る。

○国及びスポーツ団体は、現行の「クラブ育成アドバイザー」を一層充実させ、総合型クラブの創設から自立・活動までを一体的にアドバイスできる「クラブアドバイザー（仮称）」について協議・検討し、スポーツ団体は、「クラブアドバイザー（仮称）」を育成する。

○国は、地域におけるスポーツ活動の推進に関し、特にその活動の功績が顕著な総合型クラブに対する顕彰の在り方を検討する。

○国は、広域スポーツセンターについて、拠点クラブや各都道府県総合型クラブ連絡協議会等のスポーツ関係団体・組織等との間の、地域スポーツ推進に係る役割分担を含め、その在り方を見直す。

○独立行政法人日本スポーツ振興センターは、総合型クラブの活動等への助成等を通じ、スポーツによる地域や世代間の交流の基盤の整備を図る。

○地方公共団体においては、地域スポーツクラブに対して、地域スポーツの推進という公益的な活動への一層の貢献に資するため、NPO法人格を取得することを促すことが期待される。

（地域スポーツクラブと地域との連携による課題解決等）
○国は、地域コミュニティの核として総合型クラブが充実・発展するよう、スポーツ・レクリエーション活動を含むスポーツだけでなく、文化・福祉活動等も展開することに資する先進事例等を収集し、情報発信する。

○地方公共団体においては、育成された拠点クラ

ブが周辺の学校や地域スポーツクラブ等と効果的に連携できるよう、拠点クラブやスポーツ指導者に関する情報の提供を充実することが期待される。
○地方公共団体においては、総合型クラブと連携し、学校の体育に関する活動の中で総合型クラブでの体験等の機会を提供し、子どもに対する総合型クラブの認知度を向上させることが期待される。
○地方公共団体においては、総合型クラブが幼稚園や放課後児童クラブ（学童保育）等と連携し、スポーツ教室における運動や外遊び等の機会を増やす取組を支援することが期待される。
○地域スポーツクラブにおいては、地域の課題（学校・地域連携、健康増進、体力向上、子育て支援等）解決への貢献も視野に入れ、会員はもとより、広く地域住民が主体的に取り組むスポーツ活動を推進することにより、地域スポーツクラブがスポーツを通じて「新しい公共」を担うコミュニティの核として充実・発展していくことが期待される。

（総合型クラブ間のネットワークの拡充）
○国は、地方公共団体及びスポーツ団体と連携し、総合型クラブを世代間又は地域間の交流や様々なスポーツ活動を実践する場として充実させるため、「総合型地域スポーツクラブ交流大会（仮称）」の開催を検討する。
○地方公共団体においては、スポーツ団体と連携し、各都道府県にある総合型クラブ連絡協議会を支援し、総合型クラブの総合型クラブ連絡協議会への加盟を促進し、総合型クラブ間の情報共有やスポーツ交流大会等の中核となるよう組織体制を充実させるとともに、総合型クラブ連絡協議会の自立化を促すことが期待される。
○スポーツ団体においては、総合型クラブ全国協議会の活動の充実を支援することが期待される。総合型クラブ全国協議会においては、総合型クラブの創設活動の支援、社会的な認知度向上のための広報活動、総合型クラブ育成に関する調査研究等を実施することが期待される。

（2）地域のスポーツ指導者等の充実
①施策目標：
　地域住民やスポーツ団体等のニーズを踏まえつつ、スポーツ指導者等の養成を推進するとともに、資格を有するスポーツ指導者の有効活用を図る。
②現状と課題：
　スポーツ指導者は、スポーツを「支える（育てる）人」の重要な要素の一つであり、大学はもとより、日体協や各競技団体、公益財団法人日本レクリエーション協会（「レク協」）をはじめ、多くのスポーツ団体においても養成や研修が行われており、量的には増加傾向を示している。
　しかし、スポーツ団体によるスポーツ指導者の需要（どのようなタイプのスポーツ指導者がどこにどれだけ必要か）が、詳細に把握できていないため、今後のスポーツ指導者の養成等において、量的・質的な目標が明確でない状況にある。さらに、資格を有するスポーツ指導者を地域のスポーツ活動で有効に活用する活動場所や機会が少ないことに加え、マッチングも必ずしも十分に機能していないという問題もある。
　スポーツ指導者を登録しマッチングに活用するための制度として、スポーツリーダーズバンク等が36道府県で設置されているが、過去に設置していたが廃止した地方公共団体もあり、その理由として、制度の周知不足等による低い活用率、活動の機会が少ないことによる登録スポーツ指導者の減少、個人情報保護の観点から公開できるスポーツ指導者情報が限られるなどの問題点が指摘されている。次に、総合型クラブや地域のスポーツ団体の組織運営が円滑にかつ効率的に行われるためには、優れた組織運営能力を有する専門的な人材であるクラブマネジャーが不可欠であるが、総合型クラブを含む地域スポーツクラブの増加に対してその養成が追いついていない状況にある。
　なお、総合型クラブのスポーツ指導者のうち、スポーツ指導者として何らかの資格を有する者は全体の42.5％にとどまっており、スポーツ指導者としての資質の面が課題となっている。また、クラブマネジャーを主たる業務とする者を配置している総合型クラブは45.5％と半数を下回っており、そのうち勤務体系が常勤である者は全体の36.0％に過ぎない。このことは、財政的な自立性が低いことが一因と考えられる。
　さらに、スポーツ基本法において地域のスポーツ推進体制の重要な部分を担うこととされている「スポーツ推進委員」（旧体育指導委員）については、平成23年度には52,531人が市区町村から委嘱されており、男女別では女性の割合が少ない。また、その活動内容について、同法により、地域住民のニーズを踏まえたスポーツのコーディネーターの役割が追加されたが、現状では、実技指導や市区町村教育委員会が実施するスポーツ事業の企画・立案・運営等の業務は概ね実施されているものの、総合型クラブの創設や運営への参画、スポーツ活動全般にわたるコーディネート等の取組は十分でない面も見られる。スポーツ推進のための事業の実施に係る連絡調整の役割等法律で要請されている新たな役割に対応して、さらなる注力

が求められる。

公益財団法人日本障害者スポーツ協会（「JSAD」）による障害者スポーツ指導員については、人数は増加しているものの、活躍の場所や機会が少ないとの指摘がある。一方、地域のスポーツ施設においては、障害者スポーツに知見のあるスポーツ指導者の配置が課題となっている。

③今後の具体的施策展開：
（スポーツ指導者の養成）
○国は、例えば、企業や大学の公開（寄附）講座や講習会等の開催によるスポーツ指導者の資質向上を図るなど、地元の企業や大学と総合型クラブとの連携・協働の取組を支援する。
○国は、総合型クラブをはじめとする地域スポーツクラブが、スポーツ指導者や運営者等を確保できるよう、地域スポーツクラブやクラブ会員等のニーズも踏まえつつ、日体協、レク協及びJSAD等が実施する養成事業や総合型クラブ等の運営を担う人材養成のための取組を支援する。
○スポーツ団体においては、スポーツ指導者の量的・質的な需要に応えるよう、スポーツ指導者の養成事業の定期的な見直しを行うことが期待される。
○スポーツ団体においては、若者や高齢者、女性、障害者のスポーツ指導を適切に行うことができるスポーツ指導者講習会等を実施するなど、スポーツ指導者の資質向上を図ることが期待される。

（スポーツ指導者の活用促進）
○国は、スポーツ団体が実施するスポーツ指導者の養成・活用に関する需要を把握するとともに、スポーツ指導者の効果的な活用方策の検討を行い、その成果を全国に普及・啓発する。
○国は、総合型クラブの運営者やスポーツ指導者の雇用形態の改善を図り、長期間にわたり安定して運営者やスポーツ指導者を配置できる仕組みとすることができるよう、総合型クラブが多様な財源を確保し、財政的な自立を図ることを促す税制上の優遇措置等について周知するとともに、認定NPO法人格の取得を促す。
○国及び地方公共団体は、大学、スポーツ団体及び企業等と連携して、スポーツツーリズムや観光によるまちづくりに関する専門的知識を有する人材の育成及びそれらの地域スポーツにおけるコーディネーター等としての活用を促進する。
○地方公共団体においては、学校の体育に関する活動において、総合型クラブと連携し、地域のスポーツ指導者を積極的に活用することが期待される。

○地方公共団体においては、体育系大学の卒業生やスポーツ指導者の有資格者等の質の高いスポーツ指導者を公共スポーツ施設や総合型クラブの支援策を担当する部署や機関で活用するとともに、指導者の研修の充実を図るなど、地域のニーズに即した人材確保、活用方策を検討することが期待される。
○スポーツ団体においては、各団体が有するスポーツ指導者情報について、スポーツ指導者が地域スポーツ活動の場面においてより一層活用されるよう、団体間の共有化を図ることが期待される。
○JSAD等の障害者スポーツ団体においては、障害者のスポーツ活動を支援するため、地方公共団体や他のスポーツ団体と連携を図り、健常者に対するスポーツ指導者が、障害者へのスポーツ指導を行うための講習会等の充実を図ることや、養成された障害者スポーツ指導者の活用を促進することが期待される。

（スポーツ推進委員の資質向上）
○国は、スポーツ推進委員について、地方公共団体に対して、熱意と能力があり、地域において効果的に連絡調整を行うことができる人材を委嘱するよう促すとともに、研修の機会の充実を図る。
○地方公共団体においては、スポーツ指導者の資格を有し、熱意と能力があり、地域において効果的に連絡調整を行うことができる者を、性別や年齢のバランスに配慮しつつ、スポーツ推進委員に委嘱することや、その資質向上のために研修の充実を図ることが期待される。
○スポーツ団体においては、スポーツ推進委員の研修会を定期的に開催し資質向上に努める。また、委員として功績が顕著であった者に対する顕彰制度を充実させることが期待される。

（クラブアドバイザーの育成）
○国及びスポーツ団体は、現行の「クラブ育成アドバイザー」を一層充実させ、総合型クラブの創設から自立・活動までを一体的にアドバイスできる「クラブアドバイザー（仮称）」について協議・検討し、スポーツ団体は、「クラブアドバイザー（仮称）」を育成する。
○国は、地方公共団体と連携し、スポーツ推進委員に対して「クラブアドバイザー（仮称）」と連携を図り、総合型クラブの育成支援への一層の参画を促す。

（3）地域スポーツ施設の充実
①施策目標：
　地域における身近なスポーツ活動の場を確保するため、学校体育施設等の有効活用や地域のスポーツ施設の整備を支援する。

②現状と課題：

　地域におけるスポーツ活動の場であるスポーツ施設は、近年、減少傾向にあり、特に、全体の6割以上を占める「学校体育・スポーツ施設」については、ピークであった平成2年度（156,548箇所）から平成20年度（136,276箇所）までの間に約2万箇所を超える大幅な減少となっている。

　施設数が減少した背景には、少子化に伴う学校の統廃合等による学校数の減少や、地方公共団体の厳しい財政状況の下、既存の施設が閉鎖されたり、新たなスポーツ施設の整備が抑制されたこと等が影響していると考えられる。

　こうしたスポーツ施設の減少への対策として、最も身近なスポーツ施設である学校体育施設［＊3］を、地域住民がこれまで以上に有効かつ効率的に活用できるようにすることが具体的な方策の一つであると考えられる。

　「学校体育・スポーツ施設」の開放の推進については、屋外運動場の80.0％、体育館の87.3％、水泳プールの26.7％が地域住民に開放されているが、施設開放は行っているものの、定期的ではない、利用手続きが煩雑である、利用方法等に関する情報が不足しているなど、地域住民のニーズに十分に対応しきれていないという指摘もある。

　その一方で、学校が保有する児童生徒に関する情報や金銭の管理、防火・防犯や電気・水道料金の負担等の観点から、学校にこれらの責任を負わせたまま開放することが困難な状況の施設も多い。

　このため、学校体育施設は、学校が地域住民へ場を提供する「開放型」から、「共同利用型」への移行を一層促進し、設置者、学校、地域社会が施設管理の責任・負担や地域住民の利用に係る調整等を協働して担うことで、地域住民の立場に立った積極的な利用の促進を図っていくことが求められる。

　なお、文部科学省「平成23年度　総合型地域スポーツクラブに関する実態調査」（平成24年2月）によると、総合型クラブの活動拠点施設の状況については、「学校体育・スポーツ施設」（54.3％）が最も多く、次いで「公共スポーツ施設」（37.7％）、「休校・廃校施設」（1.7％）、「自己所有施設」、「民間スポーツ施設」（ともに1.3％）等となっており、またクラブハウスを有する総合型クラブは52.3％となっている。総合型クラブ以外の単一種目型の地域スポーツクラブ、スポーツ少年団等の既存のスポーツ団体も、学校開放による学校体育施設と公共スポーツ施設の利用に大きく依存しており、学校体育施設の開放促進は、地域スポーツクラブの活性化の観点からも重要な課題である。

　また、スポーツ施設の耐震化も重要な課題であるが、地方公共団体が設置する体育館のうち耐震化されているものは全体の6割強であり、施設利用者の安全の確保のためには、耐震化を早急に進める必要がある。

　障害者スポーツの施設面の現状については、障害者の健康の保持増進を図り、もって障害者の福祉の向上に寄与すること等を目的とした障害者スポーツセンターは、運営面や指導面、施設面等において障害者が利用しやすいよう様々な面で工夫がなされており、平成22年現在、全国に計23箇所ある。スポーツ基本法の趣旨を踏まえ、今後障害者が、障害者スポーツセンターのみならず、より身近な地域のスポーツ施設においてスポーツに親しむことができるよう、地域のスポーツ施設における障害者に配慮した施設・設備の整備が課題となっている。

［＊3］小学校、中学校、高等学校、中等教育学校及び特別支援学校の体育施設を指す。

③今後の具体的施策展開：
（既存施設の共同利用・活用の促進）
○国及び地方公共団体は、学校体育施設や公共スポーツ施設の夜間照明施設の設置等による利用可能時間の拡大、休校・廃校や空き教室等の積極的な活用による地域スポーツにおける身近な活動場所の拡充を推進する。
○国は、学校体育施設の地域との共同利用化について、先進事例を収集し、地方公共団体に対して普及・啓発を図る。
○地方公共団体においては、休日におけるグラウンドや体育館の一般開放等の定期的な施設開放の実施や、時間帯・予約方法の工夫等による稼働率の向上を図るとともに、学校体育施設開放に係る責任・負担や利用調整等を地方公共団体・学校・地域が共同して担うことが可能となる施設の運営方法を検討し、共同利用化をより一層推進することが期待される。
○地方公共団体においては、学校体育施設や公共スポーツ施設等が「新しい公共」を担う地域コミュニティの核となる機能を充実・強化するため、地域住民の交流の場となるよう、ロッカールーム、温水シャワー、セミナー室、談話室等を備えたクラブハウスの整備を推進することが期待される。
○地域スポーツクラブにおいては、子どもを持つ親のスポーツ参加機会を増やすために、クラブハウス等の拠点施設に託児室や授乳室等を設置するように努めることが期待される。
○企業及び大学においては、地域住民が広く活用できるよう、休業日等においてスポーツ施設を開放することが期待される。

○国は、公共スポーツ施設の指定管理者として、法人格を有する総合型クラブを指定するなどの先進事例を調査し、情報提供を行う。
○地方公共団体においては、地域の実情に応じて公共スポーツ施設の指定管理者として総合型クラブを積極的に活用することが期待される。
（スポーツ施設の整備・充実）
○国は、国立青少年教育施設・国営公園等におけるハイキング、トレッキング、サイクリングやキャンプ活動等野外活動やスポーツ・レクリエーション活動の場となる施設等の整備を図るとともに、地方公共団体が行う体育館等の公共スポーツ施設等の充実のための取組を支援する。
○国は、障害者がより身近な地域のスポーツ施設においてスポーツに親しむことができるよう、健常者も障害者もともに利用できるスポーツ施設の在り方について検討する。
○日本スポーツ振興センターは、助成等を通じ、地域住民のスポーツ活動の拠点となる学校のグラウンドの芝生化等身近なスポーツ施設の整備を支援する。
○地方公共団体においては、子どもや女性、高齢者、障害者を含む全ての地域住民が楽しく安全にスポーツ・レクリエーション活動を含むスポーツに親しめる環境を創り出すため、バリアフリー化や耐震化、グラウンドの芝生化等の公共スポーツ施設等の充実に努めることが期待される。
○地方公共団体においては、民間の資金や経営手法等の導入による多様な手法を活用し、学校体育施設や公共スポーツ施設等の整備又は管理運営を工夫することが期待される。国は、先進事例等の調査・情報提供等によりこうした取組を支援する。

（４）地域スポーツと企業・大学等との連携
①施策目標：
　企業や大学に蓄積された人材やスポーツ施設、スポーツ医・科学の研究成果等を地域スポーツにおいて活用するための連携・協働の推進を図る。
②現状と課題：
　地域のスポーツ環境を充実させるためには、地方公共団体、学校、地域スポーツクラブ、大学、企業等地域における様々な主体が、スポーツ推進に関連し保有する様々な資源を最大限活用しつつ連携・協働して取り組んでいくことが重要である。このことは、スポーツ界の好循環の創出にも必要となると考えられる。
　企業のスポーツチームは、優れたアスリートやスポーツ指導者等が在籍するほか、スポーツ施設を保有しており、こうした人的・物的資源を地域に提供することにより、地域に根ざした企業活動に結びつける取組も行われている。
　今後、地方公共団体において、こうした地元企業による取組を地域の活性化に積極的に活用していくことが必要である。
　また、スポーツ産業による用具等の研究開発については、競技水準の向上や安全なスポーツ環境の確保等、地域のスポーツ環境を支えるものであるが、大学や地域スポーツの関係者との連携を深め、地域のニーズにも応えるよう活動を充実させる必要がある。
　他方、大学、特に体育系大学・学部は、アスリート等が知識や技能を獲得する人材育成の場であるとともに、医学・歯学・生理学・心理学・力学をはじめ経営学や社会学等を含めたスポーツ医・科学（「スポーツ医・科学」）に関する高度な研究の場となっている。しかしながら、現状では、これらの活動は、大学で完結するかたちで行われがちであり、地域における他の主体との連携・協働は拡充の余地が大きい。
　また、その保有する高度なスポーツ施設を地域に提供することにより、地域スポーツの拠点となる取組も一部の大学で着手されており、地域のスポーツ環境を充実させるためには、こうした大学の社会貢献活動が広く行われるようにすることも課題である。
　さらに、スポーツ基本法に基づき、障害者スポーツについて、障害の種類に応じて必要な配慮が求められていること、スポーツを健康の保持増進の観点から効果的に活用していくこと、スポーツ事故等に対応した安全なスポーツ環境を整えること等が求められているが、こうした高度な課題に十分に対応できる知見や推進体制が整っていないのが現状である。これらに対応するため、地域スポーツにおいて、企業や大学との連携・協働を推進し、その資源を積極的に活用する必要がある。
③今後の具体的施策展開：
○国は、地域スポーツにおけるスポーツ指導者やクラブマネジャー等の優れた人材を確保するために、例えば、企業や大学による地域スポーツクラブ向けの公開（寄附）講座や講習会等の開催等、地域スポーツクラブと地元の企業や大学との連携・協働の取組を支援する。
○国は、健常者と障害者が同じ場所でスポーツを行うための方法や、スポーツ障害・事故防止策、地域の活性化につながるスポーツ・レクリエーションプログラム等について、大学等での研究成果や人材を広く地域スポーツに活用するための取組を推進する。
○地方公共団体においては、スポーツを地域振興に積極的に活用するため、スポーツ団体だけでなく、地元企業（地域のスポーツチームを

有する地元の企業を含む）や大学と連携・協働することが期待される。また、拠点クラブによる地元の企業や大学との連携・協働を推進することが期待される。
○国及び地方公共団体は、例えばスポーツツーリズムによる地域の活性化を目的とする連携組織（いわゆる「地域スポーツコミッション」）等の設立を推進するなど、スポーツを地域の観光資源とした特色ある地域づくりを進めるため、行政と企業、スポーツ団体等との連携・協働を推進する。
○企業においては、地方公共団体や大学等との連携・協働により、スポーツ医・科学研究や人材の交流、施設の開放等スポーツを通じた地域貢献活動を実施することが期待される。
○大学においては、地方公共団体や企業等との連携・協働により、スポーツ医・科学研究や人材の交流、施設の開放、総合型クラブの運営や地元のジュニアアスリートの発掘・育成、スポーツ指導者等の養成等スポーツを通じた地域貢献活動を実施することが期待される。
○大学においては、学生によるスポーツボランティア活動を支援することが期待される。
〔以下省略〕

スポーツ基本計画〔第2期〕

平成29年〔2017年〕3月24日
文部科学省

第1章　第2期スポーツ基本計画の策定に当たって

1　スポーツ庁の創設と第2期スポーツ基本計画

　平成27年10月に発足したスポーツ庁は、スポーツ基本法の趣旨を踏まえ、スポーツを通じ「国民が生涯にわたり心身ともに健康で文化的な生活」を営むことができるスポーツ立国の実現を最大の使命としている。
　また、スポーツ基本計画は、スポーツ基本法第9条の規定に基づき、文部科学大臣がスポーツに関する施策の総合的かつ計画的な推進を図るために定めるものであり、同法の理念を具体化し、国、地方公共団体及びスポーツ団体等の関係者が一体となってスポーツ立国の実現を目指す上での重要な指針となるものである。
　平成24年3月に策定した現行のスポーツ基本計画（以下「第1期計画」という。）は、平成24年度からの5年間の計画であり、平成29年度から平成33年度までの計画を新たに策定するため、スポーツ庁においては、スポーツに係る幅広い分野の有識者から構成されるスポーツ審議会に対し、スポーツ庁長官から諮問を行い、専門的な検討を依頼した。同審議会では、総会を5回、総会の下に設けられたスポーツ基本計画部会を11回開催するなど精力的な審議を行い、平成29年3月1日に答申をとりまとめた。
　この答申を踏まえ、スポーツ基本法第30条の規定に基づくスポーツ推進会議における文部科学省、スポーツ庁と関係省庁との連絡調整を経て、ここに、同法第9条の規定に基づき、スポーツの推進に関する基本的な計画（以下「第2期計画」という。）を策定する。

2　第2期スポーツ基本計画の概要

　第2期計画では、多面にわたるスポーツの価値を高め、広く国民に伝えていくため、計画が目指す方向性をわかりやすく簡潔に示すよう、第2章において、「スポーツの価値」に関し、①スポーツで「人生」が変わる、②スポーツで「社会」を変える、③スポーツで「世界」とつながる、④スポーツで「未来」を創るという4つの観点から、

全ての国民に向けてわかりやすく説明を行った上で、「スポーツ参画人口」を拡大し、他分野との連携・協力により「一億総スポーツ社会」の実現に取り組むことを、第2期計画の基本方針として提示した。

また、簡潔な形で施策の体系化を図るとともに、スポーツ庁が関係省庁等の中核となって取り組む施策を取り入れることとし、第3章において、第1期計画における政策目標、施策目標、具体的施策という施策の基本的な構造を踏襲しつつ、その内容の大括り化と一層の体系化を図ることで、第2期計画においては、4つの政策目標、19の施策目標、139の具体的施策（うち再掲11）としてとりまとめた。その際、例えば同章2（1）「スポーツを通じた共生社会等の実現」において障害者、女性などのスポーツ振興に関する施策を列挙しているが、これらは他の施策と密接な関わりを有しており、同章に示した全ての施策を総動員して取り組む必要がある。

これらの施策の検討に当たっては、スポーツを通じた健康増進や共生社会の実現、経済・地域の活性化など関係省庁との関わりが特に深い施策について、スポーツ基本法第30条の規定に基づくスポーツ推進会議において関係省庁との連絡調整を行った。

なお、第2期計画の達成状況の検証が事後に適切に行えるよう、第3章においては、具体的施策の実施主体と取組内容を明示しつつ、できる限り成果指標を設定することとし、特に数値を用いた成果指標の数は8から20に増加させた。

3　第2期スポーツ基本計画が目指すもの

スポーツ基本計画は、国の施策を中心に国が定めるものであるが、あくまでもスポーツの主役は国民であり、また、国民に直接スポーツの機会を提供するスポーツ団体等である。

スポーツの価値は、国民や団体の活動を通じて実現されるものであり、第2期計画に掲げられた施策は、国や地方公共団体がこれらの活動を支援し、スポーツの価値が最大限発揮されるためのものであることに留意する必要がある。

このことを踏まえ、第2期計画が指針となり、国民、スポーツ団体、民間事業者、地方公共団体、国等が一体となってスポーツ立国を実現できるよう、国が責任を持って取り組むとともに、以下の点を期待する。

国民には、第2章に示した「する」「みる」「ささえる」といった様々な形で積極的にスポーツに参画し、スポーツを楽しみ、喜びを得ることで、それぞれの人生を生き生きとしたものとすることを期待する。

スポーツ団体等には、第2章に示したスポーツの価値を改めて確認した上で、国民やアスリートのニーズを的確に受け止め、第3章に掲げた施策を有効に活用して、魅力的なスポーツ環境の創出に努めるとともに、スポーツの価値が社会の変革や未来の創造に十分活かされるよう、スポーツ以外の分野との連携・協働にも積極的に取り組むことを期待する。

地方公共団体には、国民やスポーツ団体等のスポーツ活動を支援するため、第2期計画を参酌してできる限りすみやかに地方スポーツ推進計画を改定・策定し、地域の特性や現場のニーズに応じたスポーツの施策を主体的に実施するとともに、スポーツを通じた健康増進、共生社会の実現や経済・地域の活性化など、スポーツを通じた活力ある社会づくりに関係部局・団体が一体となって取り組むことを期待する。

第2章　中長期的なスポーツ政策の基本方針

〜スポーツが変える。未来を創る。
　　　　　　　　　Enjoy Sports, Enjoy Life 〜

> スポーツは「世界共通の人類の文化」であり、国民の成熟した文化としてスポーツを一層根付かせ豊かな未来を創ることが、スポーツ振興に携わる者の最大の使命である。
>
> スポーツの「楽しさ」「喜び」こそがスポーツの価値の中核であり、全ての人々が自発的にスポーツに取り組み自己実現を図り、スポーツの力で輝くことにより、前向きで活力ある社会と、絆の強い世界を創る。

1　スポーツで「人生」が変わる！

スポーツは「みんなのもの」であり、スポーツを「する」「みる」「ささえる」ことで全ての人々がスポーツに関わっていく。

（1）スポーツを「する」ことで、スポーツの価値が最大限享受できる。

スポーツは、体を動かすという人間の本源的な欲求に応え、精神的充足をもたらすものである。

スポーツ基本法において、スポーツは「心身の健全な発達、健康及び体力の保持増進、精神的な充足感の獲得、自律心その他の精神の涵養等のために個人又は集団で行われる運動競技その他の身体活動」と広く捉えられており、「スポーツを通じて幸福で豊かな生活を営むことは、全ての人々の権利」であるとされている。

スポーツには、競技としてルールに則り他者と競い合い自らの限界に挑戦するものや、健康維持や仲間との交流など多様な目的で行うものがあ

る。例えば散歩やダンス・健康体操、ハイキング・サイクリングもスポーツ［＊１］として捉えられる。このように、スポーツは文化としての身体活動を意味する広い概念であり、各人の適性や関心に応じて行うことができ、一部の人のものではなく「みんなのもの」である。

スポーツを「する」ことでみんなが「楽しさ」「喜び」を得られ、これがスポーツの価値の中核である。さらに、継続してスポーツを「する」ことで、勇気、自尊心、友情などの価値を実感すると共に、自らも成長し、心身の健康増進や生きがいに満ちた生き方を実現していくことができる。

　　［＊１］スポーツには、オリンピック・パラリンピック競技種目のようなものだけでなく、野外活動やスポーツ・レクリエーション活動も含まれる。また、新たなルールやスタイルで行うニュースポーツも注目されるようになってきている。

（２）スポーツを「する」「みる」「ささえる」ことでみんながスポーツの価値を享受できる。

スポーツへの関わり方としては、スポーツを「する」ことだけでなく「みる」「ささえる」ことも含まれる。

スポーツを「みる」ことで、極限を追求するアスリートの姿に感動し、人生に活力が得られる。家族や友人等が一生懸命応援することでスポーツを「する」人の力になることができる。

スポーツを「ささえる」［＊２］ことで、多くの人々が交わり共感し合うことにより、社会の絆が強くなっていく。

例えば「みる」ことがきっかけで「する」「ささえる」ことを始めたり、「ささえる」ことで「する」ことのすばらしさを再認識したりすることもある。また、スタジアムやアリーナで多くの人々がトップアスリートの姿を間近に見ることでスポーツの価値を実感することができる。スポーツを「する」「みる」「ささえる」ことで全ての人々がスポーツに関わり、その価値が高まっていく。［＊３］

→スポーツを日常生活に位置付けることで、スポーツの力により人生を楽しく健康で生き生きとしたものにすることができる。

　　［＊２］スポーツを「ささえる」とは、自らの意思でスポーツを支援することを広く意味しており、指導者や専門スタッフ、審判等のスポーツの専門家による支援だけでなく、サポーターやボランティアなど様々な形がある。また、スポーツ活動を成り立せるために、スポーツ団体やチームの経営を担ったり、スポーツ用品や施設の提供を行ったりすることも含まれる。

　　［＊３］スポーツを「する」「みる」「ささえる」ことの基盤として、書物、映画など様々なメディアを通じて「知る」ことも重要である。

2　スポーツで「社会」を変える！

スポーツで社会の課題解決に貢献し、前向きで活力に満ちた日本を創る。

（１）スポーツの価値を共有し人々の意識や行動が変わることで社会の発展に寄与できる。

年齢、性別、障害の有無等に関わらず、スポーツは誰もが参画できるものであり、全ての人々が関心や適性等に応じて、安全で公正な環境の下で日常的・自発的にスポーツに参画する機会を確保することが重要である。

スポーツを通じて人々がつながり、スポーツの価値を共有することができ、人々の意識や行動が変わる。これが大きな力となって社会の課題解決につながる。

持続可能な開発と平和などスポーツが社会の課題解決に貢献することは、国際連合やユネスコなどでも謳われており、スポーツの価値を高める投資が社会の健全な発展に有効であるとの考え方は国際的な潮流である。［＊４］

　　［＊４］2013年・MINEPS・Ⅴ（体育・スポーツ担当大臣等国際会議）で発出されたベルリン宣言において、「体育やスポーツプログラムに関する財源を確保することは、前向きで社会経済的成果を生み出す、安全な投資である」とされている。

（２）スポーツは共生社会や健康長寿社会の実現、経済・地域の活性化に貢献できる。

障害者スポーツを通じて障害者への理解・共感・敬意が生まれる。

子供、高齢者、障害者、女性、外国人などを含め全ての人々が分け隔てなくスポーツに親しむことで、心のバリアフリーや共生社会が実現する。

スポーツを楽しみながら適切に継続することで、生活習慣病の予防・改善や介護予防を通じて健康寿命を伸ばすことができ、社会全体での医療費抑制につながる。

民間事業者において働き方を見直し、スポーツの習慣づくりを通じて「健康経営［＊５］」を推進することにより、働き方改革にも貢献できる。

スポーツは多くの人々を惹きつける魅力的なコンテンツである。スポーツの成長産業化を図り、その収益をスポーツへ再投資することを促すことでスポーツ界が自立的に成長を遂げるための好循環を実現する。

人口減少や高齢化が進む中、スポーツ資源を地

域の魅力づくりやまちづくりの核とすることで、地域経済の活性化など地方創生に貢献する。

スポーツは、人を元気づけるとともに、人を結びつける力を持っており、状況や社会を変える可能性を持つことから、災害からの復興に貢献する。

アスリートは、不断の努力の積み重ねにより人間の可能性を追求しており、その活躍や努力は人々に夢と希望を届け、チャレンジする勇気を社会全体にもたらす。また、トップアスリート［＊6］が才能を開花させる過程で培われた技術や知識・経験、生き方は社会的な財産でもあり、それらは多くの人々にスポーツの魅力を広げ、社会に活力をもたらすものである。

［＊5］経済産業省によれば、「健康経営」とは、従業員等の健康管理を経営的な視点で考え、戦略的に実践することであり、企業理念に基づき従業員等への健康投資を行うことは、従業員の活力向上や生産性の向上等の組織の活性化をもたらし、結果的に業績向上や株価向上につながると期待される、とされている。

［＊6］世界選手権大会等において好成績を収めているアスリートや、中央競技団体の強化指定選手等。

3　スポーツで「世界」とつながる！

スポーツで世界に発信・協力し、世界の絆づくりに我が国が貢献する。

スポーツは、人種、言語、宗教等の区別なく参画できるものであり、国境を越え人々の絆を育む。スポーツを通じた国際交流により「多様性を尊重する世界」の実現に貢献する。

スポーツは、貧困層や難民、被災者など困難に直面した様々な人の生きがいづくりや自己実現のきっかけとなり、スポーツによる開発と平和への支援により「持続可能で逆境に強い世界」の実現に貢献する。

スポーツは他者への敬意や規範意識を高められるものであり、日本が率先して模範となることで「クリーンでフェアな世界」の実現に貢献する。

スポーツを巡る国際的な政策、ルールづくりや国際協力に積極的に参画し国内の取組に反映すること、国際競技大会や国際会議を開催すること、それらに必要な国際人材を育成することを通じ、我が国がリーダーシップを発揮して国際的地位を高める。

トップアスリートの世界的な活躍はトップアスリートを輩出した地域の誇りとなり、各地域や団体は、世界と競っているという広い視野をもって国際競技力の向上を図る。

→スポーツに関わる全ての人々が主体的に取り組むことで、スポーツの力が十分に発揮され、前向きで活力に満ちた日本と、絆の強い世界の実現に貢献できる。

4　スポーツで「未来」を創る！

2020年東京オリンピック・パラリンピック競技大会（以下「2020年東京大会」という。）等を好機として、スポーツで人々がつながる国民運動を展開し、オリンピックムーブメント［＊7］やパラリンピックムーブメント［＊8］を推進することで、レガシーとして「一億総スポーツ社会」を実現する。

これからの5年間に2020年東京大会をはじめとする国際競技大会が相次いで開催される。スポーツへの関心がこれまでにないほど高まり、スポーツの力が最大限発揮される絶好の機会である。

2020年東京大会に向けた取組を計画的・戦略的に展開し、全ての人々がスポーツの力で輝き、活力ある社会と絆の強い世界を創るという「一億総スポーツ社会」を実現することが、大会のレガシーとなる。

そのためには、スポーツを「する」人を増やしつつ、これに加え、「みる」「ささえる」人を含めて「スポーツ参画人口」として捉え、これまでスポーツに無関心であった人々や、したくてもできなかった人々も含め、全ての人々がスポーツに関われるようにしていくことが重要である。

さらに、スポーツに携わる者がスポーツの枠を超えて主体的に他分野と連携・協働を行うとともに、異分野からの人材の受入れを積極的に行うことにより、産官学民によるオールジャパン体制でそれぞれの専門性を活かしてスポーツの価値を広げることが必須である。

一方、スポーツに対する国民の信頼を確保するため、スポーツの価値を脅かすような不正を無くすことが重要である。

これらを実現するため、ソーシャルネットワークサービス（SNS）を含むメディアの活用により、スポーツを通じて全ての人々がつながる持続的な国民運動を展開していく。

→第2期計画期間において、「スポーツ参画人口」を拡大し、スポーツ界が他分野との連携・協働を進め、「一億総スポーツ社会」を実現する。

［＊7］国際オリンピック委員会によると、オリンピックムーブメントとは、オリンピズムの価値に鼓舞された個人と団体による、協調の取れた組織的、普遍的、恒久的活動である。（オリンピック憲章オリンピズムの根本原則第3項抜粋）

［＊8］国際パラリンピック委員会及び日本パラリンピック委員会によると、パラリン

ピックムーブメントとは、パラリンピックスポーツを通して発信される価値やその意義を通して世の中の人に気づきを与え、より良い社会を作るための社会変革を起こそうとするあらゆる活動である。

第3章 今後5年間に総合的かつ計画的に取り組む施策

1 スポーツを「する」「みる」「ささえる」スポーツ参画人口の拡大と、そのための人材育成・場の充実

〈政策目標〉
ライフステージに応じたスポーツ活動の推進とその環境整備を行う。その結果として、成人のスポーツ実施率を週1回以上が65％程度（障害者は40％程度〔＊9〕）、週3回以上が30％程度（障害者は20％程度〔＊9〕）となることを目指す。

〔＊9〕障害者スポーツの振興に関する施策については、第3章2（1）①にまとめて記載し、同章中の他の施策では原則として繰り返して記載しないという方針で整理している。P1（第1章2）に記載したとおり、障害者スポーツの振興に関する施策は、他の施策とも密接な関わりを有しており、第3章に示した全ての施策を総動員して取り組む必要がある。

（1）スポーツ参画人口の拡大

①若年期から高齢期までライフステージに応じたスポーツ活動の推進

〈施策目標〉
国民が生涯にわたり心身ともに健康で文化的な生活を営む基盤として、国民の誰もが各々の年代や関心、適性等に応じて日常的にスポーツに親しむ機会を充実する。

〈現状と課題〉
・成人の週1回以上のスポーツ実施率は42.5％（障害者は19.2％）、週3回以上のスポーツ実施率は19.7％（障害者は9.3％）（平成28年度現在（障害者については平成27年度現在））である。
・スポーツを行う理由は、健康、体力増進・維持、楽しみ・気晴らし、仲間との交流など様々である。
・スポーツ実施の阻害要因は、仕事・家事・育児が多忙、面倒くさい、年をとったなど世代によって異なる。

〈具体的施策〉

ア 国は、「する」「みる」「ささえる」スポーツの楽しみ方や関わり方等をわかりやすく提案するとともに、スポーツ未実施者への働きかけやスポーツの継続的実施のための方策等について整理した「ガイドライン」を策定し、その普及を通じて地方公共団体やスポーツ団体〔＊10〕等の取組を促進することにより、誰もがライフステージに応じてスポーツに親しむ機会の充実を図る。

イ 国は、スポーツに対するニーズや阻害要因等に関する調査や顕彰制度等を通じて、民間事業者等による新たなルールやスタイルのスポーツの開発・普及を促進し、適性等に応じたスポーツの機会を提供する。

ウ 国は、高齢者が楽しく継続的に取り組むことができ、生活習慣病の予防・改善や介護予防を通じて健康寿命の延伸に効果的な「スポーツプログラム」を策定し、地方公共団体や総合型地域スポーツクラブ（総合型クラブ）、日本レクリエーション協会（日レク）などのスポーツ団体に普及するとともに既存の介護予防の取組とも連携を図りながら、高齢者のスポーツ参加機会の充実を図る。

エ 国は、成人のスポーツ実施状況に関する調査について、調査項目及び調査方法等を検証・改善するとともに、スポーツ実施要因等の分析を踏まえた施策を推進することで、障害者を含めた若年期から高齢期までのスポーツ参加機会の充実を図る。

〔＊10〕スポーツ団体とは、スポーツ基本法第2条第2項において、「スポーツの振興のための事業を主たる目的とする団体をいう」とされており、住民が主体的に運営する地域スポーツクラブ等を広く含むものである。

②学校体育をはじめ子供のスポーツ機会の充実による運動習慣の確立と体力の向上

〈施策目標〉
学校における体育活動を通じ、生涯にわたって豊かなスポーツライフを実現する資質・能力を育てるとともに、放課後や地域における子供のスポーツ機会を充実する。

その結果として、自主的にスポーツをする時間を持ちたいと思う中学生を80％（平成28年度現在58.7％→80％）にすること、スポーツが「嫌い」・「やや嫌い」である中学生を半減（平成28年度現在16.4％→8％）すること、子供の体力水準を昭和60年頃の水準まで引き上げることを目指す。

〈現状と課題〉
・スポーツが好きな子供の割合は、小学5年生と比較し中学2年生が低く、特に中学生の女子は2割以上が「嫌い」・「やや嫌い」であり、

運動習慣の二極化が見られる。
- 子供の体力は緩やかな向上傾向にあるが、昭和60年頃のピーク時と比較すると依然として低い水準にある。
- 小学校における体育の専科教員の配置は4.7%にとどまっている。(平成28年度現在)
- 運動部活動の顧問のうち、保健体育以外の教員で、かつ担当競技の経験がない者が中学校で45.9%、高等学校で40.9%である。(平成25年度現在)
- 体育活動中の死亡事故は平成24年度までは減少傾向であったが、それ以降横ばいとなっている。中学校、高等学校における傷害の発生のほとんどは運動部活動によるものである。

〈具体的施策〉

ア 国は、体育・保健体育の学習指導要領の改訂において、体力や技能の程度、障害の有無及び性別・年齢にかかわらず、スポーツの多様な楽しみ方を社会で実践できるよう、指導内容の改善を図ることにより、生涯にわたって豊かなスポーツライフを実現する資質・能力の育成を図る。

イ 国は、地方公共団体と連携し、武道を指導する教員の研修、指導者の派遣、武道場の整備等を通じて、中学校における武道の指導を充実する。

ウ 国は、地方公共団体等と連携し、小学校における体育の専科教員の導入を促進するとともに、運動が苦手で意欲的でない児童生徒や障害のある児童生徒が運動に参画できるよう研修を充実するなど、教員採用や研修の改善を通じ、学校体育に係る指導力の向上を図る。

エ 国は、地方公共団体と連携し、「全国体力・運動能力、運動習慣等調査」により全国的な子供の体力・運動能力等を把握し、その分析結果を周知する。これに基づき、地方公共団体及び学校は、それぞれの成果と課題を検証し、体育・保健体育の授業等を改善する。

オ 国は、教員、生徒及び保護者等を対象とした運動部活動に関する総合的な実態調査及びスポーツ医・科学の観点等を取り入れた運動部活動の在り方に関する調査研究を実施する。
その結果等を踏まえ、日本中学校体育連盟(中体連)や全国高等学校体育連盟(高体連)等と連携し、生徒の発達段階等を考慮した練習時間・休養日の設定や、複数種目の実施など女子生徒や障害のある生徒等のニーズにも応じた多様な運動部活動の展開を含む運動部活動の在り方に関する総合的なガイドラインを策定する。

カ 国及び地方公共団体は、運動部活動が、学校教育の一環として、生徒がスポーツに親しみ、生徒の責任感や連帯感を養う上で、重要な活動として教育的意義が高いことを踏まえ、運動部活動における指導力の向上や指導体制の充実を図る。そのため、スポーツ指導に係る専門性を有し、教員と連携して運動部活動をささえ、大会引率も可能な部活動指導員について、中体連、高体連、スポーツ団体、総合型クラブ、民間事業者等と連携し、配置を促進する。

キ 国は、地方公共団体及びスポーツ団体等と連携し、「幼児期運動指針」やこれに基づく指導参考資料を各幼稚園や保護者等に普及し、活用を促すことで、幼児期からの運動習慣づくりを推進する。

ク 国は、地方公共団体及びスポーツ団体等と連携し、発達段階に応じて基礎的な動作を獲得できる「アクティブ・チャイルド・プログラム[*11]」等の運動遊びプログラムの普及及びその指導者に関する情報提供等により、放課後子供教室等での多様な運動を体験する機会の提供や保護者への啓発活動を促進し、小学生の運動経験の充実を図る。

ケ 国は、日本体育協会(日体協)と連携し、総合型クラブ、スポーツ少年団の活動に関する情報を発信して、参加を促進させることにより、複数種目や多様なスポーツの経験を含む地域における子供のスポーツ機会の充実を図る。

※ 国は、日本スポーツ振興センター(JSC)及び地方公共団体と連携し、災害共済給付業務等から得られる学校体育活動中の死亡事故等の情報提供や事故防止に関する研修等を充実することにより、重大事故を限りなくゼロにするという認識の下で学校体育活動中における事故防止の取組を推進する。

サ 地方公共団体は、国の支援も活用しつつ、耐震化や芝生化など学校体育施設・設備を整備することにより、学校における子供のスポーツの場を充実する。シ 国及び国立青少年教育振興機構は、野外活動等に関する指導者の養成や家庭・社会への普及啓発等を通じて、国立青少年教育施設、国立公園、国営公園等におけるハイキング、トレッキング、サイクリング、キャンプ活動その他の野外活動やスポーツ・レクリエーション活動を促進し、子供のスポーツ習慣や豊かな人間性・社会性を育成する。

[*11] 平成22年度に文部科学省が日体協に委託し作成した、子どもが発達段階に応じて身につけておくことが望ましい動きや身体を操作する能力を獲得し、高めるための運動プログラム。

③ビジネスパーソン、女性、障害者のスポーツ実施率の向上と、これまでスポーツに関わってこなかった人へのはたらきかけ

〈施策目標〉
官民連携による分野横断的な新たなアプローチにより、ビジネスパーソン、女性、障害者や、これまでスポーツに関わってこなかった人が気軽にスポーツに親しめるようなスポーツのスタイルを提案し、成人のスポーツ未実施者（1年間に一度もスポーツをしない者）の数がゼロに近づくことを目指す。

〈現状と課題〉
・スポーツ実施率（週1回以上）を年代別に見ると、20代が34.5％、30代が32.5％、40代が31.6％と低く、女性の方が低い。（20代：男性40.8％、女性27.8％、30代：男性37.2％、女性27.7％、40代：男性34.2％、女性29.0％）（平成28年度現在）
・スポーツ未実施者の割合は32.9％である。（平成28年度現在）
・障害者のスポーツ実施率は健常者に比べ低い。（平成27年度現在19.2％）
・1年に1回もスポーツをしておらず今後もするつもりのない層が27.2％存在している。（平成28年度現在）

〈具体的施策〉
ア　国は、産業界、地方公共団体及び保険者等と連携し、通勤時間や休憩時間等に気軽にスポーツに取り組める環境づくりに向けたプロモーション活動の展開や民間事業者の表彰等を通じて、ビジネスパーソンのスポーツ習慣づくりを推進するとともに、民間事業者における「健康経営」を促進し、スポーツ参画人口の拡大を図る。
イ　国は、先進事例の情報提供等を通じて、地方公共団体、民間事業者及びスポーツ団体等による連携・協働体制の整備を促進することにより、女性の幼少期から高齢期を通じ、女性のニーズや意欲に合ったスポーツ機会を提供する。
ウ　国は、地方公共団体と連携し、特別支援学校や総合型クラブ等において障害者スポーツに取り組みやすい環境を整備するなど、障害者スポーツの裾野拡大に向けた取組を推進する。
エ　国は、スポーツと健康、食、観光、ファッション、文化芸術及び娯楽などのエンターテインメントとの融合や、ITを活用したスポーツの魅力向上等の民間事業者の取組を支援することにより、スポーツに関心がなかった人の意欲向上を図る。

（2）スポーツ環境の基盤となる「人材」と「場」の充実

①スポーツに関わる多様な人材の育成と活躍の場の確保

〈施策目標〉
スポーツに関わる人材の全体像を把握しつつ、アスリートのキャリア形成支援や、指導者、専門スタッフ、審判員、経営人材などスポーツ活動を支える人材の育成を図ることにより、スポーツ参画人口の拡大に向けた環境を整備する。

〈現状と課題〉
・スポーツに関わる多様な人材について、活動実態が十分把握されていない。
・アスリートのキャリア形成支援は各団体が個別に行っているが、支援体制や内容が異なり、サポートが十分でない。
・現場ではスポーツ指導者の育成課程を経ずにスポーツ指導を行っている者も存在している。
・医療、栄養、スポーツ科学、ドーピング検査など専門スタッフが少ない。
・審判員の多くはボランティアや兼職で活動しており、審判活動を行う事に対して職場の理解が十分でない。
・スポーツボランティアは、活動の希望者（14.5％）に比べ実際の実施率が低い（7.7％）。（平成26年度現在）
・スポーツ政策を推進する人材が専門的知識等を習得する機会が少ない。

〈具体的施策〉
＜スポーツに関わる人材の全体像の把握＞
ア　国は、指導者、専門スタッフ、審判員、大会等運営スタッフ、サポーター、ボランティア及び団体等の経営人材などスポーツに関わる人材の数や有給、無給等の属性の特徴について調査研究を実施し、全体像を明らかにする。

＜アスリートのキャリア形成＞
イ　国は、日本オリンピック委員会（JOC）及び日本パラリンピック委員会（JPC）等のスポーツ団体、中学校・高等学校・大学等の教育機関及び経済団体と連携し、アスリート経験者のキャリアに関するデータを蓄積するとともに、アスリートに対する大学での学習支援の充実やセミナーの開催などを通じてアスリート等の人間的成長やデュアルキャリアの取組を促進する。
ウ　国は、地方公共団体、スポーツ団体及び民間事業者等と連携し、指導者やスポーツ団体職員等としての雇用を促進するほか、地域での運動指導に関わる機会の拡大等を通じ、引退したアスリートのキャリア形成を支援する。
エ　国は、JOC及びJPCが提携して行う民間事業

者と現役トップアスリートをマッチングする就職支援制度「アスナビ」の利用促進や、学び直し支援のためのセミナーを実施することなどにより、アスリートの民間事業者等での就業を促進する。

＜スポーツ指導者の育成＞
オ　国及び日体協は、地方公共団体及びスポーツ団体と連携し、指導者養成の基準カリキュラムとして国が策定したグッドコーチ育成のための「モデル・コア・カリキュラム〔＊12〕」を大学やスポーツ団体等へ普及することにより、指導内容の質を確保するとともに、日体協自ら同カリキュラムを指導者養成講習会等に導入する際、オンラインコンテンツによる講習等を充実する。

〔＊12〕モデル・コア・カリキュラムは、スポーツ指導者に求められる資質能力（思考・態度・行動・知識・技能）を確実に取得するために必要な内容を「教育目標ガイドライン（講義概要・目的やねらい・到達目標・時間数）」として国が策定したものである。

カ　国及び日本障がい者スポーツ協会（日障協）は、スポーツ団体、地方公共団体、大学・専修学校及び日体協と連携し、学校の教員・総合型クラブの関係者・行政職員等を対象にした研修の実施や障がい者スポーツ指導員の資格が取得できる大学・専修学校の拡大等により、障害者スポーツ指導者の養成を拡充する（平成27年度現在2.2万人→目標3万人）。その際、指導者になる障害者の増加や講習機会の充実を図る。

キ　日体協は、国の支援を通じ、運動部活動などの指導者向けに短期間で取得可能な資格を創設したり、スポーツ指導者の育成にかかる体制を整備したりするなど、体系的で効果的なスポーツ指導者育成制度を構築するとともに、原則として、指導現場に立つ全ての指導者が資格を有するよう求めることにより、指導者の質を保証する取組を促進する。

ク　国及び日体協は、地方公共団体及びスポーツ団体と連携し、運動部活動に関わる教員や外部指導員等におけるスポーツ指導者資格の保有者の増加を図り、児童生徒がより適切なスポーツ指導が受けられるようにする。

ケ　国は、日体協や日レクをはじめ様々な団体のスポーツ指導者に関する資格取得のためのプログラムや資格取得者の活動状況について整理し、有資格者による指導の成果等を発信することにより、指導者の資格取得やステップアップを支援する。

※　国は、地方公共団体、日体協（各都道府県協会を含む）及び中央競技団体と連携し、学校、地域、総合型クラブ及び民間スポーツクラブ等におけるスポーツ指導機会を充実し、例えば、それらを掛け持つことによりフルタイムでスポーツ指導に従事できるような、スポーツ指導者が「職」として確立する環境を醸成する。

＜専門スタッフ、審判員、スポーツボランティア等＞
サ　国及び日体協は、スポーツ団体及び大学等と連携し、医療・栄養・トレーニング・心理等のスポーツ科学など専門的な知識・技術を有する人材の資質向上を促進し、アスリートの指導現場や総合型クラブ等への配置を充実することにより、アスリート等の健康管理と競技力向上を推進する。

シ　国は、日本アンチ・ドーピング機構（JADA）等と連携し、国際的対応ができるドーピング検査員の育成をはじめ、必要な体制を整備することにより、ラグビーワールドカップ2019や2020年東京大会等の公平性・公正性の確保を図る。

ス　国は、民間事業者及び大学等と連携し、競技団体への出向期間を勤続年数に通算することや、二つ以上の機関に雇用されつつ、それぞれの機関で役割に応じた業務に従事する仕組み〔＊13〕の活用等、スポーツ指導者が一定期間指導に専念できる配慮を行うよう所属先へ要請することなどにより職場の理解を促進する。

セ　JOCは、国及びJSCの支援も活用し、ナショナルコーチアカデミーの充実、審判員・専門スタッフ等の海外研さんの機会の確保などナショナルコーチの資質向上を図るとともに、中央競技団体におけるスタッフの充実により、トップアスリートの強化活動を支える環境を整備する。また、JPCにおいても、同様の取組を行うことについて検討を進める。

ソ　国は、スポーツ団体と連携し、大会や研修への派遣等を通じて質の高い審判員の養成を推進する。また、審判員の多くが兼職やボランティアで活動している状況を踏まえ、優れた活動を行う審判員の表彰等により所属先の理解を促進するとともに、審判員の所属先とスポーツ団体との意見交換など関係者間の審判活動に対する相互理解の促進を図る。

タ　国は、2020年東京大会をはじめとするスポーツイベントをスポーツボランティア普及の好機として、スポーツボランティア育成に係る大学の先進事例の形成を支援するとともに、スポーツボランティア団体間の連携を促進することにより、日常様々な場面で活躍するス

ポーツボランティア参画人口の増加を図る。
チ　国は、スポーツ経営人材の育成・活用のための仕組みを構築することにより、スポーツ団体のガバナンスや収益性を向上させる。

〈スポーツ推進委員等〉

ツ　国は、地方公共団体が委嘱するスポーツ推進委員について、総合型クラブや地域のスポーツ団体等との連携・協働を促進することができる優れた人材の選考と研修の充実を支援することにより、地域スポーツの振興をささえる人材の資質向上を図る。

テ　国は、地方公共団体及びスポーツ団体と連携し、研修等の海外の最先端のスポーツ政策を学ぶ機会を充実し、我が国のスポーツ施策を推進する人材の資質を向上させる。

［*13］「クロスアポイントメント制度」平成26年12月26日経済産業省・文部科学省「クロスアポイントメント制度の基本的枠組と留意点」参照（http://www.meti.go.jp/press/2014/12/20141226004/20141226004-2.pdf）

②総合型地域スポーツクラブの質的充実

〈施策目標〉

　住民が種目を超えてスポーツを「する」「ささえる」仕組みとして、総合型クラブが持続的に地域スポーツの担い手としての役割を果たしていくため、クラブ数の量的拡大から質的な充実により重点を移して施策を推進する。

　このため総合型クラブの登録・認証等の制度を新たに構築するとともに、総合型クラブの自立的な運営を促進する環境を整備する。さらに、地域に根ざしたクラブとして定着していくため、総合型クラブによる地域の課題解決に向けた取組を推進する。

〈現状と課題〉

・平成28年7月現在で、総合型クラブは3,586クラブが、全市区町村の80.8％に育成されており、会員数は全国で約130万人以上である。
・自己財源率が50％以下のクラブが43.5％、PDCA（Plan-Do-Check-Action）サイクルが定着していないクラブの割合は62.1％である。（平成27年度現在）
・行政と連携して地域の課題解決に取り組んでいる総合型クラブの割合は18.4％（平成27年度現在）。総合型クラブの認知度は31.4％（平成24年度調査［*14］）である。総合型クラブが地域から求められる役割を果たし地域に定着していくことが課題となっている。
・総合型クラブへの支援については、広域スポーツセンターをはじめ様々な公的機関・団体及びクラブ間ネットワーク等が担っているが、役割分担及び連携体制等について十分に整理されてこなかったため、現状の支援体制について全体としてみると必ずしも効率的・効果的なものになっていない。
・創設されるクラブ数の減少に伴い、支援の中心が総合型クラブの自立的な運営の促進に向けた支援に移行してきている状況も踏まえ、各支援主体の役割分担を明確化して支援体制の再構築等を図ることが課題となっている。

［*14］（出典）笹川スポーツ財団スポーツライフ・データ2012

〈具体的施策〉

ア　国は、日体協、総合型クラブ全国協議会、JSC及び地方公共団体等と連携し、総合型クラブによる行政等と協働した公益的な取組の促進を図るための登録・認証等の制度の枠組みを策定し、これに基づき、日体協及び各都道府県体育協会等は、関係団体と連携し、総合型クラブの登録・認証等の制度を整備する。（平成27年度現在0→目標47都道府県）

イ　国は、日体協、総合型クラブ全国協議会、JSC及び地方公共団体等と連携し、広域スポーツセンターを含めた支援主体の役割分担を明確化して支援体制の再構築を図る。

ウ　イを踏まえ、国、日体協、総合型クラブ全国協議会及び地方公共団体は、関係団体と連携し、都道府県レベルで中間支援組織［*15］を整備（平成27年度現在0→目標47都道府県）するとともに、研修会等の開催や先進事例の情報発信等により、PDCAサイクルにより運営の改善等を図る総合型クラブの増加（平成27年度現在37.9％→目標70.0％）など総合型クラブの質的充実を推進する。

　　［*15］中間支援組織とは、都道府県体育協会等が主体となり、都道府県のクラブ間ネットワークと連携・協働して総合型クラブの自立的な運営の促進に向けた支援を担う組織。当該組織において、総合型クラブの継続的・安定的な運営に向けて、クラブアドバイザーを配置し、総合型クラブに指導・助言するとともに、弁護士や税理士、中小企業診断士等の専門家による相談窓口を設置することなどを想定している。

エ　国は、日体協及び総合型クラブ全国協議会と連携し、登録・認証等を受けた総合型クラブの広報活動を推進するなど、総合型クラブの認知度向上を図る。

オ　地方公共団体は、ウにより整備された中間支援組織について、例えば地方スポーツ推進計画に位置付けを示すなど、中間支援組織の取組を支援し、総合型クラブの質的充実等を促進する。

カ　国は、JSC及び日体協と連携し、中間支援組

織が主体となり総合型クラブの自立的な運営を促進する事業や地方公共団体が主体となり総合型クラブによる地域課題解決に向けた取組（平成27年度現在18.4％→目標25％程度）を推進する事業を支援することを通じて、総合型クラブの質的充実を促進する。

キ　国は、日体協、総合型クラブ全国協議会及び地方公共団体等と連携し、総合型クラブの登録・認証等の制度及び中間支援組織の整備状況などを定期的に把握するとともに、市町村が主体となり総合型クラブの育成を促進する取組を支援することにより、総合型クラブの自立的運営を促進する。

③スポーツ施設やオープンスペース等のスポーツに親しむ場の確保
〈施策目標〉
　既存施設の有効活用や、オープンスペース等のスポーツ施設以外のスポーツができる場の創出を含め、ストックの適正化と安全で多様なスポーツ環境の持続的な確保を目指す。そのため、地域住民がスポーツに利用可能な施設の実態を的確に把握し、スポーツ施設に関する計画の策定を進める。
〈現状と課題〉
・スポーツ施設やスポーツができる場の実態把握が十分でない。
・人口減少、財政難等によりスポーツ施設数の減少が見込まれる。
・スポーツ施設の中には、老朽化が進んだものや耐震診断未実施のものも多く、今後利用できなくなる施設も想定される。
〈具体的施策〉
ア　国は、公立や民間のスポーツ施設の実態を3年に1回把握するとともに、「スポーツ施設のストックの適正化に関するガイドライン」に基づく地方公共団体の取組状況を毎年把握し、先進事例の情報提供等により地方公共団体が行う施設計画の策定を促進する。
イ　国は、我が国のスポーツ施設の60％強を占める学校体育施設について、社会体育施設への転用や、担い手や利用料金設定等の開放事業の運用の在り方に関する手引の策定を行い、既存施設の有効活用を促進する。
ウ　国は、スポーツ施設のバリアフリー・ユニバーサルデザインについて、関連する基準や先進事例の情報提供等により、障害者や高齢者等のスポーツ施設の利用や観戦のしやすさの向上を促進する。
エ　地方公共団体は、国の上記ガイドラインや情報提供等に基づき、施設の長寿命化、有効活用及び集約化・複合化等を推進しスポーツ施設のストックの適正化を図る。また、性別、年齢及び障害の有無等の利用の特性にも配慮したスポーツ施設の利用しやすさの向上やITの活用等により、利用者数の増加、維持管理コストの低減及び収益改善等を推進する。

オ　地方公共団体は、国による先進事例の情報提供や技術的支援等を踏まえ、スポーツ施設の新改築、運営方法の見直しにあたり、コンセッションをはじめとしたPPP／PFI［＊16］等の民間活力により、柔軟な管理運営や、スポーツ施設の魅力や収益力の向上による持続的なスポーツ環境の確保を図る。

　［＊16］内閣府によると、以下の通り定義されている。PPP（PublicPrivatePartnership）とは、公共施設等の建設、維持管理、運営等を行政と民間が連携して行うことにより、民間の創意工夫等を活用し、財政資金の効率的使用や行政の効率化等を図るもの。PFI（PrivateFinanceInitiative）とは、PFI法に基づき、公共施設等の建設、維持管理、運営等を民間の資金、経営能力及び技術的能力を活用して行う手法。
　　コンセッションとは、利用料金の徴収を行う公共施設について、所有権を公共が有したまま、民間事業者に当該施設の運営を委ねる方式。

カ　国は、国民体育大会、全国障害者スポーツ大会など各種競技大会等を開催するための施設の基本的な方向性を示し、これに基づき中央競技団体等が大会後も含めた施設利用や地方公共団体の負担等に十分配慮した基準等を策定することにより、地方公共団体等による効率的・効果的な施設整備を促進する。

キ　国は、スポーツ施設の整備の促進と併せて、地方公共団体、スポーツ団体及び民間事業者等と連携し、体操やキャッチボール等が気軽にできる場としてオープンスペースなどの有効活用を推進し、施設以外にもスポーツができる場を地域に広く創出する。

ク　国は、日本体育施設協会等と連携し、スポーツ施設の事故や老朽化に関する情報提供や、施設の維持管理に関する人材の育成により、スポーツ施設の安全の確保を推進する。

④大学スポーツの振興
〈施策目標〉
　我が国の大学が持つスポーツ資源を人材輩出、経済活性化、地域貢献等に十分活用するとともに、大学スポーツ振興に向けた国内体制の構築を目指す。
〈現状と課題〉
・大学におけるスポーツ活動には、大学の教育課程としての体育授業、学問体系としてのスポーツ科学及び課外活動等の側面があり、全ての学生がスポーツの価値を理解すること

は、大学の活性化やスポーツを通じた社会発展につながる。
・大学のスポーツ資源（学生、指導者、研究者、施設等）の活用は、国民の健康増進や障害者スポーツの振興に資するとともに、経済・地域の活性化の起爆剤となり得る。また、「みる」スポーツとしても潜在力がある。
・指導者やボランティアの育成、アスリートのキャリア形成支援など、大学は質の高いスポーツ人材の育成に重要な役割を担っている。
・より多くの学生がスポーツに取り組む環境を整備することが必要である。
・一方、各大学においてスポーツの振興に係る体制が不十分な場合が多く、また、大学スポーツ全体を統括し、その発展を戦略的に検討する組織がない。
〈具体的施策〉
ア　国は、大学関係団体と連携し、大学スポーツの重要性について大学トップ層を始め、広く大学関係者全体の理解を促進することにより、大学スポーツ振興の機運を醸成する。また、大学は、国の当該取組を受けて、教職員、学生及び卒業生等の理解を醸成するとともに、大学の規模やミッションに応じて大学における体育活動やスポーツに係る研究を充実する。
イ　国は、大学におけるスポーツ分野を戦略的かつ一体的に管理・統括する部局の設置や人材の配置を支援することにより、大学スポーツやそれらを通じた大学全体の振興を図るための体制整備を促進する。（大学スポーツアドミニストレーターを配する大学：目標100大学）
ウ　国は、①学生アスリートのキャリア形成支援・学修支援、②大学スポーツを通じた地域貢献、③障害者スポーツを含めたスポーツ教育・研究の推進、④スポーツボランティアの育成、⑤大学スポーツの振興のための資金調達力の向上等の大学スポーツの振興に係る先進事例を支援することなどにより、大学の積極的な取組を推進する。
エ　国は、大学及び学生競技連盟等を中心とした大学横断的かつ競技横断的統括組織（日本版NCAA）の創設を支援することにより、大学スポーツ振興に向けた国内体制の構築を図る。

2　スポーツを通じた活力があり絆の強い社会の実現

〈政策目標〉
　社会の課題解決にスポーツを通じたアプローチが有効であることを踏まえ，スポーツを通じた共生社会等の実現、経済・地域の活性化、国際貢献に積極的に取り組む。

（1）スポーツを通じた共生社会等の実現

①障害者スポーツの振興等
〈施策目標〉
　障害者をはじめ配慮が必要な多様な人々が、スポーツを通じて社会参画することができるよう、社会全体で積極的に環境を整備することにより、人々の意識が変わり（心のバリアフリー）、共生社会が実現されることを目指す。
　このため、障害者が健常者と同様にスポーツに親しめる環境を整備することにより、障害者の週1回以上のスポーツ実施率を40％程度（若年層（7～19歳）は50％程度）とすることを目指す。
〈現状と課題〉
・障害者（成人）の週1回以上のスポーツ実施率は19.2％（若年層（7～19歳）は31.5％）である。（平成27年度現在）
・地方公共団体において、障害者スポーツの推進体制は十分でない。
・障害者が専用又は優先的に使用できるスポーツ施設は114カ所にとどまり（平成24年度現在）、中には車椅子での施設利用等を拒否されるケースもある。
・障害者がスポーツを行うには周囲のサポートが不可欠であるが、障害者スポーツ指導者やボランティアの数は十分でない。
・特別支援学校では運動部活動への参加の機会が限られていたり、小中高等学校に在籍している障害児の体育の授業が見学にとどまることもあるなど、学校における障害児のスポーツ環境は十分でない。
・障害者の社会復帰・社会参画のためには身体能力の向上が不可欠であるが、中途障害者がスポーツに出会う場やスポーツを親しむ場は十分でない。
・障害者スポーツ団体は、事務局体制や運営資金等活動の基盤が極めて脆弱である。
〈具体的施策〉
ア　国は、障害者スポーツの推進体制を構築するための実践研究の成果等を活用し、地方公共団体において、障害者スポーツの所管をスポーツ担当部局に一元化することを含め、スポーツ関係部局・団体等と障害福祉部局・団体との連携・協働体制の構築を促進することにより、障害者スポーツを総合的に振興する体制の整備を推進する。
イ　国は、先進事例の情報提供等を通じて、地方公共団体、学校、スポーツ団体、医療機関及び障害者福祉団体等による連携・協働体制を整備することにより、障害者の幼少期から高齢期を通じニーズや意欲に合ったスポーツ機

会を提供する。
ウ 日レク及び日障協は、国の先進事例の情報提供等により、障害者と健常者が一緒に親しめるスポーツ・レクリエーションプログラムの開発やイベントを推進する。
エ 国は、スポーツ施設のバリアフリー・ユニバーサルデザインについて、関連する基準や先進事例の情報提供等により、障害者のスポーツ施設の利用や観戦のしやすさの向上を促進する。
オ 国及び地方公共団体は、「障害を理由とする差別の解消の推進に関する法律」の趣旨について周知し、障害者のスポーツ施設の利用実態や合理的配慮の取組事例を把握するとともに、施設管理者に対し障害者スポーツへの理解を啓発し、障害者の不当な差別の取扱の防止や合理的配慮の取組を要請することにより、スポーツ施設における障害者の利用を促進する。
カ 国は、地方公共団体等と連携し、全ての特別支援学校が、在校生・卒業生・地域住民がスポーツに親しめる地域の障害者スポーツの拠点となることを支援することにより、身近な地域で障害者がスポーツに親しむ環境を整備する。
キ 国は、地方公共団体等と連携し、総合型クラブが障害者スポーツを導入するためのガイドブックを普及すること等により、総合型クラブへの障害者の参加を促進（平成27年度現在40％→目標50％）し、健常者と障害者がともにスポーツに参画する環境を整備する。
ク 国及び日障協は、スポーツ団体、地方公共団体、大学・専修学校及び日体協と連携し、学校の教員・総合型クラブの関係者・行政職員等を対象にした研修の実施や障がい者スポーツ指導員の資格が取得できる大学・専修学校の拡大等により、障害者スポーツ指導者の養成を拡充する（平成27年度現在2.2万人→目標3万人）。その際、指導者になる障害者の増加や講習機会の充実を図る。
ケ 指導者の養成側と指導を必要とする側のマッチングや、特別支援学校の体育や運動部活動等での外部指導者の活用等により、障害者スポーツ指導者の活用を推進する。（「活動する場がない」障害者スポーツ指導者の割合を半減させる。（平成27年度現在13.7％→目標7％））
※ 国は、大学、スポーツ団体及び障害者福祉団体等が進める障害者スポーツのボランティア育成の先進事例を支援することにより、ガイドランナーなど障害者スポーツのボランティアの増加を推進するとともに、障害者自身のボランティアへの参画を促進する。
サ 国は、地方公共団体及びスポーツ団体と連携し、障害者スポーツの体験会等を支援することなどを通じ、障害者スポーツに対する理解を促進する。（障害者スポーツの直接観戦経験者平成27年度現在4.7％→目標20％）
シ 国は、地方公共団体及び大学と連携し、全ての学校種の教員に対する障害者スポーツへの理解を促進するための研修等を推進するとともに、国及び地方公共団体は、特別支援学校等に障害者スポーツ用具等の設備を整備することにより、学校における障害児のスポーツ環境を充実させる。
ス 国は、地方公共団体と連携し、2020年に全国の特別支援学校でスポーツ・文化・教育の全国的な祭典を開催することにより、2020年東京大会のレガシーとして地域の共生社会の拠点づくりを推進する。これを踏まえ、スポーツ団体は、障害のある子供たちの全国的なスポーツイベントの開催を推進することにより、障害のある子供のスポーツ活動とその成果を披露する場を充実させる。
セ 国は、地方公共団体、スポーツ団体及び障害者福祉団体と連携し、スポーツに参加していない障害者の状況やニーズの把握、各地域における障害者スポーツ用具等の整備、地域の障害者福祉施設等を活用した福祉サービスにおける障害者がスポーツに触れる機会の提供や中途障害者がスポーツに出会い親しむ機会の提供等の取組を推進する。
ソ 国及び日障協は、事務局機能強化のための研修会の実施等により、障害者スポーツ団体の組織体制の整備を支援する。
タ 国は、支援を求める障害者スポーツ団体と支援の意向を持つ民間事業者とのマッチング等により、障害者スポーツ団体の財政基盤の強化を促進する。
チ 国は、「地域における障害者スポーツ普及促進に関する有識者会議報告書」を普及し、地方公共団体、学校、スポーツ団体、民間事業者等による、①障害児のスポーツ活動の推進、②障害者のスポーツ活動の推進、③障害者と障害のない人が一緒に行うスポーツ活動の推進、④障害者スポーツに対する理解促進、⑤障害者スポーツの推進体制の整備等の取組を推進する。

②スポーツを通じた健康増進
〈施策目標〉
健康寿命の延伸に効果的な「スポーツプログラム」及びスポーツの習慣化や健康増進を推進する「ガイドライン」の策定・普及を図るとともに、

地域住民の多様な健康状態やニーズに応じて、関係省庁と連携しつつ、スポーツを通じた健康増進により健康長寿社会の実現を目指す。

〈現状と課題〉
- 国民医療費が年間約40兆円に達している中、様々なスポーツによる医療費抑制の取組や研究成果が存在している。例えば、運動プログラム開始3年後のスポーツ実施者と非実施者の年間医療費を比較し、年間で一人当たり10万円の医療費抑制効果があるとの調査結果［*17］もある。
- 各地におけるスポーツ中の死亡事故はしばしば報告されており、不適切な環境や体調不良時における無理なスポーツ実施はスポーツ障害や致死的な事故につながる危険があるが、その実態を全国的に把握できていない。
- スポーツにより健康増進の効果を獲得及び維持するには、スポーツの習慣化が課題であり、関係省庁と連携しながらさらに推進する必要がある。
- 被災地における長期の仮設住宅等での生活で、子供や高齢者を中心に運動不足、精神的ストレスの蓄積等による健康障害が発生している。

［*17］新潟県見附市における健康情報管理システムを活用したプログラムの実証実験の結果。その他、東北大学大学院辻一郎教授の研究において運動不足による過剰医療費の割合が7.7％におよぶとの調査結果、三重県いなべ市における運動体験プログラムへの参加者（588人）の国民健康保険の年間医療費削減額が約4,600万円におよんだとの調査結果などが出ている。

〈具体的施策〉
ア　国は、スポーツによる健康寿命延伸の効果について、エビデンスを収集・整理・情報発信し、社会全体に普及する。
イ　国は、スポーツ医・科学の知見に基づき、国民が生活習慣病の予防・改善や介護予防を通じて健康寿命を延伸するために効果的な「スポーツプログラム」を策定し、地方公共団体、総合型クラブ及び日レク等のスポーツ団体等に普及・啓発することにより、スポーツを通じた健康増進を推進する。
ウ　国は、地方公共団体、JSC、スポーツ安全協会、日体協及び医療機関等と連携し、種目別や世代別のスポーツ障害、外傷、事故等の情報収集・分析を行うとともに、安全確保に向けた方策をとりまとめ、普及・啓発することにより、安全にスポーツを行うことができる取組を促進する。
エ　国は、「ガイドライン」の策定や先進事例の収集・発信等により、地方公共団体が、民間事業者及び関係団体等との連携・協働体制や人材の育成等を通じた多くの住民に情報伝達をすることができる仕組みを整備することを促進し、スポーツの習慣化や健康増進を推進する。
オ　国は、スポーツ関係団体等と連携し、被災地でのスポーツによる身体的・精神的支援等に関する情報共有や、被災後に必要とされる運動支援に関する研修を充実することにより、スポーツを通じた被災者支援を促進する。

③スポーツを通じた女性の活躍促進
〈施策目標〉
　女性の「する」「みる」「ささえる」スポーツへの参加を促進するための環境を整備することにより、スポーツを通じた女性の社会参画・活躍を促進する。

〈現状と課題〉
- 中学生の女子の21.7％が、スポーツが「嫌い」・「やや嫌い」であり、運動習慣の二極化が見られる。（平成28年度現在）
- 20代〜40代の女性のスポーツ実施率が特に低い。（週1回以上28.2％）（平成28年度現在）
- スポーツ指導者は女性の割合が低い。（平成28年度現在27.5％）
- スポーツ団体における女性役員の割合が低い。（平成27年度現在9.4％）

〈具体的施策〉
ア　国は、地方公共団体、学校及びスポーツ団体等と連携し、女性スポーツに関する調査研究を行い、女子児童のスポーツへの積極的な参加や女子生徒の運動習慣の二極化を含め女性特有の課題を整理するとともに、これまでトップアスリートを対象に蓄積してきた研究や支援の成果も活用しつつ、女性がスポーツに参画しやすい環境を整備する。
イ　国は、先進事例の情報提供等を通じて、地方公共団体、民間事業者及びスポーツ団体等による連携・協働体制の整備を促進することにより、女性の幼少期から高齢期を通じ、女性のニーズや意欲に合ったスポーツ機会を提供する。
ウ　国は、更衣や授乳のスペースを確保するなど女性のスポーツ施設の利用に関する情報提供を行うことにより、女性のスポーツ施設の利用しやすさの向上を促進する。
エ　地方公共団体は、国のガイドラインや情報提供等に基づき、スポーツ施設のストックの適正化を図るため、施設の長寿命化、有効活用及び集約化・複合化等を推進する。また、性別、年齢及び障害の有無等の利用の特性にも配慮したスポーツ施設の利用しやすさの向上やITの活用等により、利用者数の増加、維持

管理コストの低減及び収益改善等を推進する。
オ　国及び日体協は、スポーツ団体と連携して、指導者講習や研修において、あらゆるハラスメントの防止や女性特有の課題に取り組むとともに、女性の指導者資格取得を促す方策を実施することにより女性指導者の増加を図る。
カ　国は、第4次男女共同参画基本計画（平成27年12月閣議決定）における「社会のあらゆる分野において、2020年までに、指導的地位に占める女性の割合が、少なくとも30％程度となるよう期待する」との目標を踏まえ、スポーツ団体における女性の役員登用や女性部会の設置の効果の紹介等を通じてスポーツ団体における女性登用の促進を図るとともに、スポーツ団体に対し女性登用等の取組状況について発信するよう要請する。
キ　国は、女性特有の課題に着目した調査研究や医・科学サポート等の支援プログラム、戦略的な強化プログラムやエリートコーチの育成プログラム等を実施し、得られた知見を中央競技団体等に展開することにより、女性トップアスリートの競技力向上を支援する。
ク　国は、スポーツ団体等と連携し、スポーツ・フォー・トゥモロー（SFT）等を通じて先進事例を各国と共有するなどにより、国際的な女性のスポーツ参加を促進する。

（2）スポーツを通じた経済・地域の活性化

①スポーツの成長産業化
〈施策目標〉
　スポーツ市場を拡大し、その収益をスポーツ環境の改善に還元し、スポーツ参画人口の拡大につなげるという好循環を生み出すことにより、スポーツ市場規模5.5兆円［＊18］を2020年までに10兆円、2025年までに15兆円に拡大することを目指す。
　　［＊18］日本政策投資銀行「2020年を契機とした国内スポーツ産業の発展可能性および企業によるスポーツ支援」（平成27年5月発表）によれば、国内のスポーツ産業の規模は、小売分野で約1.7兆円、スポーツ施設業の分野で約2.1兆円、興業・放送等の分野（旅行、放送・新聞、書籍・雑誌、ゲーム・ビデオ、賃貸等）で約1.7兆円である。
〈現状と課題〉
・スポーツ市場規模は平成14年当時の7兆円から平成24年時点では5.5兆円となっており、減少傾向にある。
・プロスポーツリーグの市場規模は欧米と比較して極めて小さく、とりわけ、国内の主要なプロスポーツリーグである野球、サッカーにおいては、世界のトップリーグと比べて、20年前はその差は小さかったものの、現在ではそれぞれ約3倍、約5倍といった差が生じている。
・近年、政府の成長戦略におけるスポーツの成長産業化の位置付けや、各種大規模国際大会の開催を背景に、スポーツを有望産業と捉え、プロスポーツリーグの活性化、スタジアム・アリーナへの投資、健康・体力つくり志向の産業拡大などに向けた関心が高まっている。
・多くのスポーツ団体においては、特に経営・マネジメント人材や活動資金等の組織基盤が確立されているとは言いがたく、組織の持続的な成長・拡大に向けて収入を確保できる事業が十分に展開できていない。

〈具体的施策〉
ア　国は、地方公共団体が中心となって取り組むスタジアム・アリーナ整備に関して検討すべき項目を示すガイドラインを策定し、地方公共団体及び民間事業者に対する専門的知見・国内外の先進事例情報等の提供や、地域における関係者間での協議の促進を通じて、スポーツの成長産業化及び地域活性化を実現する基盤としてのスタジアム・アリーナづくりを推進する。
イ　国は、プロスポーツを含めた各種スポーツ団体と連携した新たなビジネスモデルの開発の支援を通じ、地方公共団体及び民間事業者等によるスタジアム・アリーナ改革を通じたまちづくりや地域スポーツ振興のための取組を促進する。
ウ　国は、スポーツ経営人材の育成に向けたカリキュラム作成支援や、個人とスポーツ団体とのマッチングによる人材活用等を促進することにより、スポーツ団体のガバナンスや収益性を向上させる。
エ　国は、スポーツ団体における中長期の経営ビジョン・事業計画の策定やITシステムの利活用、スポーツ団体が実施する各種スポーツ大会へのビジネス手法の導入による新たな収益事業の創出等への支援などを通じて、スポーツ団体の組織基盤の強化を促進する。
オ　国は、スポーツ市場の動向調査等を行い、結果を広く共有することにより、地域のプロスポーツをはじめとする各種スポーツ団体等と地方公共団体や民間事業者等の連携による新たなスポーツビジネスの創出・拡大や、IT等を活用した新たなメディアビジネスの創出を促進する。
カ　国は、スポーツ市場規模の算定手法を構築することにより、スポーツ市場の分析を的確に実施するとともに、関係省庁・スポーツ団体・民間事業者等との継続的な議論の場を設

け、先進事例となる新たな取組の共有やニーズ・課題の抽出等を行い、民間事業者と国及び地方公共団体との連携を促進する。
キ 国は、これらの取組を活用して、民間事業者のスポーツビジネスの拡大や雇用の創出に向けた取組はもとより、企業スポーツの活性化など企業におけるスポーツ参画の取組の拡大、スポーツの場の充実及びスポーツ実施率の向上に資する取組を推進し、民間事業者及びスポーツ団体等の収益がスポーツ環境の充実やスポーツ人口の拡大に再投資される好循環を実現する。

②スポーツを通じた地域活性化
〈施策目標〉
　スポーツツーリズムの活性化とスポーツによるまちづくり・地域活性化の推進主体である地域スポーツコミッションの設立を促進し、スポーツ目的の訪日外国人旅行者数を250万人程度（平成27年度現在約138万人［＊19］）、スポーツツーリズム関連消費額を3,800億円程度（平成27年度現在約2,204億円［＊20］）、地域スポーツコミッションの設置数を170（平成29年1月現在56）に拡大することを目指す。

　　［＊19］日本政府観光局公表の訪日外国人旅行者数に、「訪日外国人消費動向調査」（観光庁）における「今回の日本滞在中にしたこと（複数回答）」のうち「ゴルフ」、「スキー・スノーボード」、「スポーツ観戦（相撲・サッカーなど）」の選択率を乗じて算出。

　　［＊20］「旅行・観光動向調査」（観光庁）における旅行消費額のうち、観光・レクリエーション目的の旅行における「スポーツ施設」、「スキー場リフト代」、「スポーツ観戦・芸術鑑賞」に係る消費額を合計して算出。

〈現状と課題〉
・各地で国内外からの観光客誘致が図られており、スポーツの参加や観戦を目的として地域を訪れたり、野外活動等を含め地域資源とスポーツを掛け合わせた観光を楽しんだりするスポーツツーリズムの拡大が必要である。
・地方公共団体とスポーツ団体、観光産業等の民間事業者が一体となった組織である「地域スポーツコミッション」は、スポーツツーリズムの推進、持続性のあるスポーツイベントの開催や大会・合宿の誘致等により、交流人口の拡大と地域コミュニティの形成・強化を目指す活動を行っているが、まだ設置されていない地域も多い。
・地域における様々なスポーツ関連組織の中には、補助金等に依存しない経営的に自立した事業体が生まれてきている。

〈具体的施策〉
ア 国は、観光・運輸・流通・スポーツ用品・アパレル・健康産業等、スポーツツーリズムに関連する民間事業者と連携したプロモーションを行い、地域のスポーツツーリズムの資源開発や、関連商品の開発等の意欲を高めることによりスポーツツーリズムの需要喚起・定着を推進する。
イ 地方公共団体は、国のスポーツツーリズムに係る消費者動向の調査・分析やスポーツコミッションの優良な活動事例の情報提供等を活用し、地域スポーツコミッションの設立支援や、海・山・川など地域独自の自然や環境等の資源とスポーツを融合したスポーツツーリズムの資源開発等の取組を持続的に推進する。またユニバーサルデザインの観点も取り入れたスポーツツーリズムの取組も推進する。
ウ 国（スポーツ庁、文化庁、観光庁）は、スポーツと文化芸術を融合させて観光地域の魅力を向上させるツーリズムを表彰・奨励し、優良な取組をモデルケースとして広めていくことで、外国人旅行者の関心も高いスポーツ体験機会の創出に向けた全国の取組を促進する。
エ 地方公共団体は、総合型クラブ及び地域スポーツコミッション等と連携し、国による先進事例の調査・分析と普及を通じて、住民の地域スポーツイベントへの参加・運営・支援や地元スポーツチームの観戦・応援などにより、スポーツによる地域一体感の醸成と非常時にも支え合える地域コミュニティの維持・再生を促進する。
オ 国は、国内外の「経営的に自立したスポーツ関連組織」について、収益モデルや経営形態、発展経緯等を調査研究し、その成果を普及啓発することで、都道府県・市区町村の体育協会、総合型クラブ及び地域スポーツコミッション等においてプロスポーツや企業との連携等による収益事業の拡大を図り、スポーツによる地域活性化を持続的に実現できる体制を構築する。
カ 国は、日本人のオリンピアン・パラリンピアン・日本代表チームの選手や大会参加国の選手等と住民が交流を行う地方公共団体を「ホストタウン」等として支援することにより、ラグビーワールドカップ2019及び2020年東京大会に向けた各国との人的・経済的・文化的な相互交流を全国各地に拡大する。

（3）スポーツを通じた国際社会の調和ある発展への貢献

〈施策目標〉

　国際社会においてスポーツの力により「多様性を尊重する社会」「持続可能で逆境に強い社会」「クリーンでフェアな社会」を実現するため、国際的な政策・ルール作りに積極的に参画し、スポーツを通じた国際交流・協力を戦略的に展開する。

　ラグビーワールドカップ2019及び2020年東京オリンピック・パラリンピック競技大会等を歴史に残るものとして成功させ、その後のレガシーとしてスポーツ文化を継承する。

〈現状と課題〉

・国際オリンピック委員会、国際パラリンピック委員会、国際競技団体等の国際機関における日本人役員は25人（平成28年11月現在）で先進諸国に比べ少なく、また、国際的な情報収集能力及び戦略的な情報発信能力が不足している。

・スポーツを通じた国際交流・協力に関して、国内関係機関の連携が十分でなく、スポーツ団体の国際業務体制も十分に整っているとは言えない。また、スポーツに関する国際的な動向と国内の施策の連携が十分でない。

〈具体的施策〉

ア　国は、JSC、JOC、JPC及び中央競技団体と連携し、国際人材の発掘・育成、ロビー活動支援及び職員派遣・採用の増加等を通じて、国際スポーツ界の意思決定に積極的に参画する。（国際オリンピック委員会、国際パラリンピック委員会、国際競技団体等の国際機関における日本人役員数平成28年11月現在25人→目標35人）

イ　国は、国際競技大会や国際会議等のスポーツMICE［＊21］の積極的な招致、開催を支援することにより、国際的地位の向上及び地域スポーツ・経済の活性化を推進する。

　　［＊21］MICEとは、観光庁の定義によると、企業等の会議（Meeting）、企業等の行う報奨・研修旅行（インセンティブ旅行）(Incentive Travel)、国際機関・団体、学会等が行う国際会議（Convention）、展示会・見本市、イベント（Exhibition/Event）の頭文字のことであり、多くの集客交流が見込まれるビジネスイベントなどの総称である。

ウ　国は、国際連合教育科学文化機関（UNESCO）のスポーツ会合等への積極的な参画や、アジアを中心とした政府間会合を積極的に開催することを通じて国際的なスポーツ政策づくりに貢献するとともに、二国間協定・覚書を戦略的に締結することにより、計画的な対外アプローチを推進する。

エ　国は、地方公共団体及びスポーツ団体等の関係機関と連携し、SFT等により、計画的・戦略的な二国間交流や多国間交流・協力を促進する。（目標：SFTによりスポーツの価値を100か国以上1,000万人以上に広げる。）

オ　国は、国際連合の「持続可能な開発のための2030アジェンダ」の提言等の国際動向も踏まえ、スポーツによる国際交流・協力をSFTが終了する2020年以降も継続できる仕組みを構築することにより、スポーツの価値の持続的な共有を推進する。

カ　国は、地方公共団体及びスポーツ団体等と連携し、諸外国におけるスポーツに関する情報を戦略的に収集・分析・共有するとともに、スポーツ団体等における国際業務の体制の強化及び国内の関係機関との効果的な連携体制の構築を実現する。

キ　国は、ラグビーワールドカップ2019及び2020年東京大会について、政府の基本方針に基づき、開催都市、ラグビーワールドカップ2019組織委員会及び東京オリンピック・パラリンピック競技大会組織委員会による円滑な開催を支援することにより、両大会の成功に貢献する。

ク　両大会後に開催され、30歳以上なら誰でも参加できる国際競技大会であるワールドマスターズゲームズ2021関西など大規模な国際競技大会［＊22］の円滑な開催に向けて関西ワールドマスターズゲームズ2021組織委員会等と協力する。

　　［＊22］第2期計画期間中に我が国で開催が予定されている大規模な国際競技大会としては、例えば以下のようなものが挙げられる。
　　　平成30年：女子バレーボール世界選手権2018（開催地未定）、第16回世界女子ソフトボール選手権大会（千葉県）
　　　平成31年：2019年女子ハンドボール世界選手権大会（熊本県内）、世界柔道選手権大会（東京都）、ラグビーワールドカップ2019（全国12都市）、2019世界フィギュアスケート選手権大会（埼玉県さいたま市）
　　　平成32年：2020年東京大会（東京都、関係自治体）
　　　平成33年：ワールドマスターズゲームズ2021関西（関西圏）、世界水泳選手権大会（福岡県福岡市）

ケ　国は、新国立競技場について、関係閣僚会議において決定した整備計画に基づきJSCの整備プロセスを点検し、2020年東京大会のメインスタジアムとして着実に完成させるとと

もに、同大会後の運営の在り方や手法を検討し、スポーツ事業を主とした利用率の向上や維持管理費の抑制を図る。
※ 国は、東京オリンピック・パラリンピック競技大会組織委員会、東京都、JOC及びJPCと連携を図りつつ、スポーツやオリンピック、パラリンピックの意義を普及啓発するオリンピック・パラリンピック教育等によりオリンピックムーブメントやパラリンピックムーブメントを推進し、スポーツの価値を全国各地に拡大する。併せて、スポーツに関する多様な資料を保有する社会教育団体、スポーツ団体及び大学等は相互に連携し、資料のアーカイブ化やネットワーク化を推進し、当該資料の利活用を促進する。

3　国際競技力の向上に向けた強力で持続可能な人材育成や環境整備

①中長期の強化戦略に基づく競技力強化を支援するシステムの確立
〈施策目標〉
　各中央競技団体が行う中長期の強化戦略に基づいた自律的かつ効果的な競技力強化を支援するシステムを構築するとともに、そのシステムの不断の改善を図る。これにより、シニアとジュニア（次世代）のトップアスリートの強化等を4年単位で総合的・計画的に進めることができるよう支援する。
〈現状と課題〉
・我が国は、安定的にメダルを獲得できる競技が固定的かつ少数に留まっている。
・中央競技団体においては、少なくとも2大会先のオリンピック・パラリンピックにおける成果を見通した中長期の強化戦略を策定し、自律的かつ効果的な選手強化を進めることが必要である。
〈具体的施策〉
ア　中央競技団体は、中長期の強化戦略を日常的・継続的に更新しつつ実践し、自律的かつ計画的に競技力を強化するとともに、JSC並びに各中央競技団体を加盟団体とするJOC及びJPCは、相互に連携し中央競技団体と十分なコミュニケーションを図った上で、中央競技団体の強化戦略におけるPDCAサイクルの各段階で多面的に支援する。
イ　国は、JSC、JOC及びJPCが相互に連携して得た知見を、ターゲットスポーツの指定に活用する。また、この知見は各種事業の資金配分に関する中央競技団体の評価に活用するものとする。
ウ　国は、スポーツに関わる人材の育成や活躍についての様々な施策との連携も意識しつつ、競技力強化に関して卓越した知見やノウハウを有し、強化活動全体を統括するナショナルコーチや強化活動を専門的な分野からサポートするスタッフの配置などを通じて、中央競技団体が行う日常的・継続的な強化活動を支援する。
エ　JOCは、国及びJSCの支援も活用し、ナショナルコーチアカデミーの充実、審判員・専門スタッフ等の海外研さんの機会の確保などナショナルコーチの資質向上を図るとともに、中央競技団体におけるスタッフの充実により、トップアスリートの強化活動を支える環境を整備する。また、JPCにおいても、同様の取組を行うことについて検討を進める。
オ　国は、女性特有の課題に着目した調査研究や医・科学サポート等の支援プログラム、戦略的な強化プログラムやエリートコーチの育成プログラム等を実施し、得られた知見を中央競技団体等に展開することにより、女性トップアスリートの競技力向上を支援する。
カ　国は、JSC、JOC、JPC、日体協、中央競技団体及び海外のコーチ育成関係機関等と連携し、競技ルールの策定や国際的なコーチ講習会等で講師を担うことができる人材及び世界トップレベルのコーチの育成を、必要な体制整備やプログラムの開発・実施を通じて、支援する。
キ　JSCは、国の競技力向上に関する施策と相まって、JOC及びJPCの意見も踏まえつつ、スポーツ振興基金を活用したアスリートに対する助成を行うこと等により、競技活動に専念した選手生活の継続を奨励し、競技水準の向上を支える環境を整備する。

②次世代アスリートを発掘・育成する戦略的な体制等の構築
〈施策目標〉
　多様な主体の参画の下、新たな手法の活用も進めつつ、地域に存在している将来有望なアスリートの発掘・育成を行うとともに、当該アスリートを中央競技団体等の本格的な育成・強化コース（パスウェイ）に導くことで、オリンピック・パラリンピック等において活躍が期待されるアスリートを輩出する。
〈現状と課題〉
・我が国では、アスリートの適性や競技特性を考慮した将来有望なアスリートの発掘・育成に関する手法が確立しているとは言いがたい状況にある。
・特にパラリンピック競技については、スポーツ団体との連携などの仕組みの確立が急務となっている。

〈具体的施策〉
ア　国は、JSC、地方公共団体、JOC、JPC、日体協（各都道府県協会を含む）、日障協（各都道府県協会を含む）、中体連、高体連、日本高等学校野球連盟、中央競技団体、医療機関及び特別支援学校を含む諸学校等と連携し、地域ネットワークを活用したアスリートの発掘により、全国各地の将来有望なアスリートの効果的な発掘・育成を支援するシステムを構築するとともに、既に一定の競技経験を有するアスリートの意欲や適性を踏まえた種目転向を支援する。その際、障害者アスリートの発掘・育成にあたっては、障害に応じたクラス分けにも十分配慮する。
イ　国は、JSC、JOC、JPC及び中央競技団体と連携し、将来メダルの獲得可能性のある競技や有望アスリートをターゲットとして、スポーツ医・科学、情報等の活用や海外派遣などを通じて、集中的な育成・強化に対する支援を実施する。
ウ　国、日体協及び開催地の都道府県は、国内トップレベルの総合競技大会である国民体育大会にオリンピック競技種目の導入を促進することなどにより、アスリートの発掘・育成を含む国際競技力の向上に一層資する大会づくりを推進する。

③スポーツ医・科学、技術開発、情報等による多面的で高度な支援の充実
〈施策目標〉
　ハイパフォーマンスに関する情報収集、競技用具の機能向上のための技術等の開発、アスリートのパフォーマンスデータ等の一元化等を戦略的に行う体制として、ナショナルトレーニングセンター（NTC）や国立スポーツ科学センターを包含する「ハイパフォーマンスセンター」の機能を構築する。
　こうした体制も活用し、トップアスリートに対するスポーツ医・科学、技術開発、情報などにより、多面的で高度な支援の充実を図る。
〈現状と課題〉
・トップアスリートに対するスポーツ医・科学、技術開発、情報などによる多面的で高度な支援は国際的にますます充実する傾向にある。
・そうした国際的な状況の中で、中央競技団体の強化戦略を支援するためには、「ハイパフォーマンスセンター」の機能を強化し、中長期的観点から競技力強化を支援する基盤整備を進める必要がある。
〈具体的施策〉
ア　JSCは、国の財源措置も活用しつつ、諸外国のメダル戦略や選手の情報等を収集分析する体制、競技用具の機能向上や技術開発等を行う体制及びアスリートの各種データを一元管理するシステムを整備するなど、「ハイパフォーマンスセンター」の機能を強化することにより、中長期的観点から国際競技力の強化を支える基盤を整備する。
イ　国及びJSCは、強化合宿や競技大会におけるスポーツ医・科学、情報等を活用したトップアスリートへの支援、大規模な国際競技大会におけるトップアスリートやコーチ等の競技直前の準備に必要な機能の提供により、トップアスリートに対して多方面から専門的かつ高度な支援を実施する。
ウ　JSCは、国の財源措置も活用しつつ、JOC、JPC及び中央競技団体と協働して、国の他の機関や地域スポーツ科学センター、大学等との連携を強化することにより、スポーツ医・科学、情報等を活用したトップアスリートの強化の支援について充実を図る。

④トップアスリート等のニーズに対応できる拠点の充実
〈施策目標〉
　「ハイパフォーマンスセンター」や競技別の強化拠点をはじめとして、トップアスリート等のニーズに対応できる拠点の充実を進める。これにより、トップアスリートが同一の活動拠点で集中的・継続的にトレーニング・強化活動を行える体制を確立する。
〈現状と課題〉
・NTCは、これまでオリンピック競技及びパラリンピック競技の共同利用化を推進してきた。また、東京都北区西が丘のNTC（NTC中核拠点）では対応が困難な競技はそれぞれの競技の特性を踏まえつつ競技別の拠点の設置を進めてきた。
・今後、2020年東京大会に向けNTCの利用者数増が予想される中、NTCの狭隘化が強化活動に支障を及ぼさないようにする必要がある。
〈具体的施策〉
ア　国は、NTC中核拠点の拡充棟を2020年東京大会開催の約1年前までに整備することにより、オリンピック競技とパラリンピック競技の共同利用化を実現し、2020年東京大会等に向け、競技力強化を支援する。
イ　国は、中央競技団体によるNTC競技別強化拠点の活用を推進することにより、2020年東京大会等に向け、競技力強化を支援する。その際、NTC中核拠点のみでは対応が困難な冬季、海洋・水辺系、屋外系の競技等については、従来の拠点設置の考え方にとどまることなく、海外における活動の在り方を含め、あらゆる可能性の中で検討を進める。

4 クリーンでフェアなスポーツの推進によるスポーツの価値の向上

〈政策目標〉

2020年東京オリンピック・パラリンピック競技大会に向けて，我が国のスポーツ・インテグリティ［*23］を高め，クリーンでフェアなスポーツの推進に一体的に取り組むことを通じて，スポーツの価値の一層の向上を目指す。

［*23］スポーツにおけるインテグリティ（誠実性・健全性・高潔性）とは、必ずしも明確に定義されているとはいえないが、ドーピング、八百長、違法賭博、暴力、ハラスメント、差別、団体ガバナンスの欠如等の不正が無い状態であり、スポーツに携わる者が自らの規範意識に基づいて誠実に行動することにより実現されるものとして、国際的に重視されている概念である。

①コンプライアンスの徹底、スポーツ団体のガバナンスの強化及びスポーツ仲裁等の推進

〈施策目標〉

スポーツ関係者のコンプライアンス違反や体罰、暴力等の根絶を目指すと共に、スポーツ団体のガバナンスを強化し、組織運営の透明化を図る。

〈現状と課題〉

・近年、アスリート等による違法賭博や違法薬物、スポーツ団体での不正経理、スポーツ指導者による暴力、ファン等による人種差別や暴力行為等の問題が生じている。

・これまで、教育・研修の実施、コンプライアンス等に関する規程整備、相談窓口の設置等が進められてきた。

・しかしながら、都道府県や市町村レベルの組織も含め、各スポーツ団体におけるノウハウや体制は十分に整備されているとは言い難く、スポーツ・インテグリティの取組に対するモニタリングや評価の仕組みは十分でない。

・スポーツ仲裁の自動応諾条項の採択状況は日体協・JOC・日障協及びその加盟・準加盟団体全体で44.6%である。（平成28年10月現在）

〈具体的施策〉

ア 国は、スポーツ団体と連携し、フェアプレーの精神や、スポーツ団体及びアスリート等が注意すべき事項等に関するガイドブックを作成するなどにより、全てのアスリート、指導者、審判員及びスタッフが能動的かつ双方向に取り組むことのできる教育研修プログラムを普及し、スポーツ・インテグリティの基盤を整備する。

イ 国は、スポーツ団体と連携し、スポーツ・インテグリティに関する国際的な動向を把握し、その意思決定に参画するとともに、国内の関係機関・団体に情報提供することにより、国内のスポーツ・インテグリティの質を向上させる。

ウ 国及び日体協は、スポーツの価値を脅かす暴力、ドーピング、不法行為等を行わず、また行わないように倫理観や規範意識を含めたアスリート等の人間的成長を促すことのできるスポーツ指導者を養成するため、指導者が備えるべき資質の基準カリキュラムとして国が策定したグッドコーチ育成のための「モデル・コア・カリキュラム」を日体協指導者養成講習会へ導入するほか、大学等へ普及する。

エ 国は、JSC、JOC、日体協及び日障協と連携し、スポーツ団体の組織運営に係る評価指標を策定するとともに、必要な体制を整備して継続的にモニタリング・評価し、支援が必要な団体に対し必要な助言等を行うことを通じて、スポーツ・インテグリティに一体的に取り組む体制を強化する。

オ 国は、スポーツ団体と連携し、スポーツ・インテグリティに関する優れた取組の情報提供により、スポーツ団体の取組の活性化を促進する。

カ 国は、スポーツ団体における不適切な事案が発生した場合の対応手順等の整備や組織運営の基盤である人材や財務等の強化に関する支援を通じ、関係法規を遵守した透明性の高い健全なスポーツ団体の組織運営を促進する。

キ 国は、プロスポーツ団体がスポーツ・インテグリティに組織をあげて取り組んでいることを踏まえ、コンプライアンスセミナーなどの情報提供や必要な助言を行う。

ク 国は、スポーツ団体やアスリート等に対するスポーツ仲裁・調停制度の理解増進及びスポーツに係る紛争に関する専門人材の育成を推進することで、全てのスポーツ団体において、スポーツ仲裁自動応諾条項の採択等によりスポーツに関する紛争解決の仕組みが整備されることを目指し、スポーツ仲裁制度の活用によるスポーツに関する紛争の迅速・円滑な解決を促進する。

②ドーピング防止活動の推進

〈施策目標〉

フェアプレーに徹するアスリートを守り、スポーツ競技大会における公正性を確保するため、また、我が国で開催するラグビーワールドカップ2019及び2020年東京オリンピック・パラリンピック競技大会をはじめとするスポーツ競技大会をドーピングのないクリーンな大会にするために、ドーピング防止活動を質と量の両面から強化する。

〈現状と課題〉
・我が国におけるドーピング防止規則違反確定率は国際的にみて低く、世界ドーピング防止機構（WADA）の規程等を遵守した活動を着実に実施している。
・我が国はWADA創設以来の常任理事国として国際的なドーピング防止活動に貢献し、特にアジア地域においてリーダーシップを発揮している。
・大規模国際競技大会において国際的な対応ができる人材が不足しており、ラグビーワールドカップ2019や2020年東京大会に向けて、ドーピング検査員をはじめとする人材育成が急務である。
・毎年数件のドーピング防止規則違反が発生していることから、アスリートやサポートスタッフはもとより、医師・薬剤師等を含めた幅広い層に対する教育・研修活動の更なる充実が課題である。
・巧妙化するドーピング技術を見極めるため、新たな検査技術の開発など研究活動の強化が必要である。
・ドーピング検査では捕捉できないドーピングに対し、関係機関間の情報共有体制の構築が課題である。

〈具体的施策〉
ア　国は、JADA等と連携し、国際的対応ができるドーピング検査員の育成をはじめ、必要な体制を整備することにより、ラグビーワールドカップ2019や2020年東京大会等の公平性・公正性の確保を図る。
イ　国は、JADA及びJSC等と連携し、ドーピング防止活動に係る情報を共有できる仕組みを構築することにより、ドーピング検査だけでは捕捉しきれないドーピングの防止を図る。
ウ　国は、JADA等と連携し、アスリートやサポートスタッフ、医師や薬剤師等の幅広い層に対する教育研修活動及び学校における指導を推進することにより、ドーピングの防止を図る。
エ　国は、JADA、大学・研究機関及び民間事業者等と連携し、最新の検査方法等の開発について研究活動を支援することにより、巧妙化・高度化するドーピングの検出やアスリートの負担軽減の実現を図る。
オ　国は、WADA等と連携し、ドーピング防止教育の国際展開やアジア地域における人材育成など、国際的なドーピング防止活動に貢献する。

第4章　施策の総合的かつ計画的な推進のために必要な事項

1　計画の広報活動の推進

　第2期計画は、第2章で示したとおり、全ての人々がスポーツの力で輝き、活力ある社会と絆の強い世界を創るという「一億総スポーツ社会」を目指しており、その実現のため、国は、第2期計画についてわかりやすく簡潔に伝えていくことが必要である。特に、第2章の基本方針に関し、①スポーツで「人生」が変わる、②スポーツで「社会」を変える、③スポーツで「世界」とつながる、④スポーツで「未来」を創るという4つの観点からなるスポーツの価値について、国民、スポーツ団体、民間事業者、地方公共団体等に普及啓発していくことが重要である。

　このため、スポーツ団体や地方公共団体をはじめスポーツに携わる全ての人々が、第2期計画の理念を共有し、具体的内容を熟知できるよう、様々な機会を利活用して周知を継続していく。また、教育現場における理解を促進するとともに、SNSをはじめ多様なメディアを活用して国民に直接発信し、スポーツを通じて全ての人々が結びつき、実践につながるような広報活動を行う。

2　計画実施のための財源の確保と効率的・効果的な活用

　スポーツ基本法第8条は、「政府は、スポーツに関する施策を実施するため必要な法制上、財政上又は税制上の措置その他の措置を講じなければならない」と規定している。

　スポーツ関連予算は、その大きな潜在力に見合う規模とは言えず、「一億総スポーツ社会」の実現に向け、2020年東京大会を含む第2期計画の5年間に更なる強化を図ることはスポーツに携わる者の総意である。併せて、予算の効率的・効果的な活用に努めるとともに、スポーツ団体等における公的資金の適正使用を徹底することも重要である。

　また、スポーツ振興投票制度について、新商品の開発等による売り上げの向上や業務運営の更なる適正化により収益の拡大に努め、スポーツ振興のための貴重な財源として有効に活用するとともに、スポーツに対する寄附や投資を一層活性化させることにより、多様な資金による持続可能なスポーツ環境を社会全体で創ることが求められる。

3　計画の進捗状況の定期的な検証

　第2期計画においては、第1期計画と比べより多くの成果指標を設定するよう努めたが、中にはこれまでにない新たな取組であってデータの蓄積

に乏しく、成果指標の設定が困難であったものも含まれている。

しかしながら、容易に達成が可能な成果指標を設定するよりも、未達成の（又はその可能性が高い）場合に、成果指標そのものの当否を含めその原因を客観的に検証し改善策を講じていくことの方が重要であり、第２期計画に記載された各施策の進捗状況について、スポーツ審議等において、適切なデータを基に定期的に検証を行うことにより、PDCAサイクルを確立する。

その際、必要な場合には計画期間内であっても成果指標や具体的施策等を見直すとともに、検証のプロセスを広く公開することにより、スポーツ行政に対する国民の理解と信頼を確保する。また、検証結果は次期スポーツ基本計画の策定における改善に着実に反映させていく。

松本市スポーツ推進計画
―スポーツによる「健康寿命延伸都市・松本」の確かな実現―

平成27年〔2015年〕３月
松本市・松本市教育委員会

はじめに

平成23年６月に改正されたスポーツ基本法では、新たに障害者スポーツやプロスポーツが対象に含まれ、スポーツを通じて幸福で豊かな生活を営むことは全ての人々の権利であるとされました。また、スポーツは、青少年の健全育成や地域社会の再生、心身の健康の保持増進、社会・経済の活力の創造など、多面にわたる役割を担うとしています。

現在松本市では、市民一人ひとりの「いのち」と「暮らし」を尊重し、健康寿命の延伸につながる「人」、「生活」、「地域」、「環境」、「経済」、「教育・文化」の総合的な健康づくりを目指しています。

スポーツにおいても、将来の都市像として掲げる「健康寿命延伸都市・松本」の確かな実現に向け、スポーツ基本法の趣旨に基づき、スポーツに関わる施策の総合的かつ計画的な推進を図るため、本市独自の「松本市スポーツ推進計画」を策定いたしました。

本計画は、松本市総合計画が基本目標として掲げる６つの「健康づくり」を、様々な効用・役割を持つスポーツによって実現しようとするものです。市民がいつでもどこでもスポーツに親しむことのできる環境の整備と、主体的、継続的なスポーツ活動の支援、また、地域に根づいたスポーツの振興を目指し、今後、市、学校、スポーツ団体、民間事業者等のスポーツに関する多様な主体が連携・協働して、「松本市スポーツ推進計画」に総合的かつ計画的に取り組んでまいります。

最後に、スポーツ推進計画の策定に当たりお力添えをいただきました、スポーツ推進審議会の委員の皆さまをはじめ、関係の皆さまに心から感謝申しあげます。

松本市総合計画・まちづくりの基本目標
　（６つの健康づくり）
「人」の健康
　　――だれもが健康でいきいきと暮らすまち
「生活」の健康
　　――一人ひとりが輝き大切にされるまち
「地域」の健康
　　――安全・安心で支えあいの心がつなぐまち

「環境」の健康
　　──人にやさしい環境を保全し自然と共生するまち
「経済」の健康
　　──魅力と活力にあふれにぎわいを生むまち
「教育・文化」の健康
　　──ともに学びあい人と文化を育むまち

第1章　計画策定の基本的な考え方

1　計画策定の趣旨

平成23年6月に制定されたスポーツ基本法（平成23年法律第78号）前文及び第2条第1項において、スポーツを通じて幸福で豊かな生活を営むことは全ての人々の権利であるとされ、スポーツは、青少年の健全育成や、地域社会の再生、心身の健康の保持増進、社会・経済の活力の創造等、多面にわたる役割を担うとされています。

本市においても、スポーツ基本法のこれらの趣旨に基づき、市民がいつでもどこでもスポーツに親しむことのできる環境の整備と、主体的、継続的なスポーツ活動の支援、また、地域に根付いたスポーツの振興を目指すため、ここに「松本市スポーツ推進計画（以下「本計画」という。）を策定します。本計画は、市、学校、スポーツ団体、民間事業者等スポーツに関する多様な主体が連携・協働して、スポーツの推進に総合的かつ計画的に取り組み、「健康寿命延伸都市・松本」の確かな実現を目指すものです。

2　計画の位置付け

本計画は、スポーツ基本法第10条第1項に基づき、本市独自の計画として策定するものです。そして、「松本市総合計画（基本構想2020・第9次基本計画）」（以下「市総合計画」という。）及び「松本市教育振興基本計画」（以下「市教育基本計画」という。）の個別計画として位置付け、これら上位計画の構想実現をスポーツを通して目指すものです。また、本計画は、運動による健康づくりを施策として展開している「第2期松本市健康づくり計画『スマイルライフ松本21』」（以下「スマイルライフ21」という。）とも整合を図るものです。

3　計画期間

本計画の期間は、平成27年度から平成36年度までの10年間とします。なお、当該期間内において、必要に応じて見直しを行うものとします。

4　推進への基本的姿勢

（1）進行管理

本計画は、行政計画として、行政機関が自らに対して示す行政活動の指針です。行政活動は、主たる担当機関を中心として実行に移されるものですが、行政活動の内容によっては、多くの担当機関が関係します。本計画においては、スポーツによって「6つの健康づくり」の実現を目指しています。そのため、すべての市政の担当部局と関係を持って実施されることになります。その際には、関係機関の連携が強く求められます。

そして、本計画の目標として掲げる施策を着実に推進するため、PDCAサイクルの考えに基づき、指標数値の把握や成果及び課題の検証を定期的に行うとともに、本計画の見直しを行う等、社会状況の変化に対応した計画の実行に努めます。

（2）関係団体・機関との連携及び関係団体・機関間の連携の促進

本計画の実施には、多くのスポーツ団体・学校（大学等を含む。）・医療機関等との連携が必要不可欠です。体育協会、公民館、町会、社会福祉協議会、企業、特定非営利活動法人（NPO法人）等との連携を密にして施策を展開していきます。

また、関係団体・機関相互間の連携の推進にも努めます。

（3）近隣市町村との連携

近隣市町村との連携を密にして、本計画に掲げる、広域にわたるイベント等のスポーツ推進活動を実施し、支援していきます。

（4）他の政策でのスポーツ推進の探究

本市では、様々な政策（例えば公共交通政策）の展開が検討されています。その政策の検討に当たっては、スポーツ推進を図る観点からの検討を求めていきます。

5　計画の構成

第1章「計画策定の基本的な考え方」として、計画策定の趣旨、計画の位置付け、計画期間及び推進への基本的姿勢を示します。

第2章「計画の基本理念」として、スポーツ基本法の制定及び本市のスポーツを取り巻く現状を述べた上で、計画の基本理念を示します。

第3章「計画の基本目標」として、将来像と基本的数値目標を示します。

第4章「現状・課題と施策の展開」として、「健康寿命延伸都市・松本」の実現に向けた生涯スポーツの推進、子どものスポーツ活動の推進、競技スポーツの推進、スポーツ活動の環境整備及びスポーツによる地域活性化の推進を示します。

第2章　計画の基本理念

1　スポーツ基本法の制定

（1）背景

近年、私たちを取り巻く環境は、少子高齢化や

情報化の進展、地域社会の空洞化や人間関係の希薄化が進んだほか、グローバル化に伴い国際的な協力・交流が活発となる一方、国際競争も激化する等、急激に変化してきました。

こうした社会の現状や国際的な環境変化を踏まえ、スポーツにおける新たな課題に対応するため、平成22年9月に文部科学省から国のスポーツ政策の基本的な方向性を示す「スポーツ立国戦略」が公表されました。次いで、平成23年6月に、50年ぶりにスポーツ振興法が全面改正され、スポーツ基本法が制定されました。同法は、スポーツを取り巻く現代的課題を踏まえ、「スポーツを通じて幸福で豊かな生活を営むことは全ての人々の権利」であることを唱え、スポーツに関する施策の基本となる事項を規定しました。

(2) スポーツの役割

同法は、その前文において、スポーツの役割を次のように詳しく述べています。

また、スポーツ基本法第9条第1項に基づき平成24年3月に策定された国の「スポーツ基本計画」では、それらのスポーツの役割を常に念頭に置くことを求めています。

(ア)「心身の健全な発達、健康及び体力の保持増進、精神的な充足感の獲得、自律心その他の精神の涵（かん）養等」に資すること。

(イ)「次代を担う青少年の体力の向上をさせるとともに、他者を尊重しこれと協同する精神、公正さと規律を尊ぶ態度や克己心を培い、実践的な思考力や判断力を育む等人格の形成に大きな影響を及ぼす」こと。

(ウ)「人と人との交流及び地域と地域との交流を促進し、地域の一体感や活力を醸成するものであり、人間関係の希薄化等の問題を抱える地域社会の再生に寄与する」こと。

(エ)「心身の健康の保持増進にも重要な役割を果たすものであり、健康で活力に満ちた長寿社会の実現に不可欠である」こと。

(オ)「スポーツ選手の不断の努力は、人間の可能性の極限を追求する有意義な営みであり、こうした努力に基づく国際競技大会における日本人選手の活躍は、国民に誇りと喜びを与え、国民のスポーツへの関心を高めるものである。これらを通じて、スポーツは、我が国社会に活力を生み出し、国民経済の発展に広く寄与する」こと。

(カ)「スポーツの国際的な交流や貢献が、国際相互理解を促進し、国際平和に大きく貢献するなど、スポーツは、我が国の国際的地位の向上にも極めて重要な役割を果たす」こと。

(3) スポーツの概念
　　―ウォーキングもスポーツ！―

ア　意義

スポーツ基本法では、前文でスポーツの価値や意義を示しており、その中で「スポーツは、心身の健全な発達、健康及び体力の保持増進、精神的な充足感の獲得、自律心その他の精神の涵養等のために個人又は集団で行われる運動競技その他の身体活動である。」と述べています。

イ　スポーツの有り様から見た分類

スポーツは、スポーツへの関わり方により様々に分類することが可能です。

「するスポーツ」とは、自ら運動競技等を行う場合を指します。例えば、野球やテニス等でプレーヤーとして楽しむ場合です。「スポーツをしていますか。」と聞かれて、「しています。」と答える場合は、この分類に含まれると言えます。

「みるスポーツ」は、プロスポーツや子どもたちの試合を観戦、応援する場合を指します。

「支（ささ）えるスポーツ」は、スポーツをする人々を支える行為を総称する広い概念です。スポーツの試合をサポートするボランティアの行為は、まさにこれに含まれます。試合会場の設営、記録員、審判、アナウンス係等です。この他に忘れてならないのが、指導者です。最近では、プレーヤーとしてではなく、「支えるスポーツ」の重要性が強く意識されるようになり、「するスポーツ」、「みるスポーツ」に続く、第3の分類として位置づけられるようになっています。ときに、指導面を強調して「育む（はぐくむ）スポーツ」とも言われます。

この他にスポーツ誌（紙）やスポーツ書から知識を得る「読むスポーツ」や野球や大相撲等をラジオで聴いて楽しむ「聴くスポーツ」あるいは、スポーツ関連用品を購入してファッション等として楽しむこともスポーツとして取り上げられることがあります。本計画は、これらのスポーツも視野に入れて策定しました。

2　本市のスポーツを取り巻く現状

本市は、平成23年3月に策定された市総合計画において、「健康寿命延伸都市・松本」を目指すべき将来の都市像として掲げています。また、平成25年3月には「健康寿命延伸都市宣言」を行い、市民一人ひとりの「いのち」と「暮らし」を尊重し、「健康寿命」の延伸につながる「人」、「生活」、「地域」、「環境」、「経済」、「教育・文化」の総合的な「健康づくり」を目指しています。更に、同時に市教育基本計画を策定し、そこでは「学都松本」の目指すまちの姿として、「学び続けるまち」、「共に学ぶまち」、「次代に引き継ぐまち」を掲げ、取組みを行っています。翌年3月には、「第2期松本市健康づくり計画スマイルライフ21」を策定し、更なる「健康寿命延伸都市・松本」を目指しています。

そして、スポーツに関する基本的な内容として、市総合計画においては、「いつでもどこでもスポーツに親しむことができる環境の整備」と、「主体的、継続的なスポーツ活動」を支援し地域に根付いたスポーツの振興を目指しています。また、市教育基本計画においては、「スポーツを通じた健康づくり」を掲げ、市民の多様なスポーツニーズに配慮しながら、より多くの市民が気軽に参加できるスポーツ教室や各種大会開催のほか、スポーツクラブ等、団体の育成やスポーツリーダーの養成を進めることにより、市民の主体的、継続的なスポーツ活動の促進を目指しています。スマイルライフ21においては、「まちの健康づくり（地域づくりと環境整備）」で運動推進リーダーの育成を図るなどして、環境を整えることとしています。

このような中、市民のスポーツへの取組みの実態としては、アンケートによれば約半数の市民がスポーツを行っているという結果が出ています。この数字をどのように評価するかは意見が分かれるところですが、市教育基本計画で市民皆スポーツを目指す本市としては、決して高いとは言えない数字と言えます。

本市は、風景、気候等の自然条件のみならず、保健指導や公民館活動等社会的条件にも恵まれ、スポーツによって地域を活性化することが可能な地域です。また、プロサッカーチームの活躍による経済的効果への期待も大きくなっています。

これらを含め、様々な課題を解決し、施策を実現することにより、「健康寿命延伸都市・松本」の実現を確かなものとします。

〔アンケート〕
Q 現在スポーツをしていますか
　　はい　　　49％
　　いいえ　　51％
　　未回答　　0％

3　計画の基本理念

本計画は、市総合計画で示す「『健康寿命延伸都市・松本』の創造」の基本理念を、スポーツによって実現することを目的とします。したがって、本計画の基本理念は、「量から質へと発想を転換し、市民一人ひとりの『いのち』と『暮らし』を大切に考え、だれもがいきいきと暮らせるまちづくりを進める」との市総合計画の基本理念と軌を一にするものです。

そして、市総合計画が基本目標として掲げる、6つの「健康づくり」を上記1の（2）で述べた様々な効用・役割を持つスポーツによって実現しようとするものです。市総合計画では、「スポーツの振興」が、「教育・文化」の健康づくりに資するものとして掲げられていますが、これは、主たるスポーツの効用を掲げたものに過ぎず、スポーツの効用は、それだけにとどまるものではありません。

例えば、6つの柱の一つである「人の健康づくり」では、スポーツ教室の開催等により「健康づくりの推進」を図ることができます。第2の柱である「生活の健康づくり」では、スポーツでの国際交流により、「多文化共生の推進」や高齢者等へのリハビリを兼ねた運動により、「高齢者等の福祉の充実」を実現できます。第3の柱である「地域の健康づくり」では、地域でのスポーツ交流により、「地域コミュニティづくりの推進」を期待できます。第4の柱である「環境の健康づくり」では、ウオーキングや徒歩の推奨により「大気環境保全の推進」の一助ともなります。第5の柱である「経済の健康づくり」では、スポーツ大会の誘致や開催等により、「産業の振興」の面で大きな効果をもたらします。第6の柱である「教育・文化のまちづくり」については、従来からスポーツの振興はこの中で記述されていたものです。

最後に、スポーツを介して、様々な本市以外の

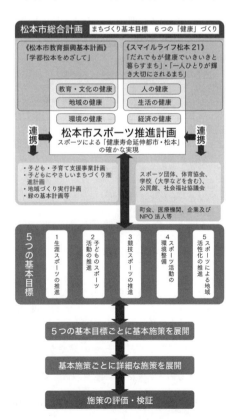

人々、団体及び行政組織等との交流が図られます。本計画の基本理念のベースである「『健康寿命延伸都市・松本』の創造」の基本理念を、本計画の実行を通して他の地域にも広げていきます。

本計画は、スポーツを取り巻く環境や本市のスポーツの現状と課題及び上位計画の理念を踏まえ、基本理念に基づく基本目標を掲げ、目標ごとに施策を展開します。

第3章　計画の基本目標

1　将来像

本計画は、市総合計画が掲げる将来像「健康寿命延伸都市・松本」をスポーツによって実現しようとするものです。すなわち、「量から質へと発想を転換し、市民一人ひとりのいのちと暮らしを大切に考え、だれもが健康でいきいきと暮らせるまちを築くためには、健康寿命の延伸を図ることが重要」で、その実現のために、スポーツの力を最大限に活用していきます。

そして、本計画は、市総合計画が基本目標として示す「6つの健康づくり」を、スポーツによって実現しようとするものです。そこで、ここでは、本計画の基本目標を掲げるとともに、本計画の基本目標が、市総合計画においてどの基本目標と主に関連するかを括弧内に示しました。

（1）生涯スポーツの推進

市民の多様なスポーツニーズを把握し、市民の主体的、継続的なスポーツ活動を支え、ライフステージに応じた生涯スポーツをより推進し、体を動かす機会を充実させることにより、「健康寿命延伸都市・松本」の確かな実現を目指します。

ア　スポーツによる「人」の健康づくりの推進（「人」の健康）
イ　スポーツによる心の健康、生きがいづくりの推進（「人」の健康）
ウ　スポーツによる地域コミュニティづくりの推進（「地域」の健康）
エ　障害者スポーツの推進（「人」の健康）（「生活」の健康）

（2）子どものスポーツ活動の推進

子どもの体力低下や中高生の「ネット依存」等が社会問題となっていますが、未来を担う子どもたちに、身近に運動を楽しむ機会や場所を提供することにより、子どものスポーツの振興を図るとともに、スポーツを通して、子どもたちの健やかな成長を目指します。

ア　スポーツによる子どもの健やかな成長（「人」の健康）（「生活」の健康）
イ　子どものスポーツの推進（「教育・文化」の健康）
ウ　安全・安心な子どものスポーツ環境の確保（「教育・文化」の健康）

（3）競技スポーツの推進

各種スポーツ大会において優秀な成績を収めることは、市民に夢と感動をもたらします。競技力向上のため、各年代に応じた指導・育成体制を整え、競技スポーツの推進を目指します。

ア　競技力向上の推進（「教育・文化」の健康）
イ　プロスポーツの振興（「経済」の健康）（「地域」の健康）

（4）スポーツ活動の環境整備

市民が気軽に利用できる施設、人、情報等のスポーツ環境を整えることにより、市民の生活にライフステージに応じた生涯スポーツの定着を目指します。

ア　安全・安心なスポーツ施設の整備（「環境」の健康）
イ　スポーツ活動の情報発信（「経済」の健康）
ウ　公認スポーツ指導員の育成と活用の推進（「教育・文化」の健康）
エ　スポーツクラブやリーダーの育成（「教育・文化」の健康）

（5）スポーツによる地域活性化の推進

定住人口の減少を見据え、県内のプロスポーツはもとより、積極的にスポーツ大会やイベントを誘致し開催する環境を整えることにより、スポーツを楽しみながらまちづくりを推進します。また、これにより観光客や2地域居住者といった交流人口の拡大を推進し、人口減少の影響を緩和することにより地域の活力を取り戻し、地域の活性化を図ります。

ア　スポーツ大会・イベント開催等を通じた交流人口の拡大（「経済」の健康）
イ　地域に根差したスポーツ・健康産業の創出及び支援（「経済」の健康）
ウ　産学官が連携したスポーツ活動を支える専門的人材の育成と雇用の創出（「経済」の健康）

2　基本的数値目標

市総合計画「スポーツの振興（基本施策6－2－3）」では、「施策展開の方針」として、「市民の健康の保持、増進、体力づくりのために、気軽にできる教室、各種大会の開催、スポーツクラブ等の育成やリーダーの養成を進め、市民の主体的、継続的なスポーツ活動を推進し、合わせて競技スポーツの振興を図り」、「スポーツ活動を支える施設整備を進めるとともに、総合型地域スポーツクラブの設立・活動支援やプロスポーツの振興を図る」としています。この方針の下、「指標と目標値」を以下のように掲げています。本計画においても、これを基本的な数値目標とします。

〈基本的数値目標〉

指標	現状 (H25)	計画目標 (H31)
年間体育施設利用者総数	2,670,048人	2,900,000人
スポーツ教室参加者数	17,342人	19,000人
継続的なスポーツ活動	46.5%	53.0%

第4章 現状・課題と施策の展開

1 生涯スポーツの推進

(1) スポーツによる「人」の健康づくりの推進(「人」の健康)

ア 現状と課題
(ア) 市民の約半数の方はスポーツに取り組んでいます。しかし、その目的は、年齢に応じて球技等の楽しむスポーツから、健康を維持増進するスポーツ等へと変化しており、生涯スポーツの推進に対する市民の要望は多様化しています。
(イ) 「健康寿命延伸都市・松本」の実現に向け、市民の多様なスポーツニーズに対応して、市民の主体的、継続的なスポーツ活動を支え、ライフステージに応じた生涯スポーツの普及や振興をより充実させる必要があります。

〔アンケート〕
Q どんなスポーツをしていますか
〔ウオーキング、ランニング、筋力トレーニング、健康体操 等から選択。以下略〕

イ 主な取組状況
(ア) 熟年体育大学等の各種健康教室の開催及び共催
(イ) ピンピンキラキラ健康づくり講座等の各種講座の開催及び共催
(ウ) 市民歩こう運動の充実を図るための各種事業

ウ 目標実現に向けた施策の展開
(ア) 「まつもと元気アップ体操」は、ストレッチとダンスで構成され、公式ホームページ「くるくるねっとまつもと」で配信を始めました。現在、学校関係では、子どもたちの健康づくりに役立てる取組みが行われており、シニアバージョンも含めて一般市民へも普及します。
(イ) 勤労世代へのスポーツ環境の提供に努めます。通勤時間を使った健康運動方法の普及、歩行による通勤の促進等に取り組みます。
(ウ) 他の健康づくり事業と協力して、市民の体力維持や健康増進の機会の提供に努めます。
(エ) 女性向けスポーツ環境の提供に努めます。妊婦用運動講座、女性講師による専用運動講座、イベント等で託児サービス等を実施するように努めます。
(オ) プロスポーツやオリンピック等の選手の協力を得て、健康増進事業を展開します。
(カ) 学生に接することにより、高齢者がいきいきとし、学生は、健康運動指導の実践的学習の機会が得られます。近隣大学との研究面での連携だけではなく、学生の若い力を活用した施策を展開します。
(キ) 市民が気軽にできるウオーキングコースを整備・拡充します。
(ク) 松本の冬は厳しく、特に、厳冬期においては、運動不足になりがちです。健康を維持するために、この時期に気軽に・楽しく・気持ちよく運動ができる施策を検討します。

エ 事業主体・協力団体
(ア) 行政・外部団体・民間団体・学校

(2) スポーツによる心の健康、生きがいづくりの推進(「人」の健康)

ア 現状と課題
(ア) 市民の約半数の方は、スポーツイベントや地区のイベント等に参加して、楽しんだり、ストレスを解消していますが、イベントに参加したことがない市民も多くいます。
(イ) 今後参加したいスポーツイベントとして、楽しくストレス解消ができるイベント等への要望が多いことから、現在実施しているスポーツイベントや各地区でのイベントをより充実させるとともに、より多くの市民が参加したくなるイベントを検討する必要があります。

〔アンケート〕
Q スポーツイベント等に参加したことがある
ある 27%
ない 71%
未記入 2%
Q 今後参加したいスポーツイベント
〔健康や体力づくりのためのイベント、楽しくストレス解消ができるイベント、トップ選手と交流できるイベント 等から選択〕

イ 主な取組状況
(ア) 気分爽快ウオーク等の各種イベントの開催及び共催

ウ 目標実現に向けた施策の展開
(ア) 個人で気軽に参加できるスポーツイベントを企画し、「個人」から「仲間」へとスポーツの輪を広げていくことができるように努め

ます。
(イ) 地域の企業、大学等と連携したスポーツ環境を提供します。地元企業の施設、アイデア、人の力を活用して、地域の市民のスポーツ環境づくりを行っていきます。また、積極的に地域貢献を目指す松本大学・信州大学・松本短期大学等と連携し、大学の施設や学生のアイデアを活用した継続的事業を開催していきます。
(ウ) 世代を超えたスポーツの交流を図ります。多世代男女混在型スポーツイベントを積極的に企画し、開催していきます。
(エ) 地域スポーツ推進委員と協力してニュースポーツを普及し、スポーツに参加しやすい環境を作ります。ニュースポーツ用具の充実を図り、借用しやすいシステムを考えていきます。
(オ) 市民が自己記録の更新に挑戦したり、大会での成績を競う等、自己実現に向けた努力を支援していきます。
(カ)「人」の健康づくりには、スポーツ環境が十分であれば良いものではありません。スポーツするとともに、「栄養」や「休養」の環境が備わって初めてスポーツ環境が備わっていると言えます。スポーツ環境にとどまらず、栄養や休養の側面にも十分な配慮が行われるよう努めていきます。
エ 事業主体・協力団体
 (ア) 行政・外部団体・民間団体
(3)スポーツによる地域コミュニティづくりの推進(「地域」の健康)
 ア 現状と課題
 (ア) スポーツイベントや地区のイベント等に参加し、交友関係が深まったと感じた市民が多くいます。また、若い世代ほどスポーツ行事のボランティア活動に参加したいと考えています。
 (イ) スポーツ情報の不足やスポーツ教室・大会の開催の少なさ等を実感している市民も多く、広報以外の新しい情報提供の場を検討するとともに、参加しやすい各種教室や大会、地区のスポーツ行事等の開催を検討する必要があります。
   〔アンケート〕
    Q イベント等に参加した感想
     〔楽しむことができた、交友関係が広がった、ストレス解消になった 等から選択〕
    Q 知りたいスポーツ情報
     〔スポーツ施設の位置・設備・連絡先など、スポーツ施設の予約情報 等から選択〕
 イ 主な取組状況
 (ア) 地域コミュニティに配慮した市民体育大会等の開催及び共催
 (イ) 各種団体等と協力したスポーツ教室や講座の開催及び支援
 (ウ) 地域コミュニティに配慮した地区体育館の開放
 ウ 目標実現に向けた施策の展開
 (ア) イベントの開催に当たっては、コミュニティ形成への効果も考え開催します。また、スポーツを通じたコミュニティの形成を目的とした事業を実施します。その際には、公民館活動との連携を密にし、相まって双方の促進が図れるように努めます。
 (イ) コミュニティ形成に大いに役立つ、総合型地域スポーツクラブの設立や運営を支援します。
 (ウ) 当地域の大学は地域貢献に積極的です。これらの大学との連携による事業の展開を図ります。
 エ 「楽都松本」とスポーツを繋ぐ事業を行います。
 オ 盛んに行われている公民館活動及びスポーツの振興に多大な貢献をしている体育協会との連携は不可欠です。今後も緊密な連携を図っていきます。
 エ 事業主体・協力団体
 (ア) 行政・外部団体・学校
(4)「障害者スポーツの推進(「人」の健康)(「生活」の健康)
 ア 現状と課題
 (ア) 障害者スポーツ種目を知っている市民は少なくありませんが、一緒にスポーツをしたり、ボランティアに参加したことがある市民は少ないのが現状です。
 (イ) ノーマライゼーションの考え方のもと、それぞれの障害の種別や程度及び体力に合った、身近なスポーツからトップアスリートを含む障害者スポーツの推進を図る必要があります。それには、障害者とのスポーツ交流やボランティア交流の場を提供し、スポーツに親しむ機会を充実させるとともに、それに伴う施設の改修や整備等を更に推進する必要があります。
 (ウ) 障害のある人、ない人及び世代間の相互理解や交流を深めるための障害者スポーツを推進し、スポーツを通した障害理解教育を図る必要があります。
   〔アンケート〕
    Q 障害者スポーツの種目を知っている
     知っている　　　39%
     知らない　　　　52%
     未記入　　　　　8%
    Q 障害者と一緒にスポーツをしたことがある

ある	4％
ない	88％
未記入	8％

イ 主な取組状況
（ア）松本市出前講座「いい街つくろう！パートナーシップまつもと」
ウ 目標実現に向けた施策の展開
（ア）障害者へのスポーツ支援をします。
（イ）プロスポーツやオリンピック等の選手による、福祉事業への協力及び支援をします。
（ウ）地域スポーツ施設での受入れ態勢の促進のため、市内スポーツ施設の更なるユニバーサルデザイン化を推進します。
（エ）総合型地域スポーツクラブによる障害者受入れ態勢への協力を行います。
（オ）障害者の卓越した技術や能力及びパフォーマンスを「観る」機会を設けます。
（カ）近隣の市民や学生によるサポートを図ります。
（キ）障害のある人も、ない人も誰でも親しめるスポーツ活動を通した交流及び共同学習の機会の充実を図ります。
（ク）市の主催する事業等に障害者スポーツを取り入れ、障害の有無や年齢に関わらず、すべての地域住民が参加できるイベントの開催を検討します。
エ 事業主体・協力団体
（ア）行政・外部団体・民間団体・学校

2 子どものスポーツ活動の推進

(1) スポーツによる子どもの健やかな成長
（「人」の健康）（「生活」の健康）

ア 現状と課題
（ア）市民は、低年齢ほどスポーツ環境に恵まれていないと思っています。子どもの頃から体を動かす楽しさなどを感じる運動機会を提供することにより、大人になっても運動を続ける動機付けを行う必要があります。
（イ）「全国体力・運動能力、運動習慣等調査」では、本市の子どもたちの体力に課題があり、改善に向けた対応が求められています。
（ウ）子どものスポーツ活動の推進には、総合型地域スポーツクラブとの連携を図る等、運動機会をどのように提供するか検討が必要です。

〔アンケート〕
Q 幼児期の運動機会が充実していると思う

充実している	5％
やや充実している	12％
どちらとも言えない	58％
あまり充実していない	20％
充実していない	8％
未回答	12％

Q 小中学生期の運動機会が充実していると思う

充実している	8％
やや充実している	18％
あまり充実していない	18％
どちらとも言えない	37％
充実していない	6％
未回答	13％

イ 主な取組状況
（ア）親子体操教室等、各種教室の開催及び共催
（イ）地区体育館の開放等による青少年の居場所づくり
ウ 目標実現に向けた施策の展開
（ア）子どもの体力向上に当たっては、幼児期・低学年時から体を動かす遊びや様々な種目の運動に親しむ機会を通して、運動習慣形成に取り組みます。
（イ）総合型地域スポーツクラブ等との連携により、小中学生がスポーツをする機会を提供します。
（ウ）プロチームやオリンピック等の選手の協力により、スポーツに関心を持つようにします。エ 特に、学校で部活動に所属しない子どもたちの運動機会を増やすような施策を展開します。そのため、近隣の大学の学生に子どもたちとの遊びやスポーツを行うよう働きかけます。また、現役をリタイアした、いわゆる団塊の世代による子どもたちへのスポーツ指導の働きかけをします。
エ 事業主体・協力団体
（ア）行政・外部団体・民間団体

(2) 子どものスポーツの推進
（「教育・文化」の健康）

ア 現状と課題
（ア）市民が子どものスポーツについて、最も力を入れて欲しいことは、学校体育、運動部活動及び子どもの体力づくりへの支援となっています。また、本格的な競技志向を持つ子どもたちへの対応も求められています。

〔アンケート〕
Q 子どもの運動機会を充実させるのに必要なことは何ですか
〔スポーツクラブを充実させること、家庭での運動機会を増やすこと、等から選択〕

イ 主な取組状況
（ア）松本市各種競技会、発表会等出場者祝金交付事業
（イ）スポーツ少年団への助成事業
ウ 目標実現に向けた施策の展開
（ア）プロチームやオリンピック等の選手によ

るスポーツ教室を開催します。
　（イ）プロチームやオリンピック等の選手による、小中学校の体育活動等への支援を要請します。　（ウ）小中学校において、教員では対応できないスポーツ種目の指導に対し積極的に支援します。
エ　事業主体・協力団体
　（ア）行政・外部団体・民間団体
(3) 安全・安心な子どものスポーツ環境の確保
　　（「教育・文化」の健康）
ア　現状と課題
　（ア）子どものスポーツ支援に当たっては、より安全で安心なスポーツ環境を確保し提供する必要があります。
　（イ）子どもたちについては、スポーツ活動における体のケア等について、正しい運動知識を身に付ける必要があります。
　（ウ）近年、スポーツ事故防止のために、指導者や保護者が最低限知っておくべき科学的知見の習得が求められています。「心臓震盪（しんぞうしんとう）」、「回転加速度損傷」、「セカンド・インパクト」等です。また、落雷事故防止に関する知識、熱中症の防止に関する知識等も必修です。このような科学的知見や知識を提供する機会を設ける必要があります。
イ　主な取組状況
　（ア）松本市総合体育館等の既存施設の整備、改修及び再配置
　（イ）松本市立学校体育施設開放事業等の実施
　（ウ）学都松本フォーラム等によるスポーツ関連講演の開催
ウ　目標実現に向けた施策の展開
　（ア）公認スポーツ指導員やインストラクター等によるスポーツ指導をします。
　（イ）指導者のスキル向上を図る研修会を開催する等、安全対策を充実します。
　（ウ）スポーツ事故やスポーツ傷害予防のために、医師や理学療法士とも連携し、「科学的知見」や知識の浸透を図るように努めます。
エ　事業主体・協力団体
　（ア）行政・外部団体

3　競技スポーツの推進

(1) 競技力向上の推進
　　（「教育・文化」の健康）
ア　現状と課題
　（ア）各種スポーツにおける競技力の向上については、学校の運動部活動、社会体育及びスポーツ少年団等体育協会所属団体の活動が主となっています。
　　また、競技人口の減少や、指導者不足による活動の停止等も問題となっており、指導・育成体制の連携強化を図る必要があります。
イ　主な取組状況
　（ア）松本市各種競技会、発表会等出場者祝金交付事業
　（イ）松本市総合体育館等の既存施設の整備、改修及び再配置
　（ウ）競技団体への助成事業
ウ　目標実現に向けた施策の展開
　（ア）体育協会・民間スポーツ団体等が連携し合うことを支援します。また、プロスポーツから各団体へ指導者を派遣したり、プロスポーツ関係者による研修会や講習会を開催することができるよう支援します。
　（イ）施設の指定管理者・大学・企業との連携を進めます。
　　競技力の向上に向け、最適な施設をより有効活用できるように、関係機関や団体との連携を図っていきます。
　（ウ）スポーツに関する競技マナーの啓発に努めます。
　　スポーツを通して「お互いを大切にし合う気持ち、思いやり及びフェアープレー」を発信していきます。
　　スポーツ活動を通じて、「人」や「まち」の成長を支えていきます。
　（エ）山岳スポーツ等の本市に合った種目の推進を図ります。
エ　事業主体・協力団体
　（ア）行政・外部団体・民間団体
(2) プロスポーツの振興
　　（「経済」の健康）（「地域」の健康）
ア　現状と課題
　（ア）市民の約半数の方が競技場でスポーツ観戦をしており、中でも球技の観戦者が多数を占め、テレビやラジオ等でスポーツを視聴した方も同じく球技の方が多数を占めています。地元のプロチームと、より一層連携の強化を図りながら、他地域との交流を一層促進させ、観光客を誘致することや、様々なプロスポーツの試合を積極的に開催することにより、市民の観るスポーツ環境の向上を図る必要があります。
　　〔アンケート〕
　　Q　観戦したスポーツは何ですか〔以下略〕
イ　主な取組状況
　（ア）地域交流活動促進事業
ウ　目標実現に向けた施策の展開
　（ア）市民がプロスポーツを観る、応援する、支える等、関わりが持てる環境づくりをします。
　（イ）テレビ等によるスポーツ放送の拡大を支援します。

(ウ) 本市所在の県営スポーツ施設の改修等の実現に努めます。
　(エ) プロチームによる交流試合を開催します。
エ　事業主体・協力団体
　(ア) 行政

4　スポーツ活動の環境整備

(1) 安全・安心なスポーツ施設の整備（「環境」の健康）

ア　現状と課題
　(ア) 市が力を入れて欲しいこととして、公共スポーツ施設の整備・拡充という意見が多く見受けられ、球技に取り組む若い年代ほどスポーツ施設を利用し、体育館等の球技用施設を求めています。また、ウオーキングや健康体操の比率が高くなる高齢世代ほど公園・屋外・道路を利用しており、高齢世代はウオーキングコースやマレットゴルフ場を求めています。
　(イ) あまり満足していない、満足していないと思っている市民は、施設の不足、施設予約の困難さ及び施設利用料負担の重さを原因に挙げています。
　(ウ) 障害者も一緒に楽しめるスポーツ環境の整備について、市民からは、施設のバリアフリー化を進める必要性や、公共交通機関の整備、利便性についての意見が多く挙がっています。エ　市民が気軽に利用できる安全で安心な施設整備と既存施設の有効利用を図る他、スポーツを観戦しながら楽しめる施設やスポーツを通してコミュニティを形成することができる施設を整備する必要があります。
　　〔アンケート〕
　　Q　スポーツ施設に関して望むこと
　　〔施設数を増やして欲しい、利用時間帯を拡大して欲しい　等から選択〕
　　Q　障害者も一緒に楽しめるスポーツ環境について
　　〔施設のバリアフリー化を進める、施設利用料を減免する、等から選択〕
イ　主な取組状況
　(ア) 松本市総合体育館等の既存施設の整備、改修及び再配置
ウ　目標実現に向けた施策の展開
　(ア) 既存スポーツ施設の維持、補修等、施設整備を行っていきます。
　(イ) コミュニティ形成に配慮した施設の整備を行います。公民館と体育館併設の複合型施設等を含め、さらに誰でもスポーツに親しめるような施設となるよう整備を検討していきます。
　(ウ) 個人参加型スポーツ環境を各地区に整備（改修）し、市民の健康増進を支援することを検討します。
　(エ) 自然環境に配慮した安全な施設を整備します。松本らしい景観も大切にした施設整備を進めます。
　(オ) 体育施設の安全・安心の確保に努め、より利用しやすい方法を検討します。
　(カ) スポーツ活動中の事故による被害者を防ぐため、様々な機器を整備していきます。
　　公共スポーツ施設にはAEDを設置し、適正な管理を行っていきます。また、落雷事故を防ぐための落雷検知器等や、熱中症対策としての暑さ指数測定器等の機器の整備も考えていきます。
エ　事業主体・協力団体
　(ア) 行政

(2) スポーツ活動の情報発信（「経済」の健康）

ア　現状と課題
　(ア) 市民のスポーツ情報の主な入手方法は、「新聞・広告」、「広報まつもと」及び「テレビ・ラジオ」からとなっており、若い世代ほど情報の入手方法は「インターネット」となり、高齢世代ほど「広報まつもと」から情報を得ています。
　(イ) 求めているスポーツ情報は、「スポーツイベントの開催情報」、「スポーツ施設の場所、設備、連絡先等」及び「スポーツ教室の開催情報」となっており、「あまり満足していない」、「満足していない」と感じている理由の一つに、「スポーツ情報の不足」を挙げています。
　(ウ) スポーツに関する情報の収集や整理を行い、従来の情報発信方法の充実を図るとともに、より確実な情報発信について検討する必要があります。
　　〔アンケート〕
　　Q　総合型地域スポーツクラブに参加していますか
　　〔身近にあれば参加したい 27％、どちらとも言えない 25％、参加する予定はない 36％ 等〕
イ　主な取組状況
　(ア) 広報まつもとでの特集ページ等
ウ　目標実現に向けた施策の展開
　(ア) 従来の情報発信方法を改善し、市民の目線で多角的な内容を充実させます。
　(イ) 小中学校の理解を得て学校の配付物を有効活用し、地域のスポーツイベントの情報を周知できるように努めます。
　(ウ) 人が集まるコミュニティを利用した効果的な情報発信を行います。
　(エ) 地域スポーツジャーナルへの支援と活用

と協力関係の構築を行います。
エ　事業主体・協力団体
（ア）行政

(3) 公認スポーツ指導者の育成と活用の推進
（「教育・文化」の健康）

ア　現状と課題
（ア）スポーツの推進について、市民が期待していることの中に、スポーツ指導者の育成があり、総合的な満足度調査においても、「あまり満足していない」、「満足していない」と感じている理由の一つに、「指導者不足」を挙げています。
（イ）市民スポーツの振興と、競技力向上に当たる各種スポーツ指導者の資質と指導力を向上させるため、公認スポーツ指導員の育成と活用を図り、指導活動の促進と指導体制を確立する必要があります。
〔アンケート〕
Q　スポーツを推進するために市に力を入れて欲しいこと
〔各種スポーツ行事・大会・教室の開催、スポーツ指導者の育成 等から選択〕
イ　主な取組状況
（ア）スポーツ推進委員協議会への補助
ウ　目標実現に向けた施策の展開
（ア）公認スポーツ指導員の育成と指導力向上のための各種研修会を開催します。
（イ）スポーツ推進委員を積極的に活用していきます。地域のリーダーとして、その職責を果たしやすいように支援していきます。
（ウ）「岳都松本」らしく、山岳ガイド等の活用の推進と育成の支援を行います。
（エ）大学・企業・学校・プロ等の団体の連携による新たな支援体制を検討します。
（オ）新しい発想を取り入れるための人材活用方法を検討します。また、指導技術の承継を含めて若手地域リーダーの育成を支援します。
（カ）プロスポーツ団体と地域スポーツ団体の協働による人的支援を行います。
（キ）スポーツ指導者を取り巻くリスクマネジメントの研修会の開催等、スポーツに関する科学的又は法的知識取得の啓発を行います。
（ク）「学都松本」らしく、スポーツ指導者等が、スポーツの研究や研修を行い、あるいは、社会人大学院生として大学で学ぶことを推奨します。
エ　事業主体・協力団体
（ア）行政・外部団体・学校

(4) スポーツクラブやリーダーの育成
（「教育・文化」の健康）

ア　現状と課題
（ア）市民が総合型地域スポーツクラブを知っている割合は少ないですが、高齢世代ほどその認知度は高くなる傾向にあります。総合型地域スポーツクラブは、年齢に応じて様々なスポーツを愛好する市民が、それぞれの志向やレベルに合わせて、スポーツに参加できるため、クラブの周知や創設等に関して支援の方法を検討する必要があります。
〔アンケート〕
Q　総合型地域スポーツクラブを知っていますか
　　知っている　　13％
　　知らない　　　83％
　　未記入　　　　4％
イ　主な取組状況
（ア）総合型地域スポーツクラブ創設時等の相談受付
ウ　目標実現に向けた施策の展開
（ア）マネージャーを始め、総合型地域スポーツクラブでの人材育成を支援します。また、長野県広域スポーツセンターと連携し、アシスタントマネージャーの養成を支援します。
エ　事業主体・協力団体
（ア）行政

5　スポーツによる地域活性化の推進

(1) スポーツ大会・イベント開催等を通じた交流人口の拡大（「経済」の健康）

ア　現状と課題
（ア）プロサッカーチームの活躍による経済的効果が大きかったように、スポーツには、産業振興の面で大きな効果が期待できることから、今後も積極的にスポーツ大会やイベントを誘致し、交流人口の拡大等により地域の活性化を図る必要があります。
イ　主な取組状況
（ア）少年サッカー大会等の各種競技大会、ウオーキング等各種イベントの開催及び共催
（イ）観光・文化交流都市協定を締結している他市とのスポーツ交流大会の実施
（ウ）各種国際大会等の誘致
ウ　目標実現に向けた施策の展開
（ア）松本の有形・無形の資源を活かしたスポーツ大会を開催します。
（イ）様々なスポーツ大会やイベントを誘致します。（スポーツ関係団体（学会、研究会等）の大会を含む。）
（ウ）スポーツボランティアの充実を図ります。スポーツボランティアは「支える」スポーツとしてイベント等で重要な役割を果たしています。これまで個人が個別に参加していたボランティア集団を組織化したり、NPO法人化することを支援します。それによって、より

質の高いボランティア効果を生み出すことが期待されます。
(エ) スポーツ施設の有効活用を目指し、年間を通じて積極的にスポーツの練習や合宿を誘致します。
(オ) 長野市や上田市を始め、他の県内市町村とのスポーツ交流を行います。
(カ) 観光・文化交流都市協定を締結している他市とのスポーツによる交流を推進し、本市が参加する協議会等においても、参加都市間のスポーツによる交流を検討します。
エ　事業主体・協力団体
(ア) 行政・外部団体

(2) 地域に根差したスポーツ・健康産業の創出及び支援(「経済」の健康)
ア　現状と課題
(ア) 地元プロチームとの、より一層の連携強化はもとより、他地域との交流を一層促進させるため、様々なプロスポーツの試合を積極的に誘致することにより交流人口の拡大を図るため、プロチームやスポーツ・健康産業の支援を行う必要があります。
イ　主な取組状況
(ア) 各種国際大会等の誘致や開催
ウ　目標実現に向けた施策の展開
(ア) スポーツ・健康産業の創出を支援します。
(イ) 地域のプロスポーツチームを、地域活性化の大きな足がかりとして継続的かつ多角的に支援します。
(ウ) 「信州山の日」、国の「山の日」において、「岳都松本」の自然環境を活かしたイベントを開催します。山の写真展等との併催も検討します。
(エ) スポーツに関係する様々な作品展の開催を検討します。
エ　事業主体・協力団体
(ア) 行政・外部団体

(3) (産学官が連携したスポーツ活動を支える専門的人材の育成と雇用の創出(「経済」の健康)
ア　現状と課題
(ア) スポーツ活動を支える専門的人材の就職先は少なく、人材の育成に当たっては、他地域との交流人口の拡大を図りながら、プロチームやスポーツ・健康産業の支援を行うことにより、スポーツの専門家が働ける雇用の場の創出と支援を検討する必要があります。
イ　主な取組状況
(ア) 松本ヘルス・ラボ
ウ　目標実現に向けた施策の展開
(ア) 産学官が連携し、質の高いスポーツ活動を支える専門的人材の育成を支援します。

(イ) スポーツ、健康増進及び介護予防に関わる専門家が、希望を持って働ける雇用の場の創出を支援します。その前提として、学生のインターンシップの充実化を図ります。
(ウ) スポーツ業種における若年者の雇用拡大への支援を行います。
　　地元大学との連携を密にして、若いエネルギーを地域スポーツの起爆剤としていきます。地元出身のスポーツ関係者の優先的雇用を指定管理者等へ働きかけます。
エ　事業主体・協力団体
(ア) 行政・外部団体・民間団体・学校

苫小牧市スポーツ都市宣言

昭和41年〔1966年〕11月12日　宣言

　わたくしたち苫小牧市民はスポーツを愛し、スポーツを通じて健康でたくましい心と体をつくり、豊かで明るい都市を築くため次の目標をかかげて、ここに「スポーツ都市」を宣言します。
　市民すべてがスポーツを楽しみましょう。
　力をあわせてスポーツのできる場をつくりましょう。
　次代をになう青少年のため、地域にも職場にもスポーツの機会をつくりましょう。
　世界に活躍できる市民を育てて広く世界の人と手をつなぎましょう。

八女市 スポーツ・健康づくり都市宣言

平成28年〔2016年〕5月15日

　八女市は、平成28年5月15日に実施した「八女市健康づくりフェスタ」で「スポーツ・健康づくり都市宣言」を行いました。
　私たち八女市民は、一人ひとりが健康に対して意識を高め、積極的にスポーツに親しみ、健康寿命の延伸をめざし、ここに「スポーツ・健康づくり都市」を宣言します。
一、積極的に健康診査を受けます。
一、生涯にわたり、健全な生活習慣を実現します。
一、市民ひとり1スポーツをめざします。
一、栄養バランスの良い食事を心がけます。
一、地域で支え合う絆と、健康づくりの輪を広げます。

宣言の背景
　八女市は豊かな自然を育み、歴史や伝統文化を重んじ、次世代へ継承し、ふるさとを愛し、ふるさとを誇りに思うまちづくりを目指しています。
　また、第4次八女市総合計画、後期基本計画の基本理念の一つに、心豊かに、共にささえあい、安心して健やかに暮らせる、優しいまちづくりを掲げています。
　自然豊かな八女地域の中で、スポーツ・健康づくりに取り組んでいくことは、単に健康増進につながるだけではなく、豊かな精神を作っていきます。
　心身ともに健康で、いつまでもいきいきと暮らし続けられることは私たち共通の願いであり、市民の一人ひとりが「自分の健康は自分で守る」という意識を持ち続けることが大切です。
　「スポーツ・健康づくり都市」宣言は、健康で元気に生活できる期間、いわゆる「健康寿命」の延伸を図り、スポーツや食生活を通して健やかな心と体をつくり、市民と行政が一体となって健康で明るいまちづくりを目指していこうとするものです。
　市民の心身の幸せを築き、ともに支え合う絆を大切にし、活気あふれる、潤いのあるまちを目指していきたいと思います。

第3編
行政機関の通知等

解説……………………………………… 322
運動部活動の在り方に関する調査研究報告〔平成9年〕
………………………………………… 324
運動部活動の在り方に関する調査研究報告書：
　一人一人の生徒が輝く運動部活動を目指して
　〔平成25年〕……………………………… 335
長野県中学生期のスポーツ活動指針 ……… 345
体育館の床板の剥離による負傷事故の防止について… 346

解説

スポーツ・体育と行政

　現在、スポーツは、国民生活においてなくてはならないものとなっている。国民はスポーツを「する」「みる」「ささえる」等、さまざまな形で楽しみ、スポーツの喜びを味わっている。国や地方公共団体は、国民の欲求（スポーツ権）を満たすべく努力しようとしてスポーツ・体育の振興・推進や安全に力を入れることとなる。それが、国のスポーツ行政であり、地方のスポーツ行政である。スポーツ指導やスポーツ関係の業務を実施するに当たっては、関連行政機関から出される通達や通知等を常時念頭に置かなければならない。それでは、それらを発する行政機関はどのようなものがあり、どのような経緯から設立され、どのような方針で運営されているのか。ここでは、国と地方の行政機関（特にいわゆる地方自治体）とを区別して解説する。

国のスポーツ・体育行政組織

　国のスポーツ・体育行政は、平成27年9月30日までは、文部科学省スポーツ・青少年局が中心となって行ってきた（うちスポーツ関係3課1参事官体制。図1左欄参照）。トップの局長の下、大臣官房審議官が置かれ、スポーツ・青少年企画課などが配置されていた。この他に文部科学大臣の諮問機関（相談機関）として中央教育審議会スポーツ・青少年分科会があった。この体制で、国の基本的なスポーツ政策や方針を決定し、学校体育関係団体に対しては、指導・助言、補助金の交付、事業・運営の監督をし、民間のスポーツ団体・組織に対しては、補助金の交付、事業・運営の監督や基金造成を行ってきた。また、地方自治体に対しては、指導・援助・助言をし、補助金の交付を行ってきた。

　ところが、同年10月1日に上記スポーツ・青少年局がなくなり、それに変わるものとして、文部科学省の外局としてスポーツ庁が開設された。初代長官は水泳のオリンピック金メダリストの鈴木大地氏である。その組織構成は、長官の下、次長、審議官がおり、政策課などが配置された（5課2参事官体制。図1右欄参照）。大きな変更点は、障害者スポーツ関係や学校体育・運動部活動が「室」として設置されたこと、オリ・パラ関係課の創設などである。

　そもそも、スポーツ庁を開設しようとした大きな理由は、スポーツに関する行政が多くの省庁に分散している（厚生労働省での高齢者のスポーツ活動の振興など、社会保険庁での職場での運動による健康づくり事業など、経済産業省でのスポーツ関連産業の振興など）ことから、公費の効率的活用、政策の統一性等を図ったものである。しかし、今回のスポーツ庁の開設では、省庁間の調整がうまくいかず、その目的を実現できなかった。その欠点を補うために、スポーツ庁職員121人（旧スポーツ・青少年局関係職員は76人）のうち、他府省から23人を配置し、スポーツ庁と他府省間の今後の調製の円滑化を図ろうとした。なお、スポーツ基本法は、省庁間の合理的調整を行うため、スポーツ推進会議を設けた。同年12月には、スポーツ庁長官の諮問機関として、スポーツ審議会が設置された。

地方自治体のスポーツ・体育行政組織

　地方自治体において、これまで、ほとんど教育委員会内の担当部局が中心的機関と

して関与していた。ところが、2007（平成19）年6月に地方教育行政の組織及び運営に関する法律の一部を改正する法律が成立し、これまで行われていた補助執行（内部的に執行機関の権限を補助し、執行させるもので、対外的には執行機関の名で執行され、補助執行の名は表示されず）の方法によることなく、地方自治体は、条例の定めるところにより、首長が、スポーツに関する事務（学校の体育に関する事務は除く）の一部又は全部を管理し、執行できることとなりました。これにより、首長部局は、教育委員会に代わって、条文に規定されることを前提として、地方のスポーツ行政に関与できるようになった（これに該当することとなった地方公共団体を特定地方公共団体と呼ぶ）。そして、現在では首長への権限付与条例（スポーツに関する事務の一部または全部を管理し、執行できるとした条例をこのように表現）も出ている。大和市（神奈川県）は、文化スポーツ部（スポーツ課）を、東京都は、スポーツ振興局（総務部、スポーツ事業部および国体・障害者スポーツ大会推進部）を、それぞれ首長部局に設けた。その他に、国の諮問＝相談機関であるスポーツ審議会に相当するものが都道府県や市町村にもある。スポーツ推進審議会である。また、スポーツ振興法下の体育指導委員の呼称を改め、スポーツの推進役としてスポーツ推進委員（非常勤公務員）を置いて、スポーツの推進を図っている。

行政機関と通知

これら行政機関は、通達（上級機関が指揮命令権に基づいて下級機関・職員に対して、ある一定の事実、処分又は意見を知らせる行為）や通知（特定又は不特定多数の人に対して、特定の事項を知らしめること）を発して行政を行なう。

（吉田勝光）

〔図1　スポーツ庁の組織構成と主な業務〕

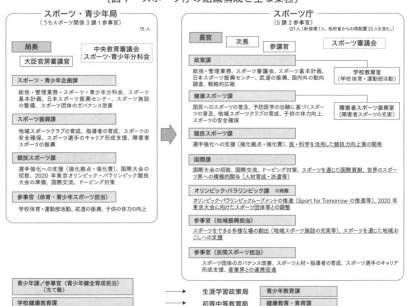

出典：組織図（スポーツ庁・文部科学省ホームページ。2016年7月8日アクセス）

運動部活動の在り方に関する調査研究報告〔平成9年〕〔抜粋〕

平成9年〔1997年〕12月　文部科学省
中学生・高校生のスポーツ活動に関する調査研究協力者会議

はじめに

　国民が生涯にわたって健康で活力ある生活を送るために、スポーツは極めて重要なものである。とりわけ、青少年が自己の発育・発達の程度にふさわしいスポーツ活動を行うことは、体力の向上など心身の健全な発達を促進するのみならず、生涯を通じてスポーツ活動を実践していく上での基礎づくりや競技力の向上などにとっても大きな意義を有する。

　しかしながら、運動部活動をはじめ青少年のスポーツ活動については、一部に勝利至上主義の弊害が生じている例なども指摘されている。

　また、近年の生徒（部員）数の減少やそれに伴う教員（顧問）数の減少、生徒のスポーツニーズの多様化などにより、今後運動部活動をはじめ青少年のスポーツ活動をどのように展開していくかの検討が求められているところである。

　このような中、本協力者会議は、文部省体育局長による委嘱（平成7年9月27日）を受けて、平成7年度には文部省が初めて行う「中学生・高校生のスポーツ活動に関する調査」（実態及び意識調査）の調査対象・調査方法・調査項目等についての検討を行い、平成8年度には調査の実施と結果の分析、平成9年度にはその調査結果等を踏まえつつ、運動部活動をはじめ中学生・高校生のスポーツ活動の望ましい在り方について検討してきたところである。

　その間、文部省の審議会においても、運動部活動の在り方等に関する検討がなされ、平成8年7月の中央教育審議会第一次答申や平成9年9月の保健体育審議会答申で、運動部活動の在り方等に関する指摘（提言）がなされている。

　この報告書は、こうした「中学生・高校生のスポーツ活動に関する調査」の結果や、中央教育審議会及び保健体育審議会答申の指摘等を踏まえた、本協力者会議の検討結果を報告するものである。

　なお、調査結果の内容が運動部活動に関する事柄がほとんどであったこと、これまでの協力者の意見も運動部活動についてがほとんどであったことから、報告書の内容は運動部活動を中心として記述していることをお断りする。

第1部　運動部活動の概要

　第1章　運動部活動の現況〔省略〕
　第2章　運動部活動の意義〔省略〕
　第3章　運動部活動の現状における課題〔省略〕

第2部　これからの運動部活動の在り方

　第1部で述べたように、運動部活動は、自発的・自主的な生徒の活動を学校が支援しているものであり、各学校における多様な展開が考えられる。

　他方、運動部活動に対する生徒や保護者の期待は大きく、教員や校長、地域のスポーツクラブ等の指導者もその必要性を高く認めている。

　本協力者会議では、これからの運動部活動の全体的な在り方について、必ずしも一律に論ずることはできないことは踏まえつつも、多様な生徒のニーズにいかにこたえ、その成長をいかに支えていくかということに視点を置いて検討した。

第1章　基本的考え方

　中央教育審議会第一次答申では、今後の教育においては、学校・家庭・地域社会全体を通して、子供たちに次のような「生きる力」をはぐくんでいくことが基本であるとの提言がなされている。

- 自分で課題を見つけ、自ら学び、自ら考え、主体的に判断し、行動し、よりよく問題を解決する能力
- 自らを律しつつ、他人と協調し、他人を思いやる心や感動する心など豊かな人間性とたくましく生きるための健康や体力

　また、「生きる力」をはぐくんでいくためにも、一人一人の個性をかけがえのないものとして尊重し、その伸長を図ることを一層推し進めていく必要があり、個性尊重の考え方に内在する自立心、自己抑制力、自己責任や自助の精神、さらには、他者との共生、異質なものへの寛容、社会との調和といった理念が、一層重視されなければならないとされている。

　さらに、子供に「生きる力」をはぐくむためには、子供たちをはじめ、社会全体に「ゆとり」を持たせることが必要であることが強調されている。

　そして、これらを踏まえ、これからの学校の目指す教育としては、

- 「生きる力」の育成を基本とし、知識を一方的に教え込むことになりがちであった教育から、子供たちが、自ら学び、自ら考える教育への転換を目指す。そして、知・徳・体のバランスのとれた教育を展開し、豊かな人間性

とたくましい体をはぐくんでいく。
- 生涯学習社会を見据えつつ、学校ですべての教育を完結するという考え方を採らずに、自ら学び、自ら考える力などの「生きる力」という生涯学習の基礎的な資質の育成を重視する。
とし、そうした教育を実現するため、学校は、
- 「ゆとり」のある教育環境で「ゆとり」のある教育活動を展開する。そして、子供たち一人一人が大切にされ、教員や仲間と楽しく学び合い活動する中で、存在感や自己実現の喜びを実感しつつ、「生きる力」を身に付けていく。
- 子供たちを、一つの物差しではなく、多元的な、多様な物差しで見、子供たち一人一人のよさや可能性を見いだし、それを伸ばすという視点を重視する。
- 豊かな人間性と専門的な知識・技術や幅広い教養を基盤とする実践的な指導力を備えた教員によって、子供たちに「生きる力」をはぐくんでいく。
- 地域や学校、子供たちの実態に応じて、創意工夫を生かした特色ある教育活動を展開する。
- 家庭や地域社会との連携を進め、家庭や地域社会とともに子供たちを育成する開かれた学校となる。

ことなどが必要であるとの提言がなされている。

第1部で考察した運動部活動の意義の多くが、今後の教育において重視すべきとされている事柄に大きく貢献できるものであることが読み取れるが、これからの運動部活動を考えるに当たって、このような考えを十分踏まえることはもとより必要であり、本協力者会議としては、今後の運動部活動の展開に当たって、主に次のような視点が基本となると考えた。

〈生徒の個性の尊重と柔軟な運営〉

　部活動は、生徒が自発的・自主的に活動を組織し展開することに一つの本質を有しており、運動部活動の指導者はできる限り、個々の生徒の個性を把握し、理解し、その願いにこたえられるよう努めていくことが求められる。

　また、運動部の運営において顧問が、競技種目によって差はあるものの、安全への配慮など適切な支援を行いつつ、可能な限りで生徒に運営を任せていくことは、生徒の「生きる力」の育成に大いに貢献するものであると考える。

　さらに、学校全体としても、運動部活動の運営について、より広く生徒の意見を反映させることが望まれるところである。

　これらは、生徒の志向に対応した活動内容の多様化にもつながるものであり、そのためには、各学校において、運動部活動の運営に柔軟な考え方を一層導入することが必要である。

〈生徒の生活のバランスの確保〉

　保健体育審議会答申でも述べられているように、運動部において継続的にスポーツをする上で、個々の生徒が今以上の技能や記録に挑戦することは自然なことであり、それを学校が支援すること自体が問題とされるものではない。問題とされるのは、大会で勝つことのみを重視し過重な練習を強いたり、その生徒のバランスのとれた生活や成長に支障を来している場合である。

　保健体育審議会答申は、また、世界のトップレベルを目指すような資質を有する選手についても、目先の勝敗にとらわれずに、長期的・計画的に指導を行うということが指導の理念として最も重要であることも提言している。

　運動部において行き過ぎた練習が行われた場合、生徒の心身に疲労が蓄積され、スポーツ障害やバーンアウト（燃え尽き）を発生させる要因となることは容易に予想される。

　さらに、生徒のバランスのとれた生活や成長を考えると、運動部活動に極端に偏ることは望ましくない。中央教育審議会第一次答申は、子供たちに「ゆとり」を持たせるためには、子供たちが主体的、自発的に使える時間をできるだけ多く確保することが必要であるとしており、運動部活動はこのような生徒の主体的、自発的な活動の時間であるとの考え方もでき得るものの、やはり、適切に活動日数や活動時間数を設定し、生徒の家庭や地域社会での活動時間に配慮するという考え方も必要である。

　また、運動部活動の中においても、生徒に「ゆとり」を持たせることが求められている。

〈開かれた運動部活動〉

　これからの学校は、家庭や地域社会とともに子供たちを育成する開かれた学校となることが必要であるとされているが、運動部活動についても、学校は、自らをできるだけ開かれたものとし、保護者や地域の人々に、自らの考えや現状を率直に語るとともに、その意見を十分に聞く努力を払うことが望まれる。

　また、運動部活動の展開に当たっては、指導に際し地域の人々の教育力の活用を図ったり、家庭や地域社会の支援をいただくことに積極的であってほしいと願う。

　このような取組は、運動部活動をより多彩で活発なものにするとともに、家庭や地域の人々の理解をより深めることに大いに資する。

第2章　具体的提案

　第2章では、生徒にとって望ましいこれからの運動部活動の在り方はどのようなものか、それを実現するためにはどのようなことが考えられるの

か、平成8年調査の結果も踏まえながら、具体の事項を考察し、各般の参考に供することとする。

1 活動日数・活動時間数について

[1] 平成8年調査の結果から

(1) 適当な週当たりの活動(指導)日数等

　i) 中学校

　　ア　生徒の意識

　運動部に所属している中学生に対し、適当(妥当)と思う学期中の週当たりの活動日数及び平日の1日当たりの活動時間数を聞いたところ、最も多かったのは、活動日数では週5日(35.9%)、活動時間数では2～3時間未満(47.2%)であった。日数と時間数の組合せで最も多いのは、活動日数が週5日で活動時間数が2～3時間未満(19.2%)、次いで週6日で2～3時間未満(16.4%)である。

　また、実際の活動日数との関係を見ると、おおむね、週1～3日活動している生徒には活動日数が適当又はもう少し活動してもよいと思っている生徒が多く、週4～5日活動している生徒には活動日数が適当と思っている生徒が多いのに対し、週6日活動している生徒には活動日数が適当又は1日休みたい生徒が多く、週7日活動している生徒には1日又は2日休みたいと思っている生徒が比較的多いと推測される。

　　イ　保護者の意識

　運動部員の保護者については、最も多かったのは、活動日数では週5日(36.6%)、活動時間数では1～2時間未満(51.8%)であった。日数と時間数の組合せで最も多いのは、週5日で1～2時間未満(18.6%)、次いで週5日で2～3時間未満(16.7%)である。

　　ウ　顧問の意識

　運動部の顧問に対し、適当(妥当)と思う学期中の週当たりの指導日数及び平日の1日当たりの指導時間数を聞いたところ、指導日数では週5日と答えた者が最も多く(39.3%)、指導時間数では2～3時間未満と答えた者が最も多かった(50.0%)。日数と時間数の組合せで最も多いのは、指導日数が週5日で指導時間数が2～3時間未満(21.1%)、次いで週6日で2～3時間未満(18.7%)であった。

　また、実際の指導日数との関係を見ると、おおむね、週1日指導している顧問では週4日、週2～5日指導している顧問では週5日、週6～7日指導している顧問では週6日が、適当と考える指導日数の分布の中心となっている。

　ii) 高等学校

　　ア　生徒の意識

　高等学校については、生徒では、活動日数では週6日と答えた者が最も多く(39.5%)、活動時間数では2～3時間未満と答えた者が多かった(54.3%)。日数と時間数の組合せで最も多いのは、活動日数が週6日で活動時間数が2～3時間未満(24.7%)、次いで週5日で2～3時間未満(18.5%)であった。

　また、実際の活動日数との関係を見ると、週1～3日活動している生徒には活動日数が適当又はもう少し活動してもよいと思っている生徒が多く、週4～5日活動している生徒には活動日数が適当と思っている生徒が多いのに対し、週6日活動している生徒には活動日数が適当又は1日休みたい生徒が多く、週7日活動している生徒には1日休みたいと思っている生徒が比較的多いと推測される。

　　イ　保護者の意識

　保護者については、最も多かったのは、活動日数では週5日(34.1%)、活動時間数では2～3時間未満(49.6%)であった。日数と時間数の組合せで最も多いのは、週5日で2～3時間未満(17.8%)、次いで週6日で2～3時間未満(17.1%)である。

　　ウ　顧問の意識

　顧問については、指導日数では週6日と答えた者が最も多く(35.0%)、指導時間数では2～3時間未満と答えた者が最も多かった(51.2%)。日数と時間数の組合せで最も多いのは、指導日数が週6日で指導時間数が2～3時間未満(24.2%)、次いで週5日で2～3時間未満(15.8%)であった。

　また、実際の指導日数との関係を見ると、週1～2日指導している顧問では3～5日、週3～5日指導している顧問では5日、週6～7日指導している顧問では6日が適当であると答えた者の割合が高い。

(2) 活動量の当否

　「所属している運動部の活動量は適当だと思うか」という質問に対し「適当でない」と答えた運動部員は、週1日活動している者で最も多く、次いで中学生では週2日活動している生徒、週7日活動している生徒の順であり、高校生では週7日活動している生徒、週2日活動している生徒の順であった。

(3) 運動部活動は楽しいか

　「運動部の活動は楽しいか」という質問に対し「苦しい」と答えた運動部員は、中学生では週2日活動している生徒、週7日活動している生徒の順、高校生では週7日活動している生徒、週1日活動している生徒の順で多かった。

(4) 活動上の悩み

　活動上の悩みとして「疲れがたまる」「休日が少なすぎる」「遊んだり勉強する時間がない」を

挙げた運動部員は、中学生、高校生とも、週6日以上活動している生徒で多くなっている。
(5) スポーツ障害の発生状況
　スポーツ障害で1週間以上練習を休んだ経験を有する運動部員は、中学生、高校生とも週1～2日活動している生徒で最も多かったものの、週3日以上活動している生徒では、活動日数が上がるにつれて経験のある者の割合が高くなる傾向が見られた。
(6) 休業土曜日と日曜日の運動部活動について
　「学校が休業日（休み）となる土曜日と日曜日の運動部活動についてどう思うか」について、中学校の運動部員、運動部員の保護者、運動部顧問の7割余り、高等学校の運動部員、運動部員の保護者、運動部顧問の6割～7割余りが、休業土曜日と日曜日の少なくとも一方を休みにした方がよいと答えている。

[2] 考察

　運動部活動の意義の実現ということを考えれば、少ない活動日数・活動時間数が望ましいとも言えないものの、スポーツ障害やバーンアウトの予防の観点、生徒のバランスのとれた生活と成長の確保の観点などを踏まえると、行き過ぎた活動は望ましくなく、適切な休養日等が確保されることは必要なことである。
　したがって、我々としては、[1] に示した調査結果の分析も踏まえ、次のような休養日等の設定例を示し、各般の参考に供するところである。

〈運動部における休養日等の設定例〉（参考）
・中学校の運動部では、学期中は週当たり2日以上の休養日を設定。
・高等学校の運動部では、学期中は週当たり1日以上の休養日を設定。
・練習試合や大会への参加など休業土曜日や日曜日に活動する必要がある場合は、休養日を他の曜日で確保。
・休業土曜日や日曜日の活動については、子供の「ゆとり」を確保し、家族や部員以外の友達、地域の人々などとより触れ合えるようにするという学校週5日制の趣旨に適切に配慮。
・長期休業中の活動については、上記の学期中の休養日の設定に準じた扱いを行うとともに、ある程度長期のまとまった休養日を設け、生徒に十分な休養を与える。
・なお、効率的な練習を行い、長くても平日は2～3時間程度以内、休業土曜日や日曜日に実施する場合でも3～4時間程度以内で練習を終えることを目処とする。長期休業中の練習についても、これに準ずる。

　これまでの運動部活動では、活動日数等が多ければ多いほど積極的に部活動が行われているとの考えも一部に見られたが、今後、各学校、各運動部において、適切に休養日等が確保されることを期待したい。
　なお、委員の中には、可能なところでは、オフシーズンを設け、生徒のスポーツ障害やバーンアウトを予防するとともに、多様なスポーツ経験を通じて幅広い成長を促すことが望まれるとの意見もあった。
　また、他校の状況との比較などから各学校、各顧問の判断だけではなかなか休養日等を設定しにくい現実があるとの委員の意見もあったところであり、これを踏まえると、都道府県・市町村の教育委員会や学校体育団体において、休養日等の目安を示していくことも検討されてよい。

2　入部の在り方について

[1] 平成8年調査の結果から

(1) 入部の理由
　運動部員の入部の理由について、全員入部、希望者のみ入部という入部の在り方で比較してみたところ、「そのスポーツを楽しみたかったから」、「そのスポーツをうまくなりたかったから」、「体を鍛えたかったから」、「充実して過ごせると思ったから」などと答えた者の割合がいずれも高く、差はほとんど認められなかった。「全員加入で仕方なく」と答えた者は、全員入部の生徒であっても、中学生、高校生とも、4％程度にとどまる。

(2) 部活動は楽しいか
　「運動部の活動は楽しいか」ということを、全員入部、希望者のみ入部という入部の在り方で比較すると、全員入部の生徒も8割以上が「楽しい」と答えており、希望者のみ入部の生徒との差は極わずかであった。

(3) 保護者の運動部活動についての不満
　運動部員の保護者に対する子供の運動部活動についての不満についての質問で、「全員加入とされており、本人の希望に合わない活動を強制されている」と答えた保護者は、中学校で1.8％、高等学校では0.5％にとどまっている。

[2] 考察

　入部の在り方に関する本協力者会議の検討においては、i）子供の体力・運動能力が低下してきている現状もあり、運動部活動の意義をより多くの生徒が経験することはむしろ望ましいと考えられる、ii）生徒数が減少する中で全員入部によって部員数が確保できている状況も認められる、特別活動の必修クラブ活動を部活動で代替している学校も多い、調査結果からは全員入部が特に問題

であると読み取ることは難しい、などの意見が多く出た。

しかしながら、生徒が自発的・自主的に活動を組織し展開するという部活動の本質を突き詰めると、運動部活動への参加については、生徒一人一人の考えを大切にすることが必要であり、保健体育審議会答申中で指摘されているとおり、部活動への参加が強制にわたることのないようにすべきである。

なお、部活動で必修クラブ活動を代替させるために全生徒を何らかの部に所属させている学校もあるようである。けれども、部活動による必修クラブ活動の代替は、学習指導要領上「部活動に参加する生徒については、当該部活動への参加によりクラブ活動を履修した場合と同様の成果があると認められるとき」に、学校の判断により行うことができるものであり、学校においては、部活動による必修クラブ活動の代替を行うために部活動に入部を強制することがないよう適切に運営すべきである。

3 運営の在り方について

[1] 平成8年調査の結果から

(1) 生徒の意見の反映状況と部活動の楽しさ

運動部員に対し、「所属している運動部の練習や試合に生徒の意見は反映されていると思うか」を聞いたところ、中学生で75.4％、高校生で82.0％が「反映されている」と答えた。

「運動部活動は楽しいか」ということと他の要因との関係では、この「生徒の意見の反映状況」が最も関係が強く認められたところであり、中学生、高校生とも「反映されている」と答えた者ほど「楽しい」と答えた者の割合が高く、中学生では「よく反映されている」90.6％から「全く反映されていない」64.8％まで約26％の開き、高校生では「よく反映されている」91.5％から「全く反映されていない」54.4％まで約37％の開きがあった。

(2) 転部の取扱い

転部を認めていない学校が中学校で17.0％、高等学校で2.1％ある。

(3) 競技志向の生徒と楽しみ志向の生徒が一緒に練習することについて

競技志向の生徒と楽しみ志向の生徒が一緒に練習することについて運動部員に聞いたところ、「同じ部で一緒に練習したい」と答えた者が中学生で74.7％、高校生で72.6％と最も多く、次いで「同じ部で別々に練習したい」と答えた者が中学生で16.4％、高校生で14.0％であった。

[2] 考察

(1) 保健体育審議会の指摘（提言）

運動部の運営の在り方について、保健体育審議会答申では、これまでに述べた活動日数・活動時間数等の問題以外で、次のようなことが指摘されている。

1. 一部に見られる勝利至上主義的な在り方については、生徒の豊かな学校生活を保障し全人格的な成長を図るという運動部活動の基本的意義を踏まえ、指導者が生徒の主体性を尊重した運営を心掛けることが必要。
2. 健康・交流志向や競技志向など志向の違いに対する配慮、シーズン制、複数種目制など、生徒の志向に対応した活動内容の多様化を図ることも考えられる。

(2) 本協力者会議の考え

本協力者会議としては、これらも踏まえ、運動部の運営において今後、次のような工夫が行われることが求められていると考える。

〈生徒の意見の十分な反映と運営の柔軟性〉

1. 運動部の運営に生徒の意見を反映させることが基本的に重要であり、運動部の指導者は、部の運営（目標の設定や練習計画の設定等）について、生徒との意見交換を十分に行い、生徒の意見を十分に反映させることが必要である。

指導者の一方的な方針に基づいて活動するのではなく、部員一人一人が主体性を持ってより納得してスポーツに取り組めるようにすることは、スポーツの行い方、楽しみ方、見方、スポーツ集団における他者との関係の持ち方やリーダーシップなど、生徒たちが生涯にわたってスポーツを愛好する上で望まれる能力と態度を一層伸長するものであり、将来、運動部員の一人でも多くが、地域スポーツの実践者やリーダー、支援者となることを促進することにつながるものと考えられる。

また、スポーツとの関わりのみならず、全人的な力である「生きる力」をはぐくむためにも、生徒たちが、自ら課題を見いだし、自ら目標を設定し、自ら工夫して活動に取り組むようにすることが必要である。

ここでいう生徒の意見の反映ということは、多くの場合、部員全体の集団としての意見の反映ということになろうが、究極的には、個々の部員の情報をどの程度把握し、理解し、その願いをどの程度満たせるかということに、教員としての顧問の力量、あるいは学校としての対応が問われることになろう。

2．また、運動部の運営に生徒の意見を反映させることは、健康・交流志向や競技志向など志向の違いに配慮した運営につながり、また、オフシーズンを設ける部やシーズンにより違う種目を行う部もできてくるなど、生徒の志向に対応した活動内容の多様化に結び付いていくものと考えられる。

3．さらに、競技種目の特性による違いは予想されるものの、生徒同士の人間関係や事故防止などについて顧問が適切な支援を行いつつ、可能な限りで生徒に運営を任せていくことも生徒の「生きる力」の育成に大いに貢献するものである。

4．また、各学校で、より多くの生徒が入部を希望するようになるための工夫や、運動部間の移動をしやすくするための工夫を図ることも望まれる。このため、例えば、全生徒に対し運動部の運営についてアンケート調査を行い可能な範囲で意見を反映させることや、希望する生徒が複数の運動部で活動できるような環境を整えたり、学期ごとに転部・入部の希望のアンケート調査を行い可能な範囲で意見を反映させることなどが考えられる。

5．運動部の運営においては、レギュラー以外の生徒についても、練習試合などに参加できる機会を配慮することが望ましい。さらには、中学校体育連盟（中体連）や高等学校体育連盟（高体連）等において、例えば市町村内の大会について、レギュラー以外の運動部員が参加する大会を設けることを検討していくことも望まれる。

〈開かれた運動部活動〉

6．これからの学校は、保護者や地域に「開かれた学校」となることが肝要であり、運動部の運営についても、保護者や地域の人々に対して自らの考えや現状を率直に語り、その意見を十分に聞くなど、「開かれた運動部」となる努力をさらに払っていくことが大切である。

このための方策としては、例えば、保護者（説明）会や部活動参観日等の設定、部活動通信の発行などが考えられるところである。また、後に述べる外部指導者の活用も「開かれた運動部活動」という取組の一環としてとらえることもできる。

7．さらには、各運動部と地域スポーツクラブ（例えば、スポーツ少年団やママさんバレーボールチーム、地域の野球チーム、卓球チームなど）との交流を図っていくことや、民間スポーツクラブと連携していくことも考えられる。

また、各運動部が、障害者や高齢者のスポーツを含めた地域スポーツに貢献していくことや、部活動の一環として優れた選手のプレーを見に行くことなどもあるとよい。

このような取組は、運動部員の成長にとって大きな意義を有するのみならず、「スポーツボランティア」や「見るスポーツ」というスポーツへの多様な関わりに関する理解を深め、「文化としてのスポーツ」を支えるための基盤を育成するものであり、なお一層の取組が望まれるところである。

4　顧問の実技指導力の向上とスポーツ医・科学に関する外部の専門家や諸機関の活用について

（1）保健体育審議会の指摘（提言）

保健体育審議会答申では、顧問に対して研修を行うなどによりその指導力の向上を図っていくことが求められること、スポーツ医・科学の知識を身に付けた外部の指導者や諸機関の活用を図ることも重要であり、そのための条件整備策について検討する必要があることが指摘されている。

（2）本協力者会議の考え

第1部第3章で見たように、運動部の顧問においては、スポーツ外傷・障害の予防知識を含め、スポーツ医・科学の成果に立脚した実技指導力をより向上させることが課題である。

このため、国や地方公共団体、関係団体において、研修会の開催や手引等の作成など、スポーツ医・科学に関する情報はもとより、運動部の運営や指導の在り方に関する情報提供を充実させていくことが望まれる。

また、各学校においても、顧問相互の情報交換や顧問と養護教諭との情報交換が一層密接に行われることを望むところである。

さらに、地方公共団体が、スポーツドクター（スポーツ医）や大学の専門家、都道府県・市町村のスポーツ施設の専門家やスポーツ相談コーナーなどの活用のための情報を集約し、学校からの求めに応じて提供していくことも期待したい。このようにしてできた人間関係のつながりは、運動部における医学的検査（メディカルチェック）の実施と充実にもつながっていくであろう。

なお、我々としては、運動部の顧問に求められるのは、実技の指導力だけでなく、生徒の人間として調和のとれた成長を目指し、心身ともに健全な国民の育成を期するという学校教育の目的を踏まえて、適切に運動部を運営できる能力であり、後者の方がより比重が大きいことを強調したい。

5 外部指導者の活用について

[1] 平成8年調査の結果から

(1) 運動部員の保護者、運動部顧問、校長の意識

運動部員の保護者、運動部顧問、校長に対し、「(これからの)運動部の指導に外部指導者の活用を図ることについてどう思うか」を聞いたところでは、中学校、高等学校とも、運動部員保護者、運動部顧問の約9割、校長の約8割が「活用するほうがよい」、又は「活用してもよい」と答えている。

(2) 地域のスポーツクラブ等の指導者の意識

地域のスポーツクラブ等の指導者に対し、「仮に近隣の学校から運動部の指導に協力を依頼された場合、協力する意志があるか」を聞いたところでは、36.7%が「求めがあれば是非協力したい」、59.9%が「自分の時間等の制約がなければ協力したい」と答えた。
「協力したいとは思わない」と答えた者は3.3%である。

[2] 考察

(1) 保健体育審議会の指摘（提言）

運動部活動における外部指導者の活用については、保健体育審議会答申では、次のような趣旨の指摘（提言）がなされている。

1. 教員（顧問）数の減少が進んでいる状況の中で、今後、生徒の多様なスポーツニーズにこたえていくためには、運動部活動における外部指導者の活用を促進することが望まれる。
2. そのため、外部指導者の養成・確保策などについて検討を進めるとともに、採用する際には、広く都道府県スポーツ・リーダーバンクやスポーツ・レクリエーション団体に登録されている有資格指導者を積極的に活用していくことが望まれ、地方公共団体においては、外部指導者の活用のための措置を講ずることが必要である。
3. また、外部指導者の活用方法についても、例えば、各学校の判断により、顧問との連携・協力の下に、外部指導者のみで実技指導を行ったり、顧問が引率できない場合に外部指導者が学校体育大会へ引率できるようにすることを認めていくことも考えられる。

(2) 本協力者会議の考え

外部指導者の活用については、我々としては、次のように考える。

〈外部指導者の活用の必要性〉

今後も、全体として、教員（顧問）数の減少や顧問の高齢化が進んでいく状況であることを踏まえると、多様な生徒のスポーツニーズにより広くこたえるためには、少しでも多くの教員が顧問になることを働きかけるとともに、外部の指導者の協力を求めることが必要である。

また、外部指導者の活用は、生徒が保護者やその学校の教職員以外の人と触れ合える一つの機会であり、生徒の成長にとっても意義のあることと言える。

〈外部指導者の活用に当たっての考え方〉

他方、運動部活動の意義は、生徒にスポーツの場を提供しその技能等を伸長することのみならず、むしろそれを通じて生徒の人間的な成長を促すことにある。

そして、部活動を通して生徒と密接に触れ合うことは、教員にとっては生徒理解を深める場として意義が認められるところであり、他方、生徒や保護者からすれば親身になって生徒を支える顧問の姿が、学校への信頼感をより高めることにつながるものである。

したがって、外部指導者の協力を得る場合でも、活動方針や活動計画の作成をはじめ運営全体についてはやはり顧問が進めるべきであり、外部指導者は実技指導面でその顧問を支える人々として位置付けられると考える。

外部指導者の導入は、教員（顧問）数の減少や高齢化等への対応ということのみならず、運動部の顧問にとっては、その外部指導者の持っている実技指導力を学び、自らの指導力を向上させることができる機会であると積極的に理解されることを期待したい。

〈外部指導者の活用に当たっての留意事項〉

また、外部指導者が学校教育や生徒の心身の発育・発達などに応じた運動部活動の指導を行うことができるよう、その協力を得るに当たっては、学校として校内の組織を整え外部指導者との十分な情報交換に留意することや、各顧問が外部指導者と適切な連携を図ることなどが必要である。

さらには、顧問を中心として、生徒、保護者、外部指導者を含めて、一体となって運動部を運営していくような取組が望まれる。

〈外部指導者の活用を促進するための条件整備〉

外部指導者の活用を促進するための条件整備としては、まず、地方公共団体において、外部指導者の活用のための予算上の措置を講じる必要がある。

すでに文部省では、従前の予算を拡大し、平成9年度から、都道府県が、中学校、高等学校等の運動部に外部指導者を派遣したり、外部指導者に対する研修会を開催するための経費の一部を補助

しているところであるが、今後見込まれる需要を考えれば、地方公共団体においては、外部指導者の活用のための予算上の措置を一層図っていくことが求められる。

その際、地方公共団体においては、学校教育や生徒の心身の発育・発達などに応じた適切な指導が行われることとなるよう、外部指導者たり得る人の名簿を整備し学校の求めに応じて情報を提供する体制を整えることや、外部指導者に対する研修の機会を設けることなども強く望まれることである。

さらには、将来的に、保健体育審議会答申で提言されている「スポーツ・健康推進会議（仮称）」（おおむね中学校区程度の範囲において、地域住民主導により、スポーツや健康教育に関する総合的な企画や運営を行う組織）が組織されていけば、その指導者の中から運動部活動の外部指導者を紹介できるシステムが普及することも考えられる。

また、保健体育審議会の指摘・提言のうち、「各学校の判断により、顧問との連携・協力の下に、外部指導者のみで実技指導を行ったり、顧問が引率できない場合に外部指導者が学校体育大会へ引率できるようにすることを認めていくことも考えられる」ということについては、基本的には次のように考えられよう。

すなわち、先に述べたように、運動部の運営全体については顧問が進めるべきであり、外部指導者は実技指導面でその顧問を支える人々として位置付けられるが、顧問が常時指導に立ち会わなければならないわけではなく、顧問と外部指導者との間で活動方針や活動計画、安全面の配慮等について十分に打合せが行われ、教育委員会又は校長の了解がある場合には、指導の一部を外部指導者にゆだねることもあってよいと考える。また、運動部活動の一環としての大会（学校体育大会）への引率についても、十分な打合せの下、教育委員会又は校長の了解がある場合には、宿泊を伴う場合を除き、外部指導者が引率することがあってもよいと考える。これらの場合、生徒や保護者にもその旨を周知しておくことが望ましい。

ただし、この場合、都道府県や市町村など学校の設置者においては、外部指導者のみで実技指導をしたり引率したりする際の教育委員会、校長、顧問及び外部指導者の関係や責任の所在（特に事故防止のための対応及び不幸にして事故が発生した場合の対応）を明らかにするなど、万全を期すことが求められる。特に、外部指導者本人の事故に備え、保険加入の推進を図ることや（ボランティアとして指導を依頼する場合）、非常勤職員として位置付けることを検討する必要がある。この点、専門的な資格を持った人材を確保し複数校での指導に当たらせることや、地域スポーツとの連携等も考慮して教育委員会の地域スポーツ（社会体育）担当職員の身分を併せ持った非常勤の職員として位置付けることを考慮することもよい。

6　複数校合同の運動部活動について

［１］平成８年調査の結果から

運動部員、運動部顧問及び校長に対し、複数校の運動部が合同で活動することについてどう思うかを聞いたところ、賛成した者は、中学校では、運動部員の46.5％、運動部顧問の50.5％、校長の55.6％、高等学校では、運動部員の54.6％、運動部顧問の58.0％、校長の56.1％、であり、総じて意見が割れているととらえられた。

［２］考察

複数校合同の運動部活動は、生徒数の減少によりその学校の生徒だけでは部を組織し難い状況も一部に見られることや、学校にその競技種目を指導できる顧問がいない場合に、近隣の学校にそのような顧問がいれば、合同で部を組織することができてもよいのではとの考えなどから、言われているものである。

複数校の運動部が合同で活動する形態としては、陸上競技や水泳のような個人競技における合同練習、バレーボールやバスケットボールなどのような団体競技における練習試合なども考えられるが、現在主に議論されているのは、複数校の運動部が一つのチームをつくって活動する形態についてである。

（１）保健体育審議会の指摘（提言）

保健体育審議会答申では、生徒数の減少に伴い運動部活動が１校で維持できないような状況も一部に生じてきていることについては、既に複数校による合同の活動を認めている例もあることを踏まえて、今後、指導者の雇用形態や事故発生時の責任の内容も含めて指導の在り方、学校体育大会への参加資格の見直しなど、このような取組が一層可能となるような種々の条件整備策について検討を進める必要があると指摘されている。

（２）本協力者会議の考え
〈基本的考え方と配慮事項〉

生徒の立場で考えると、運動部活動において、同じ学校の生徒と一緒に活動したいと思うのも自然である。そこで、生徒数の減少に対し、ある部員が複数の部に参加することにより部を維持しているという取組もあり得る。また、複数校合同の活動となると、学校間の移動に時間を要することが生徒の負担になることも事実であろう。

しかし、生徒数の減少等によりその学校だけではどうしても部を組織し難い場合において、他校

との合同の部であってもそのスポーツをやりたいという生徒の願いにこたえるために、環境を整備していくことは望ましいことである。

複数校合同の部を設ける場合、それぞれの学校や顧問の間で十分な連携を図り、一人一人の部員に配慮が行き届くようにすることはもとより、競技力が高い生徒のみを集め強力チームが編成されることのないようにする必要があることは基本的に押さえておくべき事柄であり、合同の部の編成は、あくまで近隣校でのみ認められるとすべきである。また、生徒の移動の問題等を考えると、実際には、週に何日かは単独で、他の何日かは合同で、練習するということになろう。

なお、合同練習や合同合宿、練習試合などは、生徒にとっては他校の生徒との交流の機会であり、顧問にとっても相互の交流の機会であるので、適切な配慮の下に行われるならば、有意義な取組である。

〈複数校合同の運動部活動を可能とするための条件整備〉

保健体育審議会答申の指摘・提言のうち、「今後、指導者の雇用形態や事故発生時の責任の内容を含めて指導の在り方、学校体育大会への参加資格の見直しなど、このような取組が一層可能となるような種々の条件整備策について検討を進める必要がある」ということについては、中体連、高体連等の学校体育団体や、行政においても、十分に検討を進める必要があるが、基本的には次のように考えられよう。

つまり、複数校合同の部を設ける場合でも、それぞれの学校に顧問を置いて、学校間・顧問間で十分な連携を図り、一人一人の部員に十分配慮が行き届くようにすることが必要である。しかし、全顧問が常時指導に立ち会わなければならないわけではなく、主に指導する顧問とそれ以外の顧問との間で活動方針や活動計画、安全面への配慮等について十分に打合せが行われ、教育委員会又は各校長の了解がある場合には、指導の一部を主に指導する顧問にゆだねることもあってよいと考えられる。また、学校体育大会への引率については、十分な打合せの下、教育委員会又は各校長の了解がある場合には、宿泊を伴う場合を除き、主に指導する顧問が引率することがあってもよいと考えられる。これらの場合、生徒や保護者にもその旨を周知しておくことが望ましい。

なお、万一事故が発生した場合に備え、学校間で事故への対応等について十分な共通理解を図っておく必要があるが、その際、教育委員会が指針を示して適切な指導助言を行うなど、このような取組が一層可能となるように対応を進める必要がある。また、複数校合同の運動部活動を可能とするためには、学校体育大会の参加資格の見直しが

不可欠であり、中体連や高体連等の学校体育団体は、この点について早急に検討する必要がある。

7 これからの運動部活動と地域スポーツ（社会体育）との関係の在り方について

[1] 平成8年調査の結果から

(1) 運動部活動の必要性

全保護者、全教員、校長及び地域のスポーツクラブ等の指導者に対し、「中学校や高等学校において運動部活動を設けることは必要なことだと思うか」を聞いたところ、いずれも9割以上（保護者、校長、地域のスポーツクラブ等の指導者は95％以上）が「必要である」とした。

また、運動部員の保護者とそれ以外の保護者、運動部顧問とそれ以外の教員とを比較すると、いずれも前者の方が必要であると答えた者の割合が若干高いが、後者でも9割以上が必要であると答えた。

(2) 運動部活動の将来の在り方

〈1 生徒の考え（運動部員）〉

運動部員に対し、「あなたが入学してすぐのこととして答えてください。仮に、あなたが所属している運動部と同じ種目を行えるスポーツクラブ、スポーツスクール、道場等が近くにあったとして、あなたは運動部に所属したと思いますか、そのようなスポーツクラブ等に所属したと思いますか。そのスポーツクラブ等においても運動部と同じレベルの活動が行われていて、かかる費用も同じくらいとして考えてください。」と聞いたところ、「運動部に所属した」、又は「運動部と地域のスポーツクラブ等の両方に所属した」と答えた生徒が、中学生で90.5％、高校生で91.5％であった。

〈2 保護者の考え（全保護者）〉

全保護者に対し、「運動部活動を将来どのようにしていくのがよいと思うか」を聞いたところ、中学校で90.6％、高等学校で90.1％が全部又は大部分の運動部活動は「学校に残した方がよい」と答えた。

運動部員の保護者とそれ以外の保護者を比較したところ、前者の方が残した方がよいと答えた者の割合が高いが、後者でも中学校で83.6％、高等学校で86.3％が残した方がよいと答えている。

〈3 校長の考え〉

同じ質問を校長に聞いたところ、中学校長の52.0％、高等学校長の70.4％が、全部又は大部分は「学校に残した方がよい」と答えた。

〈4 教員の考え（全教員）〉

教員に対し同じ質問を行ったところ、高等学校では59.7％の教員が全部又は大部分は「学校に残した方がよい」と答えたのに対し、中学校で

は53.2％の教員が「地域に移した方がよい」と答えた（そのうち60.0％は、「基本的には社会体育へ移行すべきであるが短・中期的には無理である」という意見）。

〈5　地域のスポーツクラブ等の指導者の考え〉

地域のスポーツクラブ等の指導者に対し、「あなたはこれからの運動部活動の在り方や、運動部活動と社会体育の関係の在り方について、どのようにしていくのがよいと思いますか」と聞いたところ、90.5％の者が、全部又は大部分の運動部活動は「学校に残した方がよい」とした。

最も多いのは、運動部活動と社会体育とが連携して多様な子供のニーズにこたえていくのが妥当であるという意見（60.5％）であった。

[2] 考察

(1) 保健体育審議会の指摘（提言）

保健体育審議会答申では、これからの運動部活動と地域スポーツ（社会体育）との関係について、外部指導者の活用のほか、主に次のような提言がなされている。

1. 地域や学校段階等において多様な実情があることにも配慮し、全体としては、学校における運動部活動の適切な展開と地域スポーツの一層の振興を図り、両者の連携を図りながら、多様な児童生徒のニーズにこたえる環境を整備するという考え方が必要である。
2. 地域において活発なスポーツ活動が行われており、しかも学校に指導者がいない場合など、地域社会にゆだねることが適切かつ可能な場合にはゆだねていくことも必要であると考える。

(2) 本協力者会議の考え

保健体育審議会答申も指摘（提言）しているように、今後、スポーツ施設の質的充実と住民の視点に立った運営や、学校体育施設の共同利用化、スポーツ指導者の確保と効果的な活用、各ライフステージの特性を踏まえた各種事業の展開、スポーツクラブの育成など、地域におけるスポーツ環境づくりが一層進展することが期待されており、我々としてもこれを強く願うところである。

他方、今のところ、全国の中学校区程度の地域で、現在運動部活動で行われているような多様なスポーツ活動が展開できる環境が整備されているとは言い難い状況である。また、これまで述べてきたように、運動部活動には固有の意義が認められ、学校が可能な限りでこれを支援することは重要なことと考える。

生徒にとっては、学校教育活動の一環としての運動部活動や地域スポーツから自分のニーズにより合ったものを選択できるようになることが最も望ましく、全体としては、保健体育審議会答申の

言うように、学校における運動部活動の適切な展開と地域スポーツの一層の振興を図り、両者の連携を図りながら、両者が相まって、多様な生徒のニーズにこたえる環境を整備するという考え方が妥当である。

なお、学校の負担等も考慮すれば、中央教育審議会第一次答申や保健体育審議会答申で指摘されているように、地域において活発なスポーツ活動が行われており、しかも学校に指導者がいない場合など、地域社会にゆだねることが適切かつ可能な場合には、ゆだねていくことも必要であると考える。

8　その他

[1] 学校体育大会と部活動

(1) 保健体育審議会の指摘（提言）

> 学校体育大会の開催が、日頃の運動部活動において技能や勝敗を過度に重視する姿勢をもたらしているとの指摘もあるものの、従来「文武両道」とも言われてきたように、知・徳・体のバランスのとれた国民を育成する上で、運動部活動は大きな意義を有しており、その成果の発表の場である学校体育大会にも大きな貢献が認められるところである。
>
> 運動部において継続的にスポーツをする上で、個々の生徒が今以上の技能や記録に挑戦することは自然なことであり、それを学校が支援すること自体が問題とされるものではない。問題とされるのは、大会で勝つことのみを重視し過重な練習を強いたり、その生徒のバランスのとれた生活や成長に支障を来している場合である。
>
> このように運動部活動には、より高い技能や記録に挑戦するというスポーツ本来の活動を行う過程で、ともすれば過重な練習を強い、調和のとれた人間形成を図るという本来の目的と矛盾する場合も見られる。このことを常に念頭に置いて、顧問、校長などその指導者、管理者や、運動部活動の大会の主催者である中体連や高体連などの学校体育団体は、より健全な活動を促進することに努める必要がある。
>
> とりわけ、いわゆる勝利至上主義に基づく過重な練習による弊害を是正するため、中体連、高体連、各競技団体が互いに連携を図りながら、運動部活動における練習の在り方、全国大会の在り方、各年齢期の適時性に基づいた特別ルールなどを検討する必要がある。特に、全国大会については、学校教育活動の一環であることを認識し、華美にわたることのないよう大会規模など節度あるものとするとともに、日程や

時期、種目、開催地負担の軽減方策などについても絶えざる検討を行う必要がある。あわせて学校体育団体についても、学校教育の動向を踏まえた合理的な組織運営の工夫や組織の改善充実に努めることが望まれる。

(2) 本協力者会議の考え

平成8年調査において、運動部員、運動部員保護者、運動部顧問、及び校長に対し、運動部活動の全国大会の開催回数について次のように聞いたところ、中学校、高等学校を含め、「現状（今）のままでよい」と答えた者が、運動部員の約6割、運動部員の保護者、運動部顧問、校長の約8～9割であった。

　(問)「現在、運動部活動の全国レベルの大会は、中学校で年1回、高等学校で年2回となっています。これらの全国大会への参加の大部分は、地方ブロック大会や都道府県大会などを経て行われることとなっています。あなたはこのような全国大会の回数を増やすことについてどう思いますか。」

このような結果の背景には、生徒の生活のバランスの確保やスポーツ障害の予防の観点、学校等の負担が現状以上に増えることは望ましくないとの考えなどがあるものと思われる。この調査結果を踏まえると、本協力者会議としては、全国中学校体育大会や全国高等学校総合体育大会など中学校、高等学校の運動部活動の全国大会の開催回数は、現状どおりで妥当であろうと考える。

なお、委員の中には、学校体育の全国大会に結び付かない都道府県大会等や練習試合などで、競技レベルの高い特定の運動部員が年中試合をやっているような状況が見受けられ、生徒の将来的な成長を考えた場合問題があるとの意見があった。

[2] 国際競技力向上のための一貫指導における運動部活動との連携

(1) 保健体育審議会の指摘（提言）

運動部活動は先に述べたように、学校教育活動の一環として行われ、様々な教育的意義を有している。一方、競技スポーツの面から見ても、多くの競技において選手は、高校生までのジュニア期を学校における運動部活動で過ごしている。国際競技力の向上を図るためには運動部活動への過度の依存を見直すことが必要であるが、以上のような現状においては、運動部活動と国際競技力向上のための各競技団体が取り組む一貫指導との適切な連携が重要である。

将来性のある選手が運動部活動を日常的な活動の場にしている場合には、指導者と競技団体との間で、指導カリキュラムの作成及び指導結果のフィードバックなどの連携を適切に図ったり、競技団体の指導者が運動部活動の現場に定期的に指導に出向くようにすることなども考えられる。その際、その選手に対する指導が優先され、他の生徒の活動に支障が生じないよう留意する必要がある。

さらに、競技団体により地域の育成の拠点が別に設けられ、そこで育成することが特に望まれるような場合には、運動部活動に所属せずに育成拠点で活動することについて、学校側が配慮することも必要である。

なお、一貫指導のカリキュラムは、必ずしも優れた資質を有した者だけに適しているのではなく、中学校や高等学校の部活動などにおいて、一般的に活用できる部分も多いと考えられるので、運動部活動などでの指導において、一貫指導カリキュラムを積極的に活用することも検討されてよい。

(2) 本協力者会議の考え

本協力者会議としても、運動部活動の関係者と各競技団体の関係者において、将来性のある選手がいる場合の競技団体との適切な連携や、今後各中央競技団体が定める一貫指導カリキュラムの活用などについて、必要な検討を行うことが望まれると考える。

全国大会の開催回数について

	中学校				高等学校			
	運動部員	運動部員保護者	運動部顧問	校長	運動部員	運動部員保護者	運動部顧問	校長
現状のままでよい	57.2	86.4	77.2	80.0	62.5	88.7	83.1	90.9
増やすべきである	38.0	9.3	9.6	1.0	35.7	7.0	5.9	2.0
減らすべきである	-	-	-	-	1.8	4.3	11.0	7.1
なくてよい	4.9	4.3	13.2	19.0	-	-	-	-

運動部活動の在り方に関する調査研究報告書〔平成25年〕
～一人一人の生徒が輝く運動部活動を目指して～

平成25年〔2013年〕5月27日　文部科学省
運動部活動の在り方に関する調査研究協力者会議

I　本調査研究の趣旨について

○中学校、高等学校（中等教育学校を含む。以下同じ。）における運動部活動は、学校教育の一環として、スポーツに興味と関心をもつ同好の生徒の自主的、自発的な参加により、顧問の教員をはじめとした関係者の取組や指導の下に運動やスポーツを行うものであり、各学校で多様な活動が行われ、我が国独自の発展を遂げてきました。

現在、中学校で約65％、高等学校（全日制及び定時制・通信制）で約42％の生徒が参加（平成24年度日本中学校体育連盟、全国高等学校体育連盟、日本高等学校野球連盟調べより）しており、多くの生徒の心身にわたる成長と豊かな学校生活の実現に大きな役割を果たし、様々な成果をもたらしています。

○このような運動部活動の場において、毎年、指導者による体罰の事案が報告され、平成24年12月には、顧問の教員の体罰を背景として高校生が自ら命を絶つとの痛ましい事案が発生しました。

学校教育における体罰は、従来より学校教育法で禁止されている決して許されない行為であり、文部科学省からは、上記の事案の発生を受け、改めて体罰禁止の徹底、懲戒と体罰の区別等についての通知が発出されています（平成25年1月23日及び同年3月13日付け文部科学省初等中等教育局長、スポーツ・青少年局長通知）。

○学校教育法（昭和22年3月31日法律第26号）（抜粋）
第一一条　校長及び教員は、教育上必要があると認めるときは、文部科学大臣の定めるところにより、児童、生徒及び学生に懲戒を加えることができる。ただし、体罰を加えることはできない。

各通知は文部科学省のホームページに掲載されています。

○「体罰禁止の徹底及び体罰に係る実態把握について（依頼）」（平成25年1月23日）
○「体罰の禁止及び児童生徒理解に基づく指導の徹底について（通知）」（平成25年3月13日）

また、政府の教育再生実行会議からは、平成25年2月に体罰禁止の徹底、子どもの意欲を引き出し、その自発的行動から成長を促す部活動指導のガイドラインを国において策定することが提言されました。

教育再生実行会議第一次提言
　　　　　　　　　　（平成25年2月26日）
5．体罰禁止の徹底と、子どもの意欲を引き出し、成長を促す部活動指導ガイドラインの策定

体罰により、子どもの心身の発達に重大な支障が生じる事案や、尊い命が絶たれるといった痛ましい事案は断じて繰り返してはなりません。もとより、体罰は法律により禁止されており、教育現場での体罰の禁止を更に徹底するとともに、社会全体として体罰が許されないことを共有化するべきです。

また、子どもの意欲を引き出し、その自発的行動から成長を促す部活動指導のガイドラインを国において策定し、全国の教職員や指導に携わる関係者の全てが適切に実践していくべきです。

○国及び教育委員会は、学校での懲戒として認められる対応と体罰の区別を明確に示すとともに、関係機関が率先して体罰根絶宣言を行うなど、体罰の禁止を徹底する。教員や部活動指導者による体罰に対しては厳正な対応で臨む。

○体罰による指導に陥らないよう、特に部活動において体罰の根絶を目指し、国は、子どもの自発的行動を促す部活動指導のガイドラインを策定する。

○国及び教育委員会は、部活動指導者の養成や教員研修において、体罰の禁止とともに、コーチングや各種のメンタルトレーニングなど、体罰や不適切な指導によらない適切な指導方法を体得できるよう徹底する。

○学校及び教育委員会において、体罰の実態を見逃さないよう、子どもや保護者が、体罰の訴えや、教員や部活動指導者との関係の悩みなどの相談をすることができる体制を整備する。

○教員や部活動指導者は、部活動において勝利至上主義に陥ることなく、子どもの生涯全体を視野に入れて、発達段階に応じた心身の成

長を促すことに留意する。

○いうまでもなく、スポーツは、人類が生み出した貴重な文化であり、自発的な運動の楽しみを基調とし、障害の有無や年齢、男女の違いを超えて、人々が運動の喜びを分かち合い、感動を共有し、絆を深めることを可能にします。さらに、次代を担う青少年の生きる力を育むとともに、他者への思いやりや協同する精神、公正さや規律を尊ぶ人格を形成します。
　スポーツの指導において体罰を行うことは、このようなスポーツの価値を否定し、フェアプレーの精神、ルールを遵守することを前提として行われるスポーツと相いれないものであり、スポーツのあらゆる場から根絶されなければなりません。
　現にトップアスリートとして活躍する者の中で、指導において体罰を受けた経験がないと述べる者がいるように、優れた指導者、適切な指導を行える指導者は、体罰を行うことなく技能や記録の向上で実績をあげており、スポーツの指導において体罰は不必要です。
○運動部活動の指導者は、これまでに熱心な取組、適切な指導方法によって多くの成果をあげてきましたが、指導に当たって、学校教育法で禁止されている体罰を厳しい指導として正当化するような認識があるとしたら、それは誤りであり、許されないものです。また、指導に当たっては、生徒の人間性や人格の尊厳を損ねたり否定したりするような発言や行為は許されません。
　今後、運動部活動の全ての指導者は、体罰は決して許されないとの意識を徹底してもち、適切な内容や方法により指導を行っていくことが必要です。
　一方、熱心に、かつ、適切に指導を行ってきた指導者からは、今後の運動部活動での指導に当たって、体罰等の許されない指導とあるべき指導の考え方について整理を望む声があります。
○このような背景から、本調査研究では、全国的に運動部活動での指導において体罰を根絶するとともに、現在積極的に取り組まれている運動部活動の指導者を支援することを目指して、運動部活動における指導の在り方についての検討を平成25年3月から5回にわたって行いました。
　その成果として、別添のとおり、今後、運動部活動での指導を行う際して考慮いただきたい基本的な事項、留意点をまとめた「運動部活動での指導のガイドライン」を作成しました。

○本ガイドラインは、地方公共団体、学校の管理職、顧問の教員、外部指導者、保護者等の運動部活動の関係者が平易に一読できるよう、基本的な事項を中心にできるだけ簡潔なものとしました。
　今後、各地方公共団体において独自のガイドラインや手引き等を作成する又は改訂する場合、関係の研修会を開催する場合、各学校において学校全体や各活動の目標、指導の方針、指導の計画、効果的な指導の内容や方法等を検討、作成する場合などで、本ガイドラインが活用されることを念頭においています。
　このような取組により、全国各地域の学校において、体罰の根絶、指導の内容や方法について必要な検討、見直し、創意工夫、改善、研究が進められ、それぞれの特色を生かした適切で効果的な指導が行われることにより、運動部活動で生徒一人一人の心身の成長がもたらされることを願っています。
　なお、本ガイドラインは、中学校、高等学校における運動部活動での指導について作成したものですが、これら以外の学校でも本ガイドラインを参考として、適宜、必要な取組を行っていくことが考えられます。

II 運動部活動の充実に向けた国、地方公共団体、大学、関係団体等の取組、支援への期待

○我が国の運動部活動は、各学校における顧問の教員等の取組により支えられ、多くの成果をもたらしてきました。
　各学校で担当教科等の指導とともに運動部活動での指導にも積極的に取り組む顧問の教員等への支援のために、関係者は、活動経費、活動施設や設備等の整備、確保とともに、下記のような取組を充実させていくことが望まれます。

①顧問の教員等が効果的な指導の内容や方法を習得する機会の確保

　運動部活動の指導者、特に顧問の教員は、当該スポーツ種目の技術的な指導のみならず、部活動のマネジメント（運営）、生徒の意欲喚起や人間関係形成のための指導、安全確保や事故防止に取り組むことが必要です。
　国、地方公共団体、大学等の教育研究機関、関係団体等は、顧問の教員がこれらの幅広い知識や技能、科学的な知見、最新の研究成果等を継続的に学ぶことができる機会を提供することが望まれます。
　また、地方公共団体、学校は、顧問の教員がこれらに参加する場合に、必要な配慮を行ったり、支援を図ることが望まれます。
　大学等では、上記のような運動部活動を運営、

指導していくために必要な事項について積極的に研究を進め、その成果を教員の養成や研修の場、運動部活動の指導者の資質向上のための取組に生かすことが期待されます。

②**指導に当たる教員への部活動指導手当等の処遇の充実**

現在、公立学校で教員が職務として部活動の指導に当たった場合には下記の手当が支給されています。

顧問の教員について、努力に応じた処遇がなされるよう、関係手当の一層の充実が必要と考えます。

> ○部活動の指導に当たった場合の手当の現状について
> ①部活動指導手当
> 　一般的に、土・日曜日等(勤務を要しない日)に4時間程度、部活動指導業務に従事した場合に支給されます。国の義務教育費国庫負担金上は日額2,400円(4時間程度業務に従事)で算定されています。
> ②対外運動競技等引率指導手当
> 　一般的に対外運動競技等において児童又は生徒を引率して行う指導業務で、宿泊を伴うもの又は土・日曜日等に行うもの(8時間程度業務に従事)について支給されます。
> 　国の義務教育費国庫負担金上は、日額3,400円(8時間程度業務に従事)で算定されています。
> 　①、②とも具体的な支給要件や支給額は、地方公共団体の条例等において定められています。

また、生徒の日頃の練習の成果の発表の場となる大会等の運営に顧問の教員等が安心して取り組める環境づくりに努めることが望まれます。

③**指導体制の整備のための外部指導者等の活用**

現在行われている各活動では、効果的な運営、指導に向けて適切な指導体制の確保が望まれます。

学校教育の一環として、運動部活動の目標、方針、計画などの作成、指導等を顧問の教員が行っていく際に、現在の校内の教員では当該スポーツ種目の技術的な指導を行えない場合などには、外部指導者の協力を得ることも効果的であると考えられます。

また、生徒の健康管理等の専門的な事項については、スポーツドクター、トレーナー等の専門家の知見、協力を得ることが有意義と考えられます。

国、地方公共団体、大学等の教育研究機関、関係団体等は、優れた外部指導者等の確保のための取組、適切な処遇のための措置、外部指導者が運動部活動で指導を行うために必要な知識や技能に係る研修等を行っていくことが望まれます。

④**地域全体での生徒の活動の場の充実**

少子化等の学校を取り巻く状況の変化の中で、学校における運動部活動だけで、生徒が求める様々なスポーツ種目の活動の場を提供すること、また、より高い水準の技能や記録に挑むことを重視する生徒、技能等を身に付けることにはそれほどこだわらない生徒、あるいは、運動があまり得意ではないけれどスポーツに親しみたいとの思いを持つ生徒等、生徒の多様なニーズにすべて対応することは困難です。

国、地方公共団体、関係団体等は、生徒の多様なニーズ等に対応できるよう、各学校における運動部活動とともに、複数校合同による活動や地域における総合型地域スポーツクラブの育成、充実を進めることが望まれます。

運動部活動での指導のガイドライン

1　本ガイドラインの趣旨について

○運動部活動は、学校教育の一環として、スポーツに興味と関心をもつ同好の生徒の自主的、自発的な参加により、顧問の教員をはじめとした関係者の取組や指導の下に運動やスポーツを行うものであり、各学校で多様な活動が行われています。

○本ガイドラインに記述する内容は、これまでに文部科学省が作成した資料(「みんなでつくる運動部活動」平成11年3月)等で掲げているもの、地方公共団体、学校、指導者によっては既に取り組んできたものもありますが、今後の各中学校、高等学校(中等教育学校を含む。以下同じ。)での運動部活動での指導において必要である又は考慮が望まれる基本的な事項、留意点をあらためて整理し、示したものです。

○本ガイドラインを踏まえて、各地方公共団体、学校、指導者(顧問の教員及び外部指導者をいう。以下同じ。)が、運動部活動での具体的な指導の在り方、内容や方法について必要な検討、見直し、創意工夫、改善、研究を進め、それぞれの特色を生かした適切で効果的な指導を行うことにより、運動部活動が一層充実していくことを期待します。

2　生徒にとってのスポーツの意義

○スポーツは、スポーツ基本法に掲げられているとおり、世界共通の人類の文化であり、人々が生涯にわたり心身ともに健康で文化的な生活を営むうえで不可欠なものとなってい

ます。特に、心身の成長の過程にある中学校、高等学校の生徒にとって、体力を向上させるとともに、他者を尊重し他者と協同する精神、公正さと規律を尊ぶ態度や克己心を培い、実践的な思考力や判断力を育むなど、人格の形成に大きな影響を及ぼすものであり、生涯にわたる健全な心と身体を培い、豊かな人間性を育む基礎となるものです。

　運動部活動において生徒がスポーツに親しむことは、学校での授業等での取組、地域や家庭での取組とあいまって、スポーツ基本法の基本理念を実現するものとなります。

○スポーツ基本法
　　　　（平成23年6月24日法律第78号）（抜粋）
第二条
2　スポーツは、とりわけ心身の成長の過程にある青少年のスポーツが、体力を向上させ、公正さと規律を尊ぶ態度や克己心を培う等人格の形成に大きな影響を及ぼすものであり、国民の生涯にわたる健全な心と身体を培い、豊かな人間性を育む基礎となるものである…（以下略）。

3　運動部活動の学校教育における位置付け、意義、役割等について

①運動部活動は学校教育の一環として行われるものです

○現行の学習指導要領では、部活動について、学校教育の中で果たす意義や役割を踏まえ、「学校教育の一環として、教育課程との関連が図られるよう留意する」ことについて明確に示しています。

　具体的には、中学校学習指導要領では、第1章総則で部活動について、第2章第7節保健体育で運動部活動について、高等学校学習指導要領では、第1章総則で部活動について、第2章第6節保健体育で運動部活動について、下記のとおり規定しています。

　なお、学習指導要領にこのように規定されたことをもって、生徒の自主的、自発的な参加により行われるとの部活動の性格等が変わるものではありません。

○中学校学習指導要領
　　　　　　　（平成20年3月）（抜粋）
第1章　総則
第4　指導計画の作成等に当たって配慮すべき事項
2．以上のほか、次の事項に配慮するものとする。
(13)　生徒の自主的、自発的な参加により行われる部活動については、スポーツや文化及び科学等に親しませ、学習意欲の向上や責任感、連帯感の涵養等に資するものであり、学校教育の一環として、教育課程との関連が図られるよう留意すること。その際、地域や学校の実態に応じ、地域の人々の協力、社会教育施設や社会教育関係団体等の各種団体との連携などの運営上の工夫を行うようにすること。
第2章　各教科
第7節　保健体育
第3　指導計画の作成と内容の取扱い
(2)　第1章総則第1の3に示す学校における体育・健康に関する指導の趣旨を生かし、特別活動、運動部の活動などとの関連を図り、日常生活における体育・健康に関する活動が適切かつ継続的に実践できるよう留意すること。

○高等学校学習指導要領
　　　　　　　（平成21年3月）（抜粋）
第1章　総則
第5款　教育課程の編成・実施に当たって配慮すべき事項
5　教育課程の実施等に当たって配慮すべき事項
　以上のほか、次の事項に配慮するものとする。
(13)　生徒の自主的、自発的な参加により行われる部活動については、スポーツや文化及び科学等に親しませ、学習意欲の向上や責任感、連帯感の涵養等に資するものであり、学校教育の一環として、教育課程との関連が図られるよう留意すること。その際、地域や学校の実態に応じ、地域の人々の協力、社会教育施設や社会教育関係団体等の各種団体との連携などの運営上の工夫を行うようにすること。
第2章　各学科に共通する各教科
第6節　保健体育
第3款　各科目にわたる指導計画の作成と内容の取扱い
1　指導計画の作成に当たっては、次の事項に配慮するものとする。
(1)　第1章総則第1款の3に示す学校における体育・健康に関する指導の趣旨を生かし、特別活動、運動部の活動などとの関連を図り、日常生活における体育・健康に関する活動が適切かつ継続的に実践できるよう留意するものとする。

②運動部活動は、スポーツの技能等の向上のみならず、生徒の生きる力の育成、豊かな学校生活の実現に意義を有するものとなることが望まれます
○学校教育の一環として行われる運動部活動は、スポーツに興味と関心をもつ同好の生徒が、より高い水準の技能や記録に挑戦する中で、生徒に下記のような様々な意義や効果をもたらすものと考えられます。
・スポーツの楽しさや喜びを味わい、生涯にわたって豊かなスポーツライフを継続する資質や能力を育てる。
・体力の向上や健康の増進につながる。
・保健体育科等の教育課程内の指導で身に付けたものを発展、充実させたり、活用させたりするとともに、運動部活動の成果を学校の教育活動全体で生かす機会となる。

> 学習指導要領で「学校教育の一環として、教育課程との関連が図られるよう留意すること」と規定されたことは、運動部の活動に関しては、主として保健体育科の目標である「心と体を一体としてとらえ、健康・安全や運動についての理解と運動の合理的、計画的な実践を通して、生涯にわたって豊かなスポーツライフを継続する資質や能力を育てるとともに、健康の保持増進のための実践力の育成と体力の向上を図り、明るく豊かで活力ある生活を営む態度を育てる」ことを踏まえた活動を行うことなどを示しています。
> 教育課程との関連を図る際の一つの取組として、各教科等で学習した内容を運動部活動で活用する取組、例えば、保健体育科の体育理論で学習した「運動やスポーツが心身の発達に与える効果と安全」、「運動やスポーツの効果的な学習の仕方」を活用して練習の計画を立案したり、また、保健体育科以外の教科等でも、中学校数学科で学習したヒストグラムを活用して試合での作戦や練習の方法を考えるなどの取組も想定されます。

・自主性、協調性、責任感、連帯感などを育成する。
・自己の力の確認、努力による達成感、充実感をもたらす。
・互いに競い、励まし、協力する中で友情を深めるとともに、学級や学年を離れて仲間や指導者と密接に触れ合うことにより学級内とは異なる人間関係の形成につながる。
○このように、運動部活動は、各学校の教育課程での取組とあいまって、学校教育が目指す生きる力の育成、豊かな学校生活を実現させる役割を果たしていると考えられます。
○継続的にスポーツを行う上で、勝利を目指すこと、今以上の技能の水準や記録に挑戦することは自然なことであり、それを学校が支援すること自体が問題とされるものではありませんが、大会等で勝つことのみを重視し過重な練習を強いることなどがないようにすること、健全な心と身体を培い、豊かな人間性を育むためのバランスのとれた運営と指導が求められます。

③生徒の自主的、自発的な活動の場の充実に向けて、運動部活動、総合型地域スポーツクラブ等が地域の特色を生かして取り組むこと、また、必要に応じて連携することが望まれます
○生徒が取り組みたいスポーツの種目、身に付けたい技能や記録の向上の程度は様々です。より高い水準の技能や記録に挑むことを重視する生徒、自分なりのペースでスポーツに親しみたい生徒、一つの種目よりも様々な種目に挑戦したい生徒等がいます。
各地方公共団体、学校では、生徒の多様なニーズを把握するとともに、それらに応え、運動部活動への参加の効果を一層高めるために、活動内容や実施形態の工夫、シーズン制等による複数種目実施、複数校による合同実施等の様々な取組が望まれます。さらに学校の取組だけではなく、総合型地域スポーツクラブ等との連携や地域のスポーツ指導者、施設の活用など、地域社会全体が連携、協働した取組も望まれます。その際には、学校、地域関係者が相互に情報提供し、理解しつつ、取り組むことが望まれます。

4 運動部活動での指導の充実のために必要と考えられる7つの事項

[運動部活動での効果的、計画的な指導に向けて]
①顧問の教員だけに運営、指導を任せるのではなく、学校組織全体で運動部活動の目標、指導の在り方を考えましょう
〈学校組織全体での運営や指導の目標、方針の作成と共有〉
○運動部活動は、顧問の教員の積極的な取組に支えられるところが大きいと考えられますが、学校教育の一環としてその管理の下に行われるものであることから、各活動の運営、指導が顧問の教員に任せきりとならないようにすることが必要です。
校長のリーダーシップのもと、教員の負担軽減の観点にも配慮しつつ、学校組織全体で運動部活動の運営や指導の目標、方針を検討、作成するとともに、日常の運営、指導において、必要な場合には校長が適切な指示をしたり、顧問の教員等の間で意見交換、指導の内

容や方法の研究、情報共有を図ることが必要です。この取組の中で、体罰等が許されないことの意識の徹底を図ることも必要です。
○目標、方針等の作成及び日常の指導において生徒の健康管理、安全確保、栄養管理等に取り組む場合には、学校内の保健体育科担当の教諭、養護教諭、栄養教諭等の専門的知見を有する関係者の協力を得ることも効果的であると考えられます。
○生徒に対しても、各部内のみならず学校内の各部のキャプテンやリーダー的な生徒が横断的に活動の在り方等について意見や情報を交換することを促すことも望まれます。
〈保護者等への目標、計画等の説明と理解〉
○保護者等に対して、学校全体の目標や方針、各部の活動の目標や方針、計画等について積極的に説明し、理解を得ることが望まれます。
②各学校、運動部活動ごとに適切な指導体制を整えましょう
〈外部指導者等の協力確保、連携〉
○顧問の教員の状況や生徒のニーズ等によっては、当該スポーツ種目の技術的な指導は、地域などでの優れた指導力を有する外部指導者が中心となって行うことが効果的である場合も考えられます。
　また、指導、健康管理等において、地域のスポーツドクター、トレーナー等の協力を得ることも有意義であると考えられます。
　これらの外部指導者等の協力を得る場合には、学校の取組以外に、地方公共団体、関係団体、総合型地域スポーツクラブ、医療関係者等とも連携、情報交換しながら、協力を得られる外部指導者等の情報等を把握していくことが重要です。
〈外部指導者等の協力を得る場合の校内体制の整備〉
○運動部活動は学校教育の一環として、学校、顧問の教員により進められる教育活動であることから、外部指導者等の協力を得る場合には、学校全体の目標や方針、各部の活動の目標や方針、計画、具体的な指導の内容や方法、生徒の状況、事故が発生した場合の対応等について、学校、顧問の教員と外部指導者等との間で十分な調整を行い、外部指導者等の理解を得るとともに、相互に情報を共有することが必要です。技術的な指導においても、必要なときには顧問の教員は外部指導者に適切な指示を行うこととして、指導を外部指導者に任せきりとならないようにすることが必要です。
○外部指導者等は学校の取組に対する理解を深め、その目標や方針等を踏まえた適切な指導

や取組を行うことが求められます。
③活動における指導の目標や内容を明確にした計画を策定しましょう
〈生徒のニーズや意見の把握とそれらを反映させた目標等の設定、計画の作成〉
○運動部活動は、学校教育の一環として行われるものですが、生徒の自主的、自発的な参加によるものです。生徒の間には、好きなスポーツの技能を高めたい、記録を伸ばしたい、一定のペースでスポーツに親しみたい、放課後を有意義に過ごしたい、信頼できる友達を見付けたいなど、運動部活動を行うに際して様々な目的、目標があります。
　各運動部活動の顧問の教員は、運営・指導者としての一方的な方針により活動するのではなく、生徒との意見交換等を通じて生徒の多様な運動部活動へのニーズや意見を把握し、生徒の主体性を尊重しつつ、各活動の目標、指導の方針を検討、設定することが必要です。
　この場合、勝つことのみを目指すことのないよう、生徒が生涯にわたってスポーツに親しむ基礎を育むこと、発達の段階に応じた心身の成長を促すことに十分留意した目標や指導の方針の設定が必要です。
○さらに、この目標の達成に向けて、長期的な期間や各学年等での指導（活動）内容とそのねらい、指導（練習）方法、活動の期間や時間等を明確にした計画を作成して、入部の際や保護者会などで生徒や保護者等に説明し、理解を得ることが重要です。
○目標等の設定、計画の作成に際しては、運動部活動が、教育課程において学習したことなども踏まえ、自らの適性や興味、関心等をより深く追求していく機会であることから、各教科等の目標及び内容との関係にも配慮しつつ、生徒自身が教育課程において学習する内容について改めてその大切さを認識するよう促すなどにより、各学校の教育課程と関連させながら学校教育全体として生徒の「生きる力」の育成を図ることへの留意が望まれます。
　また、活動をとおして生徒の意見等を把握する中で、適宜、目標、計画等を見直していくことが望まれます。
〈年間を通したバランスのとれた活動への配慮〉
○生徒が、運動部活動に活発に取り組む一方で、多様なものに目を向けてバランスのとれた心身の成長、学校生活を送ることができるようにすること、生涯にわたってスポーツに親しむ基盤をつくることができるようにすること、運動部活動の取組で疲れて授業に集中できなくなることがないようにすること等が重

要です。

　厳しい練習とは、休養日なく練習したり、いたずらに長時間練習することとは異なるものです。年間を通して、一年間を試合期、充実期、休息期に分けてプログラムを計画的に立てること、参加する大会や練習試合を精選すること、より効率的、効果的な練習方法等を検討、導入すること、一週間の中に適切な間隔により活動を休む日や活動を振り返ったり、考えたりする日を設けること、一日の練習時間を適切に設定すること等を考慮しつつ、計画を作成し、指導を行っていくことが必要です。

　これらは、成長期にある生徒のスポーツ障害や事故を防ぐためにも、また、心理面での疲労回復のためにも重要です。

〈年間の活動の振り返りと次年度への反映〉
○組織的な教育活動として、目標を生徒に示して共通理解を図りながら、具体的な活動を行い、成果を検証していくPDCAサイクルによる活動が望まれます。

［実際の活動での効果的な指導に向けて］
④適切な指導方法、コミュニケーションの充実等により、生徒の意欲や自主的、自発的な活動を促しましょう

〈科学的裏付け等及び生徒への説明と理解に基づく指導の実施〉
○運動部活動での指導の内容や方法は、生徒のバランスのとれた心身の成長に寄与するよう、科学的な根拠がある又は社会的に認知されているものであることが必要であるとともに、運動部活動は生徒の自主的、自発的な参加によるものであることを踏まえて、生徒に対する説明及び生徒の理解により行われることが必要です。

　このため、指導者は、活動目標、指導の方針、計画、指導内容や方法等を生徒が理解できるように適切に伝えることが重要です。また、日常の指導でも、指導者と生徒の間のコミュニケーションの充実により、練習において、誰が、何を、いつ、どこで、なぜ（どのような目的で）、どのように行えばよいのか等を理解させていくことが重要です。

〈生徒が主体的に自立して取り組む力の育成〉
○個々の生徒が、技能や記録等に関する自分の目標や課題、運動部活動内での自分の役割や仲間との関係づくり等について自ら設定、理解して、その達成、解決に向けて必要な内容や方法を考えたり、調べたりして、実践につなげる、また、生徒同士で、部活動の方向性や各自の取組姿勢、試合での作戦や練習にかかる事柄等について、筋道立てて話し合う活動

などにより目標達成や課題解決に向けて必要な取組を考え、実践につなげるというような生徒が主体的に自立して取り組む力を、指導者は、指導を通して発達の段階に応じて育成することが重要です。

　教育課程の各教科等での思考力・判断力・表現力等の育成とそのための言語活動の取組と合わせて、運動部活動でも生徒が主体的に自立して取り組む力の育成のための言語活動に取り組むことが考えられます。

〈生徒の心理面を考慮した肯定的な指導〉
○指導者は、生徒自らが意欲をもって取り組む姿勢となるよう、雰囲気づくりや心理面での指導の工夫が望まれます。生徒のよいところを見付けて伸ばしていく肯定的な指導、叱ること等を場面に応じて適切に行っていくことが望まれます。指導者の感情により指導内容や方法が左右されないように注意が必要です。

　また、それぞれの目標等に向けて様々な努力を行っている生徒に対して、評価や励ましの観点から積極的に声を掛けていくことが望まれます。

〈生徒の状況の細かい把握、適切なフォローを加えた指導〉
○活動の目標によっては大きな肉体的な負荷を課したり、精神的負荷を与えた条件の下での練習も想定されますが、指導者は、個々の生徒の健康、体力等の状況を事前に把握するとともに、練習中に声を掛けて生徒の反応を見たり、疲労状況や精神状況を把握しながら指導することが大切です。また、キャプテンの生徒は心身両面で他の生徒よりも負担がかかる場合もあるため、適切な助言その他の支援に留意することが大切です。

○指導者が試合や練習中に激励等として厳しい言葉や内容を生徒に発することもあり得ますが、競技、練習継続の意欲を失わせるようなものは不適当、不適切です。

　生徒の心理についての科学的な知見、言葉の効果と影響を十分に理解し、厳しい言葉等を発した後には生徒へのフォローアップについても留意することが望まれます。

〈指導者と生徒の信頼関係づくり〉
○運動部活動は自主的、自発的な活動であるため、指導者が生徒に対して、指導の目的、技能等の向上や生徒の心身の成長のために適切な指導の内容や方法であること等を明確に伝え、理解させた上で取り組ませるなど、両者の信頼関係づくりが活動の前提となります。ただし、信頼関係があれば指導に当たって体罰等を行っても許されるはずとの認識は誤りであり、決して許されません。

〈上級生と下級生、生徒の間の人間関係形成、リーダー育成等の集団づくり〉
○運動部活動は、複数の学年の生徒が参加すること、同一学年でも異なる学級の生徒が参加すること、生徒の参加する目的や技能等が様々であること等の特色をもち、学級担任としての学級経営とは異なる指導が求められます。
　指導者は、生徒のリーダー的な資質能力の育成とともに、協調性、責任感の涵養等の望ましい人間関係や人権感覚の育成、生徒への目配り等により、上級生による暴力行為やいじめ等の発生の防止を含めた適切な集団づくりに留意することが必要です。

〈事故防止、安全確保に注意した指導〉
○近年も運動部活動で生徒の突然死、頭頸部の事故、熱中症等が発生しており、けがや事故を未然に防止し、安全な活動を実現するための学校全体としての万全の体制づくりが必要です。
　指導者は、生徒はまだ自分の限界、心身への影響等について十分な知識や技能をもっていないことを前提として、計画的な活動により、各生徒の発達の段階、体力、習得状況等を把握し、無理のない練習となるよう留意するとともに、生徒の体調等の確認、関係の施設、設備、用具等の定期的な安全確認、事故が起こった場合の対処の仕方の確認、医療関係者等への連絡体制の整備に留意することが必要です。
　また、生徒自身が、安全に関する知識や技能について、保健体育等の授業で習得した内容を活用、発展させたり、新たに身に付け、積極的に自分や他人の安全を確保することができるようにすることが大切です。

　安全確保のための取組を行う際には下記の資料も御活用ください。
（文部科学省）
○学校における体育活動中の事故防止について（報告書）平成24年7月
（独立行政法人日本スポーツ振興センター）
　下記の資料のほか、災害共済給付業務を通じて蓄積された学校の管理下における事故の事例や統計情報等を提供しています。
・学校の管理下の死亡・障害事例と事故防止の留意点
・学校の管理下の災害―基本統計―
○学校における突然死予防必携
○熱中症を予防しよう―知って防ごう熱中症―

○運動部活動中、顧問の教員は生徒の活動に立ち会い、直接指導することが原則ですが、やむを得ず直接練習に立ち会えない場合には、他の顧問の教員と連携、協力したり、あらかじめ顧問の教員と生徒との間で約束された安全面に十分に留意した内容や方法で活動すること、部活動日誌等により活動内容を把握すること等が必要です。このためにも、日頃から生徒が練習内容や方法、安全確保のための取組を考えたり、理解しておくことが望まれます。

⑤肉体的、精神的な負荷や厳しい指導と体罰等の許されない指導とをしっかり区別しましょう
○運動部活動での指導では、学校、指導者、生徒、保護者の間での十分な説明と相互の理解の下で、生徒の年齢、健康状態、心身の発達状況、技能の習熟度、活動を行う場所的、時間的環境、安全確保、気象状況等を総合的に考えた科学的、合理的な内容、方法により行われることが必要です。
○学校教育の一環として行われる運動部活動では、指導と称して殴る・蹴ること等はもちろん、懲戒として体罰が禁止されていることは当然です。また、指導に当たっては、生徒の人間性や人格の尊厳を損ねたり否定するような発言や行為は許されません。体罰等は、直接受けた生徒のみならず、その場に居合わせて目撃した生徒の後々の人生まで、肉体的、精神的に悪い影響を及ぼすことになります。
　校長、指導者その他の学校関係者は、運動部活動での指導で体罰等を厳しい指導として正当化することは誤りであり決して許されないものであるとの認識をもち、それらを行わないようにするための取組を行うことが必要です。
　学校関係者のみならず、保護者等も同様の認識をもつことが重要であり、学校や顧問の教員から積極的に説明し、理解を図ることが望まれます。

　日本中学校体育連盟、全国高等学校体育連盟は、平成25年3月13日に「体罰根絶宣言」を発表しています。
　日本体育協会、日本オリンピック委員会、日本障害者スポーツ協会、日本中学校体育連盟、全国高等学校体育連盟は、平成25年4月25日に「スポーツ界における暴力行為根絶宣言」を採択しています。
　両宣言は各団体のホームページに掲載されています。

○学校教育において教員等が生徒に対して行った懲戒行為が体罰に当たるかどうかは、「当該児童生徒の年齢、健康状態、心身の発達状

況、当該行為が行われた場所的及び時間的環境、懲戒の態様等の様々な条件を総合的に考え、個々の事案ごとに判断する必要がある。この際、単に、懲戒行為をした教員等や、懲戒行為を受けた児童生徒、保護者の主観のみにより判断するのではなく、諸条件を客観的に考慮して判断すべきである。これにより、その懲戒の内容が身体的性質のもの、すなわち、身体に対する侵害を内容とするもの(殴る、蹴る等)、児童生徒に肉体的苦痛を与えるようなもの(正座・直立等特定の姿勢を長時間にわたって保持させる等)に当たると判断された場合は、体罰に該当する。」とされています。(「体罰の禁止及び児童生徒理解に基づく指導の徹底について(通知)」(平成25年3月13日付け文部科学省初等中等教育局長、スポーツ・青少年局長通知))

○運動部活動での指導における個別の事案が通常の指導か、体罰等の許されない指導に該当するか等を判断するに当たっては、上記のように、様々な条件を総合的に考え、個々の事案ごとに判断する必要がありますが、参考として下記の整理が考えられます。

　各地方公共団体、学校、指導者は、このような整理の基となる考え方を参考に、スポーツの指導での共通的及び各スポーツ種目の特性に応じた指導内容や方法等を考慮しつつ、検討、整理のうえ、一定の認識を共有し、実践していくことが必要です。

通常のスポーツ指導による肉体的、精神的負荷として考えられるものの例

　計画にのっとり、生徒へ説明し、理解させた上で、生徒の技能や体力の程度等を考慮した科学的、合理的な内容、方法により、下記のような肉体的、精神的負荷を伴う指導を行うことは運動部活動での指導において想定されるものと考えられます。

　(生徒の健康管理、安全確保に留意し、例えば、生徒が疲労している状況で練習を継続したり、準備ができていない状況で故意にボールをぶつけたりするようなこと、体の関係部位を痛めているのに無理に行わせること等は当然避けるべきです。)

(例)
・バレーボールで、レシーブの技能向上の一方法であることを理解させた上で、様々な角度から反復してボールを投げてレシーブをさせる。
・柔道で、安全上受け身をとれることが必須であることを理解させ、初心者の生徒に対して、毎日、技に対応できるような様々な受け身を反復して行わせる。
　練習に遅れて参加した生徒に、他の生徒とは別に受け身の練習を十分にさせてから技の稽古に参加させる。
・野球の試合で決定的な場面でスクイズを失敗したことにより得点が入らなかったため、1点の重要性を理解させるため、翌日、スクイズの練習を中心に行わせる。
・試合で負けたことを今後の練習の改善に生かすため、試合後、ミーティングで生徒に練習に取り組む姿勢や練習方法の工夫を考えさせ、今後の取組内容等を自分たちで導き出させる。

学校教育の一環である運動部活動で教育上必要があると認められるときに行われると考えられるものの例

　運動部活動での規律の維持や活動を円滑に行っていくための必要性、本人への教育、指導上の必要性から、必要かつ合理的な範囲内で下記のような例を行うことは運動部活動での指導において想定されるものと考えられます。

(例)
・試合中に危険な反則行為を繰り返す生徒を試合途中で退場させて見学させるとともに、試合後に試合会場にしばらく残留させて、反則行為の危険性等を説諭する。
・練習で、特に理由なく遅刻を繰り返し、また、計画に基づく練習内容を行わない生徒に対し、試合に出さずに他の選手の試合に臨む姿勢や取組を見学させ、日頃の練習態度、チームプレーの重要性を考えさせ、今後の取組姿勢の改善を促す。

有形力の行使であるが正当な行為(通常、正当防衛、正当行為と判断されると考えられる行為)として考えられるものの例

　上記の「体罰の禁止及び児童生徒理解に基づく指導の徹底について(通知)」では、「児童生徒から教員等に対する暴力行為に対して、教員等が防衛のためにやむを得ずした有形力の行使は、もとより教育上の措置である懲戒行為として行われたものではなく、これにより身体への侵害又は肉体的苦痛を与えた場合は体罰には該当しない。また、他の児童生徒に被害を及ぼすような暴力行為に対して、これを制止したり、目前の危険を回避したりするためにやむを得ずした有形力の行使についても、同様に体罰に当たらない。これらの行為については、正当防衛又は正当行為等として刑事上又は民事上の責めを免れうる。」とされています。下記のような例を行うことは運動部活動での指導において想定されるものと考えられます。

○生徒から顧問の教員等に対する暴力行為に対し、教員等が防衛のためにやむを得ず行った有形力の行使
　(例)
・生徒が顧問の教員の指導に反抗して教員の

足を蹴ったため、生徒の背後に回り、体をきつく押さえる。
○他の生徒に被害を及ぼすような暴力行為に対し、これを制止したり、目前の危険を回避するためにやむを得ず行った有形力の行使
（例）
・練習中に、危険な行為を行い、当該生徒又は関係の生徒に危害が及ぶ可能性があることから、別の場所で指導するため、別の場所に移るように指導したが従わないため、生徒の腕を引っ張って移動させる。
・試合中に相手チームの選手とトラブルとなり、殴りかかろうとする生徒を押さえ付けて制止させる。

体罰等の許されない指導と考えられるものの例

運動部活動での指導において、学校教育法、運動部活動を巡る判例、社会通念等から、指導者による下記の①から⑥のような発言や行為は体罰等として許されないものと考えられます。
また、これらの発言や行為について、指導者と生徒との間での信頼関係があれば許されるとの認識は誤りです。
指導者は、具体的な許されない発言や行為についての共通認識をもつことが必要です。
①殴る、蹴る等。
②社会通念、医・科学に基づいた健康管理、安全確保の点から認め難い又は限度を超えたような肉体的、精神的負荷を課す。
（例）
・長時間にわたっての無意味な正座・直立等特定の姿勢の保持や反復行為をさせる。
・熱中症の発症が予見され得る状況下で水を飲ませずに長時間ランニングをさせる。
・相手の生徒が受け身をできないように投げたり、まいったと意思表示しているにも関わらず攻撃を続ける。
・防具で守られていない身体の特定の部位を打突することを繰り返す。
③パワーハラスメントと判断される言葉や態度による脅し、威圧・威嚇的発言や行為、嫌がらせ等を行う。
④セクシャルハラスメントと判断される発言や行為を行う。
⑤身体や容姿に係ること、人格否定的（人格等を侮辱したり否定したりするような）な発言を行う。
⑥特定の生徒に対して独善的に執拗かつ過度に肉体的、精神的負荷を与える。
上記には該当しなくとも、社会通念等から、指導に当たって身体接触を行う場合、必要性、適切さに留意することが必要です。
なお、運動部活動内の先輩、後輩等の生徒間で

も同様の行為が行われないように注意を払うことが必要です。

［指導力の向上に向けて］

⑥最新の研究成果等を踏まえた科学的な指導内容、方法を積極的に取り入れましょう

〈科学的な指導内容、方法の積極的な取り入れ〉
○指導者は、効果的な指導に向けて、自分自身のこれまでの実践、経験にたよるだけでなく、指導の内容や方法に関して、大学や研究機関等での科学的な研究により理論付けられたもの、研究の結果や数値等で科学的根拠が得られたもの、新たに開発されたものなど、スポーツ医・科学の研究の成果を積極的に習得し、指導において活用することが重要です。
事故防止、安全確保、生徒の発達の段階を考慮せず肩、肘、腰、膝などの酷使によるスポーツ障害を防ぐことのためにも望まれます。

〈学校内外での指導力向上のための研修、研究〉
○指導者は、国、地方公共団体、大学等の研究者、関係団体、医学関係者等による研修、講習や科学的な知見、研究成果等の公表の場を積極的に活用することが望まれます。
地方公共団体、学校は、指導者のこれらの研修等への参加に際しての必要な配慮や支援が望まれます。
○顧問の教員は、学校の教育課程での担当教科等や生徒指導上での指導の内容や方法の研究と同様に、運動部活動での指導方法等についても積極的な実践研究が望まれます。
学校内や地域の研究会などで、顧問の教員同士で共同して研究したり、研究成果を情報共有していくことも望まれます。

⑦多様な面で指導力を発揮できるよう、継続的に資質能力の向上を図りましょう

〈校長等の管理職の理解〉
○運動部活動は学校教育の一環であることを踏まえ、校長等の管理職は、学校組織全体での取組を進めるために、運動部活動の意義、運営や指導の在り方について理解を深めることが重要です。

〈運動部活動のマネジメント力その他多様な指導力の習得〉
○指導者は、運動部活動が総合的な人間形成の場となるよう、当該スポーツ種目の技術的な指導、ルール、審判に係る内容とともに、生徒の発達の段階や成長による変化、心理、生理、栄養、休養、部のマネジメント、コミュニケーション等に関する幅広い知識や技能を継続的に習得し、多様な面での指導力を身に付けていくとともに、それらを向上させることが望まれます。

長野県中学生期の
スポーツ活動指針〔抜粋〕

平成31年〔2019年〕2月5日改定
長野県教育委員会

II　運動部活動について

3　運動部の活動基準（適切な休養日と活動時間等）

（1）心身の成長過程にある中学生期の運動部活動において、休養日を設定することは、スポーツ傷害予防やトレーニング効果を高める意味で重要であり、心身の健全な成長に欠かすことのできない食事と睡眠、生活のリズムを考慮することも大切です。

　また、朝の運動部活動については、ウォーミングアップやクーリングダウンの時間が十分にとれない、朝食から昼食までの間隔が空き過ぎるといった課題があり、放課後の活動にまとめ、充実させることが効率的、効果的な活動へとつながります。

　生涯にわたってスポーツに親しむための習慣の形成、バランスのとれた生活、スポーツ傷害予防などの観点から適切な活動となるよう、「スポーツ医・科学の観点からのジュニア期におけるスポーツ活動時間に関する研究」も踏まえ、活動の基準を次のとおりとします。

〇学期中は、週当たり2日以上の休養日を設ける。（平日は少なくとも1日、土曜日及び日曜日（以下「週末」という。）は少なくとも1日以上を休養日とする。週末に大会参加等で活動した場合は、休養日をできるだけ他の週末に振り替え、週末の活動が常態化しないよう配慮する。）

〇長期休業中は、休業期間の半分以上の休養日を設定する。特に、生徒が十分な休養を取ることができるとともに、運動部活動以外にも多様な活動を行うことができるよう、できるだけ平日に行うよう配慮するとともに、ある程度長期の休養期間（オフシーズン）を設ける。

〇1日の活動時間［＊5］は、長くとも平日では2時間程度、学校の休業日（学期中の週末を含む）は、長くとも3時間程度とし、できるだけ短時間に、合理的かつ効率的・効果的な活動を行う。

　なお、大会への参加等により、基準とする1日の活動時間を上回る場合には、他の日の活動時間を調整するなど、生徒の負担とならないよう配慮する。

〇放課後の活動時間の確保を基本とし、朝の運動部活動［＊6］は、原則として行わない。

　ただし、放課後の活動が行えず、練習時間が確保できない場合［＊7］には、生徒の健康や生活リズム等を配慮し、生徒や保護者に対して十分な説明と理解を得た上で、朝の活動を実施することが考えられる。

　なお、その場合にあってもウォーミングアップやクーリングダウンの時間が十分に取れないことを鑑み、激しい運動は避ける。

〔＊5〕「活動時間」
　　本指針における「活動時間」とは、身体的な活動を行う時間であり、会場への移動・準備・片付け・ミーティング・試合前後の休憩・見学等は含まない。

〔＊6〕「朝の運動部活動」
　　学校教育の一環として行われる運動部活動として、始業前に顧問の指導のもと部員全員を対象に行う活動。

〔＊7〕「放課後の活動が行えず、練習時間が確保できない場合」の例
　・日没が早い時期
　・競技の練習環境の特性（屋外でのスケート練習、湖上でのボート練習　等）
　・学校の特別な事情（バスの運行時間との関係　等）

体育館の床板の剥離による負傷事故の防止について

平成29年〔2017年〕5月29日　文部科学省
29施施企第2号

各都道府県教育委員会施設主管課長
各指定都市教育委員会施設主管課長
各都道府県施設主管課長
各指定都市施設主管課長
各都道府県私立学校施設担当課長　殿
各国公私立大学施設担当部課長
各国公私立高等専門学校施設担当部課長
各大学共同利用機関法人施設担当部課長
各文部科学省国立研究開発法人施設担当部課長
各文部科学省独立行政法人施設担当部課長

　　　文部科学省大臣官房文教施設企画部施設企画
　　　課長　　　　　　　　　　　　　　山川昌男
　　　スポーツ庁参事官（地域振興担当）　仙台光仁

　標記について、消費者庁の消費者安全調査委員会（以下「調査委員会」）では、消費者安全法第23条第1項の規定に基づき、体育館の床から剥離した床板による負傷事故について、平成27年度より事故等原因調査を進めてきたところですが、この度、調査委員会において事故等原因調査報告書（以下「報告書」）がとりまとめられ、消費者安全調査委員会委員長より文部科学大臣に対し意見が提出されました。
　報告書によると、体育館の床板の一部が剥離し、腹部に突き刺さり重傷を負う等の事故が平成18年度から平成27年度までの間に7件確認されたこと、また、当該事故は新しい体育館でも発生していることから、同様の事故が発生するリスクはあらゆる体育館に存在するとされています。
　体育館の床板が剥離する要因としては、清掃時等における想定以上の水分の吸収及びその乾燥の影響が考えられ、体育館の維持管理が非常に重要です。
　このことから、体育館の所有者及び管理者におかれては、報告書を踏まえ、体育館の床板の剥離による負傷事故の防止対策をより一層推進するため、維持管理における下記の取組等を適切に実施するようお願いします。

記

1　適切な清掃の実施（水拭き及びワックス掛けの禁止）

　日常清掃及び特別清掃［＊1］により、体育館の木製床を清潔に保つ。その際、水分の影響を最小限にする。
　水拭き及びワックス掛けはフローリング等の不具合発生の観点からは、行うべきではないことなど、報告書を参考にして適切な清掃の方法を定め、書面にすることにより、実際に清掃を行う者に分かりやすく周知し、実施を徹底する。なお、やむを得ず体育館にワックスを使用する場合には、それに伴うフローリングへの水分の影響を最小限とするよう注意する。
　〔＊1〕日常清掃では取りきれない汚れを除去
　　　するために数か月に一度行う清掃

2　日常点検・定期点検の実施、記録の保管及び速やかな応急処置

　日常的に、定期的に点検を行い、その実施した記録を保管する。報告書を参考にして点検記録表を作成し、点検項目及び方法について実際に点検を行う者に分かりやすく周知し、実施を徹底する。
　フローリング等の不具合を発見した場合には、速やかに応急処置又は補修を行うほか、必要に応じて専門業者に相談して補修又は改修を行う。また、事故が発生した場合に事故原因の事後的な検証を行うことができるよう、フローリング等の不具合を把握した場合には、写真を撮影する等の方法で不具合の内容を記録し、不具合の位置や箇所数とともに記録し保管する。
　さらに、体育館ごとに、体育館の適切な維持管理についての責任者を定め、当該責任者に、点検の実施やフローリング等の不具合について責任を持って対応に当たらせる。

3　維持管理を外部委託する際の適切な仕様の設定

　体育館の維持管理を外部に委託する場合には、上記1及び2について仕様書で定めるなどして、受託者に対し同様の対応を求める。また、受託者には体育施設管理士資格※2を有する者がいることを条件とするなど、維持管理の質を保つ。
　〔※2〕体育施設管理士養成講習会（主催：公
　　　益財団法人日本体育施設協会及び独立行政
　　　法人日本スポーツ振興センター）で指定項
　　　目を受講し、試験に合格した者が取得でき
　　　る資格

4　長期的な改修計画の策定、計画に基づく改修の実施及び補修・改修記録の保管

　体育館の木製床の長期的な改修計画を策定するとともに、計画に基づいて体育館の木製床の改修を行う。また、継続的に記録を参照できるよう、

補修・改修の記録を保管する。体育館を新築する際には、施工に関する情報並びに維持管理の方法及び改修時期の目安等の情報について、まとめた管理簿を作成して引渡すことを仕様書に定めるなど、設計者及び施工者に伝達させ、これを基に上記の改修計画を策定する。

5　施設利用時における注意事項の利用者への周知

　報告書を参考にして施設利用時の注意事項を作成し、体育館の利用者の目に付く場所に掲示するなどして、利用者に対して分かりやすく伝える。

　なお、今後、文部科学省及びスポーツ庁において、上記1から5までの取組状況を把握するために調査を行うこととしていますので、あらかじめお知らせします。

　このことについて、都道府県教育委員会施設主管課及び都道府県施設主管課におかれては、所管の各学校、社会体育施設及びその他都道府県所管施設等へ周知するとともに、域内の市区町村教育委員会施設主管課及び市区町村施設主管課を通じ、市区町村教育員会及び市区町村所管の各学校、社会体育施設、その他市区町村所管施設及び民間スポーツ施設等への周知を図られるようお願いします。

　また、都道府県私立学校担当課におかれては、所轄の私立学校（専修学校、各種学校を含む）に対して、周知するようお願いします。

第4編

オリンピック・パラリンピック

解説 …………………………………… 350
オリンピック憲章 …………………… 353
平成32年東京オリンピック競技大会及びパラリンピック競技大会特別措置法 ……………… 356
オリンピック競技大会及びパラリンピック競技大会優秀者顕彰規程 ……………………… 361
国際競技大会優秀者等表彰要項 …… 361
スポーツ功労者顕彰規程 …………… 362
東京都オリンピック憲章にうたわれる人権尊重の理念の実現を目指す条例 ………………… 363
東京都受動喫煙防止条例 …………… 365

解説

　2020年に開催される東京オリンピック競技大会及び東京パラリンピック競技大会（以下「東京2020オリ・パラ」）を控え、オリンピック・パラリンピック関係の法令、例規をここに登載した。これとともに、オリンピック・パラリンピックに関する基礎的情報として、開催都市及び日本のメダル獲得数（競技力向上政策の根拠）を掲げた。

オリンピック・パラリンピックの歴史（開催年と開催都市）

　オリンピック（夏季大会）の開催年と開催都市は、表１のとおりである。国家間の政治的対立を主要な原因として、オリンピック自体が開催できなくなり（中止）、また、日本が大会に参加ができなった時期もある。東京2020オリ・パラのあとは、パリとロサンゼルスが決定している。

　パラリンピックの歴史については、紆余曲折がある。1960年にオリンピックが開催されたローマで、国際ストーク・マンデビル大会が開催された。23か国、400名が参加した。のちに、1989年２月にドイツのデュッセルドルフの会議において創立された国際パラリンピック委員会によって、第１回パラリンピックと位置づけられた。４年後の1964年に開催された国際身体障がい者スポーツ大会は、東京オリンピック直後に二部制で開催され、第１部はローマ大会に続く国際ストーク・マンデビル大会であり、これがのちに第２回パラリンピックに位置づけられた。2000年に開催された第11回シドニーパラリンピック開催期間中に、サマランチIOC会長とステッドワードIPC会長とのあいだで両団体の協力関係について話し合いが持たれ、オリンピック開催国は、オリンピック終了後に、引き続いてパラリンピックを開催しなければならないとの基本的合意をおこなった。なお、開催都市は、1968年から1984年まではオリンピックと異なるが、それ以外は同じである（表４−２を参照）。

オリンピック憲章

　オリンピック憲章は、国際オリンピック委員会（IOC）により採択されたオリンピズムの根本原則、規則等を文章化したものである。日本の法令等ではないが、その東京2020オリ・パラ開催をはじめとして、その重要性に鑑み、敢えてここに抜粋を登載するものである（353頁参照）。

　同憲章はオリンピック・ムーブメントの組織、活動等の基準であり、オリンピック競技大会の開催のための条件を定めている。そして、同憲章は、本質的に以下の３つの主要な目的を持つ。

①憲法的な性格を持つ基本的な法律文書として、オリンピズムの根本原則とその根源的な価値を定め、想起させるものである。

②国際オリンピック委員会の定款である。

③同憲章は、国際オリンピック委員会、国際競技連盟、国内オリンピック委員会、オリンピック競技大会の組織委員会の主要な権利と義務を規定するとともに、これらの組織の同憲章遵守義務を規定する。同憲章は、たびたび改正され、最新のものは2017年版である。下掲東京都オリンピック憲章にうたわれる人権尊重の理念の実現を目指す条例（東京都平成30年条例第93号、363頁参照）は、開催地の東京都が同憲章の理念の実現を目指して制定した。

東京2020オリ・パラ

　2013年9月8日（日本時間）に第32回オリンピック競技大会の開催地が東京に決定した（以下、同大会を「東京2020オリ・パラ」という）。2015年10月1日には、スポーツ庁が文部科学省内に開設された。その中にオリンピック・パラリンピック課が設けられ、オリンピック・パラリンピックムーブメントの推進、東京2020オリ・パラに向けたスポーツ団体との調整を担うこととなった。

　第2期スポーツ基本計画（2017年3月24日文部科学省策定。288頁参照）では、国際競技力向上の向上を唱え、オリンピック・パラリンピックにおいて、JOC及びJPCの設定したメダル獲得目標を踏まえつつ、過去最高の金メダル数（表4-1及び表4-2参照）を獲得する等優秀な成績を収めることができるよう支援することを盛り込んでいる。JOCはオリンピックでの金メダル30個の獲得を現状の目的とした（読売新聞2018年6月6日朝刊）。JPCは金メダル数で世界第7位を目標に掲げている（読売新聞2019年1月10日朝刊）。

表1　オリンピック（夏季大会）開催地及び日本のメダル獲得数一覧

回	開催年	開催地（国）	日本のメダル獲得数			
			金	銀	銅	合計
1	1896	アテネ（ギリシャ）	不参加			
2	1900	パリ（フランス）	不参加			
3	1904	セントルイス（アメリカ）	不参加			
4	1908	ロンドン（イギリス）	不参加			
5	1912	ストックホルム（スウェーデン）	0	0	0	0
6	1916	ベルリン（ドイツ）中止	中止			
7	1920	アントワープ（ベルギー）	0	2	0	2
8	1924	パリ（フランス）	0	0	1	1
9	1928	アムステルダム（オランダ）	2	2	1	5
10	1932	ロサンゼルス（アメリカ）	7	7	4	18
11	1936	ベルリン（ドイツ）	6	4	8	18
12	1940	東京（日本）返上／ヘルシンキ（フィンランド）中止	返上／中止			
13	1944	ロンドン（イギリス）中止	中止			
14	1948	ロンドン（イギリス）	不参加			
15	1952	ヘルシンキ（フィンランド）	1	6	2	9
16	1956	メルボルン（オーストラリア）／ストックホルム（スウェーデン）	4	10	5	19
17	1960	ローマ（イタリア）	4	7	7	15
18	1964	東京（日本）	16	5	8	29
19	1968	メキシコシティー（メキシコ）	11	7	7	25
20	1972	ミュンヘン（西ドイツ）	13	8	8	29
21	1976	モントリオール（カナダ）	9	6	10	25
22	1980	モスクワ（ソ連）	不参加			
23	1984	ロサンゼルス（アメリカ）	10	8	14	32
24	1988	ソウル（韓国）	4	3	7	14
25	1992	バルセロナ（スペイン）	3	8	11	22
26	1996	アトランタ（アメリカ）	3	6	5	14
27	2000	シドニー（オーストラリア）	5	8	5	18
28	2004	アテネ（ギリシア）	16	9	12	37
29	2008	北京（中国）	9	6	10	25
30	2012	ロンドン（イギリス）	7	14	17	38
31	2016	リオデジャネイロ（ブラジル）	12	8	21	41
32	2020	東京（日本）				
33	2024	パリ（フランス）				
34	2028	ロサンゼルス（アメリカ）				

　（日本オリンピック委員会ホームページ「開催地一覧＆ポスター」「大会別入賞者一覧」（最終アクセス2019年2月19日）をベースに筆者作成）

表2　パラリンピック（夏季大会）開催地及び日本のメダル獲得数一覧

回	開催年	開催地（国）	日本のメダル獲得数			
			金	銀	銅	合計
1	1960	ローマ（イタリア）	不参加			
2	1964	東京（日本）	1	5	4	10
3	1968	テルアビブ（イスラエル）	2	2	8	12
4	1972	ハイデルベルク（西ドイツ）	4	5	3	12
5	1976	トロント（カナダ）	10	6	3	19
6	1980	アーネム（アルヘルム）（オランダ）	9	10	7	26
7	1984	ニューヨーク（アメリカ）ストークマンデビル（イギリス）	9	7	8	24
8	1988	ソウル（韓国）	17	12	17	46
9	1992	バルセロナ（スペイン）	8	7	15	30
10	1996	アトランタ（アメリカ）	14	10	13	37
11	2000	シドニー（オーストラリア）	13	17	11	41
12	2004	アテネ（ギリシア）	17	15	20	52
13	2008	北京（中国）	5	14	8	27
14	2012	ロンドン（イギリス）	5	5	6	16
15	2016	リオデジャネイロ（ブラジル）	0	10	14	24
16	2020	東京（日本）				
17	2024	パリ（フランス）				
18	2028	ロサンゼルス（アメリカ）				

（日本パラリンピック委員会ホームページ「パラリンピック年表」（最終アクセス2019年2月19日）をベースに筆者作成）

オリンピック・パラリンピックに関する法令等

　東京2020オリ・パラ開催にあたり、平成32年東京オリンピック競技大会・パラリンピック競技大会特別措置法が2015年に制定された。この法律は、「（趣旨）第1条」に規定するように、2020年に開催される東京2020オリ・パラが大規模かつ国家的に特に重要なスポーツの競技会であることに鑑み、大会の円滑な準備及び運営に資するため、東京オリンピック競技大会・東京パラリンピック競技大会推進本部の設置及び基本方針の策定等について定めるとともに、国有財産の無償使用等の特別の措置を講ずるものである。制定後、2018年には、輸送や軽微の円滑化を目的として一部改正がなされた。

　オリンピックやパラリンピックに関する顕彰制度として、①オリンピック競技大会及びパラリンピック競技大会優秀者顕彰規程（文部科学省令、②国際競技大会優秀者等表彰要領（平成9年9月3日文部大臣裁定）がある。地方自治体でも同様な制度（例えば、愛知県スポーツ顕彰規程）がある。

　東京2020オリ・パラ開催にあたっては、開催都市のみならずその他の地方都市への影響も大きい。地方自治体の最高規範である条例レベルをとっても、開催都市東京では、前期東京都オリンピック憲章にうたわれる人権尊重の理念の実現を目指す条例、オリンピック開催に伴う事業に要する経費の財源にあてるために制定された江東区東京オリンピック・パラリンピック基金条例（平成27年江東区条例第22号）、文京区公共の場所における客引き行為等の防止に関する条例（平成29年条例第17号）、東京都受動喫煙防止条例（平成30年条例第75号）等がある。他の地方都市でも、松戸市2020東京オリンピック・パラリンピックやさシティおもてなシティ推進会議条例（平成27年松戸市条例第4号）、東京オリンピック・パラリンピック徳島県未来創造基金条例（徳島県平成30年条例第13号）等がある。

（吉田勝光）

オリンピック憲章〔抜粋〕

国際オリンピック委員会
和訳 日本オリンピック委員会
2017年9月15日から有効

オリンピック憲章への導入

オリンピック憲章（Olympic Charter）は、国際オリンピック委員会（IOC）によって採択されたオリンピズムの根本原則、規則、付属細則を成文化したものである。憲章はオリンピック・ムーブメントの組織、活動および作業の基準であり、オリンピック競技大会の開催のための条件を定めるものである。オリンピック憲章は本質的に3つの主要な目的を持つ。

a）オリンピック憲章は、憲法的な性格を持つ基本的な法律文書として、オリンピズムの根本原則とその根源的な価値を定め、想起させる。

b）オリンピック憲章はまた、国際オリンピック委員会の定款である。

c）オリンピック憲章はさらに、オリンピック・ムーブメントの主要3構成要素である、国際オリンピック委員会、国際競技連盟、国内オリンピック委員会と、オリンピック競技大会の組織委員会の主な権利と義務を規程する。これらの組織はオリンピック憲章を遵守する義務がある。

前文

近代オリンピズムの生みの親はピエール・ド・クーベルタンである。クーベルタンの主導により、パリ国際アスレチック・コングレスが1894年6月に開催された。国際オリンピック委員会（IOC）が設立されたのは1894年6月23日である。近代の最初のオリンピック競技大会（オリンピアード競技大会）は1896年、ギリシャのアテネにおいて開催された。1914年、パリ・コングレスはピエール・ド・クーベルタンの提案したオリンピック旗を採択した。オリンピック旗は、5つの大陸の団結とオリンピック競技大会で世界中の選手が集うことを表現する、5つの結び合う輪を持つ。第1回のオリンピック冬季競技大会は1924年、フランスのシャモニーで開催された。

オリンピズムの根本原則

1. オリンピズムは肉体と意志と精神のすべての資質を高め、バランスよく融合させる生き方の哲学である。オリンピズムはスポーツを文化、教育と融合させ、生き方の創造を探求するものである。その生き方は努力する喜び、良い模範であることの教育的価値、社会的な責任、さらに普遍的で根本的な倫理規範の尊重を基盤とする。

2. オリンピズムの目的は、人間の尊厳の保持に重きを置く平和な社会の推進を目指すために、人類の調和のとれた発展にスポーツを役立てることである。

3. オリンピック・ムーブメントは、オリンピズムの価値に鼓舞された個人と団体による、協調の取れた組織的、普遍的、恒久的活動である。その活動を推し進めるのは最高機関のIOCである。活動は5大陸にまたがり、偉大なスポーツの祭典、オリンピック競技大会に世界中の選手を集めるとき、頂点に達する。そのシンボルは5つの結び合う輪である。

4. スポーツをすることは人権の1つである。すべての個人はいかなる種類の差別も受けることなく、オリンピック精神に基づき、スポーツをする機会を与えられなければならない。オリンピック精神においては友情、連帯、フェアプレーの精神とともに相互理解が求められる。

5. スポーツ団体はオリンピック・ムーブメントにおいて、スポーツが社会の枠組みの中で営まれることを理解し、自律の権利と義務を持つ。自律には競技規則を自由に定め管理すること、自身の組織の構成とガバナンスについて決定すること、外部からのいかなる影響も受けずに選挙を実施する権利、および良好なガバナンスの原則を確実に適用する責任が含まれる。

6. このオリンピック憲章の定める権利および自由は人種、肌の色、性別、性的指向、言語、宗教、政治的またはその他の意見、国あるいは社会的な出身、財産、出自やその他の身分などの理由による、いかなる種類の差別も受けることなく、確実に享受されなければならない。

7. オリンピック・ムーブメントの一員となるには、オリンピック憲章の遵守及びIOCによる承認が必要である。

第1章 オリンピック・ムーブメント

1 オリンピック・ムーブメントの構成と全般的な組織

1. オリンピック・ムーブメントは、国際オリンピック委員会の最高権限と指導のもと、オリンピック憲章に導かれることに同意する組織、選手、その他の個人を包含する。オリン

ピック・ムーブメントの目的は、オリンピズムとオリンピズムの価値に則って実践されるスポーツを通じ、若者を教育することにより、平和でより良い世界の構築に貢献することである。
2．オリンピック・ムーブメントの主要3構成要素は、国際オリンピック委員会（IOC）、国際競技連盟（IF）、国内オリンピック委員会（NOC）である。
3．上記の3主要構成要素に加え、オリンピック・ムーブメントにはオリンピック競技大会の組織委員会（OCOG）、IFやNOCに所属する国内の協会、クラブ、個人も含まれる。特に選手の利益はオリンピック・ムーブメントの活動において、重要な構成要素である。さらにオリンピック・ムーブメントにはジャッジ、レフェリー、コーチ、その他の競技役員、技術要員が含まれる。IOCの承認するその他の組織および機関もオリンピック・ムーブメントの構成要素である。
4．オリンピック・ムーブメントに所属する個人および組織は、どのような活動資格であれ、オリンピック憲章の規則に拘束され、IOCの決定に従わなければならない。

2　IOCの使命と役割

IOCの使命は世界中でオリンピズムを奨励し、オリンピック・ムーブメントを主導することである。IOCの役割は以下の通りである。
1．スポーツにおける倫理と良好なガバナンスの促進、およびスポーツを通じた青少年教育を奨励し支援する。さらに、スポーツにおいてフェアプレーの精神が広く行き渡り、暴力が禁じられるよう、全力を尽くす。
2．スポーツと競技大会の組織運営、発展および連携を奨励し支援する。
3．オリンピック競技大会を定期的に確実に開催する。
4．スポーツを人類に役立てる努力において、権限を有する公的または詩的な組織および行政機関と協力し、その努力により平和を推進する。
5．オリンピック・ムーブメントの結束を強め、その主体性を守り、スポーツの自律性を保護するために行動する。
6．オリンピック・ムーブメントに影響を及ぼす、いかなる形態の差別にも反対し、行動する。
7．男女平等の原則を実践するため、あらゆるレベルと組織において、スポーツにおける女性の地位向上を奨励し支援する。
8．ドーピングに対する戦いを主導し、いかなる形態の試合の不正操作、および関連する不正行為に対抗する行動をとることにより、クリーンな選手とスポーツの高潔性を保護する。
9．選手への医療と選手の健康に関する対策を奨励し支援する。
10．スポーツと選手を政治的または商業的に不適切に利用することに反対する。
11．スポーツ団体および公的機関による、選手の社会的、職業的将来を整える努力を奨励し支援する。
12．スポーツ・フォア・オールの発展を奨励し支援する。
13．環境問題に対し責任ある関心を持つことを奨励し支援する。またスポーツにおける持続可能な発展を奨励する。そのような観点でオリンピック競技大会が開催されることを要請する。
14．オリンピック競技大会の有益な遺産を、開催国と開催都市が引き継ぐよう奨励する。
15．スポーツと文化および教育を融合させる活動を奨励し支援する。
16．国際オリンピック・アカデミー（IOA）の活動およびオリンピック教育に取り組むその他の機関の活動を奨励し支援する。

6　オリンピック競技大会

1．オリンピック競技大会は、個人種目または団体種目での選手間の競争であり、国家間の競争ではない。大会にはNOCが選抜し、IOCから参加登録申請を認められた選手が集う。選手は当該IFの技術面での指導のもとに競技する。
2．オリンピック競技大会は、オリンピアード競技大会とオリンピック冬季競技大会からなる。雪または氷上で行われる競技のみが冬季競技とみなされる。

8　オリンピック・シンボル

オリンピック・シンボルは、単色または五色の同じ大きさの結び合う5つの輪（オリンピック・リング）からなり、単独で使用されるものを指す。5色のカラー版での使用では、左から順に上段に青、黒、赤の輪を、下段には黄、緑の輪を配置する。オリンピック・シンボルはオリンピック・ムーブメントの活動を表すとともに、5つの大陸の団結、さらにオリンピック競技大会に全世界の選手が集うことを表現している。

第5章　オリンピック競技大会

32　オリンピック競技大会の開催

1．オリンピアード競技大会は、オリンピアードの最初の年に開催され、オリンピック冬季競

技大会はその3年目に開催される。
2．オリンピック競技大会を開催する栄誉と責任は、オリンピック競技大会の開催都市に選定された1つの都市に対し、IOCにより委ねられる。
3．オリンピック競技大会の開催日程はIOC理事会が定める。
4．オリンピック競技大会が開催されるべき年に開催されない場合、開催都市の権利は取り消されるが、IOCの権利が損なわれることはない。
5．オリンピック競技大会を開催することで開催都市、OCOG、あるいは開催国のNOCにもたらされる余剰金は、オリンピック・ムーブメントとスポーツの発展のために役立てられるものとする。

33　開催都市の選定
1．開催都市の選定は総会の特権である。
2．IOC理事会は、総会で開催都市選定が行われるまでの手続きを定める。特別の事情を除き、そのような選定はオリンピック競技大会7年前に行われる。
3．立候補都市の国の政府は、国とその公的機関がオリンピック憲章を遵守すると保証する法的に拘束力のある証書をIOCに提出しなければならない。
4．開催都市の選定は、当該オリンピック競技大会の開催に立候補している都市が存在しない国で行う。

40　オリンピック競技大会への参加
競技者、チーム役員、その他のチームスタッフはオリンピック競技大会に参加するため、IOCの定めた参加条件を含め、オリンピック憲章および世界アンチ・ドーピング規程を遵守しなければならず、IOCの承認する関係IFの規則を遵守しなければならない。さらに競技者、チーム役員、その他のチームスタッフは所属NOCにより参加登録申請されるものとする。

41　競技者の国籍
1．オリンピック競大技会に出場する競技者は、参加登録申請を行うNOCの国の国民でなければならない。
2．競技者がオリンピック競技大会でどの国の代表として出場するのかを決定することに関わる問題は、すべてIOC理事会が解決するものとする。

43　世界アンチ・ドーピング規程と試合の不正操作防止に関するオリンピック・ムーブメント規程

世界アンチ・ドーピング規程および試合の不正操作防止に関するオリンピック・ムーブメント規程の遵守は、オリンピック・ムーブメント全体にとっての義務である。

〔資料提供　公益財団法人日本オリンピック委員会〕

平成32年東京オリンピック競技大会・東京パラリンピック競技大会特別措置法〔抄〕

平成27年〔2015年〕法律第33号
最終改正　平成30年〔2018年〕6月13日

第一章　総則

(趣旨)
第一条　この法律は、平成三二年に開催される東京オリンピック競技大会及び東京パラリンピック競技大会（以下「大会」と総称する。）が大規模かつ国家的に特に重要なスポーツの競技会であることに鑑み、大会の円滑な準備及び運営に資するため、東京オリンピック競技大会・東京パラリンピック競技大会推進本部の設置及び基本方針の策定等について定めるとともに、国有財産の無償使用等の特別の措置を講ずるものとする。

第二章　東京オリンピック競技大会・東京パラリンピック競技大会推進本部

(設置)
第二条　大会の円滑な準備及び運営に関する施策を総合的かつ集中的に推進するため、内閣に、東京オリンピック競技大会・東京パラリンピック競技大会推進本部（以下「本部」という。）を置く。

(所掌事務)
第三条　本部は、次に掲げる事務をつかさどる。
　一　第一三条第一項に規定する基本方針（次号において単に「基本方針」という。）の案の作成に関すること。
　二　基本方針の実施を推進すること。
　三　前二号に掲げるもののほか、大会の円滑な準備及び運営に関する施策で重要なものの企画及び立案並びに総合調整に関すること。

(組織)
第四条　本部は、東京オリンピック競技大会・東京パラリンピック競技大会推進本部長、東京オリンピック競技大会・東京パラリンピック競技大会推進副本部長及び東京オリンピック競技大会・東京パラリンピック競技大会推進本部員をもって組織する。

(東京オリンピック競技大会・東京パラリンピック競技大会推進本部長)
第五条　本部の長は、東京オリンピック競技大会・東京パラリンピック競技大会推進本部長（以下「本部長」という。）とし、内閣総理大臣をもって充てる。
2　本部長は、本部の事務を総括し、所部の職員を指揮監督する。

(東京オリンピック競技大会・東京パラリンピック競技大会推進副本部長)
第六条　本部に、東京オリンピック競技大会・東京パラリンピック競技大会推進副本部長（次項及び次条第二項において「副本部長」という。）を置き、内閣官房長官及び東京オリンピック競技大会・東京パラリンピック競技大会担当大臣（内閣総理大臣の命を受けて、大会の円滑な準備及び運営に関する施策の総合的かつ集中的な推進に関し内閣総理大臣を助けることをその職務とする国務大臣をいう。）をもって充てる。
2　副本部長は、本部長の職務を助ける。

(東京オリンピック競技大会・東京パラリンピック競技大会推進本部員)
第七条　本部に、東京オリンピック競技大会・東京パラリンピック競技大会推進本部員（次項において「本部員」という。）を置く。
2　本部員は、本部長及び副本部長以外の全ての国務大臣をもって充てる。

(資料の提出その他の協力)
第八条　本部は、その所掌事務を遂行するため必要があると認めるときは、関係行政機関、地方公共団体、独立行政法人（独立行政法人通則法（平成一一年法律第一〇三号）第二条第一項に規定する独立行政法人をいう。）及び地方独立行政法人（地方独立行政法人法（平成一五年法律第一一八号）第二条第一項に規定する地方独立行政法人をいう。）の長並びに特殊法人（法律により直接に設立された法人又は特別の法律により特別の設立行為をもって設立された法人であって、総務省設置法（平成一一年法律第九一号）第四条第一項第九号の規定の適用を受けるものをいう。）並びに大会の準備及び運営を行うことを目的とする公益財団法人東京オリンピック・パラリンピック競技大会組織委員会（平成二六年一月二四日に一般財団法人東京オリンピック・パラリンピック競技大会組織委員会という名称で設立された法人をいう。以下「組織委員会」という。）の代表者に対して、資料の提出、意見の表明、説明その他必要な協力を求めることができる。
2　本部は、その所掌事務を遂行するため特に必

要があると認めるときは、前項に規定する者以外の者に対しても、必要な協力を依頼することができる。

(事務)
第九条　本部に関する事務は、内閣官房において処理し、命を受けて内閣官房副長官補が掌理する。

(設置期限)
第一〇条　本部は、平成三三年三月三一日まで置かれるものとする。

(主任の大臣)
第一一条　本部に係る事項については、内閣法(昭和二二年法律第五号)にいう主任の大臣は、内閣総理大臣とする。

(政令への委任)
第一二条　この法律に定めるもののほか、本部に関し必要な事項は、政令で定める。

第三章　基本方針等

(基本方針)
第一三条　内閣総理大臣は、大会の円滑な準備及び運営に関する施策の総合的かつ集中的な推進を図るための基本的な方針(以下この条において「基本方針」という。)の案を作成し、閣議の決定を求めなければならない。
2　基本方針には、次に掲げる事項を定めるものとする。
　一　大会の円滑な準備及び運営の推進の意義に関する事項
　二　大会の円滑な準備及び運営の推進のために政府が実施すべき施策に関する基本的な方針
　三　大会の円滑な準備及び運営の推進に関し政府が講ずべき措置に関する計画
　四　前三号に掲げるもののほか、大会の円滑な準備及び運営の推進に関し必要な事項
3　内閣総理大臣は、第一項の規定による閣議の決定があったときは、遅滞なく、基本方針を公表しなければならない。
4　第一項及び前項の規定は、基本方針の変更について準用する。

(国会への報告)
第一三条の二　政府は、大会が終了するまでの間、おおむね一年に一回、大会の円滑な準備及び運営の推進に関する政府の取組の状況についての報告を国会に提出するとともに、これを公表しなければならない。

第四章　大会の円滑な準備及び運営のための支援措置等

第一節　国有財産の無償使用

第一四条　国は、政令で定めるところにより、組織委員会が大会の準備又は運営のために使用する施設の用に供される国有財産法(昭和二三年法律第七三号)第二条に規定する国有財産を、組織委員会又は当該施設を設置する者に対し、無償で使用させることができる。

第二節　寄附金付郵便葉書等の発行の特例

〔省略〕

第三節　組織委員会への国の職員の派遣等

(組織委員会による派遣の要請)
第一六条　組織委員会は、大会の準備及び運営に関する業務のうち、スポーツに関する外国の行政機関その他の関係機関との連絡調整、大会の会場その他の施設の警備に関する計画及び選手その他の関係者の輸送に関する計画の作成、海外からの賓客の接遇その他国の事務又は事業との密接な連携の下で実施する必要があるもの(以下「特定業務」という。)を円滑かつ効果的に行うため、国の職員(国家公務員法(昭和二二年法律第一二〇号)第二条に規定する一般職に属する職員(法律により任期を定めて任用される職員、常時勤務を要しない官職を占める職員、独立行政法人通則法第二条第四項に規定する行政執行法人の職員その他人事院規則で定める職員を除く。)をいう。以下同じ。)を組織委員会の職員として必要とするときは、その必要とする事由を明らかにして、任命権者(国家公務員法第五五条第一項に規定する任命権者及び法律で別に定められた任命権者並びにその委任を受けた者をいう。以下同じ。)に対し、その派遣を要請することができる。
2　前項の規定による要請の手続は、人事院規則で定める。

(国の職員の派遣)
第一七条　任命権者は、前条第一項の規定による要請があった場合において、スポーツの振興、公共の安全と秩序の維持、交通の機能の確保及び向上、外交政策の推進その他の国の責務を踏まえ、その要請に係る派遣の必要性、派遣に伴う事務の支障その他の事情を勘案して、国の事務又は事業との密接な連携を確保するために相当と認めるときは、これに応じ、国の職員の同意を得て、組織委員会との間の取決めに基づき、期間を定めて、専ら

組織委員会における特定業務を行うものとして当該国の職員を組織委員会に派遣することができる。

2 任命権者は、前項の同意を得るに当たっては、あらかじめ、当該国の職員に同項の取決めの内容及び当該派遣の期間中における給与の支給に関する事項を明示しなければならない。

3 第一項の取決めにおいては、組織委員会における勤務時間、特定業務に係る報酬等（報酬、賃金、給料、俸給、手当、賞与その他いかなる名称であるかを問わず、特定業務の対償として受ける全てのものをいう。第一九条第一項及び第二項において同じ。）その他の勤務条件及び特定業務の内容、派遣の期間、職務への復帰に関する事項その他第一項の規定による派遣の実施に当たって合意しておくべきものとして人事院規則で定める事項を定めるものとする。

4 任命権者は、第一項の取決めの内容を変更しようとするときは、当該国の職員の同意を得なければならない。この場合においては、第二項の規定を準用する。

5 第一項の規定による派遣の期間は、三年を超えることができない。ただし、組織委員会からその期間の延長を希望する旨の申出があり、かつ、特に必要があると認めるときは、任命権者は、当該国の職員の同意を得て、当該派遣の日から引き続き五年を超えない範囲内で、これを延長することができる。

6 第一項の規定により組織委員会において特定業務を行う国の職員は、その派遣の期間中、その同意に係る同項の取決めに定められた内容に従って、組織委員会において特定業務を行うものとする。

7 第一項の規定により派遣された国の職員（以下「派遣職員」という。）は、その派遣の期間中、国の職員としての身分を保有するが、職務に従事しない。

8 第一項の規定による国の職員の特定業務への従事については、国家公務員法第百四条の規定は、適用しない。

（職務への復帰）
第一八条 派遣職員は、その派遣の期間が満了したときは、職務に復帰するものとする。

2 任命権者は、派遣職員が組織委員会における職員の地位を失った場合その他の人事院規則で定める場合であって、その派遣を継続することができないか又は適当でないと認めるときは、速やかに、当該派遣職員を職務に復帰させなければならない。

（派遣期間中の給与等）
第一九条 任命権者は、組織委員会との間で第一七条第一項の取決めをするに当たっては、同項の規定により派遣される国の職員が組織委員会から受ける特定業務に係る報酬等について、当該国の職員がその派遣前に従事していた職務及び組織委員会において行う特定業務の内容に応じた相当の額が確保されるよう努めなければならない。

2 派遣職員には、その派遣の期間中、給与を支給しない。ただし、組織委員会において特定業務が円滑かつ効果的に行われることを確保するため特に必要があると認められるときは、当該派遣職員には、その派遣の期間中、組織委員会から受ける特定業務に係る報酬等の額に照らして必要と認められる範囲内で、俸給、扶養手当、地域手当、広域異動手当、研究員調整手当、住居手当及び期末手当のそれぞれ一〇〇分の一〇〇以内を支給することができる。

3 前項ただし書の規定による給与の支給に関し必要な事項は、人事院規則（派遣職員が検察官の俸給等に関する法律（昭和二三年法律第七六号）の適用を受ける者である場合にあっては、同法第三条第一項に規定する準則）で定める。

（国家公務員共済組合法の特例）
第二〇条 国家公務員共済組合法（昭和三三年法律第一二八号。以下この条において「国共済法」という。）第三九条第二項の規定及び国共済法の短期給付に関する規定（国共済法第六八条の三の規定を除く。以下この項において同じ。）は、派遣職員には、適用しない。この場合において、国共済法の短期給付に関する規定の適用を受ける職員（国共済法第二条第一項第一号に規定する職員をいう。以下この項において同じ。）が派遣職員となったときは、国共済法の短期給付に関する規定の適用については、そのなった日の前日に退職（国共済法第二条第一項第四号に規定する退職をいう。）をしたものとみなし、派遣職員が国共済法の短期給付に関する規定の適用を受ける職員となったときは、国共済法の短期給付に関する規定の適用については、そのなった日に職員となったものとみなす。

2 派遣職員に関する国共済法の退職等年金給付に関する規定の適用については、組織委員会における特定業務を公務とみなす。

3 派遣職員は、国共済法第九八条第一項各号に掲げる福祉事業を利用することができない。

4 派遣職員に関する国共済法の規定の適用については、国共済法第二条第一項第五号及び

第六号中「とし、その他の職員」とあるのは「並びにこれらに相当するものとして次条第一項に規定する組合の運営規則で定めるものとし、その他の職員」と、国共済法第九九条第二項中「次の各号」とあるのは「第三号」と、「当該各号」とあるのは「同号」と、「及び国の負担金」とあるのは「、平成三二年東京オリンピック競技大会・東京パラリンピック競技大会特別措置法（平成二七年法律第三三号）第八条第一項に規定する組織委員会（以下「組織委員会」という。）の負担金及び国の負担金」と、同項第三号中「国の負担金」とあるのは「組織委員会の負担金及び国の負担金」と、国共済法第一〇二条第一項中「各省各庁の長（環境大臣を含む。）、行政執行法人又は職員団体」とあり、及び「国、行政執行法人又は職員団体」とあるのは「組織委員会及び国」と、「第九九条第二項（同条第六項から第八項までの規定により読み替えて適用する場合を含む。）及び第五項（同条第七項及び第八項の規定により読み替えて適用する場合を含む。）」とあるのは「第九九条第二項及び第五項」と、同条第四項中「第九九条第二項第三号及び第四号」とあるのは「第九九条第二項第三号」と、「並びに同条第五項（同条第七項及び第八項の規定により読み替えて適用する場合を含む。以下この項において同じ。）」とあるのは「及び同条第五項」と、「（同条第五項」とあるのは「（同項」と、「国、行政執行法人又は職員団体」とあるのは「組織委員会及び国」とする。
5 前項の場合において組織委員会及び国が同項の規定により読み替えられた国共済法第九九条第二項及び厚生年金保険法（昭和二九年法律第一一五号）第八二条第一項の規定により負担すべき金額その他必要な事項は、政令で定める。

（子ども・子育て支援法の特例）
第二一条　派遣職員に関する子ども・子育て支援法（平成二四年法律第六五号）の規定の適用については、組織委員会を同法第六九条第一項第四号に規定する団体とみなす。

（国家公務員共済組合法等の適用関係等についての政令への委任）
第二二条　この法律に定めるもののほか、派遣職員に関する国家公務員共済組合法、地方公務員等共済組合法（昭和三七年法律第一五二号）、子ども・子育て支援法その他これらに類する法律の適用関係の調整を要する場合におけるその適用関係その他必要な事項は、政令で定める。

（一般職の職員の給与に関する法律の特例）
第二三条　第一七条第一項の規定による派遣の期間中又はその期間の満了後における当該国の職員に関する一般職の職員の給与に関する法律（昭和二五年法律第九五号）第二三条第一項及び附則第六項の規定の適用については、組織委員会における特定業務（当該特定業務に係る労働者災害補償保険法（昭和二二年法律第五〇号）第七条第二項に規定する通勤（当該特定業務に係る就業の場所を国家公務員災害補償法（昭和二六年法律第一九一号）第一条の二第一項第一号及び第二号に規定する勤務場所とみなした場合に同条に規定する通勤に該当するものに限る。次条第一項において同じ。）を含む。）を公務とみなす。

（国家公務員退職手当法の特例）
第二四条　第一七条第一項の規定による派遣の期間中又はその期間の満了後に当該国の職員が退職した場合における国家公務員退職手当法（昭和二八年法律第一八二号）の規定の適用については、組織委員会における特定業務に係る業務上の傷病又は死亡は同法第四条第二項、第五条第一項及び第六条の四第一項に規定する公務上の傷病又は死亡と、当該特定業務に係る労働者災害補償保険法第七条第二項に規定する通勤による傷病は国家公務員退職手当法第四条第二項、第五条第二項及び第六条の四第一項に規定する通勤による傷病とみなす。
2　派遣職員に関する国家公務員退職手当法第六条の四第一項及び第七条第四項の規定の適用については、第一七条第一項の規定による派遣の期間は、同法第六条の四第一項に規定する現実に職務をとることを要しない期間には該当しないものとみなす。
3　前項の規定は、派遣職員が組織委員会から所得税法（昭和四〇年法律第三三号）第三〇条第一項に規定する退職手当等（同法第三一条の規定により退職手当等とみなされるものを含む。）の支払を受けた場合には、適用しない。
4　派遣職員がその派遣の期間中に退職した場合に支給する国家公務員退職手当法の規定による退職手当の算定の基礎となる俸給月額については、部内の他の職員との権衡上必要があると認められるときは、次条第一項の規定の例により、その額を調整することができる。

（派遣後の職務への復帰に伴う措置）
第二五条　派遣職員が職務に復帰した場合におけるその者の職務の級及び号俸については、部内の他の職員との権衡上必要と認められる範囲内において、人事院規則の定めるところに

より、必要な調整を行うことができる。
2　前項に定めるもののほか、派遣職員が職務に復帰した場合における任用、給与等に関する処遇については、部内の他の職員との均衡を失することのないよう適切な配慮が加えられなければならない。

（人事院規則への委任）
第二六条　この法律に定めるもののほか、組織委員会において国の職員が特定業務を行うための派遣に関し必要な事項は、人事院規則で定める。

（防衛省の職員への準用等）
第二七条　第一六条から前条までの規定は、国家公務員法第二条第三項第一六号に掲げる防衛省の職員（法律により任期を定めて任用される職員、常時勤務を要しない官職を占める職員その他政令で定める職員を除く。）の派遣について準用する。この場合において、第一六条第一項中「国家公務員法第五五条第一項に規定する任命権者及び法律で別に定められた任命権者並びにその委任を受けた者」とあるのは「自衛隊法（昭和二九年法律第一六五号）第三一条第一項の規定により同法第二条第五項に規定する隊員の任免について権限を有する者」と、同条第二項、第一七条第三項、第一八条第二項、第二五条第一項及び前条（見出しを含む。）中「人事院規則」とあり、並びに第一九条第三項中「人事院規則（派遣職員が検察官の俸給等に関する法律（昭和二三年法律第七六号）の適用を受ける者である場合にあっては、同法第三条第一項に規定する準則）」とあるのは「政令」と、第一七条第八項中「国家公務員法第百四条」とあるのは「自衛隊法第六三条」と、第一九条第二項ただし書中「研究員調整手当、住居手当」とあるのは「住居手当、営外手当」と、第二三条中「一般職の職員の給与に関する法律（昭和二五年法律第九五号）第二三条第一項及び附則第六項」とあるのは「防衛省の職員の給与等に関する法律（昭和二七年法律第二六六号）第二三条第一項」と、「国家公務員災害補償法」とあるのは「防衛省の職員の給与等に関する法律第二七条第一項において準用する国家公務員災害補償法」と、第二五条第一項中「職務の級」とあるのは「職務の級又は階級」と読み替えるものとする。
2　前項において準用する第一七条第一項の規定により派遣された自衛官（次項において「派遣自衛官」という。）に関する自衛隊法（昭和二九年法律第一六五号）第九八条第四項及び第九九条第一項の規定の適用については、組織委員会における特定業務を公務とみなす。
3　防衛省の職員の給与等に関する法律（昭和二七年法律第二六六号）第二二条の規定は、派遣自衛官には、適用しない。

（組織委員会の役員及び職員の地位）
第二八条　組織委員会の役員及び職員は、刑法（明治四〇年法律第四五号）その他の罰則の適用については、法令により公務に従事する職員とみなす。

第五章　国民の祝日に関する法律の特例

第二九条　平成三二年の国民の祝日（国民の祝日に関する法律（昭和二三年法律第一七八号）第一条に規定する国民の祝日をいう。）に関する同法の規定の適用については、同法第二条海の日の項中「七月の第三月曜日」とあるのは「七月二三日」と、同条山の日の項中「八月一一日」とあるのは「八月一〇日」と、同条体育の日の項中「一〇月の第二月曜日」とあるのは「七月二四日」とする。

オリンピック競技大会及びパラリンピック競技大会優秀者顕彰規程

平成6年〔1994年〕文部省令第2号

スポーツ振興法（昭和三六年法律第一四一号）第一五条の規定を実施するため、オリンピック競技大会優秀者顕彰規程を次のように定める。

(趣旨)
第一条 この規程は、国がオリンピック競技大会又はパラリンピック競技大会において特に優秀な成績を収めた者に対し顕彰を行うのに必要な事項を定めるものとする。

(顕彰を受ける者)
第二条 国は、次の各号に掲げる者を特に優秀な成績を収めた者として顕彰する。
一　オリンピック競技大会において第一位から第三位までに入賞した者
二　パラリンピック競技大会において第一位から第三位までに入賞した者

(顕彰状の授与)
第三条 顕彰は、国が、顕彰状を授与することにより行う。

(奨励)
第四条 国は、次の各号に掲げる団体が当該各号に定める者を表彰（報奨金の交付を含む。）することを奨励するものとする。
一　公益財団法人日本オリンピック委員会（平成元年八月七日に公益財団法人日本オリンピック委員会という名称で設立された法人をいう。）及びその加盟競技団体（オリンピック競技大会において実施される競技に係る国際団体に加盟している団体に限る。）第二条第一号に規定する者
二　財団法人日本障害者スポーツ協会（昭和四〇年五月二四日に財団法人日本身体障害者スポーツ協会という名称で設立された法人をいう。）　第二条第二号に規定する者

附　則
この省令は、公布の日から施行し、第一七回オリンピック冬季競技大会から適用する。

附　則（平成一二年一〇月三一日文部省令第五三号）抄
(施行期日)
第一条 この省令は、内閣法の一部を改正する法律（平成一一年法律第八八号）の施行の日（平成一三年一月六日）から施行する。

附　則（平成二〇年一二月一日文部科学省令第三六号）抄
(施行期日)
第一条 この省令は、平成二〇年一二月一日から施行する。

附　則（平成二一年三月一二日文部科学省・厚生労働省令第一号）
この省令は、公布の日から施行する。ただし、この省令による改正後のオリンピック競技大会及びパラリンピック競技大会優秀者顕彰規程の規定は、パラリンピック競技大会については、二〇〇八北京パラリンピック競技大会から適用する。

附　則（平成二二年三月三一日文部科学省・厚生労働省令第一号）
この省令は、公布の日から施行する。ただし、改正後のオリンピック競技大会及びパラリンピック競技大会優秀者顕彰規程の規定は、第二一回オリンピック冬季競技大会から適用する。

附　則（平成二三年七月二七日文部科学省令第二七号）
この省令は、スポーツ基本法の施行の日（平成二三年八月二四日）から施行する

国際競技大会優秀者等表彰要項

平成9年〔1997年〕9月3日　文部大臣裁定
平成13年〔2001年〕1月6日一部改正

1 (趣旨)
この表彰は、世界的規模のスポーツの競技会において特に優秀な成績を収めた者等（オリンピック競技大会優秀者顕彰規程（平成6年文部省令第2号）第2条の規程に基づき顕彰される者、スポーツ功労者顕彰規程（昭和43年11月14日文部大臣裁定）第2条第1号及び第3号の規程に基づき顕彰される者並びにオリンピック競技大会入賞者等表彰要項（平成4年8月10日文部大臣裁定）2の規程に基づき表彰される者を除く。）に対して文部科学大臣が表彰を行い、その栄誉を讃えることを目的とする。

2 (表彰の対象)
文部科学大臣は、次の各号の一に該当する者を

表彰する。
(一) 世界的規模のスポーツの競技会（単一競技に係るものに限る。）において第2位又は第3位に入賞した者
(二) ユニバーシアード競技大会又はアジア競技大会において優勝した者
(三) ジュニア選手を対象とした世界的規模のスポーツの競技会において優勝した者
(四) 前三号に掲げる者の指導に特に貢献があったと認められる者
(五) その他前四号に掲げる者と同等の業績又は貢献があったと認められる者

3 （日本オリンピック委員会等の意見聴取）
　上記2に掲げる者の表彰については、あらかじめ、財団法人日本オリンピック委員会又は当該競技を統括する中央競技団体の意見を聴くものとする。

4 （表彰の方法）
　表彰は、表彰状を授与してこれを行う。

附　則
　この要項は、平成13年1月6日から施行する。

スポーツ功労者顕彰規程

昭和43年〔1968年〕11月14日　文部大臣裁定
平成13年〔2001年〕1月6日一部改正

(趣旨)
第1条　この規程は、世界的規模のスポーツの競技会において優れた成果を挙げるなどにより、また、多年にわたりスポーツの向上発展に貢献することにより、我が国スポーツの振興に関し特に功績顕著な者（オリンピック競技大会優秀者顕彰規程（平成6年文部省令第2号）第2条に基づき顕彰される者を除く。）をスポーツ功労者として顕彰するに必要な事項を定めるものとする。

(顕彰を受ける者)
第2条　文部科学大臣は、次の各号の一に該当する者をスポーツ功労者として顕彰する。
1　世界的規模のスポーツの競技会等において優れた成果を挙げた次に掲げる者
　イ　世界的規模のスポーツの競技会（オリンピック競技大会を除く。）において優勝した者
　ロ　スポーツの競技会において世界記録を更新した者
　ハ　その他イ及びロに掲げる者と同等の業績があったと認められる者
2　前号に掲げる者以外で、選手として我が国のプロスポーツ史上特に優れた成果を挙げた者
3　第1号に掲げる者又はオリンピック競技大会優秀者規程第2条に基づき顕彰される者の指導に特に貢献のあったと認められる者
4　次に掲げる者で多年にわたりスポーツの向上発展に貢献した者
　イ　選手として我が国スポーツの振興に関し特に功績顕著な者
　ロ　指導者として我が国スポーツの振興に関し特に功績顕著な者
　ハ　イ又はロに掲げる者以外で我が国スポーツの振興に関し特に功績顕著な者

第3条　前条第1号及び第3号に掲げる者の顕彰については、あらかじめ、財団法人日本オリンピック委員会の意見を聴くものとする。

(顕彰状の授与等)
第4条　顕彰は、文部科学大臣が、顕彰状を授与することにより行う。
2　前項の顕彰状に併せて、記念品を授与することができる。

(雑則)
第5条　この規程に定めるもののほか、顕彰の実施に関し必要な事項はスポーツ・青少年局長が定める。

附　則
　この規程は、平成13年1月6日から施行する。

東京都オリンピック憲章にうたわれる人権尊重の理念の実現を目指す条例

平成30年〔2018年〕10月15日条例第93号

東京都オリンピック憲章にうたわれる人権尊重の理念の実現を目指す条例を公布する。

東京は、首都として日本を牽けん引するとともに、国の内外から多くの人々が集まる国際都市として日々発展を続けている。また、一人一人に着目し、誰もが明日に夢をもって活躍できる都市、多様性が尊重され、温かく、優しさにあふれる都市の実現を目指し、不断の努力を積み重ねてきた。

東京都は、人権尊重に関して、日本国憲法その他の法令等を遵守し、これまでも東京都人権施策推進指針に基づき、総合的に施策を実施してきた。今後さらに、国内外の趨すう勢を見据えることはもとより、東京二〇二〇オリンピック・パラリンピック競技大会の開催を契機として、いかなる種類の差別も許されないというオリンピック憲章にうたわれる理念が、広く都民に浸透した都市を実現しなければならない。

東京に集う多様な人々の人権が、誰一人取り残されることなく尊重され、東京が、持続可能なより良い未来のために人権尊重の理念が実現した都市であり続けることは、都民全ての願いである。

東京都は、このような認識の下、誰もが認め合う共生社会を実現し、多様性を尊重する都市をつくりあげるとともに、様々な人権に関する不当な差別を許さないことを改めてここに明らかにする。そして、人権が尊重された都市であることを世界に向けて発信していくことを決意し、この条例を制定する。

第一章 オリンピック憲章にうたわれる人権尊重の理念の実現

(目的)
第一条 この条例は、東京都(以下「都」という。)が、啓発、教育等(以下「啓発等」という。)の施策を総合的に実施していくことにより、いかなる種類の差別も許されないという、オリンピック憲章にうたわれる人権尊重の理念が広く都民等に一層浸透した都市となることを目的とする。

(都の責務等)
第二条 都は、人権尊重の理念を東京の隅々にまで浸透させ、多様性を尊重する都市をつくりあげていくため、必要な取組を推進するものとする。
2 都は、国及び区市町村(特別区及び市町村をいう。以下同じ。)が実施する人権尊重のための取組について協力するものとする。
3 都民は、人権尊重の理念について理解を深めるとともに、都がこの条例に基づき実施する人権尊重のための取組の推進に協力するよう努めるものとする。
4 事業者は、人権尊重の理念について理解を深め、その事業活動に関し、人権尊重のための取組を推進するとともに、都がこの条例に基づき実施する人権尊重のための取組の推進に協力するよう努めるものとする。

第二章 多様な性の理解の推進

(趣旨)
第三条 都は、性自認(自己の性別についての認識のことをいう。以下同じ。)及び性的指向(自己の恋愛又は性愛の対象となる性別についての指向のことをいう。以下同じ。)を理由とする不当な差別の解消(以下「差別解消」という。)並びに性自認及び性的指向に関する啓発等の推進を図るものとする。

(性自認及び性的指向を理由とする不当な差別的取扱いの禁止)
第四条 都、都民及び事業者は、性自認及び性的指向を理由とする不当な差別的取扱いをしてはならない。

(都の責務)
第五条 都は、第三条に規定する差別解消並びに性自認及び性的指向に関する啓発等の推進を図るため、基本計画を定めるとともに、必要な取組を推進するものとする。
2 都は、前項の基本計画を定めるに当たっては、都民等から意見を聴くものとする。
3 都は、国及び区市町村が実施する差別解消並びに性自認及び性的指向に関する啓発等の取組について協力するものとする。

(都民の責務)
第六条 都民は、都がこの条例に基づき実施する差別解消の取組の推進に協力するよう努めるものとする。

(事業者の責務)
第七条 事業者は、その事業活動に関し、差別解消の取組を推進するとともに、都がこの条例に基づき実施する差別解消の取組の推進に協力するよう努めるものとする。

第三章 本邦外出身者に対する不当な差別的言動の解消に向けた取組の推進

（趣旨）
第八条 都は、本邦外出身者に対する不当な差別的言動の解消に向けた取組の推進に関する法律（平成二八年法律第六八号。以下「法」という。）第四条第二項に基づき、都の実情に応じた施策を講ずることにより、不当な差別的言動（法第二条に規定するものをいう。以下同じ。）の解消を図るものとする。

（定義）
第九条 この章において、次の各号に掲げる用語の意義は、それぞれ当該各号に定めるところによる。
一 公の施設 地方自治法（昭和二二年法律第六七号）第二四四条の二の規定に基づき、都条例で設置する施設をいう。
二 表現活動 集団行進及び集団示威運動並びにインターネットによる方法その他手段により行う表現行為をいう。

（啓発等の推進）
第一〇条 都は、不当な差別的言動を解消するための啓発等を推進するものとする。

（公の施設の利用制限）
第一一条 知事は、公の施設において不当な差別的言動が行われることを防止するため、公の施設の利用制限について基準を定めるものとする。

（拡散防止措置及び公表）
第一二条 知事は、次に掲げる表現活動が不当な差別的言動に該当すると認めるときは、事案の内容に即して当該表現活動に係る表現の内容の拡散を防止するために必要な措置を講ずるとともに、当該表現活動の概要等を公表するものとする。ただし、公表することにより第八条の趣旨を阻害すると認められるときその他特別の理由があると認められるときは、公表しないことができる。
一 都の区域内で行われた表現活動
二 都の区域外で行われた表現活動（都の区域内で行われたことが明らかでないものを含む。）で次のいずれかに該当するもの
　ア 都民等に関する表現活動
　イ アに掲げる表現活動以外のものであって、都の区域内で行われた表現活動に係る表現の内容を都の区域内に拡散するもの
2 前項の規定による措置及び公表は、都民等の申出又は職権により行うものとする。
3 知事は、第一項の規定による公表を行うに当たっては、当該不当な差別的言動の内容が拡散することのないよう十分に留意しなければならない。
4 第一項の規定による公表は、インターネットを利用する方法その他知事が認める方法により行うものとする。

（審査会の意見聴取）
第一三条 知事は、前条第一項各号に定める表現活動が不当な差別的言動に該当するおそれがあると認めるとき又は同条第二項の規定による申出があったときは、次に掲げる事項について、審査会の意見を聴かなければならない。ただし、同項の規定による申出があった場合において、当該申出に係る表現活動が同条第一項各号のいずれにも該当しないと明らかに認められるときは、この限りでない。
一 当該表現活動が前条第一項各号のいずれかに該当するものであること。
二 当該表現活動が不当な差別的言動に該当するものであること。
2 知事は、前項ただし書の場合には、速やかに審査会に報告しなければならない。この場合において、審査会は知事に対し、当該報告に係る事項について意見を述べることができる。
3 知事は、前条第一項の規定による措置又は公表を行おうとするときは、あらかじめ審査会の意見を聴かなければならない。

（審査会の設置）
第一四条 前条各項の規定によりその権限に属するものとされた事項について調査審議し、又は報告に対して意見を述べさせるため、知事の附属機関として、審査会を置く。
2 審査会は、前項に定めるもののほか、この章の施行に関する重要な事項について調査審議するとともに、知事に意見を述べることができる。

（審査会の組織）
第一五条 審査会は、委員五人以内で組織する。
2 審査会の委員は、知事が、学識経験者その他適当と認める者のうちから委嘱する。
3 委員の任期は二年とし、補欠の委員の任期は前任者の残任期間とする。ただし、再任を妨げない。

（審査会の調査審議手続）
第一六条 審査会は、知事又は第一三条第一項若しくは第三項の規定により調査審議の対象となっている表現活動に係る第一二条第二項の規定による申出を行った都民等に意見書又は資料の提出を求めること、適当と認める者にその知っている事実を述べさせることその他必要な調査を行うことができる。
2 審査会は、前項の表現活動を行った者に対し、相当の期間を定めて、書面により意見を

述べる機会を与えることができる。
3　審査会は、必要があると認めるときは、その指名する委員に第一項の規定による調査を行わせることができる。

（審査会の規定に関する委任）
第一七条　前三条に定めるもののほか、審査会の組織及び運営並びに調査審議の手続に関し必要な事項は、知事が別に定める。

（表現の自由等への配慮）
第一八条　この章の規定の適用に当たっては、表現の自由その他の日本国憲法の保障する国民の自由と権利を不当に侵害しないように留意しなければならない。

附則
1　この条例は、公布の日から施行する。ただし、第一一条から第一三条まで及び第一六条の規定は、平成三一年四月一日から施行する。
2　第一一条から第一三条まで及び第一六条の規定は、前項ただし書に規定する日以後に行われた表現活動について適用する。

東京都受動喫煙防止条例〔抄〕

平成30年〔2018年〕7月4日条例第75号

　受動喫煙が健康に及ぼす影響は大きく、がん、虚血性心疾患、脳卒中等の発症との関連や、母子においては乳幼児突然死症候群の危険性が高まるなど、健康に悪影響を及ぼすことが科学的に明らかにされている。
　全ての都民が生涯を通じて健やかで心豊かな生活を送ることができるようにするためには、受動喫煙が健康に及ぼすこうした悪影響について、都民一人一人が正しく理解することが必要である。
　東京都は、都民の健康増進を一層図る観点から、受動喫煙を自らの意思で避けることが困難な者に対し、受動喫煙を生じさせることのない環境を整備するとともに、受動喫煙に対する都民の理解の促進に努めなければならない。
　このような認識の下に、どこに住んでいても、生涯にわたり健やかに暮らせる社会の実現を目指し、この条例を制定する。

第一章　総則

（目的）
第一条　この条例は、東京都（以下「都」という。）、都民及び保護者の責務を明らかにするとともに、都民が自らの意思で受動喫煙を避けることができる環境の整備を促進することにより、受動喫煙による都民の健康への悪影響を未然に防止することを目的とする。

（定義）
第二条　この条例において、次の各号に掲げる用語の意義は、それぞれ当該各号に定めるところによる。
　一　たばこ　たばこ事業法（昭和五九年法律第六八号）第二条第三号に掲げる製造たばこであって、同号に規定する喫煙用に供されるもの及び同法第三八条第二項に規定する製造たばこ代用品をいう。
　二　喫煙　人が吸入するため、たばこを燃焼させ、又は加熱することにより煙（蒸気を含む。以下同じ。）を発生させることをいう。
　三　受動喫煙　人が他人の喫煙によりたばこから発生した煙にさらされることをいう。
　四　特定施設　第一種施設、第二種施設及び喫煙目的施設をいう。
　五　第一種施設　多数の者が利用する施設（敷地を含む。以下同じ。）のうち、次に掲

げるものをいう。
　イ　学校、病院、児童福祉施設その他の受動喫煙により健康を損なうおそれが高い者が主として利用する施設として東京都規則(以下「規則」という。)で定めるもの(ロに掲げるものを除く。)
　ロ　児童福祉法(昭和二二年法律第一六四号)第三九条第一項に規定する保育所並びに学校教育法(昭和二二年法律第二六号)第一条に規定する幼稚園、小学校、中学校、義務教育学校、高等学校、中等教育学校、特別支援学校及び高等専門学校並びにこれらに準ずるものとして規則で定めるもの
　ハ　国及び地方公共団体の行政機関の庁舎(行政機関がその事務を処理するために使用する施設に限る。)
六　第二種施設　多数の者が利用する施設のうち、第一種施設及び喫煙目的施設以外の施設をいう。
七　喫煙目的施設　多数の者が利用する施設のうち、その施設を利用する者に対して、喫煙をする場所を提供することを主たる目的とする施設として規則で定める要件を満たすものをいう。
八　旅客運送事業自動車等　旅客運送事業自動車、旅客運送事業航空機、旅客運送事業鉄道等車両及び旅客運送事業船舶をいう。
九　旅客運送事業自動車　道路運送法(昭和二六年法律第一八三号)による旅客自動車運送事業者が都の区域内(以下「都内」という。)を起点及び終点として旅客の運送を行うためその事業の用に供する自動車をいう。
一〇　旅客運送事業航空機　航空法(昭和二七年法律第二三一号)による本邦航空運送事業者(旅客の運送を行うものに限る。)が都内を起点及び終点として旅客の運送を行うためその事業の用に供する航空機をいう。
一一　旅客運送事業鉄道等車両　鉄道事業法(昭和六一年法律第九二号)による鉄道事業者(旅客の運送を行うものに限る。)及び索道事業者(旅客の運送を行うものに限る。)並びに軌道法(大正一〇年法律第七六号)による軌道経営者(旅客の運送を行うものに限る。)が都内を起点及び終点として旅客の運送を行うためその事業の用に供する車両又は搬器をいう。
一二　旅客運送事業船舶　海上運送法(昭和二四年法律第一八七号)による船舶運航事業者(旅客の運送を行うものに限る。)が都内を起点及び終点として旅客の運送を行うためその事業の用に供する船舶(船舶法(明治三二年法律第四六号)第一条に規定する日本船舶に限る。)をいう。
一三　特定屋外喫煙場所　第一種施設の屋外の場所の一部の場所のうち、当該第一種施設の管理権原者によって区画され、規則で定めるところにより、喫煙をすることができる場所である旨を記載した標識の掲示その他の規則で定める受動喫煙を防止するために必要な措置がとられた場所をいう。
一四　喫煙関連研究場所　たばこに関する研究開発(喫煙を伴うものに限る。)の用に供する場所をいう。

(都の責務)
第三条　都は、受動喫煙による都民の健康への悪影響を未然に防止するための環境の整備に関する総合的な施策を策定し、及び実施する責務を有する。
2　都は、喫煙及び受動喫煙が健康に及ぼす悪影響について、意識の啓発や教育を通じた正しい知識の普及により、都民の理解を促進するように努めなければならない。
3　都は、前項に定めるもののほか、受動喫煙の防止に関するその他必要な施策について、都民、区市町村(特別区及び市町村をいう。第六条において同じ。)、多数の者が利用する施設及び旅客運送事業自動車等の管理権原者(施設又は旅客運送事業自動車等の管理について権原を有する者をいう。以下同じ。)その他の関係者と連携し、及び協力して実施するよう努めなければならない。

(都民の責務)
第四条　都民は、喫煙及び受動喫煙が健康に及ぼす悪影響について理解を深めるとともに、他人に受動喫煙を生じさせることがないよう努めなければならない。
2　都民は、都が実施する受動喫煙の防止に関する施策に協力するよう努めなければならない。

(保護者の責務)
第五条　保護者は、いかなる場所においても、その監督保護に係る二〇歳未満の者に対し、受動喫煙による健康への悪影響を未然に防止するよう努めなければならない。

(関係者の協力)
第六条　都、区市町村、多数の者が利用する施設及び旅客運送事業自動車等の管理権原者その他の関係者は、受動喫煙が生じないよう、受動喫煙を防止するための措置の総合的かつ効果的な推進を図るため、相互に連携を図りながら協力するよう努めなければならない。

（喫煙をする際の配慮義務等）
第七条　何人も、特定施設及び旅客運送事業自動車等（以下「特定施設等」という。）の次条第一項に規定する喫煙禁止場所以外の場所において喫煙をする際、受動喫煙を生じさせることがないよう周囲の状況に配慮しなければならない。
2　特定施設等の管理権原者は、喫煙をすることができる場所を定めようとするときは、受動喫煙を生じさせることがない場所とするよう配慮しなければならない。

第二章　受動喫煙を防止するための措置

（特定施設等における喫煙の禁止等）
第八条　何人も、正当な理由がなくて、特定施設等においては、次の各号に掲げる特定施設等の区分に応じ、当該特定施設等の当該各号に定める場所（以下「喫煙禁止場所」という。）で喫煙をしてはならない。
　一　第一種施設　次に掲げる場所以外の場所
　　イ　特定屋外喫煙場所
　　ロ　喫煙関連研究場所
　二　第二種施設　次に掲げる場所以外の屋内の場所
　　イ　第一二条第三項第一号に規定する喫煙専用室の場所
　　ロ　喫煙関連研究場所
　三　喫煙目的施設　第一四条第三項第一号に規定する喫煙目的室以外の屋内の場所
　四　旅客運送事業自動車及び旅客運送事業航空機　内部の場所
　五　旅客運送事業鉄道等車両及び旅客運送事業船舶　第一二条第三項第一号に規定する喫煙専用室以外の内部の場所
2　知事は、前項の規定に違反して喫煙をしている者に対し、喫煙の中止又は同項第一号から第三号までに掲げる特定施設の喫煙禁止場所からの退出を命ずることができる。

（特定施設等の管理権原者等の責務）
第九条　〔省略〕

（特定施設等の管理権原者等に対する指導及び助言）
第一〇条　〔省略〕

（特定施設等の管理権原者等に対する勧告、命令等）
第一一条　知事は、特定施設等の管理権原者等が第九条第一項の規定に違反して器具又は設備を喫煙の用に供することができる状態で設置しているときは、当該管理権原者等に対し、期限を定めて、当該器具又は設備の撤去その他当該器具又は設備を喫煙の用に供することができないようにするための措置をとるべきことを勧告することができる。
2　知事は、前項の規定による勧告を受けた特定施設等の管理権原者等が、同項の期限内にこれに従わなかったときは、その旨を公表することができる。
3　知事は、第一項の規定による勧告を受けた特定施設等の管理権原者等が、その勧告に係る措置をとらなかったときは、当該管理権原者等に対し、期限を定めて、その勧告に係る措置をとるべきことを命ずることができる。

（喫煙専用室）
第一二条　第二種施設等（第二種施設並びに旅客運送事業鉄道等車両及び旅客運送事業船舶をいう。以下同じ。）の管理権原者は、当該第二種施設等の屋内又は内部の場所の一部の場所であって、構造及び設備がその室外の場所（特定施設等の屋内又は内部の場所に限る。）へのたばこの煙の流出を防止するための基準として規則で定める技術的基準に適合した室（次項及び第三項第一号において「基準適合室」という。）の場所を専ら喫煙をすることができる場所として定めることができる。
2　第二種施設等の管理権原者は、前項の規定により当該第二種施設等の基準適合室の場所を専ら喫煙をすることができる場所として定めようとするときは、規則で定めるところにより、当該場所の出入口の見やすい箇所に、次に掲げる事項を記載した標識（以下「喫煙専用室標識」という。）を掲示しなければならない。
　一　当該場所が専ら喫煙をすることができる場所である旨
　二　当該場所への二〇歳未満の者の立入りが禁止されている旨
　三　その他規則で定める事項
3　第二種施設等の管理権原者は、前項の規定により喫煙専用室標識を掲示したときは、規則で定めるところにより、直ちに、当該第二種施設等の主たる出入口の見やすい箇所に、次に掲げる事項を記載した標識（以下「喫煙専用室設置施設等標識」という。）を掲示しなければならない。ただし、当該第二種施設等の主たる出入口の見やすい箇所に、既に喫煙専用室設置施設等標識が掲示されている場合は、この限りでない。
　一　喫煙専用室（前項の規定により喫煙専用室標識が掲示されている基準適合室をいう。以下この条及び次条第一項において同じ。）が設置されている旨
　二　その他規則で定める事項
4　喫煙専用室が設置されている第二種施設等（以下「喫煙専用室設置施設等」という。）の

管理権原者は、当該喫煙専用室設置施設等の喫煙専用室の構造及び設備を第一項の規則で定める技術的基準に適合するように維持しなければならない。
5　喫煙専用室設置施設等の管理権原者等は、二〇歳未満の者を当該喫煙専用室設置施設等の喫煙専用室に立ち入らせてはならない。
6　喫煙専用室設置施設等の管理権原者は、喫煙専用室の場所を専ら喫煙をすることができる場所としないこととしようとするときは、当該喫煙専用室において掲示された喫煙専用室標識を除去しなければならない。
7　喫煙専用室設置施設等の管理権原者は、当該喫煙専用室設置施設等の全ての喫煙専用室の場所を専ら喫煙をすることができる場所としないこととしたときは、直ちに、当該喫煙専用室設置施設等において掲示された喫煙専用室設置施設等標識を除去しなければならない。

(喫煙専用室設置施設等の管理権原者に対する勧告、命令等)
第一三条　知事は、喫煙専用室設置施設等の喫煙専用室の構造又は設備が前条第一項の規則で定める技術的基準に適合しなくなったと認めるときは、当該喫煙専用室設置施設等の管理権原者に対し、当該喫煙専用室において掲示された喫煙専用室標識及び当該喫煙専用室設置施設等において掲示された喫煙専用室設置施設等標識（喫煙専用室設置施設等に複数の喫煙専用室が設置されている場合にあっては、当該喫煙専用室設置施設等の全ての喫煙専用室の構造又は設備が同項の規則で定める技術的基準に適合しなくなったと認めるときに限る。）を直ちに除去し、又は当該喫煙専用室の構造及び設備が同項の規則で定める技術的基準に適合するまでの間、当該喫煙専用室の供用を停止することを勧告することができる。
2　知事は、前項の規定による勧告を受けた喫煙専用室設置施設等の管理権原者が、その勧告に従わなかったときは、その旨を公表することができる。
3　知事は、第一項の規定による勧告を受けた喫煙専用室設置施設等の管理権原者が、その勧告に係る措置をとらなかったときは、当該管理権原者に対し、その勧告に係る措置をとるべきことを命ずることができる。

(喫煙目的室)
第一四条　喫煙目的施設の管理権原者は、当該喫煙目的施設の屋内の場所の全部又は一部の場所であって、構造及び設備がその室外の場所（特定施設等の屋内又は内部の場所に限る。）へのたばこの煙の流出を防止するための基準として規則で定める技術的基準に適合した室（次項及び第三項第一号において「基準適合室」という。）の場所を喫煙をすることができる場所として定めることができる。
2　喫煙目的施設の管理権原者は、前項の規定により当該喫煙目的施設の基準適合室の場所を喫煙をすることができる場所として定めようとするときは、規則で定めるところにより、当該場所の出入口の見やすい箇所に、次に掲げる事項を記載した標識（以下「喫煙目的室標識」という。）を掲示しなければならない。
一　当該場所が喫煙を目的とする場所である旨
二　当該場所への二〇歳未満の者の立入りが禁止されている旨
三　その他規則で定める事項
3　喫煙目的施設の管理権原者は、前項の規定により喫煙目的室標識を掲示したときは、規則で定めるところにより、直ちに、当該喫煙目的施設の主たる出入口の見やすい箇所に、次に掲げる事項を記載した標識（以下「喫煙目的室設置施設標識」という。）を掲示しなければならない。ただし、当該喫煙目的施設の主たる出入口の見やすい箇所に、既に喫煙目的室設置施設標識が掲示されている場合は、この限りでない。
一　喫煙目的室（前項の規定により喫煙目的室標識が掲示されている基準適合室をいう。以下この条及び次条において同じ。）が設置されている旨
二　その他規則で定める事項
4　喫煙目的室が設置されている喫煙目的施設（以下「喫煙目的室設置施設」という。）の管理権原者は、当該喫煙目的室設置施設が第二条第七号の規則で定める要件を満たすように維持しなければならない。
5　喫煙目的室設置施設の管理権原者は、当該喫煙目的室設置施設の喫煙目的室の構造及び設備を第一項の規則で定める技術的基準に適合するように維持しなければならない。
6　喫煙目的室設置施設（喫煙目的室において客に飲食をさせる営業が行われる施設その他の規則で定める施設に限る。以下この項及び第八項において同じ。）の管理権原者は、帳簿を備え、当該喫煙目的室設置施設の第二条第七号の規則で定める要件に関し規則で定める事項を記載し、これを保存しなければならない。
7　喫煙目的室設置施設の管理権原者等は、二〇歳未満の者を当該喫煙目的室設置施設の喫煙目的室に立ち入らせてはならない。
8　喫煙目的室設置施設の管理権原者等は、当該喫煙目的室設置施設の営業について広告又は

宣伝をするときは、規則で定めるところにより、当該喫煙目的室設置施設が喫煙目的室設置施設である旨を明らかにしなければならない。
9 喫煙目的室設置施設の管理権原者は、喫煙目的室の場所を喫煙をすることができる場所としないこととしようとするときは、当該喫煙目的室において掲示された喫煙目的室標識を除去しなければならない。
10 喫煙目的室設置施設の管理権原者は、当該喫煙目的室設置施設の全ての喫煙目的室の場所を喫煙をすることができる場所としないこととしたときは、直ちに、当該喫煙目的室設置施設において掲示された喫煙目的室設置施設標識を除去しなければならない。

(喫煙目的室設置施設の管理権原者に対する勧告、命令等)
第一五条 知事は、喫煙目的室設置施設が第二条第七号の規則で定める要件を満たしていないと認めるときは、当該喫煙目的室設置施設の管理権原者に対し、当該喫煙目的室設置施設の喫煙目的室において掲示された喫煙目的室標識及び当該喫煙目的室設置施設において掲示された喫煙目的室設置施設標識を直ちに除去し、又は当該喫煙目的室設置施設が同号の規則で定める要件を満たすまでの間、当該喫煙目的室設置施設の供用を停止することを勧告することができる。
2 知事は、喫煙目的室設置施設の喫煙目的室の構造又は設備が前条第一項の規則で定める技術的基準に適合しなくなったと認めるときは、当該喫煙目的室設置施設の管理権原者に対し、当該喫煙目的室において掲示された喫煙目的室標識及び当該喫煙目的室設置施設において掲示された喫煙目的室設置施設標識(喫煙目的室設置施設に複数の喫煙目的室が設置されている場合にあっては、当該喫煙目的室設置施設の全ての喫煙目的室の構造又は設備が同項の規則で定める技術的基準に適合しなくなったと認めるときに限る。)を直ちに除去し、又は当該喫煙目的室の構造及び設備が同項の規則で定める技術的基準に適合するまでの間、当該喫煙目的室の供用を停止することを勧告することができる。
3 知事は、前二項の規定による勧告を受けた喫煙目的室設置施設の管理権原者が、その勧告に従わなかったときは、その旨を公表することができる。
4 知事は、第一項又は第二項の規定による勧告を受けた喫煙目的室設置施設の管理権原者が、その勧告に係る措置をとらなかったときは、当該管理権原者に対し、その勧告に係る

措置をとるべきことを命ずることができる。

(標識の使用制限)
第一六条 何人も、次に掲げる場合を除き、特定施設等において喫煙専用室標識、喫煙専用室設置施設等標識、喫煙目的室標識若しくは喫煙目的室設置施設標識(以下この条において「喫煙専用室標識等」と総称する。)又は喫煙専用室標識等に類似する標識を掲示してはならない。
一 第二種施設等の管理権原者が第一二条第二項の規定により喫煙専用室標識を掲示する場合又は同条第三項の規定により喫煙専用室設置施設等標識を掲示する場合
二 喫煙目的施設の管理権原者が第一四条第二項の規定により喫煙目的室標識を掲示する場合又は同条第三項の規定により喫煙目的室設置施設標識を掲示する場合
2 何人も、次に掲げる場合を除き、喫煙専用室標識等を除去し、又は汚損その他喫煙専用室標識等の識別を困難にする行為をしてはならない。
一 喫煙専用室設置施設等の管理権原者が第一二条第六項の規定により喫煙専用室標識を除去する場合、同条第七項の規定により喫煙専用室設置施設等標識を除去する場合又は第一三条第一項の規定による勧告若しくは同条第三項の規定に基づく命令に係る措置として喫煙専用室標識及び喫煙専用室設置施設等標識を除去する場合
二 喫煙目的室設置施設の管理権原者が第一四条第九項の規定により喫煙目的室標識を除去する場合、同条第一〇項の規定により喫煙目的室設置施設標識を除去する場合又は前条第一項若しくは第二項の規定による勧告若しくは同条第四項の規定に基づく命令に係る措置として喫煙目的室標識及び喫煙目的室設置施設標識を除去する場合

(立入検査等)
第一七条 知事は、この章の規定の施行に必要な限度において、特定施設等の管理権原者等に対し、当該特定施設等の喫煙禁止場所における専ら喫煙の用に供させるための器具及び設備の撤去その他の受動喫煙を防止するための措置の実施状況に関し報告をさせ、又はその職員に、特定施設等に立ち入り、当該措置の実施状況若しくは帳簿、書類その他の物件を検査させ、若しくは関係者に質問させることができる。
2 前項の規定により立入検査又は質問をする職員は、その身分を示す証明書を携帯し、関係者に提示しなければならない。
3 第一項の規定による権限は、犯罪捜査のため

に認められたものと解釈してはならない。
(適用関係)
第一八条 〔省略〕
(適用除外)
第一九条 〔省略〕

第三章　罰則

(罰則)
第二〇条　次の各号のいずれかに該当する者は、五万円以下の過料に処する。
一　第一一条第三項、第一三条第三項又は第一五条第四項の規定に基づく命令に違反した者
二　第一二条第三項又は第一四条第三項の規定に違反した者
三　第一六条の規定に違反した者
第二一条　次の各号のいずれかに該当する者は、三万円以下の過料に処する。
一　第八条第二項の規定に基づく命令に違反した者
二　第一二条第七項又は第一四条第一〇項の規定に違反した者
第二二条　次の各号のいずれかに該当する者は、二万円以下の過料に処する。
一　第一四条第六項の規定による帳簿を備え付けず、帳簿に記載せず、若しくは虚偽の記載をし、又は帳簿を保存しなかった者
二　第一七条第一項の規定による報告をせず、若しくは虚偽の報告をし、又は同項の規定による検査を拒み、妨げ、若しくは忌避し、若しくは同項の規定による質問に対して答弁をせず、若しくは虚偽の答弁をした者

第5編

指導者のための
ガイドライン

解説……………………………………… 372
体罰の禁止及び児童生徒理解に基づく指導の徹底について……………………………………… 374
体罰・暴力行為を許さない開かれた学校づくりのために……………………………………… 376
運動部活動の在り方に関する総合的なガイドライン… 387
サッカー活動中の落雷事故の防止対策についての
　指針……………………………………… 392
熱中症ガイドライン ……………………… 392
「スタートの段階指導」および「プール水深とスタート
　の高さに関するガイドライン」……………… 395
倫理に関するガイドライン ……………… 396

解説

はじめに―スポーツとガイドラインとの関係―

これまでスポーツの世界でも、国の行政機関やスポーツ競技団体等から、事故や事件の発生防止や課題解決等を目的として、指針や方針といった一般的または個別的な内容を含むガイドラインが策定・公表されてきた。

本編では、スポーツ活動を指導するうえで留意しておきたいガイドラインを掲げる。ここで紹介するガイドラインの中には、特定の競技団体によって策定されたものがあるが、その団体やスポーツ種目の活動やその指導に関してのみでなく、他の団体・スポーツ種目においても参考にされてしかるべきものがある。

ガイドラインの意義

ガイドラインは、スポーツ活動中に事故・事件や課題が発生・顕在化したことをきっかけとして策定されることが多い。将来発生する可能性のある事故・事件を未然に防止したり、課題を解決することを主とするものである。ここに登載するガイドラインは、いずれも事故・事件の発生、課題の顕在化を発端として策定されている。

ガイドラインの法的性格

ガイドラインは、ガイドラインごとに、そこで定める内容はさまざまであり、一概に断定することはできないが、少なくとも、民法や刑法等のような法律・法令ではなく、法的強制力はない。したがって、それに違反したからといって、ただちに違法な行為として扱われ、また刑罰を科されることはない（罪刑法定主義）。

しかし、発生した事故・事件については、たとえば「過失」（民法第709条）の判断にあたって、その基準として参考とされることもあり、また、そのガイドラインの有無についての認識が、その判断に影響を与えることもある。この意味で、事実上、法規範性に相当するレベルの強制力を有するケースもある。さらに、ガイドラインによっては、特に行政機関が発するものにあっては、法律の解釈（行政解釈）の範囲であるが、それにより運用される指針もある。

個別のガイドライン

以下、便宜上、ガイドラインの内容により分類してその概要を説明する。

①学校での体罰・暴力行為に関するもの

平成24（2012）年12月23日に大阪市立桜宮高校2年生のバスケットボール部所属の男子生徒が自殺を図った事件を契機に、文部科学省は、2013年3月に、学校でスポーツ指導にあたる教員の体罰や暴力行為の禁止を意図して、「体罰の禁止及び児童生徒理解に基づく指導の徹底について（通知）」（374頁に掲載）を各都道府県教育委員会教育長等に発した。そこでは、体罰の禁止、懲戒と体罰の区別、参考事例等が示され、懲戒・体罰に関する解釈・運用について、その方向性が述べられている。

上記事件が発生した学校を所管する大阪市教育委員会においては、2013年9月に大阪市『『体罰・暴力行為を許さない開かれた学校づくりのために』〜体罰・暴力行為の防止及び発生時の対応に関する指針・児童生徒の問題行動への対応に関する指針〜」（376頁参照）が策定された。

東京都では、2014年1月に、体罰根絶に向けた総合的な対策の策定についての検討の中で、「体罰関連行為のガイドライン」の一覧表を作成している。その他、多くの県レベルの地方公共団体で策定されている（例：神奈川県教育委員会「体罰防止ガイドライン〜神奈川から全ての体罰を根絶しよう〜」)。

②学校運動部活動に関するもの
　2013年5月に文部科学省は「運動部活動での指導のガイドライン」を策定した。中学校、高等学校での運動部活動での指導において必要である又は考慮が望まれる基本的な事項、留意点を整理し、示した。しかし、近時に至って、スポーツ庁は、2018年3月に、生徒にとって望ましいスポーツ環境を構築する徒う観点に立って、地域や学校の実態に応じて、運動部活動が多様な形で最適に実施されるよう、「運動部活動の在り方に関する総合的なガイドライン」（387頁に掲載）を策定した。

③事故・事件防止に関するもの
　1996年8月に私立高校サッカー部が遠征中の試合にフォワードの選手が落雷に遭い、重症した事故が発生した（引率教員等の損害賠償責任（過失）の有無が問題にもなった）。この事故が大きな契機となり、日本サッカー協会は「サッカー活動中の落雷事故の防止対策についての指針」（2006年。392頁に掲載）を関係者や関係団体に発信した。スポーツ活動中の落雷事故については、教員らの過失が認められ、高額な賠償金が認められたが、まだまだ他の野外で行うスポーツの関係者の危機意識は低いように思量される。
　近時、特に夏の暑さ対策として、熱中症に関心が高まっている。実際に年々、熱中症による救急搬送の数は増加しており、スポーツ以外の各方面でも、その対策が検討されている。スポーツ界にあっては、イベント開催にあたっては、大会開催要項等で参加者に周知するとともに、大会開催の可否、対応等について、大会主催者、腐心している。スポーツ界では、日本サッカー協会が「熱中症ガイドライン」（2016年、392頁に掲載）を策定し、事故防止を図っている。この関係では、環境省関係からも関連通知が出ており、併せて参考にされるべきである。
　また、日本水泳連盟は、学校プールでの飛び込み事故が続いており、日本水泳連盟は、その指導方法について新しいガイドライン（2019年3月10日、395頁登載）を公表した。

④競技団体による倫理ガイドライン
　近時、上記学校だけでなく、一般のスポーツ界においても、指導上の暴力行為やセクハラ等の不祥事が発生・顕在化し、スポーツ界の健全な発展の大きな課題となっている。これに関するガイドラインは、競技団体の統括団体である日本スポーツ協会（「スポーツ指導者のための倫理ガイド」（2018年第7刷）をはじめとして、個別の競技団体でも策定されている。日本陸上競技連盟による「倫理に関するガイドライン」（396頁に掲載）は、わが国初めてのセクハラに関するガイドラインであった（2002年9月3日発表）。その他、日本バレーボール協会「指導における倫理ガイドライン〜暴力とセクハラの根絶に向けて〜」（2016年改定）等がある。

＊競技団体の法的性格を示す表記（例：公益財団法人）は省略した。

（吉田勝光）

体罰の禁止及び児童生徒理解に基づく指導の徹底について

文部科学省　平成25年〔2013年〕3月13日
24文科初第1269号

各都道府県教育委員会教育長　殿
各指定都市教育委員会教育長　殿
各都道府県知事　殿
附属学校を置く各国立大学法人学長　殿
小中高等学校を設置する学校設置会社を所轄する構造改革特別区域法第12条第1項の認定を受けた各地方公共団体の長　殿

　　　　　　　　文部科学省初等中等教育局長
　　　　　　　　　　　　　　　布村　幸彦
　　　　　　　　文部科学省スポーツ・青少年局長
　　　　　　　　　　　　　　　久保　公人

　昨年末、部活動中の体罰を背景とした高校生の自殺事案が発生するなど、教職員による児童生徒への体罰の状況について、文部科学省としては、大変深刻に受け止めております。体罰は、学校教育法で禁止されている、決して許されない行為であり、平成25年1月23日初等中等教育局長、スポーツ・青少年局長通知「体罰禁止の徹底及び体罰に係る実態把握について」においても、体罰禁止の徹底を改めてお願いいたしました。

　懲戒、体罰に関する解釈・運用については、平成19年2月に、裁判例の動向等も踏まえ、「問題行動を起こす児童生徒に対する指導について」（18文科初第1019号　文部科学省初等中等教育局長通知）別紙「学校教育法第11条に規定する児童生徒の懲戒・体罰に関する考え方」を取りまとめましたが、懲戒と体罰の区別等についてより一層適切な理解促進を図るとともに、教育現場において、児童生徒理解に基づく指導が行われるよう、改めて本通知において考え方を示し、別紙において参考事例を示しました。懲戒、体罰に関する解釈・運用については、今後、本通知によるものとします。

　また、部活動は学校教育の一環として行われるものであり、生徒をスポーツや文化等に親しませ、責任感、連帯感の涵養（かんよう）等に資するものであるといった部活動の意義をもう一度確認するとともに、体罰を厳しい指導として正当化することは誤りであるという認識を持ち、部活動の指導に当たる教員等は、生徒の心身の健全な育成に資するよう、生徒の健康状態等の十分な把握や、望ましい人間関係の構築に留意し、適切に部活動指導をすることが必要です。

　貴職におかれましては、本通知の趣旨を理解の上、児童生徒理解に基づく指導が徹底されるよう積極的に取り組むとともに、都道府県・指定都市教育委員会にあっては所管の学校及び域内の市区町村教育委員会等に対して、都道府県知事にあっては所轄の私立学校に対して、国立大学法人学長にあっては附属学校に対して、構造改革特別区域法第12条第1項の認定を受けた地方公共団体の長にあっては認可した学校に対して、本通知の周知を図り、適切な御指導をお願いいたします。

記

1　体罰の禁止及び懲戒について

　体罰は、学校教育法第11条において禁止されており、校長及び教員（以下「教員等」という。）は、児童生徒への指導に当たり、いかなる場合も体罰を行ってはならない。体罰は、違法行為であるのみならず、児童生徒の心身に深刻な悪影響を与え、教員等及び学校への信頼を失墜させる行為である。

　体罰により正常な倫理観を養うことはできず、むしろ児童生徒に力による解決への志向を助長させ、いじめや暴力行為などの連鎖を生む恐れがある。もとより教員等は指導に当たり、児童生徒一人一人をよく理解し、適切な信頼関係を築くことが重要であり、このために日頃から自らの指導の在り方を見直し、指導力の向上に取り組むことが必要である。懲戒が必要と認める状況においても、決して体罰によることなく、児童生徒の規範意識や社会性の育成を図るよう、適切に懲戒を行い、粘り強く指導することが必要である。

　ここでいう懲戒とは、学校教育法施行規則に定める退学（公立義務教育諸学校に在籍する学齢児童生徒を除く。）、停学（義務教育諸学校に在籍する学齢児童生徒を除く。）、訓告のほか、児童生徒に肉体的苦痛を与えるものでない限り、通常、懲戒権の範囲内と判断されると考えられる行為として、注意、叱責、居残り、別室指導、起立、宿題、清掃、学校当番の割当て、文書指導などがある。

2　懲戒と体罰の区別について

（1）教員等が児童生徒に対して行った懲戒行為が体罰に当たるかどうかは、当該児童生徒の年齢、健康、心身の発達状況、当該行為が行われた場所的及び時間的環境、懲戒の態様等の諸条件を総合的に考え、個々の事案ごとに判断する必要がある。この際、単に、懲戒行為をした教員等や、懲戒行為を受けた児童生徒・保護者の主観のみにより判断するのでは

なく、諸条件を客観的に考慮して判断すべきである。
（2）（1）により、その懲戒の内容が身体的性質のもの、すなわち、身体に対する侵害を内容とするもの（殴る、蹴る等）、児童生徒に肉体的苦痛を与えるようなもの（正座・直立等特定の姿勢を長時間にわたって保持させる等）に当たると判断された場合は、体罰に該当する。

3 正当防衛及び正当行為について
（1）児童生徒の暴力行為等に対しては、毅然とした姿勢で教職員一体となって対応し、児童生徒が安心して学べる環境を確保することが必要である。
（2）児童生徒から教員等に対する暴力行為に対して、教員等が防衛のためにやむを得ずした有形力の行使は、もとより教育上の措置たる懲戒行為として行われたものではなく、これにより身体への侵害又は肉体的苦痛を与えた場合には体罰には該当しない。また、他の児童生徒に被害を及ぼすような暴力行為に対して、これを制止したり、目前の危険を回避したりするためにやむを得ずした有形力の行使についても、同様に体罰に当たらない。これらの行為については、正当防衛又は正当行為等として刑事上又は民事上の責めを免れうる。

4 体罰の防止と組織的な指導体制について
（1）体罰の防止
1．教育委員会は、体罰の防止に向け、研修の実施や教員等向けの指導資料の作成など、教員等が体罰に関する正しい認識を持つよう取り組むことが必要である。
2．学校は、指導が困難な児童生徒の対応を一部の教員に任せきりにしたり、特定の教員が抱え込んだりすることのないよう、組織的な指導を徹底し、校長、教頭等の管理職や生徒指導担当教員を中心に、指導体制を常に見直すことが必要である。
3．校長は、教員が体罰を行うことのないよう、校内研修の実施等により体罰に関する正しい認識を徹底させ、「場合によっては体罰もやむを得ない」などといった誤った考え方を容認する雰囲気がないか常に確認するなど、校内における体罰の未然防止に恒常的に取り組むことが必要である。また、教員が児童生徒への指導で困難を抱えた場合や、周囲に体罰と受け取られかねない指導を見かけた場合には、教員個人で抱え込まず、積極的に管理職や他の教員等へ報告・相談できるようにするなど、日常的に体罰を防止できる体制を整備することが必要である。
4．教員は、決して体罰を行わないよう、平素から、いかなる行為が体罰に当たるかについての考え方を正しく理解しておく必要がある。また、機会あるごとに自身の体罰に関する認識を再確認し、児童生徒への指導の在り方を見直すとともに、自身が児童生徒への指導で困難を抱えた場合や、周囲に体罰と受け取られかねない指導を見かけた場合には、教員個人で抱え込まず、積極的に管理職や他の教員等へ報告・相談することが必要である。
（2）体罰の実態把握と事案発生時の報告の徹底
1．教育委員会は、校長に対し、体罰を把握した場合には教育委員会に直ちに報告するよう求めるとともに、日頃から、主体的な体罰の実態把握に努め、体罰と疑われる事案があった場合には、関係した教員等からの聞き取りのみならず、児童生徒や保護者からの聞き取りや、必要に応じて第三者の協力を得るなど、事実関係の正確な把握に努めることが必要である。あわせて、体罰を行ったと判断された教員等については、体罰が学校教育法に違反するものであることから、厳正な対応を行うことが必要である。
2．校長は、教員に対し、万が一体罰を行った場合や、他の教員の体罰を目撃した場合には、直ちに管理職へ報告するよう求めるなど、校内における体罰の実態把握のために必要な体制を整備することが必要である。
　また、教員や児童生徒、保護者等から体罰や体罰が疑われる事案の報告・相談があった場合は、関係した教員等からの聞き取りや、児童生徒や保護者からの聞き取り等により、事実関係の正確な把握に努めることが必要である。
　加えて、体罰を把握した場合、校長は直ちに体罰を行った教員等を指導し、再発防止策を講じるとともに、教育委員会へ報告することが必要である。
3．教育委員会及び学校は、児童生徒や保護者が、体罰の訴えや教員等との関係の悩みを相談することができる体制を整備し、相談窓口の周知を図ることが必要である。

5 部活動指導について
（1）部活動は学校教育の一環であり、体罰が禁止されていることは当然である。成績や結果を残すことのみに固執せず、教育活動として逸脱することなく適切に実施されなければならない。
（2）他方、運動部活動においては、生徒の技術力・身体的能力、又は精神力の向上を図るこ

体罰・暴力行為を許さない開かれた学校づくりのために〔抄〕
～体罰・暴力行為の防止及び発生時の対応に関する指針・児童生徒の問題行動への対応に関する指針～

大阪市　平成27年〔2015年〕1月13日

大阪市教育委員会の新たな方針と決意

桜宮高等学校において発生した事案について

平成24年12月23日、大阪市立桜宮高等学校2年生の男子生徒が自宅で自らの命を絶つという痛ましい事案が発生しました。教育委員会としましては、生徒を守るべき教育の場において、生徒のかけがえのない命、取り戻すことのできない命を失う事態に至った、この事案を極めて厳しく受け止めております。

当該生徒は、男子バスケットボール部に所属しており、顧問教諭による暴力行為があったことが判明しています。自らの命を絶つという選択をした生徒の苦しみと悩みは、計り知れません。顧問教諭がこの生徒に対して行った行為は、何の落ち度もない生徒に対する暴力行為でありました。

当該教諭は、バスケットボール部の顧問に就任してから、暴力を指導の一環と位置付け、指導方法として効果的であるとの考えのもと、バスケットボール部員に対して恒常的に暴力を行っていたところ、当該生徒に対して行った暴力行為は、当該生徒の自殺との間に関連性が認められることから、大阪市教育委員会は、当該顧問教諭に対して懲戒免職という最も重い処分を行いました。また、事案発生時の同校校長・教頭に対しても、教員による進言など事案発生を防ぎ得たかもしれない複数の契機を放置し、適切な対応を怠ったこと等の責任の重大さにかんがみ、停職という極めて厳しい処分を行いました。さらに、教育長及び教育次長その他の事務局職員に対しても厳正な処分を行うとともに、委員は報酬を自主返納することにより、これまで体罰・暴力行為に有効な対策を出せなかったこと等に対する教育委員会自らの責任を明らかにしました。

本市における実態の把握について

この事案を受けて、教育委員会は、体罰と暴力行為との違いを明確にしました。それに基づき、体罰・暴力行為の実態把握のため、全校調査及び児童生徒・保護者アンケート調査を実施いたしました。その結果、各学校からは264件の体罰・暴力行為の報告があり、児童生徒・保護者アンケートでは5、123人から体罰・暴力行為を受けたこ

とを目的として、肉体的、精神的負荷を伴う指導が行われるが、これらは心身の健全な発達を促すとともに、活動を通じて達成感や、仲間との連帯感を育むものである。ただし、その指導は学校、部活動顧問、生徒、保護者の相互理解の下、年齢、技能の習熟度や健康状態、場所的・時間的環境等を総合的に考えて、適切に実施しなければならない。

指導と称し、部活動顧問の独善的な目的を持って、特定の生徒たちに対して、執拗かつ過度に肉体的・精神的負荷を与える指導は教育的指導とは言えない。

(3) 部活動は学校教育の一環であるため、校長、教頭等の管理職は、部活動顧問に全て委ねることなく、その指導を適宜監督し、教育活動としての使命を守ることが求められる。

とがあるとの回答がありました。これらの調査結果から、多くの学校で体罰・暴力行為が行われている実態が浮かび上がったと言えます。

学校教育において、体罰・暴力行為は絶対に許されるものではなく、決して容認できないものであります。体罰・暴力行為を行うことだけでなく、周囲の人間がそれを許容することも、見て見ぬふりをすることも、あってはならないことです。

しかし、これまでの体罰禁止の徹底等を求める通知を繰り返すだけでは、体罰・暴力行為を防ぐことができませんでした。教育委員会としては、この事実を極めて重く受け止めております。また、声を上げることができなかった児童生徒や保護者の方々に思いを致すとともに、教育現場で日々児童生徒と向き合い、時にはぎりぎりの状況下で指導を行っている教職員の皆さんの声に耳を傾け、これらを活かすことができなかったことを深く反省しております。

外部監察チームの報告書による指摘・勧告について

本市の委嘱により桜宮高等学校の事案の調査に当たった、弁護士から成る外部監察チームは、その最終報告書（平成25年4月30日）において、同校における事案のみならず、中学校における体罰・暴力行為の事案の調査結果をも踏まえ、体罰・暴力行為が根絶されない理由について、次の通り、教育委員会及び学校に対する厳しい指摘を行っています。

「学校内において、体罰等が発生しても、これを受けた生徒及びその保護者が異を唱えなければ、当該教員が生徒及びその保護者に対して謝罪をしてその理解を得ることで処理され、管理職である校長及び教頭の知るところとならず、また、管理職がこれを知ったとしても、管理職がこれを教員に対する人事権を有する教育委員会に対して報告せず、さらには、指導部に対して報告されても、教務部に対して報告されずに処理されることにより、結局、当該教員が人事権を有する教育委員会から懲戒処分や注意等を受けることなく、せいぜい人事権を有していない学校管理職による注意を受けるに留まり、最終的には、当該体罰等は顕在化しない。」

そして、同報告書は、学校現場におけるチェック機能が正常に機能する体制を速やかに整備するとともに、教育委員会において、体罰・暴力行為が顕在化し難い傾向があることを十二分に認識した上で、事案に対する適切な処理体制を整備する必要があること等を勧告しています。

大阪市教育委員会の新たな方針について

大阪市教育委員会といたしましては、上述の指摘及び勧告を真摯に受け止め、体罰・暴力行為は決して許されないとの姿勢を大前提としつつ、同時に、体罰・暴力行為は発生し得ること及び発生しても顕在化しにくい傾向があるとの認識の上に立って、発生時には必ず報告が上がる透明性の高い報告体制の構築及び報告漏れに対する厳正な対処をはじめ、発生時の適切な対応及び組織体制を明示し、徹底することにより、体罰・暴力行為を許さない学校づくりを進めてまいります。この指針は、その重要な第一歩です。

一方、学校現場で直面している課題や問題行動を起こす児童生徒に対する指導に苦慮している状況等について、アンケートを通じ、教職員の皆さんの声を寄せていただきました。その声を活かして、この指針は、ただ単に体罰・暴力行為はだめだと言うだけではなく、毅然とした指導が必要な時には教員がこれを行うことができるよう、適切な生徒指導のあり方を示すとともに、学校における指導だけでは対応し切れない児童生徒に対してどのような対応が可能か、また、教育委員会としてどのような支援を行うのか、について示しております。それらにより、暴力的指導に頼らない、人格の尊厳に根ざした指導方法の確立を図ります。

その一環として、この指針では、「体罰」と「暴力行為」は、いずれも許されない違法行為であるが、異なる概念であること、自他の防衛や危険回避のためにやむを得ず行った有形力の行使は、「正当防衛」や「正当行為」として法的な責任を免れ得る場合があること、児童生徒の指導のために認められる「懲戒」に該当する行為として幾つかの例が挙げられることなど、これまで学校関係者の間で十分に理解が浸透しているとは言い難い諸概念の整理を行っております。このような概念の明確化が、教職員の皆さんが自信を持って適切な指導を行っていく一助となることを願っています。

「体罰」と「暴力行為」の区別について

なお、桜宮高等学校における事案の発生後、基本的な事実関係が明らかになって以降は、教育委員会としては、当該顧問教諭による当該生徒に対する行為は、何の落ち度もない生徒に対する「暴力行為」であるとの認識を明確にし、同行為について「体罰」という言葉を使用しないよう、注意を払ってまいりました。「体罰」は、学校教育法上の定義によると、「懲戒」の目的をもって行われる行為です。児童生徒側に非が無いにもかかわらず、叩く等の行為を行った場合は、「懲戒」目的はあり得ませんので、「体罰」には当たらず、「暴力行為」に当たります。「体罰」と「暴力行為」のいずれも、法的に禁止された許されない行為であることに変わりはありませんが、その意味は以上のように異なります。

「暴力行為」に対してまで、「体罰」という言葉を日常的に使用することは、何の落ち度もない児童生徒にあたかも「罰」に値する非があったかのようなイメージを与えかねず、「愛のムチ」といった体罰・暴力行為に寛容な考え方の温床と無関係とは言えないことから、法的な定義の面だけでなく、語意・語感の面からも、適切でないと考えています。

体罰・暴力行為を許さない学校づくりに向けた決意

大阪市教育委員会といたしましては、本市においてこのような痛ましい事案が二度と発生することのないよう、教職員の皆さん、保護者、及び地域・関係諸機関の皆様と力を合わせ、一丸となって、体罰・暴力行為を許さない学校づくりに取り組んでいく決意です。

この指針は、そのための方針を具体化したものであり、十分に活用してください。

平成25年9月
大阪市教育委員会

1 「体罰」「懲戒」「暴力行為」「正当防衛、正当行為」の定義及び具体例

1 定義

「体罰」と「暴力行為」は、以下の通り、異なる概念であり、混同を避けなければならない。しかし、いずれも法的に禁止された許されない行為である。

(1) 体罰と懲戒

◎「体罰」とは

体罰とは、非違行為を行った児童生徒に対する懲戒の目的をもって行われる行為で、身体的性質を有するものである。体罰は、学校教育法により、禁止されている。また、態様・程度等によっては、刑法上の暴行罪又は傷害罪に問われる場合がある。次に挙げる行為は、体罰に該当する。

- 身体に対する侵害を内容とする行為
  （殴る・蹴る・叩く・突き飛ばす・物を投げつける等）
- 肉体的苦痛を与えるような行為
  （正座・直立等特定の姿勢を長時間にわたって保持させる等）

◎許される「懲戒」とは

法的に許される懲戒権の行使と考えられる行為としては、学校教育法施行規則第26条に基づいて校長が行うことができる退学及び停学（いずれも高等学校及び特別支援学校高等部のみ）並びに訓告のほか、注意、叱責、居残り、別室指導、宿題、清掃、文書指導等がある。

○懲戒権の行使と体罰は外形上も明らかに異なる！

○有形力の行使を伴う懲戒は体罰である！
〈学校教育法第11条〉

「校長及び教員は、教育上必要と認めるときは、文部科学大臣の定めるところにより、児童、生徒及び学生に懲戒を加えることができる。ただし、体罰を加えることはできない。」

(2) 暴力行為

◎「暴力行為」とは

暴力行為とは、児童生徒側に非違行為がなく、したがって、懲戒を目的とするとは言えない行為で、身体的性質を有するものである。暴力行為は、非の無い児童生徒に対して行われる非違行為であり、決して許されない。また、態様・程度等によっては、刑法上の暴行罪又は傷害罪に問われる場合がある。

※例えば、運動部活動の練習中に、児童生徒が指示通りのプレイができないこと、ミスをしたこと等は、児童生徒の非違行為ではないので、こうした時に当該児童生徒に対して叩く等の行為を行うことは、懲戒目的とはみなされないため、体罰ではなく、暴力行為に該当する。

○体罰・暴力行為は、違法行為である！
○体罰・暴力行為は、児童生徒の心身に深刻な悪影響を与える、重大な人権侵害行為である！

(3) 正当防衛、正当行為

児童生徒からの教職員等に対する暴力行為に対して、教職員等が防衛のためにやむを得ず行った有形力の行使は、これにより身体への侵害又は肉体的苦痛を与えた場合にあっても体罰・暴力行為には該当しない。

また、他の児童生徒に危害を及ぼすような暴力行為に対して、これを制止したり、（たとえば児童生徒が自身又は他の児童生徒の生命又は身体を危険にさらすような行為を制止する等）目前の危険を回避したりするため、やむを得ず行った有形力の行使も、同様に体罰・暴力行為に当たらない。

これらの行為は、正当防衛又は正当行為として、刑事上又は民事上の責任を免れ得る場合がある。

2 具体例

教職員意識調査の集計結果では、どのような行為が「体罰・暴力行為」に当たり、どのような行為が許される「懲戒」あるいはやむを得ない「正当な行為」に当たるのか、はっきりしていないという意見が多く出されていた。「子どもが教職員のささいな行動をとって、『暴力教師や』『体罰

や』というような過剰な反応をすることは指導を困難にしている。」「教師が手を挙げることで処分になることを生徒もわかっていて挑発的なことをしてくるケースもあり、エスカレートすると思う。」といった意見があり、児童生徒の問題行動に対しての指導の困難さを感じている状況がうかがえた。

そこで、どのような行為が「体罰・暴力行為」「懲戒」「正当な行為」に当たるのかについて整理し、適切に指導を行うことができるようにしたい。なお、「体罰」と「暴力行為」は、懲戒の目的をもっている（児童生徒に非違行為がある）か否かで区別される異なる概念であるが、いずれも法的に許されない行為であることから、ここでは、便宜上、一括して「体罰・暴力行為」としている。許されない「体罰・暴力行為」と許される「懲戒」「正当な行為」の違いが、ここでの焦点であるからである。

たとえ許される懲戒や正当な行為であっても、証言できる人がいない場合には困難に陥ることもあり得るので、可能な限り複数の教職員で指導に当たることが望ましい。

※教職員意識調──平成25年3月1日付で大阪市教育委員会　体罰・暴力行為等対策本部長（教育長）名で各校に依頼した、教職員の体罰・暴力行為に対する意識の把握に関しての調査。

（1）体罰・暴力行為
1　身体に対する侵害を内容とする行為は、無条件に体罰・暴力行為であり、違法

身体に対する侵害を内容とする行為、つまり、殴る（平手か拳かを問わない）、蹴る、故意に踏みつける、つねる、突き飛ばす、投げて転倒させる、物を投げつける等の行為は、態様・程度（部位・回数・強度等）のいかんにかかわらず、体罰・暴力行為に該当して違法である。たとえ児童生徒側に非違行為や反抗的な言動があったとしても、体罰・暴力行為は許されない。学校外でその行為を目撃した人が暴力とみなすような行為は、通常、学校内でも許されない体罰・暴力行為である。
［例］
・体育の授業中、危険な行為をした児童の背中を足で踏みつける。
・帰りの会で足をぶらぶらさせて座り、前の席の児童に足を当てた児童を、突き飛ばして転倒させる。
・授業態度について指導したところ反抗的な言動をした複数の生徒らの頬を平手打ちする。
・立ち歩きの多い生徒を叱ったが、言うことを聞かず、席に着かないため、頬をつねって席に着かせる。
・生徒指導に応じず、下校しようとしている生徒の腕を引いたところ、生徒が腕を振り払ったため、当該生徒の頭を平手で叩く。
・給食の時間、ふざけていた生徒に対し、口頭で注意したが聞かなかったため、持っていたボールペンを投げつけ、生徒に当てる。
・部活動顧問の指示に従わず、ユニフォームの片づけが不十分であったため、当該生徒の頬を殴打する。
・柔道の指導で、生徒が受け身をできないように投げたり、「まいった」と言っているのに攻撃を続けたりする。
・剣道の指導で、防具で守られていない身体の特定部位を打突することを繰り返す。

2　肉体的苦痛を与えるような行為は、社会通念に照らし、個別に判断

上記1以外の肉体的苦痛を与える可能性のある行為について、体罰・暴力行為に該当するかどうかは、「行為の態様のほか、当該児童生徒の年齢、健康、心身の発達状況、当該行為が行われた場所的及び時間的環境等の諸条件を総合的に考慮し、肉体的苦痛を与えるものと言えるかによって決すべきである」というのが基本的考え方である。その際、単に、行為をした教職員等や行為を受けた児童生徒・保護者の主観のみにより判断するのではなく、諸条件を客観的に考慮して判断する。

［体罰・暴力行為に該当し許されない行為］
・トイレに行かせない。
・給食・昼食等の食事を与えない。
・正座で授業を受けさせる。
・校則違反として髪の毛を切る。
・長時間にわたって、無意味な正座・直立等の特定の姿勢を保持させたり、反復行為をさせたりする。
・忘れ物をした罰として、顔にマジックで印を書く。
・社会常識を超えて長時間走らせる。
・熱中症の発症が予見される状況下で、水を飲ませずに長時間ランニングさせる。

等の行為は、前述のような諸事情を考慮して、社会通念上、「肉体的苦痛を与えるもの」と評価されるので、体罰・暴力行為に該当する。

［参考］言葉の暴力
言葉による脅し、配慮のない言葉等によって、精神的な苦痛を与える「言葉の暴力」も、子どもの人権を侵害する行為である。

（2）認められる懲戒
○学校教育法施行規則に定める退学・停学・訓告

（いずれも校長が行う懲戒）以外で、認められると考えられる懲戒の例として次のような行為が挙げられる。
※ただし、肉体的苦痛を伴わないものに限る。
・宿題を忘れたので、放課後等に教室に残留させる。
・授業中、私語を続けたり騒いだりする児童を教室内に起立させる。
・授業妨害をした児童生徒に対して、学習課題や清掃当番を課す。
・清掃当番をよくさぼる児童生徒に対して、清掃区域や日数を多く割り当てる。
・立ち歩きの多い児童生徒を叱って席に着かせる。
・練習に遅刻した生徒を試合に出さずに見学させる。　等

たとえ許される懲戒や指導であっても、証言できる人がいない場合には困難に陥ることもあり得るので、可能な限り複数の教職員で指導に当たることが望ましい。また、不必要に児童生徒の身体に触れることは、避けなければならない。

（3）正当な行為
　教職員等が自らの生命・身体を守るための正当防衛が認められるのは当然である。また、他の児童生徒・教職員等に対する暴力行為を制止したり、危険を回避したりするためにやむを得ずにした行為も、正当行為として免責される。教職員や他の児童生徒に暴力をふるい、ふるおうとしている児童生徒、暴力的な喧嘩をしている児童生徒、物を壊す等して暴れている児童生徒に対する制止行為（腕や肩を押さえる、背後に回って身体を押さえつける、腕等をつかんで引き離す、腕をひっぱって引き離す、激しい場合には押さえ込んだり壁に押さえつけたりする等の行為）は、体罰・暴力行為に当たらない。

［正当防衛］
〇児童生徒による教職員等に対する暴力行為に対して、当該教職員等が防衛のためにやむを得ずにした有形力の行使。これにより当該児童生徒に対して肉体的苦痛等を与えた場合であっても、体罰・暴力行為に該当しない。
〈文部科学省通知：例示より〉
・児童が教員の指導に反抗して教員の足を蹴ったため、児童の背後に回り、体をきつく押さえる。
〈教職員意識調査より〉
・自分の言い分が通らず教員に対して体当たりを繰り返す児童に対して、両手で押しかえし壁に強く押さえつける。
・言葉遣いについての指導を受けた生徒が、指導に納得がいかず、教員と口論となった。おさまりがつかない生徒は、教員に殴りかかった。そのため教員は殴りかかってきた腕をはらい、背中にまわり生徒の体を壁に押さえつけた。
・友だちと口論になり興奮状態になった児童がカッターナイフを持ち出したところに、教員が駆けつけ制止しようと声をかけた。当該児童は制止しようとした教員に腹を立て、教員に向かってカッターを振り回した。教員は制止のために児童用の椅子で児童の体を止め、壁に押しつけカッターを取り上げた。
・教職員が胸ぐらを掴まれて、生徒の手を持って外した。

［正当行為］
〇他の児童生徒や他の教職員に被害を及ぼすような暴力行為を制止したり、目の前の危険を回避するためにやむを得ず行ったりした有形力の行使。これにより有形力の行使対象となった児童生徒に対して肉体的苦痛等を与えた場合であっても、体罰・暴力行為に該当しない。
〈文部科学省通知：例示より〉
・休み時間に廊下で、他の児童を押さえつけて殴るという行為に及んだ児童がいたため、この児童の両肩をつかんで引き離す。
・全校集会中に、大声を出して集会を妨げる行為があった生徒を冷静にさせ、別の場所で指導するため、別の場所に移るように指導したが、なおも大声を出し続けて抵抗したため、生徒の腕を手で引っ張って移動させる。
・他の生徒をからかっていた生徒を指導したところ、当該生徒が教員に暴言を吐きつばを吐いて逃げ出そうとしたため、生徒が落ち着くまで数分間、肩を両手でつかんで壁へ押しつけ、制止する。
・試合中に相手チームの選手とトラブルになり、殴りかかろうとする生徒を、押さえつけて制止する。
〈教職員意識調査より〉
・掃除をさぼっていた生徒に対して注意したところ、言うことを聞かず、ほうきを振り回し暴れだした。周りの生徒に危害が加わるおそれがあるため、ほうきを取りあげ、冷静になるまで体を床に押さえつけた。
・友だちとのケンカで興奮状態になり机や椅子を倒す等当たりかまわず物に当たったり、物を投げつけたりした児童に対して、教員が両手を押さえ、静かになるまで体を床に押さえつけた。
・興奮し、激しく暴れる生徒を教職員3人がかりで手足を持ち、押さえこんだ。

・他の教職員に危険が及ぶ可能性がある場合に、生徒を押さえつけて制止する。
※ただし、児童生徒の行為に比して過剰な態様で防衛や制止を行うことや、殴ったり蹴ったりすることは、体罰又は暴力行為として違法となる。

2 体罰・暴力行為を許さない学校づくりのために

桜宮高等学校における事案を受けて、「社会で許されない行為は、学校内であっても許されるものではない。」という認識を、教職員はもとより、子ども、保護者、地域の方々も含め、徹底して普及していかなければならない。

一切の体罰・暴力行為を排した指導のあり方については、全教職員が子どもを一人の人格をもった人間として尊重し、生活指導をはじめとするあらゆる指導の中において子どもの人権を守りながら、望ましい人間関係を構築し、人格の尊厳に根ざした教育活動を推進していくことが重要である。

生活指導においては、たとえ軽易な事案であっても問題を見逃さずに、「ダメなものはダメ」という毅然とした指導を行うとともに、そのことを日常的に指導することで、子どもに責任ある行動を促すことが必要である。また、道徳教育において、幼児期から小・中学校を通じた義務教育修了までの期間に、基本的な道徳心・規範意識を培い、例えば「人を大切にする」、「嘘をつかない」、「法を犯さない（ルールを守る）」、「勉強する」等、社会で生きる上で身に付けておかなければならない普遍的な事柄について、明確化して繰り返し指導しなければならない。

桜宮高等学校の事案における外部監察チームの報告書では、次のような事項が指摘されている。
1．体罰・暴力行為が禁止されているにもかかわらず、今日に至るまで根絶されていない根本的理由の一つは、体罰・暴力行為が行われても、当該生徒及びその保護者が異を唱えない場合、これが顕在化しないということ。2．体罰・暴力行為の根絶を早期に実現するためには、まず教職員側において学校現場におけるチェック機能が正常に機能する体制を速やかに整備する必要があること。

これらのことを踏まえ、『体罰・暴力行為を許さない学校づくり』を目指し、各学校においては、次の事項について共通認識を深めていくことが大切である。

1 教職員に必要な自覚と認識

○体罰・暴力行為は、子どもの人権及び人間としての尊厳を損なう行為であることを強く認識する。

体罰・暴力行為は、指導の放棄であり、子どもの心身を深く傷つけ、人格の尊厳に立脚すべき教育の根底を崩すもので、絶対に許されるものではない。

○体罰・暴力行為を許さず、見逃さないことは、教職員の責務であることを自覚する。

「愛情に基づく体罰・暴力行為は許され、教育的にも効果がある」とするいわゆる『愛のムチ』論は、教職員や保護者の中にも根強く残っている。しかし、これは絶対に許容できない誤った考え方であり、たとえ体罰・暴力行為を子どもが表面的には受け入れたかに見えても、強い否定を貫くことが大切である。また、体罰・暴力行為を目撃したら、必ず報告しなければならない。

○体罰・暴力行為を容認する学校に対する子どもの不信感と教育的悪影響は計り知れない。

体罰・暴力行為を目撃した子どもは、教職員に対して不信感を抱く。また、他の教職員による体罰・暴力行為を止められない教職員も体罰・暴力行為を容認していると受け止められ、学校全体に対する不信感につながり、教育に及ぼす悪影響は計り知れない。

○自らカウンセリングマインドの涵養に努める。

長期的な視点に立って、子どもの成長を願う心の余裕をもち、子どもの話をじっくり聴き、根気よく指導するカウンセリングマインドが大切であり、体罰・暴力行為の防止につながる。

○子どもの変化を捉え、常に指導力の向上を目指し、研鑽を積んでいく。

教職員としての自尊心を傷つけられるような子どもの態度に、自分の感情を抑え切れなくなり、体罰・暴力行為を行う場合も多い。授業中の私語が絶えない、自分の熱心な指導を無視されたり、反抗されたり等、自分の思いが子どもに伝わらない、というあせりを感じている教職員の姿がそこにある。これは自らの指導力不足からくると認識すべきである。多様化している現代の子どもに対して、旧態依然とした指導が通用するとは限らず、日常的に子どもの実態把握を行うとともに、最近の子どもの心理・行動様式の変化を踏まえた対応について研究し、指導力の更なる向上に努める必要がある。新任教職員だけでなく、全教職員が研鑽を続けなければならない。

2 学校体制のあり方

○管理職をはじめ、全教職員が校内に体罰・暴力行為を引き起こす土壌がないか、いわゆる『愛のムチ』肯定論を認める体質がないか常に

点検する。
　職員会議、学年会、生活指導部会等で、体罰・暴力行為が疑われる事案の確認を常に意識して行う。
○一部の教職員に生活指導を任せきりにしたり、逆に担任等がそれぞれ一人で抱え込み、孤立する指導になったりしないよう、組織的に取り組むことのできる体制づくりを進める。
　指導に関して決して秘密主義や閉鎖性があってはならず、管理職はもとより、学年や生活指導部が指導内容を共有する機会を日常的にもつ。毎月の職員会議でも全教職員が全ての生活指導事案を共通理解できるような情報交換会を実施し、学校全体の組織的な連携を図る。
　また、日常的にお互いの指導に対して指摘したり、相談したりできる、開放的で率直な人間関係・職場環境づくりに努める。
○教職員研修を通して体罰・暴力行為を排した生活指導の確立に努める。
　「校内研修の手引き」等を活用し、事例を通した研修やワークショップ研修等の効果的な方法を工夫し、全ての教職員の意見が反映できるような校内研修を定期的に開催し、人格の尊厳に根ざした教育観を確立する。
○子どもが何でも話せる環境づくり等、教育相談体制の充実に努める。
　定期的に相談週間を設けるだけでなく、いつでも気軽に相談できる仕組みを学校として確立する等、子どもの声を聞き逃さない体制を構築する。その際、子どもの悩みや不安が潜在化・深刻化しないように留意するとともに、子どもの人権・プライバシー保護について十分配慮する。
○保護者・地域からの情報が入りやすいシステムを確立し、体罰・暴力行為事案を含む様々なことについて、学校外からの声をキャッチできるようにする。
　PTA活動や地域の行事等を通して、管理職をはじめ教職員が保護者・地域の方々と意思疎通を図り、直接・間接に、学校長のもとに情報が入るように心がける。

3　生活指導のあり方

○子どもたちが心の触れ合いを通して、互いに認め合い、思いやり、ともに育ち合う力を育て、互いの人格を尊重し合うよう指導する。また、いじめ・暴力等を決して許さない指導を徹底する。
　常に集団を意識した学級・学年活動を行うとともに、子ども一人ひとりが自己肯定感を高め、自分の居場所を確保できるよう、個を意識した取組を行っていくことが大切である。また、子ども同士が間違った行為を指摘し合い、助け合い、高め合いながら、自分たちの力で正しい方向へ進んでいく集団づくりに努めるとともに、孤立しがちな子どもを支援することも重要である。
○子どもたちの友人関係、学校生活、家庭の状況等、多面的な状況把握が必要である。また、子どもの行動のもとになっている心の動きや、環境要因等との関係を探っていくことも大切である。
　問題行動に対処するには、原因・背景を知ることが重要である。児童生徒一人ひとりには、それぞれの生活背景がある。その生活背景を踏まえ、原因を探り、掴んだ上で児童生徒を指導することが大切である。こうした児童生徒理解に基づく指導により、児童生徒との信頼関係が着実に深まる。子どもは、問題行動の指導の中で、全く理屈の通らないような言い訳をする場合がある。表面的には、自らの過ちを認めず、正当化しようとしているように見えるかもしれない。しかし、そうせざるを得ないような背景が潜んでいる場合もある。日頃から過度の期待を受けてプレッシャーを感じている、逆にあまりにも期待をされずに放任され寂しい思いをしているのかもしれない。指導の場面だけでなく、日常的に子どもを観察し、会話を交わし、時には家庭に足を運び、学校とは違った顔を見てみる等、子ども理解に努めることが大切である。
○生活指導で重要なことは、子どもが自分の過ちに気づき、今後の自身の改善・成長につなげることである。そのためには、感情的な指導ではなく、自身が冷静になるとともに子どもを落ち着かせ、子どものためを思う教職員の意図が伝わるような内面に迫る指導をめざす。
　まず、子どもの声にしっかり耳を傾け、なぜそのような行為に至ったのかを辛抱強く聞き出すことが必要である。子どもは自分の過ちを正面から頭ごなしに非難されれば、自分を守ろうとして理屈をこねたり、反抗的な態度をとったりしがちである。指導は、子どもに自分自身を振り返らせ、本当の気持ちを見つめさせるチャンスと捉え、愛情とカウンセリングマインドをもってじっくりと話し込むことが大切である。子どもは自分の話を聞いてくれ、自分を本当に理解し、愛情を注いでくれる人にしか心を開かないものである。
○寄り添いながらも厳しさをもって、「ダメなことはダメ」「君のことを信じているよ」という二つのメッセージを両立させながら、子ども

たちに伝える。
1　愛情を保障する……「大切に思っている」「絶対に見捨てない」「自信をもて」「不安に感じなくていいよ」「信頼している」等のメッセージを明確に伝える。
2　発達を保障する……「ダメなことはダメ」と、許されないことをきちんと説明しながら、本気でしかる。その子どもの課題を客観的に把握し、身に付けるべき力を示して、課題に向き合って克服できる力を付けなさいと、とエンパワーメントする。
3　自立を支援する……自分のしんどさを周りのせいにするのではなく、社会の中で自分の力で生活し、正しく生きていく力をつけるよう励ます
　　等の姿勢を明確に意識することによって、教職員がよりゆとりをもって対応できる。このような視点をもって、感情的に揺さぶられない＝感情的にならない、子どもを嫌いにならないことが決定的に重要である。
○全教職員の共通理解のもとで組織的に取り組み、複数名で子どもに対応し、多面的に子どもを理解、指導するよう心がける。
　　いろいろな背景や原因から教職員の指導に従いにくい子どもがいる場合、例えば担任一人で悩み、行き詰まり、ストレスを溜めることが体罰・暴力行為につながることも多く見られる。そこで日頃から、生活指導においてはできる限り複数で対応するようにし、たとえ一人で対応しても常に学年や生活指導担当と指導内容の共有を図っておき、チームとして取り組んでいくことが大切である。

4　保護者・地域との連携と開かれた学校づくり

○子どもの自主性・協調性を育む。
　　子ども一人ひとりが互いの人権を尊重し、ともに一つのことをつくり上げる経験を通して、自主性や協調性をはぐくむことが大切である。仲間を大切にし、いじめや暴力は許さない、という学校風土づくりに心がける。
○PTAと協力して、「体罰・暴力行為を許さない学校づくり」に保護者とともに取り組む。
　　「躾のためならたたいてもいい」「多少の体罰は許しますから」といった保護者が見受けられるのも事実である。そのような意識の改革のために、学校と保護者が協力して、体罰・暴力行為問題のみならず児童虐待等幅広いテーマでの研修会を実施することが大切である。
○保護者・地域と連携する「開かれた学校づくり」に努め、指導方針に対する理解を求める。

保護者や学校協議会の委員に対して、年度当初や適当な機会に体罰・暴力行為を否定する明確な指導方針を説明し、理解を求めることが大切である。また、オープンスクールを学期に1回開催する等、保護者・地域住民に常に開かれた学校となるよう努めることを心がける。
○"指導"の中には「愛のある力による指導」「保護者が納得した上での体罰」が含まれる、といった教職員・保護者等の誤った認識があった。
○体罰・暴力行為による指導はあり得ない。
○『指導・懲戒』と『体罰・暴力行為』を明確に区別する。

3　体罰・暴力行為が発生した時の対応

　これまで、教職員が体罰・暴力行為を行った時、「本人・保護者が納得しているから問題にはならないだろう」という考えで、当該教職員の対応のみで完結させる場合があった。また、校長の中にも、「頑張っている教職員の経歴に傷を付けたくない」「報告書を上げたら校長である自分も処分されるのではないか」といった思いで、教育委員会に報告しない場合もあった。さらに、教育委員会事務局においても、指導部から教務部へ報告されないことがあった。
　平成25年4月30日の外部監察チーム報告書は、以上のように、生徒及び保護者が異を唱えなければ、顕在化されることなく、処理されてきたことが、体罰・暴力行為が根絶されない根本的理由の一つである旨、厳しく指摘している。
　大阪市教育委員会は、同報告書の指摘・勧告を真摯に受け止め、体罰・暴力行為は決して許されないとの姿勢を大前提としつつ、同時に、体罰・暴力行為は発生し得ること及び発生しても顕在化しにくい傾向があることの認識の上に立って、発生時には必ず報告が上がる透明性の高い報告体制の構築及び報告漏れに対する厳正な対処をはじめ、発生時の適切な対応及び組織体制を明示し、徹底することにより、体罰・暴力行為を許さない学校づくりを進めていくことを新たな基本方針とすることとした。
　この基本方針に基づき、教育委員会は、以下の3点を全市立学校に徹底するとともに、学校からの報告先を教務部に一元化することにより、体罰・暴力行為事案に対する適切な処理体制を整備することとしたので、各学校においては、遺漏なきよう、全ての教職員に周知徹底されたい。
1．体罰・暴力行為を行った教職員は、たとえ被害児童生徒・保護者が納得していても、必ず管理職に報告すること。また、体罰・暴力行

為を発見した教職員も、必ず管理職に報告すること。
2．校長は、教職員が体罰・暴力行為を行った場合、たとえ被害児童生徒・保護者が当該教職員を許したとしても、管理職に必ず報告するよう周知徹底すること。
3．校長は、教職員からの報告等により体罰・暴力行為を把握した場合、学校内での対処に留めることなく、必ず教育委員会（教務部教職員人事担当【服務・監察グループ】）へ報告を行うとともに、「体罰・暴力行為等に関する報告書」を提出すること。

　教職員人事担当への報告により直ちに懲戒処分を行うものではなく、教育委員会が調査を行った上で処分の必要性の有無を判断するものである。

　以上のことを踏まえ、本市の全市立学校の校長及び教職員は、体罰・暴力行為に該当する可能性がある行為については、軽微な事案、不確かだが疑わしき事案も含め、全ての事案を報告すること。

　なお、校長から教育委員会への報告は、学校管理規則第12条に基づくものであり、報告を怠った場合、体罰・暴力行為を行った所属教職員に対する管理・監督責任にとどまらず、報告義務違反という校長自身の非違行為が生じ、懲戒事由となり得るので、くれぐれも留意されたい。

学校の対応
○体罰・暴力行為を起こした　体罰・暴力行為を発見した
○管理職に報告
○被害を受けた子どもの救済（けがの治療・心のケア）正確な事実確認
○被害を受けた子どもやその保護者への対応
　・被害児童生徒やその保護者への誠意ある対応
　・体罰・暴力行為の非を認め、謝罪する（児童生徒に問題行動等があっても、峻別して説明）
　・必要があれば、加害教員との接触を避ける等、被害児童生徒が学校に通いやすくするための対応策
　・体罰・暴力行為発生の原因分析と再発防止策の検討
　・加害教員に対する再発防止研修その他の措置の実施
○教育委員会への報告　教育委員会教務部
　・教務部教職員人事担当服務・監察グループへ一報の上、体罰報告書を提出
　・必要に応じて、専門家チームを活用
　・スクールカウンセラーを要請する。

　・弁護士に法律相談をする。　等

4　体罰・暴力行為を行った教職員の責任

　体罰・暴力行為は、法律で禁止されている。したがって、体罰・暴力行為を行った教員は、行政上、刑事上、民事上の個人責任を負う。

1　行政上の責任
○職務義務違反（地方公務員法第29条）
　　→　懲戒処分（免職、停職、減給、戒告）
○校長の監督責任（学校教育法第37条4項）

「職員基本条例」別表

項番号	非違行為の類型	懲戒処分の種類
38	教職員が児童等の身体を傷害するに至らない体罰を行うこと	停職、減給又は戒告
39	教職員が前項に掲げる行為を常習的に行うこと	免職又は停職
40	教職員が体罰により児童等の身体を傷害すること	免職又は停職又は減給

2　刑事上の責任
○暴行罪（刑法第208条）
　……殴る、蹴る等（相手をけがさせていない）
○傷害罪（刑法第204条）
　……殴る、蹴る等（相手をけがさせた）
○監禁罪（刑法第220条）
　……不当に長時間居残りをさせる等

3　民事上の責任
○不法行為による賠償責任（民法第709条）等
　→　傷害に対する治療費や慰謝料等の損害賠償を行う必要がある。
○国家賠償法第1条第2項　→　体罰・暴力行為を行った教職員に対しては、原則としてその賠償額を求償している。
　※求償……市が被害児童生徒に支払った賠償金について、体罰・暴力行為を行った教職員に対して市が請求すること。

4　体罰・暴力行為を行った教職員の懲戒処分例

［事例1］以前、複数の生徒に対し、長期間にわたり度々掌で頬を叩く等の行為を行い、停職3月の懲戒処分を受けていたにもかかわらず、生徒に対し掌で頭を2回叩く行為を行った。　→　停職6月
［事例2］生徒が注意に従わなかったため、み

ぞおち付近を蹴り、顔面を殴る等の体罰を行い、顔面挫傷等、全治10日の傷害を負わせた。　→ 停職3月
[事例3] 長期間にわたり、複数の児童に対し、宿題や持ち物忘れが続いた際に、平手で軽く頭を叩いたり、教室の後方で5分から10分程度正座をさせたりする体罰を行った。　→ 減給1月
〔このページ下の表を参照〕

※教職員が懲戒処分等を受けると、昇給の号給数や勤勉手当の成績率が標準より減額されます。なお、懲戒免職になると、退職手当は支給されません。
※昇給については、昇給日（1月1日）前1年間に処分等を受けた場合、勤務成績に応じた昇給号数から減じる。なお、府費教職員及び市費教員については、前年度の評価が「A」の場合の影響を示している。
※勤勉手当については、基準日（6月1日、12月1日）前6ヶ月間に懲戒処分を受けた場合。

〇生涯獲得賃金への影響
[例] 30歳の府費教諭が、懲戒処分を受けた場合の生涯獲得賃金への影響の目安

生涯獲得賃金への影響額

停職1月	430万円以上
減給3月	230万円以上
戒告	150万円以上
文書訓告	1万円以上

※あくまでもモデル的な計算であり、実際には昇給や昇格（昇任）経過等によって、異なります。

5　体罰・暴力行為事案の判例

[判例1] 中学校のバレーボール部の合宿で、顧問の教諭がスパイクミスに腹を立て、中学校2年生徒の顔面にバレーボールを投げつけ、生徒は脳内出血により植物状態になった。　→ 裁判所は、教諭の暴行と生徒の症状に因果関係を認め、市に損害賠償として1億6千万円の支払いを命じた。

[判例2] 小学校において、他の児童に対して叩く等の行為を行った児童の頭部を担任教諭が30発から40発にわたって平手で叩いた。　→ 裁判所は、精神的慰謝料として、市に140万円の支払いを命じた。

[判例3] 中学校の部活動において、態度の悪さを指導したが改まらなかった生徒の両頬を平手打ちし、聴力低下の症状が残った。　→ 裁判所は、精神的慰謝料として、市に120万円の支払いを命じた。

6　教職員へ求償を行った事例

[事例1] 体罰を行ったことにより、裁判所から220万円の支払いを命じられた事案　→ 当該教員へ一部を除いた全額を求償した。

[事例2] 体罰を行ったことにより、裁判所から120万円の支払いを命じられた事案　→ 当該教員へ全額を求償した。

〔中略〕

7　体罰・暴力行為の防止のための児童生徒アンケート

体罰・暴力行為の防止のための児童生徒アンケート調査モデル

〇体罰・暴力行為等を未然に防止したり、繰り返し行われたりしないようにする方法として、「アンケート調査」があります。体罰・暴力行為に特化した「アンケート調査」を実施することによって、児童生徒から体罰・暴力行為

[参考] 処分等の給与等への影響一覧（H25年4月現在）

処分等の内容			府費教職員及び市費教員		教員以外の市費職員	
			昇給	勤勉手当	昇給	勤勉手当
懲戒処分	停職	3月超	▲4号給	▲0.320月	▲4号給	▲70% ▲60%
		2月以上				
		1月以上 2月未満 1月未満				▲50% ▲40%
	減給		▲2号給	▲0.230月	▲3号給	▲30%
	戒告		▲1号給	▲0.145月	▲2号給	▲15%
行政措置	文書訓告		影響なし	▲0.050月	▲1号給	影響なし
	口頭注意		影響なし	影響なし	影響なし	影響なし

の状況を把握するとともに、体罰・暴力行為をしない、許さない、学校づくりを進めていきましょう。次の「アンケート調査モデル」を参考にして、「アンケート調査」を実施しましょう。

○アンケート調査についての留意事項
［実施に当たって］
・アンケート調査は、定期的に実施する。
・アンケート調査の回答は、児童生徒の個人情報として適切に扱うようにする。
［作成について］
・児童生徒が回答しやすいように、児童生徒の発達段階に応じて、文章を変えたり、ルビを加えたりする等、工夫して作成する。

【アンケート調査モデル】

平成　年　月　日
（　）年（　）組　名前（　　　　　　）

◆体罰は、決して許される行為ではありません。児童生徒の皆さんが安心して学校生活を送れるようにするため、体罰のアンケート調査を行います。体罰のない学校にしていくために役立てたいと思いますので、協力をお願いします。

◆次の質問について、あてはまる記号に、○をつけてください。また、その他を選んだ人は、（　）に答えてください。

1．あなたは、教職員から体罰を受けたことはありますか。
　ア．ある　　イ．ない
　　　↓

①いつ	ア．授業中　イ．放課後　ウ．休み時間　エ．学校行事　オ．部活動　カ．その他（　　　　　）
②どこで	ア．教室　イ．職員室　ウ．運動場、体育館　オ．廊下、階段　カ．その他（　　　　　）
③だれから	ア．担任　イ．部活動 顧問　ウ．その他（　　　　　）
③どのようにして	ア．素手でたたく・殴る　イ．棒等で殴る　ウ．蹴る　エ．投げる、転倒させる　オ．その他（　　　　　）
④何回	ア．1回　イ．2回　ウ．その他（　　　回）

2．あなたは、友だちが、体罰を受けたのを見たことはありますか。
　ア．ある　　イ．ない
　　　↓

①いつ	ア．授業中　イ．放課後　ウ．休み時間　エ．学校行事　オ．部活動　カ．その他（　　　　　）
②どこで	ア．教室　イ．職員室　ウ．運動場、体育館　オ．廊下、階段　カ．その他（　　　　　）
③だれから	ア．担任　イ．部活動 顧問　ウ．その他（　　　　　）
③どのようにして	ア．素手でたたく・殴る　イ．棒等で殴る　ウ．蹴る　エ．投げる、転倒させる　オ．その他（　　　　　）
④何回	ア．1回　イ．2回　ウ．その他（　　　回）

[実施方法について]
- アンケート調査を実施する際には、全ての児童生徒を対象として実施する。
- 児童生徒が、自分の思いを書けるように、実施方法を工夫する。また、児童生徒の発達段階や特性に応じて、家庭に持って帰り、保護者と一緒に記入させてもよい。
- 記名については調査の目的に応じた工夫をして実施する。

※記名式の場合、封筒と一緒に回答用紙を配付し、厳封をした上で回収する。回収した回答用紙は、厳封のまま管理職に提出する。
※全体の傾向を把握するために、無記名で実施する場合は、本人が特定されないように回収箱等を用意し、回収する。

[実施後の対応について]
- アンケート調査の結果については、校長に報告する。
- 体罰・暴力行為があったと記載している場合で、記載した児童生徒が特定できるときには、複数で面談し事実確認を行う。
- アンケート調査に、特定の教職員名を記載している場合には、管理職が当該教職員と面談し、事実確認を行う。
- 体罰・暴力行為の事案が確認されたときには、当該児童生徒と保護者に謝罪するとともに、たとえ被害児童生徒・保護者の理解が得られたとしても、必ず教育委員会に報告すること。

運動部活動の在り方に関する総合的なガイドライン

スポーツ庁　平成30年〔2018年〕3月

前文
○学校の運動部活動は、スポーツに興味・関心のある同好の生徒が参加し、各運動部の責任者（以下「運動部顧問」という。）の指導の下、学校教育の一環として行われ、我が国のスポーツ振興を大きく支えてきた。
○また、体力や技能の向上を図る目的以外にも、異年齢との交流の中で、生徒同士や生徒と教師等との好ましい人間関係の構築を図ったり、学習意欲の向上や自己肯定感、責任感、連帯感の涵養に資するなど、生徒の多様な学びの場として、教育的意義が大きい。
○しかしながら、今日においては、社会・経済の変化等により、教育等に関わる課題が複雑化・多様化し、学校や教師だけでは解決することができない課題が増えている。とりわけ、少子化が進展する中、運動部活動においては、従前と同様の運営体制では維持は難しくなってきており、学校や地域によっては存続の危機にある。
○将来においても、全国の生徒が生涯にわたって豊かなスポーツライフを実現する資質・能力を育む基盤として、運動部活動を持続可能なものとするためには、各自のニーズに応じた運動・スポーツを行うことができるよう、速やかに、運動部活動の在り方に関し、抜本的な改革に取り組む必要がある。

本ガイドライン策定の趣旨等
○本ガイドラインは、義務教育である中学校（義務教育学校後期課程、中等教育学校前期課程、特別支援学校中学部を含む。以下同じ。）段階の運動部活動を主な対象とし、生徒にとって望ましいスポーツ環境を構築するという観点に立ち、運動部活動が以下の点を重視して、地域、学校、競技種目等に応じた多様な形で最適に実施されることを目指す。
- 知・徳・体のバランスのとれた「生きる力」を育む、「日本型学校教育」の意義を踏まえ、生徒がスポーツを楽しむことで運動習慣の確立等を図り、生涯にわたって心身の健康を保持増進し、豊かなスポーツライフを実現するための資質・能力の育成を図

るとともに、バランスのとれた心身の成長と学校生活を送ることができるようにすること
・生徒の自主的、自発的な参加により行われ、学校教育の一環として教育課程との関連を図り、合理的でかつ効率的・効果的に取り組むこと
・学校全体として運動部活動の指導・運営に係る体制を構築すること

○市区町村教育委員会や学校法人等の学校の設置者及び学校は、本ガイドラインに則り、持続可能な運動部活動の在り方について検討し、速やかに改革に取り組む。都道府県においては、学校の設置者が行う改革に必要な支援等に取り組む。

○本ガイドラインの基本的な考え方は、学校の種類や学校の設置者の違いに関わらず該当するものであることから、高等学校段階の運動部活動についても本ガイドラインを原則として適用し、速やかに改革に取り組む。その際、高等学校段階では、各学校において中学校教育の基礎の上に多様な教育が行われている点に留意する。

○スポーツ庁は、本ガイドラインに基づく全国の運動部活動改革の取組状況について、定期的にフォローアップを行う。

1 適切な運営のための体制整備

(1) 運動部活動の方針の策定等

ア 都道府県は、本ガイドラインに則り、運動部活動の活動時間及び休養日の設定その他適切な運動部活動の取組に関する「運動部活動の在り方に関する方針」を策定する。

イ 市区町村教育委員会や学校法人等の学校の設置者は、本ガイドラインに則り、都道府県の「運動部活動の在り方に関する方針」を参考に、「設置する学校に係る運動部活動の方針」を策定する。

ウ 校長は、学校の設置者の「設置する学校に係る運動部活動の方針」に則り、毎年度、「学校の運動部活動に係る活動方針」を策定する。

運動部顧問は、年間の活動計画(活動日、休養日及び参加予定大会日程等)並びに毎月の活動計画及び活動実績(活動日時・場所、休養日及び大会参加日等)を作成し、校長に提出する。

エ 校長は、上記ウの活動方針及び活動計画等を学校のホームページへの掲載等により公表する。

オ 学校の設置者は、上記ウに関し、各学校において運動部活動の活動方針・計画の策定等が効率的に行えるよう、簡素で活用しやすい様式の作成等を行う。なお、このことについて、都道府県は、必要に応じて学校の設置者の支援を行う。

(2) 指導・運営に係る体制の構築

ア 校長は、生徒や教師の数、部活動指導員 [*1] の配置状況を踏まえ、指導内容の充実、生徒の安全の確保、教師の長時間勤務の解消等の観点から円滑に運動部活動を実施できるよう、適正な数の運動部を設置する。

イ 学校の設置者は、各学校の生徒や教師の数、部活動指導員の配置状況や校務分担の実態等を踏まえ、部活動指導員を積極的に任用し、学校に配置する。

なお、部活動指導員の任用・配置に当たっては、学校教育について理解し、適切な指導を行うために、部活動の位置付け、教育的意義、生徒の発達の段階に応じた科学的な指導、安全の確保や事故発生後の対応を適切に行うこと、生徒の人格を傷つける言動や、体罰は、いかなる場合も許されないこと、服務(校長の監督を受けることや生徒、保護者等の信頼を損ねるような行為の禁止等)を遵守すること等に関し、任用前及び任用後の定期において研修 [*2] を行う。

ウ 校長は、運動部顧問の決定に当たっては、校務全体の効率的・効果的な実施に鑑み、教師の他の校務分掌や、部活動指導員の配置状況を勘案した上で行うなど、適切な校務分掌となるよう留意するとともに、学校全体としての適切な指導、運営及び管理に係る体制の構築を図る。

エ 校長は、毎月の活動計画及び活動実績の確認等により、各運動部の活動内容を把握し、生徒が安全にスポーツ活動を行い、教師の負担が過度とならないよう、適宜、指導・是正を行う。

オ 都道府県及び学校の設置者は、運動部顧問を対象とするスポーツ指導に係る知識及び実技の質の向上並びに学校の管理職を対象とする運動部活動の適切な運営に係る実効性の確保を図るための研修等の取組を行う。

カ 都道府県、学校の設置者及び校長は、教師の運動部活動への関与について、「学校における働き方改革に関する緊急対策(平成29年12月26日 文部科学大臣決定)」及び「学校における働き方改革に関する緊急対策の策定並びに学校における業務改善

及び勤務時間管理等に係る取組の徹底について（平成30年2月9日付け29文科初第1437号）」［＊3］を踏まえ、法令に則り、業務改善及び勤務時間管理等を行う。

2 合理的でかつ効率的・効果的な活動の推進のための取組

（1）適切な指導の実施

ア 校長及び運動部顧問は、運動部活動の実施に当たっては、文部科学省が平成25年5月に作成した「運動部活動での指導のガイドライン」に則り、生徒の心身の健康管理（スポーツ障害・外傷の予防やバランスのとれた学校生活への配慮等を含む）、事故防止（活動場所における施設・設備の点検や活動における安全対策等）及び体罰・ハラスメントの根絶を徹底する。都道府県及び学校の設置者は、学校におけるこれらの取組が徹底されるよう、学校保健安全法等も踏まえ、適宜、支援及び指導・是正を行う。

イ 運動部顧問は、スポーツ医・科学の見地からは、トレーニング効果を得るために休養を適切に取ることが必要であること、また、過度の練習がスポーツ障害・外傷のリスクを高め、必ずしも体力・運動能力の向上につながらないこと等を正しく理解するとともに、生徒の体力の向上や、生涯を通じてスポーツに親しむ基礎を培うことができるよう、生徒とコミュニケーションを十分に図り、生徒がバーンアウトすることなく、技能や記録の向上等それぞれの目標を達成できるよう、競技種目の特性等を踏まえた科学的トレーニングの積極的な導入等により、休養を適切に取りつつ、短時間で効果が得られる指導を行う。

また、専門的知見を有する保健体育担当の教師や養護教諭等と連携・協力し、発達の個人差や女子の成長期における体と心の状態等に関する正しい知識を得た上で指導を行う。

（2）運動部活動用指導手引の普及・活用

ア 中央競技団体［＊4］は、競技の普及の役割に鑑み、運動部活動における合理的でかつ効率的・効果的な活動のための指導手引（競技レベルに応じた1日2時間程度の練習メニュー例と週間、月間、年間での活動スケジュールや、効果的な練習方法、指導上の留意点、安全面の注意事項等から構成、運動部顧問や生徒の活用の利便性に留意した分かりやすいもの）を作成する。

イ 中央競技団体は、上記アの指導手引をホームページに掲載・公開するとともに、公益財団法人日本中学校体育連盟や都道府県等と連携して、全国の学校における活用を依頼し、普及を図る。

ウ 運動部顧問は、上記アの指導手引を活用して、2（1）に基づく指導を行う。

3 適切な休養日等の設定

ア 運動部活動における休養日及び活動時間については、成長期にある生徒が、運動、食事、休養及び睡眠のバランスのとれた生活を送ることができるよう、スポーツ医・科学の観点からのジュニア期におけるスポーツ活動時間に関する研究［＊5］も踏まえ、以下を基準とする。

○学期中は、週当たり2日以上の休養日を設ける。（平日は少なくとも1日、土曜日及び日曜日（以下「週末」という。）は少なくとも1日以上を休養日とする。週末に大会参加等で活動した場合は、休養日を他の日に振り替える。）

○長期休業中の休養日の設定は、学期中に準じた扱いを行う。また、生徒が十分な休養を取ることができるとともに、運動部活動以外にも多様な活動を行うことができるよう、ある程度長期の休養期間（オフシーズン）を設ける。

○1日の活動時間は、長くとも平日では2時間程度、学校の休業日（学期中の週末を含む）は3時間程度とし、できるだけ短時間に、合理的でかつ効率的・効果的な活動を行う。

イ 都道府県は、1（1）に掲げる「運動部活動の在り方に関する方針」の策定に当たっては、上記の基準を踏まえて休養日及び活動時間等を設定し、明記する。

ウ 学校の設置者は、1（1）に掲げる「設置する学校に係る運動部活動の方針」の策定に当たっては、上記の基準を踏まえるとともに、都道府県が策定した方針を参考に、休養日及び活動時間等を設定し、明記する。また、下記エに関し、適宜、支援及び指導・是正を行う。

エ 校長は、1（1）に掲げる「学校の運動部活動に係る活動方針」の策定に当たっては、上記の基準を踏まえるとともに、学校の設置者が策定した方針に則り、各運動部の休養日及び活動時間等を設定し、公表する。また、各運動部の活動内容を把握し、適宜、指導・是正を行う等、その運用を徹底する。

オ なお、休養日及び活動時間等の設定については、地域や学校の実態を踏まえた工夫として、定期試験前後の一定期間等、運動

部共通、学校全体、市区町村共通の部活動休養日を設けることや、週間、月間、年間単位での活動頻度・時間の目安を定めることも考えられる。

4 生徒のニーズを踏まえたスポーツ環境の整備

（1）生徒のニーズを踏まえた運動部の設置

　ア　校長は、生徒の1週間の総運動時間が男女ともに二極化の状況にあり、特に、中学生女子の約2割が60分未満であること［＊6］、また、生徒の運動・スポーツに関するニーズは、競技力の向上以外にも、友達と楽しめる、適度な頻度で行える等多様である［＊7］中で、現在の運動部活動が、女子や障害のある生徒も含めて生徒の潜在的なスポーツニーズに必ずしも応えられていないことを踏まえ、生徒の多様なニーズに応じた活動を行うことができる運動部を設置する。

　　　具体的な例としては、より多くの生徒の運動機会の創出が図られるよう、季節ごとに異なるスポーツを行う活動、競技志向でなくレクリエーション志向で行う活動、体力つくりを目的とした活動等、生徒が楽しく体を動かす習慣の形成に向けた動機付けとなるものが考えられる。

　イ　地方公共団体は、少子化に伴い、単一の学校では特定の競技の運動部を設けることができない場合には、生徒のスポーツ活動の機会が損なわれることがないよう、複数校の生徒が拠点校の運動部活動に参加する等、合同部活動等の取組を推進する。

（2）地域との連携等

　ア　都道府県、学校の設置者及び校長は、生徒のスポーツ環境の充実の観点から、学校や地域の実態に応じて、地域のスポーツ団体との連携、保護者の理解と協力、民間事業者の活用等による、学校と地域が共に子供を育てるという視点に立った、学校と地域が協働・融合した形での地域におけるスポーツ環境整備を進める。

　イ　公益財団法人日本体育協会［＊8］、地域の体育協会、競技団体及びその他のスポーツ団体は、総合型地域スポーツクラブやスポーツ少年団等の生徒が所属する地域のスポーツ団体に関する事業等について、都道府県もしくは学校の設置者等と連携し、学校と地域が協働・融合した形での地域のスポーツ環境の充実を推進する。

　　　また、学校の設置者等が実施する部活動指導員の任用・配置や、運動部顧問等に対する研修等、スポーツ指導者の質の向上に関する取組に協力する。

　ウ　地方公共団体は、学校管理下ではない社会教育に位置付けられる活動については、各種保険への加入や、学校の負担が増加しないこと等に留意しつつ、生徒がスポーツに親しめる場所が確保できるよう、学校体育施設開放事業を推進する。

　エ　都道府県、学校の設置者及び校長は、学校と地域・保護者が共に子供の健全な成長のための教育、スポーツ環境の充実を支援するパートナーという考え方の下で、こうした取組を推進することについて、保護者の理解と協力を促す。

5 学校単位で参加する大会等の見直し

　ア　公益財団法人日本中学校体育連盟は、主催する学校体育大会について、4を踏まえ、単一の学校からの複数チームの参加、複数校合同チームの全国大会等への参加、学校と連携した地域スポーツクラブの参加などの参加資格の在り方、参加生徒のスポーツ障害・外傷の予防の観点から、大会の規模もしくは日程等の在り方、スポーツボランティア等の外部人材の活用などの運営の在り方に関する見直しを速やかに行う。

　　　また、都道府県中学校体育連盟が主催する大会においても、同様の見直しが行われるよう、必要な協力や支援を行う。

　イ　都道府県中学校体育連盟及び学校の設置者は、学校の運動部が参加する大会・試合の全体像を把握し、週末等に開催される様々な大会・試合に参加することが、生徒や運動部顧問の過度な負担とならないよう、大会等の統廃合等を主催者に要請するとともに、各学校の運動部が参加する大会数の上限の目安等を定める。

　ウ　校長は、都道府県中学校体育連盟及び学校の設置者が定める上記イの目安等を踏まえ、生徒の教育上の意義や、生徒や運動部顧問の負担が過度とならないことを考慮して、参加する大会等を精査する。

終わりに

○本ガイドラインは、生徒の視点に立った、学校の運動部活動改革に向けた具体の取組について示すものであるが、今後、少子化がさらに進むことを踏まえれば、ジュニア期におけるスポーツ環境の整備については、長期的には、従来の学校単位での活動から一定規模の地域単位での活動も視野に入れた体制の構築

が求められる。
○このため、地方公共団体は、本ガイドラインを踏まえた運動部活動改革の取組を進めるとともに、地域の実情に応じて、長期的に、地域全体で、これまでの学校単位の運動部活動に代わりうる生徒のスポーツ活動の機会の確保・充実方策を検討する必要がある。
○また、競技団体は、競技の普及の観点から、運動部活動やジュニア期におけるスポーツ活動が適切に行われるために必要な協力を積極的に行うとともに、競技力向上の観点から、地方公共団体や公益財団法人日本体育協会［＊8］、地域の体育協会等とも連携し、各地の将来有望なアスリートとして優れた素質を有する生徒を、本格的な育成・強化コースへ導くことができるよう、発掘・育成の仕組みの確立に向けて取り組む必要がある。

〔注〕
［＊1］部活動指導員は、学校教育法施行規則第78条の2に基づき、「中学校におけるスポーツ、文化、科学等に関する教育活動（学校の教育課程として行われるものを除く。）に係る技術的な指導に従事する」学校の職員（義務教育学校後期課程、高等学校、中等教育学校並びに特別支援学校の中学部及び高等部については当該規定を準用）。学校の教育計画に基づき、校長の監督を受け、部活動の実技指導、大会・練習試合等の引率等を行う。校長は、部活動指導員に部活動の顧問を命じることができる。

［＊2］「学校教育法施行規則の一部を改正する省令の施行について（平成29年3月14日付け28ス庁第704号）」において、部活動指導員を制度化した概要、留意事項として部活動指導員の職務、規則等の整備、任用、研修、生徒の事故への対応、適切な練習時間や休養日の設定、生徒、保護者及び地域に対する理解の促進等について示されている。

［＊3］当該通知において、「部活動や放課後から夜間などにおける見回り等、「超勤4項目」以外の業務については、校長は、時間外勤務を命ずることはできないことを踏まえ、早朝や夜間等、通常の勤務時間以外の時間帯にこうした業務を命ずる場合、服務監督権者は、正規の勤務時間の割り振りを適正に行うなどの措置を講ずるよう徹底すること。」等について示されている。

［＊4］スポーツ競技の国内統括団体

［＊5］「スポーツ医・科学の観点からのジュニア期におけるスポーツ活動時間について」（平成29年12月18日 公益財団法人日本体育協会）において、研究等が競技レベルや活動場所を限定しているものではないことを踏まえた上で、「休養日を少なくとも1週間に1～2日設けること、さらに、週当たりの活動時間における上限は、16時間未満とすることが望ましい」ことが示されている。

［＊6］スポーツ庁「平成29年度全国体力・運動能力、運動習慣等調査」（平成30年2月公表）では、保健体育の授業を除く1週間の総運動時間が60分未満である中学校2年生女子の割合は19.4％で、このうち、0分の割合は13.6％であった。

［＊7］スポーツ庁「平成29年度全国体力・運動能力、運動習慣等調査」（平成30年2月公表）では、運動部や地域のスポーツクラブに所属していない、又は文化部に所属していると答えた中学校2年生が運動部活動に参加する条件は、「好きな、興味のある運動やスポーツを行うことができる（男子42.9％・女子59.1％）」、「友達と楽しめる（男子42.7％・女子60.4％）」、「自分のペースで行うことができる（男子44.4％・女子53.8％）」が上位であった。

［＊8］団体名称を「公益財団法人日本スポーツ協会」に変更予定（2018年4月1日）。

サッカー活動中の落雷事故の防止対策についての指針

日本サッカー協会　資料No.17
日サ協発第060015号

1　[基本的指針]

　全てのサッカー関係者は、屋外でのサッカー活動中（試合だけでなくトレーニングも含む）に落雷の予兆があった場合は、速やかに活動を中止し、危険性がなくなると判断されるまで安全な場所に避難するなど、選手の安全確保を最優先事項として常に留意する。特にユース年代～キッズ年代の活動に際しては、自らの判断により活動を中止することが難しい年代であることを配慮しなければならない。

　※全てのサッカー関係者とは主として指導者（部活動の顧問含む）、審判員、運営関係者などであるが、下記にある通り放送局やスポンサー他、選手も含めて広義に解釈するものである。

2　基本的指針の実行のために、下記の事項について事前に良く調べ、また決定を行ったうえで活動を行うものとする。
①当日の天気予報（特に大雨や雷雲などについて）
②避難場所の確認
③活動中止を決定権限を持つ者の特定、中止決定の際の連絡フローの決定

　※サッカー競技規則上では「試合の中止は審判員の判断によること」となっているが、審判員が雷鳴に気づかない、審判員と他関係者との関係で必ずしも中止権限を審判員が持てないケース（例えばユース審判員；これに限らない）などもあり、このような場合は中止を決定する／または審判員に中止勧告を行う人間をあらかじめ明らかにしておくこと。

　※トレーニングやトレセン活動なども活動中止決定者を事前に決めてから活動をはじめるものとする。

　※中止決定者が近くにいない状況で現象が発生した時は、その場にいる関係者が速やかに中止を決定できることにしておく事。

3　大会当日のプログラムを決める際はあらかじめ余裕を持ったスケジュールを組み、少しでも危険性のある場合は躊躇なく活動を中止すること。

　大会スケジュールが詰まっていたり、テレビ放送のある試合などでも、本指針は優先される。従って事前に関係者（放送局、スポンサー含む）の間において、選手・観客・運営関係者等の安全確保が優先され、中止決定者の判断は何よりも優先されることを確認しておくこと。

4　避雷針の有無（避雷針があるからと言って安全が保障される事はないが、リスクは減る）や避難場所からの距離、活動場所の形状（例：スタジアム、河川敷G、等）によって活動中止の判断時期は異なるが、特に周囲に何もない状況下においては少しでも落雷の予兆があった場合は速やかに活動中止の判断を行うこと。

熱中症対策ガイドライン

日本サッカー協会
平成28年〔2016年〕3月10日

大会／試合スケジュールの規制（事前の準備）

　大会／試合を開催しようとする期間の各会場（都市）における、過去5年間の時間毎のWBGTの平均値を算出し、その数値によって大会／試合スケジュールを設定する。必要に応じて、試合時間を調整して早朝や夜間に試合を行う、ピッチ数を増やす、大会期間を長くするなどの対策を講じる。

　※過去のWBGT値は環境省「熱中症予防情報サイト」からダウンロードできる。
　（http://www.wbgt.env.go.jp/record_data.php）

〇WBGT＝31℃以上となる時刻に、試合を始めない。（キックオフ時刻を設定しない。）
〇WBGT＝31℃以上となる時刻が試合時間に含まれる場合は、事前に「JFA熱中症対策」[*1]〈A〉＋〈B〉を講じた上で、試合日の前日と翌日に試合を行わないスケジュールを組む。
〇WBGT＝28℃以上となる時刻が試合時間に含まれる場合は、事前にJFA熱中症対策〈A〉を講じる。
〇クーラーが無い体育館等の屋内で試合を行う場合も、上記と同じ基準で対策を講じる。

○屋根の無い人工芝ピッチで試合を行う場合は、天然芝等に比べてWBGT値の上昇が見込まれるため、上記の値から−3℃した値を基準とする。
- WBGT＝28℃以上となる時刻は、屋根の無い人工芝ピッチは原則として使用しないとするJFA熱中症対策〈A〉＋〈B〉を講じなければならないため、使用不可とする。
- WBGT＝25℃以上となる時刻が試合時間に含まれる場合は事前にJFA熱中症対策〈A〉を講じる。

これらの規制・対策以外にも表面温度の上昇による足底部の低温やけどや擦過傷の危険性を考慮すること。

JFA熱中症対策［＊1］
〈A〉
①ベンチを含む十分なスペースにテント等を設置し、日射を遮る。
  ※全選手／スタッフが同時に入り、かつ氷や飲料を置くスペース。
  ※スタジアム等に備え付けの屋根が透明のベンチは、日射を遮れず風通しも悪いため使用不可。
②ベンチ内でスポーツドリンクが飲める環境を整える。
  ※天然芝等の上でも、養生やバケツの設置等の対策を講じてスタジアム管理者の了解を得る。
③各会場にWBGT計を備える。
④審判員や運営スタッフ用、緊急対応用に、氷・スポーツドリンク・経口補水液を十分に準備する。
⑤観戦者のために、飲料を購入できる環境（売店や自販機）を整える。
⑥熱中症対応が可能な救急病院を準備する。特に夜間は宿直医による対応の可否を確認する。
⑦Cooling Break［※2］または飲水タイムの準備をする。
〈B〉
⑧屋根の無い人工芝ピッチは原則として使用しない。
⑨会場に医師、看護師、BLS（一次救命処置）資格保持者のいずれかを常駐させる。
⑩クーラーがあるロッカールーム、医務室が設備された施設で試合を行う。

大会／試合実施時の規制（当日の対応）

各会場にWBGT計を準備し、計測した数値により対策を講じる。

［計測方法］
①必ずピッチ上で、WBGT計の黒球が日影にならないように計測する。計測時のWBGT計の高さは、プレーする選手の年齢の平均身長の2/3とする。（例：中3男子の場合、168.8cm×2/3＝113cm）
②計測する時間はできる限り試合開始の直前、かつロッカーアウトするまでに両チームに対応方法を伝達できるタイミングとする。
③試合中もピッチに近い場所で計測し続け、数値を把握する。
④ハーフタイム時（できる限り後半開始の直前）の数値により後半の対応方法を決定し、両チームに伝達する。
  ※原則として、前後半のプレー中に数値が変わっても対応方法の変更はしない。
○WBGT＝31℃以上の場合は、試合を中止または延期する。やむを得ず行う場合はJFA熱中症対策〈A+B〉を講じた上で、Cooling Breakを行う。
  ※中止や延期の判断は、試合前またはハーフタイム時に行うこととし、前後半のプレー中に試合を中止・延期はしない。試合前は大会の主催者または主管者、もしくはその代行者が必要に応じて主審と協議の上で判断し、ハーフタイム時は主審が大会の主催者または主管者、もしくはその代行者と協議の上で判断する。
  ※大会主催者は、中止や延期となった場合の対策や当該試合の取扱いについて予め規定しておくこと。
○WBGT＝28℃以上の場合は、JFA熱中症対策〈A〉を講じた上で、以下の対応を行う。
  1・2種……Cooling Breakまたは飲水タイムを行う。
  3・4種……Cooling Breakを行う。
  また、JFA熱中症対策〈A+B〉を講じた場合は、全ての種別においてCooling Break または飲水タイムを推奨することとする。
○WBGT＝25℃以上の場合は、3・4種の試合はJFA熱中症対策〈A〉を講じた上で、以下の対応を行う。
  3種……飲水タイムを行う。
  4種……Cooling Breakまたは［飲水タイム］を行う。
○体育館等の屋内でフットサル等の試合を行う場合も、上記と同じガイドラインを適用する。ただし、同じWBGT値でも屋外に比べて熱射・輻射が少ないが高湿度傾向にあるので、除湿機の設置や風通しを良くするなどの対策を講じる必要がある。また、建物自体に熱がこもるため日没後もWBGT値が下がりにくい

傾向があることにも注意すること。
○フットサルやビーチサッカー、8人制サッカーのような「自由な交代」が可能な試合についても、ガイドラインに沿ってCooling Breakや飲水タイムを設定する。

Cooling Break [＊2]

　前後半1回ずつ、それぞれの半分の時間が経過した頃に3分間のCooling Breakを設定し、選手と審判員は以下の行動をとる。
①日影にあるベンチに入り、休む。
②氷・アイスパック等でカラダ（頸部・脇下・鼠径部）を冷やし、必要に応じて着替えをする。
③水だけでなくスポーツドリンク等を飲む。
〈留意点〉
・原則として試合の流れの中で両チームに有利・不利が生じないようなアウトオブプレーの時に、主審が判断して設定する。
・戦術的な指示も許容する。
・チームが、カラダを冷やすための器具を持ち込む際は、事前に大会運営責任者の了解を得る。
・審判員はCooling Breakの時間を遵守するため、試合再開時には選手に速やかにポジションに戻るように促すと同時に、出場選手の確認を行う。
・サブメンバーは出場メンバーとの識別のため必ずビブスを着用する。運営担当者は試合再開時に出場メンバーの確認について審判員をサポートする。
・Cooling Breakに要した時間は「その他の理由」によって費やされた時間として前後半それぞれの時間に追加される。
・Cooling Breakを設定する場合は試合前またはハーフタイム時のロッカーアウトまでに両チームに伝達する。また、WBGT値に応じて、前半と後半の対応が異なる場合がある。

［参考］「飲水タイム」
・前後半それぞれの半分の時間を経過した頃、試合の流れの中で両チームに有利、不利が生じないようなボールがアウトオブプレーの時に、主審が選手に指示を出して全員に飲水をさせる。もっとも良いのは中盤でのスローインの時であるが、負傷者のための担架を入れた時や、ゴールキックの時も可能である。
・選手はあらかじめラインの外に置かれているボトルをとるか、それぞれのチームベンチの前でベンチのチーム関係者から容器を受け取って、ライン上で飲水する。
・主審、副審もこの時に飲水して良い。そのために第4の審判員席と、第2副審用として反対側のタッチライン沿いにボトルを用意する必要がある。
・スポーツドリンク等、水以外の飲料の補給については、飲料がこぼれて、その含有物によっては競技場の施設を汚したり、芝生を傷めたりする恐れもある。大会主催者が水以外の持ち込み可否及び摂取可能エリアについて、使用会場に確認をとって運用を決定するので、その指示に従って、飲水する。
・飲水タイムは30秒から1分間程度とし、主審は選手にポジションにつくよう指示してなるべく早く試合を再開する。飲水に要した時間は、「その他の理由」により空費された時間として、前、後半それぞれに時間を追加する。
・時間の経過にともなって環境条件がかなり変わった場合は、飲水を実施するかしないかの判断をハーフタイムに変更してよい。
・飲水を行う場合は、試合前（あるいはハーフタイム時）に両チームにその旨を知らせる。・飲水タイムは、あくまでも飲水のためである。
・飲水タイムとは別に、従来どおり、ボールがアウトオブプレーのときにライン上で飲水できる。

> 「スタートの段階指導」および
> 「プール水深とスタートの高さに
> 関するガイドライン」〔抜粋〕

日本水泳連盟　2019年3月

ガイドライン策定にあたって

1）前回のガイドライン

　2005年7月、本連盟は重篤な水泳プールにおけるスタート事故の防止を目的として、『プール水深とスタート台の高さに関するガイドライン』を策定した。その骨子は、全国のジュニアクラスの熟練コーチ約400名に対する「水深1.0~1.35m前後のプールにおけるスタート台として危険度の少ない高さについて、経験値としての判断アンケート調査」に基づくものであったが、あわせて第8項において、「本ガイドラインは、必ずしも十分な水深がないプール施設での事故発生の危険性を、適切・合理的なスタート方法（到達水深が深くならないで、速やかに泳ぎにつなげるスタート）によって回避できることを前提としている。」と明記し、ガイドライン適用の前提条件も付記していた。

2）徹底されないガイドライン適用の前提条件

　以来13年が経過したが、残念ながら、その間にもスタート事故は発生し、訴訟事案も複数にのぼる。その多くは学校体育（部活動を含む）の現場において発生し、ガイドライン適用の前提条件を満たさない状況下での事案も含まれる。

3）「スタートの段階指導」の策定意義

　こうした背景から、ガイドライン適用の前提条件下でガイドラインが適切に活用されることを目的に、今般、スタートの指導方法を6段階に分けて説明した「スタートの段階指導」を写真付きで文書化し、ガイドラインと一体化することとした。そのため、構成は、始めに「スタートの段階指導」、次に「プール水深とスタートの高さに関するガイドライン」の順となっている。

4）活用の方法

　「スタートの段階指導」と「プール水深とスタートの高さに関するガイドライン」、は対をなすものである。全国の水泳指導者、学校体育に携わる教員・学校関係者各位が「スタートの段階指導」を正しく理解し、実践し、その上で「プール水深とスタートの高さに関するガイドライン」を活用することが肝要である。

　〔以下、詳しくは日本水泳連盟のウェブサイトで公開されているPDFを参照されたい。https://www.swim.or.jp/about/download/rule/g_02_2.pdf〕

倫理に関するガイドライン

日本陸上競技連盟
平成25年〔2013年〕5月17日修正

このガイドラインの目的と理念

1. このガイドラインは、本連盟に登録する全ての会員が、セクシュアルハラスメント（セクハラ）・暴力行為等の倫理に反する行為を行うことや、それら行為により被害を受けることの防止を目的とするものである。
2. 役員・指導者・競技者等は、陸上競技を愛する者として、自らその品位を保持し、お互いに人格を尊重し合わなければならない。各人がこのことを十分に理解することが、セクハラ・暴力行為等の倫理に反する行為を防止する上で、もっとも重要なことである。
3. このガイドラインは、陸上競技に関する指導（コーチング）等を制限することを意図するものではない。むしろ、このガイドラインの理念と内容が正しく理解されることにより、より効果的な指導（コーチング）がなされ、また多くの人々から陸上競技がよりいっそう愛されるものとなることを目指すものである。

セクハラをなくすために

1. このガイドラインにおいて、セクハラとは、相手を不快にさせる性的な言動により、陸上競技に携わる環境や、日常生活を送る環境を悪化させることをいう。
2. 役員・指導者・競技者等は、自らセクハラを行うことがないよう、指導者か競技者か等の立場の違いを超えて相手の人格を尊重するとともに、以下の事項を十分に理解・認識しなければならない。
    （1）セクハラに当たるか否かは、自らの判断によって決まるものではなく、相手が不快に感じているか否かが基準となるものであること。
    （2）言動に対する受け止め方には、個人間や男女間、その人物の立場等により差があり、親しみを表すつもりの言動であっても、本人の意図とは関係なく相手を不快にさせてしまう場合があること。
    （3）「この程度のことは相手も許容するだろう」とか「相手との良好な人間関係や信頼関係ができているから大丈夫」といった勝手な思いこみをしてはならないこと。
    （4）指導や体調管理等の目的で相手の身体に触れるときは、本人の了解を得るとともに、できる限り、着衣の上から触れ、また第三者の同席を求めるなどして、誤解を与えぬよう配慮すること。
    （5）相手が拒否し、または嫌がっていることが分かった場合には、同じ言動を繰り返してはならないこと。
    （6）セクハラを受けた者は、指導者・先輩・同輩等との人間関係を考えて拒否することができないなど、明確な意思表示ができないことも少なくないが、それを同意・合意と勘違いしてはならないこと。特に、指導者と競技者との間では、拒否の意思表示をすれば指導を受けられなくなるのではないか、ひいては陸上競技を続けられなくなるのではないかといった思いから、明確な意思表示がされにくい構造にあること。
    （7）セクハラに対する相手の対応により、指導のあり方や大会への出場選手選考等にあたって相手に不利益を与える扱いは、決してしてはならないこと。
    （8）セクハラは、男性が被害者となる場合もあるし、指導者と競技者との間や男女間だけでなく、競技者間（先輩・後輩間や同輩間）や同性間で起こる場合もあること。たとえば、性的な事柄に関する冷やかし・からかいは、いじめの問題であるとともに、セクハラの問題でもあること。
    （9）陸上競技に携わっている時間中のセクハラに注意するだけでは不十分であり、たとえば、大会終了後の飲食の場等におけるセクハラにも十分注意すること。
3. セクハラを受けた者は、その被害を深刻なものにしないために、一人で我慢しているだけでは問題は解決しないことを認識し、以下の行動をとるよう努めることが望まれる。
    （1）セクハラに対しては、勇気を持って毅然とした態度をとり、明確に拒絶の意思表示をすること。
    （2）同僚や友人など、身近な信頼できる人に相談すること。
    （3）所属団体や、日本陸連の相談窓口等への相談も考えること。
4. 他人がセクハラを行い、またはセクハラの被害を受けていることを知った者は、見て見ぬふりをすることなく、セクハラを行っている者に対してセクハラをやめるよう忠告するなど、勇気を持って具体的行動に出ることが望まれる。周囲の者の沈黙は、セクハラ被害をより深刻なものとすることが理解されなければならない。

暴力行為をなくすために

1 このガイドラインにおいて、暴力行為とは、直接的暴力・暴言・脅迫・威圧・侮辱等により、相手を精神的・身体的に傷つけることをいう。
2 役員・指導者・競技者等は、暴力行為をなくすために、指導者か競技者か等の立場の違いを超えて相手の人格を尊重するとともに、以下の事項を十分に理解・認識しなければならない。
（1）相手が自分の意に沿わない言動をとったときに、暴力行為に頼っても、何ら問題を解決できるものではないこと。
（2）組織の運営または指導の際に意見の相違が生じた場合には、互いに話し合い、必要に応じて第三者の意見を聴き、相互理解に努めることが重要であること。
（3）暴力行為には、肉体的な暴力だけでなく、暴言・脅迫・威圧・侮辱等により相手を精神的に傷つけること（人格を否定するような言動や、存在を無視するような態度）も含まれること。
（4）言動に対する受け止め方には、個人間や男女間、その人物の立場等により差があり、親しみを表すつもりの言動であっても、本人の意図とは関係なく相手を傷つけてしまう場合があること。
（5）暴力行為を受けた者は、指導者・先輩・同輩等との人間関係を考えて拒否することができないなど、明確な意思表示ができないことも少なくないが、それを同意・合意と勘違いしてはならないこと。特に、指導者と競技者との間では明確な意思表示がされにくい構造にあることは、セクハラの場合と同様である。

社会の範となるために

役員・指導者・競技者等は、セクハラ・暴力行為の防止に努めるほか、常に以下の事項を意識し、陸上競技が青少年の夢と希望であり続け、また陸上競技に携わる者が社会の範として信頼され続けるよう、努めるものとする。
1 常に品位を保持し、公共の場における態度・言動・服装に注意を払うこと。
2 人種・国籍・性別・障害の有無等の違いによる理由のない差別をすることなく、平等の精神を持ち、他者の人格を尊重すること。
3 他者のプライバシーを尊重すること。たとえば、競技場の内外における盗撮行為は、他者のプライバシーを侵害し、セクハラにも該当するので、厳に禁じられる。
4 フェアプレイ精神を重んじ、ドーピングや、登録・大会参加申込み等に際しての虚偽申請といった不正行為は、絶対に行わないこと。
5 法律や条例等の法規範を遵守し、違法行為をしないこと。特に、昨今発生した大麻等の薬物使用や性犯罪行為は、絶対にあってはならない。

セクハラ・暴力行為等に関する相談への対応

1 日本陸上競技連盟は、セクハラ・暴力行為等に関する相談窓口を設置する。
「セクハラ・暴力行為相談窓口」
TEL：03-5321-6582
http://www.jaaf.or.jp/ethic/compliance.html
2 加盟団体ならびに協力団体は、それぞれセクハラ・暴力行為等について相談を受ける体制を整備するとともに、互いに連絡を密にする。
3 セクハラ・暴力行為等に関する情報は、名誉やプライバシーを侵害することとなる可能性があるので、その取扱いには十分注意する。日本陸上競技連盟としてのマスコミ対応は、日本陸連事務局が当たる。

第6編

各競技団体規則

解説	400
日本プロフェッショナル野球協約2017	402
フリーエージェント規約	421
統一契約書書式	424
日本学生野球憲章	428
全国高等学校体育連盟 定款	433
日本中学校体育連盟 定款	439

解 説

　スポーツ・体育（以下「スポーツ」）に関する規範（行動を規制する決まりごと）は、法令はじめ、多様である。本編では、各スポーツ競技団体を運営する上での規範である競技団体規則を取り上げる。法令ではないが、実際上、その規制力は強く、団体運営に強い影響を及ぼすものがある。

スポーツ国家法とスポーツ固有法

　そもそも、憲法や法律などを含む法令は、国家がその組織と国民の社会秩序を維持するために正統的権威をもって実施する、法すなわち国家法を意味する。このような国家法のなかでスポーツに関するものが、スポーツ国家法である。これには性質上、二種の別が認められる。

　すなわち、第一に、スポーツに関し直接の規制を目的とする国家法である。例えば、スポーツ振興法（2011年に全面改正されスポーツ基本法となった）その他の法令である。地方自治体制度をとるわが国では、国の法令以外に、住民に直接的・具体的に関係の深い地方自治体の条例や規則がある。スポーツ推進条例、スポーツ推進審議会条例、スポーツ表彰規程等がこれに該当する。

　第二に、スポーツの規制を直接には目的としないが、実際には市民のスポーツ生活に関する権利義務を確定するものがある。例えば、民法や刑法である。これには、条文化された一般的な明文の規定とともに、これを個々の事件に特殊的に解釈・適用した判例も含まれる。

　これに対し、スポーツ国家法以外に、社会で実際に行われている競技団体の規則や規範の類がある。競技団体の関係者・当事者らは自分たちの法と考えていても、現行の法学はこれを法とはみなしていない。しかし、スポーツ法学の分野では、このような、スポーツに固有な「いける法」、すなわちスポーツ固有に見られる法規範（スポーツ固有法）、の決定的重要性を認めている。そして、それをスポーツ国家法と並んで、スポーツ法学の対象としている。

スポーツ固有法の法主体と対象

　スポーツ固有法は、国家に代わる法主体としてスポーツ団体（内部構成員または関係団体に管理権限を有する）を想定している。そして、スポーツ固有法が、国家法に対して正当に独自性を主張するには、その法主体による特有な管理機構でもって正統的な管理権力を保持し、特有の原理理念の指導のもと、一応の規範構造に体系化されていることが、条件とされる（千葉正士『スポーツ法学序説』183頁以下、信山社、2001年）。ただし、この権利義務関係は、国家法として国家から直接容認されたものではなく、この観点からは非公式の法ということになる。

スポーツ固有法の具体的内容

　前掲書のなかで千葉は、スポーツ固有法を三つの類型に分けている。
①スポーツ・ルール（競技規則）──スポーツ・ルールは、個々のスポーツの存立と実行を可能にする一定の規則（競技規則）である。スポーツの当事者の資格、施設・会場等の要件、振興の原則と規則、禁じられる行動、進行を管理する審判の規準と権限、違反が生じた場合の処置等の諸関係者の権利義務を定めるもので、

スポーツとして存在し、機能するための前提要件である。
②スポーツ団体協約——スポーツ団体協約は、あるスポーツを教授する目的で関係者が結成する団体の組織と運営に関する規約、あるいはその複数が取り交わす協定の類である。様々なスポーツ団体があり、それに応じて様々な協約がありうる。本編で述べる各競技団体規則類は、ここに分類される。
③スポーツ法理念——ここにスポーツ理念とは、フェアプレーとかスポーツマンシップとかいうスポーツ理念もそれに関係するが、スポーツ法としては、「安全」と「公正」とを特記すべきである。千葉は、この二つに、仲間との協働とスポーツ参加者の自主性を加えて、スポーツ法理念と主張する。

スポーツ競技団体規則

スポーツ競技団体は、自らの競技や団体の運営を行なうにあたって、様々な規則（取り決め）を定めている。団体の根幹を定めるその団体の根幹を定めた定款から、団体運営にあたっての理念に関する考えや、競技の規則、審判規則、指導者の在るべき姿に至るまで、これまでの経験を活かしつつ、様々な取り決めを定めている。その競技団体に所属し、または加盟する団体は、その団体が定める規則に従わなければ、所属団体または加盟団体として活動することはできない。極めて強い拘束力を持つものである。

プロ野球関係では、一般社団法人日本野球機構は、日本プロフェッショナル野球協約2017（402頁に掲載）、フリーエージェント規約（421頁に掲載）、統一契約書書式（424頁に掲載）、新人選手選択会議規約、ＮＰＢ調査委員会規定、代理人契約等を定める。

サッカー関係では、公益社団法人日本プロサッカーリーグが、定款やそれに基づくＪリーグ規約等により運営を行っている。日本サッカー協会は、定款やそれに基づく基本規則、加盟チーム規則、加盟団体規則、競技会規則、サッカー競技規則、試合運営管理規定、指導者に関する規則、審判員及び審判指導者に関する規則、懲罰規程、アンチ・ドーピング規程、プロサッカー選手の契約、登録および移籍に関する規則、日本サッカー協会選手契約書、日本サッカー協会期限付移籍契約書、反社会的勢力との関係遮断に関する規則、暴力等根絶相談窓口運用規則、個人情報保護規則等を定めている。

学校体育関係では、公益財団法人日本学生野球協会が日本学生野球憲章（428頁に掲載）等を定め、公益財団法人全国高等学校体育連盟や公益財団法人日本中学校体育連盟が諸規則（433、439頁に各定款を掲載）を定めている。

（吉田勝光）

日本プロフェッショナル野球協約2017

日本野球機構

第1章　総則

第1条（組織及び協約の当事者）
1　セントラル野球連盟及びその構成球団とパシフィック野球連盟及びその構成球団（以下、それぞれの連盟及び球団を、「連盟」及び「球団」という。）は、以下に記す協約（以下「この協約」という。）を締結し、かつ一般社団法人日本野球機構（以下「機構」という。）の内部組織として日本プロフェッショナル野球組織（以下「この組織」という。英文では、NipponProfessionalBaseballと表示する。）を構成する。
2　セントラル野球連盟は、株式会社読売巨人軍、株式会社ヤクルト球団、株式会社横浜DeNAベイスターズ、株式会社中日ドラゴンズ、株式会社阪神タイガース及び株式会社広島東洋カープの各球団を、パシフィック野球連盟は、株式会社北海道日本ハムファイターズ、株式会社楽天野球団、株式会社西武ライオンズ、株式会社千葉ロッテマリーンズ、オリックス野球クラブ株式会社及び福岡ソフトバンクホークス株式会社の各球団をもって構成する。
3　連盟は、それぞれ規約を設け、連盟の議決機関として構成球団を代表する理事をもって構成する理事会を設置するほか、連盟の組織及びその運営（各連盟に属する球団間の年度連盟選手権試合を実施するための要綱を含む。）等に関する事項を定める。

第2条（協約の名称）
この協約を日本プロフェッショナル野球協約という。

第3条（協約の目的）
この協約は、わが国の野球を不朽の国技として社会の文化的公共財とするよう努め、野球の権威及び技術に対する信頼を確保するとともに、わが国におけるプロフェッショナル野球を飛躍的に発展させ、もって世界選手権を争うことに資するべく、この組織の構成及び運営の細目を定めるものである。

第4条（組織の機関）
この組織の合議・議決機関としてオーナー会議及び実行委員会を、執行機関としてコミッショナーを、諮問機関として調査委員会を置く。

第2章　コミッショナー

第5条（選任）
1　コミッショナーは、原則として機構の会長がこれを務める。
2　機構の会長にコミッショナー兼務の支障がある場合は、オーナー会議は会長以外の者をコミッショナーあるいはコミッショナー代行として選任することができる。

第6条（身分及び任期）
1　コミッショナーは、正当な理由なく任期中に解任されない。
2　前条第2項により選任されたコミッショナーあるいはコミッショナー代行の任期は、選任時の会長の任期終了までとする。

第7条（職務の代行）
コミッショナーが、病気その他の事故により、職務を行い得ないとき、又は死亡し若しくは退任し、その後任者が決定されないときは、オーナー会議が代行機関を設置する。

第8条（職権及び職務）
1　コミッショナーは、日本プロフェッショナル野球組織を代表し、事務職員を指揮監督してオーナー会議、実行委員会及び両連盟の理事会において決定された事項を執行するほか、この協約及びこの協約に基づく内部規程に定める事務を処理する。
2　コミッショナーは、①球団、②機構と契約関係にある個人、及び③この組織に属する団体と契約関係にある個人（以下、「関係団体等」と総称する。）に、この協約又はこの協約に基づく規程に反する事実があるか又はそのおそれがあるとの心証を抱くときは、調査委員会に事実を示してその調査を委嘱し、その結果についての処分意見を得て、自らの名において関係者に制裁を科する。
3　コミッショナーが下す指令、裁定、裁決及び制裁は、最終決定であって、この組織に属するすべての団体及び関係する個人は、これに従う。
4　コミッショナーは、機構が主催する日本選手権シリーズ試合及びプロ野球12球団が主催するオールスター試合を管理する。
5　コミッショナーは、この組織の適正な運営に資するため、若干名の顧問及び補佐を置くことができる。
6　コミッショナーは、コミッショナーが選任する10名以内の有識者をもって構成する有識者会議を設け、野球に関する基本的な問題を審議させることができる。

第9条（指令、裁定及び裁決）

1　指令

コミッショナーは、この組織全体の利益を確保するために、本項に基づき、関係団体等に対し指令を発することができる。

2　裁定

コミッショナーは、関係団体等の紛争につき、調査委員会をして事情を聴取させ、裁定する。

3　裁決及び制裁

コミッショナーは、関係団体等がこの協約に規定する制限又は禁止条項に違反した場合、調査委員会の調査結果に基づき、裁決し、制裁を科する。裁決によって科す制裁は、団体に関しては参加資格、保護地域、選手契約の保有、若しくは試合参加に関する諸権利の剥奪若しくは停止又は制裁金とし、個人に関しては永久若しくは期限つき失格処分、職務停止、野球活動停止、制裁金又は戒告処分とし、これらの制裁を併科することができる。なお、新人選手獲得に関するルールの違反行為については、「新人選手獲得に関するルール違反行為の類型の明確化とそれに対する制裁の明定について」と題する規程の定めるところによる。

コミッショナーが制裁を科す場合、あらかじめ実行委員会に諮問して参考意見を求めることができる。

調査委員会が事実の認定をするに際し、事件関係者に事件に関する弁明を陳述する機会を与えなければならない。

4　実行の責任

コミッショナーが下す指令、裁定、裁決及び制裁については、その対象が球団又は球団と契約関係にある者である場合には、関係球団実行委員会委員が実行の責任を負う。

第10条（規定の解釈）

この協約又はこれに附随する諸規程、手続等に関し、当事者間に解釈上疑義が生じた場合、コミッショナーが最終判断する。

第3章　実行委員会

第11条（実行委員会の構成等）

1　実行委員会は、この組織の合議・議決機関であり、機構の理事会及びオーナー会議の指示監督を受ける。

2　実行委員会は、実行委員会委員をもって構成する。

3　実行委員会委員とは、この委員会において球団を代表する者として各球団からコミッショナーに届け出られた当該球団役員1名をいう。ただし球団役員の資格を欠く者であっても当該球団が球団役員に準じる者としてコミッショナーに届け出た上、コミッショナーの承認を得た者は、委員となることができる。

第12条（権限・審議事項）

1　実行委員会において審議すべき事項は下のとおりとする。

（1）この協約及びこの組織の内部規程の制定、改正及び廃止に関すること、並びに選手統一様式契約書の条項の改正に関すること。

（2）この組織の参加資格の取得、変更、譲渡、停止又は喪失に関すること。

（3）両連盟の年度連盟選手権試合に用いられる諸規則に関する事項のうち、一方の連盟の決定又は変更が他連盟に影響を及ぼすもの。

（4）この組織が行う年度事業計画、予算及び既年度の事業、決算についての承認に関すること。

（5）球団に属する選手が参稼する日本代表チームに関する事項、及びこのチーム、球団のチーム又は複数球団からの選手選抜チームと外国チームとの野球試合の承認等に関すること。

（6）日本選手権シリーズ試合及びオールスター試合又は慈善のために行われる野球試合に関すること。

（7）両連盟の年度選手権試合に関する事項のうち、一方の連盟の決定又は変更が他連盟に影響を及ぼすもの。

（8）野球その他の体育団体又は社会事業に対するこの組織の協力に関すること。

（9）オーナー会議から実行委員会に対して検討審議を指示されたこと。

（10）その他この組織に属する球団の運営等について共通の利害を有する事項であってコミッショナー又は実行委員会委員から実行委員会において審議することを申し出られたこと。

2　実行委員会は、必要に応じて専門委員会を設置し、各種事項を審議させることができる。

3　専門委員会の委員は、実行委員会が委嘱する。

（1）実行委員会の審議事項中、選手契約に関係ある事項については特別委員会の議決を経て、これを実行委員会に上程するものとする。

（2）特別委員会は、実行委員会議長、両連盟理事長及び両連盟の球団代表委員各2名並びに両連盟の選手代表委員各2名の計11名をもって構成する。

（3）特別委員会は、実行委員会議長が議長となり、議長が必要と認めたとき随時招集される。

（4）特別委員会は、委員総数の4分の3を

もって定足数とし、委員のうち球団代表委員及び選手代表委員の代理出席を認める。代理出席者は、球団代表委員の場合は所属する連盟の他の球団代表、選手代表委員の場合は所属する連盟の他の選手代表委員に限るものとする。
（5）議案の可決は、出席委員数の4分の3以上の賛成を必要とし、議長は評決に加わらないものとする。

第13条（議長）
1　実行委員会の議長は、コミッショナーが就任する。
2　議長に事故あるときは、実行委員会委員の中から選ばれた者が臨時に議長をつとめる。

第14条（会議の招集）
1　実行委員会議長は、必要と認めたときに、実行委員会を随時招集することができるが、原則として、月に1度招集するものとする。なお、実行委員会は、緊急やむをえない場合を除き、会日の1週間前までに会議の目的たる事項を明示して招集しなければならない。
2　議長は、過半数の委員の要求があった場合、実行委員会を招集する。

第15条（出席者等）
1　実行委員会委員以外の者であって委員を補佐する者として実行委員会に届け出られた者は、実行委員会委員1名につき1名を限度として、委員会の会議に出席することができ、議長の許可を得て発言し、意見を述べることができる。ただし表決に参加できる者は、第16条第2項の場合を除き、実行委員会委員に限る。
2　実行委員会の会議に出席できる者は、実行委員会委員及び前項に定めるその補佐のほかコミッショナー、コミッショナー顧問・補佐、コミッショナー事務局長及び同事務局に所属する職員とし、議長が審議等に必要と認めたときは、その他の者の出席を許可することができる。出席を許可された者は、会議において議長の許可を得て発言し、意見を述べることができる。

第16条（定足数、議事及び議決）
1　実行委員会は委員総数の4分の3をもって定足数とする。
2　実行委員会委員が出席できない場合、委任状をもつその球団役員又は職員の代理出席を認める。ただし、この代理出席者数は、委員総数の4分の1を超えてはならない。
3　コミッショナー及び各実行委員会委員は議題を提案することができる。
4　議案の議決は出席委員（実行委員会委員及び本条第2項による代理出席者。以下同じ。）の3分の2以上の賛成を必要とする。ただし、第12条（審議事項）における審議事項中第1号及び第2号に記載されている事項については、出席委員数の4分の3以上の賛成を必要とするものとする。

第17条（オーナー会議への報告）
実行委員会で審議したこと及び議決したことは、その都度書面でオーナー会議議長に報告しなければならない。

第4章　オーナー会議

第18条（オーナー会議の構成等）
1　オーナー会議は、この組織の最高の合議・議決機関である。
2　オーナー会議は、オーナーをもって構成する。
3　オーナーとは、この組織に属する球団を保有し、又は支配する事業者を代表する者であって球団の役員を兼ねる者をいう。球団は、オーナーの氏名をコミッショナーに届け出なければならない。

第19条（権限・審議事項）
1　オーナー会議の権限ないし審議事項は、コミッショナー等この組織の人事の決定に関すること、この組織の運営に関すること、連盟及びその所属球団の共通の利害に関すること及び実行委員会において審議決定された事項とする。ただし実行委員会において審議された事項については、議長は、その都度実行委員会から報告を受け、その内容を各オーナーに通知し、再審議を要するものと認められる事項については、オーナー会議において審議し、又は実行委員会において再度審議させるものとする。
2　議長は、前項に記載されたもののほか、オーナー及びコミッショナーから審議を申し出られた事項についても会議に付する。
3　オーナー会議において実行委員会で審議することが適当と認めた事項については、実行委員会議長に指示して当該事項について審議させ、その結果につき報告を求めることができる。

第20条（議長）
オーナー会議にオーナーの互選によって選出された議長を置く。議長の任期は、1年とし、この会議を代表し、コミッショナーと共同で会議の議事の整理に当たる。

第21条（会議の招集）
1　オーナー会議議長は、必要と認めたときに、オーナー会議を随時招集することができるが、原則として、年2回以上招集するものとする。

2 オーナー会議は、緊急やむをえない場合を除き、会日の3週間前までに会議の目的たる事項を明示して招集する。

第22条（出席者等）
1 各球団は、オーナーに事故がある場合に、その職務を代行すべき者（以下「オーナー代行」という。）を定めてあらかじめコミッショナー事務局に届け出ることができる。オーナー代行は、オーナー会議に関してはオーナーと同一の権限を有するものとする。
2 オーナー及びオーナー代行に事故があるときは、臨時に代理人を選任してオーナー会議に出席させることができる。臨時代理人は、その都度委任状を提出しなければならない。
3 オーナー会議の出席者は、オーナー、オーナー代行又はオーナー臨時代理人のほかコミッショナー、コミッショナー顧問・補佐、コミッショナー事務局長及び同事務局に所属する職員等とし、オーナー会議議長が審議等に必要と認めたときは、他の者の出席を許可することができる。出席を許可された者は、会議において議長の許可を得て発言し、意見を述べることができる。
4 実行委員会委員は、オーナー会議の会議員を兼ねることはできない。ただし、他のオーナー会議員の全員による事前の同意がある場合は、この限りでない。

第23条（定足数、議事及び議決）
1 オーナー会議は、オーナー総数の4分の3をもって定足数とする。ただし臨時代理人による出席数がオーナー総数の4分の1を超えてはならない。
2 オーナー会議議長及びコミッショナーは、その議事を整理する。
3 オーナー会議の議決は、出席したオーナー、オーナー代行及びオーナー臨時代理人全員の4分の3以上の同意を必要とする。
4 オーナー会議は、あらかじめ通知された事項でなければ議決をすることができない。ただし緊急を要する事項であって、出席オーナー、オーナー代行又はオーナー臨時代理人全員の同意がある場合は、この限りでない。

第5章　コミッショナー事務局

第24条（構成）
1 この組織に事務局長及び職員からなるコミッショナー事務局を置き、事務局長は、コミッショナーの命を受け、事務局職員を指揮監督する。
2 調査委員会を補佐しその調査等に従事するものとして同委員会から指名を受けた者は、その調査等に関しては、同委員会の指示のみに従って事務を行い、同委員会の監督のみを受ける。
3 事務局長は、実行委員会の同意を得てコミッショナーが任命する。
4 事務局の組織及びその分掌する事務は、別に定める規程によるものとする。

第5章の2　調査委員会

第25条（構成）
1 調査委員会は、調査委員をもって構成する。
2 調査委員は、原則として3名とする。
3 コミッショナーは、調査委員を任免する。コミッショナーは、調査委員の中から調査委員長を指名する。
4 調査委員の任期は、2年とし、再任を妨げない。調査委員は、正当な理由なく任期中に解任されない。なお、調査委員が辞任又は死亡した場合は、後任の調査委員の任期は、辞任又は死亡した調査委員の残りの任期と同じとする。

第26条（権限）
1 調査委員会は、コミッショナーの委嘱があった場合、関係団体等について、この協約又はこの協約に基づく規程に反する事実があるかどうかを調査する。
2 調査委員会は、コミッショナー事務局職員及び第三者を、調査等に従事させることができる。ただし、第三者を調査等に従事させる場合は、コミッショナーの同意を得るものとする。
3 関係団体等は、調査委員会（前項の規定に従い調査に従事する者も含む。）の調査に全面的に協力する。調査委員会の調査に協力しない者は、その者に不利益な事実認定をされても争うことができない。
4 調査委員会は、調査結果及び違反が認められた場合の処分案をコミッショナーに報告する。
5 調査委員会は、第95条に定める参稼報酬調停委員会を構成するものとする。

第5章の3　有識者会議

第26条の2（構成及び審議事項等）
1 有識者会議は、10名以内の野球その他の事項に関する識見を有する、いわゆる有識者をもって構成する。
2 有識者会議のメンバーは、コミッショナーが選任する。
3 有識者会議は、野球に関する基本的な問題について審議し、その結果である意見を、コミッショナーに提出する。コミッショナーは、その意見を、この組織の適正な運営のため、実行委員会又はオーナー会議の審議の参

考に供するものとする。

第6章　参加資格

第27条（発行済み資本の総額）

この組織に参加する球団は、発行済み資本総額1億円以上の、日本国の法律に基づく株式会社でなければならない。ただし、1980年1月1日現在の既存球団はこの資金に関する制限から除外される。

第28条（株主構成の届出と日本人以外の持株）

1　この組織に所属する球団は、毎年4月1日までに、その年の2月1日現在の自球団の発行済み株式数、並びに株主すべての名称、住所及び所有株式の割合をコミッショナーに届けなければならない。株主に変更があった場合は、その都度届け出るものとする。ただし、球団役職員が自球団の株主の場合は所有割合にかかわらず届け出るものとする。

2　この協約により要求される発行済み資本の総額のうち、日本に国籍を有しないものの持株総計は資本総額の49パーセントを超えてはならない。

第29条（専用球場）

この組織に参加する球団は、年度連盟選手権試合、日本選手権シリーズ試合、及びオールスター試合を行うための専用球場を保有しなければならない。

第30条（球場使用）

コミッショナーは、前条による球場使用につき満足が得られない場合、実行委員会及びオーナー会議へ、その球団の参加資格の喪失の決定を要求することができる。

第31条（新たな参加資格の取得、又は譲渡、球団保有者の変更）

1　新たにこの組織の参加資格を取得しようとする球団は、その球団が参加しようとする年度連盟選手権試合の行われる年の前年の11月30日までに実行委員会及びオーナー会議の承認を得なければならない。

2　すでにこの組織に参加している球団が以下の各号のいずれかに該当するときも同様とする。ただし特別の事情がある場合は、実行委員会はこの期限を延期することができる。

（1）売買、贈与、営業譲渡、合併等その形式を問わず、球団が有する参加資格を他に譲渡しようとするとき。

（2）球団の株主又は新たに球団の株主となろうとする者が、逐次的に取得する場合及び間接的に取得する場合を含め、球団の発行済み株式総数の49パーセントを超えて株式を所有しようとするとき。

（3）球団の発行済み株式総数に対する所有比率に関わらず、球団の筆頭株主を変更しようとするとき。

（4）前各号に掲げる場合のほか、球団呼称の変更の有無及び株式所有名義の如何を問わず、その球団の実際上の保有者を変更しようとするとき。

第32条（審査）

この組織に所属する球団は、その参加資格に変更が生じ、第31条（新たな参加資格の取得、又は譲渡、球団保有者の変更）に従い、実行委員会及びオーナー会議にその申請がされたときは、実行委員会及びオーナー会議は厳正に審議し、承認又は承認拒絶の決定をするものとする。この場合、実行委員会及びオーナー会議は申請を行ったものに対し、審議に必要な情報の提供、及び聴聞への出頭を求めることができる。

第33条（合併）

この組織に参加する球団が他の球団と合併するときは、あらかじめ実行委員会及びオーナー会議の承認を得なければならない。この場合、合併される球団に属する選手に関しては、必要により第57条（連盟の応急措置）及び第57条の2（選手の救済措置）の条項が準用される。

第34条（破産）

ある球団が裁判所によって破産手続開始決定を受けた場合、実行委員会の決定によらずしてただちにその球団は参加資格を喪失する。

第35条（審査の手続き）

1　実行委員会及びオーナー会議は、球団から第31条による承認の申請のあった事項に関し、申請を受理した日から30日以内に申請事項に対する決定を球団に通達するように努める。

2　球団はこの通達を受けた後でなければその申請事項を行うことはできない。

第36条（申請の怠慢）

球団が第31条（新たな参加資格の取得、又は譲渡、球団保有者の変更）、第32条（審査）、第33条（合併）の規定に違反しその申請を怠ったと判断されるとき、又はある球団がこの組織から脱退するおそれありと判断されるときは、実行委員会はその議決により参加資格その他球団の諸権利に関する処分または第57条（連盟の応急措置）、第57条の2（選手の救済措置）の発動をコミッショナーに申請することができる。

第36条の2（機構による保有）

この組織に属する球団は、参加資格を喪失した場合、決定の通告が送達された日から、地域権並びに選手契約権及びその保留権を喪失する。なお、これらの権利は応急措置として機構が保有し、第57条（機構による応急措置）及び第57条の2（選手の救済措置）の条項を準用する。

第36条の3（資格喪失の異議）

実行委員会から参加資格喪失の決定を通告された球団は、この決定を送達された日から15日以内にコミッショナーへこの決定に対する異議の申立てを行うことができる。

第36条の4（新参加球団）

新たにこの組織の参加資格を取得する球団は、野球協約及び既に存在する連盟の構成球団を一方の当事者とし、コミッショナーを他方の当事者として締結されたすべての約定事項を承認し、又は継承し、かつこれを遵守しなければならない。

第36条の5（新参加球団よりの預り保証金）

1　新たにこの組織の参加資格を取得した球団は、第31条に定める参加承認の日の翌日から30日以内に預り保証金として金25億円を機構に納入しなければならない。

2　前項の預り保証金が期日までに納入されなかった場合には、第31条の承認は取り消されるものとする。

3　第1項の預り保証金は、参加資格を取得した球団が10年（1年とは、「毎年2月1日から11月30日までの稼働期間」をいう。以下同じ。）間、参加資格を保有した場合には、機構の規定の定めるところにより納入した球団に返還し、10年未満で参加資格を失い若しくは他に売買、贈与、営業譲渡、合併その他形式を問わず他に譲渡し、又は、球団の株式の過半数を有する株主若しくは過半数に達していなくても事実上支配権を有するとみなされる株主が当該球団の経営権を他に譲り渡したときは、これを機構の規定の定めるところにより選手等救済基金勘定に振り替えて、第57条の連盟が保有する期間における当該球団の選手、監督、コーチ及びその他必要な職員の参稼報酬、手当及び給料等の支払等の救済（以下「選手等の救済」という。）に充当する。ただし、この場合において前記の選手等の救済に充当して残額が生じたとき又は選手等救済の必要の生じなかったときには、機構の規定の定めるところにより、その球団の保有年数、この間の貢献、資格喪失又は譲渡等の事情等を勘案してその一部を当該球団に返還することができる。

4　第1項の預り保証金を納入した球団は、その返還請求権を他に譲渡し、質入し、担保に供し、又は差押さえの目的とする等の一切の処分をしてはならない。

第36条の6（既存球団の譲り受け又は実際上の球団保有者の変更に伴う預り保証金）

1　この組織に加盟している球団を売買、贈与、営業譲渡、合併等その形式を問わず譲り受け、又は球団の株式の過半数を有する株主、若しくは過半数に達していなくても事実上支配権を有するとみなされる株主から経営権を譲り受けた法人若しくは個人は、第31条の承認を受けた日の翌日から30日以内に金25億円の預り保証金を機構に納入しなければならない。ただし、次の場合、納入を免除される。
（1）三親等内での変更
（2）法定相続人、遺言で指定された受取人への変更

2　前項の場合において、事実上経営権に変更がないと認められる場合その他これに準ずる特別な事情がある場合には、機構の規定の定めるところにより減額し又は免除することができる。

3　前条第3項及び第4項の規定は、本条の預り保証金に準用する。

第36条の7（野球振興協力金）

第31条により新たに参加資格取得を承認された球団及び同条により球団又はその経営権を継承した法人若しくは個人は、それぞれ同条の承認の日の翌日から30日以内に金4億円の野球振興協力金を機構に納入しなければならない。この場合において、第36条の6第1項ただし書及び同条第2項の規定を準用する。

第36条の8（加入手数料）

第31条により新たに参加資格の取得が承認された球団及び同条により球団又はその経営権を承継した法人若しくは個人は、それぞれ同条の承認の日の翌日から30日以内に金1億円の加入手数料を機構に納入しなければならない。この場合において、第36条の6第1項ただし書及び同条第2項の規定を準用する。

第36条の9（誓約書）

第31条により新たに参加資格取得を承認された球団及び同条により球団又はその経営権の承継が承認された法人若しくは個人は、野球協約の遵守及びこの組織の秩序維持等に関し所定の誓約書を提出しなければならない。

第7章　地域権

第37条（野球上の利益保護）

この組織に属する球団は、この協約の定めによりそれぞれの地域において野球上のすべての利益を保護され、他の地域権を持つ球団により侵犯されることはない。

第38条（保護地域）

この協約の地域権により保護される地域とそれぞれの連盟の構成球団を次の通りとする。

セントラル野球連盟構成球団とその球団呼称、専用球場、保護地域

株式会社読売巨人軍読売ジャイアンツ東京ドーム東京都

株式会社ヤクルト球団東京ヤクルトスワロー

ズ神宮球場東京都
株式会社横浜DeNAベイスターズ横浜DeNAベイスターズ横浜スタジアム神奈川県
株式会社中日ドラゴンズ中日ドラゴンズナゴヤドーム愛知県
株式会社阪神タイガース阪神タイガース阪神甲子園球場兵庫県
株式会社広島東洋カープ広島東洋カープMAZDAzoom-zoomスタジアム広島広島県
パシフィック野球連盟構成球団とその球団呼称、専用球場、保護地域
株式会社北海道日本ハムファイターズ北海道日本ハムファイターズ札幌ドーム北海道
株式会社楽天野球団東北楽天ゴールデンイーグルス楽天Koboパーク宮城宮城県
株式会社西武ライオンズ埼玉西武ライオンズメットライフドーム埼玉県
株式会社千葉ロッテマリーンズ千葉ロッテマリーンズZOZOマリンスタジアム千葉県
オリックス野球クラブ株式会社オリックス・バファローズ京セラドーム大阪大阪府
福岡ソフトバンクホークス株式会社福岡ソフトバンクホークス福岡ヤフオク！ドーム福岡県

第39条（他球団の保護地域使用）

ある球団が、この組織に属する他の球団の保護地域において試合を行い、又は野球に関係する行事を実施するときは、あらかじめその球団の書面による同意を得なければならない。

第40条（侵犯の処分）

前条の規定に違反した球団に対し、球団又はこの組織に属する個人が行う提訴により、コミッショナーは制裁する。なお、前条に違反した球団は、被害球団の請求に基づき、コミッショナーが定める50万円以上の補償金を支払わなければならない。

第41条（ホーム・ゲームの最低限）

球団はこの協約により定められる保護地域内の一個の専用球場において、年度連盟選手権試合のホーム・ゲームの50パーセント以上を実施しなければならない。ただし、実行委員会及びオーナー会議の承認を得てその数を変更することができる。

第42条（保護地域の変更）

保護地域は、これを有する球団の意思に反して、これを変更し又は他の保護地域と合併されることはない。ただし、この協約に別に定められた場合はこの限りでない。

第43条（地域変更の時期）

保護地域の変更は、それを実施する年度の前年10月末日までに実行委員会及びオーナー会議で承認を得なければならない。

第44条（放送許可権）

球団は、それぞれ年度連盟選手権試合のホーム・ゲームにつき、ラジオ放送及びテレビジョン放送（再生放送及び放送網使用の放送を含む）、有線放送並びにインターネット及び携帯電話等を利用した自動公衆送信（いずれも、海外への、及び、海外での放送及び送信を含む。）を自由に許可する権利を有する。

第8章　選手契約

第45条（統一契約書）

球団と選手との間に締結される選手契約条項は、統一様式契約書（以下「統一契約書」という。）による。ただし、球団と監督並びにコーチとの間の契約条項は、これらが選手を兼ねる場合を除き、統一契約書によらない。

第46条（統一契約書の様式）

統一契約書の様式は実行委員会が定める。

第47条（特約条項）

統一契約書の条項は、契約当事者の合意によっても変更することはできない。ただし、この協約の規定及び統一契約書の条項に反しない範囲内で、統一契約書に特約条項を記入することを妨げない。

第48条（違反条項）

この協約の規定に違反する特約条項及び統一契約書に記入されていない特約条項は無効とする。

第49条（契約更新）

球団はこの協約の保留条項にもとづいて契約を保留された選手と、その保留期間中に、次年度の選手契約を締結する交渉権をもつ。

第50条（対面契約）

球団と選手が初めて選手契約を締結する場合、球団役員、又はスカウトとしてコミッショナー事務局に登録された球団職員と選手とが、対面して契約しなければならない。

また、選手が未成年者の場合、法定代理人の同意がなければならない。

第51条（公式名称と氏名）

統一契約書に署名する場合、球団の名称及びこれを代表する役員並びに選手の氏名は、登記上ないし戸籍上記載された通りとする。

ただし、その呼称が慣用され、かつ周知のものについてはこの限りでない。

第52条（支配下選手）

1　選手契約を締結した球団は、コミッショナーに統一契約書を提出し、その年度の選手契約の承認を申請しなければならない。

2　次年度の選手契約は、その年度の支配下選手についてはその年の12月1日から、またその他の選手についてはその年度の連盟選手権試合終了の翌日から、選手契約の承認を申請す

ることができる。

3　コミッショナーが選手契約を承認したときは、契約承認番号を登録し、その選手がその球団の支配下選手になったことをただちに公示する。

第53条（契約の効力）
支配下選手の公示手続きを完了した時、選手契約の効力が発生する。また、選手は年度連盟選手権試合及びその他の試合に出場することができる。

第54条（支払い条項違反）
球団が統一契約書に記載された参稼報酬額あるいは公式に支払われるべき金額を間違え、あるいは履行を怠り、しかも選手がその履行の催告を発した日から15日を経過しても履行しない場合、選手は選手契約を解約通知書によって無条件解除することができる。

第55条（試合不能）
球団が正当な理由なくして所属チームを年度連盟選手権試合に連続6試合以上出場させることができなかった場合、その球団所属選手は、選手契約を解約通知書によって無条件解除することができる。

第56条（詐害行為）
前2条による事故が、その球団所属選手、又はこれと通謀する第三者の企図によって発生した旨を、証拠を添付して、球団からコミッショナーへ申し出た場合、コミッショナーは前2条の規定にかかわらずそれぞれの猶予期間を延長して事態を調査し、決定を下さなければならない。

第57条（機構による応急措置）
1　ある球団の事情により、その球団の選手、監督、コーチの全員が、この協約の拘束力の外におかれるおそれがある場合、この組織の秩序維持のため、応急措置として機構がこれ等の選手、監督並びにコーチの全員を一時保有することができる。

2　このような事態が年度連盟選手権試合シーズン中に発生した場合には、シーズン終了の日から、またシーズン終了後に発生した場合には発生の日から30日間を超えて、前項の措置を継続してはならない。機構が保有する期間における選手、監督、コーチ並びにその他必要な範囲の職員の参稼報酬、手当及び給料は機構が負担する。

3　第1項の場合、コミッショナーは、前項の期間内に新しく球団保有者になろうとするものを探し、その球団保有予定者と前記選手、監督、コーチ並びに必要な範囲の職員との契約及び雇傭につき斡旋を行なわなければならない。

4　前項の斡旋が失敗した場合、コミッショナーは監督、コーチ並びに職員を契約解除し、選手については第115条（ウエイバーの公示）の規定を準用して、ウエイバーの対象としなければならない。なお、選手はこの措置に服従しなければならない。

第57条の2（選手の救済措置）
球団の合併、破産等もっぱら球団の事情によりその球団の支配下選手が一斉に契約を解除された場合、又は前条によるコミッショナーの斡旋が失敗し同様の事態となった場合、若しくは斡旋が不調に終るおそれが大きい場合は、実行委員会及びオーナー会議の議決により、他の球団の支配下選手の数は前記議決で定められた期間80名以内に拡大され、契約解除された選手を可能な限り救済するものとする。

第58条（自由契約選手）
選手契約が無条件で解除され、又はこの協約の規定により解除されたと見做された選手あるいは保留期間中球団の保有権が喪失し又はこれを放棄された選手は、その選手、球団のいずれかの申請に基づいて、又は職権により、コミッショナーが自由契約選手として公示した後、いずれの球団とも自由に選手契約を締結することができる。

第59条（任意引退選手）
1　選手が参稼期間中又は契約保留期間中、引退を希望する場合、所属球団に対し引退したい理由を記入した申請書を提出する。球団は、当該選手が提出した申請書に球団としての意見書を添付し、コミッショナーに提出する。その選手の引退が正当なものであるとコミッショナーが判断する場合、その選手の引退申請はこの協約の第78条第1項の復帰条件を付して受理され、コミッショナーによって任意引退選手として公示され、選手契約は解除される。

2　任意引退選手は、引退当時の所属球団の文書による申請により、コミッショナーが前項の公示を抹消したときには自由契約選手となる。

第60条（処分選手と記載名簿）
選手がこの協約、あるいは統一契約書の条項に違反し、コミッショナーあるいは球団により、処分を受けた場合は、以下の4種類の名簿のいずれかに記載され、いかなる球団においてもプレーできない。

（1）出場停止選手と出場停止選手名簿（サスペンデッド・リスト）

球団、あるいはコミッショナー、又はその両者は、その球団の支配下選手に対し、不品行、野球規則及びセントラル野球連盟、パシフィック野球連盟それぞれのアグリーメント違反を理由として、適当な金額の罰金、又は適当な期間の出場停止、若しくはその双方を

科すことができる。球団、あるいはコミッショナー、又はその両者によって出場停止処分を科された選手は、コミッショナーにより出場停止選手として公示され、出場停止選手名簿に記載される。出場停止選手は、出場停止期間の終了とともに復帰するものとする。

出場停止選手の参稼報酬については、1日につき参稼報酬の300分の1に相当する金額を減額することができる。なお、減額する場合は、上記の方法で算出した金額に消費税及び地方消費税を加算した金額をもって行う。

(2) 制限選手と制限選手名簿（レストリクテッド・リスト）

選手がその個人的事由によって野球活動を休止する場合、球団はその選手を制限選手とする理由を記入した申請書をコミッショナーに提出する。コミッショナーが、その選手を制限選手とすることが正当であると判断する場合、その球団の申請は受理され、コミッショナーによりこの協約の第78条第1項の復帰条件を付し制限選手として公示され、制限選手名簿に記載される。制限選手の参稼報酬については、1日につき参稼報酬の300分の1に相当する金額を減額することができる。なお、減額する場合は、上記の方法で算出した金額に消費税及び地方消費税を加算した金額をもって行う。

(3) 資格停止選手と資格停止選手名簿（ディスクオリファイド・リスト）

この協約に別に定める場合のほか、統一契約書又はこの協約の第68条で規定する（保留の効力）に違反した選手はコミッショナーによりこの協約の第78条第1項の復帰条件を付し資格停止選手として公示され、資格停止選手名簿に記載される。

資格停止選手の参稼報酬については、1日につき参稼報酬の300分の1に相当する金額を減額する。なお、減額する場合は、上記の方法で算出した金額に消費税及び地方消費税を加算した金額をもって行う。

※第118条（選手の反対通告）

(4) 失格選手と失格選手名簿（インエリジブル・リスト）

この協約の第177条に規定する行為をした選手は、コミッショナーにより永久失格選手として指名され、失格選手名簿に記載される。

この協約の第180条に規定する行為をした選手は、コミッショナーにより1年間、又は無期の失格選手として指名され、失格選手名簿に記載される。

※第10章復帰手続き、第177条（不正行為）、第180条（賭博行為）

第61条（選手契約の異議）

ある球団が他球団の選手契約につき異議のある場合、その選手の支配下選手公示日より15日以内に、コミッショナーへ、異議の申し立てをすることができる。

第62条（選手の活動制限）

選手契約に関し異議の申し立てを受理した場合、コミッショナーは、必要な範囲内でその選手の野球活動を制限することができる。もし異議が認められないときは、その選手又は被害を受けた球団の申請に基づき、コミッショナーは、損害の填補を指示し、また事情により適当な制裁を科すことができる。損害填補額及び支払い方法はその都度指示される。

第63条（兼職選手）

球団はその国籍のいかんを問わず、他に常勤の義務を負う者と選手契約を締結することはできない。

第64条（年度連盟選手権中の新規契約）

球団は毎年8月1日から年度連盟選手権試合終了の翌日までの期間は、新たな選手契約の承認を得ることができない。復帰手続を経た選手に付いても同じ扱いとする。

第65条（違反処分）

1　この協約に違反して締結された選手契約は無効とする。また、このような違反球団はコミッショナーにより50万円の制裁金が科され、かつ、その選手とそれ以後選手契約を締結することは禁止される。

2　前項の選手契約締結交渉に参与した球団役員は、善意を挙証しない限り、コミッショナーの裁決時より2年間その職務を停止される。

第9章　保留選手

第66条（保留の手続）

1　球団は毎年11月30日以前に、コミッショナーへその年度の支配下選手のうち次年度選手契約締結の権利を保留する選手（以下、「契約保留選手」という。）、任意引退選手、制限選手、資格停止選手、失格選手を全保留選手とし、全保留選手名簿を提出するものとする。

2　契約保留選手の数は70名を超えてはならない。

3　すでに次年度支配下選手の公示のあった選手は契約保留選手の数に含まれる。ただし、第57条の2（選手救済措置）が適用されたときは、契約保留選手の数を80名までとする。

第67条（全保留選手名簿の公示）

1　毎年12月1日以前に、コミッショナーは、提出された全保留選手名簿を点検の上、毎年12月2日にこれを公示する。

2　任意引退選手、制限選手、資格停止選手、失

格選手名簿に記載された選手の全保留選手名簿への記載は、連続２回とし、それ以後は、総合任意引退、総合制限、総合資格停止、総合失格選手名簿にそれぞれ自動的に移記される。ただし、移記されたあともそれらの選手に対し保留球団は保留権を持つ。

3　前項の規定にかかわらず、任意引退選手について保留権を有していた球団は、当該選手が最初に全保留選手名簿へ記載された時点から３年を経過した時点で、その保留権を喪失し、当該選手は、総合任意引退選手名簿から削除され、以後自由契約選手と見做される。

第68条（保留の効力）

1　保留球団は、全保留選手名簿に記載される契約保留選手、任意引退選手、制限選手、資格停止選手、失格選手に対し、保留権を有する。

2　全保留選手は、外国のいかなるプロフェッショナル野球組織の球団をも含め、他の球団と選手契約に関する交渉を行い、又は他の球団のために試合あるいは合同練習等、全ての野球活動をすることは禁止される。なお、保留球団の同意のある場合、その選手の費用負担によりその球団の合同練習に参加することができる。

3　失格選手は、外国のいかなるプロフェッショナル野球組織であろうとも、それに関与する仕事に就くことができない。

4　制限選手、資格停止選手、有期又は無期の失格選手は、この協約の第78条第１項に基づき復帰するまでは、ウエイバーにかけ、又は選手契約を無条件で解除することができない。

第69条（保留されない選手）

支配下選手が契約保留選手名簿に記載されないとき、その選手契約は無条件解除されたものと見做され、コミッショナーが12月２日に自由契約選手として公示する。

第70条（球団の契約更新拒否）

契約保留選手が、全保留選手名簿公示の年度の翌年１月10日以後この協約の第92条（参稼報酬の減額制限）に規定する参稼報酬減額制限額以上減額した参稼報酬を契約条件として選手契約の更新を申し入れ、球団がこれを拒否した場合、球団はその選手に対する保留権を喪失し、その選手はコミッショナーに自由契約選手指名を請求することができる。

第71条（契約保留手当）

契約保留選手に対する保留が、翌年１月10日以後に及ぶときは、１月10日から第74条（契約保留期間の終了）に規定する保留期間の終了、又は第94条（参稼報酬調停）による参稼報酬調停申請の日まで、その選手の前年度の参稼報酬の365分の１の25パーセントを１日分として、契約保留手当が経過日数につき日割計算で１か月ごとに支払われる。なお、選手契約が締結されたときは、既に支払われた契約保留手当を参稼報酬より差引くものとする。また支払に際しては、上記の方法で算出した金額に消費税及び地方消費税を加算した金額をもって行う。

第72条（契約保留手当の不払）

契約保留選手が保留期間中前条により毎月９日以後１か月分の保留手当を球団に請求し、請求の日から15日を経過しても支払われない場合、球団はその選手に対する保留権を喪失し、選手はコミッショナーに自由契約選手指名の公示を請求することができる。

第73条（保留を侵す球団）

1　全保留選手が、他の球団から契約に関する交渉を受け、又は契約を締結し、そのために保留球団との公式交渉を拒否する疑いのある場合、保留球団は他の球団及びその選手を相手とし、コミッショナーへ提訴することができる。

2　違反の事実が確認されたとき、コミッショナーは違反球団及び違反選手に対して制裁金を科し、かつ、その球団とその選手との契約を禁止し、その交渉に関係した球団の役職員に対して、その善意を挙証しない限り適当な期間その職務を停止させる。

第74条（契約保留期間の終了）

1　契約保留が全保留選手名簿公示の年度の翌々年１月９日まで継続されたとき、その選手は資格停止選手となる。

2　球団が契約保留選手の保留権を喪失し又は放棄した場合、契約保留期間は終了する。球団が保留権を放棄したときは、球団はその選手を全保留選手名簿から削除し、コミッショナーに自由契約選手指名の公示を申請するものとする。

第10章　復帰手続

第75条（復帰手続）

任意引退選手、制限選手、資格停止選手又は失格選手がこの組織に復帰するには、復帰手続による。

第76条（復帰の諾否）

任意引退選手、制限選手、資格停止選手、有期又は無期の失格選手が、この組織に復帰を希望する場合、引退又は処分当時の所属球団に対し復帰の理由を記入した復帰申請書の提出をもって復帰を申し出る。所属球団は、選手が提出した復帰申請書に球団としての意見書を添付し、コミッショナーに提出する。その選手の復帰が正当なものであるとコミッショナーが判断する場合、その選手の復帰申請は受理される。

第77条（復帰の申請期日）

1　任意引退選手の復帰申請は、その選手が引退した年度内には受理されず、かつ引退公示の日から60日を経過しなければ受理されない。任意引退選手が、その後自由契約選手となった場合といえども、任意引退選手の復帰に関する規定が適用される。本項での年度は、毎年2月1日から翌年の1月31日までとする。
2　第60条の規定による有期の失格選手の復帰は期限満了の翌日から、無期限の失格選手の場合は後に期限と定められた日の翌日から、申請することができる。

第78条（復帰すべき球団及び引退中のプレー）

1　コミッショナーにより復帰申請が許可されるためには、任意引退選手、有期又は無期の失格選手は、引退又は処分当時の所属球団に復帰しなければならない。ただし、復帰を許可される任意引退選手が引退期間中、引退当時の所属球団又は同球団の影響下にある団体と雇用関係にあった場合は、引退当時の所属球団以外のすべての球団の承諾を得なければ引退当時の所属球団に復帰できない。承諾を求める手続きは、当該球団がコミッショナーあて事情を説明する文書を提出し、これを回覧し諾否を決定する。ただし、復帰時の参稼報酬の最低額は保証される。
2　任意引退選手が任意引退身分のまま、国際野球連盟（IBAF）主催の国際試合、あるいは外国のアマチュア又はセミプロフェッショナルチームでの出場を希望する場合、その選手は引退当時の所属球団の文書による同意を取得しなければならない。そののち、その選手は、引退当時の所属球団による出場同意書に、参加したいチーム名、そのチームの所属リーグ、所在地、出場する大会名、出場期間を記した出場申請書を添え、コミッショナーに提出し、コミッショナーが出場の諾否を決定する。

第11章　選手数の制限

第79条（選手の制限数）

　球団は、同一年度中、70名を超える選手を支配下選手とすることはできない。契約保留選手は支配下選手の数に算入する。ただし、第57条の2（選手の救済措置）が適用されたときは、支配下選手の数を80名までとする。

　＊以下第80条、欠番。

第81条（出場選手）

1　球団は、選手をセントラル野球連盟又はパシフィック野球連盟の年度連盟選手権試合に出場させるためには、所定の手続きを経た上、出場選手として所属連盟に登録しなければならない。
2　出場選手として登録される選手数は、常時28名以内とする。

第82条（外国人選手）

　日本国籍を持たない者は、外国人選手とする。ただし、以下の各号の1に該当する者はこの限りではない（なお、（4）号に規定する者については、この章の規定の適用に関する場合に限り、外国人選手でないものとみなす。）。

（1）選手契約締結以前に、日本の中学校、高等学校、日本高等学校野球連盟加盟に関する規定で加盟が認められている学校又は短大（専門学校を含む。）に通算3年以上在学した者。

（2）選手契約締結以前に、日本の大学、全日本大学野球連盟の理事会において加盟が認められた団体に継続して4年以上在学あるいは在籍した者。

（3）選手契約締結以前に、日本に5年以上居住し、かつ日本野球連盟に所属するチームに通算3年（シーズン）以上在籍した者。

（4）選手契約締結以後、この組織が定めるフリーエージェント資格を取得した者。当該選手はコミッショナー公示のあった年の次の年度連盟選手権試合シーズンからこの適用を受ける。

（5）新人選手選択会議を経由して選手契約を締結し、選手契約締結前に日本の中学校、高等学校、日本高等学校野球連盟加盟に関する規定で加盟が認められている学校又は短大に通算して3年以上在学していなかった者で、その在学年数と支配下選手として公示後の年数（シーズン数）の合計が5年となった後、新たな年度連盟選手権試合シーズンを迎えた者。

　新人選手選択会議を経由して選手契約を締結し、選手契約締結前に日本の大学、全日本大学野球連盟の理事会において加盟が認められた団体に継続して4年以上在学あるいは在籍していなかった者で、その在学あるいは在籍年数と支配下選手として公示後の年数（シーズン数）の合計が5年となった後、新たな年度連盟選手権試合シーズンを迎えた者。

　この条項の適用を受ける支配下選手の承認は実行委員会で行うものとする。

第82条の2（外国人選手数）

　球団は、任意の数の外国人選手を支配下選手として保有することができる。ただし、出場選手登録は4名以内に限られ、野手又は投手として同時に登録申請できるのは、それぞれ3名以内とする。

第83条（不適格選手）

球団は、コミッショナーが野球の権威と利益を確保するため不適当と認めた者を支配下選手とすることはできない。

第84条（出場選手の登録）

球団は選手をセントラル野球連盟及びパシフィック野球連盟の年度連盟選手権試合の当初から試合に出場させるためには、同試合開始予定日の3日前までに、出場選手の登録を所属連盟へ申請しなければならない。年度同連盟選手権試合期間中に出場選手の登録を申請したときは、その公示の日から試合に出場することができる。ただし、年度同連盟選手権試合開始予定日に、出場選手登録の申請をすることはできない。

第85条（出場選手の異動）

年度連盟選手権試合期間中、出場選手の登録を抹消された選手は、登録の抹消公示の日から試合に出場することが停止され、登録の抹消公示の日を含み10日を経過しなければ、再び出場選手の登録を申請することはできない。

第86条（出場選手の自動抹消）

オールスター試合に選抜された選手が、オールスター試合出場を辞退したとき、その選手の出場選手登録は自動的に抹消され、所属球団のオールスター試合終了直後の年度連盟選手権試合が10試合を終了する翌日まで、再び出場選手登録を申請することはできない。オールスター試合前から出場登録を抹消されていた場合も同様の扱いとする。

第12章　参稼報酬の限界

第87条（参稼期間と参稼報酬）

1　球団は選手に対し、稼働期間中の参稼報酬を支払う。統一契約書に表示される参稼報酬の対象となる期間は、毎年2月1日から11月30日までの10か月間とする。
2　参稼報酬の支払い期間、支払い方法、支払い期日は、当事者たる球団と選手との間において約定され、統一契約書に表示されなければならない。
3　統一契約書に表示される参稼報酬は、消費税及び地方消費税を含まない金額とする。

第88条（歩合払いと請負払い）

球団は選手に対し参稼報酬の支払いに代えて、試合収入金の歩合、又は請負による支払いあるいはこれに類する支払いを約定してはならない。

第89条（参稼報酬の最低保障）

支配下選手の参稼報酬の最低額は、年額420万円とする。

第89条の2（出場選手追加参稼報酬）

1　球団は参稼報酬年額1430万円未満の選手がセントラル野球連盟及びパシフィック野球連盟の年度連盟選手権試合に出場選手として登録された場合は、登録日数1日につき、1430万円とその選手の参稼報酬年額との差額の150分の1に相当する金額を追加参稼報酬として支払う。
2　追加参稼報酬は、その選手の契約した参稼報酬年額と出場選手追加参稼報酬の合計額が1430万円を超える場合は、その超過額は支払われない。
3　支払に際しては、追加参稼報酬に消費税及び地方消費税を加算した金額をもって行う。
4　登録及び登録抹消の効力は公示の日から発生する。

第90条（契約譲渡金の歩合所得）

選手は、選手契約が他の球団に譲渡される場合、譲り受け球団から支払われる契約譲渡金の全部又は一部を請求することはできない。

第91条（参稼報酬の減額）

選手がコミッショナーの制裁、又は統一契約書に表示された野球試合、合同練習若しくは旅行に直接関連しない事由による傷病のため野球活動を休止する場合、球団は野球活動休止1日につき統一契約書に約定された参稼報酬の300分の1に相当する金額を減額することができる。ただし、疾病又は傷害による野球活動の休止が引き続き40日を超えない場合はこの限りでない。なお、減額する場合は、上記の方法で算出した金額に消費税及び地方消費税を加算した金額をもって行う。

第92条（参稼報酬の減額制限）

次年度選手契約が締結される場合、選手のその年度の参稼報酬の金額から以下のパーセンテージを超えて減額されることはない。ただし、選手の同意があればこの限りではない。その年度の参稼報酬の金額とは統一契約書に明記された金額であって、出場選手追加参稼報酬又は試合分配金を含まない。
（1）選手のその年度の参稼報酬の金額が1億円を超えている場合、40パーセントまでとする。
（2）選手のその年度の参稼報酬の金額が1億円以下の場合、25パーセントまでとする。

第93条（参稼報酬の不変更）

選手が参稼期間中、選手契約の譲渡により他の球団の支配下選手となった場合、参稼報酬額は変更されない。

第94条（参稼報酬調停）

次年度の選手契約締結のため契約保留された選手、又はその選手を契約保留した球団は、次年度の契約条件のうち、参稼報酬の金額に関して合意に達しない場合、コミッショナーに対し参稼報酬調停を求める申請書を提出することができる。

第95条（参稼報酬調停委員会の構成）

コミッショナーが前条による参稼報酬調停の申

請を受理した場合、参稼報酬調停委員会を構成しなければならない。

第96条（参稼報酬調停の方法と時期）

参稼報酬調停委員会は、選手本人、当該球団の役職員1名からそれぞれの希望参稼報酬額及びその根拠を聴取し、調停を行う。このとき、参稼報酬年額を記入する箇所のみを空白とし、当該選手と球団が署名した統一契約書を提出しなければならない。この時点で当該選手は参稼報酬のみ未定の選手契約を締結した選手とみなされる。参稼報酬調停委員会は、コミッショナーが調停の申請を受理した日から30日以内に調停を終結し、決定した参稼報酬額を委員長が統一契約書に記入後、所属連盟に提出することとする。

＊以下第97条から第100条まで、欠番。

第101条（ボーナス選手契約）

球団は、自由契約選手及びいまだかつていずれの球団とも選手契約を締結したことのない選手並びにこの協約又はこれに附随する諸規程に別に定められた選手に限り、ボーナス約款付き選手契約を締結することができる。ただし、自由契約選手が、かつて所属した球団と契約を締結する場合、2年を経過しなければボーナス約款付き契約を締結することはできない。

第102条（ボーナスの形態）

球団が選手に支払うボーナスは一時金でなければならない。ただし、支払い方法は当事者双方の合意による。

第103条（ボーナスと見做される支払い）

統一契約書に表示された参稼報酬以外に、球団が選手へ支給し又は贈与した金銭あるいは物品等は、すべてボーナスと見做される。ただし、実行委員会にて承認された出場選手追加参稼報酬又は特殊試合の収益の選手分配金、適当な額による慶弔に関する儀礼上の贈与、及び球団の負担すべき費用はこの限りでない。

第104条（ボーナス条項違反）

コミッショナーは、球団のボーナス条項違反を確認した場合には、球団に適当な制裁を科する。

［出場選手追加参稼報酬の取り扱い規程］
［1995.11.21実行委員会決定］

1　追加参稼報酬の日数計算は、出場選手登録が有効となる日（試合出場可能日）からその登録が終了する日、又は失効する前日までの日数により計算され、登録公示の日付によっては計算しない。出場選手登録の期間は当日試合の有無にかかわらず連盟選手権試合開始の日からそれぞれの球団の最終試合の日までとする。従って各球団の登録期間は同一でない。

2　連盟選手権試合の同率球団の優勝決定試合は、出場選手登録の対象とするが、日本選手権シリーズ試合は出場選手登録の対象としない。

3　追加参稼報酬の支払日は、当該年度の11月末日とする。ただし、追加参稼報酬の対象となる選手が他の球団に譲渡された場合は、コミッショナーにより公示された後10日以内に精算することとする。

第13章　選手契約の譲渡

第105条（選手契約の譲渡）

1　球団は、その保有する選手との現存する選手契約を参稼期間中、又は保留期間中に、他の球団に譲渡することができる。

2　選手契約が譲渡された場合、契約に関する球団の権利義務は譲り受け球団に譲渡される。

第106条（事前の同意）

選手は、選手契約が参稼期間中又は契約保留期間中に、他の球団に譲渡されることを、統一契約書において、あらかじめ同意しなければならない。

第107条（選手の貸与禁止）

球団は、他の球団に選手を貸与し、又は呼戻権を留保し、あるいは条件を付して、選手契約を譲渡することはできない。

第108条（譲渡可能期間）

選手契約の譲渡が許される期間は、年度連盟選手権試合シーズン終了の翌日から翌年7月31日までとする。ただし、この協約に基づくウエイバーの請求による選手契約の譲渡に関してはこの限りでない。

第109条（譲渡の強要）

ある選手が、他の球団と通謀して、自己の所属する球団に対し、選手契約の譲渡を強要する場合、コミッショナーは、同選手に対し50万円、また通謀した球団に対し100万円の制裁金を科する。なお、このような選手とその球団との選手契約は、以後禁止される。また、通謀に参与した球団役職員は、善意を立証しない限り3年間その職務を停止される。

第110条（譲渡公示の手続）

1　選手契約の譲渡が有効に成立するためには、譲り受け球団は選手契約譲渡協定書と譲り渡し球団の統一契約書をコミッショナーに提出して、契約譲渡の承認を申請しなければならない。

2　前項の申請を受けたコミッショナーは、その選手の譲り渡し球団の支配下選手登録抹消手続きを完了した後、譲り受け球団の支配下選手として登録し、これを公示する。

3　譲渡対象選手が保留選手である場合、コミッショナーは、その選手を保留する球団の変更の公示をしなければならない。

第111条（譲渡選手の野球活動）

選手契約を譲渡された選手は、コミッショナーが、同選手を譲り受け球団の支配下選手として公示をした日から、譲り受け球団のための試合及びすべての野球活動に従事することができる。

第112条（譲渡選手の事故）
選手契約を譲渡された選手が、譲渡公示の手続き終了までに、死亡又は永久競技不能者となった場合、譲渡契約は無効となり、契約譲渡金を除き、譲渡協定に関するすべての費用は、両球団が等分に負担する。

第113条（事故の通告）
1　選手契約を譲渡される選手が、譲渡協定書作成の以前に重傷を負い、又は重患に罹り、譲り受け球団のための試合に出場することが困難な場合、譲り渡し球団はこの旨を譲り受け球団にただちに通告しなければならない。この場合、譲り受け球団の要求により、譲渡契約を取り消すことができる。
2　取り消しが行なわれた場合、譲渡協定に関するすべての費用は譲り渡し球団の負担とする。

第114条（移転費）
選手契約を譲渡された選手が転居した場合、譲り渡し球団と譲り受け球団は移転費として200万円を、等分に負担して、譲り渡し球団より選手に支払う。

第115条（ウエイバーの公示）
球団が参稼期間中その支配下選手の契約を解除しようとする場合、球団はあらかじめコミッショナーへ、その選手との選手契約を放棄し、その選手の保有を希望する球団に選手契約を譲り渡したい旨のウエイバー公示手続きを申請しなければならない。コミッショナーはただちにウエイバーを公示し、この旨をすべての球団と同選手に通告し、また、同選手の所属球団以外の球団に対しては、公示の日から7日以内に同選手の契約譲渡を申し込むか否か回答を求めなければならない。

第116条（妨害行為）
ウエイバーを申請した球団は、他のいかなる球団にも、直接間接を問わず、その選手の契約譲渡の申し込みを行なわないよう勧誘してはならない。このような勧誘又は勧誘に対する応諾は、コミッショナーにより適当な制裁が科される。

第117条（ウエイバーの撤回）
球団はコミッショナーへ、ウエイバー公示手続きを申請した日から3日以内に、その選手の契約を引き続き保有する旨通告し、ウエイバーの申請を撤回することができる。

第118条（選手の反対通告）
選手がウエイバー手続きによる移籍を拒否した場合は、資格停止選手となる。

第119条（優先順位）
ウエイバーの公示により、数個の球団から契約譲渡の申し込みがあったときは、その選手の所属する連盟の球団が他の連盟の球団に優先する。また同一連盟内においては、年度連盟選手権試合シーズン中は、申し込み猶予期間満了当日における選手権試合の勝率の逆順、また、年度連盟選手権試合シーズン中でない場合、前シーズンにおける選手権試合の勝率の逆順をもって、球団の優先順位とする。

第120条（ウエイバーの不請求）
コミッショナーからウエイバーが公示された日から7日以内に、いずれの球団からも契約譲渡の申し込みがなかった場合、コミッショナーはその選手を自由契約選手として指名する。この場合いずれの球団もその選手とその年度の選手契約を締結することはできない。

第121条（ウエイバー譲渡金）
ウエイバーによる選手契約譲渡金は、390万円に消費税及び地方消費税を加算した金額とする。

第122条（ウエイバー選手の野球活動）
1　ウエイバーが公示された選手は、ウエイバー公示の日から所属球団のための試合及びその他のすべての野球活動を行なうことはできない。
2　前項のウエイバー手続きが完了した選手は、支配下選手の登録が公示された日から、ウエイバーによる譲り受け球団のための試合及びその他すべての野球活動を行うことができる。
3　ウエイバー手続きの終るまでの間、その選手はウエイバーの公示手続きを申請した球団の支配下選手として取り扱われる。

第123条（再度のウエイバー）
他の球団からウエイバーにより選手契約を取得した球団は、その日から60日を経過しなければ、その選手との選手契約のウエイバー公示手続きの申請は許されない。

第124条（譲渡条項の準用）
この協約における選手契約譲渡に関する各条項は、別段の定めがない限り、ウエイバーによる選手契約の譲渡に関するそれぞれの場合に準用する。

［トレード時の移転費に関する覚書］
1　日本プロフェッショナル野球協約（以下「野球協約」という）第114条及び統一契約書第24条に定める移転費（以下総称して「移転費」という）については、上記各条に規定されているとおり、「選手が転居した場合」にのみ球団から選手に支払われるものとする。なお、「転居」とは、選手が住居を移転する場合のほか、譲り受け球団の本拠地周辺の宿泊施設での長期滞在を開始する場合を含むが、譲り受け球団の選手寮に入寮する場合は「転居」とみなさない。

2　野球協約第114条及び統一契約書第24条に定める、選手契約の譲渡に伴う選手の転居には、野球協約第196条及フリーエージェント規約第10条に規定する選手の補償に基づく移籍に伴って選手が転居する場合も含まれるものとする。
3　移転費の金額は、移転地域及び妻帯者であるかを問わず、一律200万円に消費税及び地方消費税を加算した金額とする。
4　選手契約を譲渡された選手が転居を必要とする場合、譲り受け球団は選手住居の斡旋に努力する。
5　選手契約を譲渡された選手が新たな住居を求めるため下見をするときは、選手及び家族の旅費（新幹線・グリーン又は航空券）を支払う。この場合、譲り受け球団が事前に了承したものについては、必要に応じ宿泊費を追加する。旅費は実費、宿泊費は日本野球機構が定める規程による。
6　選手契約を譲渡された選手が転居する場合、選手及び同居家族の旅費を支払う。この場合、譲り受け球団が事前に了承したものについては、必要に応じ宿泊費を追加する。旅費、宿泊費の扱いは前項と同じとする。
7　選手契約を譲渡された選手が転居する場合、選手及び家族の家財運送費（自家用車の移送代も含む。）は実費を支払う。
8　本覚書の第5項乃至第7項の費用は、いずれも譲り受け球団より当該選手に支払う。
9　選手の球団に対する、移転費及び本覚書第5項乃至第7項に定める費用の請求は、原則として、選手が、選手契約が譲渡された日（譲り受け球団における支配下選手登録の公示日）から起算して1年以内に転居した場合にのみ行うことができるものとする。なお、選手契約が譲渡された日から1年経過後の転居について、事前に当該選手と譲り受け球団が合意した場合は、選手は球団に対して、移転費及び本覚書第5項乃至第7項に定める費用の請求を行うことができるものとする。
10　本覚書各項につき、取り扱い上、解釈上疑義が生じたときは、日本プロフェッショナル野球組織と日本プロ野球選手会が協議し、解決するものとする。
11　本覚書は、2009年度連盟選手権試合シーズン終了の翌日以降に行われた選手契約の譲渡から適用するものとする。
2010年12月10日
日本プロフェッショナル野球組織選手関係委員会委員長清武英利
日本プロ野球選手会会長新井貴浩

第14章　選抜会議

第125条（選抜会議）

1　選抜会議は、毎年新人選手選択会議終了後7日ないし10日の間にコミッショナーの指定する場所と日時において開催する。この日時と場所は会議の3週間前までにすべての球団に通知される。
2　球団は、球団役員が選抜会議において選手を選抜し、その選手契約を取得することができる。

第126条（選抜の対象となる選手）

1　選抜の対象となる選手は、選抜会議の日の球団支配下選手数の5分の1に相当する数（1未満の端数は四捨五入するものとする）のその球団が選定した選手とする。
2　各球団は選抜会議の当日コミッショナーに、前項の選手の氏名及び資料を提出しなければならない。

第127条（選抜の方法）

1　選抜会議は、コミッショナーが議長となる。球団は、選抜の対象選手の中から1回1名順次選抜し、選抜の対象選手がなくなるか、又はすべての球団がそれ以上選抜を希望しない旨表明するまで繰り返す。
2　選抜の順番は次の優先順位により決定する。連盟の優先順位は毎年交代し、球団の優先順位はその年度の連盟選手権試合の勝率順位の逆順とする。優先順位をもつ連盟に属する勝率最下位の球団が第一順位、他の連盟の勝率最下位の球団が第二順位となり、以下連盟交互に第一回選抜の順番を定める。第二回の選抜の順番は第一回選抜の逆順、第三回選抜以下は奇数回の選抜は第一回の順番に、偶数回の選抜は第二回の順番による。同一連盟内に同じ勝率の球団があるときは、コミッショナーがその順位を決定する。なお、初年度の連盟の優先順位は抽せんにより決定する。

第128条（選抜の拒否）

選抜の対象となる選手及びこれら選手を保有する球団は選抜を拒否してはならない。ただし、同一年度において3名を超える選抜に対しては、これを拒否することができる。

第129条（選抜金）

選抜により選手契約を取得した球団は、選手契約完了後その選手が所属した球団へ、次の選抜金を支払わなければならない。

第1回選抜のとき　　その年度の参稼報酬額に200万円を加算した額に消費税及び地方消費税を加算した金額。
第2回選抜のとき　　その年度の参稼報酬額に100万円を加算した額に消費税及び地方消費

を加算した金額。
第3回選抜以下のとき　その年度の参稼報酬額と同額に消費税及び地方消費税を加算した金額。

第130条（選抜の撤回）
選抜会議において選抜した球団は、その選抜を撤回することはできない。

第131条（選抜された選手の保留）
選抜により取得された選手は、第66条（保留の手続き）の規定にかかわらず取得した球団が保留する。

第132条（譲渡条項の準用）
この協約における選手契約譲渡に関する条項は別段の定めがない限り、選抜による選手契約の譲渡に関するそれぞれの場合に準用される。

第15章　新人選手の採用

第133条（新人選手の採用）
新人選手の採用に関しては、「新人選手選択会議規約」として別に定める。

※以下第134条から第142条まで、欠番

第16章　審判員と記録員

第143条（審判員と記録員の選任）
コミッショナーは、各連盟ごとに、年度連盟選手権試合シーズン開始前、審判員、記録員及び統計員を選任しなければならない。記録員と統計員は併職することができる。

第144条（審判員その他の管理）
選任された審判員、記録員及び統計員は、コミッショナーの管理統制に服し、かつ、その指示に従わなければならない。

第145条（制服の制定）
コミッショナーは、審判員のために制服を制定する。審判員は審判活動をするとき、その制服を端正に着用しなければならない。

第146条（公式記録）
記録員は各試合終了後24時間以内に、その試合に関する公式記録を、連盟所定の様式により、機構へ送付するとともに、BIS（ベースボール・インフォメーション・システム）に対し、入力作業を行わなければならない。

第147条（公式統計）
記録員は送付された公式記録を統括し、連盟所属球団のチーム及び選手全員の成績を、すべての球団に提供する。

第147条の2（BISデータの作成及び利用）
年度連盟選手権試合シーズンの公式記録のデータベースの作成、維持及びデータを利用した各種の販売活動などについては、機構が行う。

第148条（審判員の怠慢）
審判員がコミッショナーから指示された試合の審判を行わず、また、所定の時間までに試合場に出場することを怠った場合、コミッショナーはその裁量により制裁金を科する。ただし、病気その他止むを得ない理由が承認されたときは、この限りでない。

第149条（審判員の忌避）
球団、監督、コーチ、選手は、審判員を忌避し、あるいはその審判を拒否することはできない。

第150条（審判の連続回数）
審判員は、同一組合せの試合については、連続9試合を超えて審判することはできない。この制限は球審、塁審たるを問わず、また、試合がそのチームのホーム・ゲーム、ロード・ゲームたるを問わない。

第151条（審判員のスカウト行為）
審判員は球団のために、選手、監督又はコーチをスカウトし、あるいはこれらの選手契約又はこれに類する就職の斡旋あるいは幇助を行ってはならない。

第152条（違反行為）
前条による審判員の違反行為に対しては、コミッショナーが適当な制裁を科する。

第153条（審判員の転出）
審判員は球団と、選手、監督又はコーチとして契約し、あるいはその他の方法で球団と雇用関係を結ぶことはできない。ただし、実行委員会が承認した場合は、この限りでない。

第154条（記録員、統計員に準用）
記録員及び統計員については、審判員に関する条項を準用する。関連条項に関して疑義の生じた場合、コミッショナーの解釈に従う。

第17章　試合

第155条（年度連盟選手権試合シーズン）
セントラル野球連盟及びパシフィック野球連盟の年度連盟選手権試合は、毎年10月10日よりその年の10月20日までの期間内に終了するものとする。なお、その年度の最終試合日は、試合回数の決定とともに、毎年2月第2週までに実行委員会において決定される。

第156条（試合日程の作成）
年度連盟選手権試合の日程の原則と大綱は、毎年2月第2週までに、実行委員会において議決されなければならない。なお、その具体的編成は、連盟ごとに行い、公示される。

第157条（日程の重大な変更）
球団が公表された年度連盟選手権試合の日程につき、原則と大綱に影響ある重大な変更を加えることを申し出た場合、当該球団は、連盟理事会の過半数の賛成を得た上で、実行委員会の審議を求めなければならない。

第158条（ホーム・ゲームとロード・ゲーム）

年度連盟選手権試合は、同数のホーム・ゲームとロード・ゲームによって編成されることを原則とする。

第159条（ホーム・ゲームの最低数）
球団が行う年度連盟選手権試合のホーム・ゲームの数は、60試合を最低数とする。

第160条（日程確保の措置）
球団が公表された年度連盟選手権試合日程に基づく試合を、完全に実施し得ないおそれがある場合、コミッショナーは、同球団へ適当な警告を発することができる。また、この警告にもかかわらずこのような状況が緩和されないと判断した場合、同球団がホーム・ゲームとして実施する権利の一部又は全部を停止し、かつ、それらの試合の実施権を相手球団に、無条件で譲渡し、あるいは委託することができる。

第161条（1日に行う試合の相手球団）
年度連盟選手権試合において、ある球団のチームが1日に行う試合の相手チームの数は、1球団に制限される。ただし、コミッショナーにより、特に認められた場合に限り、1日に2球団のチームを相手として試合をすることができる。

第162条（異なる組合せ）
年度連盟選手権試合において、1日に昼夜を通じて、同一球場で、相異なる組合せの試合を行うことはできない。ただし、実行委員会の許可を得た場合、2個の試合までこれを行うことができる。

第163条（試合管理人）
試合の実施に際しては、ホーム・ゲームを行うチームの球団役員が試合管理人となり、コミッショナーの試合管理に関するすべての職能を代行する。

第164条（安全の保障）
年度連盟選手権試合のホーム・ゲームを行う球団は、審判員及び相手チームに対し、充分な安全を保障しなければならない。この措置を怠った球団に対し、コミッショナーは、50万円の制裁金を科するものとする。

第165条（入場料の決定）
年度連盟選手権試合の入場料は、ホーム・ゲームを行う球団がこれを決定する。また、完全な無料試合を行うときは、あらかじめコミッショナーの承認を得なければならない。ただし、試合収入金の一部が相手球団によって取得される場合、入場料の決定は、相手球団と協定しなければならない。

第166条（試合収益金の処分）
連盟理事会は、年度連盟選手権試合収益金の処分方法を毎年3月1日以前に議決しなければならない。ただし、いかなる場合でも、試合の勝敗による処分は禁止される。また、収益金の全額又は過半額がホーム・ゲームを行う球団により取得される原則を遵守しなければならない。

第167条（ユニホームの標識）
試合に着用するユニホームには、統制された背番号を用い、胸章及び腕章は、コミッショナーにより承認されたもの以外の文字又は標織を用いてはならない。

第168条（出演）
選手、監督、コーチは、所属球団の事前の同意がなければ、映画、演劇又はラジオ、あるいはテレビジョンその他に、有償と否とを問わず、出演してはならない。

第169条（シーズン中の非公式試合）
球団は、年度連盟選手権試合シーズン中、非公式試合を行うことはできない。ただし、コミッショナーによる指令又は許可あるときはこの限りでない。

第170条（ジュニア・ペナント・レース）
1　年度連盟選手権試合中、球団は、試合に出場していない支配下選手及びコーチによってジュニア・チームを編成し、数個の球団と協定して、選手権試合を行うことができる。
2　この場合、前項の協定に参加する球団は、その選手権試合の管理統制の任にあたる個人又は団体を決定し、試合に関する協定事項とともに、コミッショナーへ届け出て承認を受けなければならない。

第171条（シーズン前の非公式試合）
球団が行う年度連盟選手権試合シーズン開始前の非公式試合は、公表された年度連盟選手権試合日程に基づいてその球場で行われる最初の試合日から逆算して3日以上間隔をおかなければ、同野球場を使用することはできない。

第172条（シーズン後の非公式試合）
球団の日本国内における非公式試合は、その年度の日本選手権シリーズ試合が終了しなければ行うことはできない。なお、日本選手権シリーズ試合の行われる都市、及びその都市の主要駅を中心とする半径百キロメートルに含まれる地域内では、その最終試合終了の日を含めて4日を経なければ、非公式試合を行うことはできない。ただし、コミッショナーの許可があったときはこの限りでない。

第173条（ポスト・シーズン）
球団又は選手は、毎年12月1日から翌年1月31日までの期間においては、いかなる野球試合又は合同練習あるいは野球指導も行うことはできない。ただし、コミッショナーが特に許可した場合はこの限りでない。なお、選手が球団の命令に基づかず自由意志によって基礎練習を行うことを妨げない。

第174条（外来のノンプロチームとの試合）

審判員又は球団のチームあるいは選手が、日本国内において、米国プロフェッショナル野球機構に所属しない外国のチーム又は同機構に所属しない外国の選手を含むチームとの試合に参加する場合には、事前にコミッショナーの許可を得なければならない。団体又は個人がコミッショナーの許可を得ることなく、あるいは申請が拒否されたにもかかわらず、試合に参加したときは、コミッショナーは制裁を科する。

第175条（外国旅行）
連盟又は球団の役職員あるいは選手、監督、コーチが、野球に関連して、単独又はチームを編成して外国旅行をするときは、コミッショナーに届け出なければならない。届け出ることなく外国旅行を行った者には、コミッショナーは適当な制裁を科する。

第176条（外国旅行の帰還期限）
前条による外国旅行が、所属連盟又は球団の運営に支障のない場合を除き、すべての団体又は個人は、年度連盟選手権試合シーズン開始日から3日前までに、連盟所在地又は所属球団の専用球場のある都市に帰還しなければならない。帰還が遅延し、連盟又は球団の運営に支障を生じた場合、コミッショナーはその球団に適当な制裁を科し、かつ、他の者に損害をおよぼした場合、その賠償を命じるものとする。

第18章　有害行為

第177条（不正行為）
1　選手、監督、コーチ、又は球団、この組織の役職員その他この組織に属する個人が、次の不正行為をした場合、コミッショナーは、該当する者を永久失格処分とし、以後、この組織内のいかなる職務につくことも禁止される。
（1）所属球団のチームの試合において、故意に敗れ、又は敗れることを試み、あるいは勝つための最善の努力を怠る等の敗退行為をすること。
（2）前号の敗退行為を他の者と通謀すること。
（3）試合に勝つために果たした役割、又は果たしたと見做される役割に対する報酬として、他の球団の選手、監督、コーチに金品等を与えること、及び金品等を与えることを申し込むこと。
（4）試合に勝つための役割を果たした者又は果たしたと見做される者が、その役割に対する報酬として金品等を強要し、あるいはこれを受け取ること。
（5）作為的に試合の勝敗を左右する行動をした審判員、又は行動をしたと見做される審判員に対し、その報酬として金品等を与えること、又はこのような申し入れをすること。
（6）所属球団が直接関与する試合について賭をすること。
2　前項の規定により永久失格処分を受けた者であっても処分後15年を経過した者でその間善行を保持し、改悛の情顕著な者については、本人の申し出により、コミッショナーにおいて将来に向かってその処分を解くことができる。
3　前項の規定により処分を解かれた者が、選手として復帰を希望するときは、第76条所定の手続によらなければならず、かつ、第78条第1項の規定に従うものとする。

第178条（審判員の不正行為）
審判員が次の行為をした場合、コミッショナーは以後の職務を停止する。
（1）作為的に試合の勝敗を左右するためにした行為、又は、したと見做される行為。
（2）前号の行為の報酬として金品等を受け取ったり、又は、このような報酬を強要したりすること。
（3）出場する試合について賭をすること。

第179条（報告の義務）
1　選手、監督、コーチ、又は球団、この組織の役職員その他この組織に属する個人は、第177条の不正行為について勧誘を受けた場合、ただちにすべての情報をコミッショナーに報告しなければならない。
2　また、審判員が前条の不正行為の勧誘を受けた場合、コミッショナーに情報を報告しなければならない。
3　前2項の報告を怠った場合、コミッショナーは適当な制裁を科する。

第180条（賭博行為の禁止及び暴力団員等との交際禁止）
1　選手、監督、コーチ、又は球団、この組織の役職員その他この組織に属する個人が、次の行為をした場合、コミッショナーは、該当する者を1年間の失格処分、又は無期の失格処分とする。
（1）野球賭博常習者と交際し、又は行動を共にし、これらの者との間で、金品の授受、饗応、その他いっさいの利益を収受し若しくは供与し、要求し、申込み又は約束すること。
（2）所属球団が直接関与しない試合、又は出場しない試合について賭けをすること。
（3）暴力団、あるいは暴力団と関係が認められる団体の構成員又は関係者、その他の反社会的勢力（以下「暴力団員等」という。）と交際し、又は行動を共にし、これらの者との間で、金品の授受、饗応、その他いっさいの利益を収受又は供与し、要求又は申込み、約束すること。

2　前項の規定により無期の失格処分を受けた者（後に期限が定められた者を除く。）であっても処分後５年を経過した者でその間において善行を保持し、改悛の情顕著な者については、本人の申し出により、コミッショナーにおいて将来に向かってその処分を解くことができる。

3　前項の規定により処分を解かれた者が、選手として復帰を希望するときは、第177条第３項の規定を準用する。

第180条の２（球団による暴力団員等の球場への入場禁止措置）

球団は、暴力団員等が当該球団の専用球場及びホーム・ゲームを行う地方球場（以下、本章において「球場」という。）に立入ることを禁止するよう最大限努力する。

第180条の３（球団による球場に対する協力要請）

1　球団は、球場を所有し又は管理する者に対し、球場の役職員、あるいはその他球場の運営に関わる組織に属する個人が、第180条各号の行為をすることのないよう監督することを求めるものとする。

2　球団は、球場を所有し又は管理する者に対し、前条の措置を実行するために必要な協力を求めるものとする。

第181条（有害行為の告発）

第177条（不正行為）から第180条（賭博行為の禁止及び暴力団員等との交際禁止）までの有害行為に関し、その事実を知り、あるいはその行為が有害行爲であると信じるこの組織に属する団体又は個人は、コミッショナーに告発しなければならない。

第19章　公正な試合確保のための利害関係の禁止

第182条（兼職の禁止）

資格職名のいかんを問わずこの組織に属する者は、２個以上の球団に役職員又は監督、コーチ、選手として兼職することはできない。

第183条（他球団の株式所有）

球団、オーナー、球団の株式の過半数を有する株主、又は過半数に達していなくても、事実上支配権を有するとみなされる株主、球団の役職員及び監督、コーチ、選手は、直接間接を問わず他の球団の株式、又は他の球団の支配権を有するとみなされる会社の株式を所有することはできない。ただし、オーナー、球団の株式の過半数を有する株主、又は過半数に達していなくても、事実上支配権を有するとみなされる株主による他の球団の間接所有については、他の球団との利害関係が客観的に認められないと実行委員会及びオーナー会議が判断した場合は、この限りでない。また、コミッショナー事務局及び両連盟の役職員は、いずれの球団の株式も所有することはできない。

第184条（金銭貸借の禁止）

球団又はこの組織に属する個人は、この組織に属する他の団体又は他の団体に属する個人と直接間接を問わず金銭貸借あるいは貸借の保証人となることは禁止される。

第185条（勤務球団の変更）

球団の役職員及び監督、コーチ、選手は、その勤務する球団の株式を所有し、又はその球団と金銭上の利害関係をもつことは妨げないが、選手契約の譲渡その他の事由により所属球団が変更されたときは、変更のあった日から60日以内に株式の処分又は金銭上の利害関係を消滅し、その旨をコミッショナーに文書で届けなければならない。ただし、期限内に届け出られない場合は実行委員会の承認を得なければならない。なお、監督、コーチ、選手は、前項の株式譲渡又は金銭上の利害関係の消滅を履行するまでは、年度連盟選手権試合及び日本選手権シリーズ試合に出場することはできない。

第186条（違反又は不履行）

株式所有又は金銭上の利害関係の禁止条項に違反したときは、コミッショナーにより違反事実の解消を指令され、かつ情状により適当な制裁が科される。監督、コーチ、選手はコミッショナーの裁決を履行するまで、すべての野球活動が停止される。

第20章　提訴

※以下第187条、欠番。

第188条（紛争）

関係団体等は、コミッショナーに、あらゆる紛争につき裁定を求める提訴をすることができる。

第189条（提訴期限）

前条による提訴の期限は別段の定めのない限り、提訴の原因が発生した日から30日以内とする。

第190条（提訴手続き）

提訴は、提訴をする者が署名捺印した書面に提訴の理由及び要求する解決方法を記述し、その事実を証拠を挙げて証明しなければならない。

第191条（提訴の処理）

コミッショナーは、前条の書面を受理したとき、提訴の相手方である団体又は個人にその書面の写本を送達して、指定する期限までに答弁書及びその証拠を提出するよう指令しなければならない。

※以下第192条及び第193条、欠番。

第21章　註補

第194条（制裁の範囲）
コミッショナーは、野球を不朽の国技とし、利益ある産業とする目的を阻害するすべての行為については、この協約に明文上の定めがない場合であっても、これを制裁し、あるいは適当な強制措置をとることができる。

※以下第195条、欠番。

第22章　フリーエージェント

第196条（フリーエージェント）
この組織にフリーエージェント制度を設け、その詳細は「フリーエージェント規約」として別に定める。

※以下第197条から第207条まで、欠番。

第23章　構造改革の特例

第208条（構造改革の特例）
この組織の構造改革に関する件については、この協約の抜本的な改正が行われるまでの間は、この協約の各本条にはよらず暫定的に次の各号に定めるところによる。
（1）育成選手制度及び研修生制度を新たに設ける。これらの選手については、この協約の各本条の規定を適用せず、別に定める「日本プロ野球育成選手に関する規約」、「日本プロ野球研修生に関する規約」による。

第24章　日本シリーズ出場球団決定試合

第209条
セントラル野球連盟及びパシフィック野球連盟はそれぞれ日本シリーズ出場球団決定試合を行うことができる。日本シリーズ出場球団決定試合は、この協約およびこれに付随する諸規程等における年度連盟選手権試合であり、その細則は各連盟が別に定めるところによる。

フリーエージェント規約

日本野球機構

第1条（FAの定義）
日本プロフェッショナル野球組織（以下「この組織」という。）にフリーエージェント（以下「FA」という。）制度を設ける。「国内FA」とは、この組織が定める国内FA資格条件を満たし、この組織のいずれの球団とも選手契約を締結する権利を有する選手をいい、「海外FA」とは、この組織が定めるFA資格条件を満たし、外国のいかなるプロフェッショナル野球組織の球団をも含め、国内外のいずれの球団とも選手契約を締結する権利を有する選手をいう（「国内FA」及び「海外FA」の双方を、「FA」と総称する。）。

第2条（資格取得条件）
1　選手は、入団して初めて出場選手登録された後、その日数がセントラル野球連盟及びパシフィック野球連盟の同じ年度連盟選手権試合期間中（以下「シーズン」という。）に145日を満たし、これが8シーズンに達したときに、国内FAとなる資格（以下「国内FA資格」という。）を取得する。ただし、2007年以降に行われた新人選手選択会議により選択されて入団した選手のうち、選択された当時、大学野球連盟又は日本野球連盟に所属していた選手については、上記の8シーズンを7シーズンと読み替えるものとする。

2　選手は、入団して初めて出場選手登録された後、その日数がセントラル野球連盟及びパシフィック野球連盟の同じシーズン中に145日を満たし、これが9シーズンに達したときに（ただし、それ以前に国内FAの権利を行使していた場合を除く。）、海外FAとなる資格（以下「海外FA資格」という。国内FA資格及び海外FA資格の双方を「FA資格」と総称する。）を取得する。

3　出場選手登録日数が同年度中に145日に満たないシーズンがある場合は、それらのシーズンの出場選手登録日数をすべて合算し、145日に達したものを1シーズンとして計算する。
〔注〕セントラル野球連盟及びパシフィック野球連盟の年度連盟選手権試合におけるFA資格についての出場選手登録日数の起算日は、野球協約第84条の規定にかかわらず、それぞれの連盟の年度連盟選手権試合開始予定日とする。

第3条（コミッショナーの公示）

コミッショナーは毎年、セントラル野球連盟及びパシフィック野球連盟の年度連盟選手権試合が終了した後、いずれか遅い方の終了日の2日後に、その年にFA資格を得た選手及びFA資格を持続している選手の名簿を公示する。その際、選手が、海外FA資格を取得している場合は、その旨明示する。

〔注〕セントラル野球連盟又はパシフィック野球連盟の年度連盟選手権試合がその年の日本選手権シリーズが終了した後、なお継続しなければならない場合は、コミッショナーが別途、公示日を決定する。また、その公示日にFA資格を取得するために必要な出場選手登録日数が不足している選手であっても、当該選手の不足日数を満たすことが出来る年度連盟選手権試合を残している場合は、それぞれの選手の不足日数を付し、FA資格取得可能選手として名簿に記載し、当該選手がそのシーズン中に不足日数を満たしたときは、コミッショナーが追加公示する。

第4条（権利行使）

その年FA資格を取得している選手（以下「FA資格選手」という。）がFAの権利を行使するためには、本規約第6条1号に定める期間内にFAの権利を行使することを表明し、手続きをとらなければならない。所定の期間内に手続きをとらない場合は、FAの権利の行使を保留したものとする。コミッショナーは、FAの権利を行使する旨文書で申請のあった選手（以下「FA宣言選手」という。）名をその年の日本選手権シリーズ試合が終了した日の翌日から土、日、祭日を除く7日間を経た翌日の午後3時にFA宣言選手として公示する。

〔注〕コミッショナーからFA宣言選手として公示された選手は、直前まで在籍していた球団（旧球団）と選手契約を締結する場合又は同選手契約の締結に同意している場合を含み、すべてFAの権利の行使となる。

第5条（資格取得の反復）

FA宣言選手は、その後日本プロフェッショナル野球組織に所属するいずれかの球団で選手として稼動して、1シーズン出場選手登録145日を満たし、これが4シーズンに達したときに、海外FA資格を取得する。この場合において、出場選手登録日数が不足するシーズンがあるときの扱いは、第2条第3項の規定を準用する。

第6条（行使の表明）

1　FA資格選手は、その年の日本選手権シリーズ試合が終了した日の翌日から土、日、祭日を除く7日間以内に、在籍球団に対しFAの権利を行使する意思を表明することができる。

〔注1〕FAの権利を行使する意思のないFA資格選手は、本規約第4条の規定によりその年はFAの権利の行使を保留したものとする。

〔注2〕本条1項の7日間のコミッショナー事務局業務日は、毎年FA資格選手名簿公示の日に各球団に通知する。

2　FAの権利を行使する意思を表明したFA資格選手は、第1項に規定する期間内に、在籍している球団の代表者と連名によりコミッショナーあてその旨文書で申請しなければならない。

〔注1〕本条2項に定めるコミッショナーあて申請文書の送付はファクシミリによる送信も受け付けるが、その原本は送信日から3日以内にコミッショナー事務局に届けなければならない。

3　FA宣言選手は、コミッショナー公示の翌日から、直前まで在籍していた球団（以下「旧球団」という。）を含めいずれの球団とも次年度選手契約締結交渉を行うことができる。

4　いずれの球団も、FA宣言選手と選手契約締結に合意したときは、統一契約書の写し又は契約合意書を添付しその旨を遅滞なくコミッショナーに通知しなければならない。コミッショナーは通知を受け付けた場合、その都度これを公示する。

5　本規約第2条第1項により国内FA資格を取得したが、同条第2項により海外FA資格を取得していない選手が、本条第1項の規定により、FAの権利を行使した場合、当該選手は、この組織のいずれの球団とも選手契約を締結することができるが、それ以外の国内外のいかなる球団（プロフェッショナル野球組織又はいわゆる「独立リーグ」に属するものをすべて含む。）とも選手契約を締結することはできない。

6　本規約第2条第1項により国内FA資格を取得したが、同条第2項により海外FA資格を取得していない選手が、本条第1項の規定により、FAの権利を行使した場合、当該選手は、野球協約第68条の規定にかかわらず、この組織のいずれの球団とも選手契約について交渉し、選手契約を締結することができるが、それ以外の国内外のいかなる球団（プロフェッショナル野球組織又はいわゆる「独立リーグ」に属するものをすべて含む。）とも選手契約について交渉し、又は、選手契約を締結することはできない。なお、この場合、当該選手が、旧球団以外のこの組織のいずれかの球団と新たな選手契約を締結し、かつ、支配下選手の公示手続が完了するまでは、当該選手は、旧球団の契約保留選手と見做され、その全保留選手名簿に記載されるものとする。

第7条（選手契約の条件）
　FA宣言選手と選手契約を締結する球団は、当該選手の参稼報酬年額を日本プロフェッショナル野球組織に所属する球団での同選手の直前シーズンの統一契約書に明記された参稼報酬年額（以下「前参稼報酬年額」という。）を超える額とすることはできない。ただし、球団が当該選手の前参稼報酬年額及び稼働成績に関する特別な事情をコミッショナーに文書で申請し、コミッショナーがこれを認めた場合は、本条の制限を超える参稼報酬年額で選手契約を締結することができる。

第8条（FA宣言選手の参稼報酬の減額制限）
　FA宣言選手が選手契約を締結する場合は、野球協約第92条（参稼報酬の減額制限）の規定にかかわらず、同条所定の限度を超えて減額することも妨げない。

第9条（金銭調停の不請求）
　球団及びFA宣言選手は、選手契約の締結交渉において参稼報酬額等金銭に関する調停を求めることはできない。

第10条（球団の補償）
1　この組織に所属する他の球団（旧球団）に在籍していたFA宣言選手と選手契約を締結した球団（以下「獲得球団」という。）は、本条に定めるところにより、当該選手の旧球団に対し金銭及び選手を補償する（以下「FA補償」という。）。
2　FA補償は、FA宣言選手の当該年度の参稼報酬の額に基づく旧球団における以下のランク付け（外国人選手を除く。なお、野球協約82条（4）号に規定する者は、本規約においては、「外国人選手」と見做す。）に従い行う。なお、ある選手の参稼報酬の額が他の選手の参稼報酬の額と同じである場合には、出場登録日数の総数が多い選手のほうを順位が下とし、出場登録日数の総数も同じである場合には、年齢が上の選手を順位が下とする。
（1）Aランク　　上位1位～3位
（2）Bランク　　上位4位～10位
（3）Cランク　　上位11位以下
3　当該FA宣言選手（前項の定めによるAランク又はBランクに属する者に限る。）が最初にFAの権利を行使する場合は、獲得球団は、旧球団に対し、旧球団の選択によるところに従い、下記（1）又は（2）のいずれかの補償をする。
（1）選手による補償がある場合
　ア　選手による補償
　　旧球団が、選手による補償を求める場合は、獲得球団が保有する支配下選手のうち、外国人選手及び獲得球団が任意に定めた28名を除いた選手名簿から旧球団が当該FA宣言選手1名につき各1名を選び、獲得することができる。前記の選手名簿の旧球団への提示はFA宣言選手との選手契約締結がコミッショナーから公示された日から2週間以内に行う。選手による補償が重複した場合は、当該FA宣言選手と選手契約した球団と同一連盟の球団が他の連盟の球団に優先する。また同一連盟内においては、当該年度連盟選手権試合の勝率の逆順をもって、球団の優先順位とする。
　イ　金銭による補償
　　旧球団は、獲得球団に対し、前号の選手による補償のほか、その前参稼報酬年額に対する以下の割合の金額につき、金銭補償を求めることができる。
　　①当該選手がAランクに属する場合　50%
　　②当該選手がBランクに属する場合　40%
（2）選手による補償がない場合旧球団が、選手による補償を求めない場合、旧球団は、獲得球団に対し、その前参稼報酬年額に対する以下の割合の金額につき、金銭補償を求めることができる。
　　①当該選手がAランクに属する場合　80%
　　②当該選手がBランクに属する場合　60%
4　当該FA宣言選手（第2項の定めによるAランク又はBランクに属する者に限る。）が第5条の定めによるFAの権利を行使する場合は、獲得球団は、旧球団に対し、旧球団の選択によるところに従い、下記（1）又は（2）のいずれかの補償をする。
（1）選手による補償がある場合
　ア　旧球団が、選手による補償を求める場合は、獲得球団が保有する支配下選手のうち、外国人選手及び獲得球団が任意に定めた28名を除いた選手名簿から旧球団が当該FA宣言選手1名につき各1名を選び、獲得することができる。この場合において、前項（1）アの規定を準用する。
　イ　旧球団は、獲得球団に対し、前号の選手による補償のほか、その前参稼報酬年額に対する以下の割合の金額につき、金銭補償を求めることができる。
　　①当該選手がAランクに属する場合　25%
　　②当該選手がBランクに属する場合　20%
（2）選手による補償がない場合旧球団が、選手による補償を求めない場合、旧球団は、獲得球団に対し、その前参稼報酬年額に対する以下の割合の金額につき、金銭補償を求めることができる。
　　①当該選手がAランクに属する場合　40%
　　②当該選手がBランクに属する場合　30%
5　前2項に規定されたすべての補償は、コミッ

ショナーから当該選手の契約締結の公示が行われた後、40日以内に完了しなければならない。ただし、金銭による補償については、旧球団の同意がある場合は、期間を延長することができる。

6　FA宣言選手がFA宣言した年の翌々年の11月30日までにこの組織に所属するいずれの球団とも選手契約を締結せず、FA宣言した年の翌々年の12月1日以降、この組織に所属するいずれかの球団と選手契約を締結した場合、そのFA宣言選手と契約した球団は旧球団に対して補償することを要しない。

7　本条3項及び4項の規定により、旧球団から指名された獲得球団の選手は、その指名による移籍を拒否することはできない。当該選手が、移籍を拒否した場合は、同選手は資格停止選手となり、旧球団への補償については、本条第3項（2）号又は本条第4項（2）号を準用する。

第11条（球団の獲得選手数）

1　球団がFA宣言選手のうち直前シーズンまでこの組織に所属する他の球団に在籍していた選手と次年度の選手契約を締結できるのは2名までとする。ただし、公示されたFA宣言選手数が21名から30名の年度は3名まで、同31名から40名の年度では4名まで、同41名以上の年度では5名まで選手契約を締結することができる。

2　前項に定める人数の制限は、Cクラスの選手には適用しない。

第12条（FA宣言選手の稼働期間）

FA宣言選手と公示された選手といえども、当該選手が旧球団とかわした統一契約書により11月30日までは旧球団及びこの組織が指定する行事に参加する義務を負う。

第13条（ポスティング手続の不採用）

獲得球団は、国内FAの権利を行使したFA宣言選手について、同選手が当該国内FAの権利を行使しなかったとしたら海外FA資格を取得したであろう時点までは、日米間選手契約に関する協定8項ないし12項所定のポスティングの手続を採らない。

統一契約書様式

日本野球機構

［球団会社名］はプロフェッショナル球団であって、他の友好球団と提携して……野球連盟を構成し、……野球連盟およびその構成球団とともに日本プロフェッショナル野球協約およびこれに附随する諸規程に署名調印している。これらの野球協約ないし規程の目的は球団と選手、球団と球団、連盟と連盟の関係を規律して、わが国のプロフェッショナル野球を利益ある産業とするとともに、不朽の国技とすることを契約者双方堅く信奉する。

第1条（契約当事者）

［球団会社名］（以下「球団」という）と［選手名］（以下「選手」という）とを、本契約の当事者として以下の各条項を含む……年度野球選手契約を締結する。

第2条（目的）

選手がプロフェッショナル野球選手として特殊技能による稼働を球団のために行なうことを、本契約の目的として球団は契約を申し込み、選手はこの申し込みを承諾する。

第3条（参稼報酬）

球団は選手にたいし、選手の2月1日から11月30日までの間の稼働にたいする参稼報酬として金……円（消費税及び地方消費税別途）を次の方法で支払う。

契約が2月1日以後に締結された場合、2月1日から契約締結の前日まで1日につき前項の参稼報酬の300分の1に消費税及び地方消費税を加算した金額を減額する。

第4条（野球活動）

選手は……年度の球団のトレーニング、非公式試合、年度連盟選手権試合ならびに球団が指定する試合に参稼し、年度連盟選手権試合に選手権を獲得したときは日本選手権シリーズ試合に参稼し、また選手がオールスター試合に選抜されたときはこれに参稼することを承諾する。

第5条（非公式試合の報酬）

選手が年度連盟選手権試合終了の日から本契約満了の日までの期間に球団の非公式試合に参稼するとき、球団はその試合による純利益金の40パーセントを超えない報酬を参稼全員に割り当て、選手はその分配金を受け取る。

第6条（支払の限界）

選手は実費支弁の場合を除き本契約に約定された以外の報酬をその名目のいかんを問わず球団が

支払わないことを承諾する。ただし、日本プロフェッショナル野球協約において認容される場合はこの限りでない。

第7条（事故減額）

選手がコミッショナーの制裁、あるいは本契約にもとづく稼働に直接原因しない傷病等、自己の責に帰すべき事由によって野球活動を休止する場合、球団は野球活動休止1日につき第3条の参稼報酬の300分の1に消費税及び地方消費税を加算した金額を減額することができる。ただし、傷病による休止が引き続き40日を超えない場合はこの限りでない。

第8条（用具）

野球試合およびトレーニングに要する野球用具のうち、球団はボールを負担し、また常に2種類のユニホーム（ジャンパーを含み靴を除く）を選手に貸与する。選手はその他の必要なすべての用具を自弁する。

第9条（費用の負担）

選手が球団のために旅行する期間、球団はその交通費、食費、宿泊料を負担する。

第10条（治療費）

選手が本契約にもとづく稼働に直接原因する障害または病気に罹り医師の治療を必要とするとき、球団はその費用を負担する。

第11条（障害補償）

選手が本契約にもとづく稼働に直接原因として死亡した場合、球団は補償金5000万円を法の定める選手の相続人に支払う。

また、選手が負傷し、あるいは疾病にかかり後遺障害がある場合、6000万円を限度としてその程度に応じ補償金を選手に支払う。

身体障害の程度を14等級に区分し、その補償金額を次の通りとする。

　　第1級　6,000万円　　第2級　5,400万円
　　第3級　4,800万円　　第4級　4,200万円
　　第5級　3,600万円　　第6級　3,000万円
　　第7級　2,520万円　　第8級　2,120万円
　　第9級　1,640万円　　第10級　1,200万円
　　第11級　920万円　　第12級　600万円
　　第13級　440万円　　第14級　240万円

等級は労働基準法施行規則第40条「障害補償における障害の等級」に規定された等級と同じ。

第12条（健康診断）

選手は野球活動を妨げ害するような肉体的、または精神的欠陥を持たないことを表明し、球団の要求があれば健康診断書を提出することを承諾する。選手が診断書の提出を拒否するとき、球団は選手の契約違反と見做し適当な処置をとることができる。

第13条（能力の表明）

選手は野球選手として特殊の技能を所有することを表明する。本契約がこのような特殊の技能にかかわる故、本契約の故なき破棄は相手方にたいして重大な損害を与えるものであり、その損害賠償の請求に応じる義務のあることを選手と球団は承認する。

第14条（トレーニングの怠慢）

選手が球団のトレーニングまたは非公式試合の参稼に際し、球団の指示に従わず監督の満足を得るに足るコンディションを整え得ないとき、球団の要求によりこれを調整しなければならない。この場合すべての費用を選手が負担することを承諾する。

第15条（振興事業）

選手は野球本来の稼働のほか、球団および日本プロフェッショナル野球組織の行なう振興活動に協力することを承諾する。

第16条（写真と出演）

球団が指示する場合、選手は写真、映画、テレビジョンに撮影されることを承諾する。なお、選手はこのような写真出演等にかんする肖像権、著作権等のすべてが球団に属し、また球団が宣伝目的のためにいかなる方法でそれらを利用しても、異議を申し立てないことを承認する。

なおこれによって球団が金銭の利益を受けるとき、選手は適当な分配金を受けることができる。さらに選手は球団の承諾なく、公衆の面前に出演し、ラジオ、テレビジョンのプログラムに参加し、写真の撮影を認め、新聞雑誌の記事を書き、これを後援し、また商品の広告に関与しないことを承諾する。

第17条（模範行為）

選手は野球選手として勤勉誠実に稼働し、最善の健康を保持し、また日本プロフェッショナル野球協約、これに附随する諸規程ならびに球団の諸規則を遵守し、かつ個人行動とフェアプレイとスポーツマンシップとにおいて日本国民の模範たるべく努力することを誓約する。

第18条（利害関係）

選手は日本プロフェッショナル野球協約に認容される場合のほか、日本プロフェッショナル野球組織に所属するいずれかの球団にたいし、直接または間接に株式を持ち、あるいは金銭的利害関係を持っていないこと、また今後持たないことを誓約する。

第19条（試合参稼制限）

選手は本契約期間中、球団以外のいかなる個人または団体のためにも野球試合に参稼しないことを承諾する。ただし、コミッショナーが許可した場合はこの限りでない。

第20条（他種のスポーツ）

選手は相撲、柔道、拳闘、レスリングその他のプロフェッショナル・スポーツと稼働について契

約しないことを承諾し、また球団が同意しない限り、蹴球、籠球、ホッケー、軟式野球その他のスポーツのいかなる試合にも出場しないことを承諾する。

第21条（契約の譲渡）
選手は球団が選手契約による球団の権利義務譲渡のため、日本プロフェッショナル野球協約に従い本契約を参稼期間中および契約保留期間中、日本プロフェッショナル野球組織に属するいずれかの球団へ譲渡できることを承諾する。

第22条（報酬不変）
本契約が譲渡されたとき本契約書第3条に約定された参稼報酬は契約譲渡によって、その金額を変更されることはない。

第23条（出頭）
選手は球団から契約譲渡の通知を受けた場所が、譲り受け球団の本拠地から鉄道による最短距離が1000キロメートル以内の場合は、通知を受けた日から4日以内に譲り受け球団の事務所へ出頭することを承諾する。なおその距離が1000キロメートル以上の場合は300キロメートルを増すごとに1日が追加される。

もし選手が、その日限に出頭を怠ったときは、1日遅れるごとに第3条の参稼報酬の金額の300分の1に消費税及び地方消費税を加算した金額の報酬を受ける権利を喪うことを承諾する。

第24条（移転費）
本契約が譲渡されたため選手が転居した場合、球団は選手にたいして移転費として200万円に消費税及び地方消費税を加算した金額を支払う。

第25条（選手による契約解除）
選手は次の場合解約通知書をもって、本契約を解除することができる。
（1）本契約による参稼報酬、その他の支払いが約定日から14日を超えて履行されない場合。
（2）球団が選手の所属するチームを正当な理由なく、年度連盟選手権試合に引き続き6試合以上出場させることができなかった場合。

第26条（球団による契約解除）
球団は次の場合所属するコミッショナーの承認を得て、本契約を解除することができる。
（1）選手が本契約の契約条項、日本プロフェッショナル野球協約、これに附随する諸規程、球団および球団の所属する連盟の諸規則に違反し、または違反したと見做された場合。
（2）選手が球団の一員たるに充分な技術能力の発揮を故意に怠った場合。

第27条（ウエイバー）
球団が参稼期間中、球団の都合、または選手の傷病のため本契約を解除しようとするときは、日本プロフェッショナル野球協約に規定されたウエイバーの手続きを採った後でなければ解約することはできない。

ウエイバーの手続きは次の通りとする。
（1）球団はコミッショナーへ、ウエイバーの公示を請求しなければならない。
（2）コミッショナーから全球団にウエイバーが公示されたとき、これらの球団は本契約の譲渡を申し込むことができる。申し込み優先順位、ならびに契約譲渡金は日本プロフェッショナル野球協約による。
（3）コミッショナーはウエイバーが公示されたことを選手へすみやかに通告する。
（4）選手がウエイバー手続きによる移籍を拒否した場合は、資格停止選手となる。
（5）すべての球団が譲渡を申し込まないときは、日本プロフェッショナル野球協約に従い本契約が解除される。

第28条（解約と報酬）
本契約が解除された場合は、稼働期間中1日につき、第3条に約定された参稼報酬の金額の300分の1に相当する金額に消費税及び地方消費税を加算した金額が報酬として支払われ、かつ選手の居住地までの旅費が支払われる。ただし、本契約が球団の都合、または本契約にもとづく稼働に直接原因する選手の傷病によって解約されたときは、選手は参稼報酬の全額を受け取ることができる。

第29条（協約と裁決）
球団と選手は野球選手の行動および選手と球団との関係にかんする日本プロフェッショナル野球協約およびこれに附随する諸規程を諒承し、かつこれに従うことを承諾し、さらに日本プロフェッショナル野球協約により選任されたコミッショナーの指令と裁決に服することを承諾する。

第30条（紛争）
球団と選手はその間における紛争の最終処理を、コミッショナーに一任することを承諾する。また、球団と選手は、日本プロフェッショナル野球協約の規定に従い、提訴しなければならないことを承諾する。

第31条（契約の更新）
球団が選手と次年度の選手契約の締結を希望するときは、本契約を更新することができる。
（1）球団は、日本プロフェッショナル野球協約に規定する手続きにより、球団が契約更新の権利を放棄する意志を表示しない限り、明後年1月9日まで本契約を更新する権利を保留する。

次年度契約における参稼報酬の金額は、選手の同意がない限り、本契約書第3条の参稼報酬の金額から、同参稼報酬の金額が1億円を超えている場合は40パーセント、同参稼報

酬の金額が1億円以下の場合は25パーセントに相当する金額を超えて減額されることはない。
（2）選手が明年1月10日以後、本契約書第3条の参稼報酬の金額から、同参稼報酬の金額が1億円を超えている場合は40パーセント、同参稼報酬の金額が1億円以下の場合は25パーセントを超えて減額した次年度参稼報酬の金額で本契約の更新を申し入れ、球団がこの条件を拒否した場合、球団は本契約を更新する権利を喪失する。

第32条（参稼報酬調停）
前条により契約の保留が行われ、選手と球団が次年度の契約条件のうち、参稼報酬の金額にかんして合意に達しない場合、コミッショナーにたいし、参稼報酬にかんし、日本プロフェッショナル野球協約による調停を求めることができる。

第33条（保留手当）
前々条による保留が明年1月10日以後におよぶときは、本契約第3条に約定された報酬の365分の1の25パーセントに消費税及び地方消費税を加算した金額を1日の手当として、明年1月10日以後の経過日数につき、1か月ごとに、球団はこれを選手に支払う。

第34条（承認）
本契約は球団のコミッショナーの承認によって、その効力を発生する。なお球団のコミッショナーによって本契約の承認が拒否された場合、本契約は無効となる。

第35条（任意引退選手）
選手が参稼期間中または契約保留期間中、引退を希望する場合、所属球団にたいし引退したい理由を記入した申請書を提出する。球団は、当該選手が提出した申請書に球団としての意見書を添付し、コミッショナーに提出する。その選手の引退が正当なものであるとコミッショナーが判断する場合、その選手の引退申請は日本プロフェッショナル野球協約の第78条（1）の復帰条件を付して受理され、コミッショナーによって任意引退選手として公示され、選手契約は解除される。

```
契約締結の時     年  月  日
契約締結の所
選手の住所
署名捺印
出生の年月日     年  月  日
球団の住所
代表者の署名捺印
……コミッショナー承認の時  年  月  日
……コミッショナー承認番号    ノ  号
……コミッショナー氏名
当選手未成年者につき下名の者が法定代理人
```

として本契約を締結することに同意する。
親権者若しくは後見人
等法定代理人の住所
署名捺印
同上住所
署名捺印

日本学生野球憲章

日本学生野球協会
昭和21年〔1946年〕12月21日
　　学生野球基準要項として制定
昭和25年〔1950年〕1月22日
　　学生野球憲章と改正
最終改正　平成29年〔2017年〕2月27日

前文

国民が等しく教育を受ける権利をもつことは憲法が保障するところであり、学生野球は、この権利を実現すべき学校教育の一環として位置づけられる。この意味で、学生野球は経済的な対価を求めず、心と身体を鍛える場である。

学生野球は、各校がそれぞれの教育理念に立って行う教育活動の一環として展開されることを基礎として、他校との試合や大会への参加等の交流を通じて、一層普遍的な教育的意味をもつものとなる。学生野球は、地域的組織および全国規模の組織を結成して、このような交流の枠組みを作り上げてきた。

本憲章は、昭和21（1946）年の制定以来、その時々の新しい諸問題に対応すべく6回の改正を経て来たが、その間、前文は一貫して制定時の姿を維持してきた。それは、この前文が、

「学生たることの自覚を基礎とし、学生たることを忘れてはわれらの学生野球は成り立ち得ない。勤勉と規律とはつねにわれらと共にあり、怠惰と放縦とに対しては不断に警戒されなければならない。元来野球はスポーツとしてそれ自身意味と価値とを持つであろう。しかし学生野球としてはそれに止まらず試合を通じてフェアの精神を体得する事、幸運にも驕らず悲運にも屈せぬ明朗強靭な情意を涵養する事、いかなる艱難をも凌ぎうる強靭な身体を鍛練する事、これこそ実にわれらの野球を導く理念でなければならない」

と、全く正しい思想を表明するものであったことに負うものである。

しかし今日の学生野球がこうした精神の次元を超えた性質の諸問題に直面していることは明らかであり、今回憲章の全面的見直しが求められた所以もここにある。このような状況に対処するには、これまでの前文の理念を引き継ぎつつも、上述のように、学生野球の枠組みを学生の「教育を受ける権利」の問題として明確に捉えなおさなければならない。

本憲章はこうした認識を前提に、学生野球のあり方に関する一般的な諸原則を必要な限度で掲げて、諸関係者・諸団体の共通理解にしようとするものである。

もちろん、ここに盛られたルールのすべてが永久不変のものとは限らない。しかし学生の「教育を受ける権利」を前提とする「教育の一環としての学生野球」という基本的理解に即して作られた憲章の本質的構成部分は、学生野球関係者はもちろん、我が国社会全体からも支持され続けるであろう。

第1章　総則

（趣旨）
第1条　公益財団法人日本学生野球協会（以下「日本学生野球協会」という。）は、大学野球および高等学校野球（以下「学生野球」という。）の組織、活動および運用の基準として日本学生野球憲章（以下「本憲章」という。）を定める。

（学生野球の基本原理）
第2条　学生野球における基本原理は次のとおりとする。
① 学生野球は、教育の一環であり、平和で民主的な人類社会の形成者として必要な資質を備えた人間の育成を目的とする。
② 学生野球は、友情、連帯そしてフェアプレーの精神を理念とする。
③ 学生野球は、法令を遵守し、健全な社会規範を尊重する。
④ 学生野球は、学生野球、野球部または部員を政治的あるいは商業的に利用しない。
⑤ 学生野球は、一切の暴力を排除し、いかなる形の差別をも認めない。
⑥ 学生野球は、アンチ・ドーピングの教育、啓発、対策への取り組みを推進する。
⑦ 学生野球は、部員の健康を維持・増進させる施策を奨励・支援し、スポーツ障害予防への取り組みを推進する。
⑧ 学生野球は、国、地方自治体または営利団体から独立した組織による管理・運営を理念とする。

（定義）
第3条　本憲章において、次の各号に掲げる用語の意義は、当該各号に定めるところによる。
① 学生野球団体　日本学生野球協会、公益財団法人全日本大学野球連盟（以下「全日本大学野球連盟」という。）、公益財団法人日本高等学校野球連盟（以下「日本高等学校野球連盟」という。）、全日本大学野球連盟の加盟団体である各地区大学野球連盟（以下全日本大学野球連盟と各地区大学野球連盟を「大学野球連盟」という。）、日本高

等学校野球連盟の加盟団体である各都道府県高等学校野球連盟（以下日本高等学校野球連盟と各都道府県高等学校野球連盟を「高等学校野球連盟」という。）をいう。
② 加盟校　学生野球団体に加盟する学校をいう。
　ア　大学野球連盟に加盟できる学校は、原則として、学校教育法で定める大学とし、全日本大学野球連盟は、日本学生野球協会の承認を得て、大学野球連盟に加盟する資格および基準を定める。
　イ　高等学校野球連盟に加盟できる学校は、原則として、学校教育法で定める高等学校とし、日本高等学校野球連盟は、日本学生野球協会の承認を得て、高等学校野球連盟に加盟する資格および基準を定める。
③ 野球部　加盟校において、教育活動として位置づけられた野球（大学にあっては硬式野球、高等学校にあっては硬式野球および軟式野球）を活動内容とする部をいう。
④ クラブチーム　加盟校の部員および同校元部員の混合チームであり、加盟校の責任の下に活動するものをいう。
⑤ 学生　加盟校の学生および生徒をいう。
⑥ 部員　加盟校の野球部に所属し、学生野球団体に登録された学生をいう。
⑦ 選手　試合・大会において出場登録された部員をいう。
⑧ 指導者　加盟校の学校長（大学の学長および高等学校の校長）ならびに野球部の部長、監督、コーチなど野球部の指導にあたる者をいう。
⑨ 審判員　学生野球団体の各規則に基づき選任され、審判の任にあたる者をいう。
⑩ 学生野球団体の役員　学生野球団体の理事、評議員、監事などの役職者をいう。
⑪ 試合　野球部または野球部員が参加して行う野球競技をいう。
⑫ 大会　3チーム以上の野球部が複数の試合を行い、順位を競う野球競技をいう。
⑬ 学生野球構成員資格（以下「学生野球資格」という。）部員、クラブチーム参加者、指導者、審判員または学生野球団体の役員となるための資格をいう。
⑭ プロ野球選手　国を問わず、野球をすることで報酬を得ている者をいう。
⑮ プロ野球団体　国を問わず、プロ野球選手を組織する団体をいう。
⑯ プロ野球関係者　国を問わず、プロ野球団体またはその団体の連合体の役員、審判員、職員、監督、コーチ、トレーナー、スカウトなど全ての構成員をいう。
⑰ 元プロ野球選手　国を問わず、かつてプロ野球選手であった者であり、学生野球資格を回復していない者をいう。
⑱ 元プロ野球関係者　国を問わず、かつてプロ野球関係者であった者であり、学生野球資格を回復していない者をいう。
⑲ 審査室　日本学生野球協会が定める手続に基づき選任された審査員によって構成され、理事会および評議員会から独立した審査機関をいう。

（学生野球を行う機会の保障および部員の権利）
第4条　学生は、合理的理由なしに、部員として学生野球を行う機会を制限されることはない。
2　部員は、学生として教育を受ける権利が保障される。
3　部員は、本憲章に基づく学生野球を行う権利を有する。

（学生野球に関わるすべての者の義務）
第5条　学生野球団体、野球部、部員、指導者、審判員、学生野球団体の役職員および審査員は、本憲章および関係する学生野球団体の定める規則を遵守する義務を負い、本憲章の理念に基づく学生野球の実現を目指す。

（学生野球団体の責務）
第6条　学生野球団体は、本憲章の理念に基づく学生野球を発展させることを責務とし、学生野球を組織し、試合・大会を開催する。
2　日本学生野球協会は、本憲章の理念に基づき、全日本大学野球連盟または日本高等学校野球連盟に対し指導・助言を行う。
3　全日本大学野球連盟は各地区大学野球連盟を通じて、日本高等学校野球連盟は各都道府県高等学校野球連盟を通じて、それぞれの加盟校の野球部活動について指導・助言を行う。
4　学生野球団体は、本憲章を実現するために、関係機関・団体と協力する。
5　全日本大学野球連盟および日本高等学校野球連盟は、本憲章を実施するため、本憲章に抵触しない範囲で、それぞれ必要な規則を定める。

（加盟校および指導者の責務）
第7条　加盟校の学校長は、本憲章に基づく加盟校の義務を遂行するための最高責任者である。
2　加盟校の学校長は、適任者として認めた教員から当該加盟校の部長を選任する。全日本大学野球連盟および日本高等学校野球連盟は、それぞれ教員の範囲を定める。
3　加盟校の学校長は、適任者として認めた者から当該加盟校の監督、コーチなど指導者を選任する。
4　全日本大学野球連盟および日本高等学校野球連盟は、それぞれ、加盟校の学校長が、前2

項により選任した者について、必要に応じて説明を求めることができる。

第2章　学校教育の一環としての野球部活動

（学校教育と野球部の活動との調和）
第8条　野球部の活動は、部員の教育を受ける権利を妨げてはならず、かつ部員の健康を害するものであってはならない。
2　加盟校は、前項の目的を達するために、野球部の活動の時期、時間、場所、内容などについて配慮しなければならない。この場合、原則として1週間につき最低1日は野球部としての活動を行わない日を設ける。
3　学生野球団体は、前2項の目的を達するために、野球部の活動の時期、時間、場所、内容などについて基準を定めるものとする。
4　学生野球団体は、大会を開催するに際して、第1項の目的を達するために、大会の開催時期などに配慮をしなければならない。

（加盟校の部員への指導）
第9条　加盟校および指導者は、部員に対して、定められた教育課程を履修することを保障しなければならない。
2　加盟校および指導者は、部員に対して、自ら人格を磨き、他の学生から信頼を受けるよう指導しなければならない。

第3章　試合・大会の運営

（試合・大会実施の基本原則）
第10条　部員は、本憲章の理念に合致したものであって、次の要件を満たす試合・大会に参加することができる。
① 全国大会にあっては、日本学生野球協会、全日本大学野球連盟または日本高等学校野球連盟が主催するもの
② 地域大会にあっては、関係する学生野球団体が主催するもの
③ 国際試合・大会にあっては、日本学生野球協会、全日本大学野球連盟または日本高等学校野球連盟が、その定めに従って承認したもの
④ 全日本大学野球連盟または日本高等学校野球連盟の定めに従って、当該加盟校の主催するもの
⑤ クラブチームの試合にあっては、当該加盟校の主催するもの
⑥ 複数の加盟校から選抜された選手で構成するチーム（ピックアップチーム）の試合にあっては、日本学生野球協会の定めるところにより承認を得たもの
⑦ 前6号以外の試合・大会にあっては、日本学生野球協会が本憲章の理念に合致するとして承認したもの
2　選手、指導者、審判員または学生野球団体の役員などの大会運営にかかわる者は、大会運営に関して報酬を受けてはならない。
3　学生野球団体は、主催する試合・大会において、学生野球団体の運営経費、試合・大会に必要な経費および参加学校における体育の普及と発展に必要な経費に充当するため入場料を徴収することができる。
4　日本学生野球協会は、試合・大会の運営に関する規則を定める。

（試合・大会出場選手資格）
第11条　全日本大学野球連盟および日本高等学校野球連盟は、本憲章第2条に定める基本原理に照らして、主催する試合・大会に関する選手について、選手登録資格を定める。

第4章　学生野球資格と他の野球団体などとの関係

（学生野球資格）
第12条　プロ野球選手、プロ野球関係者、元プロ野球選手および元プロ野球関係者は、学生野球資格を持たない。
2　本憲章に基づき除名処分を受けた者は、学生野球資格を失う。
3　学生野球資格を持たない者は、部員、クラブチームの構成員、指導者、審判員および学生野球団体の役員となることができない。

（学生野球資格を持たない者との関係の基本原則）
第13条　学生野球団体および加盟校は、日本学生野球協会の承認を受けて、学生野球の発展を目的として、次にかかげる活動を通じ、学生野球資格を持たない者（本憲章により除名処分を受けて学生野球資格を失った者を除く。）と交流することができる。
① 練習、試合など
② 講習会、シンポジウムなど
③ その他学生野球の発展に資する活動
2　前項の交流は、次の原則を遵守しなければならない。
① 学生野球が商業的に利用されてはならないこと。
② 部員、親権者またはその代理人は、プロ野球団体への入団、雇用などの契約の締結に関する交渉その他の行為について、全日本大学野球連盟または日本高等学校野球連盟が定める規則に従うこと。
③ 学生野球団体、加盟校、野球部、部員、指導者、審判員または学生野球団体の役員は、学生野球資格を持たない者から交流に必要な実費以外の金品の提供を受けてはな

④　学生野球団体、加盟校、野球部、部員、指導者、審判員または学生野球団体の役員は、学生野球資格を持たない者に対して交流に必要な実費以外の金品を提供してはならないこと。

(学生野球資格の回復)
第14条　元プロ野球選手または元プロ野球関係者は、日本学生野球協会規則で定めるところに従い、日本学生野球協会の承認を得て、学生野球資格を回復することができる。

(他の野球団体との関係)
第15条　部員、指導者および学生野球団体の役員は、学生野球団体または学生野球団体を構成団体とする野球団体以外の野球団体の構成員となることはできない。ただし、日本学生野球協会の承認を得た場合はこの限りではない。

第5章　学生野球にかかわる寄附または援助

(学生野球に関して寄附または援助を受けることに関する基本原則)
第16条　学生野球に対する寄附または援助は、加盟校、野球部、部員、指導者、審判員または学生野球団体の役員を政治的あるいは商業的に利用するものであってはならない。
2　学生野球に対する寄附または援助は、本憲章の趣旨に合致し、かつ本憲章に定めるもののみ認められる。

(学生野球団体が受ける寄附または援助)
第17条　学生野球団体は、学生野球の発展のために寄附または援助を受けることができる。

(加盟校が受ける寄附または援助)
第18条　加盟校は、学校長の管理下においてのみ、野球部の運営のための寄附または援助を受けることができる。この場合、加盟校は次に掲げる事項を遵守しなければならない。
　①　加盟校は、寄附または援助を受ける場合には、寄附者・援助者の氏名、住所、寄附または援助の内容・金額を記録しなければならない。
　②　加盟校は、寄附または援助を野球部の運営費のために支出しなければならない。剰余金は、学生野球の発展または学校の教育活動のために支出することができる。
2　加盟校は、部員および部員であった者がプロ野球団体と選手契約または雇用契約などの締結を条件として、金品および経済的利益を受けてはならない。
3　加盟校は、前項に掲げる利益を第三者をして受けさせてはならない。

(野球部が受ける寄附または援助)
第19条　野球部は、学校長または野球部長の管理下においてのみ、野球部の運営のための寄附または援助を受けることができる。この場合、野球部は前条に定める諸事項を遵守しなければならない。

(加盟校または野球部の報告義務)
第20条　学生野球団体は、本憲章の施行に必要と認める場合は、加盟校または野球部に対して、寄附または援助の内容・金額および使途に関し報告を求めることができる。

(部員が野球に関して援助を受けることに関する基本原則)
第21条　部員は、野球部に現に在籍しているか否かを問わず、部員であることまたは学生野球を行うことに対する援助、対価または試合や大会の成績によって得られる褒賞としての金品を受け取ってはならない。ただし、日本学生野球協会が認めたものはこの限りではない。
2　部員は、次に定めるものを除き、加盟校から経済的な特典を受けてはならない。
　①　奨学金制度に基づく金品の貸与または支給
　②　全日本大学野球連盟または日本高等学校野球連盟が定める基準に基づく、入学および在籍に必要な費用の一部または全部の免除
3　部員、親権者またはその代理人は、プロ野球団体と選手契約または雇用契約などを将来締結することを条件として、金品および経済的利益を受けてはならない。
4　部員、親権者またはその代理人は、前3項に掲げる利益を第三者をして受けさせてはならない。

(指導者が野球に関して対価を受けることに関する基本原則)
第22条　指導者は、当該加盟校の教職員の給与に準じた社会的相当性の範囲を超える給与・報酬を得てはならない。ただし、野球を指導するための交通費、宿泊費などの経費についてはこの限りではない。
2　指導者は、部員および部員であった者がプロ野球団体と選手契約または雇用契約などを締結することを条件として、金品および経済的利益を受けてはならない。
3　指導者は、前2項に掲げる利益を第三者をして受けさせてはならない。

第6章　学生野球と野球以外の活動

(野球以外の活動に関与する基本原則)
第23条　学生野球団体、加盟校、野球部、部

員、指導者、審判員または学生野球団体の役員は、学生野球に関与している事実を示して、公益的活動に協力をすることができる。ただし、営利団体が主催するものについては全日本大学野球連盟または日本高等学校野球連盟の承認を得なければならない。
2 加盟校、野球部、部員、指導者、審判員または学生野球団体の役員は、前項の活動に対して、報酬を得てはならない。

（新聞・通信、テレビ・ラジオ、出版などに関与する基本原則）
第24条 加盟校、野球部、部員、指導者、審判員および学生野球団体の役員は、新聞・通信、テレビ・ラジオ、出版などの野球に関する報道に協力することができる。
2 加盟校、野球部、部員、指導者、審判員および学生野球団体の役員は、学生野球に関与している事実を示して、新聞・通信、テレビ・ラジオ、出版などに関与する場合には、報酬を得てはならない。
3 加盟校、野球部、部員、指導者、審判員および学生野球団体の役員は、報道目的以外の取材に対し、学生野球に関与している事実を示して、新聞・通信、テレビ・ラジオ、出版などに関与する場合には、全日本大学野球連盟または日本高等学校野球連盟の承認を得なければならない。

（新聞・通信、テレビ・ラジオ、出版に関する権利）
第25条 学生野球団体が、自己の主催する試合・大会に関わる新聞・通信記事、テレビ・ラジオの放送、出版物（以下「記事、放送、出版物」という。）について許諾を与えた場合には、加盟校、野球部、部員、指導者、審判員および学生野球団体の役員は、当該試合・大会に関わって、その名称、氏名、肖像、映像など一切の情報および予め提供された個人情報を学生野球団体および許諾を得た者が記事、放送、出版物に使用することを承諾する。
2 学生野球団体が、前項の記事、放送、出版物の再利用を許諾する場合については前項を準用する。

第7章　注意・厳重注意および処分

（注意・厳重注意）
第26条 全日本大学野球連盟または日本高等学校野球連盟は、本憲章に基づく学生野球を実現するために、学生野球団体、野球部、部員、指導者、審判員および学生野球団体の役員が本憲章に違反する行為（学生野球の基本原理に違反する行為を含む。以下同じ。）をした場合には、注意または厳重注意をすることができる。
2 注意および厳重注意は書面をもって行う。
3 厳重注意の場合には、それを受ける者から改善計画書を提出させる。
4 全日本大学野球連盟または日本高等学校野球連盟は、注意または厳重注意に付随して必要な指導をすることができる。
5 全日本大学野球連盟または日本高等学校野球連盟は、注意または厳重注意を行ったときには、すみやかに日本学生野球協会に対して報告をする。
6 全日本大学野球連盟または日本高等学校野球連盟は、注意および厳重注意に関する規則を定めるものとする。

（日本学生野球憲章違反に対する処分）
第27条 日本学生野球協会は、学生野球団体、野球部、部員、指導者、審判員および学生野球団体の役員が本憲章に違反する行為をし、または前条の注意または厳重注意にしたがわない場合には、当該の者に対して処分をすることができる。
2 日本学生野球協会は、部員または指導者が、本憲章に違反する行為をした場合には、当該加盟校の野球部に対しても処分をすることができる。
3 日本学生野球協会は、加盟校を設置する法人の役員または前項以外の教職員、応援団もしくはその他学校関係者が、本憲章に違反する行為をした場合には、当該加盟校の指導者または野球部に対して処分をすることができる。
4 日本学生野球協会は、必要と認めるときは、処分に付随して指導をすることができる。
5 日本学生野球協会は、処分後の被処分者の情状を考慮して、処分の内容を解除変更することができる。

（処分の種類）
第28条 処分は、次の各号に掲げるものとし、それぞれの意義は、当該各号に定めるところによる。
① 謹慎　処分対象者が個人の場合であって、野球部活動にかかわることの禁止
② 対外試合禁止　処分対象者が野球部の場合であって、対外試合への参加の禁止
③ 登録抹消・登録資格喪失　処分対象者が個人、野球部または学生野球団体であって、学生野球団体へ登録をしている者については登録を抹消し、処分対象者が未登録の場合には、登録資格の喪失
④ 除名　処分対象者が個人であって、学生野球資格の喪失

（処分の手続）
第29条 日本学生野球協会は、独立、公正、中

立な組織である審査室をして処分に関して審査決定を行わせる。
2　処分対象となった学生野球団体、野球部、部員、指導者、審判員および学生野球団体の役員は、迅速な手続を保障される。
3　処分対象者は、弁明し、弁明を証明するための証拠を提出する機会が与えられるなど、自己の権利を守るための適正な手続が保障される。
4　本憲章の定めた手続により処分がなされるまでは、学生野球団体、野球部、部員、指導者、審判員および学生野球団体の役員は、本憲章に違反したことを理由とした不利益な扱いを受けない。
5　処分に関する手続は日本学生野球協会規則で定める。

第8章　学生野球団体の決定および日本学生野球協会の処分等に対する不服申立

（学生野球団体の決定等に対する不服申立）
第30条　学生野球団体が行った決定（競技中になされる審判員の判定を除く。）および全日本大学野球連盟または日本高等学校野球連盟が行った注意または厳重注意により不利益を受けた者は、当該決定等に対して、学生野球団体の定めた規則に従い不服申立ができる。
2　前項の不服申立に対する学生野球団体の決定に不服がある場合には、不服を申立てた者は日本スポーツ仲裁機構に対して当該学生野球団体が行った決定の取り消しを求めて仲裁の申立ができる。

（審査室の処分決定に対する不服申立）
第31条　審査室の処分決定を受けた者は、当該処分決定に対して、日本学生野球協会が定めた規則に従い審査室に不服申立ができる。
2　前項の不服申立に対する審査室の決定になお不服がある場合には、不服を申立てた者は日本スポーツ仲裁機構に対して前項の審査室の行った決定の取り消しを求めて仲裁の申立ができる。

第9章　憲章の解釈と改正手続

（日本学生野球憲章の解釈）
第32条　本憲章の解釈に関して疑義を生じたときは、会長がこれを決定する。

（日本学生野球憲章の改正）
第33条　本憲章は、日本学生野球協会理事会の提案に基づき、評議員会の議決によらなければ、これを改正することができない。
2　この議決には、総評議員の3分の2以上の賛成を必要とする。

全国高等学校体育連盟定款

平成25年〔2013年〕3月16日施行
　　　　　　　　　　　（第34条一部改正）
平成27年〔2015年〕5月19日施行
　　　　　　　　　　　（第10条一部改正）

第1章　総則

第1条（名称）
　この法人は、公益財団法人全国高等学校体育連盟と称する。
第2条（事務所）
　この法人は、主たる事務所を東京都千代田区に置く。

第2章　目的及び事業

第3条（目的）
　この法人は、高等学校等生徒の健全な発達を促すために、体育・スポーツ活動の普及と発展を図ることを目的とする。
第4条（事業）
　この法人は、前条の目的を達成するために次の事業を行う。
（1）高等学校に係る体育・スポーツ大会の開催
（2）高等学校に係る体育・スポーツ活動に関し、競技普及、技能向上、安全啓発等を図る事業及びそのための調査研究並びに情報収集・提供、広報の事業
（3）高等学校に係る体育・スポーツ活動を通して、トップアスリート育成を含めた選手強化、国際交流を図る事業
（4）高等学校に係る体育・スポーツ活動の普及と発展を図る指導者の育成事業
（5）体育諸団体との連携
（6）その他この法人の目的達成に必要な事業
2　前項の事業については、本邦及び海外において行うものとする。
第5条（その他の事業）
　この法人は、前条の事業の推進に資するため、次の事業を行う。
（1）マーケティング事業
（2）物品等販売事業
（3）その他前各号に定める事業に関連する事業

第3章　専門部及び会員

第6条（専門部）

この法人に、研究部、定時制・通信制部及び理事会が別に定める競技の専門部（以下「競技専門部」という。）を置く。
2　研究部、定時制・通信制部及び競技専門部は、部長1名のほか、理事会で別に定める者により構成する。
3　研究部、定時制・通信制部及び競技専門部は、第3条の目的を達成するために行う第4条に掲げる諸事業に関して、理事会で別に定める事項を行う。

第7条（会員）
この法人に次の会員をおく。
普通会員各都道府県高等学校体育連盟
2　会員は、毎年度、所定の会費を納入しなければならない。
3　会員の資格の得喪及び会費について、理事会の議決を経て、会長が別に定める。
4　会員は、第3条の目的を達成するために行う第4条に掲げる諸事業に関して、会長の諮問に応じて意見を述べることができる。

第4章　資産及び会計

第8条（財産の種別）
この法人の財産は、基本財産及びその他の財産の2種類とする。
2　基本財産は、この法人の目的である事業を行うために不可欠な財産として理事会で定めたものとする。
3　その他の財産は、基本財産以外の財産とする。
4　公益認定を受けた日以後に寄附を受けた財産については、その半額以下を法人会計に使用できるものとし、その取扱いについては、理事会の決議により別に定める寄附金等取扱規程による。

第9条（基本財産の維持及び処分）
基本財産についてこの法人は、適正な維持及び管理に努めるものとする。
2　やむを得ない理由により基本財産の一部を処分又は担保に提供する場合には、理事会の議決を得なければならない。

第10条（財産の管理及び運用）
この法人の財産の管理・運用は、専務理事が行うものとし、その方法は理事会の決議により別に定める資金運用規程によるものとする。
2　この法人が保有する株式（出資）において、その株式（出資）に係る議決権を行使するには、あらかじめ理事会において理事総数（現在数）の3分の2以上の承認を要する。
3　特定費用準備資金及び特定の資産の取得又は改良に充てるために保有する資金の取扱いについては、理事会の決議により別に定める。

第11条（事業年度）
この法人の事業年度は、毎年4月1日に始まり翌年3月31日に終わる。

第12条（事業計画及び収支予算）
この法人の事業計画書、収支予算書、資金調達及び設備投資の見込みを記載した書類については、毎事業年度開始の日の前日までに、会長が作成し、理事会の承認を受けなければならない。これを変更する場合も、同様とする。
2　前項の書類については、主たる事務所に、当該事業年度が終了するまでの間備え置き、一般の閲覧に供するものとする。

第13条（事業報告及び決算）
この法人の事業報告及び決算については、毎事業年度終了後、会長が次の書類を作成し、監事の監査を受け、かつ、第3号から第6号までの書類について会計監査人の監査を受けた上で、理事会の承認を経て、定時評議員会に報告しなければならない。
（1）事業報告
（2）事業報告の附属明細書
（3）貸借対照表
（4）正味財産増減計算書
（5）貸借対照表及び正味財産増減計算書の附属明細書
（6）財産目録
2　前項第3号から第6号までの書類については、一般社団法人及び一般財団法人に関する法律施行規則第64条において準用する同規則第48条に定める要件に該当しない場合には、前項中、定時評議委員会への報告に代えて、定時評議員会の承認を受けなければならない。
3　第1項の書類のほか、次の書類を主たる事務所に5年間備え置き、一般の閲覧に供するとともに、定款を主たる事務所に備え置き、一般の閲覧に供するものとする。
（1）監査報告
（2）会計監査報告
（3）理事及び監事並びに評議員の名簿
（4）理事及び監事並びに評議員の報酬等の支給の基準を記載した書類
（5）運営組織及び事業活動の状況の概要及びこれらに関する数値のうち重要なものを記載した書類

第14条（公益目的取得財産残額の算定）
会長は、公益社団法人及び公益財団法人の認定等に関する法律施行規則第48条の規定に基づき、毎事業年度、当該事業年度の末日における公益目的取得財産残額を算定し、前条第3項第5号の書類に記載するものとする。

第5章　評議員

第15条（評議員）
この法人に評議員16名以上20名以内を置く。

第16条（評議員の選任及び解任）
評議員の選任及び解任は、評議員選定委員会において行う。

2　評議員選定委員会は、評議員1名、監事1名、事務局員1名、次項の定めに基づいて選任された外部委員2名の合計5名で構成する。

3　評議員選定委員会の外部委員は、次のいずれにも該当しない者を理事会において選任する。
（1）この法人又は関連団体（主要な取引先及び重要な利害関係を有する団体を含む。以下同じ。）の業務を執行する者又は使用人
（2）過去に前号に規定する者となったことがある者
（3）第1号又は第2号に該当する者の配偶者、3親等内の親族、使用人（過去に使用人となった者も含む。）

4　評議員選定委員会に提出する評議員候補者は、理事会又は評議員会がそれぞれ推薦することができる。評議員選定委員会の運営についての細則は、理事会において定める。

5　評議員選定委員会に評議員候補者を推薦する場合には、次の事項のほか、当該候補者を評議員として適任と判断した理由を委員に説明しなければならない
（1）当該候補者の経歴
（2）当該候補者を候補者とした理由
（3）当該候補者とこの法人及び役員等（理事、監事及び評議員）との関係
（4）当該候補者の兼職状況

6　評議員選定委員会の決議は、委員の過半数が出席し、その過半数をもって行う。ただし、外部委員の1名以上が出席し、かつ、外部委員の1名以上が賛成することを要する。

7　評議員選定委員会は、前条で定める評議員の定数を欠くこととなるときに備えて、補欠の評議員を選任することができる。

8　前項の場合には、評議員選定委員会は、次の事項も併せて決定しなければならない。
（1）当該候補者が補欠の評議員である旨
（2）当該候補者を1人又は2人以上の特定の評議員の補欠の評議員として選任するときは、その旨及び当該特定の評議員の氏名
（3）同一の評議員（2以上の評議員の補欠として選任した場合にあっては、当該2以上の評議員）につき2人以上の補欠の評議員を選任するときは、当該補欠の評議員相互間の優先順位

9　第7項の補欠の評議員の選任にかかる決議は、当該決議後4年以内に終了する事業年度のうち最終のものに関する定時評議員会の終結の時まで、その効力を有する。

10　この法人の評議員のうちには、理事のいずれか1人及びその親族その他特殊の関係がある者の合計数又は評議員のうちいずれか1人及びその親族その他特殊な関係がある者の合計数が、評議員総数（現在数）の3分の1を超えて含まれることになってはならない。また、評議員には、監事及びその親族その他特殊の関係がある者が含まれてはならない。

第17条（任期）
評議員の任期は、選任後4年以内に終了する事業年度のうち最終のものに関する定時評議員会の終結の時までとし、再任を妨げない。

2　任期の満了前に退任した評議員の補欠として選任された評議員の任期は、退任した評議員の任期の満了する時までとする。

3　評議員は、第15条に定める定数に足りなくなるときは、任期の満了又は辞任により退任した後も、新たに選任された者が就任するまで、なお評議員としての権利義務を有する。

第18条（評議員に対する報酬等）
評議員は無報酬とする。

2　評議員には、その職務を行うために要する費用を弁償することができる。

3　前2項に関し必要な事項は、評議員会の決議により別に定める役員及び評議員の報酬等並びに費用に関する規程による。

第6章　評議員会

第19条（構成及び権限）
評議員会は、すべての評議員をもって組織する。

2　評議員会は、次の事項を決議する。
（1）理事及び監事並びに会計監査人の選任及び解任
（2）理事、監事及び評議員の報酬並びに費用に関する規程
（3）理事及び監事の報酬並びに費用の額の決定
（4）貸借対照表、正味財産増減計算書及びこれらの附属明細書並びに財産目録の承認
（5）定款の変更
（6）公益目的取得財産残額及び残余財産の処分
（7）合併、事業の全部若しくは一部の譲渡又は公益目的事業の全部の廃止
（8）その他評議員会で決議するものとして法令又はこの定款で定められた事項

3　評議員会の議長は、その評議員会において、出席した評議員の互選により選任する。

第20条（開催）
評議員会は、定時評議員会及び臨時評議員会の2種とする。
2　定時評議員会は、年1回、毎事業年度終了後3ヶ月以内に開催する。
3　臨時評議員会は、必要がある場合には、いつでも開催することができる。

第21条（招集）
評議員会は、法令に別段の定めがある場合を除き、理事会の決議に基づき会長が招集する。
2　評議員は、会長に対し、評議員会の目的である事項及び招集の理由を示して、評議員会の招集を請求することができる。

第22条（決議）
評議員会の決議は、決議について特別の利害関係を有する評議員を除く評議員の過半数が出席し、その過半数をもって行う。
2　前項の規定にかかわらず、次の決議は、決議について特別の利害関係を有する評議員を除く評議員の3分の2以上に当たる多数をもって行われなければならない。
（1）監事の解任
（2）定款の変更
（3）その他法令又はこの定款で定められた事項
3　理事又は監事を選任する議案を決議するに際しては、候補者ごとに第1項の決議を行わなければならない。理事又は監事の候補者の合計数が第26条に定める定数を上回る場合には、過半数の賛成を得た候補者の中から得票数の多い順に定数の枠に達するまでの者を選任することとする。

第23条（決議の省略）
理事が、評議員会の目的である事項について提案した場合において、その提案について特別の利害関係を有する評議員を除く評議員の全員が書面又は電磁的記録により同意の意思表示をしたときは、その提案を可決する旨の評議員会の決議があったものとみなす。

第24条（報告の省略）
理事が評議員の全員に対し、評議員会に報告すべき事項を通知した場合において、その事項を評議員会に報告することを要しないことについて、評議員の全員が書面又は電磁的記録により同意の意思表示をしたときは、その事項の評議員会への報告があったものとみなす。

第25条（議事録）
評議員会の議事については、法令で定めるところにより、議事録を作成する。
2　議事録には、議長及び会議に出席した評議員のうちから選出された議事録署名人2名以上が、これに記名押印しなければならない。

第7章　役員及び会計監査人

第26条（役員及び会計監査人の設置）
この法人に、次の役員を置く。
（1）理事15名以上20名以内
（2）監事2名以上3名以内
2　理事のうち1名を会長とする。また、会長を除き3名以内を副会長、1名を専務理事、3名以内を業務担当理事とすることができる。
3　前項の会長を、一般社団法人及び一般財団法人に関する法律（以下「法人法」という。）が規定する代表理事とし、副会長及び専務理事並びに業務担当理事を業務執行理事とする。
4　この法人に会計監査人を1名置く。

第27条（役員及び会計監査人の選任）
理事及び監事並びに会計監査人は、評議員会の決議によって選任する。
2　会長、副会長、専務理事及び業務担当理事は、理事会の決議によって理事の中から選定する。
3　この法人の理事のうちには、理事のいずれか1人及びその親族その他特殊の関係がある者の合計数が、理事総数（現在数）の3分の1を超えて含まれることになってはならない。監事についても同様とする。
4　他の同一の団体（公益法人を除く）の理事又は使用人である者その他これに準ずる相互に密接な関係にある理事の合計数は、理事総数（現在数）の3分の1を超えて含まれることになってはならない。監事についても同様とする。
5　この法人の監事には、この法人の理事（親族その他特殊な関係にある者を含む。）及び評議員（親族その他特殊な関係にある者を含む。）並びにこの法人の使用人が含まれてはならない。また、各監事は、相互に親族その他特殊な関係があってはならない。

第28条（理事の職務及び権限）
理事は、理事会を構成し、法令及びこの定款に定めるところにより、この法人の職務を執行する。
2　会長は、法令及びこの定款に定めるところにより、この法人を代表し、その業務を執行し、副会長、専務理事及び業務担当理事は、理事会において別に定めるところにより、この法人の業務を分担執行する。
3　代表理事及び業務執行理事は、毎事業年度ごとに4ヶ月を超える間隔で2回以上、自己の職務の執行の状況を理事会に報告しなければならない。

第29条（監事の職務及び権限）
監事は、理事の職務の執行を監査し、法令で定

めるところにより、監査報告を作成する。
2 監事は、いつでも、理事及び使用人に対して事業の報告を求め、この法人の業務及び財産の状況の調査をすることができる。

第30条（会計監査人の職務及び権限）
会計監査人は、法令で定めるところにより、この法人の貸借対照表及び正味財産増減計算書並びにこれらの附属明細書、財産目録を監査し、会計監査報告を作成する。
2 会計監査人は、いつでも、次に掲げるものの閲覧及び謄写をし、又は理事及び使用人に対し、会計に関する報告を求めることができる。
（1）会計帳簿又はこれに関する資料が書面をもって作成されているときは、当該書面
（2）会計帳簿又はこれに関する資料が電磁的記録をもって作成されているときは、当該電磁的記録に記録された事項を法令で定める方法により表示したもの

第31条（役員及び会計監査人の任期）
理事の任期は、選任後2年以内に終了する事業年度のうち最終のものに関する定時評議員会の終結の時までとし、再任を妨げない。
2 監事の任期は、選任後2年以内に終了する事業年度のうち最終のものに関する定時評議員会の終結の時までとし、再任を妨げない。
3 補欠として選任された理事又は監事の任期は、前任者の任期の満了する時までとする。
4 理事又は監事は、第26条に定める定数に足りなくなるときは、任期の満了又は辞任により退任した後も、新たに選任された者が就任するまで、なお理事又は監事としての権利義務を有する。
5 会計監査人の任期は、選任後1年以内に終了する事業年度のうち最終のものに関する定時評議員会の終結の時までとする。ただし、その定時評議員会において別段の決議がされなかったときは、再任されたものとみなす。

第32条（役員及び会計監査人の解任）
理事又は監事が、次のいずれかに該当するときは、評議員会の決議によって解任することができる。
（1）職務上の義務に違反し、又は職務を怠ったとき。
（2）心身の故障のため、職務の執行に支障があり、又はこれに堪えないとき。
2 会計監査人が、次のいずれかに該当するときは、評議員会の決議によって解任することができる。
（1）職務上の義務に違反し、又は職務を怠ったとき。
（2）会計監査人としてふさわしくない非行があったとき。
（3）心身の故障のため、職務の執行に支障があり、又はこれに堪えないとき。
3 監事は、会計監査人が、前項第1号から第3号までのいずれかに該当するときは、監事全員の同意により、会計監査人を解任することができる。この場合、監事は、解任した旨及び解任の理由を、解任後最初に招集される評議員会に報告するものとする。

第33条（報酬等）
理事及び監事は、無報酬とする。ただし、常勤の理事及び監事には報酬等を支給することができる。
2 理事及び監事には、その職務を行うために要する費用を弁償することができる。
3 前2項に関し必要な事項は、評議員会の決議により別に定める役員及び評議員の報酬等並びに費用に関する規程による。
4 会計監査人に対する報酬等は、監事の同意を得て、理事会において定める。

第34条（名誉顧問及び参与）
この法人に、名誉顧問及び参与をそれぞれ1名置くことができる。名誉顧問は会長、参与は専務理事の職にあった者より理事会の推薦により会長が委嘱する。
2 名誉顧問及び参与は、理事会の推薦に基づき、任期を定めた上で会長が委嘱する。
3 名誉顧問及び参与は、会長の諮問に応じ会議等に出席し、意見を述べることができる。
4 名誉顧問及び参与は、無報酬とする。ただし、第3項の職務を行うために要する費用を弁償することができる。

第8章 理事会

第35条（構成）
理事会は、すべての理事をもって構成する。
2 理事会の議長は、会長とする。

第36条（権限）
理事会は、次の職務を行う。
（1）この法人の業務執行の決定
（2）理事の職務の執行の監督
（3）代表理事及び業務執行理事の選定及び解職

第37条（種類及び開催）
理事会は、毎事業年度3回開催する。
2 次の各号の一に該当する場合は、臨時理事会を開催する。
（1）会長が必要と認めたとき。
（2）会長以外の理事から会議の目的である事項を記載した書面をもって会長に招集の請求があったとき。
（3）前号の請求があった日から5日以内に、その請求があった日から2週間以内の日を理

事会の日とする理事会の招集の通知が発せられない場合に、その請求をした理事が招集したとき。
（4）法人法第101条の規定により、監事から会長に招集の請求があったとき、又は監事が招集したとき。

第38条（招集）
理事会は、会長が招集する。ただし、前条第2項第3号により理事が招集する場合及び前条第2項第4号後段により監事が招集する場合を除く。
2　前条第2項第3号による場合は理事が、前条第2項第4号後段による場合は監事が理事会を招集する。
3　会長は、前条第2項第2号又は第4号前段に該当する場合は、その請求があった日から5日以内に、その請求があった日から2週間以内の日を理事会の日とする臨時理事会を招集しなければならない。
4　会長が欠けたとき又は会長に事故あるときは、会長があらかじめ指定した業務執行理事が理事会を招集し、議長を務める。

第39条（定足数）
理事会は、理事の過半数の出席がなければ会議を開くことができない。

第40条（決議）
理事会の決議は、決議について特別の利害関係を有する理事を除く理事の過半数が出席し、その過半数をもって決し、可否同数のときは議長の裁決するところによる。
2　前項前段の場合において、議長は、理事として表決に加わることはできない。

第41条（決議の省略）
理事が、理事会の決議の目的である事項について提案をした場合において、その提案について特別の利害関係を有する理事を除く理事の全員が書面又は電磁的記録により同意の意思表示をしたときは、その提案を可決する旨の理事会の決議があったものとみなすものとする。ただし、監事が異議を述べたときは、この限りではない。

第42条（報告の省略）
理事又は監事が、理事及び監事の全員に対し、理事会に報告すべき事項を通知した場合においては、その事項を理事会に報告することを要しない。
2　前項の規定は、第28条第3項の規定による報告には適用しない。

第43条（議事録）
理事会の議事については、法令で定めるところにより、議事録を作成する。
2　出席した会長及び監事は、前項の議事録に記名押印する。

第9章　委員会

第44条（委員会）
この法人の事業を推進するために、理事会はその決議により、次の委員会を設置する。
（1）全国高等学校総合体育大会中央委員会
（2）基本問題検討委員会
（3）財務委員会
（4）広報委員会
（5）指導委員会
（6）その他理事会が必要と認めた委員会
2　委員会の任務、構成及び運営に関し必要な事項は、理事会の決議により別に定める委員会規程による。

第10章　事務局

第45条（設置等）
この法人の事務を処理するため、事務局を設置する。
2　事務局には、事務局長及び所要の職員を置く。
3　事務局長及び重要な職員は、会長が理事会の承認を得て任免する。
4　事務局及び職員に関する事項は、理事会が別に定める。

第46条（備付け帳簿及び書類）
事務所には、常に次に掲げる帳簿及び書類を、この定款及び法令で定める閲覧等に供するため備えておかなければならない。
（1）定款
（2）理事、監事及び評議員の名簿
（3）理事会及び評議員会の議事に関する書類
（4）財産目録
（5）役員等の報酬規程
（6）事業計画及び収支予算書等
（7）事業報告書及び計算書類等
（8）監査報告書
（9）その他法令で定める帳簿及び書類

第11章　定款の変更、合併及び解散等

第47条（定款の変更）
この定款は、評議員会の決議によって変更することができる。
2前項の規定は、この定款の第3条、第4条、第5条及び第16条についても適用する。

第48条（合併等）
この法人は、評議員会において、特別の利害関係を有する評議員を除く評議員の3分の2以上の決議により、他の法人法上の法人との合併、事業の全部又は一部の譲渡及び公益目的事業の全部の廃止をすることができる。
2　前項の行為をしようとするときは、予めその

旨を行政庁に届け出なければならない。
第49条（解散）
この法人は、基本財産の滅失によるこの法人の目的である事業の成功の不能その他法令で定められた事由によって解散する。
第50条（公益認定の取消し等に伴う贈与）
この法人が、公益認定の取消しの処分を受けた場合又は合併により法人が消滅する場合（その権利義務を承継する法人が公益法人であるときを除く。）において、公益社団法人及び公益財団法人の認定等に関する法律（以下「認定法」という。）第30条第2項に規定する公益目的取得財産残額があるときは、評議員会の決議を経て、これに相当する額の財産を、当該公益認定の取消しの日又は当該合併の日から1箇月以内に、類似の事業を目的とする他の公益法人、国若しくは地方公共団体又は同法第5条第17号に掲げる法人であって租税特別措置法第40条第1項に規定する公益法人等に該当する法人に贈与するものとする。
第51条（残余財産の帰属）
この法人が解散等により清算をする場合に有する残余財産は、評議員会の決議を経て、類似の事業を目的とする他の公益法人、国若しくは地方公共団体又は認定法第5条第17号に掲げる法人であって租税特別措置法第40条第1項に規定する公益法人等に該当する法人に贈与するものとする。

第12章　公示の方法

第52条（公示の方法）
この法人の公告は、電子公告とする。
2　やむを得ない事由により、電子公告によることができない場合は、官報に掲載する方法による。

第13章　補則

第53条（委任）
この定款に定めるもののほか、この法人の運営に必要な事項は、理事会の決議により別に定める。

日本中学校体育連盟定款

平成23年〔2011年〕6月9日改訂
（第31条 理事会の招集）

第1章　総則

第1条（名称）
この法人は、公益財団法人日本中学校体育連盟と称する。
第2条（事務所）
この法人は、主たる事務所を東京都渋谷区に置く。

第2章　目的及び事業

第3条（目的）
この法人は、全国中学校生徒の健全な心身の育成、体力の増強及び体育・スポーツ活動の振興を図り、もって中学校教育の充実と発展に寄与することを目的とする。
第4条（事業）
この法人は、前条の目的を達成するために、次の事業を行う。
（1）全国的な中学校体育大会の開催
（2）中学校体育に関する調査研究
（3）各地域の情報及び資料の交換
（4）都道府県中体連への助成事業
（5）広報・会報の発行
2　前項の事業は、日本全国で行う。
3　この法人は、第1項のほか、収益事業等として次の事業を行う。
（1）体育用品等の推薦等
（2）その他この法人の目的を達成するために必要な事業

第3章　資産及び会計

第5条（基本財産）
この法人の目的である事業を行うために不可欠な次の財産は、この法人の基本財産とする。
（1）別表に掲げる財産
（2）基本財産とすることを指定して寄附された財産
（3）理事会で基本財産に繰り入れることを議決した財産
2　基本財産は、評議員会において別に定めるところにより、この法人の目的を達成するために善良な管理者の注意をもって管理しなければならず、基本財産の一部を処分しようとするとき及び基本財産から除外しようとすると

きは、あらかじめ理事会及び評議員会の承認を要する。

第6条（事業年度）
この法人の事業年度は、毎年4月1日に始まり、翌年3月31日に終わる。

第7条（事業計画及び収支予算）
この法人の事業計画書、収支予算書、資金調達及び設備投資の見込みを記載した書類については、毎事業年度開始の日の前日までに、会長が作成し、理事会の承認を受けなければならない。これを変更する場合も、同様とする。2 前項の書類については、主たる事務所に、当該事業年度が終了するまでの間備え置き一般の閲覧に供するものとする。

第8条（事業報告及び決算）
この法人の事業報告及び決算については、毎事業年度終了後、3箇月以内に会長が次の書類を作成し、監事の監査を受けた上で、理事会の承認を経て、定時評議員会に提出し、第1号及び第2号の書類についてはその内容を報告し、第3号から第6号までの書類については承認を受けなければならない。
（1）事業報告
（2）事業報告の附属明細書
（3）貸借対照表
（4）損益計算書（正味財産増減計算書）
（5）貸借対照表及び損益計算書（正味財産増減計算書）の附属明細書
（6）財産目録
2　前項の規定により報告され、承認を受けた書類のほか、次の書類を主たる事務所に5年間備え置き、一般の閲覧に供するとともに、定款を主たる事務所に備え置き、一般の閲覧に供するものとする。
（1）監査報告
（2）理事及び監事並びに評議員の名簿
（3）理事及び監事並びに評議員の報酬等の支給の基準を記載した書類
（4）運営組織及び事業活動の状況の概要及びこれらに関する数値のうち重要なものを記載した書類

第9条（公益目的取得財産残額の算定）
会長は、公益社団法人及び公益財団法人の認定等に関する法律施行規則第48条の規定に基づき、毎事業年度、当該事業年度の末日における公益目的取得財産残額を算定し、前条第2項第4号の書類に記載するものとする。

第4章　評議員

第10条（評議員）
この法人に評議員80名以上90名以内置く。

第11条（評議員の選任及び解任）
評議員の選任及び解任は、一般社団法人及び一般財団法人に関する法律第179条から195条の規定に従い、評議員会において行う。評議員を選任する場合には、次の各号の要件をいずれも満たさなければならない。
（1）各評議員について、次のイからヘに該当する評議員の合計数が評議員の総数の3分の1を超えないものであること。
　イ　当該評議員及びその配偶者又は3親等内の親族
　ロ　当該評議員と婚姻の届出をしていないが事実上婚姻関係と同様の事情にある者
　ハ　当該評議員の使用人
　ニ　ロ又はハに掲げる者以外の者であって、当該評議員から受ける金銭その他の財産によって生計を維持しているもの
　ホ　ハ又はニに掲げる者の配偶者
　ヘ　ロからニまでに掲げる者の3親等内の親族であって、これらの者と生計を一にする者
（2）他の同一の団体（公益法人を除く。）の次のイからニに該当する評議員の合計数が評議員総数の3分の1を超えないものであること。
　イ　理事
　ロ　使用人
　ハ　当該他の同一の団体の理事以外の役員（法人でない団体で代表者又は管理人の定めのあるものにあっては、その代表者又は管理人）又は業務を執行する社員である者
　ニ　次に掲げる団体においてその職員（国会議員及び地方公共団体の議会の議員を除く）である者
　　①国の機関
　　②地方公共団体
　　③独立行政法人通則法第2条第1項に規定する独立行政法人
　　④国立大学法人法第2条第1項に規定する国立大学法人又は同条第3項に規定する大学共同利用機関法人
　　⑤地方独立行政法人法第2条第1項に規定する地方独立行政法人
　　⑥特殊法人（特別の法律により特別の設立行為をもって設立された法人であって、総務省設置法第4条第15号の規定の適用を受けるものをいう）又は認可法人（特別の法律により設立され、かつ、その設立に関し行政官庁の認可を要する法人をいう）

第12条（評議員の任期）
評議員の任期は、選任後4年以内に終了する事業年度のうち最終のものに関する定時評議員会の終結の時までとする。又、再任を妨げない。ただし、その在任期間は、通算して2期を超えること

はできない。2任期の満了前に退任した評議員の補欠として選任された評議員の任期は、退任した評議員の任期の満了する時までとする。3評議員は、第10条に定める定数に足りなくなるときは、任期の満了又は辞任により退任した後も、新たに選任された者が就任するまで、なお評議員としての権利義務を有する。

第13条（評議員に対する報酬等）

評議員は無報酬とする。2前項の規定にかかわらず、評議員には、その職務を行うための費用を弁償することができる。

第5章 評議員会

第14条（構成）

評議員会は、すべての評議員をもって構成する。

第15条（権限）

評議員会は、次の事項について決議する。
（1）理事及び監事の選任及び解任
（2）理事及び監事の報酬等の額
（3）貸借対照表及び損益計算書（正味財産増減計算書）並びにこれらの附属明細書の承認
（4）定款の変更
（5）残余財産の処分
（6）基本財産の処分又は除外の承認
（7）その他評議員会で決議するものとして法令又はこの定款で定められた事項

第16条（開催）

評議員会は、定時評議員会として毎事業年度6月に1回開催するほか、3月及び必要がある場合には、臨時評議員会を開催する。

第17条（招集）

評議員会は、法令に別段の定めがある場合を除き、理事会の決議に基づき会長が招集する。2評議員は、会長に対し評議員会の目的である事項及び招集の理由を示して、評議員会の招集を請求することができる。3評議員会の議長は、評議員中より互選する。

第18条（決議）

評議員会の決議は、決議について特別の利害関係を有する評議員を除く評議員の過半数が出席し、その過半数をもって行う。
2 前項の規定にかかわらず、次の決議は、決議について特別の利害関係を有する評議員を除く評議員の3分の2以上に当たる多数をもって行わなければならない。
（1）監事の解任
（2）定款の変更
（3）基本財産の処分又は除外の承認
（4）その他法令で定められた事項
3 理事又は監事を選任する議案を決議するに際しては、各候補者ごとに第1項の決議を行わなければならない。理事又は監事の候補者の合計数が第20条に定める定数を上回る場合には、過半数の賛成を得た候補者の中から得票数の多い順に定数の枠に達するまでの者を選任することとする。

第19条（議事録）

評議員会の議事については、法令で定めるところにより、議事録を作成する。
2 評議員会の議事録には、議長及び出席評議員のうちから、当該会議において選任された議事録署名人2名以上が署名し、又は記名押印しこれを保存する。

第6章 役員

第20条（役員の設置）

この法人に、次の役員を置く。
（1）理事15名以上20名以内
（2）監事3名以内
2 理事のうち1名を会長、4名を副会長、1名を専務理事、4名を常務理事とする。
3 前項の会長をもって一般社団法人及び一般財団法人に関する法律上の代表理事とし、副会長4名、専務理事1名、常務理事4名をもって同法第91条第1項第2号の業務執行理事とする。

第21条（役員の選任）

理事及び監事は、評議員会の決議によって選任する。
2 理事が監事の選任に関する議案を評議員会に提出する場合は、監事（2人以上いる場合その過半数）の同意を受けなければならない。
3 第11条第2項の規定は、理事及び監事を選任する場合においてこれを準用する。
4 代表理事及び業務執行理事は、理事会の決議によって理事の中から選定する。

第22条（理事の職務及び権限）

理事は、理事会を構成し、法令及びこの定款で定めるところにより、職務を執行する。
2 会長は、法令及びこの定款で定めるところにより、この法人を代表し、その業務を執行し、業務執行理事は、理事会において別に定めるところにより、この法人の業務を分担執行する。

第23条（監事の職務及び権限）

監事は、理事の職務執行及び各事業年度に係わる計算書類及び附属明細書・財産目録を監査し、法令で定めるところにより、監査報告を作成する。
2 監事は、いつでも、理事及び使用人に対して事業の報告を求め、この法人の業務及び財産の状況の調査をすることができる。
3 財産の状況又は業務の執行について不正の事

実を発見したときは、遅滞なくこれを理事会に報告しなければならない。
4　前項の報告をするための必要があるときは、理事会の招集を請求することができる。

第24条（役員の任期）
理事の任期は、選任後2年以内に終了する事業年度のうち最終のものに関する定時評議員会の終結の時までとする。
2　監事の任期は、選任後2年以内に終了する事業年度のうち最終のものに関する定時評議員会の終結の時までとする。
3　前2項の規定にもかかわらず、任期の満了前に退任した理事又は監事の補欠として選任された理事又は監事の任期については、それぞれ退任した理事又は監事の任期の満了する時までとする。
4　理事又は監事は、第20条に定める定数に足りなくなるときは、任期の満了又は辞任により退任した後も、新たに選任された者が就任するまで、なお理事又は監事としての権利義務を有する。
5　理事又は監事については、再任を妨げない。ただし、その在任期間は、通算して4期を超えることはできない。

第25条（役員の解任）
理事又は監事が、次のいずれかに該当するときは、評議員会の決議によって解任することができる。
（1）職務上の義務に違反し、又は職務を怠ったとき。
（2）心身の故障のため、職務の執行に支障があり、又はこれに堪えないとき。

第26条（役員の報酬）
役員は、無報酬とする。ただし、常勤の役員に対しては、評議員会において別に定める報酬等の支給の基準に従って算定した額を、評議員会の決議を経て、報酬等として支給することができる。

第27条（損害賠償責任の免除）
この法人は、一般社団法人及び一般財団法人に関する法律第197条で準用する第111条の規定により、理事又は監事は、その任務を怠ったときは、法人に対してこれによって生じた損害を賠償する責任を負う。又、一般社団法人及び一般財団法人に関する法律第198条で準用する第112条の規定により、法人に対する責任は、総評議員の同意がなければ免除することができない。ただし、次の場合は免除することができる。
2　役員が職務を行うにつき善意でかつ重大な過失がないときは、損害の責任を負う額から一般社団法人及び一般財団法人に関する法律第198条で準用する第113条第1項に規定する最低責任限度額を控除した額を限度として、評議員会の決議によって損害賠償責任を免除することができる。
3　役員が職務を行うにつき善意でかつ重大な過失がない場合において、特に必要と認めるときは、理事会の決議によって、賠償の責任を負う額から一般社団法人及び一般財団法人に関する法律第113条第1項の規定する最低責任限度額を控除した額を限度として損害賠償責任を免除することができる。
4　一般社団法人及び一般財団法人に関する法律第198条で準用する第115条第1項に規定する責任限度契約を外部理事・外部監事と締結することができる。但し、その契約に基づく賠償責任の限度額は10万円以上で、あらかじめ定めた額と法令の定める最低責任限度額とのいずれか高い額とする。
5　ただし、以上の規定を設けた場合であっても、一般社団法人及び一般財団法人に関する法律第198条で準用する第117条の規定により、悪意又は重大な過失があった場合の第三者に対する損害賠償責任は免除されない。

第28条（顧問及び参与）
この法人に、任意の機関として、顧問1名及び参与若干名を置く。
2　顧問は、中学校体育の振興に特に功労のあった者又はこの法人に対する顕著な協力者のうちから、理事会において選任・解任する。
3　顧問は、重要な事項について、会長からの諮問に応じ、理事会に臨み参考意見を述べることを職務とする。
4　参与は、この法人の役員であった者、又はこの法人に功労のあった者のうちから、理事会において選任・解任する。
5　参与は、必要な事項について会長の諮問に応じ、理事会に臨み参考意見を述べることを職務とする。
6　顧問及び参与の報酬は、無償とする。

第7章　理事会

第29条（構成）
理事会は、すべての理事をもって構成する。

第30条（権限）
理事会は、次の職務を行う。
（1）この法人の業務執行の決定
（2）理事の職務の執行の監督
（3）会長及び業務執行理事の選定及び解職

第31条（理事会の招集）
理事会は、毎事業年度2回、会長が招集するものとする。ただし、会長が必要と認めた場合、又、理事から会議に付議すべき事項を示して、理事会の招集を請求されたときは、会長は、その請求のあった日から2週間以内に臨時理事会を招集

しなければならない。
2　理事会の議長は、会長とする。
3　会長が欠けたとき又は会長に事故あるときは、各理事が理事会を招集する。

第32条（決議）
理事会の決議は、決議について特別の利害関係を有する理事を除く理事の過半数が出席し、その過半数をもって行う。

第33条（決議の省略）
前条の規程にかかわらず、理事が理事会の決議の目的である事項について提案した場合において、理事の全員が提案された議案につき書面又は電磁的記録により同意の意思表示をしたときには、その議案を可決する理事会の決議があったものとみなす。ただし、監事がその議案に異議を述べたときはこの限りではない。

第34条（議事録）
理事会の議事については、法令の定めるところにより、議事録を作成する。2理事会に出席した会長及び監事は、前項の議事録に署名し、又は記名押印し、これを保存する。

第8章　定款の変更、合併及び解散

第35条（定款の変更）
この定款は、一般社団法人及び一般財団法人に関する法律第189条第2項及び本定款の第18条第2項に規定する評議員会の特別決議によって変更することができる。
2　前項の規定は、この定款の第3条、第4条、及び第11条についても適用する。

第36条（合併）
この法人が合併するときは、第18条第2項に規定する評議員会の決議をしなければならない。

第37条（事業の全部又は一部の譲渡）
この法人が事業の全部又は一部の譲渡をするときは、第18条第2項に規定する評議員会の決議をしなければならない。

第38条（解散）
この法人は、基本財産の滅失によるこの法人の目的である事業の成功の不能その他法令で定められた事由によって解散する。

第39条（公益認定の取消し等に伴う贈与）
この法人が公益認定の取消しの処分を受けた場合又は合併により法人が消滅する場合（その権利義務を承継する法人が公益法人であるときを除く。）には、評議員会の決議を経て、公益目的取得財産残額に相当する額の財産を、当該公益認定の取消しの日又は当該合併日から1箇月以内に、公益社団法人及び公益財団法人の認定等に関する法律第5条第17号に掲げる法人又は国若しくは地方公共団体に贈与するものとする。

第40条（残余財産の帰属）
この法人が清算をする場合において有する残余財産は、評議員会の決議を経て、国若しくは地方公共団体又は公益社団法人及び公益財団法人の認定等に関する法律第5条第17項に掲げる法人であって租税特別措置法第40条第1項に規定する公益法人等に該当する法人に贈与するものとする。

第9章　公告の方法

第41条（公告の方法）
この法人の公告は電子公告により行う。
2事故その他やむを得ない事由によって前項の電子公告をすることができない場合は、東京都において発行する朝日新聞・毎日新聞・読売新聞に掲載する方法による。

第10章　事務局その他

第42条（事務局）
この法人に事務局を置く。
2　職員の任免は、理事会の承認を経て会長が行い、職員は有給とする。
3　事務局の組織、職員の就業、内部管理に必要な規則等については、理事会の議決を経て会長が定める。

第43条（委任）
この定款の定めるものほか、この定款の施行について必要な事項は、理事会の議決を経て、会長が定める。

第 7 編

判例

解説 …………………………………………… 446
中学柔道部練習中投げ技転倒事故 …………… 448
サッカー部試合中落雷被害事故 ……………… 449
会員制スポーツクラブ溺死事故 ……………… 450
高校テニス部熱中症死亡事故 ………………… 452
社会人サッカーリーグ試合負傷事故 ………… 454
バドミントンダブルスペア相手方負傷事故 ……… 456

解 説

　スポーツ指導計画を立案するときに、スポーツ活動中の安全の確保は義務としてとらえることが大切である。スポーツには危険が内在し、スポーツに参加する当事者はその危険に同意しているという前提が成り立つが、事故内容によっては、このような考え方は現代では通用しない事態が発生している。そこで本編では、執務計画を立案するにあたって留意すべき、安全配慮義務や注意義務の在り方に参考となる重要判例を収録する。

不可抗力

　一つは、不可抗力についてである。かつてはスポーツ活動中に急激な天変地異の変動で事故が発生しても、裁判例では不可抗力として法的責任は回避される傾向にあったが、気象予報技術の進歩などから、違法性は阻却されるという考え方は斥けられるようになってきた。
　例えば、高校生がサッカー試合中に落雷に遭い後遺障害を残し、損害賠償請求訴訟を提起した事案は、最高裁まで続き、最高裁は、指導教諭は「落雷事故発生の危険が迫っていることを具体的に予見することが可能で」あり「予見すべき注意義務を怠った」として高松高裁に差し戻した。差し戻し審の高松高裁は、「教育活動の一環として行われる学校の課外のクラブ活動においては、生徒は担当教諭の指導監督に従って行動するのであるから、担当教諭は、できる限り生徒の安全にかかわる事故の危険性を具体的に予見し、その予見に基づいて当該事故の発生を未然に防止する措置を執り、クラブ活動中の生徒を保護すべき注意義務を負うものというべきである」とした上で「上記雷鳴が大きな音ではなかったとしても、同校サッカー部の引率者兼監督（教諭）としては、落雷事故発生の危険が迫っていることを具体的に予見することが可能であ」り、また「予見すべき注意義務を怠ったものというべきである。このことは、たとえ平均的なスポーツ指導者において、落雷事故発生の危険性の認識が薄く、雨がやみ、空が明るくなり、雷鳴が遠のくにつれ、落雷事故発生の危険性は減弱するとの認識が一般的なものであったとしても左右されるものではない」として被害者の訴えを認めて損害賠償の支払いを学校側に命じたのである。スポーツ指導者は、自然を活用して行うスポーツは当然のこと野外で行うスポーツは活動前に天気予報の点検は欠かせない。そして、活動中の急激な気象変動については常に迅速に対応し、たとえ試合中であっても試合を中断する、あるいは注意するといった対応をすべきであろう。

安全配慮義務

　スポーツ指導者及び施設提供者は、指導を受ける者、施設利用者に対して生命・身体の安全配慮義務は必然的に生じるということを理解しておかなければならない。例えば、本編にも収録されているスポーツクラブでの水泳中事故事件について、裁判所は「本件プールを管理している被告としては、本件契約上の義務として、右施設内において亡Xら会員の生命・身体を保護するための万全の配慮をして施設を利用させるべく、少なくとも、蘇生法を習得しているプール監視員を配置して、会員が本件プールを利用している時は常時本件プールを監視し、事故発生時に迅速に発見・救助できる体制を整えているべき義務を負っていたものというべきである」と判示しているよ

うに、事故が発生しないような施設管理と、万が一事故が発生してしまった場合の措置を整備しておく必要がある。

免責条項

施設によっては、入場するときに、万が一ケガをしてしまっても応急処置はするがその後の責任は負わない、といった内容のことを言われたり、入場券に記載されていることがあるが、このような免責条項規定について「仮に、亡Xと被告間で本件免責条項の合意が成立したものと認めることができるとしても、先に認定判断した本件契約の内容、本件契約に基づく施設利用の実情等に照らすと、本件免責条項が、被告に本件契約上の債務不履行がありその結果会員の生命・身体に重大な侵害が生じた場合においても、被告が損害賠償責任を負わない旨の内容を有するものであるとすれば、右規約はその限りにおいて、公序良俗に反し、無効といわなければならない。」（富山地方裁判所1994［平成6］年10月6日判決）という判断がされる場合が多く、免責条項については施設利用者に注意を促す程度のものと理解しておいたほうが良い。

注意義務

スポーツ指導者は、常に事故を未然に防止するための注意義務を負っていることを認識しておく必要がある。注意義務には一般的なものと高度のものが要求されるが、特に危険度が高いスポーツを指導する場合には具体的に事前指導を行い、活動中も指導し、活動後は必ず振り返りをするといった習慣を身につけておくと良い。

違法性の阻却

先に、スポーツに参加する当事者は危険に同意し参加しているのであるから、相手の加害行為責任を問えない場合があると述べたが、最近は悪質な加害行為に対しては違法性が問えるという判決が続いている（収録判例5，6参照）。例えば、「確かに、サッカーは、ボールを蹴るなどして相手陣内まで運び、相手ゴールを奪った得点数を競うという競技であるから、試合中に、相手チームの選手との間で足を使ってボールを取り合うプレーも想定されているのであり、スパイクシューズを履いた足同士が接触し、これにより負傷する危険性が内在するものである」。「そうであれば、サッカーの試合に出場する者は、このような危険を一定程度は引き受けた上で試合に出場しているということができるから、たとえ故意又は過失により相手チームの選手に負傷させる行為をしたとしても、そのような行為は、社会的相当性の範囲内の行為として違法性が否定される余地があるというべきである」と判示した例がある（東京地方裁判所2016［平成28］年12月26日判決）。試合中のラフプレーについても「社会的相当性の範囲内の行為か否かについては、当該加害行為の態様、方法が競技規則に照らして相当なものであったかどうかという点のみならず、競技において通常生じうる負傷の範囲にとどまるものであるかどうか、加害者の過失の程度などの諸要素を総合考慮して判断すべきである」とし「社会的相当性の範囲を超える行為」は違法性が阻却されないであろう。（同旨：バドミントンダブルス競技中相手方負傷事故損害賠償請求事件、東京高等裁判所2018［平成30］年9月12日判決）

なお、本編に収録した判例は全文ではなく、安全計画や指導計画を立案する上で、重要と思う箇所について抄録をした。

（入澤　充）

中学柔道部練習中投げ技転倒事故

最高裁第1小法廷 平成9・9・4判決
①広島地裁　昭63（ワ）300号平成3・10・31
②広島高裁　平成3（ネ）426号平成6・3・16

事件の概要　広島市立A中学校の1年生であった被上告人Xが、同校の課外クラブ活動としての柔道部の練習中に、2年生であったYから大外刈りの技をかけられて転倒し、右急性硬膜下血腫の傷害を負った事故。同部の顧問で指導責任者であったZ教諭に、生徒に対する安全配慮義務を怠った過失があるとして、両親である被上告人X1、同X2と共に、A中学校の設置者である上告人に対し、国家賠償法1条1項（予備的に債務不履行）に基づき損害賠償を求めた。請求棄却。

争点　安全配慮義務違反

最高裁の判断
　原審の右判断は是認することができない。その理由は、次のとおりである。
1　技能を競い合う格闘技である柔道には、本来的に一定の危険が内在しているから、学校教育としての柔道の指導、特に、心身共に未発達な中学校の生徒に対する柔道の指導にあっては、指導に当たる者は、柔道の試合又は練習によって生ずるおそれのある危険から生徒を保護するために、常に安全面に十分な配慮をし、事故の発生を未然に防止すべき一般的な注意義務を負うものである。このことは、本件のA中学校柔道部における活動のように、教育過程に位置付けられてはいないが、学校の教育活動の一環として行われる課外のクラブ活動（いわゆる部活動）についても、異なるところはないものというべきである。
2　事実関係によれば、Yが被上告人Xにかけた大外刈りは、中学校の体育実技の1年次において学習することになっている基本的な投げ技であるが、確実に後ろ受け身をしないと後頭部を打つ危険があるから、大外刈りを含む技を自由にかけ合う乱取り練習に参加させるには、初心者に十分受け身を習得させる必要がある。そして、乱取り練習においては、勝負にこだわって試合と同じように行う傾向があることは、前記「柔道指導の手引」も指摘するところであり、殊に、対外試合を直前に控えた回し乱取り練習において正選手が試合に準じた練習態度を執りやすいことは、容易に推察することができる。したがって、指導教諭としては、一般に体力、技能の劣る中学生の初心者を回し乱取り練習に参加させるについては、特に慎重な配慮が求められるところであり、有段者から大外刈りなどの技をかけられても対応し得るだけの受け身を習得しているかどうかをよく見極めなければならないというべきである。
3　これを本件についてみるに、事実関係によれば、被上告人Xは、昭和62年4月の仮入部の時から、Z教諭の指導の下に受け身の基礎練習を行い、その後の練習においても毎日受け身の練習をし、本件事故までに、約3箇月の受け身の練習期間を経ており、Z教諭は、乱取り練習に進む前には、自ら生徒に技をかけてみて受け身の習得度合いを確認していたというのであり、この間のZ教諭の指導方法は、「柔道指導の手引」に照らしても適切なものであったということができる。また、被上告人Xは、同年6月中旬ころから民間の道場にも通って練習を積み、Z教諭の指導の下に3回ほど対外試合に出場したことがあり、学校ではYとも数十回にわたって乱取り練習をし、対外試合前の強化練習としての回し乱取り練習への参加も既に3回目で、延べ十数日目になり、この間、Yから何回か大外刈りをかけられたことがあったが、その時は受け身ができていて、特に危険はなかったというのであり、期間は浅いとはいえ、実戦を含めある程度の経験を重ねてきていたものである。
　ところで、記録によれば、受け身を習得するのに必要な期間については、柔道の高段者、指導者の間でも大きく意見が分かれており、1、2週間で十分とする見解もある反面、2、3箇月は必要で、いかなる技にも対応可能な受け身を習得するには3、4箇月を必要とするという見解もあることがうかがわれるが、以上の事実によれば、被上告人Xは、本件事故当時、既に、回し乱取り練習に通常必要とされる受け身を習得していたものと認めるのが相当である。
　そして、右の被上告人Xの受け身の習得度合いに加えて、被上告人X郎の乱取り練習及び回し乱取り練習の経験の程度、被上告人X郎が既に回し乱取り練習においてYの練習相手をして特に危険が生じていなかったこと等、前記の事実にかんがみると、被上告人XとYとの間に大きな技能格差が存在することを考慮しても、指導に当たったZ教諭において、本件事故当時、被上告人Xが、回し乱取り練習でYの相手をするのに必要な受け身を習得し、これを確実に行う技能を有していたと判断したことに、安全面の配慮に欠けるところがあったとすることはできない。そのほか、本件事故当時、被上告人Xが特に疲労していたなど事故の発生を予見させる特別の事情の存在もうかがわれず、したがって、Z教諭が被上告人Xを回し乱取り練習に参加させたことに、前記1の注意義務違反があるということはできない。
4　以上のとおり、本件事故は、柔道の練習にお

ける一連の攻撃、防御の動作の過程で起きた偶発的な事故といわざるを得ない。本件事故の結果は誠に深刻であるけれども、これをZ教諭の指導上の責任に帰することはできない。

（出典：判例タイムズ955号126頁）

サッカー試合中落雷被害事故

最高裁第2小法廷　平成18・3・13判決
第1審：高知地裁　平成16・6・30
差戻審：高松高裁　平成20・9・17

事件の概要　私立高校サッカー部員が試合中に落雷に遭い、後遺障害を残した事故被害。事故原因は、学校設置者及び大会主催者の安全配慮義務違反、顧問の注意義務違反だとして損害賠償を請求。

争点　在学契約上の安全配慮義務違反、指導上の注意義務違反

最高裁の判断
教育活動の一環として行われる学校の課外のクラブ活動においては、生徒は担当教諭の指導監督に従って行動するのであるから、担当教諭は、できる限り生徒の安全にかかわる事故の危険性を具体的に予見し、その予見に基づいて当該事故の発生を未然に防止する措置を執り、クラブ活動中の生徒を保護すべき注意義務を負うものというべきである。

事実関係によれば、落雷による死傷事故は、平成5年から平成7年までに全国で毎年5〜11件発生し、毎年3〜6人が死亡しており、また、落雷事故を予防するための注意に関しては、平成8年までに、本件各記載等の文献上の記載が多く存在していたというのである。そして、更に前記事実関係によれば、A高校の第2試合の開始直前ころには、本件運動広場の南西方向の上空には黒く固まった暗雲が立ち込め、雷鳴が聞こえ、雲の間で放電が起きるのが目撃されていたというのである。そうすると、上記雷鳴が大きな音ではなかったとしても、同校サッカー部の引率者兼監督であったB教諭としては、上記時点ころまでには落雷事故発生の危険が迫っていることを具体的に予見することが可能であったというべきであり、また、予見すべき注意義務を怠ったものというべきである。このことは、たとえ平均的なスポーツ指導者において、落雷事故発生の危険性の認識が薄く、雨がやみ、空が明るくなり、雷鳴が遠のくにつれ、落雷事故発生の危険性は減弱するとの認識が一般的なものであったとしても左右されるものではない。なぜなら、上記のような認識は、平成8年までに多く存在していた落雷事故を予防するための注意に関する本件各記載等の内容と相いれないものであり、当時の科学的知見に反するものであって、その指導監督に従って行動する生徒を保護すべきクラブ活動の担当教諭の注意義務を免れさせる事情とはなり得ないからである。

これと異なる見解に立って、B教諭においてA高校の第2試合の開始直前ころに落雷事故発生を予見することが可能であったとはいえないなどとして、被上告学校の損害賠償責任を否定した原審の判断には、判決に影響を及ぼすことが明らかな法令の違反がある。論旨は理由がある。

原審は、被上告協会の損害賠償責任を否定したが、その判断は是認することができない。その理由は、次のとおりである。

事実関係によれば、（1）被上告協会は、大阪府教育委員会の認可を受けて設立されたスポーツ振興等を主な目的とする財団法人であるが、その加盟団体であり権利能力なき社団であるC連盟に、本件実行委員会を設置させて、本件大会を開催した、（2）高槻市から本件運動広場の貸与を受けていたのは、被上告協会であった、（3）本件大会のパンフレットには、主催者として「財団法人Y2協会C連盟」という名称が記載されていたというのであるから、特段の事情のない限り、被上告協会は本件大会の主催者であると推認するのが相当である。そして、被上告協会の加盟団体であり権利能力なき社団であるC連盟が本件大会の実施を担当していたからといって、上記特段の事情があるということはできない。そうすると、前記事実関係に基づいて被上告協会が本件大会の主催者ではないとして被上告協会の損害賠償責任を否定した原審の認定判断には、経験則に違反する違法があり、この違法が判決に影響を及ぼすことは明らかである。論旨は理由がある。

以上によれば、原判決のうち被上告人らに関する部分は破棄を免れない。そして、本件については、A高校の第2試合の開始直前ころまでに、B教諭が落雷事故発生の危険を具体的に予見していたとすれば、どのような措置を執ることができたか、同教諭がその措置を執っていたとすれば、本件落雷事故の発生を回避することができたか、被上告協会が本件大会の主催者であると推認するのが相当といえない特段の事情があったかなどについて、更に審理を尽くさせるため、上記部分につき、本件を原審に差し戻すこととする。

よって、裁判官全員一致の意見で、主文のとおり判決する。

差戻審の判断（高松高裁）

ウ　落雷事故発生の危険性の予見可能性及び予見義務

教育活動の一環として行われる学校の課外のクラブ活動においては、生徒は担当教諭の指導監督に従って行動するのであるから、担当教諭は、できる限り生徒の安全にかかわる事故の危険性を具体的に予見し、その予見に基づいて当該事故の発生を未然に防止する措置を執り、クラブ活動中の生徒を保護すべき注意義務を負うものというべきである。

落雷による死傷事故は、平成5年から平成7年までに全国で毎年5ないし11件発生し、毎年3ないし6人が死亡しており、また、落雷事故を予防するための注意に関しては、平成8年までに、前記イの各文献上の記載が多く存在していたのであり、A高校の第2試合の開始直前ころには、本件運動広場の南西方向の上空には黒く固まった暗雲が立ち込め、雷鳴が聞こえ、雲の間で放電が起きるのが目撃されていたというのである。そうすると、上記雷鳴が大きな音ではなかったとしても、同校サッカー部の引率者兼監督であったB教諭としては、上記時点ころまでには落雷事故発生の危険が迫っていることを具体的に予見することが可能であったというべきであり、また、予見すべき注意義務を怠ったものというべきである。このことは、たとえ平均的なスポーツ指導者において、落雷事故発生の危険性の認識が薄く、雨がやみ、空が明るくなり、雷鳴が遠のくにつれ、落雷事故発生の危険性は減弱するとの認識が一般的なものであったとしても左右されるものではないなぜなら、上記のような認識は、平成8年までに多く存在していた落雷事故発生の危険性に関する前記イの各記載等の内容と相いれないものであり、当時の科学的知見に反するものであって、その指導監督に従って行動する生徒を保護すべきクラブ活動の担当教諭の注意義務を免れさせる事情とはなり得ないからである（本件における上告審判決参照）。

避雷に関する保護範囲についての知見は、平成8年までに広く一般に知られている状況にあり、B教諭は、A高校のサッカー部の指導監督をする担当教諭として、生徒の安全にかかわる落雷事故の危険性を具体的に予見する義務がある立場にあったのであるから、生徒の安全を守るべき立場のものとして、広く一般に知られている避雷に関する保護範囲については当然に知識を有しているべきであり、これを有していなかったこと自体が問題であって、避雷に関する保護範囲についての知識を有していなかったからといって、生徒の安全を守るべき立場としての責めを免れるべき理由にはならない。被控訴学校の上記主張を前提にすれば、学校や教諭が生徒の安全確保のため必要な一般的な科学的知見や知識を獲得する努力を怠っていれば、そのことの故に生徒の安全確保に係る責任を免れ得ることになるが、そのような帰結が不当であることは明らかである。上記主張は失当である。

被控訴学校は、本件落雷事故について、B教諭の使用者として、民法715条に基づき不法行為責任（使用者責任）を負うものというべきである、として損害賠償の支払いを命じる。

（出典：最高裁判例検索HP）

会員制スポーツクラブ溺死事故

富山地裁 平成6・10・6判決

事件の概要 亡Xは、平成4年5月10日午後3時ころ、本件クラブのメンバープール（長さ25m、幅5.4m、3コース、水深1.1～1.2m。以下「本件プール」という。）において遊泳中、大量の水を飲み、プールの水底にうつぶせの状態になって沈んでいるのを、プールの水質検査を実施しようとしていたYに発見された。亡Xは、その後まもなく、市民病院に搬送されたが、既に心肺は停止しており、右病院において蘇生のための応急手当を受けたものの、同日午後4時10分ころ死亡した。死亡の原因は、大量の水を飲んだことによる溺水死であった。原告Xの父親は、本件事故は、被告クラブが契約上の安全配慮義務を怠った不履行責任が原因であるとして、また、過失による不法行為責任及び従業員Yの過失行為に基づく使用者責任があるとして損害賠償を求めた事案である。裁判所は、原告に対し、金467万6000円及びこれに対する平成4年5月10日から支払済みまで年5分の割合による金員の支払いを命じた。

争点 結果予見可能性、結果回避可能性、債務不履行責任―安全配慮義務違反

裁判所の判断
予見可能性
（1）水泳は、その場所がプールであると否とを問わず、また、水泳者が大人か子供か、健常者であるか否かを問わず、身体の大半を体温より温度の低い状態かつ水中に置いて、高い抵抗を受けつつ身体的運動を行うという、日常生活とは異なる条件下の活動であって、その水中という状態は、呼吸運動の維持にとって一定の困難をもたらすものであり、水を誤吸引或いは誤飲するという事態も生じるところである。したがって、遊泳中に、原告の主張する、身体の一部のけいれん、あるいは、水の気管内吸引に基づく心臓抑制反射による意識喪失（とその後の呼吸運動再開による水

の吸引）という機序、又は他の機序に基づき、遊泳者が溺れるという事態は十分に生じ得るところである。そして、一旦溺れた場合は、他人の救助がなければ、溺水死その他生命・身体に重大な影響を受けるおそれが相当高いものである。

もっとも、水泳を習得している大人の場合、子供や水泳未習得者と比べると、プールで遊泳中に溺れるという危険性はさほど高くはないけれども、危険防止策や救助方策を考慮する必要がないほど危険性が低くはないし、一旦溺れた場合に重大な結果を生じる危険性のあることはさほど変わりがない。

（2）スイミングクラブでは一般に監視員を置いて常時プールを監視しており、また、被告代表者自身も、本件プールの監視につきYに対して「何かあったらすぐ知らせろ」と指示していたのであり、これらの事実関係に鑑み、また、証人Y、同Zが事故発生の可能性につき述べるところに照らしても、被告のようなスイミングクラブ経営者には、健常者の大人であっても、また、水泳を習得している者であっても、プールで遊泳中に溺れ、そのままでは生命、身体に対する重大な結果に至る事故が発生する現実的な危険性のあることについて十分予見可能であったものというべきである。

（3）そして、その機序の詳細は別として、一般に遊泳中に溺れる危険性のあること自体は広く知られているところでもある。

また、被告代表者は、大人であるから本件のような深さのプールで溺れるということは予測されない旨供述するけれども、それは、単に、大人の場合には子供と異なり遊泳中に異常な行動をとることが少なく、また、自己防衛能力も備わっているため、溺れるという事態が生じる可能性が低いというに止まり、溺れる危険性及び溺れた場合重大な結果となる危険性があり、その予見可能性が存在するとの、認定判断を揺るがすものではない。

結果回避可能性

（1）水泳中に溺れた場合、直ちに死亡することは通常あり得ず、溺れていることを早期に発見・救助し、人工呼吸等の蘇生法を施せば、生命・身体に対する重大な結果は回避しうる可能性が高い。

特に、プールの場合、蘇生法を習得している監視員を置き、その監視員が常時プールを監視していれば、遊泳者が溺れるという事態が発生した場合でも、生命・身体に対する重大な結果を回避しうる時間内に発見し救助することが十分に可能である。

（2）そして、プールにおいて、右のような監視体制を取っても多額の費用を要するというものでもない。

（3）被告は、営利を目的として本件クラブを経営し会員から相当額の会費等を徴収しているのであるから、結果回避措置を取ることは十分可能であった。

（4）前記のとおり、本件においては、亡Xの死亡原因は溺水死であり、溺れて直ちに蘇生不可能な状態に陥ったものと認めるべき事情は見当たらないから、被告が亡Xを早期に発見・救助し、人工呼吸等の蘇生法を施しておれば、死亡に至ることを回避できた蓋然性は高かったものというべきである。

被告の安全配慮義務

（1）本件契約は本件プールその他の施設の利用を主とするものである。

（2）本件プールの利用は本件クラブの会員に限られている。被告は本件クラブの入会の資格条件や会員規約を設け、本件プール等の施設の管理は専ら被告において行っている。他方、会員は、会員規約等を遵守し、被告従業員の指示に従わなければならず、これらに違反すれば除名されることとなっている。したがって、会員が本件プールを利用するに当たりその健康・安全を確保するには、被告の施設の管理・運営の適否に大きく依存することとなる。

（3）被告は、営利を目的として相当額の入会金・年会費・月会費を徴収して本件クラブを運営し、クラブの目的として会員の健康維持増進を掲げている。したがって、被告としては、その会費等に対応する給付を提供することが要求される立場にある。

（4）本件プールは前記のとおりの規模のものでさほど大きくはなく、その利用時間も被告が決めることとなっていたのであるから、被告が安全管理を行うことは場所的・時間的にも十分可能であった。

上記認定判断したところに照らせば、本件プールを管理している被告としては、本件契約上の義務として、右施設内において亡Xら会員の生命・身体を保護するための万全の配慮をして施設を利用させるべく、少なくとも、蘇生法を習得しているプール監視員を配置して、会員が本件プールを利用している時は常時本件プールを監視し、事故発生時に迅速に発見・救助できる体制を整えているべき義務を負っていたものというべきである。

本件クラブには、大人の会員が自由に利用する本件プールの他に水泳の初心者（幼児・学童を含む）に対する指導を目的とするスクールプールがあり、両プールの間は仕切りで区切って、画然と分けて利用されており、子供がメンバープールに入ることは禁止されていたことが認められ、この点において、プールが一面しかなく大人も子供

混在して遊泳しているプールとは異なる面があるものと認められるけれども、前記1で認定判断したところに鑑みると、右の事実では、被告に(二)記載の安全配慮義務があったことを覆すことはできない。

免責条項の主張について
　(1) 本件クラブの会員規約第20条に原告主張のとおりの本件免責条項があることは当事者間に争いがない。
　(2) そして〔証拠略〕によれば、亡Xが本件クラブに入会するに際しての入会申込書には「(本件クラブに入会するに当たりその) 規約を承認の上……規約を遵守することを誓約します。」旨印刷記載された「誓約書」欄があり、亡Xは右誓約書欄に署名捺印して、本件クラブに入会したこと、及び、右申込書と同一用紙の半面に会員規約が印刷され切り取り線で切り離すようになっており、亡Xも、入会申込みをした際、会員規約部分を切り取り受領したことが認められる。
　(3) しかし、右1及び2の事実のみでは、亡Xが本件免責条項の内容を認識・了解し、これに合意したものと認めるのは困難であり、他に、亡Xが本件免責条項に合意したものと認めるに足りる証拠はない。
　(4) のみならず、仮に、亡Xと被告間で本件免責条項の合意が成立したものと認めることができるとしても、先に認定判断した本件契約の内容、本件契約に基づく施設利用の実情等に照らすと、本件免責条項が、被告に本件契約上の債務不履行がありその結果会員の生命・身体に重大な侵害が生じた場合においても、被告が損害賠償責任を負わない旨の内容を有するものであるとすれば、右規約はその限りにおいて、公序良俗に反し、無効といわなければならない。
　以上、事実関係によれば、被告は本件契約上の安全配慮義務の履行を怠ったことが明らかというべきである。そして、前記認定判断したところからすれば、被告の右債務不履行と亡Xの死亡の結果の発生との間には相当因果関係があるものというべきである。

(出典：LEX／DBインターネットTKC法律情報データベース)

高校テニス部熱中症死亡事故

大阪高裁　平成27・1・22判決

事件の概要　本件は、被控訴人の設置・運営する高校の2年生に在籍し、テニス部に所属していた控訴人X1が、平成19年5月24日、テニス部の練習中に突然倒れて心停止に至り、低酸素脳症を発症して重度の障害が残ったのは、同高校のテニス部顧問の教諭や校長の義務違反によるものであるとして、(1) 控訴人X1が、被控訴人に対し、国家賠償法1条1項又は在学契約に付随する安全配慮義務違反による損害賠償請求権に基づき、控訴人X1の逸失利益等の損害金元金3億9646万4340円と平成22年12月28日までの未払遅延損害金6682万4602円の合計4億6328万8942円及び上記損害金元金に対する同月29日から支払済みまで民法所定の年5分の割合による遅延損害金の支払を求め、(2) 控訴人X1の両親である控訴人X2及び控訴人X3が、子である控訴人X1が上記のとおりの事故に遭ったことにより生命侵害に比肩する精神的苦痛を被り、また、同事故後の学校長の不誠実な対応により名誉、人格が毀損され、精神的苦痛を被ったなどとして、被控訴人に対し、国家賠償法1条1項による損害賠償請求権に基づき、それぞれ慰謝料500万円と弁護士費用50万円の合計550万円及びこれに対する違法行為日である平成19年5月24日から支払済みまで民法所定の年5分の割合による遅延損害金の各支払を求めた事案。原告の訴えを認めて損害賠償の支払いを命じた。

争　点　安全配慮義務違反、注意義務違反

裁判所の判断
熱中症について
　ア　熱中症は、暑熱環境における身体適応の障害によって起こされる状態の総称であり、暑熱障害とも呼称される。熱中症の診断基準につき、日本救急医学会と日本神経救急学会は、平成11年に発表された安岡正蔵らの分類をもとに、暑熱障害を熱中症と統一した上で、重症度、対処法、予後等が一覧できるように、熱中症を〈1〉ないし〈3〉度に分類した。
　上記分類における〈3〉度(重度)熱中症(従前の熱射病に概ね相当)は、暑熱環境にさらされ、あるいは熱産生の亢進の条件下にあった者が高熱を有し、他疾患が除外診断された後、熱中症が疑われる場合、〔1〕脳機能障害、〔2〕肝・腎障害、〔3〕血液凝固障害(DIC)の3徴候のいずれか一つでもあれば〈3〉度とし、ここでいう高熱とは、深部体温(直腸温)で39度以上である(腋窩温で38度以上)ことを指すが、体温測定は、原則として深部体温(直腸温等)によるべきであり、腋窩での測定では高体温を見逃す危険性がある、特にスポーツ現場で、腋窩を氷冷していた場合等では注意が必要であるとされていた。
　イ　しかし、その後、平成24年の上記診断基準の改訂で付記が追加され、体温を重症度分類の指標としないものとなった。そして、〈1〉ないし〈3〉度の分類は、症状については、次の(ア)

のとおりとされ、上記付記では次の（イ）の記載等がされている。
　（ア）〈1〉度　めまい、大量の発汗、欠神、筋肉痛、筋肉の硬直（こむら返り）（意識障害を認めない。）
　　　　〈2〉度　頭痛、嘔吐、倦怠感、虚脱感、集中力や判断力の低下（JCS 1以下）
　　　　〈3〉度　次の3つのうちいずれかを含む。
　　　　　〔1〕中枢神経症状（意識障害≧JCS 2、小脳症状、痙攣発作）
　　　　　〔2〕肝・腎機能障害（入院経過観察、入院加療が必要な程度の肝又は腎障害）
　　　　　〔3〕血液凝固異常〔急性期DIC診断基準（日本救急医学会）にてDICと診断〕
　（イ）暑熱環境にいる、あるいはいた後の体調不良は全て熱中症の可能性がある。
　　　各重症度における症状は、よくみられる症状であって、その重症度では必ずそれが起こる、あるいはこらなければ別の重症度に分類されるというものではない。
　　　熱中症の病態（重症度）は、対処のタイミングや内容、患者側の条件により刻々変化する。特に意識障害の程度、体温（測定部位）、発汗の程度等は、短時間で変化の程度が大きいので注意する。

M教諭の義務違反の有無について
ア　校外での練習への立会義務違反の有無について
　控訴人らは、本件事故を予見できたにもかかわらず、自ら本件事故当日の部活動に立ち会うことなく、また、代わりに立ち会う教諭を手配することをしなかったから、M教諭には、立会義務違反があると主張する。
　課外のクラブ活動が本来生徒の自主性を尊重すべきものであることにかんがみれば、何らかの事故の発生する危険性を具体的に予見することが可能であるような特段の事情のある場合は格別、そうでない限り、顧問の教諭としては、個々の活動に常時立ち会い、監視指導すべき義務までを負うものではないと解するのが相当であり、これは校外での部活動でも基本的に変わるものではない。
　そこで本件について、上記特段の事情の有無を検討するに、本件テニス部の練習メニューは、M教諭が決定して各部員に指示しているところ、控訴人X1は、本件事故発生以前から、特定の練習をする際に、幾たびか、身体に変調を来たし、四つん這いになって苦しんだりすることがあったものの、本件事故当日には、そのような練習をすることは予定されていなかった。また、M教諭は、本件事故当日の練習の最初の約30分間は本件練習に立ち会っていたが、その際に、控訴人X1に何らかの異常な身体状況が出ていたことをうかがわせるような事情も本件証拠上存せず、他の部員が控訴人X1の異常に気付くようになったのも、M教諭が現場を離れた後のことである。
　そうすると、M教諭においては、後記のとおり、練習内容を軽減し、水分補給の指導をする義務はあったものの、それとは別に練習に立ち会うべき義務があることを基礎付ける上記特段の事情があるとまではいえない。
　したがって、控訴人らの上記主張は採用できない。

イ　生徒の体調等に配慮した練習軽減措置等の義務違反の有無について
（ア）公立学校の教育活動に伴う事故については、国家賠償法1条の「公権力」に学校教育活動も含まれるものと解されるので、同法1条の適用が認められることは当然である。また、課外のクラブ活動であっても、それが公立学校の教育活動の一環として行われるものである以上、その実施について、顧問の教諭には、生徒を指導監督し、事故の発生を防止すべき一般的な注意義務がある。もっとも、高校の課外クラブ活動は、生徒の成長の程度からみて、本来的には生徒の自主的活動であるというべきである。そして、その練習内容についても、部員である生徒の意思や体力等を無視して顧問が練習を強制するような性質のものではなく、各部員の自主的な判断によって定められているのが通常であると考えられるから、注意義務の程度も軽減されてしかるべきである。しかしながら、顧問が練習メニュー、練習時間等を各部員に指示しており、各部員が習慣的にその指示に忠実に従い、練習を実施しているような場合には、顧問としては、練習メニュー、練習時間等を指示・指導するに当たり、各部員の健康状態に支障を来す具体的な危険性が生じないよう指示・指導すべき義務があると解するのが相当である。
　前記認定の事実によれば、本件テニス部では、顧問であるM教諭が練習メニュー、練習時間等を各部員に指示し、各部員は、これに忠実に従った練習を行っていたことが認められる。そうである以上、本件において、M教諭には、本件練習メニューを指示するに際して、各部員の健康状態に支障を来す具体的な危険性が生じないように指導しなければならない義務があったというべきである。
（イ）学校教育、とりわけスポーツにおける熱中症の危険性については、本件事故以前から広く周知されているところであり、本件高校においても同様の広報活動が行われてきた。そして、本件事故当時、熱中症の危険については社会的にも広く認知されていたことは被控訴人も自認するところである。
　ところで、熱中症の危険因子としては、スポーツの強度や負荷の程度が重要であることはいう

までもないが、このほか、既に説示したように、〔1〕気温・湿度、〔2〕暑さに対する慣れ（暑熱馴化）、〔3〕水分補給、〔4〕透湿性・通気性の良い帽子・服装の着用、〔5〕生活習慣（睡眠不足、風邪、発熱、下痢などの体調不良等）が発症に影響を及ぼす要因になると考えられる。

本件練習の内容は前記認定のとおり濃密なものであったところ、平日の練習が午後4時から午後6時30分までであったものが、それを超過する3時間程度のものになっていた上、通常の練習の時間帯よりもより日差しが強くなりやすい時間帯に設定されたことを考慮すると、その練習メニューは、女子高校生である部員らに対する負荷の程度は相当に重いものであったというほかない。さらに、本件練習当日は、本件高校の定期試験の最終日であり、生徒である部員らがその試験勉強のために十分な睡眠をとることができていない可能性があることはM教諭も認識していたことが認められる（証人M）。また、本件事故当日は初夏であり、既に前日等において当該地域では25度を超える気温となっており、当日は天候も良く、本件テニスコート内の気温が上昇して30度前後となるであろうこと、本件テニスコート内にはめぼしい日陰もなかったこと、控訴人X1が帽子を着用していなかったこと（M教諭はこれを認識していた。）についても、練習当初の約30分間指導していたM教諭は認識し、少なくとも十分に認識し得たといえる。加えて、当時キャプテンになったばかりであった控訴人X1にとっては、本件事故当日は、M教諭がほとんど立ち会わない中でキャプテンとして部員らを指示しながら練習をした初めての日であるから、その練習の配分の指示や段取り等に馴れていなかったと考えられ、その真面目な性格（証人M教諭）に鑑みても、M教諭の事前のメモによる指示に忠実に従い、無理をしてでも、率先して練習メニューをこなそうとすることがM教諭において想定できたと認められる。

以上の各事情を踏まえると、本件練習に立ち会うことができず、部員の体調の変化に応じて時宜を得た監督や指導ができない以上、M教諭においては、控訴人X1を含めた部員らの健康状態に配慮し、本件事故当日の練習としては、通常よりも軽度の練習にとどめたり、その他休憩時間をもうけて十分な水分補給をする余裕を与えたりするなど、熱中症に陥らないように、予め指示・指導すべき義務があったといえる。

それにもかかわらず、M教諭は、前記認定のとおり通常よりも練習時間も長く、練習内容も密度の高いメニューを控訴人X1に指示した上、水分補給に関する特段の指導もせず、水分補給のための十分な休憩時間を設定しない形で練習の指示をしていたことが認められる。

したがって、M教諭は、上記義務に違反したものというほかない。

I校長の義務違反の有無について

控訴人らは、I校長には、健康管理態勢整備義務違反がある旨主張する。

I校長の教諭らに対する事故予防の研修を行う義務の有無については、一般として校長が教諭に対しこのような研修を行うことは望ましいといえるが、このような法的義務を負っているとまではいい難い。

I校長の本件事故当日の本件練習につき顧問教諭を立ち会わせる義務の有無については、学校長が、教諭を部活動の練習に立ち会わせる義務を負うのは、顧問教諭自身が立会義務を負う場合に限られると解されるところ、M教諭が本件練習に立ち会うべき義務を負担していたと認め難いことは上記説示のとおりであるから、I校長が本件事故当日の本件練習に顧問教諭を立ち会わせる義務があったとは認められない。この点に関する控訴人らの主張は理由がない。（出典：LEX/DBインターネットTKC法律情報データサービス）

社会人サッカーリーグ試合負傷事故

東京地裁 平成28・12・26判決

事件の概要　サッカーの社会人リーグにおける試合中、原告が、相手チームに所属する被告Y1（以下「被告Y1」）から左脛部を蹴られたことにより、左下腿脛骨骨折、左下腿腓骨骨折の傷害を負ったと主張し、被告Y1及び同人を指導監督すべき相手チームの代表者である被告Y2（以下「被告Y2」）に対し、共同不法行為（民法719条1項前段）に基づき、合計689万0854円の損害賠償金等の支払を求めた。原告に対し損害賠償の支払いが命じられた。

争点　被告Y1の不法行為責任、本件行為の違法性の阻却について

裁判所の判断

被告Y1の故意又は過失の有無

ア　原告は、Bが2点先行している状況下で、後半の途中から出場した。

イ　本件事故の直前、Bの選手がA陣内でフリーキックを行い、キーパーが弾いたこぼれ球を、Aの選手が、自陣右サイド奥から自陣右サイド前方へと蹴り出した。その時点で、A陣内でフリーキックが行われたために両チームのほとんどの選手がA陣内にいたことから、Aがボールを保持した場合には、カウンター攻撃を狙ってB陣内に攻

め込もうという戦況にあった。
　ウ　自陣前方中央付近にいた原告は、右サイドに移動してボールに追いついて右太腿でボールをトラップし、自身の体よりも1メートルほど前方にボールを落とすと、バウンドして膝の辺りの高さまで浮いたボールを左足で蹴ろうとして、軸足である右足を横向きにして踏み込み、左足を振り上げた。他方、被告Y1は、カウンター攻撃を阻むべく、原告の方に走り込んでくると、その勢いを維持したまま、左膝を真っ直ぐに伸ばし、膝の辺りの高さまでつま先を振り上げるように突き出して、足の裏側を原告の下腿部の方に向ける体勢になった。
　ボールは原告の左足が触れるよりもわずかに早く被告Y1の左足の左側面付近に当たってはじき出されたものの、上記のとおり、被告Y1が左足の裏側を原告の下腿部の方に向けて突き出していたため、振り上げた原告の左脛部がちょうど被告Y1が伸ばした左足の裏側に入り込む位置関係になり、原告はその左脛部で被告Y1の左足のスパイクシューズの裏側を勢いよく蹴り上げ、反対に、被告Y1はその左足のスパイクシューズの裏側で原告の左脛部を下方に向けて勢いよく蹴りつけることになった。
　その結果、原告が左脛部に装着していたレガースが割れて脛骨及び腓骨が折れ、原告の左脛部がつま先側に湾曲するほどの力が加わった。
　エ　本件事故により原告はその場に倒れ込み、試合は一時中断されたが、本件行為に対して審判によるファウル判定、警告及び退場処分はなく、原告がフィールド外に運び出されると、ドロップボール（競技規則のどこにも規定されていない理由によって一時的にプレーを停止したときにプレーを再開する方法）により試合が再開された。原告は、本件行為の時点では原告がボールをコントロールしている状況にあったことに加えて、被告Y1が、体を投げ出し、足の裏側を向けるなど、原告の安全性を顧みていないことや、ボールをミートしにいっていないことなどから、本件行為は、故意に原告の左足を狙った行為であると主張し、原告もそのように供述している。
　しかしながら、上記によれば、ボールは原告の前方1メートルほど離れた位置に落下しており、必ずしも原告がボールをコントロールしていたといえる状況にはないし、ミートはしていないながらも被告Y1がボールに触れて弾き出していることに加えて、審判がファウルの判定すらしていないことなどから客観的に考察すれば、被告Y1がボールに対して挑んだのではなく、故意に原告の左足を狙って本件行為に及んだとまで断定することはできない。
　もっとも、被告Y1が原告のところまで走り込んでいった時点では、原告が先にボールに追いついてトラップし、次の動作に入ろうとしている状況にあった上に、甲22及び乙3によれば、原告が左足を振り上げる動作と、被告Y1が左足を伸ばす動作とがほぼ同時に開始されていることからすると、被告Y1は、トラップして手前に落ちたボールを原告が蹴り出そうと足を振り上げることは当然認識、予見していたはずである。
　それにもかかわらず、被告Y1は、走り込んで来た勢いを維持しながら、膝の辺りの高さまでつま先を振り上げるようにして、足の裏側を原告の下腿部の位置する方に向けて突き出しているのようで、そのような行為に及べば、具体的な接触部位や傷害の程度についてはともかく、スパイクシューズを履いている自身の足の裏が、ボールを蹴ろうとする原告の左足に接触し、原告に何らかの傷害を負わせることは十分に予見できたというべきである。
　そうであれば、無理をして足を出すべきかどうかを見計らい、原告との接触を回避することも十分可能であったというべきであって、少なくとも被告Y1に過失があったことは明らかである。
　本件行為の態様からすれば、被告Y1は、カウンター攻撃を阻む意図のもと、足が届かない可能性を承知の上で、半ば強引にボールに挑んだとの評価を免れない。
　これに対し、被告らは、被告Y1が先にボールを蹴り出した後に、勢いよくボールを蹴り出そうとした原告の足が自身の足の裏に入り込んでくることまで予見することは不可能であるなどと主張する。
　しかしながら、上記のとおり、原告がまずボールに追いついてトラップした後、被告Y1が左足を伸ばす動作と原告が左足を振り上げる動作はほぼ同時に開始されているのであって、あたかも被告Y1がボールを蹴り出した後に原告が左足を振り上げたかのような状況にはなく、被告らの主張はその前提を異にするものであって、採用することはできない。

本件行為の違法性が阻却されるか

　（1）被告らは、サッカーは競技者同士の身体的接触による危険を包含しており、競技中に被害者が受傷した場合であっても、加害者に故意又は重大な過失によりルールに反したと認められるような特段の事情がない限り、被害者も当該危険を受忍したものといえ、違法性を欠くと主張する。
　確かに、サッカーは、ボールを蹴るなどして相手陣内まで運び、相手ゴールを奪った得点数を競うという競技であるから、試合中に、相手チームの選手との間で足を使ってボールを取り合うプレーも想定されているのであり、スパイクシューズを履いた足同士が接触し、これにより負傷する

危険性が内在するものである。

そうであれば、サッカーの試合に出場する者は、このような危険を一定程度は引き受けた上で試合に出場しているということができるから、たとえ故意又は過失により相手チームの選手に負傷させる行為をしたとしても、そのような行為は、社会的相当性の範囲内の行為として違法性が否定される余地があるというべきである。

そして、社会的相当性の範囲内の行為か否かについては、当該加害行為の態様、方法が競技規則に照らして相当なものであったかどうかという点のみならず、競技において通常生じうる負傷の範囲にとどまるものであるかどうか、加害者の過失の程度などの諸要素を総合考慮して判断すべきである。

（2）ところで、サッカー競技規則（国際サッカー評議会が毎年制定し、国際サッカー連盟（FIFA）、又は同連盟に加盟する大陸連盟及び同連盟に加盟する協会下で行われるサッカー競技すべてに適用する規則）12条においては、ファウルと不正行為について、以下のとおり定められている。

すなわち、〈1〉競技者が、不用意に、無謀に、又は過剰な力で、相手競技者を蹴り、若しくは蹴ろうとする、相手競技者に飛びかかる、相手競技者をチャージするなどしたと主審が判断した場合、直接フリーキックが相手チームに与えられる、〈2〉競技者が、著しく不正なファウルプレーや乱暴な行為をした場合は、懲戒の罰則として、退場を命じられる。

被告Y1による本件行為には、本件事故時点において主審によりファウルや反則行為との判定はされていないことから、これを当時に遡って競技規則に違反する行為であったということはできない。原告も本人尋問において述べているように、本件事故時のようなプレーの局面で、被告Y1の立場に置かれた選手が足を出してボールに触れようとすること自体は、相手選手にかわされる危険を伴うために戦術として不利になりうることはあっても、これが競技規則上想定されていない行為とまでいうことはできない。

しかしながら、被告Y1は、原告がボールを蹴るために足を振り上げるであろうことを認識、予見していたにも関わらず、走ってきた勢いを維持しながら、膝の辺りの高さまで左足を振り上げるようにして、左足の裏側を原告の下腿部の位置する方に向ける行為に及んでおり、このような行為が原告に傷害を負わせる危険性の高い行為であることに疑いはない。

左下腿脛骨及び腓骨の骨折という重篤な結果が生じていることからしても、被告Y1の本件行為は、原告が足を振り上げる力の方向とは反対方向に相当強い力を加えるものであったと推察される。

そうすると、そもそも本件行為のような態様で強引にボールに挑む必要があったのか否か甚だ疑問であり、競技規則12条に規定されている反則行為のうち、不用意、すなわち注意、配慮又は慎重さを欠いた状態で相手競技者を蹴る行為であるとか、相手競技者に飛びかかる行為であると判定され、あるいは著しく不正なファウルプレー、すなわちボールに挑むときに相手方競技者に対して過剰な力を加えたものであると判定され、退場処分が科されるということも考えられる行為であったと評価できる。

そして、原告は、左下腿脛骨及び腓骨という下腿部の枢要部分を骨折した上に、入院手術及びその後長期間にわたるリハビリ通院を要するほどの傷害を負っているのであり、相手競技者と足が接触することによって、打撲や擦過傷などを負うことは通常ありえても、骨折により入院手術を余儀なくされるような傷害を負うことは、常識的に考えて、競技中に通常生じうる傷害結果とは到底認められないものである。

被告Y1は、不用意にも足の裏側を原告に対して突き出すような態勢で挑んだために原告に傷害を負わせているのであって、故意までは認められないとしても、被告Y1の過失は軽過失にとどまるものとはいえない。

（3）以上の諸事情を総合すると、被告Y1の本件行為は、社会的相当性の範囲を超える行為であって、違法性が阻却されないというべきである。

（出典：LEX／DBインターネットTKC情報データサービス）

バドミントンダブルスペア相手方負傷事故

控訴審 東京高裁 平成30・9・12判決

事件の概要 本件の原審において、被控訴人は、控訴人とペアを組んでバドミントンのダブルス競技を行っていた際に、控訴人のラケットが被控訴人の左眼に当たった事故について、控訴人に過失があると主張して、不法行為による損害賠償請求権に基づき、損害1534万1527円及びこれに対する不法行為の日である平成26年12月4日から支払済みまで民法所定の年5分の割合による遅延損害金の支払を求めた。原審は、被控訴人の請求を789万3244円及びこれに対する平成26年12月4日から支払済みまで年5分の割合による金員の支払を求める限度で認容し、その余の請求を棄

却したところ、控訴人がその敗訴部分につき本件控訴を提起し、被控訴人がその敗訴部分につき本件附帯控訴を提起した。被控訴人の主張を認めて控訴人に損害賠償の支払を命じた。

争点 予見可能性及び結果回避可能性、違法性の阻却

裁判所の判断
(当審における当事者の補充主張に対する判断)

控訴人は、バドミントンのダブルス競技では狭いコートの中でペアの競技者が常に近くにいることを前提に予見可能性を認めることは結果責任を負わせるに等しいとの控訴人の主張を排斥した原審の判断は誤りであると主張するが、控訴人がその主張の前提として主張するもののうち、(1) 原審がその判断の前提となる控訴人がシャトルを打ち返した時点における被控訴人の位置を明らかにしていないとの点については、原判決の「事実及び理由」で認定したとおり、被控訴人は、控訴人がシャトルを打ち返した時点で、同シャトルを打ち返すことが可能な位置にいたと認められるところ、原審の判断の前提としてはこれで十分であり、これ以上の具体的な位置を明らかにする必要性があるとは認められず、(2) 原審がAがシャトルを打ってから控訴人がこれを打ち返すまでの時間が2秒足らずであったことを考慮していないとの点については、このことが直ちに控訴人の過失を否定する理由とならないというべきであるし、(3) 原審が被控訴人がシャトルを打ち返すことが可能な状態で動き出したとの誤った事実認定を前提にしているとの点については、説示したとおり、原審の上記の事実認定に誤りはないから、控訴人の主張を採用することができない。

控訴人は、控訴人が自らシャトルを打ち返すと判断してシャトルの落下位置まで移動を開始する直前に「はい」と声かけをしたとの主張を認めなかった原審の判断は誤りであると主張するが、補正の上で引用した原判決の「事実及び理由」で説示したとおり、控訴人が声かけをしたとは認められないから、控訴人の主張を採用することができない。

以上によれば、本件事故につき控訴人に過失があるとした原審の判断は誤りであるとの控訴人の主張は採用することができない。

控訴人は、原審が、バドミントンのダブルス競技中にシャトルを打つ行為によって結果としてペアの相手方が負傷した事案に関しては、常に違法性が阻却されないと判断したと理解した上で、バドミントン競技の競技者は、競技中の事故により負傷する危険を引き受けて競技に参加していることを理由に、上記の原審の判断を非難するが、補正の上で引用した原判決で説示したとおり、バドミントン競技の競技者が、同競技に伴う他の競技者の故意又は過失により発生する一定の危険を当然に引受けてこれに参加しているとまではいえないというべきであるから、控訴人の主張は、その前提を欠き、採用することができない。

また、控訴人は、控訴人がAの打ったシャトルを打ち返した時点で、控訴人のみが同シャトルを打ち返せる客観的な位置ないし状況にあったことを前提とする主張をするが、説示したところによれば、そのような事実は認められないから、控訴人の主張は、その前提を欠き、採用することができない。

以上によれば、本件事故につき違法性の阻却を認めなかった原審の判断は誤りであるとの控訴人の主張は採用することができない。

(出典:LEX／DBインターネットTKC法律情報データサービス)

監 修

笠原一也　NPO法人日本オリンピック・アカデミー会長、日本スポーツ学会代表理事、日本体育・スポーツ政策学会前会長。前国立スポーツ科学センター長、元JOC事務局長。

園山和夫　元文部省教科調査官、元北海道教育大学教授、元びわこ成蹊スポーツ大学学校スポーツ学科長、元桐蔭横浜大学スポーツ健康政策学部長。(公社) 日本グラウンド・ゴルフ協会会長。

編集・執筆

入澤　充　1951年群馬県伊香保町生まれ。群馬大学大学院教授を経て、現在国士舘大学法学部教授。日本スポーツ法学会理事・年報編集委員会委員長。

吉田勝光　1949年岐阜県可児市生まれ。桐蔭横浜大学名誉教授。日本体育・スポーツ政策学会副会長（前理事長）、日本スポーツ法学会理事。

スポーツ・体育 指導・執務必携

2019年（令和元年）5月15日　初版第1刷発行

監　修＝笠原一也・園山和夫
編　著＝入澤 充・吉田勝光
発行者＝片桐文子
発行所＝株式会社　道和書院
　　　　東京都小金井市前原町 2-12-13（〒184-0013）
　　　　電話 042-316-7866
　　　　FAX 042-382-7279
　　　　http://www.douwashoin.com/
印　刷＝大盛印刷株式会社

ISBN 978-4-8105-2136-8 C0532　　　　Printed in Japan
定価はカバー等に表示してあります　　　Douwashoin Co.,Ltd

道和書院

新版 スポーツの歴史と文化
新井 博（編・著）

原始社会から今日まで、人間はつねにスポーツとともにあった。その壮大な歴史と、政治・経済・社会との関わりをさぐる。好評既刊を全面改訂、新たに、日本の武道、学校教育とスポーツ、アダプテッド・スポーツ等の話題を加え、ハンディなA5判に刷新。

［執筆者］井上洋一、榎本雅之、及川佑介、清原泰治、楠戸一彦、後藤光将、田端真弓、都筑真、藤坂由美子、山田理恵、山脇あゆみ、吉田勝光、和田浩一。　　　　　2,300円

レルヒ 知られざる生涯　日本にスキーを伝えた将校
新井 博（著）

日本スキーの父と呼ばれるオーストリア将校の全生涯。来日の目的は？ なぜスキー教育を？ どのようなスキー技術だったか？ 日本スキー発祥100年記念出版。　　　1,800円

中学・高校 陸上競技の学習指導　「わかって・できる」指導の工夫
小木曽一之（編著）／清水茂幸、串間敦郎、得居雅人、小倉幸雄、田附俊一（著）

記録向上だけでなく、達成感や体を動かす楽しさを味わえる学習の場を目指して。体の動きを科学的に理解し（わかって）、適切に動ける（できる）授業展開例多数。　　2,400円

柔道実技指導のヒント　初心者・生徒を安全に指導するために
尾形敬史・小俣幸嗣（著）

学校教育、教室・クラブの指導者必携。指導の場で直面するさまざまな課題に実践的にアドバイス。すぐ使える指示言語の例も。安全で効果的な指導を目指す。　　　1,200円

大学生のための「健康」論　健康・運動・スポーツの基礎知識
電気通信大学 健康・スポーツ科学部会（編）

健やかで心豊かな人生を送るために、知っておきたい心と体の基礎知識。健康とはどういう状態なのか、そのマネジメント法は？ 最新の統計データ・図・表多数。　　2,200円

養護教諭の職務と法的責任　判例から学ぶ法リスクマネジメント
入澤 充・菅原哲朗（著）

体育科教諭、スポーツ指導者、学校管理職も必読！ スポーツ法学の専門家が体育授業・部活動の事故例を多数紹介、危機管理の方策を説く。付録：学校保健安全法　　2,600円

臨床スポーツ心理学　アスリートのメンタルサポート
中込四郎（著）

アスリートとしての活躍と、自分らしく生きること。矛盾する課題を抱えた競技者のストレスや困難を臨床スポーツ心理学の立場から支援する。豊富な事例つき。　　　3,400円

価格は本体価格・消費税別